퀴어 이론 산책하기

전혜은 지음

퀴어 이론 산책하기

지은이 ✳ 전혜은

발행 ✳ 고갑희

주간 ✳ 임옥희

편집·제작 ✳ 사미숙 이현지

펴낸곳 ✳ 여이연

주소 ✳ 서울시 영등포구 영등포로 420-6 3층

전화 ✳ (02) 763-2825

팩스 ✳ (02) 764-2825

등록 ✳ 1998년 4월 24일(제22-1307호)

홈페이지 ✳ http://www.gofeminist.org

전자우편 ✳ gynotopia@gofeminist.org

초판 1쇄 인쇄 2021년 1월 13일

초판 4쇄 발행 2025년 3월 18일

값 27,000원

ISBN 978-89-91729-41-4 93330

퀴어 이론 산책하기

전혜은 지음

도서출판 여이연

차례

한국에서 퀴어 이론을 생산하기

루인 | 트랜스/젠더/퀴어연구소

"모든 이론에는 그 이론을 생산하는 개인 혹은 집단의 위치성과 정치성이 담겨 있다."

퀴어 이론은 방대하다. 퀴어 이론이 방대하다는 말은 다양한 함의를 갖는다. 우선, 퀴어 이론의 주제가 다양하다. 문학, 역사학, 사회학, 교육학, 사회 운동, 과학, 예술, 정동, 감정연구 등 모든 분야의 학문이 퀴어 이론과 중첩하고, 그래서 여러 분과 학문의 주제는 퀴어 이론의 주제이기도 하다. 하지만 단순히 여러 분과 학문과 중첩하거나 여러 학문 분야 내에서 퀴어 이론을 전개할 수 있다는 의미에서 주제가 다양한 것만은 아니다.

예를 들어보자. 1700년대, 즉 퀴어는커녕 현대적 의미의 동성애나 양성애와 같은 용어 및 개념이 존재하지 않던 시기에 창작한 문학 작품에 비규범적 젠더/섹슈얼리티를 실천하는 인물이 있다면, 이 인물을 퀴어로 해석할 수 있을까? 이 질문은 퀴어로 해석할 수 있거나 없다는 식의 단순한 물음이 아니다. 특정 시대의 비규범성이 생산되는 방식과 비규범성을 통해 규범성이 작동하는 방식을 탐문하고자 하는 질문이다. 그리고 이것이 퀴어 이론의 인식론적 토대를 구축하고 있다. 퀴어 이론은 단순히 퀴어한 어떤 존재를 뽑아내거나 발굴하는 작업이 아니라 이런 인식론을 통해 새로운 질문을 만드는 작업이다. 그리고 이런 작업을 다른 여러 상황과 학문 등에 확장하다보면 퀴어 이론은 거의 모든 주제를 다룰 뿐만 아니라 각 학문 영역에서 기본적으로 전제하는 토대 자체를 심문한다.

그런데 퀴어 이론은 다른 여러 분야에서 제기하는 질문을 퀴어 이론 그 자신에게도 제기한다. 퀴어 이론은 여전히 백인 게이 중심으로 구성되어 있지는 않은가? 만약 그렇다면, 흑인도 트랜스젠더퀴어도, 장애인도 다뤄야 한다 혹은 다루면 된다고 주장할 수도 있다. 하지만 이것은 퀴어 이론이 질문을 구축하는 방식이 아니다. 대신 퀴어 이론의 인종주의, 비장애중심주의, 동성애중심주의 등이 어떤 식으로 작동하고 있는지, 어떤 식으로 새로운 규범성을 생산하고 있는지, 퀴어 이론이 구축하는 질문은 어떤 것은 문제제기하지만 어떤 것은 말하지 않으며 은폐하는지를 질문하도록 한다.

퀴어 이론이 방대한 것은 주제가 다양해서만은 아니다. 전혜은의 책 『퀴어 이론 산책하기』가 그 시작부터 확인해주듯, 퀴어 이론의 역사를 기술하는 방식은 단순하지 않다. 단일한 기원 서사는 퀴어 이론을 설명해주지 못하며, 이론가마다 각자의 기원 서사를 만들기도 한다. 이런 점에서 퀴어 이론의 기원은 생성적이다. 기원이 단순하지 않고 복잡하다는 말은 이론적 계보를 만드는 작업 역시 복잡하다는 뜻이다. 퀴어 이론 입문이나 소개글을 쓸 때, 어떤 이론을 퀴어 이론으로 소개할 것인가? 누구의 이론을 논의의 흐름 속에 배치할 것인가? 어떤 논쟁을 퀴어 이론의 주요 쟁점으로 소개할 것인가? 이것은 정말 어려운 작업이며 매 순간 가치 판단이 필요하고, 그 판단은 정치적 입장과 위치를 표방하는 일이다.

퀴어 이론이 방대한 것은 이런 이유에서다. 주제가 방대하며 이론의 계보를 구축하는 방식 역시 단순하지 않고 단일할 수 없다. 어떻게 조합하느냐에 따라 퀴어 이론은 완전히 다른 모습을 갖는다. 그렇기에 퀴어 이론은 누가 쓰느냐가 중요한 정치학이다. 이때 '누가'는 유명하거나 경력이 오래된 사람을 뜻하지 않는다. 어떤 정치적 입장을 갖고 있으며, 어떤 문제의식을 갖고 퀴어 이론을 이해하는 사람인가가 중요하다는 뜻이다.

이를테면, 나는 퀴어 이론에 기반을 둔 논문을 읽으며 백인 중심에 트랜스젠더퀴어가 빠진 상태로 논의를 진행하는 경우를 자주 접했다. 백인 중심이라는 점, 트랜스젠더퀴어가 빠졌다는 점 자체를 비난할 수는 없다. 논의의 목적에 따라 빠질 수밖에 없는 경우도 있으며, 누락 자체가 문제라고 말하고 싶지는 않다. 문제는 그로 인해 논의가 풍성해지지 못 하고 통념을 반복하는 일이 잦다는 점에서 아쉬울 따름이다. 하지만 정말 큰 문제는 저자가 이 논문에는 이것이 빠졌고 저것이 빠져 있다고 말하며 그것이 본 논문의 한계라고 말할 때다. 한계를 말하는 태도는 논의의 부족함을 인지하는 겸손이다. 하지만 이것이 부족함을 인식하는 행위라기보다 어쩔 수 없다는 면피성 회피라면 어떻게 될까? 다루지 않았음을 알고 있다는 식의 태도는 때로 누락된 주제나 존재에 대한 오만함일 수 있다. 그래서 퀴어 이론은 누가 쓰는가, 즉 어떤 태도로 쓰는가가 매우 중요하다.

이런 이유에서 『퀴어 이론 산책하기』는 반가운 작업이다. 이 책은 논의의 편의를 위해 복잡성을 포기하기보다 복잡한 지형을 최대한 정교하게 설명한다. 이것은 퀴어 이론이 필연적으로 교차성에 기반한다는 저자의 지적과 맞물려 있다. 교차성을 논의할 때 선언적으로 교차성 논의가 중요하다고 말하기는 쉽다. 하지만 교차성 논의를 구체적으로 설명하고 논의의 기본 태도로 견지하기는 어렵다. 이 책은 퀴어-교차성의 관점에서 논의를 구축하고 있다. 그래서 인종주의, 비장애중심주의, 동성애중심주의 등을 추가로 알고 있어야 할 문제로 설정하기보다(이렇게 설정할 경우, 대체로 마지막 장이나 각 장의 말미나 각주에 대략적으로 다룬다) 기본 문제의식으로 설정하고 있다. 그래서 이 책은 퀴어 이론을 처음 접할 때, 그리고 깊이 읽고 싶을 때, 지금까지 공부한 퀴어 이론을 정리하고 싶을 때 읽으면 매우 좋은 책이다. 퀴어 이론을 공부할 때 어떤 문제의식을 갖추어야 하며, 질문은 어떤 식으로 구성해야 하며, 내가 읽은 논문으로 세상과 어떤 식으로 만날지를 알려주기 때문이다.

하지만 이런 모든 이유와 상관없이, 나는 퀴어 이론 입문서가 나왔다는 사실이 반갑다. 이 책이 한국에서 출판된 첫 번째 퀴어 이론 입문서는 아니다. 얼마 안 되지만 그래도 몇 권의 입문서가 번역되어 있으며 퀴어 이론을 이해하는 데 도움을 줄 여러 번역서가 있다. 하지만 번역서는 현재 한국 지형과 동떨어져 있는 내용이며, 한국어로 쓴 책이 한국 지형에 더 잘 맞다는 식의 통념으로 이 책이 반가운 것은 아니다. 많은 번역서가 지금 한국 상황을 이해하는 데 큰 통찰을 주며, (처음부터) 한국어로 쓴 책이 한국에서 발생한 사건으로 논의를 전개하지만 한국 논의에 동떨어진 내용일 때가 적지 않다. 이 책이 반가운 이유는, 지금 현재 한국에서 논쟁하고 있는 주제, 특강 자리에서 만나는 사람들이 궁금해하는 내용을 직간접적으로 다루고 있기 때문이다. 이것은 이 책의 저자가 자신이 서 있는 위치(위치성과 정치성)를 집요하게 고민하고 사람들과 함께 논쟁하는 과정을 거쳤기에 가능한 일이다. 지금 시대에 꼭 필요한 책을 내준 저자에게 정말 고맙다.

서문
퀴어 이론을/과 산책하기

산책 안 가냐

이 책은 2017년 여름 중앙대학교 자유인문캠프1)에서 <퀴어 이론 '입문?'>이란 제목으로 진행한 여섯 번의 강의를 발전시킨 것이다. 한국 에선 퀴어 이론이 학부 과정은 물론 대학원 과정에서도 정식 과목으로 자리 잡았다고 말하기엔 아직 어려운 상황이지만, 학계 안팎에서 많은 퀴어 활동가 및 연구자들이 활약하고 있고 퀴어 이론을 소통하고 발전 시키는 장도 꾸준히 확대되어왔다. 예를 들어 성적소수자문화인권센터 (KSCRC)에서 10년째 진행해온 퀴어 아카데미,2) 성소수자차별반대무지 개행동에서 역시 10년째 개최해온 성소수자 인권포럼,3) 2019년 4회를 맞은 비사이드 포럼,4) 여성문화이론연구소5)를 비롯한 여러 연구소에서 정기적 혹은 비정기적으로 열리는 강연을 통해 퀴어를 주제로 하는 논 의를 매년 만나볼 수 있다. 다만 퀴어 이론에 관한 대중과 학계의 관심은 날로 높아져 가는데, 현재 출간된 퀴어 관련 서적은 한 저자의 지적 깊이를 담아낸 번역서 아니면 LGBT의 기본 범주를 설명하는 데 그치는 초보적 수준의 개론서가 대부분이다. 애너매리 야고스가 1996년에 쓴 『퀴어 이론 입문』6)이 번역 출간되어 있으나 그 책만으로 20여 년간 빠르게 변화한 퀴어 이론의 담론지형을 살펴보기엔 부족한 감이 있다. 또한 야고스의 저서를 포함하여 한국에 나온 퀴어 관련 개론서 대부분 이 동성애에서부터 운동의 역사를 그리거나 LGBT 범주의 순서대로

각 정체성과 관련된 내용을 설명하는 방식으로 구성되는 경향이 있어, 퀴어 이론의 지형 전반과 논쟁 흐름을 개괄하고 퀴어 이론을 체계적으로 배울 수 있는 텍스트가 부족한 실정이다.

이런 문제점을 보완하여 이 책은 지형 전반을 조망할 수 있도록 핵심 쟁점 위주로 퀴어 이론을 정리하는 한편, 퀴어 이론의 방대함과 다채로움을 독자들이 맛볼 수 있게끔 구성하였다. 이 책의 첫 번째 목표는 퀴어 이론을 구축해온 굵직한 학자들의 작업을 소개하고, 어렵고 복잡하게 꼬인 논의를 명확하고도 비교적 쉽게 펼쳐 보임으로써 독자들의 접근성을 높이는 것이다. 퀴어 이론에 관심 있는 일반 대중뿐 아니라 대학원생과 연구자들에게도 도움이 될 수 있도록 대중성과 전문성 사이의 균형을 잡고자 노력하였다. 둘째, 이 책은 퀴어 이론을 공부하기 시작한 이들이 궁금해하는 대표적 사안을 소개하고 퀴어 이론이 대중적으로 퍼져나가면서 생겨난 오해들에 대해 이론적으로 답하고자 했다. 셋째, 이 책은 단순히 외국의 퀴어 이론을 소개하는 데 그치지 않고 한국의 퀴어 운동과 공명하고 현재의 담론지형을 조망할 수 있는 논의를 정리하여 한국의 퀴어들이 일상적 투쟁에서 가져다 쓸 수 있는 이론적 도구를 공급하고자 노력하였다. 마지막으로, 감히 교과서까지는 아니라 할지라도 최소한의 안내서로 기능하길 바라는 마음으로 이 책을 기획했다. 특히 학계 안팎의 퀴어 관련 학술행사 대부분이 서울에 편중되어있는 현실에서 나처럼 지방에 사는 독자들에게 이 책이 도움이 되었으면 하는 바람이다.

이 책은 '이것만 읽으면 퀴어 이론의 모든 것을 알 수 있다'는 자만에 빠진 수험서가 아니다. 그런 의미에서 책 제목에 대한 이야기를 해야 할 것 같다. 아마도 이런 형식과 내용의 책에 적합한 가장 무난한 제목은 '퀴어 이론 입문'일 것이다. 하지만 이미 같은 제목의 책이 번역서로 출간되어 있다. '퀴어 이론을 여행하는 히치하이커를 위한 안내서'라는 이름을 붙이고도 싶었지만 저작권 문제가 걸릴 것 같았다. 그렇다고 왜 '산책'이었을까.

국어사전에 '산책'은 "휴식을 취하거나 건강을 위해서 천천히 걷는 일"(표준국어대사전)이라고 나온다. 일반적으로 산책은 자본주의의 노동 생산성에서 벗어난 여가 활동으로 이해된다.[7] 하지만 내게 산책은 보다 일상적인 경험에서 '생산성'과 '여가' 자체를 다시 생각해보게 만드는 '일'이다.

2014년 1월부터 가족이 된 왓슨이가 야외활동을 너무 사랑한 나머지 실내배변을 거부하여 하루도 빠짐없이 3~4회 산책을 나가는 규칙적인 일과를 지키느라 인간의 일 마감은 밀릴지언정 산책은 빠져선 안 되는 삶을 살게 되어버린 개 집사의 입장에서 보자면 산책은 절대 만만한 여가 활동이 아니다. 관악산 아래에 살 때에는 하루에도 서너 시간씩 산을 타는 것이 우리 개 기준에 '산책'이었고 '산책'을 빙자한 고강도 인터벌 운동에 인간이 적응할라치면 더 높고 험난한 곳으로 끌고 가며 영토를 확장하는 것이 우리 개의 취미생활이었다. 길치인 나와 달리 우리 개는 어찌나 낯선 길 탐험을 좋아하는지, 지도에도 안 나오는 산길을 뚫고선 낯선 평지로 내려와 겨우 택시를 잡아타고 집에 돌아온 적도 몇 번 있다. 우리 개가 가자는 대로 따라가다 보면 사람들이 심심찮게 내게 길을 묻기도 한다. 개가 너무도 당당하고 자신 있게 걷고 있으니 동네 주민으로 오해받는 거다. 평지로 이사 온 지금도 시간을 더 늘리거나 계단 많은 곳을 오르내리거나 새 영토 확장 어드벤처로 산책의 강도를 맞춰야 한다고 요구하시는 개상전과 함께 비가 오나 눈이 오나, 몸이 아파도 밀린 마감에 발등에 불이 떨어지다 못해 활활 타고 있어도 산책만은 가야 하는 삶을 살다 보면 이 '산책'이 과연 '여가' 활동인 것인가 하는 의문이 매일 눈뜰 때마다 삭신에 사무치곤 한다. 우리 개와 산책하고 나면 마음은 즐거운데 기력을 길바닥에 죄다 흘리고 오는 것이다. 매일 산책하니 언젠가는 건강해지지 않겠냐는 위로를 들은 지 어느덧 7년째, 산책을 통해 만성질환자인 인간이 쪼금 건강해져봤자 개의 체력 증진속도를 따라가지 못하며 하루 충전된 기력을 다시 산책하는 데 다 써버리게 되는 산책의 무한 순환에 세월에 따른 노화가 겹쳐지고 일 마감까지 밀리고 쌓이면 인간이 아무리 버둥거려봤자 밑 빠진 독에 물 붓기다. 그나마 우리 개마님이 행복하고 이제 열 살인데도 체질적인 알레르기와 치아 문제만 빼면 건강검진 결과는 매번 튼튼하다고 나오는 것이 쉰네의 유일한 낙이다.

쓰다 보니 눈가가 습해져 하소연이 길어졌지만 어쩌면 퀴어 이론에 입문한다는 것은 우리 개와 함께 하는 산책과 비슷할지도 모르겠다. 다들 그렇게 산책인 줄 알고 시작하는 거다(…). 사실 퀴어학은 매우 다양하고 방대한 데다 타 학문에 비해 비교적 짧은 시간에 급속도로 팽창한 학문이기에, 이 책에서 다루는 퀴어 이론은 그중 일부가 될 수밖에 없다. 퀴어 이론은 모든 사안과 교차하며 계속해서 외연과 깊이를 확장해나가고 있기 때문에 이 책도 출간하자마자 낡은 것이 될지도 모른다. 더욱이 퀴어 이론은 단일하고 단선적인 계보를 그릴 수가 없다. 퀴어 이론을 정리하거나 계보를 그릴 목적으로 출간된 책도 취사선택의 덫을 피해갈 수가 없다. 이 취사선택은 한정된 지면에 방대한 퀴어 이론을 소개하기 위한 고육책이기도 하지만, 다른 한편 저자의 능력치와 관심사, 편견과 정치적 입장, 그리고 '퀴어'라는 커다란 범주 아래 구체적으로 어떤 이름에 동일시하는지 등의 요인이 영향을 미친다. 이런 점에서 이 책은 퀴어 이론 '입문'이지만, '이것만 들으면 백전백승 따위 수험서로 기능할 수 없다는 건 당연하다. 그저 이 책은 광범위하고 다채롭고 계속 발굴되고 잊히고 엄청난 속도로 새로이 쌓여가는 퀴어 이론 및 운동 중 일부에 초점을 맞춰 불완전하고 잠정적인 일종의 산책길 지도로 정리한 것이다. 이러한 불완전성은 나의 한계이기도 하고, 어떤 면에선 모든 저자의 한계이기도 하고, 앞으로 보게 되겠지만 퀴어 이론이라는 분야의 특성이기도 하다.

이런 문제의식 아래 퀴어 이론으로의 '입문'을 돕는 1장에서는 "퀴어 이론이란 무엇인가?"보다 "무엇이 퀴어 이론을 '퀴어'이론이게 만드는가?"라는 질문에 초점을 맞춘다. 퀴어 이론이 무엇인지를 정의하고 계보를 그리는 작업은 그 자체로 매우 정치적인 작업이다. 퀴어 이론의 역사를 정리하는 텍스트들을 보면 저마다의 위치성과 정치성이 드러날 뿐만 아니라, 그것들을 지키기 위해 무엇 혹은 누구를 다른 존재나 사안보다 더 중요시하는지, 무엇 혹은 누구를 배제하고 있는지, 혹은 생각조차 하지 못하고 있는지가 드러난다. 따라서 객관적이고 말쑥한 단일한 이론사란 사실상 불가능하며 퀴어 이론을 정리하는 모든 시도는 그 자체로 항상 이미 편파적인 선택일 것이다. 1장은 지금까지 퀴어 이론의 계보를 정리하는 시도들이 선택한 것과 선택하지 않은 것에 주목하는 방식으로 '퀴어'와 '퀴어 이론'의 의미 및 의의, 방향성을 함께 사유해보는 자리를 마련한다.

물 한 병, 배변 봉투 몇 장, 길 가다 마주치는 야옹이에게 우리 개가 짖을 때 무마용으로 바칠 고양이 간식 캔 두어 개를 챙겨 들고 가볍게 시작한 산책이 산 넘고 물 건너 전혀 가본 적 없는 동네까지 가버려 대충이라도 가까운 길을 찾아줄 지도가 필요한 순간이 있다. 이 책을 읽으면서 분명해지겠지만, 퀴어 이론의 초석을 놓았다고 평가받는 텍스트들은 출간된 지 어언 30년 정도가 흐른 2020년 현재에도 여전히 현장성을 띠고 있는 경우가 많다. 이 말은 미국의 퀴어 이론의 발전 속도보다 한국이 늦다거나, 미국의 것을 그대로 수입해서 한국에 순차적으로 적용하기만 하면 된다는 이야기가 결코 아니다. 1장과 5장에서 보겠지만 탈식민화와 신자유주의적 자본주의와 신제국주의의 역동 속에서 스스로를 '제 1세계'라 칭하는 지역과 비교해 '제 3세계'로 불리는 지역에서는 '전통' 문화와 '서구' 문화의 범주 자체가 복잡하게 뒤얽혀 독특한 발전 양상을 이룬다. 여기에 일괄적으로 '서구의 발전된 퀴어 담론'을 적용하겠다는 생각이 오히려 그 지역의 퀴어들이 겪는 다층적인 억압을 은폐하고 조장하는 데 기여하기도 한다. 또 다른 한편 세월이 지나고 환경이 달라지고 맥락이 복잡해지면서 더 정교한 언어와 분석 틀이 필요해지기도 한다. 그럼에도 여전히 현재의 우리에게 어느 정도 유용한 자원으로 쓰일 수 있는 텍스트들이 있다면, 그 이유 중 하나는 아마도 우리가 맞서 싸워야 할 혐오 세력이 변화를 거부하고 고여 있기 때문일 것이다.

그런 의미에서, 2장과 3장은 퀴어 이론에 대한 공부를 시작할 때 가장 기본이 되면서도 이해하기 어려운 주제인 섹스, 젠더, 섹슈얼리티의 문제를 다루지만 이는 단순히 지식을 익히는 문제가 아니라 그 자체로 첨예한 생존 투쟁의 장이다. 이 세상에 이성애자만 있는 게 아니고 인간이 남성과 여성 단 두 개의 범주로만 존재하지 않는다는 명제를 놓고 아직까지도 격돌하는 중인 것이다. 2장 <트랜스멍멍이를 버틀러

가 논박하다>에서는 한국의 페미니즘 지형에서 이렇게 가시화된 적이 없었다는 의미에서 '새로이' 등장한, 퀴어를 혐오하는 페미니스트들이 퀴어 이론을 자기 입맛대로 왜곡하여 트랜스 혐오에 동원하는 양상에 맞서 주디스 버틀러의 젠더 이론으로 그들의 논리를 깨부순다. 퀴어 이론사의 초기에 나온 텍스트임에도 버틀러의 논의는 젠더 규범의 작동 방식과 우리가 그 규범에 맞설 방법 둘 다를 탐구할 수 있게 해준다. 또한 3장 <퀴어 정체성의 백가쟁명: 비규범적인 젠더와 섹슈얼리티의 가능성/실존>에서는 최근 전 세계적으로 젊은 세대 퀴어에게 자기 정체성을 호명하는 패러다임이 크게 변화했다는 점에 주목하여, 기존의 LGBT 범주로는 다 담을 수 없는 새로운 퀴어 정체성이 폭발적이고도 다채롭게 등장한 현상을 살펴본다. 그리고 이 새로운 패러다임 속에서 자신의 이름을 찾아가는 한국의 퀴어들을 위해 이 정체성들을 이해하고 언어화하는 데 도움이 될 이론적 자원과 이 정체성들에 대한 계보학적 비판을 함께 제공한다. 한편으로, 이 이름들은 나중에 생겼을지라도 삼십여 년 전에 나온 이브 코소프스키 세즈윅의 『벽장의 인식론』에서부터 이 급증한 정체성들을 위한 기초를 마련하는 시도를 찾아볼 수 있다. 다른 한편, 기존의 정체성 정치에 포섭될 위험을 품고 있으면서도 그 정치를 교란시키고 뒤엎을 잠재력 또한 품고 있는 이 새로운 정체성들은 성적 지향과 정체성에 관한 더 정교한 분석틀이 현재의 우리에게 필요하다는 사실을 짚어준다.

2016년 제1회 솔여심 포럼에서 <트랜스젠더퀴어에서 사라지거나 지워지는 장면들>이란 주제로 강연한 퀴어 이론가 루인은 한국에서 퀴어 운동의 역사를 설명할 때 한국 퀴어 역사가 미국의 스톤월 항쟁에서부터 아무런 이음매 없이 말쑥하게 이어지는 양 이야기되는 상황에 문제제기하면서, 한국의 퀴어 이론이나 퀴어 운동 및 공동체 역사의 계보를 그리는 작업이 필요하다고 제언한 바 있다. 한국에서 퀴어 연구를 하기 위해선 지금까지의 퀴어 이론의 발전이 미국 중심적이라는 한계와 이 지역적 차이가 만들어내는 교차성을 인식하고 탐구해야 한다. 이 책 또한 그 한계를 넘었다고는 결코 말할 수 없지만 적어도 부족하나마 그러한 교차 연구를 위한 기초적인 정보를 제공하는 역할을 하고자 했다. 4장 <벽장의 인식론>은 이브 코소프스키 세즈윅의 『벽장의 인식론』에서 출발하여 벽장과 커밍아웃의 복잡한 역학을 탐색한다. 사회적으로 주변화된 존재들의 삶에서 벽장과 커밍아웃은 깔끔히 분리될 수도 없고, 전자가 현실에 안주한 것이고 후자가 진보를 대표한다는 식으로 가치 평가될 수도 없다. 이 장에서는 미국과 한국의 정치적 공론장에서 성소수자 이슈를 다루는(혹은 소비하는) 방식을 살펴보면서, 동성애/이성애라는 인위적 대립으로부터 만들어진 대표적 표상인 벽장과 커밍아웃에 공/사 구분, 지식−무지−권력의 문제, 행위−발화−정체성의 관계 등이 모순적으로 뒤얽혀 성소수자들을 규제하거나 그 규제에 균열을 내거나 또 다른 규범을 강화하는 식으로 엎치락뒤치락하는 양상을 분석한다. 5장 <동성애 규범성과 퀴어 부정성>은 1부와 2부로 나뉜다. 1부에서는 에이즈 위기 이후 미국에서 주류 게이 레즈비언 운동이 기존 사회 규범에의 동화를 목표로 움직이면서 새로운 '동성애 규범성'이 구축되어온 양상을 살피고, 이 동성애 규범적 주류화 전략이 전파하는 대표적 이데올로기인 퀴어 리버럴리즘과 호모내셔널리즘을 비판적으로 분석한다. 2부에서는 이러한 이데올로기들이 강요하는 규범적이고 획일적인 미래에 맞서는 '퀴어 부정성으로의 전회'를 논한다. 그리고 이 부정성의 정치가 퀴어들의 미래에 대해 어떤 대안적 인식론을 제공하는지를 살펴본다.

　이 책에선 최대한 단순하게 요점만 짚어 독자들에게 전해드리려 노력했지만, 사실 여기서 소개한 퀴어 이론가들의 원전을 읽어보면 철학, 사회학, 정신분석학, 심리학을 비롯한 온갖 학문을 바탕으로 하되 그 바탕을 깊이 파고들고 뒤엎는 어려운 작업이 가득하다. 따라서 당연한 말이지만 이 책에서 '입문용'으로 소개하는 내용만으로는 이 학자들의 논의를 다 알았다고 말할 수 없다. 퀴어 이론이 그렇게까지 어려울 필요가 있냐고 생각하는 이들도 많을 것이다. 적절한 비유라 할 순 없겠지만 우리 개마님이 고수하시는 실외배변 때문에라도 산책을 나가야 할 때마다 그냥 집 근처에서 대충 싸고 들어오지 왜 오늘도 굳이 드넓은 영토를 탐방해야 하나 싶은 인간의 마음과 비슷할 것이다. 하지만 퀴어 이론이 어려울 수밖에 없는 근본적인 이유는, 쉽고 당연하고 자연스러워 보이는 것들은 기존의 권력 구조에 맞춰진 것들인 경우가 많기 때문이다. 그래서 규범에 맞지 않는 자들의 언어, 그 규범에 저항하는 언어는 불편하고 생소하고 굳이 저런 것까지 알아야 하나 싶은 것들로 이뤄질 수밖에 없다. '너 같은 존재는 있을 수가 없다고 단언하는 세상에 맞서 이런 존재가 어떻게 가능한지를 설명하려면 '모두'에게 익숙하고 직관적인 언어로는 턱없이 부족하다. "그냥 다 같이 행복하게 살면 되는 거 아닌가?"라고들 말할 때, 그 '다 같이'에 누가 포함되고 누가 배제되는지, 그 '행복'이란 것이 무엇이고 누구의 기준에 맞춰져 있고 어떤 권력 관계를 지속시키며 누가 그 '행복'을 방해하는 원흉으로 지목되는지를 꼬장꼬장하게 따질 수밖에 없다. 그리하여 이론을 만들 필요성이 생기는 것이다.

　앞장들과 마찬가지로 6장 <퀴어 정동 이론>도 이런 관점에서 출발한다. 사회적 소수자들에게 혐오와의 싸움은 기억도 안 날 만큼 오래되었지만 늘 새롭기 마련이다. 역사적으로 진보라고 할 만한 변화도 있지만, 혐오 세력들은 그러한 진보를 무시하거나 그에 맞춰 더욱 교묘한 방식으로 혐오를 발전시켜왔다. 그러다 보니 퀴어들은 공동체 밖에서 자신이 성소수자로서 겪는 상실과 두려움을 드러낼 수 없는데, 공동체 안에서도 이제 너무 지치니 나약한 감정 따위 그만 좀 드러내라며 침묵을 종용당할 때가 있다. 자긍심, 사랑, 희망처럼 공동체를 결속시키는 긍정의 언어가 중시되는 동안, 슬픔, 절망, 고립감, 두려움과 같은 감정들은 공동체에 그리 도움이 되지 않는 나약함으로 치부되어 공적 영역에서 제대로 언어화되지 못하고 개인이 감내해야 할 문제로 밀려나는 것이다. 이런 상황을 비판적으로 성찰하면서 퀴어 정동 이론가들은 부정적인 정동 중에서도 어떤 것이 배제되고 어떤 것이 국가, 정부, 전쟁을 위해 동원되고 찬양되고 선정적으로 전시되는지를 분석하는 한편, 부정적인 정동을 어떻게 정치적이고 윤리적인 자원으로 사유할 수 있을 것인지를 탐색한다. 여기서 정동은 사회정치적 차원과 개인적 차원을 엮어 짜는 키워드다. 누구의 슬픔만이 인정받고 어떤 것만이 행복으로 인정받는가. 계속되는 절망에 지쳤을 때 우리는 이 만성적인 우울 상태를 어떻게 사유하고 살아가야 하는가. 이 부정성으로부터 어떤 다른 세상을 만들 수 있을까. 이는 기존에 우리가 무엇을 쓸모 있다고 여기고 무엇을 쓸모없다고 여기는가를 나누는 기준 자체를 다시 숙고해보는 작업이자, 기존에 우리가 '정치'라고 알고 있고 상상하던 것과는 좀 다른 정치를 상상하고 만들어나가는 작업이다.

누군가에겐 이 책이 퀴어 이론을 산책하는 길이 될 수도 있고, 누군가는 이 책을 통해 퀴어 이론과 함께 다른 곳으로 산책하게 될 수도 있을 것 같다. 처음의 기획과 달리 이 책에 넣고 싶었던 여러 장을 덜어내야 했지만, 이 책이 나름 쓸모있는 산책길 지도로 기능하여 독자분들이 자신만의 산책 코스를 찾는 데 도움이 되었으면 하는 마음이다. 아울러 기력은 딸려도 마음은 계속 즐겁도록, 그래서 한 번의 산책이 그다음 산책으로 이어지고 산책을 빙자한 어드벤처를 내심 기다리게 되는 데 이 책이 도움이 되길 바란다.

우여곡절 끝에 오랜 시간이 지나서야 책이 나오게 된 터라 감사의 말을 전할 분들이 많다. 중앙대 자유인문캠프 기획단 <잠수함토끼들>에서 내게 강좌를 제안해주시지 않았다면 이 책은 나오지 못했을 것이다. 마지막 날까지 강의가 무사히 끝날 수 있게 다방면으로 도와주신 기획단 소속 안태진 선생님과 안해도 선생님께 감사드린다. 강의 들으러 와주신 수강생분들께도 진심으로 감사드린다. 여러분 덕분에 강의하던 여름 내내 정말 즐겁고 재미있었다. 불볕더위에 인간은 물론 컴퓨터와 인터넷 공유기까지 차례로 더위 먹어 쓰러지고 프린터는 중간에 세상을 뜨시는 바람에 매주 아슬아슬한 상황에서 강의자료 출력에 도움을 준 이십 년 지기 정연과 강좌 내내 아낌없이 격려해주고 강좌를 홍보해준 도균님에게도 감사드린다. 또한 늘 학문적으로 많은 도움을 주는데다 이번에도 이 책의 초고를 읽어주고 추천사까지 써준, 오랜 친구이자 한국의 걸출한 퀴어 연구자인 루인에게 깊은 감사의 인사를 드린다. 특히 이 책을 쓰는 동안, 비사이드 포럼과 선집을 함께 만들었던 도균님과 루인의 글 그리고 셋이 나눴던 대화가 많은 통찰을 안겨주었다. 두 분께 늘 많이 배우고 늘 감사드리며, 우리 비사이드 포럼과 선집 평생내자고 한 약속(이라고 쓰고 종신계약이라 읽는다) 잊지 말아요… 단행본 출간을 맡아주신 도서출판 여이연과 편집자 사미숙 선생님께도 진심으로 감사드린다. 이런저런 사정과 비루한 몸뚱이 탓에 마감이 늦어지는데도 믿고 기다려주시며 건강 걱정부터 해주신 사미숙 선생님 덕분에 끝까지 힘내서 쓸 수 있었다. 항상 물심양면으로 도와주시는 가족들에게도 죄송하고 감사하다. 마감이 급할 때마다 언니와 엄마가 개 산책을 대신해주시지 않았더라면 산책에 기력을 다 뺏기는 악순환에서 빠져나오지 못해 이 책을 완성할 수 없었을지도 모른다. 특히 마지막 작업으로 정신없을 때 개 산책과 케어를 전담해준 언니에게 무한 감사를 보낸다.

마지막으로 우리 개 왓슨이에게 고마움을 전한다. 사실 왓슨이를 입양하지 않았더라면 이 책이 나오기는커녕 2013년 겨울에 내 생은 끝났을 것이다. 삶이 몇 번이고 부서지다 복구할 기력이 고갈되어 살고픈 마음 한 자락도 남지 않았을 때 죽기 전에 하고 싶은 일로 떠올린 게 딱 한 가지, 평생소원이었던 '반려견과 백년해로하기'였으니 말이다(농담처럼 얘기해왔지만 젠더나 섹슈얼리티에서의 정체성보다 아주 어릴 적부터 내가 인식한 최초의 정체성은 '개 좋아함'이었다). 깊은 우울에 빠져 한글 단어까지 잊어버리고 하나의 완결된 문장을 만드는 연습부터 다시 해야 했던 인간을 건져내어 지금까지 살게 해주고 다시 글 쓰게 해준 작은 복슬복슬 강아지의 만수무강을 기리며, 이 책의 인세는 전부 열 살 먹은 우리 개 식비와 병원비로 쓰일 게 분명하니(…그리고 산책길에 우리 개가 고양이를 발견하고 짖을 때마다 미안해서 캔을 사다 바쳤더니 언제부터인가 우리 집을 알아내어 이제는 밥때가 되면 집 앞에서 날 불러제끼는 야옹이 열 마리+a의 밥값으로도 쓰일 게 분명하니) 부디 어엿비 여겨 많은 분들이 책을 사주셨으면 하는 마음이다.

2020년 겨울
전혜은

주

1. 중앙대 자유인문캠프는 중앙대를 기반으로 대학생과 대학원생들이 직접 기획하는 인문학 플랫폼이다. 대학의 제도화와 기업화에 맞서 대학 안팎으로 비판적인 지식을 생산하고 유통시키는 '희망의 진지'로서 다양한 교육-예술-문화운동을 펼치고 있다. 특히 2010년부터 매년 '자유인문캠프'라는 이름의 기획 강좌를 열고 있다. <퀴어 이론 '입문?'>은 2017년 기획 강좌 8개 중 하나로 진행되었다. 자세한 사항은 공식 홈페이지를 참조. (freecamp.co.kr).

2. 2009년부터 매년 개최된 퀴어아카데미는 퀴어 인권활동가들과 연구자들과 시민들의 "생각 나눔, 지식 나눔, 배움 나눔"의 장으로 자리매김했다. 퀴어 이론의 기초는 물론 한국 퀴어 운동의 흐름과 주요 쟁점을 배울 수 있는 기획 강좌로 구성되어 있다. 최근 몇 년 동안은 퀴어 강연이 서울에 편중되어있는 현상을 고민하며 순회강연을 진행해왔다. (성적소수자문화인권센터 공식 홈페이지 kscrc.org; 퀴어아카데미 홈페이지 kscrc2009. cafe24.com/academy)

3. 성소수자차별반대무지개행동은 2007년 말 법무부의 차별금지법 내 성적 지향 및 11가지 차별금지 사유 삭제 사건을 계기로 결성된 성소수자차별저지긴급행동의 정신을 이어받아 만든 성소수자 단체 및 활동가 개인들이 모인 일상 연대체이다(공식 홈페이지 lgbtact.org). 그때부터 지금까지 차별금지법 제정을 위한 투쟁을 이끌고 있다. 운동의 시작을 기록한 단행본이 출간되어 있다(나비야, 단비, 이반지하, 캔디, 케이, 토리, 한채윤, 히로, 성소수자차별반대 무지개행동, 『지금 우리는 미래를 만들고 있습니다: 올바른 차별금지법 제정을 위한 뜨거운 투쟁의 기록』, 수원: 사람생각, 2008). 성소수자 인권포럼은 가장 최신의 퀴어 인권운동 흐름과 지형을 조망할 수 있는 한국 최대 규모의 행사로, 3일에 걸쳐 수많은 세션이 진행된다. 첫째 날은 '사전 포럼'으로 퀴어 연구자들의 학술성과를 공개하고 토론하는 자리가 마련되어 있다. 성소수자 인권포럼 소식은 트위터(mobile.twitter.com/queerforum_kr)와 페이스북(facebook.com/queerforum.kr)에서 볼 수 있다. 포럼이 끝난 뒤엔 행동하는성소수자인권연대(행성인)에서 성소수자 인권포럼 내용을 요약해서 올린다(lgbtpride.tistory.com/category/인권소식/성소수자%20인권포럼).

4. 비사이드 포럼은 내가 속한 비사이드 콜렉티브에서 매년 개최하는 포럼이다. 이 포럼의 전신은 솔여심 포럼으로, 퀴어 연구자 이조(Ezo)님의 기획 하에 2016년 겨울 개최되었다. 이 포럼에 참여해 인연을 맺은 활동가 및 연구자들이 모여 2017년 여름부터는 비사이드 포럼이라는 이름으로 8월마다 포럼을 열어왔으며 2018년에는 1회와 2회 강연 중 일부를 모아

선집을 출간하였다. 전혜은, 루인, 도균, 『퀴어 페미니스트, 교차성을 사유하다』, 비사이드 선집 1, 서울: 여이연, 2018. 비사이드 포럼 소식은 페이스북의 비사이드 콜렉티브 계정(facebook.com/비사이드-콜렉티브-439453076462633_)에서 만나볼 수 있다.

5. '여이연'이라는 줄임말로 더 유명한 여성문화이론연구소는 1997년 설립되어 20여 년간 페미니즘 지식생산과 유통에 힘써온 연구자 및 활동가 단체로, 매년 두 번 『여/성이론』을 발간하고 기초에서 심화까지 다양한 페미니즘 이론 강좌를 열고 있다. 공식 웹사이트는 gofeminist.org.

6. 애너매리 야고스, 『퀴어 이론 입문』, 박이은실 옮김, 서울: 여이연, 2012. (Annamarie Jagose, *Queer theory: an introduction*, New York: New York University Press, 1996) 내가 이 책을 기획할 당시에는 절판이었으나 최근 재출간되었다.

7. 물론 산책이 단순한 여가 활동으로만 해석된 건 아니다. 발터 벤야민을 비롯한 여러 학자들은 산책을 통해 당대 사회를 이성적으로 관찰하는 근대적·미학적 주체를 '산책자'라는 개념으로 포착하여 다양한 연구를 해왔다. 그중에서도 근대 조선의 여성 산책자에 초점을 맞춘 이 멋진 글을 보라. 서지영, 「산책, 응시, 젠더: 1920~30년대 '여성 산책자'(flânerie)의 존재 방식」, 『한국근대문학연구』, Vol.-, No.21, 2010, 219-259쪽.

1장

퀴어 이론 '입문'

산책 신나

퀴어 이론으로의 '입문'을 돕는 이 첫 장에서, 나는 "퀴어 이론이란 무엇인가?"보다 "무엇이 퀴어 이론을 '퀴어' 이론이게 만드는가?"라는 질문에 초점을 맞출 것이다. 전자의 질문은 존재론적 완결성과 단선적인 시간성으로 이뤄진 진보 서사를 가정하는 경향이 있다. 그러나 퀴어 이론은 "what"을 질문하는 존재론적 사유가 항상 이미 정치적이고 윤리적인 인식론이라는 점을 폭로해왔다. 따라서 이 책에서 이야기할 퀴어 이론은 항상 퀴어 이론'들'이고, 그 이론'들'의 역사'들'이다. 후자의 질문은 『소셜 텍스트*Social Text*』 2005년 3-4호 통합 특집호 제목 「지금 퀴어학에서 퀴어한 건 무엇인가?What's queer about queer studies now?」[1]에서 따온 것으로, 나는 이 질문을 통해 '퀴어 이론은 무엇인가'를 묻는 존재론적 질문과 그 질문이 가정하는 답을 떠받치고 있는 전제 자체를 탐색하고자 한다. 누가 어떤 목적에서 퀴어와 퀴어 이론을 무엇으로 정의하며 생산하고 있는가? 그러한 설명에서 퀴어 이론은 현실을 어떻게 진단하고 어떤 미래를 지향하는가? 거기서 누가, 혹은 무엇이 배제되고 있는가, 또는 아예 처음부터 지워져 있는가? 모든 이론에는 그 이론을 생산하는 개인 혹은 집단의 위치성과 정치성이 담겨 있다. 따라서 이 장은 지금까지 퀴어 이론의 계보를 정리한 시도들이 선택한 것과 선택하지 않은 것에 주목하는 방식으로 '퀴어'와 '퀴어 이론'의 의미와 의의, 방향성을 살펴보고자 한다.

한편 위치성과 정치성이 반드시 나쁘다는 얘기는 아니다. 위치성을 중시한다는 것은 자신의 생각만 진리라고 고집스레 주장하는 편파성과는 다르고, 달라야 한다. 퀴어 이론을 비롯하여 페미니즘, 비판적 인종 이론 등 사회의 주변부로 내몰려온 존재들의 위치에서 나온 학문은 지식 생산과 위치성의 관계를 중요하게 탐색해왔으며, 이 입장 차이를 고정된 본질이라 고집하는 대신 사회적으로 구성된 것인 동시에 몸과 정신에 아로새겨진 경험적이고 역사적인 산물로서 사유해왔다. 그리고 이 위치성을 내가 옳다는 것을 증명하는 근거가 아니라 나와 세상을 바라보고 조직하는 사유의 출발점으로 삼아, 저마다 다른 이들의 연결되고 불화하고 뒤엉키고 대립하고 화합하는 다양한 차이를 이론의 한계가 아니라 이론을 더욱 생산적이고 윤리적으로 만들기 위한 자원으로 활용할 방법을 고민해왔다. 이 장은 물론 책 전체에서 나는 퀴어 이론들이 위치성에 대해 치열하게 고민하고 논쟁하며 쌓아 올린 복잡한 지식들의 궤적을 따라갈 것이다.

그래서 이 1장은 퀴어 이론 산책길의 입구지만 단 하나의 쭉 뻗은 길을 제공하지는 않을 것이다. 사실 산의 복잡함과 다채로움은 지도에 다 담기지 않는다. 왓슨이 입양 직후 산 아래 산다는 이유로 등산으로 변질된 산책을 매일 소화하던 무렵, 처음으로 산속 깊숙이 들어갔다가 길을 잃어 지도 앱을 켰을 때 연두색 평면만 펼쳐져 있어 당황한 적이 있다. 멀리 위에서 내려다보는 방식으로는 무성한 나무 아래 가려진 길을 알아볼 수 없다. 또 직접 가보지 않으면 이 오솔길이 어떻게 만들어졌고 어디로 이어지는지, 이 길을 쭉 따라가려면 중간에 얼마나 많은 갈림길을 지나쳐야 하는지를 알 수 없다. 그래서 아마, 내가 뒷산에 익숙해지고 나서 친구들을 초대해 우리 개와 함께 산책길을 안내했을 때처럼, 이 글은 갈라진 길마다 구체적으로 다른 풍경과 다른 서사—저쪽을 돌아가면 서낭당 나무가 있고, 저쪽 길은 어느 동네로 이어지고, 저쪽은 염세적인 눈빛의 꿩이 지키고 있고, 저쪽 길 끝의 하늘 공원엔 뜬금없이 토끼들이 뛰어다니고, 저쪽 길은 봄마다 분홍색 꽃잎이 눈처럼 뒤덮이고, 저쪽으로 넘어가면 무덤가를 지나는 오솔길에 야생딸기덤불이 있지만 왓슨이가 거기에 영역표시를 해버렸고—를 경험할 수 있도록 돕는 안내를 목표로 할 것이다. (…그때 산책의 낭만을 기대하며 따라나선 친구들 모두 우리 개의 무한 체력에 지쳐 다시는 약속 장소를 우리 집으로 잡지 않았지만, 이 책은 괜찮을 거다. 적어도 앉아서 읽으니까.)

1장의 구성은 다음과 같다. 1절에서는 입문서의 첫 장답게 퀴어 이론의 기원과 등장배경, 정확히 말하면 기원 '서사들'을 소개할 것이다. 퀴어 이론의 기원을 무엇으로 하느냐에 따라 퀴어 이론의 주체로 상정하는 부류, 주요 활동 범위, 관점과 방향성 등이 다르게 드러나기 때문이다. 그 다음엔 퀴어 이론을 환영하거나 반대한 이들이 '퀴어'를 무엇으로 정의하고 '퀴어 이론'에서 무엇을 기대했는지를 살펴본다. 2절은 퀴어 이론의 특징으로 논의되는 것들을 소개하고 퀴어 이론이라는 이름 아래 탐구되는 것들을 살펴보면서 무엇이 퀴어 이론을 '퀴어'하게 만드는지를 고찰해본다. 3절은 퀴어를 정의하는 특징으로 알려진 것들을 둘러싸고 보다 깊고 넓게 진행 중인 논쟁들을 정리하고, 마지막 절에서는 앞 절의 논의를 이어받아 퀴어 이론이 박제된 교조주의가 아니라 계속해서 열려있는 이론으로 살아있게 만들 길을 모색한다.

1. 퀴어 이론의 기원과 등장배경

1) "증식하는 기원들"

많은 문헌이 '퀴어 이론'의 기원으로 지목하는 순간은 페미니즘 학자 테레사 드 로레티스Teresa De Lauretis가 1991년 페미니즘 학술저널 『차이들differences』의 객원 편집장을 맡아 특집호 제목을 「퀴어 이론: 레즈비언과 게이 섹슈얼리티Queer Theory: Lesbian and Gay Sexualities」로 달았던 때이다.2) 그러나 퀴어 장애학자인 로버트 맥루어Robert McRuer는 퀴어 이론의 기원이 단 하나가 아니라고 주장한다. '퀴어 이론'의 기원이 무엇인가에 대한 수많은 설화가 존재하고, 이 기원 설화끼리 서로 경쟁한다는 것이다.

퀴어 이론이 출현한 이래 퀴어 이론의 기원들은 증식해왔다. 로빈 위그먼Robyn Wiegman은 드 로레티스가 이 용어를 만들었다고 믿는다(17). 윌리엄 B. 터너William B. Turner와 다른 많은 이들은 미셸 푸코Michel Foucault의 『섹슈얼리티의 역사Histoire de la sexualité』 1권에서 퀴어 이론의 시작을 추적한다. 애너메리 야고스Annamarie Jagose는 푸코의 '퀴어한' 작업을 뒤로 확장하여, 1960년대와 70년대 LGBT 역사학자 및 사회학자들이 주로 학계 바깥에서 했던 다른 '구성주의적' 작업과의 연결을 숙고한다. 1980년대 초 성해방을 둘러싼 페미니즘 운동과 1980년대 후반 에이즈 운동에서 출현한(그리고 자주 균열이 일어난) 연대, 정체성, 체계적 비판의 플레이 또한, 여러모로 '퀴어'였거나 '퀴어 이론'이었다. […] 호세 에스테반 뮤노즈José Esteban Muñoz는 퀴어 이론의 기원이 될 문헌은 1981년에 나온 선집 『내 등이라 불리는 이 다리: 급진주의 유색인 여성들이 쓴 글 모음This Bridge Called My Back: Writings by Radical Women of Color』이라고 믿는다. […] 퀴어 이론을 개괄하는 학계 수업 과정 상당수가 게일 S. 루빈Gayle S. Rubin의 「섹스를 사유하

기: 섹슈얼리티 정치의 급진적 이론을 위한 소고Thinking Sex: Notes for a
Radical Theory of the Politics of Sexuality」, 주디스 버틀러Judith Butler의
『젠더 트러블: 페미니즘과 정체성의 전복Gender Trouble: Feminism and the
Subversion of Identity』, 이브 코소프스키 세즈윅Eve Kosofsky Sedgwick의『벽장
의 인식론Epistemology of the Closet』을 퀴어 이론에 넣거나 아니면 아예 퀴어
이론의 시작으로 놓는다. 나는 퀴어 이론의 기원을 증식하는 것으로 보는
이해가 […] 타당하거나 합법화된 계보를 수립할 이성애 재생산 모델보다는
더 낫다는 걸 깨닫는다.3)

맥루어에 따르면 기원을 단 하나로 보는 관점은 단선적인 시간적
경로와 서사를 제시하는데, 단 하나의 순수한 출발점과 거기서부터 내
려오는 후손들이라는 이 구도는 이성애적 재생산 모델을 답습하는 것이
자 그 재생산 모델을 "자연스러운 것으로 만들고 거기에 특권을 부여한
다"는 점에서 문제가 있다(이런 점에서 맥루어는 단일 기원 서사를
"straight" 서사라 부른다.)4) 이와 반대로 퀴어 이론의 계보는 "단일성이
아니라 불순하고 도착적인 다중성"으로 이루어진 "비-연대기적 질
서"5)로서, 그 기원은 "다양하고 다중적이고 분산되어 있고 모순적이고
논쟁적"이다.6) 맥루어의 이 주장에 동의하면서 퀴어 이론의 계보를 그
리는 문헌들이 내놓는 퀴어 이론의 '기원들'을 몇 가지 정리해보고자
한다.

(1) 퀴어 네이션Queer Nation

퀴어 이론의 기원을 한 운동단체에서 시작하는 견해도 있다. '퀴어'
란 용어는 처음에 성소수자들을 비하하고 낙인찍는 욕으로 사용되었으
나, 당사자들이 '그래, 나 퀴어다, 어쩔래!' 하고 반격하면서 20세기 중후
반부터 하위문화에서 당사자 용어로 사용되어왔다고 한다.7) 이 용어를

공식 명칭으로 내건 첫 단체는 퀴어 네이션으로 알려져 있다. 에이즈 위기에 맞서 에이즈와 환자들에 대한 국가의 관심을 촉구하고 관련법 제정, 의학 연구, 치료와 복지 대책 등을 마련하기 위한 직접행동 운동단체 액트 업(ACT UP! Aids Coalition To Unleash Power)이 1987년 뉴욕에서 결성되었고, 그 단체의 소속 활동가들이 뉴욕에서 1990년 봄에 퀴어 네이션을 조직했다. 드 로레티스는 퀴어라는 이름을 걸고 활동하던 이 단체를 퀴어 이론과 관련지어 주목하지 않았지만, 다른 퀴어 이론가들은 드 로레티스가 '퀴어 이론'이란 이름을 학계에 도입하던 때와 같은 시기에 나왔던 퀴어 네이션의 활동이 그 자체로 퀴어 이론이자 퀴어 정치였다고 지적한다.[8]

퀴어 네이션은 현재 우리에게 익숙한 퀴어 운동의 방식을 만들고 수행했다. "나는 퀴어다." "나는 네놈들의 범주를 거부한다." "나는 네놈들의 승인 따위 필요 없다. 내 면전에서 꺼져라." "우리 퀴어들은 네놈들 면상에 얼굴을 들이댈 거다."[9] 퀴어 네이션은 퀴어 정체성을 긍정하고, 퀴어 혐오적인 사회가 부과하는 정체성을 거부하고 그런 사회에 동화하길 거부했으며 퀴어로서 가시적으로 존재를 드러냈다. 퀴어 네이션은 "내 주변엔 그런 사람 없어"라고 말하는 비-퀴어들[10]의 면전에서 "내가 바로 퀴어다!" 하고 맞받아치면서 퀴어를 삭제하려는 주류 사회를 불편하게 만드는 전략을 추구했다. 이들은 공공장소에서 퀴어 커플끼리 키스하는 시위kiss-in, 이성애자만 가는 바에 퀴어 커플이 가서 애정을 과시하는 퍼포먼스, 쇼핑몰에 가서 퀴어 커플인 거 티 내면서 쇼핑하기 등 시스젠더-이성애 중심주의[11]에 맞춰진 공적 공간에서 퀴어의 존재를 위반적으로 드러내는 시위를 벌여왔다.

이러한 활동에서 퀴어 네이션의 목표는 "프라이버시 권리를 획득하는 것이 아니라 퀴어들이 대놓고 안전하게 퀴어할 수 있는 공적 공간의 창출"이었다.12) 이성애자들은 자신들에게만 안전하고 편안한 공간을 당연시하면서 '너희 퀴어들도 공적 공간을 스스로 쟁취하고 싶으면 합리적이고 온건한 방식으로 운동하라고 요구하는 식으로 퀴어들에게 책임을 떠넘긴다고 퀴어 네이션은 비판했다. 퀴어 네이션은 퀴어에게 가해지는 혐오에 혐오로 답했고, 퀴어를 겨냥한 폭력queer-bashing에 폭력으로 답했다. 그럼으로써 너희 비-퀴어들이 안전하고 평화롭다고 여기는 공간이 결코 그렇지 않다는 걸 보여줬고 우리 퀴어가 너희 맘대로 찍어 누를 수 있는 대상이 아님을 증명했다. 또한 퀴어 네이션은 (현재의 우리에게 익숙한 예를 들자면 배트맨과 로빈을 엮는 식으로) 이성애자 중심의 주류 사회가 만들어내는 이미지를 퀴어하게 전복시킴으로써 주류 사회에 혼란을 던져주고 의미를 다시 만드는 전략을 사용했다.13) 이는 나중에 캐리 샌달Carrie Sandahl이 '퀴어하기 만들기queering'라고 개념화한 실천으로, 주류 사회에서 유통되는 재현 아래 숨겨져 있는 퀴어하게 읽힐 만한 텍스트를 발굴하기 위해 주류 텍스트를 새롭게 해석하기, 그런 재현을 가져와 내 목적에 맞게 기존과는 다른 퀴어한 의미를 띄도록 만들기, 주류적인 재현에서 이성애 중심주의를 해체하기와 같은 실천을 포함한다.14) 퀴어 네이션의 다채로운 정치적 전략—기존의 정체성 범주에 구속되길 거부하는 동시에 새로운 퀴어 정체성을 창출하는 역설적인 전략, 모든 사람이 이성애자라 가정되는 공적 공간을 퀴어로 채움으로써 안전함을 불온함으로 바꾸고 익숙함을 낯설음으로 채워 넣는 전략, 섹슈얼리티와 국가, 정치의 연결을 새로이 만드는 전략,15) 퀴어의 모욕적 의미를 모범적으로 바꾸려 애쓰는 대신 그 멸칭을 그대로 받아치면서 우리를 길들이려는 규범권력에 억눌리지 않겠다고 선언하는 전략

등──은 동시대에 여러 곳에서 건설 중이던 퀴어 이론과 공명했다.16)

(2) 페미니즘의 영향

퀴어 이론의 등장에는 남성 중심적 인식틀에 대한 페미니즘적인 비판이 중요한 추동력이 되었다. 퀴어 이론의 기원을 어디서부터 셈하든 간에, 퀴어 이론의 이론적 기틀을 세운 것이 1990년에 나온 이브 코소프스키 세즈윅Eve Kosofsky Sedgwick의 『벽장의 인식론』과 주디스 버틀러Judith Butler의 『젠더 트러블Gender Trouble』이라는 점에는 많은 사람들이 동의한다.17) 세즈윅과 버틀러의 작업은 젠더와 섹슈얼리티에 대한 이해를 남성/여성, 이성애/동성애라는 이분법 너머로 확장시키는 한편 그러한 이분법적 구도가 '진리'로 구축되는 메커니즘을 탐구함으로써 그 범주에 들어맞지/순응하지 않는 퀴어한 존재들을 위한 이론적 공간을 마련했다. 또한 이들은 페미니즘의 전통적인 주제이자 주체였던 '여성'을 연구의 토대가 아니라 심문할 연구대상으로 삼았다는 점에서 기존 페미니즘의 인식틀을 근본적으로 바꿔놓았지만, 자신들의 이러한 논의가 페미니즘에 대한 반대가 아니라 페미니즘을 더욱 생산적으로 발전시키기 위한 작업임을 강조했다. 그래서 『퀴어 이론의 계보A Genealogy of Queer Theory』(2000)의 저자 윌리엄 B. 터너는 이렇게까지 말한다. "로레티스, 세즈윅, 버틀러 등의 학자에게 동기를 부여해준 구체적이고 단호한 페미니즘 관련 사안을 먼저 이해하지 못한다면 퀴어 이론을 제대로 이해하는 건 불가능하다."18)

이 책에서는 퀴어 페미니즘을 따로 떼어내 다루진 않았지만, 책 전체에서 다룬 퀴어 이론가 상당수가 페미니즘과 퀴어 이론의 제휴를 추구했다. 퀴어와 페미니즘이 함께 가게 된 건 두 학문이 섹스-젠더-섹슈얼리티와 관련된 세상의 문제들을 누구보다도 절박하게 겪고 고민해왔기 때문일 것이다. 퀴어 이론의 역사에서 수많은 페미니스트들이 퀴어 이론가였고 수많은 퀴어 이론가들이 페미니스트였다. 이들은 페미니즘의 지식과 통찰을 바탕으로 퀴어 이론을 발전시키는 한편, 퀴어 이론의 관점과 지식으로 페미니즘 역시 급진적으로 변화시켜왔다. 그러나 역사적으로 퀴어 이론과 페미니즘이 항상 서로 행복한 밀월 관계였던 것만은 아니다. 퀴어 페미니스트들이 계속해서 비판해왔듯 페미니즘의 주류 의제와 활동은 여전히 시스젠더 이성애자 여성에 초점이 맞춰져 있다. 버틀러의 『젠더 트러블』이 출간되었을 당시 유명 페미니스트 학자들은 '생물학적 여성'이라는 진짜 물질성을 수호해야 한다면서 버틀러의 논의를 포스트모더니즘적 언어유희로 매도하는 글을 쏟아내기도 했다. 이런 경향은 아직도 존재한다. 특히 최근 몇 년 사이 한국에선 심각한 여성 혐오에 맞서 페미니즘이 다시 급부상하는 와중에 페미니즘의 이름으로 트랜스젠더를 겨냥한 혐오폭력을 저지르는 현상 또한 급부상하고 있다.[19]

(3) 에이즈 위기와의 연관성

시스젠더-이성애 중심적인 주류 학계에서는 물론 게이 중심적이던 성소수자[20] 공동체에서도 퀴어 이론의 등장에 대해 '포스트모던'하다거나 현실과 괴리되었다는 등의 비난을 던지는 분위기가 있었지만('패션 퀴어'라는 멸칭처럼, 이런 비난은 기존의 이분법적인 젠더와 섹슈얼리티 범주를 따르지 않는 다양한 이들을 겨냥한다), 우리는 퀴어 이론이 출현하게 된 배경에 무엇보다도 1980년대 에이즈 위기가 있었다는 점을 기억할 필요가 있다.

에이즈 위기로 인해 퀴어 활동가 및 연구자들은 기존 담론의 한계에 직면했다. 첫째, 에이즈 위기는 분노, 애도, 슬픔, 욕망 등 사람에게 너무도 중요한 것들을 성소수자는 공적으로도 사적으로도 표현할 수 없다는 문제를 드러내면서, 성소수자의 삶에서 나오는 너무도 많은 중요한 문제들이 기존의 공/사 이분법 자체에 들어맞지 않는다는 점을 보여줬다.21) 둘째, 에이즈 위기는 섹슈얼리티와 정체성의 관계, 그리고 그것들을 공적 영역과 사적 영역에서 어떻게 드러내고 재현할 것인가의 문제를 다시 생각해보게 만들었다. 사회에 위기가 닥치면 그 위기에 대한 대응으로 보수화·우경화 현상이 일어나곤 하는데 에이즈 위기도 마찬가지였다. 에이즈 위기가 일어나자 앞서 언급한 액트 업처럼 에이즈에 걸린 사람들과 성소수자 공동체를 위해 국가적 대응을 촉구하는 사람들도 있었지만, 1990년대 초반부터 부상한 게이 주류화 운동은 이들과 선을 그었다. 즉 우리는 더럽고 난잡한 성생활을 하지 않고 모범시민으로서 사랑하는 사람과 평생 사랑할 권리를 추구하며 국가를 위해 군에 복무한다는 식으로 섹슈얼리티와 정체성을 분리하고 합법성을 주장하는 전략을 세운 것이다. 이런 보수화된 대응은 '에이즈=게이 질병'이라는 낙인을 피하기 위한 것이었지만 낙인 그 자체는 건드리지 않았다. 그리고 에이즈로 죽어가는 사람들을 방치하고 비규범적인 성관계를 맺는 이들이 죽음으로 내몰리는 상황을 외면하면서 낙인과 편견을 강화하는 결과를 낳았다. 셋째, 에이즈 위기는 소위 전문가들이 생산하고 유포하는 지식이 지식 전체의 유통을 지배함으로써 대안적인 지식이 생산될 가능성을 제한하고 사람들을 관료 지배 아래 두도록 속박하고 있음을 뼈저리게 깨닫게 했다.22) 에이즈 위기 아래 의학, 과학, 종교, 정치, 행정 등의 지식-권력이 맞물려 질병의 치료, 예방, 확산, 질병에 대한 재현 그 모든 것이 사람들을 통치하는 수단으로 작동하는 방식에 대해 긴급하게 탐구하고 대처할 필요성이 생긴 것이다. 더욱이 에이즈와 결부된 사람들이 처한 위기는 주체가 억압받는 문제가 아니었다. 이들은 아예 주체로 셈해지지도 않았다. 이런 사람이 살아서 여기서 고통받고 있다는 것 자체가 전혀 언론에 드러나지 않았고, 정부도 관심을 보이지 않았다. 그래서 이 사람들은 산 자도 죽은 자도 아니었다. 이들을 국가권력 밖으로 내치는 게 아니라 권력 안에서 눈에 띄지 않는 좀비로 생산하고 묶어두는 것이 이들에 대한 통치 방식이었다.[23] 이들이 처한 상황은 정상/도착, 합법/불법을 규정하고 통제하는 이분법적 틀로는 설명할 수가 없었다. 다른 담론과 다른 지식이 필요했고 이런 절박함이 퀴어 이론의 등장으로 이어졌다.

넷째, 에이즈 위기는 공동체를 다른 방식으로 새로이 창조해야 할 필요를 만들었다. 한편으로 에이즈로 인해 너무도 많은 사람들이 빠르게 죽어간 나머지 크게 무너진 성소수자 공동체를 재건해야 했다. 다른 한편 에이즈란 질병의 확산에는 '어차피 게이들만 걸리는 병이니까 우리 선량한 모범시민은 신경 안 써도 된다'는 호모포비아적 인식이 크게 기여했다. 그러다보니 에이즈 위기는 "모든 종류의 성적 일탈자들끼리 가깝게 협력할 기회를 강제"하였고 이때 '퀴어'란 용어는 게이 레즈비언뿐 아니라 바이섹슈얼, 트랜스젠더, 젠더퀴어, 인터섹스 등 다양한 성소수자를 포괄하고 연대할 수 있게 해주는 담론적 공유 공간으로 기능하게 되었다.[24] 흥미롭게도 어떤 이들은 에이즈가 공동체에 가져온 위기가 (특히 남성) 동성애자들을 '동성애자'라는 집단적 정체성 범주로 결집시킴으로써 정체성 정치의 탄생에 기여했다고 평가하는 반면,[25] 같은 위기를 두고 다른 사람들은 젠더와 섹슈얼리티의 이분법적 범주를 넘어서는 더 큰 연대의 필요성을 확인했다. 수잔 스트라이커Susan Stryker는 에이즈 위기가 "유럽의 초기 아프리카 난민, 미국 내 아이티인, 혈우병 환자, 주사제 사용자" 등등 동성애자가 아니라도 에이즈에 걸리기 쉬운 사람들, 결국은 인종 · 민족 · 국적 · 계급 · 성별 · 섹슈얼리티 등등의 권력 위계가 맞물리며 만들어내는 사회적 취약 계층끼리 정치적 연대를 만들어 에이즈에 맞서는 공동전선을 펼치도록 하는 "포스트-정체성 성 정치poseidentity sexual politics"의 필요성을 부각시켰다고 평가한다.[26] 5장과 6장에서 좀 더 논하겠지만 의학기술의 발달로 에이즈가 치명적인 급성 질환에서 약으로 관리 가능한 만성질환이 되자 처음에 에이즈로 결집되었던 동성애자 정체성 정치는 에이즈 위기에 들러붙었던 낙인을 털어내기 위해 아직 에이즈와 밀접하게 연결되어 있는 사람들까지도 털어내는 보수적인 방향으로 발전해갔다. 반면 후자의 '포스트-정체성 성 정치'의 필요성을 인정한 사람들은 정체성을 기반으로 하지 않는 새로운 연대를 모색하기 위해 정체성을 보다 급진적으로 사유하면서 퀴어 이론 및 운동을 발전시켜갔다.

정리하자면, 퀴어 이론은 에이즈 위기가 일으킨 지각 변동의 영향을 받아 탄생했고, 에이즈 위기로 인한 전반적인 사회의 보수화 분위기 속에 합법적인 주체 자리에 편입되려 스스로를 단속하는 게이 주류화 전략으로부터 배척받고 비가시화된 퀴어들에게 특히 중요했다. 그리고 이렇게 태어난 "새로운 '퀴어' 정치는, 지배에 취약한 특정 종류의 소수 자들을 위한 일련의 보호를 기반으로 한 게 아니라, '이성애 규범적인' 사회적 억압에 반대하는 움직임을 기반으로 하여 유럽과 미국의 동성애 자 인권운동을 급진적으로 변환시켰다."[27]

(4) 유색인 페미니즘과 퀴어

『소셜 텍스트』 2005년 3-4호 특집 「현재의 퀴어 이론에서 무엇이 퀴어한가?」에서 공동편집자인 데이비드 엥David L. Eng, 호세 E. 뮤노즈 José Esteban Muñoz, 주디스 잭 핼버스탬Judith Jack Halberstam[28]은 대안적인 퀴어 비판의 계보로서 "유색인 여성 페미니즘", "유색인 퀴어 비평", "퀴어 디아스포라" 세 개를 꼽은 바 있다.[29] 퀴어학이 산업화된 학계 제도 안에 자리 잡으면서 서구 백인 주체(대개 남성)가 퀴어학에서 생산되는 이론들의 중심을 차지하는 경향에 맞서 이러한 비판들이 만들어졌다는 것이다. 그런데 이것들이 백인 중심의 퀴어 이론이 먼저 자리를 잡은 뒤 그에 대한 대안으로 나중에 나온 것이라고만 본다면 이는 반쪽짜리 평가일 것이다. 맥루어는 '퀴어'라는 이름을 백인 학계가 개념화하기 이전인 1980년대 초반에 이미 글로리아 안잘두아Gloria Anzaldua를 비롯한 유색인 페미니스트들이 공동체의 정체성을 상상하는 개념으로 이 용어를 사용했다는 점을 지적한다.

> 글로리아 안잘두아는 당시 이렇게 썼다. "우리는 퀴어 집단이고, 어디에도 속하지 않는 사람들이다. … 그리고 어디에도 들어맞지 않기 때문에 우리는 위협이다."(1981: 209)[30] 안잘두아의 글은 "유색인 여성"이라는 유동적이고 비판적인 정체성이 퀴어로 이론화되었음을 보여준다. 백인 학계가 개념을 가져다 쓰기 오래 전부터 말이다.[31]

사실 흑인 페미니즘과 그로부터 발전된 교차성 페미니즘이 현재와 같은 형태로 이론적으로 구조화되기 전부터 두 정치의 정수를 담았다고 평가되는 소저너 트루스Sojourner Truth의 그 유명한 연설 「나는 여자가 아닙니까?」(1851)는 유색인 여성이 이분법적으로 구조화된 젠더 규범,

그에 맞춰진 몸과 섹슈얼리티에 대한 이해, 그리고 이성애 규범적 사회에서 강제되는 재생산 시간성[32]을 모두 일그러뜨리는 '퀴어'한 존재라는 것을 극명하게 드러낸다.

> 저기 계신 저 신사 분은 여성들이 마차에 타도록 도와주고, 도랑을 건널 때 안아 옮겨드려야 하며, 여성은 어디서나 가장 좋은 자리에 앉을 필요가 있다고 말합니다. 아무도 나를 그런 식으로 도와준 적 없습니다. 그럼 나는 여자가 아닙니까? 나 좀 봐요! 내 팔뚝을 봐. 나는 쟁기질을 했고, 작물을 심었고, 수확한 걸 헛간에 모았습니다. 그리고 어떤 남자도 나를 앞지를 수 없었습니다. 그럼 나는 여자가 아닙니까? 나는 일을 많이 할 수 있고, 다른 남자들만큼 많이 먹을 수 있습니다 – 먹을 걸 그만큼 얻을 수 있다면 말이죠, 그리고 채찍도 견딜 수 있어요! 그럼 나는 여자가 아닙니까? 나는 아이들을 낳았고 그 아이들이 노예로 팔리는 것을 보았습니다, 내가 어머니의 슬픔으로 울부짖었을 때, 예수님 말고는 아무도 내 말을 듣지 않았습니다. 그럼 나는 여자가 아닙니까?[33]

안잘두아와 트루스로부터, 적어도 두 가지를 이야기해볼 수 있을 것이다. 하나는 유색인 페미니즘에서 '퀴어'의 용례가 현재 퀴어 이론에서 '퀴어'가 이해되는 바와 상당히 유사한 방식으로 구조화되어왔다는 점이다. 그렇다면 유색인 페미니즘을 퀴어 이론의 등장 이후에야 대안적인 비판으로 나왔다고 평가하는 대신 그 또한 퀴어 이론의 기원 서사중 하나로 인정하는 것이 맞다. 다른 하나는 퀴어 이론의 계보를 그릴때 인종·민족·국적·계급 등의 권력 구분선이 계보 그리기에 영향을 미친다는 점이다. 다시 말해 우리가 퀴어 이론에 대해 단선적인 계보를그리려고 한다면 그 일관성과 통일성을 만들어내기 위해서 교차적 경험과 위치성을 배제하게 된다.

『퀴어 이론의 계보』 5장에서 터너는 두 흑인 페미니스트의 글을 소개하면서 이 두 가지 주제를 고찰한다. 로라 알렉산드라 해리스Laura Alexandra Harris[34]는 퀴어의 유동성과 불안정성이 '흑인 여성 퀴어 페미니스트'라는 위치를 교란시키는 백인 남성성의 전략은 아닐지 걱정하면서도 바로 그 특성이 자신의 복잡한 교차적 위치를 설명하는 자원임을 이야기한다. "나는 학계 페미니스트일 수 있다. 나는 흑인 페미니스트일 수 있다. 나는 다이크 페미니스트일 수 있다. 하지만 나는 그 중 어느 것도 진짜로 될 수 없다, 먼저 그 각각을 세팅하는 경계들을 '패싱passing' 하지 않고서는, 각각을 떠받치는 전제들에 직면하지 않고서는, 각각의 장단점을 다시 연결하지 않고서는, 그리고 각각에서 퀴어로 존재하지 않고서는."[35] 터너는 해리스에게 '퀴어'가 "표지되지 않은unmarked 범주일 뿐만 아니라 다른 범주들의 인정받지 못하는 경계들을 표지하고 저항하기 위한 기초"로서 유용했다고 평가한다.[36]

이블린 해먼드Evelyn Hammonds 또한 흑인 여성들에게서 인종과 젠더와 섹슈얼리티의 교차성을 탐색할 때 '퀴어'라는 이름이 어떻게 유용한지를 보인다.[37] 교차성 개념을 처음으로 학계에 소개했던 킴벌리 크랜쇼Kimberle Crenshaw[38]나 『시스터 아웃사이더Sister Outsider』[39]에서 오드르 로드Audre Lorde가 교차성 개념의 실제 적용을 설득력 있게 보여줬던 것처럼, 인종·젠더·섹슈얼리티의 얽힘은 덧셈 모델로 사유할 수 없다. 정체성 정치를 바탕으로 한 덧셈 모델식 사유에서는 이성애자 남성을 기준으로 한 '흑인' 범주와 백인 여성을 기준으로 한 '레즈비언' 범주가 더해지는 식으로 '흑인'과 '레즈비언' 범주 각각의 내부가 동질하게 단속된다. 그러나 현실에서는 인종차별주의와 성차별주의가 복잡하게 얽혀 흑인 여성의 섹슈얼리티가 과하게 문란한 것으로 재현되고 이 재현이 흑인 여성들을 단속하고 침묵시키는 명분으로 기능하는 한편, 흑인 레즈비언 여성이 (남성 중심적이고 이성애 중심적인) 흑인 공동체의 결속을 깨뜨리는 불온분자이자 (백인 위주의) 여성 공동체의 동일성을 깨뜨리는 불온분자로 취급된다. 이런 상황을 고려하면 인종/민족/계급/젠더/섹슈얼리티 등의 구분선을 확정적인 것으로 단정 짓고 내부의 동일성을 추구하는 정체성 정치의 틀 안에서 작동하는 덧셈 모델식 사유로는 흑인이면서 여성이면서 레즈비언인 존재가 어떻게 살아가고 어떤 경험을 하고 어떻게 재현되고 지워지는지를 설명할 수 없게 된다.

해리스와 마찬가지로 해먼드는 이런 틀 안에서 흑인이자 여성이자 레즈비언인 존재가 이미 퀴어한 존재가 된다는 점을 포착한다. 해먼드에게 있어 자신의 정체성 목록에 '퀴어'라는 정체성을 추가해 넣는 것은 관심사가 아니다. '퀴어'는 고정불변의 정체성이라기보다는 기존의 정체성 정치의 한계를 넘어서 그런 식의 정체성에 의지하지 않고서도 정치적 저항을 실천할 방법을 모색할 수 있게 해주는 자원이 된다. "퀴어 이론은 내가 게이와 레즈비언 범주를 부숴 열어젖힐 수 있게 해줬고, 섹슈얼리티들과 성적 주체들이 지배 담론들에 의해 어떻게 생산되는지를 문제시하는 작업을 시작하게 해줬고, 그다음엔 그러한 담론들에 대한 반응과 저항을 자세히 따져볼 수 있게 해줬다."[40] 해먼드의 이 주장은 한편으로는 고정된 정체성에 의존하지 않는/의존할 수 없는 불안정한 교차적 위치성에 대한 페미니즘 이론이 퀴어 이론과 맞물려 발전해야 할 필요성을 보여주고, 다른 한편으로는 안잘두아와 트루스와 더불어 백인 중심의 퀴어 이론의 계보를 고쳐 쓰면서 퀴어 이론이 교차성 이론이어야 함을 역설적으로 보여준다. 이 주제에 대해서는 다음 절에서 좀 더 논의해볼 것이다.

　이처럼 흑인 페미니스트들이 퀴어를 이해하고 경험하는 방식은 퀴어 이론의 계보가 백인 중심의 학계와는 매우 다른 방식으로 그려질 수 있다는 점을 보여준다. 보통 퀴어 이론의 계보를 그린다고 할 때 미셸 푸코에서 시작하는 경우가 많지만(터너의 책도 그렇다), 다른 관점에서 보자면 푸코에서부터 시작해서 만들어지는 계보는 계급, 인종, 민족, 국적, 교육받은 정도, 성별 등을 따라 세분되는 범주 중 특정 위치에 있는 사람들에게만 당연한 이야기인 셈이다. 이 말은 푸코가 퀴어 이론의 등장과 발전에 중요한 기여를 했다는 점을 부인하는 게 아니다. 푸코 전후로 인식틀과 방법론에 극적인 지각변동이 발생했고 사회학과 페미니즘을 비롯하여 여러 분과학문이 그 지식을 물려받았으며, 특히 푸코의 『섹슈얼리티의 역사』 1권41)에서 권력─지식─섹슈얼리티가 어떻게 맞물리는지를 이론화한 작업은 퀴어 이론의 학문적 발전에 큰 영향을 미쳤다. 더욱이 (2장에서 논하겠지만) 권력을 외부적인 억압/순수한 저항이라는 구도로 나누어 보는 이분법적 사고에서 탈피하여 권력이 어떻게 인간의 삶 구석구석까지 침투해 들어와 삶 자체를 형성하는가에 대한 푸코의 논의는 특히 퀴어 삶에서 낙인과 결부된 "부치/펨butch/femme, 캠프camp, 드랙drag, 공공장소에서의 섹스, 게이 수치심"과 같은 측면들을 동성애 혐오나 가부장제로부터 해방되지 못했다는 이유로 퀴어의 삶에서 내치는 대신에 "매우 양가적인 저항의 부지"로 사유할 수 있게 해줬다는 평가를 받는다.42) 다만 여기서 흑인 페미니즘을 경유하여 지적하고자 하는 것은 퀴어 이론에 접근하고 이론을 형성하고 체현하는 데 다양한 계보가 있을 수 있다는 것이고, 또한 퀴어 이론의 계보에서 유색인 퀴어들의 작업이 매우 중요함에도 불구하고 자주 삭제되어왔다는 점이다.

그러므로 우리가 항상 유념해야 할 것은 퀴어 이론의 계보가 근본적으로 균질적이지 않다는 점, 그리고 이 책을 포함해 무언가에 '입문'하는 방식 자체가 항상 이미 편파적일 수 있고 위치와 상황과 맥락의 영향을 받는다는 점이다. 우리는 특정 이론을 이해할 때 마치 그 이론이 단선적인 진보 역사관을 따라 발전해온 것처럼 생각하기 쉽지만, 특히나 이론의 중심 생산지인 서양 열강(특히 미국)이 아닌 나라들에서 이론의 발전은 순차적인 시간성을 따라 이뤄지지 않는다. 각 나라의 현재와 과거와 미래의 시간성이 이론 수출국과 수입국의 공간성과 맞물리는 한편, 수입국 내부의 다양한 권력 관계와 맞물리면서 엄청나게 복잡하게 뒤얽히는 것이다.43) 예를 들어 퀴어문화축제에 참여하고 미국의 최신 퀴어 동향을 받아들이면서 스스로를 '퀴어'로 호명하는 사람들이 있는가 하면, 퀴어문화축제가 열리는 서울 한복판에 살면서도 퀴어나 게이 같은 정체성과는 평생 담 쌓은 채 그냥 '이쪽'이라는 이름표로 살아가는 사람들이 있다. 이들은 같은 시간대를 살고 있다고 말할 수 없을 만큼 단절되어 있다. 이러한 한국의 퀴어 지형을 발굴하는 작업이 지속적으로 필요하다.44) 또한 내가 이 책(특히 5장)에서 소개할 미국의 퀴어 이론 동향은 주로 동성혼 법제화로 대표되는 가족 중심, 동성애자 모범시민 중심의 주류화 전략의 문제를 비판하는 관점이 강세이긴 하지만, 한국에서는 주류화 전략과 그에 대한 비판이 동시에 진행되고 있으며 때로는 같은 활동가들이 두 측면 모두를 주장하기도 한다(5장과 6장 사이에 넣은 부록을 보라). 퀴어 정치의 이러한 지정학적 복잡성이 전 세계적으로 퀴어 이론의 계보를 지금도 다시 고쳐 쓰고 있다.45)

2) 퀴어 이론은 게이 이론보다 뒤에 나왔다?

보통 퀴어 이론을 소개하는 저서는 동성애 운동 및 이론부터 시작해서 '퀴어'를 다루는 절을 후반부에 배치한다. 그러나 게이 이론이 먼저 나왔고 그다음에 다른 퀴어들의 이론이 나왔다는 식의 서사는 여러 문제를 낳는다. 첫째, 게이 이론을 앞세우는 식의 서사는 지금처럼 젠더와 섹슈얼리티에 관련된 이름들이 명확해 보이는 구분선을 따라 세분화되지 않았던 19세기~20세기 초반에는 'homosexuality'라는 용어가 동성애뿐 아니라 트랜스젠더, 양성애, 크로스드레서 등 다양한 위반적 존재 및 실천을 포괄하는 용어로 기능했기에[46] 현재 동성애자들의 것으로 분류된 경험·기록·운동·이론의 역사에 다른 수많은 성소수자들이 겹쳐져 있을 수 있다는 사실을 가린 채, 그 모든 다양성의 역사에 대한 대표성을 현재 이해되는 의미에서의 동성애자에게 부여한다. 둘째, 이런 식의 서사는 19세기 말~20세기 초 성과학 태동기 때부터 트랜스 당사자들이 성과학자들과 협업하여 연구를 발전시켜온 역사를 가린다. 트랜스 및 젠더퀴어들은 과학과 의학 전문가들에게 단순히 연구 대상으로 머무른 게 아니었다. 오히려 이들은 성과학의 초창기부터 성과학자들에게 적극적으로 가르침을 주면서 이론 생산의 주체로 참여하였다. '트랜스젠더'와 같은 명칭이나 한국에서 '지정 성별'로 번역되는 assigned sex 같은 개념들은 당사자들의 담론이 성과학자들의 연구에 영향을 미쳐 이론적으로 정착된 것이다. 일례로 20세기 중반 트랜스 공동체를 조직하고 전국적인 네트워크를 연결한 루이스 로렌스Lewis Lawrence 같은 활동가들은 성과학자들이 일하는 대학에서 강의하며 의학과 과학의 지식 생산을 당사자들에게 보다 이로운 방향으로 돌리고자 노력해왔다.[47] 이후 의학이 트랜스젠더의 성별 재지정 과정에 강력한 지배력을 행사하게 되면서 당사자 담론의 주도권을 빼앗겼을 때에도 트랜스젠더 퀴어들은 자기 몸과 스스로에 대한 인식과 이분법적 지정성별 체계의 복잡한 얽힘을 신중하게 탐색해가면서 이론의 대상이 아니라 행위자로서 퀴어 이론의 핵심이 될 지식들을 생산해왔다.

셋째, 퀴어 이론의 계보를 그릴 때 동성애 이론 다음에 다른 사람들의 이론이 나왔다고 서술하는 경향은, 남/여 이분법과 동성애/이성애 이분법에 맞지 않는 퀴어들에 대해 상대적으로 진정성 없고, 역사가 없거나 짧고, 그들만의 고유한 쟁점이 없거나 그리 중요하지 않다고 치부할 위험이 있다. 스트라이커의 지적에 따르면 미국 학계에서 트랜스젠더학이 부상한 시기가 1990년대 퀴어 이론의 등장과 맞물렸고 퀴어 이론의 등장이 트랜스젠더학의 발전을 가능케 했지만, 당시 트랜스가 조명된 시대적 정황이 베를린 장벽이 무너지고 냉전이 끝나고 밀레니엄이 도래하는 거대한 시대적 변화와 맞물려 트랜스젠더가 마치 사이보그처럼 인간 아닌 것, 미래주의, 포스트-휴먼 등 뭔가 힙하고 미래지향적이고 그래서 진정성도 물질적 기반도 없이 부유하는 문화적 유희처럼 소비되는 경향이 있었다.[48] 이는 베트남전 종전 후 사회가 보수화되는 가운데 페미니즘 단체와 담론에서 트랜스젠더들을 몰아낼 때 트랜스젠더를 '진정한 여성성'을 흉내내는 가짜이자 강간범이라고 몰아붙였던 현상[49]의 또 다른 버전이라 할 수 있다. 아이러니하게도 현재 한국에서 몸집을 불리고 있는 '터프TERF'들[50]이 1970년대 미국 페미니즘의 트랜스 혐오를 그대로 따라 21세기에도 트랜스젠더를 여성혐오자로 공격할 때, 그들의 주장에서 트랜스젠더는 가부장제가 부과하는 여성성을 답습함으로써 페미니즘의 발전을 저해하는 시대착오적인 존재로 재현된다.

시대착오적이든 시대를 너무 앞서나간 것이든, 트랜스젠더는 지금 여기의 현실과 괴리된 불청객 내지 불온분자로 취급되는 것이다. 결국 시스젠더 동성애자가 아닌 퀴어들은 늘 그 진정성, 현실성, 역사, 언어를 빼앗기고 부인당하면서, 매번 새롭고 신기하거나 아니면 고루하게 시대착오적인 이질적인 존재로만, 즉 역사와 단절된 '갑툭튀'로서만 재현되곤 한다.

이론뿐만 아니라 퀴어 운동의 계보 또한 게이 레즈비언을 중심으로 재구성되면서 시스젠더 동성애자가 아닌 사람들은 운동의 역사에서 쫓겨나고 삭제되는 경향이 우세하다. 성소수자 인권운동의 불씨를 지핀 최초의 항쟁으로 이야기되는 스톤월 항쟁의 중심에 실비아 리베라Sylvia Rivera와 마샤 P. 존슨Marsha P. Johnson을 비롯하여 유색인 트랜스젠더퀴어, 드랙퀸, 바이섹슈얼 등 다양한 성소수자들이 있었음에도 이후의 기록은 백인 동성애자 남성들이 주도한 역사로 바뀌었다. 스톤월 항쟁을 성소수자 인권운동의 시발점 삼아 이듬해 최초로 미국에서 개최된 성소수자 행진의 이름은 '게이 프라이드gay pride'였다. 더욱이 미국 역사상 최초의 성소수자 항쟁으로 공식 기록된 것은 스톤월 항쟁(1969년 6월)보다 몇 년 일찍 발생한 컴튼스 카페테리아 항쟁the Compton's Cafeteria Riot (1966년 8월)임에도, 경찰의 폭력에 저항한 사람들이 주로 가난한 유색인 트랜스젠더 성노동자 및 드랙퀸이었다는 이유로 이 항쟁은 성소수자 인권운동의 역사에서 꾸준히 지워졌다.51)

이런 점에서 퀴어 이론의 중요한 성과 중 하나는 바로 이처럼 남자/여자와 동성애자/이성애자의 이분법적 정의를 벗어나는 퀴어들에게 담론적이고 정치적인 공간을 마련해줬다는 것이다. 그리고 스트라이커가 트랜스젠더학의 발전이 트랜스젠더들의 삶에 직접적인 도움을 준다고 평가하듯이,52) 어떤 삶을 상상 가능, 혹은 실현 가능하고/거나 이미 존재하는 삶으로 그려내는 작업은 곧 그 삶을 살아가는 사람들이 죽지 않을 수 있게 실제적인 현실의 자리를 넓혀주는 실천이 된다.

2. 무엇이 퀴어 이론을 퀴어하게 만드는가

1) 퀴어 이론에서 '퀴어'의 의미

위에서 논했듯 '퀴어'는 '동성애자'에 한정되지 않는 다양한 성소수자들, 즉 섹스-젠더-섹슈얼리티에 대해 기존에 정립되었던 이분법적 틀을 보다 복잡하고 예기치 못하게 교란시키는 경계적 존재들을 포괄하는 이름으로 사용되게 되었다. 또한 유색인 페미니즘에서 보았듯 '퀴어'라는 이름은 여러 방면에서 '퀴어한 존재들을 아우를 수 있는 개념으로서, 계급·인종·민족·국적·젠더·섹슈얼리티 등의 교차점에 거주하는 존재들의 특수한 체현을 담아낼 수 있는 말로도 기능할 수 있다. 장애·퀴어·환경·여성운동에 종사해온 활동가이자 저술가인 일라이 클레어Eli Clare가 '퀴어'는 연합을 가능케 하는 이름이라고 말했듯,53) '퀴어'는 이 사회에서 이상하고 비정상적이라고 낙인찍혀온 '퀴어한 존재들이 연결될 수 있는 담론적 공간을 마련해왔다. '퀴어'는 기존에 당연시되던 논리나 틀에 들어맞지 않는 존재들, 다르게 살아있고 다른 경험을 하는 존재들을 위한 이론적 자원을 개발하고 담아낼 수 있는 개념으로서 점점 더 외연을 확장하고 깊이를 더해가면서 어느 고정된 범주 하나에 머무를 수 없는 이름이 되었다. 나아가 2)에서 설명하겠지만 퀴어는 단지 범주에 담기지 않는 것만이 아니라 고정된 범주와 그 범주에 의존한 인식틀의 안정성을 적극적으로 뒤흔들고 엎어버리는 트러블을 일으킨다.

여기서 게이 레즈비언 정치와 갈등이 생겨났다. 퀴어 이론과 게이-레즈비언 학과의 관계 설정은 퀴어 이론이 등장했을 때부터 지속적인 골칫거리였다. 드 로레티스처럼 처음 퀴어 이론이라는 개념을 도입하고 환영했던 게이 레즈비언 학자들은 퀴어 이론을 게이 레즈비언 학의 연속선상에서 보았다. 즉 퀴어 이론이든 게이 레즈비언 학이든 연구대상도 연구가 이득을 주려고 하는 사람들도 똑같이 게이 레즈비언이고 연구 방향이나 방법론 등의 세부사항만 다르다고 생각했던 것이다. 그래서 퀴어 이론이 게이 레즈비언 학의 다른 이름일 뿐이라는 주장이 지금까지도 종종 등장한다.

'퀴어'라는 용어가 욕설이 아니라 비판적이고 다른 이들과 뚜렷이 구별되고 긍정적이고 급진적으로 스스로를 명명하는 이름/행위로서 통용되기 전에는 '레즈비언과 게이'란 용어가 진보적이고 급진적인 정치 참여를 상징했다. 동성애가 이성애 규범적 문화에서 인지되고 취급받는 방식을 변화시키면서 말이다. 게이 운동은 항상 사회개혁을 원하는 사람들과 혁명을 원하는 사람들 간 이해관계의 충돌로 찢겨왔다. 이런 의미에서, '퀴어'는 혁명을 원하는 사람들을 위한 또 다른 이름일 뿐이다. 즉 사회의 규범 바깥에서 살아가기로 선택함으로써 사회의 규범에 도전하는 사람들을 위한 이름인 것이다. [⋯] 퀴어는 새로울 게 하나도 없다. 동성애 정치라는 형식이 있어왔던 한, 동화를 원하는 사람들과 다른 무언가, 새로운 문화적 형식들을 원하는 사람들은 늘 있어왔다. '퀴어' 정치나 이론에서 새로운 것은, 이론적 참여가 정교하고 세련된 수준으로 올라갔다는 것이고, 그건 포스트-구조주의와 비판적 통찰로부터 힌트를 얻어온 것이다.[54]

「퀴어 과거, 퀴어 현재, 퀴어 미래Queer Past, Queer Present, Queer Future」라는 거창한 제목이 붙은 조나단 캠프Jonathan Kemp의 이 논문은 '퀴어'와 '동성애자'를 교묘하게 등치시키면서 '퀴어'라는 이름에서 다른 성소수자들은 존재조차 지워버리고 마치 정치적 노선 차이로 퀴어라는 이름이 새로 생긴 양 굴고 있다. 그러나 '퀴어'와 '동성애자'는 그저 관점의 차이, 혁명을 원하는 이들과 현상 유지나 사회 개선 정도를 바라는 이들 간의 갈등으로만 정의될 수 있는 것이 아니다. 앞으로 논하겠지만 나는 퀴어 이론이 정체성 정치와 포함의 정치에 반대하는 이름으로 기능할 수 있다는 캠프의 주장에는 동의한다. 그러나 이런 주장이 반드시 성소수자란 범주에 동성애자만 들어간다는 가정과 결부되어야 할 당위는 없다.

퀴어 이론이라는 개념을 처음 학계에 도입했다고 알려진 드 로레티스에게조차, 게이와 레즈비언 구도 바깥의 다른 '퀴어'들은 관심사가 아니었다. 그 개념의 도입에 동기를 부여한 것은 '게이'나 '여성'이라는 범주로 환원될 수 없는 레즈비언의 고유한 학문적·실존적 중요성을 주장하고픈 바람이었다. 드 로레티스는 고정된 정의나 정체성에 대한 가정에 의지하지 않고서도 정치적이고 담론적인 결합을 명명하고 분석하기 위한 개념 틀로 '퀴어'를 가져왔다고 밝혔지만,[55] 그녀가 퀴어 이론이라는 신조어를 도입함으로써 꾀했던 변화는, 기존의 게이 레즈비언학에 만연했던 잘못된 형식상의 평등(게이 남성과 레즈비언이 맺는 관계가 이 학계에서 평등하고 완벽하게 균형 맞춰져 있다는 생각)에 반대하고, "다양한 차이라는 문제를 도입해서 백인, 남성, 중산층 중심의 분석 모델이 헤게모니를 쥐고 있는 상황에서 벗어날 수 있도록" 하려는 것이었다.[56] 3년 후 퀴어 이론이라는 개념이 쓸모없다고 폐기하면서 드 로레티스가 공식적으로 밝힌 폐기 사유는 '퀴어 이론이 제도화되어 껍데기만 남았다고 생각했기 때문'이지만,[57] 이 주장 뒤에 숨겨진 욕망이 무엇인지 비판적으로 살펴볼 필요가 있다.

물론 퀴어 이론의 제도화를 걱정해온 이들 중엔 사회가 규정한 정상성에 맞서는 퀴어의 전복적 잠재력이 자본주의적 경쟁 논리와 효율성, 일관성, 규범성의 질서로 구축되는 학계 제도로 들어가면서 약해질 위험을 우려하는 이들도 있다. 차이를 길들이고 관리하기 위한 가짜 차이를 생산하면서 학계 안팎에 있는 지식 생산자의 위치와 가치를 서열화하는 제도 안에서 퀴어함이 틀에 갇힐 수 있다는 것이다.[58] 이러한 지적은 매우 중요하며 퀴어 이론이 이론으로서 계속 살아있기 위해서는 반드시 고민해야 하는 문제다. 이에 대해서는 이 장의 마지막 절에서 좀 더 논의할 것이다. 그러나 퀴어 이론이 점차 '게이 레즈비언 학'의 범위를 벗어나기 시작하자 명망 있는 게이 레즈비언 학자들 사이에서 퀴어 이론을 불편해하고 반대하는 반응이 나왔다는 점 또한 사실이다. 특히나 퀴어가 정체성 정치의 토대가 되는 안정된 경계를 넘어 범람하는 실존들을 위한 이름으로 기능할 뿐 아니라 그렇게 범람하고 스며들고 트러블을 일으키는 실천으로 기능한다는 점을 반동적인 호모포비아 정치와 엮어 비판하는 반응은 꾸준히 등장했다. 혐오 세력들이 수간이나 소아성애를 퀴어에 끼워 넣어 낙인찍으려 안달하듯, 게이 레즈비언 진영 안에서도 퀴어가 "하나의 정체성 범주로서 레즈비언과 게이가 갖는 유효성을 무효로 만들 것이며, 퀴어의 유연성이 레즈비언과 게이 남성들을 호모포비아적 정치에 연루되었다고 의심되는 다른 이들과 연결시킬 것"이라며 우려하는 목소리가 상당한 영향력을 갖고 유통되었던 것이다.[59]

마이클 워너가 지적했듯 게이 레즈비언 운동은 서서히 우경화되고 보수화되어 정상성과 합법성을 추구하는 방향으로 나아갈 조짐이 보였고, 에이즈 위기가 이 흐름을 가속화시켰다.[60] 따라서 '퀴어 이론'이라는 이름이 90년대 등장했을 때 '퀴어'가 학계를 잠식하는 현상에 대해 불만을 터뜨린 게이 레즈비언들이 있었다는 건 그리 놀랄 일이 아니다. 그들이 보기에 퀴어 이론은 자신들의 운동과 정체성을 대변하지 않는 것으로 보였을 것이고, 힘들게 일궈놓은 사회로부터의 인정을 저버리는 것처럼 보였을 것이다. 예를 들어 게이 역사학자인 데이비드 M. 핼퍼린 David M. Halperin의 2003년 논문 「퀴어 이론의 정상화The Normalization of Queer Theory」는 퀴어 이론이 정상화와 규범화의 길을 걷고 있고 그 와중에 게이들이 핍박받고 있다는 주장을 펼친다.[61] 퀴어 이론을 못마땅해 하는 이런 비판들의 특징은, '퀴어'라는 이름에 게이와 레즈비언 말고 다른 성소수자를 넣으려 하지 않고, 동성애를 기반으로 하지 않는 논의는 모두 반짝 인기를 좇는 언어유희에 지나지 않는 탁상공론이라고 비난함으로써 다른 성소수자들의 물질적 실존 자체를 부정한다는 것이다. 한국에서도 유명 게이 미술평론가가 'LGBT의 B는 바이(섹슈얼)가 아니라 빈칸이라고 조롱하는 글을 SNS에 올리는 등 시스젠더 동성애자 이외의 퀴어한 존재들을 인정하지 않는 경향이 자주 보인다. 한편 세즈윅은 퀴어 이론을 불편해 하는 게이 레즈비언 진영 내의 경향이, 동성애 규범성을 지향하며 HIV/AIDS와 얽혀 있는 사람들을 외면하고 배척해 온 게이 주류화 정치의 방향성과 연결되어 있다고 본다. 에이즈 위기가 더 사회적으로 주변화된 사람들만의 위기로 밀려나고 어느 때보다 더 그런 사람들의 정체성 범주를 넘어선 연대의 정치가 필요한 시기에, 복잡한 비판적 사유를 외면하는 것이 그러한 위치성을 외면하는 게 될 수 있다는 것이다. "개념과 범주들에 대한 비판적 사유가 주변으로 밀려나는 경향과 에이즈 위기가 긴급하다는 감각이 주변으로 밀려나는 경향은 사실 함께 간다."62) 역설적으로, 퀴어 이론을 탁상공론으로 치부하는 반응들은 성소수자 공동체 안팎에서 민주적이고 평등한 연대와 그 누구도 배제하지 않는 공동체 건설을 위해 퀴어 이론이 필요하다는 것을 보여준다. 그리고 퀴어 이론은 결코 현재의 모습에서 완결된 학문이 아니며 아직도 해야 할 일이 너무도 많다. 이 책의 마지막 장에서 이 주제를 다시 한 번 짚을 것이다.

한편 퀴어 이론에서 '퀴어'가 이해되고 사용되는 방식에서 주목할 점은, 이 개념이 단순히 성소수자 정체성을 포괄하는 범주 명으로 기능하는 것만이 아니라 이론과 실천의 방향성, 관점, 가치관, (그리고 앞서 소개한 '퀴어하게 만들기queering'처럼) 방법 틀을 망라하는 개념이 되었다는 것이다. 기존의 범주에 맞지 않는 이들은 그러한 범주의 타당성 자체를 질문하게 되고, 범주에 맞지 않는 존재들을 위한 언어를 개발하며, 범주 자체를 전복시킬 방법을 모색하게 된다. 그 과정에서 '퀴어'는 항상 담아두려 준비했던 그릇에서 넘쳐나 인식틀의 경계를 가로지르고 고쳐 쓰고 기존에 당연시되던 것들에 균열을 일으키는 가운데 그 속에서 새로운 가능성들을 찾아낸다. 이러한 내용을 담은 퀴어 개념에 대한 가장 유명한 정의 중 하나는 세즈윅이 『경향들Tendencies』(1993)63)에서 제시한 정의다.

> 변화가 빠른 미국의 이미지 시장에서, 아마도 퀴어한 순간은, 오늘은 여기 있을지라도 바로 그 이유 때문에 내일은 치워져버릴 것이다. 하지만 우리 중 많은 이들은 그렇게 진부해지는 것에 맞서는 주장을 점증적으로 고집스럽게 만들 필요가 있다고 느낀다. 그 주장이란 퀴어에 관해서 어떤 무언가는

소멸시킬 수 없다는 주장이다. 퀴어는 계속되는 순간이고 운동이고 동기다. 재발하고 소용돌이치며 트러블을 일으키는 것이다. "퀴어"란 단어는 그 자체로 across를 의미한다. 이 단어는 인도-유럽어 어원인 twerkw에서 나왔으며 독일어 quer (횡단하다transverse), 라틴어 torquere (비틀다to twist), 영어 athwart (가로질러)를 낳았다. 수많은 퀴어 글쓰기는 "across" 공식을 따르는 경향이 있다. 젠더를 가로지르고, 섹슈얼리티를 가로지르고, 장르를 가로지르고, "도착perversion"을 가로지르는 것이다. 이런 의미에서 퀴어 개념은 과정 중에 있다. 복잡다단하게 이행하는 중인 것이다. 아주 먼 옛날부터 퀴어가 재현하는 흐름은 동화주의에 반대하는 만큼이나 분리주의에 반대한다. 치열하리만치 퀴어는 관계적이고, 낯설다.[64]

퀴어의 어원을 찾아 개념을 정의한 이 인용문에서, 시간이 흐르고 유행이 바뀌어도 '퀴어'에 변치 않고 남는 게 있다면 그건 바로 기존에 당연시되던 것들을 비틀고 경계를 가로질러 다른 상태나 조건으로 이행할 수 있는 끊임없는 유동성과 변화 가능성이다. 만약 우리가 '퀴어란, 퀴어 이론이란 무엇인가?'라는 질문으로 이 입문을 시작하고자 했다면 이 아름답고 뭔가 '있어 보이는' 정의를 얻은 이 시점에서 목표를 달성했다고 치고 글을 마무리했을지도 모른다. 그러나 우리가 '무엇이 퀴어 이론을 퀴어하게 만드는가'라는 질문에서 시작했음을 떠올린다면, 이 정의가 퀴어 이론의 방법론과 지향과 정치적·이론적 장점은 물론이고 서로 발목 잡는 복잡한 난제들 또한 함축하고 있다는 점에 주목해야 한다. 3절에서는 이 확장된 정의가 불러내는 난제들을 다룰 것이다. 그 전에 먼저, 이 절의 나머지 부분에서는 위 인용문에서 압축적으로 보여 준 퀴어의 특성을 바탕으로 퀴어 이론가들이 어떻게 퀴어 이론을 설명하는지를 정리하고자 한다.

2) 무엇이 퀴어 이론을 퀴어하게 만드는가

퀴어 이론은 굉장히 많은 분과학문에서 다양한 주제에 다양한 방식으로 접근하여 생산되고 있다. 그러므로 무엇은 퀴어 이론이고 무엇은 퀴어 이론이 아니라고 배타적으로 경계선을 긋는 것은 퀴어 이론을 이해하기에 그다지 좋은 방법이 아니다. 더욱이 어느 학문이나 그렇겠지만 퀴어 이론가들 사이에서도 서로의 위치성에 따라 첨예하게 의견이 갈리기도 한다. 다만 이러한 다양성과 차이에도 불구하고, 최소한의 기본적인 문제의식이자 최소한의 공통된 접근방법이라고 꼽을 만한 특징은 다음과 같은 것들이 있다.

(1) 토대를 심문하기

퀴어한 존재들은 '그런 사람 내 주변에서 본 적 없다'는 말로 존재 자체가 끊임없이 지워져왔다. 이 글을 수정 중인 오늘도 SNS에서는 유명한 시스젠더 레즈비언 페미니스트 활동가가 '트랜스젠더는 존재하지 않는다'고 주장하면서 성별 정정 자체를 불법화하라는 청원을 올리는 사건이 일어났다. 이러한 인식론적 폭력에 맞서 싸우기 위해 퀴어 이론이 제일 먼저 하는 기본적인 작업은 "반박 불가능해 보이는 토대적인 개념들을 심문하는 것"이다.[65] 본질적으로 불변인 듯 보이는 모든 것들을 퀴어 이론은 당연시하지 않는다. 개념은 물론이고 범주화 방식 자체, 인식틀 자체가 모두 퀴어 이론의 심문 대상이 된다. (2장에서 다루겠지만) '진짜' 여성과 '가짜' 여성을 가르는 기준으로 들먹여지는 '생물학적 성별'도, 언어나 담론과 대비되어 자연스러운 사실이라 믿어져 온 '물질'도, (3장과 4장에서 다루겠지만) 동성애자와 이성애자를 확연히 구분되고 서로 대립되는 범주로 규정하는 동성애/이성애 정의도 심문의 대상이 된다.

이 기본적인 접근의 방법론을 정립하는 데에는 프랑스 철학자 미셸 푸코와 자크 데리다Jacques Derrida의 작업이 큰 영향을 미쳤다. 먼저 푸코가 '계보학'이라 명명한 방법론은 과학적으로 증명된 진리로 취급되던 지배적 담론들이 어떤 권력 효과를 발휘하고 어떤 질서를 수립하는지를 파헤친다. '과학적 지식'이라고 인정받은 담론권력은 다양한 지식 및 지혜, 즉 '앎'들의 위계질서를 수립하면서 특정 앎들은 자격이 없다고, 수준이 낮다고, 편파적이고 일관성이 없어서 정당한 앎으로 인정받을 수 없다고 배척한다. 이렇게 자격을 박탈당하는 앎은 대개 사회적으로 주변화된 존재들의 삶에서 나온 앎이다. 따라서 푸코에게 계보학이란 과학의 내용이나 방법이 타당한가를 따지는 작업이 아니라, 한 사회에서 과학적이라 간주되는 제도화된 담론의 "중앙집중적 권력의 효과에 대항하는" "앎들의 봉기"이다.[66] 푸코는 수많은 퀴어 이론가들이 어떤 문제에 접근할 때 제일 먼저 사용하게 된 다음과 같은 질문 방식을 공식화하였다.

> 과학이라고 말할 때 당신은 어떤 유형의 앎의 자격을 박탈하려 하는가? 당신이 '이 담론을 말하는 나는 과학적인 담론을 말하는 것이며, 따라서 나는 학자다'라고 말하는 순간, 당신은 어떤 말하는 주체나 어떤 담론의 주체, 즉 어떤 경험과 앎의 주체를 소수파로 만들고 싶어하는가? 불연속적으로 떠돌아다니는 거대한 형태의 앎에서부터 그 어떤 정치적 · 이론적 아방가르드를 분리시켜 당신은 그것을 왕좌에 앉히고 싶어 하는가?[67]

당연한 진리인 양 받아들여지는 담론들을 심문하기 위해 퀴어 이론에서 기본적으로 사용되는 두 번째 방법론은 자크 데리다가 정립한 해체주의적 분석이다. 많은 이들이 쉽게 오해하듯 해체는 해체할 대상을 죄다 없애버리거나 갖다 버린다는 뜻이 결코 아니다. 간단히 설명하자면, 데리다적 의미에서 해체deconstruction는 어떤 개념을 그게 당연시되던 토대로부터 떼어내어 다른 위치에 놓고 고찰하는 작업을 의미한다.68) 즉 A라는 곳에 있을 때는 굉장히 자연스럽고 본질적이고 불변의 섭리인 것처럼 보이던 무언가를 B나 C로 옮겨다 놓음으로써 이것이 얼마나 허구적인 것이고 바뀔 수 있는 것인지, 이것이 무엇을 희생해서 그 소위 자연스러운 진정성을 주장하게 된 것인지를 비로소 알아볼 수 있게 하는 작업이다. 해체적 분석은 어떤 개념을 전적으로 수용하거나 완전히 거부하는 게 아니라 그 개념을 떠받치는 전제가 무엇인지를 파헤치는 것이다.69) 법에서 정하는 합리적인 주체에 여성, 유색인, 성소수자, 장애인, 청소년이 잘 들어맞는가? 합리적인 주체는 누구의 입장과 조건을 기준으로 하는가? 가해자가 이성애자 남성인 성폭력 사건이 일어났을 때 법원이 그 행동과 발언이 합리적 관점에 입각한 것이라고 믿어준 쪽은 가해자와 피해자 중 어느 쪽인 경우가 더 많았는가? 인권이 천부인권 사상을 바탕으로 모든 인간에게 보장되어야 하는 기본적인 권리가 있다는 전제 아래 구축된 것이라면 과연 성소수자는 인권을 보장받고 있는가? 아니라면 성소수자는 인간이 아닌가? 근대성을 이루는 핵심 개념들, 우리가 보편적이라고 생각하는 개념들은 계급 위계, 식민주의, 인종차별주의, 성차별주의, 비장애인 중심주의 등 지배적 관점에 따라 구성되어왔다. 그렇다면 이 토대를 문제 삼지 않은 채 겉으로만 평등을 추구하거나 기득권에 동화되고자 하는 움직임에는 분명 한계가 있을 수밖에 없다.

토대를 해체하는 작업은 기존에 당연한 듯 사용해왔던 개념들을 문제 삼고 나면 다시는 그 용어를 사용할 수도 없고, 사용해서도 안 된다고 주장하지 않는다. "예를 들어 만약 주체 개념이 더 이상 주어진 것도 당연시되는 것도 아니라 해도, 그 개념이 우리에게 아무 의미가 없다거나 더 이상 말해져서는 안 된다는 뜻은 아니다. 오히려 이 용어가 단순히 우리가 의존하는 기초적인 구성요소이자 정치적 논쟁을 할 때 심문당하지 않는 전제가 아니라는 뜻일 뿐이다. 이 용어는 이론적 주목을 받는 대상이 되었고, 우리가 설명해야 하는 것이 되었다."70) 앞서 인용했던 소저너 트루스의 연설 「나는 여자가 아닙니까?」는 '여자'라는 범주가 결코 명확하지도 중립적이지도 않다는 것을 간명하게 드러냈다. 페미니즘뿐만 아니라 사회적으로 차별받고 억압받아온 사람들의 운동사는 바로 이런 보편 개념들이 사실상 누구만 포함하고 누구를 배제해서 만들어진 것인지, 어떤 논리로 그렇게 구조화된 것인지를 계속해서 비판적으로 심문하고, 그 개념들이 정말로 '보편적'으로 기능할 수 있도록 기존에 그 개념에 포함되지 못했던 사람들에게까지 그 개념의 한도를 확장해가는 작업이었다. 그래서 버틀러는 보편성이라는 통념이 확고한 토대나 전제가 아니라 차라리 '스캔들'이라고 말한다. 인간, 남성, 여성 같은 개념은 '보편성'의 외피를 두르고 내세워지지만 사실상 그 자체를 정의하기 위해 타자들을 필요로 하는데, 이 개념이 정말로 보편적인 것이 되려면 그 타자들 또한 그 개념 안에 포함되어야 한다는 점에서(달리 말하자면 '보편성'이 그 타자를 인간 안에 포함시키겠다고 위협한다는 점에서) 일종의 스캔들이라는 것이다.71) 트루스의 "나는 여자가 아닙니까?"가 '여성'이라는 이름에 흑인 여성, 노예 여성, 양육자 역할이나 모성애를 기대받기는커녕 가족을 꾸릴 기회 자체를 박탈당한 여성, 웬만한 남성보다 근육이 많고 신체적 힘이 센 여성을 포함시켰다면, 다른 다양한 위치의 여성들도 계속해서 이 질문을 제기하면서 여성과 페미니즘의 의미를 급진적으로 확장하고 변환시켜왔다. 트랜스여성을 비롯한 퀴어들도 이 질문에 동참해왔다. 그래서 기존에 '여성'으로 인정받지 못하던 퀴어들이 자신도 여성임을 주장하거나 자신의 살아온 경험과 자신이 체현한 젠더 특성이 통상 '여성'으로 분류되던 영역에 겹쳐져 있는 방식을 고민하고 드러내는 한편, '여성'과 '남성'이란 개념이 기존에 담고 있던 의미들이 과연 자연스럽고 합당한 것인지 의심하고 갈아엎는 작업을 할 때, '여성'이라는 개념은 기존의 지배적인 의미와는 다른 담론적 지형에서 다른 삶을 살게 될 것이다. 이는 생산적인 스캔들이다.

(2) 정상성normalcy을 해체하기

당연시되던 모든 것의 토대를 의심하기 시작한 다음엔 그 토대가 만들어내는 정상성과 규범성을 폭로하고 비판하고 뒤엎는 작업이 이어질 것이다. 이것이 퀴어 이론들의 두 번째 공통적 특징이다. 우리가 '정상'이라고 생각하는 것들은 사실 당연하고 자연스러운 것이 아니라 반드시 누군가를 '비정상'으로 낙인찍고 차별해야만 유지할 수 있는 특권적 위치다. 다음 장에서 좀 더 이야기하겠지만 정상성은 규범과 긴밀하게 연결되어 있다. 규범은 "사회적인 것을 읽어낼 잣대를 부과하고, 사회적인 영역 안에 나타날 것과 나타나지 않을 것이 무엇인지 그 한도를 정의하면서, 특정 종류의 실천과 행동이 인식/인정 가능해지도록 허용"하는 식으로 인식 가능성의 틀을 지배하여 '정상'과 '비정상'을 차별적으로 생산한다.[72] 그리고 사람들이 정상성을 지향하도록 길들인다.

정상성에 대한 비판은 이분법적 위계를 생산하고 재생산하는 구조들을 해체하는 작업을 수반한다. 많은 철학자들이 지적하듯 서구 형이상학을 구축하는 틀 자체가 이원론이기 때문에, 이원론을 해체하는 작업은 필연적으로 너무도 깊숙이 사회와 문화와 우리의 의식에 스며들어 당연하고 자연스러운 것처럼 여겨지는 정상성의 위계를 해체하는 작업이 된다. 정상과 비정상을 나누는 담론은 선/악, 도덕/퇴폐, 공/사, 보편/특수, 남성/여성, 건강한 것/병리적인 것, 비장애/장애, 백인/유색인, 부유함/가난함 등의 수많은 이분법에 의해 지탱되고, 또 그러한 다양한 이분법적 위계를 계속 재생산한다. 따라서 '우리도 정상이다,' '우리는 병리적인 존재가 아니다'를 주장하는 것만으로는 불충분하다. 왜냐하면 이러한 주장은 필연적으로, 그럼 나 대신 다른 누군가를 비정상 또는 병리적인 것으로 낙인찍고 나만 혼자 탈출하는 방식으로 작동하기 때문이다.73) 따라서 주류 게이 레즈비언 운동이 '우리는 당신을 해치지 않아요. 우리는 무해해요. 우리는 동성을 사랑한다는 것만 빼고는 당신의 평범한 이웃이랍니다'라고 주장하는 주류화 전략을 펼칠 때, 그런 관점 아래서는 그 사회가 무엇을 정상이고 건강하고 선하고 도덕적이고 공적으로 다뤄질 가치가 있으며 사생활도 보호받을 가치가 있다고 여기는지, 다른 무엇을 비정상이고 병리적이고 악하고 퇴폐적이고 공적 공간으로 감히 기어 나와서는 안 되는 해충이자 사생활 따위는 고려해줄 필요가 없는 비체로 여기는지, 그러한 기준 자체가 어떻게 만들어진 것이며 누구의 이익에 봉사하는지를 문제 삼을 수 없다. 그리고 정상/비정상에 대한 지배 문화의 기준을 그대로 따를 때 가장 변방으로 밀려나는 것은 가난하고 유색인종이고 저학력이고 에이즈와 각종 폭력에 더욱 취약한 퀴어들, 남성/여성, 이성애/동성애, 유성애/무성애 같은 이분법적 틀에 맞지 않는 퀴어들, 일부일처제 가족을 이루고 안정된 직장을 갖고 자가용과 주택을 소유하는 중산층의 '평균적인' 삶을 살 수 없는 사람들이다. 5장에서 논하겠지만 이는 동성애 규범성을 비판하고 퀴어 부정성에 주목하는 입장이 퀴어 이론의 주요 흐름 중 하나로 나오게 된 맥락이기도 하다.

선/악의 이분법적 틀은 그대로 둔 채 "우리도 선이다" 아니면 "그래, 우리가 악이다" 둘 중 하나를 선택하는 대신, 퀴어 이론은 해체적 관점을 기반으로 "퀴어함이 병리적인 것이나 악이 아닌 다른 무언가, 그렇다고 해서 선도 아닌 다른 무언가가 될 수 있지 않을까?"[74]하는 질문을 탐색한다. 병리화와 정상화라는 양자택일을 거부하고 그러한 선택지밖에 주어지지 않는 경기장 자체를 문제 삼는 데 있어, 또한 앞서 말했듯 동성애자와 이성애자 말고 다른 정체성들의 자리를 마련하려는 시도에서 이러한 이원론의 해체 작업은 필수적이었다.

> '퀴어'가 1980년대 말과 1990년대 동안 성소수자들의 이론과 정치에서 유용하게 되었던 이유는 퀴어가 '레즈비언/게이/바이섹슈얼/트랜스젠더'보다 말하기 쉬웠기 때문만이 아니라, 운동에 포함되길 요구하는 다양한 집단의 증식이 이분법적 정체성 범주의 지적이고 도덕적인 파산을 입증하기 때문이다. 트랜스젠더의 대립 항은 무엇인가? 이성애자? 수술하지 않은 MTF 트랜스젠더가 여성이나 남성과 데이트한다면 그건 이성애자이기 위해서인가? 그/녀는 수술 후에 바뀌는 건가? 만약 이 사람이 결혼한다면 어찌 되는가? 만약 이 사람이 성직자라면 어찌 되는가? 우리가 서로를 어찌 됐든 이분법적 범주에 채워 넣는 한, 그 과정은 역사적이고 정치적인 것이다. 그리고 우리는 그 범주들을, 그 범주들의 과거 그리고 그 범주들이 시간이 지남에 따라 겪는 변화와 동떨어진 것으로 이해할 수 없다.[75]

퀴어 이론에서 비판적으로 해체하는 정상성 중 하나는 규범으로 강제되는 이성애다. 이성애중심주의heterocentrism or heterosexism 혹은 이성애 규범성heteronormativity은 세상 모든 관계의 기준을 이성애로 놓고 인간을 비롯한 모든 생명체 간 관계를 이성애 렌즈를 통해 해석하며 이성애만을 정상적인 성애로 강요한다. 버런트와 워너는 이성애 규범성을 "이성애가 일관되어 보이도록—즉 하나의 섹슈얼리티로서 조직되도록—만들 뿐 아니라 특권을 갖도록 만드는 제도, 이해 구조, 실천적 지향"으로 정의한다.76) 이성애는 어떻게 규범이 되고 특권을 갖게 되는가? 이성애 규범성은 '마땅히', '당연히', '자연스럽게' 같은 수식어와 함께 등장한다. '원래 그래', '다들 그렇게 살아'처럼 막연한 당위성 말고는 제대로 설명하기 힘들다는 점이 역설적으로 이성애가 인식론적인 특권을 갖고 있고 이미 사람들의 마음속 깊숙이 내면화되어 규범으로 기능한다는 증거다. 2장에서 다루겠지만 버틀러의 말대로 권력이 가장 성공적으로 작동할 때는 권력이 구성되었다는 사실이 은폐되고 자연스럽게 느껴지는 순간일 때다. 이성애 규범성은 명확한 명령으로 이뤄져 있기보다는 때로는 서로 모순적이긴 하지만 '이게 옳지 않나?' 싶은 감이 구성하는 부분이 훨씬 더 많다. 그래서 이성애 규범성과 더 싸우기 힘든 것이다. 이성애 규범성이 사회의 상식을 넘어 "무의식적으로 관행이나 제도 안에 내재하는" 어떤 "올바름에 대한 감각"으로 자리 잡고 있기 때문에77) 이성애 규범성에 문제제기하는 사람은 굉장히 이상하고 예민한 사람 취급받는다. 아니면 철없고 미성숙한 사람으로 치부된다. 이성애가 사람이라면 마땅히 따라야 할 "이상이나 도덕적 성취의 형식"으로 간주되기 때문이다.78) 이성과 연애하고 결혼하고 아이를 낳아야만 비로소 한 몫의 인간으로 제대로 컸다는 대접을 받는 것이다.

나아가 사라 아메드Sara Ahmed는 이성애가 "규범과 이상을 통해서 만이 아니라 몸과 세계를 형성하는 감정을 통해" 강력한 힘을 발휘한다고 지적한다.79) 이성애 규범성을 받아들인 사람들에겐 이성애 규범성이 노력해서 따라야 할 과제로 느껴지기보다는 그렇게 사는 게 편안하다는 감각을 제공해준다는 것이다. 아메드는 '편안한 의자에 몸이 폭 파묻히는 느낌shrinking'을 끌어와 규범과 편안함/불편함의 감각을 설명한다. 편안하다는 것은 "몸과 대상이 딱 맞아떨어진 상태를 의미한다. 따라서 내게 편안한 의자가 다른 모습을 지닌 누군가에겐 불편할 수도 있다."80) 이성애 규범성이 당신에게 편안함을 가져온다면, 그것은 곧 당신이 세계의 질서에 순응하여 딱 들어맞기에 규범과 당신의 몸을 구별할 수 없고 세계 속에 있는 당신의 몸 표면이 눈에 띄지 않고 당신이 하나의 '구성된' 세계에 들어와 있다는 것 자체를 알아차릴 수 없는 상태라는 뜻이다. "옥외 광고판에 붙은 이미지, 흘러나오는 음악, 이성애 친밀성을 전시하는 것" 등 거의 모든 공간의 "이성애화"가 반복되는 가운데 이성애는 우리가 의식하지 못한 채 자연스레 숨 쉬는 공기처럼 되어버리고, 따라서 이것 자체가 구성된 것이자 규범으로 기능하고 있음을 알아차리지 못하게 된다.81)

　　반면 퀴어들은 이성애 규범성에 이중의 불편함을 느끼게 된다. 한편으로는 이성애가 안 맞으니 불편해진다. 남들이 공기처럼 의식하지 못하는 이성애의 규범적 측면을 자신만 인식함으로써 "방향을 상실하는 느낌", "내가 있을 자리가 아닌 것 같은 소외감"을 느끼는 것이다.82) 다른 한편 이성애가 맞지 않는다는 것을 티 내지 말라는 요구를 받음으로써 불편해진다. "이성애자를 불편하게 만들지 말라"는 이 명령은 불편한 느낌을 야기할 뿐 아니라 "사람이 사회적 공간에서 자기 몸으로

할 수 있는 일과 다른 이의 몸으로 할 수 있는 일을 제한'함으로써 퀴어의 삶 전체를 불편하게 만든다.[83] 이성애자들이 편안해지기 위해선 퀴어들이 대가를 치러야 하고, 그러한 대가를 치른다는 사실은 물론 퀴어들이 존재한다는 사실도 눈에 띄어서는 안 된다. 따라서 아메드는 "이성애 규범성이 단순히 이성애가 정상이라는 전제 그 이상을 의미한다"는 점이 중요하다고 지적한다. 이성애 규범성은 "적법한 삶의 방식과 그렇지 않은 삶의 방식을 구분하여 차별하는 일을 필연적으로 수반"하고, "사람들이 타자와의 관계 속에서 자기 삶을 살아가는 방식을 통해 문화를 재생산하거나 전승하는 일"을 포함한다는 점이 중요하다는 것이다.[84]

이성애 규범성은 동성애자뿐만 아니라 모든 퀴어를 옥죈다. 2장에서 자세히 논하겠지만 이 이데올로기는 '남자냐 여자냐'의 판별(젠더 이원론)과 밀접한 관계를 맺는다. 즉 세상 모든 존재는 남자 아니면 여자고, 남자는 여자를, 여자는 남자를 당연히 사랑할 거라고 상정하는 것이다. 이것이 규범인 이유는 처음 보는 사람을 만나자마자 저 사람이 남자인지 여자인지를 파악하고, 그다음엔 당연히 이성애자일 거라고 가정하며, 그러한 가정에 들어맞지 않는 사람들에게는 직간접적인 제재가 가해지기 때문이다. 그리고 이성애 규범성과 이 시스젠더 중심주의의 얽힘을 탐구한다는 것이 퀴어 이론이 시스젠더를 중심으로 하는 게이 레즈비언 이론과 다른 점이기도 하다. 게이 레즈비언은 섹슈얼리티 이슈이고 트랜스젠더는 젠더 이슈라고 구분하기도 하는 이들도 있지만, 이성애 규범성과 젠더 이원론이 근본적으로 얽혀 있는 만큼 트랜스젠더 이슈는 섹스-젠더-섹슈얼리티 이슈와 모두 관련되어 있다.[85] 트랜스젠더를 반드시 남자 아니면 여자 어느 한 범주에 속하길 원하는 존재로 생각하는 것, 트랜스젠더는 남/여 한쪽에서 다른 쪽으로 범주를 옮겨가는 존재라고 생각하는 것, 그래서 트랜스젠더 퀴어는 모두 MTF 아니면 FTM이라고 단정하는 것, 그리고 그 옮겨간 범주에서 반드시 이성애를 하리라고 생각하는 것, 이런 것들이 젠더 이분법과 규범적으로 얽힌 이성애가 트랜스젠더들에게 강제되는 방식이다. 어떤 이가 자신의 정체성을 MTF 레즈비언이라 밝혔을 때 주변인들이 저 사람은 이성애자로 살 수 있는데 왜 트랜스젠더라고 주장하느냐면서 당사자의 정체성을 부정하는 경우나, 지정성별 남성인 트랜스젠더가 의료적 조치를 받고자 하는 맥락을 저 사람이 남자를 사랑해서 남자 앞에서 여자로 보이고 싶어 한다는 식으로 재현하는 경우도 이성애 규범성이 작동하는 사례다.

최근 수술 후 성별정정을 마친 트랜스 여성이 모 여대에 합격하였으나 거센 반대에 부딪쳐 입학을 포기한 사건도 이런 경향과 연결해서 생각해볼 수 있다. 이 신입생을 반대했던 이들의 주장에서 트랜스 여성은 무조건 '남성'으로, 특히 여성의 몸을 욕망하는 '이성애자 남성'이자 (이 신입생이 자신의 성적 지향을 공개한 적은 한 번도 없었다), 화장실이나 기숙사 샤워실에서 여대생들을 훔쳐보고 성추행할 목적으로 여대에 진학한 '잠재적 성범죄자'로 재현되었다. 이 책 6장에서 다시금 이 주제를 검토하겠지만, 트랜스 신입생을 반대하는 이들의 주장에 반대의견을 낸다고 해서 여성들이 남성 일반에게 느끼는 공포를 모두 무시하겠다는 뜻은 아니다. 이런 공포는 성차별주의적이고 가부장적인 사회에서 남성들이 여성들의 몸과 공간과 삶의 모든 영역을 침범하고 폭력을 휘둘러온 역사와 여성이 겪은 피해가 사회 전체에서 무시되고 침묵을 강요당한 역사에서 비롯된 것이다. 그러나 이 신입생을 둘러싸고 폭발한 불안과 공포에는 남성 우월적 성차별주의뿐 아니라 시스젠더 중심주의가 크게 작용했다. 특히 '트랜스 여성은 사실은 남성이고, 이성애자 남성이며, 잠재적 성범죄자'라는 논리적 비약을 필연적으로 연결되어 있는 양 붙여놓는 주장들에서 성별 이분법과 이성애 규범성은 긴밀하게 공조했다.[86]

한편 퀴어 이론의 발전은 '이성애'에 대한 이해를 다각적으로 발전시켜 이성애와 이성애 규범성을 구분할 필요성을 제기했다. 기존 게이 레즈비언 중심의 이론 및 운동은 동성애/이성애 정의만으로도 충분하다고 여겼지만, 젠더 범주의 경계를 가로지르는 퀴어들은 동성애/이성애 이분법이 자신들의 존재를 퀴어 정치에서 지우고 있다는 점을 꾸준히 비판해왔다. 2장과 3장에서 이야기하겠지만 규범체계로서의 이성애와, 그러한 규범적 범주를 가로지르며 젠더와 섹슈얼리티의 경계를 모두 교란시키고 섹스 자체를 물적 토대의 위상으로부터 끌어내리는 복잡한 퀴어 동일시 과정을 분리해서 사유해야 한다. 섹스-젠더-섹슈얼리티를 더 잘게 쪼개고 다양하게 결합시키는 퀴어한 탐색이 발전함에 따라 이성애자라는 정체성과 이성애라는 연애 상태와 규범적 체제로서의 이성애는 좀 더 섬세한 분석이 필요한 장소가 되었다. 또한 이 절의 (5)에서 논하겠지만 퀴어 인종 이론가들은 이성애 규범성이 제국주의·식민주의·오리엔탈리즘의 영향 아래 인종·민족·국적에 따라 다르게 굴절되는 방식을 탐구하면서 '이성애 규범성'이라는 단일한 적을 상정하는 접근의 한계를 지적해왔다. 또한 장애학자 및 활동가들도 장애인들에게 규범적인 이성애가 허용되지 않거나 접근성이 떨어지는 문제를 지적하면서, '정상적인 섹스'로 권장되는 이성애 섹스의 지배적 형식(남자 성기를 여자 성기에 삽입하는)을 수행할 수 없는 장애를 가진 사람들이 섹스하려는 과정에서 예기치 못하게 이성애 규범을 전복시키는 방식에 주목한다. 이런 논의들은 '정상성'의 규정과 생산에 복잡다단한 시공간과 억압 구조들의 교차가 어떤 식으로 영향을 미치는지를 꾸준히 탐구하는 작업이 퀴어 이론에 필요함을 보여준다.

(3) 섹스-젠더-섹슈얼리티 전반의 지각 변동

어디까지를 퀴어로 정의할 것인가에 대해 결정적으로 합의된 바는 없지만— 미결정성은 널리 알려진 퀴어의 매력 중 하나다—, [⋯] 거칠게 말하자면, 퀴어는 염색체적 섹스chromosomal sex, 젠더와 성적 욕망 간의 소위 안정되어 보이는 관계 안에 비일관성이 있음을 극적으로 드러내는 태도 혹은 분석 모델들을 기술한다. [⋯] 제도적으로 퀴어는 레즈비언 게이 주체들에 가장 두드러지게 결부되어왔지만, 퀴어의 분석틀은 또한 크로스-드레싱cross-dressing, 간성성hermaphroditism, 젠더 모호성, 젠더 교정 수술gender-corrective surgery과 같은 주제를 포함한다. 복장전환적인transvestite 퍼포먼스를 통해서든 아니면 학계적인 해체를 통해서든 간에, 퀴어는 이성애를 안정시키는 그러한 세 개의 개념들 안에 비일관성들을 배치하고 활용한다. 그 어떤 '자연스러운' 섹슈얼리티도 불가능하다는 것을 논증하면서, 퀴어는 '남성'과 '여성'처럼 여태껏 아무런 문제가 없다고 여겨지던 용어들조차 문제시한다.[87]

퀴어 이론은 섹스, 젠더, 섹슈얼리티에 대한 사유 전반을 바꿔 놓았다. 이는 이론이 선도하여 무에서 유를 창조하는 식의 변화가 아니다. 한편으로, 이 작업은 이미 존재하되 주류 사회는 물론 기존 페미니즘과 동성애 이론이 의지하는 개념 및 인식틀에서는 계속 지워지거나 왜곡되던 존재 및 현상을 설명하고 이들을 위한 언어를 마련하려는 노력이다. 동시에, 다른 한편으로 퀴어 이론은 퀴어 운동과 연계하여 기존 페미니즘과 게이 레즈비언 이론이 당연시하던 섹스-젠더-섹슈얼리티를 구조화하는 이분법적 이해를 교란시키면서 인간의 몸, 정체성, 욕망, 정동, 행위, 관계성, 사회성의 새로운 지평을 열어가려 노력해왔다.

예를 들어 게이 레즈비언 이론에서 중요한 '성적 지향sexual orientation' 혹은 '성적 대상 선택sexual object choice'이란 개념은 '이성'을 사랑하거나 '동성'을 사랑한다고, 즉 섹슈얼리티가 동성애와 이성애 단 두 개만 있다고 가정한다. 그러나 나와 상대방의 섹스가 문제시된다면, 섹스를 특정할 수 없고 그래서 젠더에 대해서도 확실히 말하기 어려워진다면, 더 이상은 내가 '동성'을 사랑한다고도 '이성'을 사랑한다고도 설명할 수 없게 되고, '대상 선택'이나 '성적 지향' 같은 개념은 그 자체로 일관성을 잃게 된다.88) 그래서 최근 임시방편으로 '남성애자androsexual', '여성애자gynesexual'라는 표현을 쓰는 사람들도 있지만 이 또한 잠정적인 개념이다. 남성애자와 여성애자의 그 '남'과 '여'를 그 어떤 확고한 토대에 의존해 설명하는 것이 불가능하기 때문이다. '여성애자'의 뜻을 인터넷에서 검색해보면(이 개념의 역사가 짧기에 소위 공신력을 인정받는 사전에는 현재 등재되어 있지 않다), 윅셔너리Wiktionary에선 상대방이 반드시 여성이라서 끌리는 것이라기보다는 상대방의 여성성에 성적으로 끌리는 성향("Sexually attracted to femininity, not necessarily women")으로 정의하고, 어반 딕셔너리Urban Dictionary에선 상대방이 반드시 여성에 동일시하고 있지 않더라도 유방과 질과 여성성에 성적으로 끌리는 성향("Someone who is sexually attracted to breasts, vaginas and femininity. Not necessarily has to identify as a female")으로 설명한다. 딕셔너리닷컴dictionary.com에서 제공하는 '젠더와 섹슈얼리티 사전Gender & Sexuality Dictionary'에서는 두 사전의 정의를 섞어 "끌리는 대상이 여성에 동일시하는가 여부에 상관없이 여성성 또는 여성의 해부학적 구조에 끌리는 사람"("Someone who is gynesexual identifies as being attracted to femininity or the female anatomy, regardless of whether the object of one's affection identifies as a woman.")으로 정의한다. 어반 딕셔너리와 딕셔너리닷컴이 제공하는 정의는 소위 '생물학적 성별'과 '진짜 남성/여성'을 주장하는 이들이 전제하는 섹스와 젠더의 일치를 교란시킨다. 일반적으로 페미니즘에서 women은 사회적으로 구성된 젠더로서의 여성을 가리키고 female은 '생물학적 성별'로 여겨지는 섹스를 가리킨다고 이해되어왔다(물론 퀴어 이론은 이런 정의 모두가 어떤 본질적 토대에 기댈 수 없다는 것을 밝혀왔다. 2장에서 자세히 논할 것이다). 그런데 어반 딕셔너리의 정의에서 '여성애자가 유방과 질에 결부된 여성성에 끌린다고 설명하면서도 그 상대방이 반드시 female 정체성을 갖고 있을 필요는 없다고 명시한 것을 보라. 이 정의는 '생물학적 성별'에 여성성을 묶어놓는 지배적 통념을 흐트러뜨린다. 자신이 매력을 느끼는 상대방이 스스로를 트랜스젠더퀴어로 정체화하든 남자로 정체화하든 상관없이, 의료적인 조치를 취하지 않은 FTM이든 성별 정정에 필요한 외과수술 단계까지 완료한 MTF든 상관없이, 그 몸에 유방과 질이 달려있으면 매력을 느낄 수 있다는 것이다. 그렇다면 여성성이란 건 과연 어디에서 나오는가? 해부학적 구조와 여성성은 어떤 관계를 갖는가? 어반 딕셔너리의 정의는 유방과 질을 여성성과 '그리고'의 관계로 묶어놓았지만 딕셔너리닷컴의 정의는 유방과 질을 여성성과 '또는'의 관계로 느슨히 풀어놓는다. 이 사전들이 제공하는 정의 모두가 여성과 여성성이 과연 무엇인지에 대해 확답을 내리는 대신 섹스-젠더-섹슈얼리티의 관계를 더욱 복잡하게 얽는다.

사실 자신을 '여성애자'라고 정체화하는 사람들은 아마 '여성'을 정의하는 데 쏟아 부어지는 이 모순적이고 잡다한 모든 것들의 복잡하고 무작위적인 연결 중에서 각자 끌리는 것이 있을 텐데, 이를 합쳐 무엇에 끌린다고 정확히 정의하는 게 가능할까? 내 경우에 나는 스스로를 바이섹슈얼로 인지하지만 단순히 '성별에 상관없이 사람이 좋아서'라든가 '스타일에 끌린다는 말로 뭉뚱그릴 수 없는 '꽂히는 지점'이 있긴 하다. 속된 말로 여자 같지 않은 여자, 남자 같지 않은 남자처럼 상대방의 젠더 표현이나 수행에서 젠더의 경계가 모호해지는 지점에 끌리는 것이다. 그리 많다고 할 수 없는 연애 경험이 내 정체성에 대한 언어와 사유가 부족했던 젊은 시절에 몰려있어 샘플이 적긴 하지만(?), 상대방의 성별이 무엇이든 내 욕망이 기울던 방향을 떠올려보면 '여성애자'라는 애매한 말에 복잡하게 응축된 것들이 내게 끌림의 요소였던 것은 확실하다. 특히 흥미로운 건 저 세 개의 사전 정의 중 가장 무성의하게 두루뭉술해 보이는 웍셔너리의 정의가 의외로 내 경우에 잘 맞는 것 같다는 점이다. 내가 유방이나 질 같은 해부학적 구조와 그다지 관련이 없는 상대에게서 뭔가 여성성이라 할 만한 것을 느꼈을 때에나 남성성으로 불릴 만한 젠더 표현을 하고 있으면서 여성으로 분류되는 해부학적 구조를 갖고 있는 상대에게 끌릴 때, 내 끌림은 '바이섹슈얼'이란 이름 하나로 다 설명된다고 보기엔 뭔가 부족한 것 같고, '여성애'와 맞닿는 범위가 좀 더 넓은 것은 아닐까 하는 생각이 드는 것이다(남성성이 내게 매력적으로 보일 때는 주로 그 남성성이 부치butch의 형식으로 표현되었을 때였다). 섹스, 젠더, 섹슈얼리티에 대한 이해가 발전할수록 이런 혼란스러움이 명쾌해지기는커녕 명확한 범주에 딱딱 맞게 설명하기가 더욱 어려워진다. 따라서 현재 '여성애자'는 그것이 무엇인지 아무도 정확히 답할 수 없으나 느낌상 감은 잡힐 듯한 막연한 '여성성'에 의존해 자신의 성적 끌림을 막연하고 잠정적으로 설명하는 간이역의 역할을 한다. 2장과 3장에서 논하겠지만 이 말은 '여성애자'나 '남성애자'라는 말이 가짜라는 뜻이 아니다. 이 사회가 당연시해온 '여성성'이나 '남성성'이라는 게 가부장제뿐만 아니라 남성/여성이 생물학적으로 확연히 구분된다고 믿는 성별 이원론 체계에 의존해서만 설명력을 얻는다는 것이고, 그 이분법적 질서를 벗어나 끌림을 설명하려 할 때 그것을 설명할 언어가 아직 우리에게 턱없이 부족하다는 사실을 드러낼 뿐이다.

한편 성적 지향과 성적 대상 선택에 대한 이론은 섹슈얼리티가 모든 인간의 기본이고 끌림, 사랑, 성애가 같은 것이라는 유성애적 관점을 바탕으로 구축되어왔다. 따라서 에이섹슈얼리티를 고려하기 시작할 때 이 이론들은 또 다른 방향에서 갈아엎어져야 한다. 또한 에이섹슈얼리티 담론의 등장으로 로맨틱과 섹슈얼에 대한 보다 섬세한 사유가 진행됨에 따라 시스젠더 이성애 로맨틱이면서 에이섹슈얼인 사람들은 자신을 퀴어로 고찰하기 시작했다. 이제 더 이상은 이성애/동성애라는 이분법적 구분만으로는 퀴어에 대해 제대로 이야기할 수도 사유할 수도 운동할 수도 없게 된 것이다. 특히나 최근 한국의 페미니즘 내 트랜스혐오 현상에서 시스젠더 레즈비언인 페미니스트들도 트랜스 혐오에 앞장서는 것을 볼 때, 모든 퀴어가 단일한 정체성으로 모일 수 있다고 믿는 대신에 퀴어인 사람들, 퀴어 이론, 퀴어 정치를 구성하는 복잡한 맥락을 살펴보면서 이론과 운동의 방향성을 조정해야 할 필요성이 점점 더 커지고 있다.

그렇다면 우리는, 아니 '퀴어'라는 상상의 공동체[89]로서의 느슨하고 잠정적인 호명 말고는 '우리'로 간단히 묶일 수 없는 '우리'는, 무엇에 동일시하여 나 자신을 어떻게 정체화하고 내가 느끼는 감정이나 관계를 어떻게 설명할 수 있을까? 더 이상은 단답형 문제로 풀 수 없게 된 이러한 질문을 마주하여, 이 책에서 보이겠지만 퀴어 이론은 섹스, 젠더, 섹슈얼리티, 욕망, 억압, 정체성, 언어와 재현, 체현과 감각, 이런 것들이 서로 밀접하게 얽혀 어떻게 작동하고 어떤 효과를 낳는지를 탐구한다.

> [세즈윅이 말했듯이] […] 사람은 젠더를 이해하지 않고서는 욕망과 억압을 이해할 수 없[…]다. 그리고 우리 문화에서 젠더는 성적 실천 및 성적 정체성과 불가분의 관계로 관련되어 있다. 그다음, 앞의 모든 내용이, 언어와 재현의 특수한 실천들을 경유해야만 인간에게 의미를 갖게 되고, 여기엔 훨씬 더 복잡한 얽힘이 추가된다. 이 영역 중 그 어느 것도—정치, 욕망, 젠더, 섹슈얼리티, 재현— 나머지 것들보다 더 우선하고 더 결정적이지 않다. 그것들이 예측 불가능하다는 점이 그 자체로 퀴어 이론가들에게 이런 주제들의 매력과 중요성을 창출한다. 그러나 적어도 퀴어 이론가들이 보기에 확실한 건, 이 영역들이 어떻게 상호작용하는지를 이해하지 못하면 우리는 이 영역 중 어떤 것도 완전히 이해하지 못한다는 점이다.[90]

(4) 정체성 정치identity politics에 대한 비판

정체성 정치는 오랫동안 사회적 소수자 인권운동의 토대였다. 정체성 정치는 당신이 겪는 차별과 억압은 당신 개인의 잘못이 아니라 사회 구조적인 권력의 문제임을 깨닫게 해줬고, 억압받는 이들을 하나의 집단으로 조직하여 불평등과 부정의를 바꾸기 위한 집단적 투쟁에 나아갈 수 있게 해줬다. 게이 레즈비언 정치학은 이러한 정체성 정치를 바탕으로 발전했다. 그러나 퀴어 이론은 이 정체성 정치가 이점만큼이나 무시할 수 없는 한계를 갖고 있음을 밝혀왔다.

첫째로 정체성 정치는 아군과 적군, '나'와 '타자'의 경계를 배타적으로 세우는 동일시를 기반으로 삼아 동성애자는 동성애자끼리, 이성애자는 이성애자끼리 확연히 구분된다고 전제한다. 문제는 이 전제가 참이 되려면 내부가 항상 변치 않고 동질적이어야 한다는 것이다. 그래서 정체성 정치는 기존의 정체성 범주를 본질적인 진정성으로 주장하고, 한번 정체성이 결정되면 바뀌지 않고 일관성을 유지한다고 강조한다. 그러다 보니 이 내부의 동질성을 깨려는 사람들은 쉽게 배척받고, 기존의 정체성 범주에 잘 들어맞지 않는 경계적 존재들은 존재 자체를 모조리 부정당하고 비가시화되곤 한다. 배타적인 동일시에 기댄 정체성 정치는 외부의 차이에 대해서도 내부의 차이에 대해서도 제대로 된 대응 방법을 발전시킬 수 없다.

둘째, 정체성 정치는 정상성과 규범성을 생산하는 틀 자체에 정면으로 도전하기보다는 그 틀 안에서의 평등을 목표로 하는 방향으로 쉽게 흘러가곤 했다. 『정상과의 트러블The Trouble with Normal』(2000)에서 마이클 워너는 주류 동성애자 운동이 '우리는 섹스가 아니라 정체성을 주장한다'를 강조하는 전략을 쓰는 방식을 검토한다. 사실 이 주장 자체는 틀린 말이 아니고 매우 필요한 주장이긴 하다. 동성애를 항문섹스로만 계속 환원하는 저 혐오 세력에 맞서 "아니다, 우리도 너희와 똑같은 인간이다, 너희들과 똑같이 직장도 다니고 학교도 다니고 세금도 내고 똑같이 살아있다"를 주장함으로써, 그리고 자신의 정체성이 일시적이고 변덕스러운 행위에 국한되는 것이 아니라 "나는 평생 섹스를 안 하더라도 레즈비언이야"라고 정체성을 단언함으로써, 성소수자이자 한 인간으로서의 존엄성을 획득하는 전략인 것이다. 장애운동에서도 이는 중요한 전략으로 쓰였다. 장애인을 그 사람이 가진 장애로만 환원하고 동성애자를 그 사람의 섹스 실천으로만 환원하면서 오직 타자화된 특성으로만 사람을 평가하고 낙인찍고 차별하는 주류 사회에 맞서, 우리가 다채롭고 복잡한 하나의 인격체라는 사실을 드러내는 대항 전략인 것이다. 그런데 워너는 이러한 전략에서 상정하는 '존엄성'이 이성애 중심적인 지배 문화가 규정하는 존엄성의 기준을 그대로 따른다는 점에서 문제가 있다고 지적한다. 워너에 따르면 정체성 정치를 바탕으로 한 게이 주류화 전략은 주류 사회에 동화되기 위해 자신들의 정체성을 무해하고 존중할 만하고 품위 있는 것으로 만들려 애쓰느라 품위respectability의 위계를 재생산하면서 존중할 만한 자와 그렇지 않은 자, 존중할 만한 섹스 실천과 그렇지 못한 실천을 갈라내 서로 격리시켜왔다.[91] 이런 전략은 소위 '똥꼬충'이라고 불리는 사람들, 비규범적인 섹스를 하는 사람들, HIV/AIDS와 더불어 사는 사람들, 자본주의 사회에 필요한 경제 인력으로 기능하지 못하고 세금을 내지 못하고 복지에 의존하는 이들을 버리고 가거나, 아니면 적어도 이런 사람들을 설명하고 포용할 대안을 마련하는 일에 그리 힘쓰지 않는다. 그러나 워너가 보기에 퀴어 정치는 바로 그렇게 구분하여 격리하는 정치에 반대하는 정치다. 퀴어 정치는 "퀴어 섹스에서 그 모든 치욕적으로 보이는 것들을 솔직하게 다 포용하는" 정치고, "품위와 존경의 해로운 위계에 노골적으로 도전하는" 정치이다.[92] 퀴어 이론 및 정치는 이 사회가 정한 존엄함과 품위의 기준에 맞지 않는 퀴어들이 있을 자리를 마련하고 그 기준과 위계의 부당함을 깨부수는 실천이어야 한다.

이런 점에서, 퀴어 이론가들은 퀴어 정치를 상상하고 실천함에 있어 동화주의 아니면 분리주의라는 이분법적 선택지만 있는 양 사유를 제한하지 말자고 요청한다. 워너가 보기에 퀴어 정치는 한편으로 지배적인 이성애 중심적 문화 또한 퀴어들로부터 이미 많은 것을 배워왔고 더 배워야 한다고 주장한다는 점에서, 특히 지배 문화가 퀴어들로부터 존엄성에 대한 새로운 표준을 배울 필요가 있다고 주장한다는 점에서 동화주의 노선을 타지 않는다. 다른 한편 기존의 정체성 범주와 성적 지향의 구분에 들어맞지 않고 다 담아낼 수도 없는 수많은 차이와 다양성, 이질성을 인정하고 이 차이들과 더불어 살 방법을 마련하는 정치는 분리주의가 아니고 그렇게 될 수도 없다.[93] 세즈윅 또한 퀴어 이론은 정체성 정치가 바탕으로 하는 동화주의와 분리주의를 거절하는 대안적인 정치를 마련하기 위한 이론적 작업이라고 본다. "세상이 동성애자와 이성애자로 말끔하고 자연스럽게 나뉘어져 있다는 걸 우리가 당연시하지 않는다는 의미에서 분리주의에 반대하는 것이고, 우리가 정상성의 특권과 전제에 참여하고픈 갈망을 갖지 않는다는 의미에서 동화주의에 반대하는 것이다."[94]

한편 퀴어 이론가들이 정체성 정치의 문제점을 비판한다고 해서 정체성 정치를 기반으로 하는 기존의 성소수자 운동을 모조리 폐기해야 한다고 주장하는 것은 아니다. 사실 우리는 퀴어문화축제에서 이 두 정치가 공존하는 모습을 본다. 혐오 세력이 "동성애자가 나라 망하게 한다"고 외치자 행진하던 사람들이 "와~ 나라 망한다♡"로 응수했던 장면은, 긍정적 정체성을 표방하는 정치가 낙인을 기꺼이 받아들이고 퀴어 수치심과 퀴어 부정성을 포용하는 정치와 합쳐 작동할 수 있음을 보여준다.[95] 그리고 우리는 정체성 정치의 논리의 문제점과 한계를 알고 있으면서도, 정체성 정치가 LGBTI라는 한정된 범주를 넘어 수많은 퀴어 정체성들을 명명하고 가시화하는 방향으로 무한히 확장되는 시대를 살고 있다. 해를 거듭할수록 퀴어문화축제에서는 점점 더 많은 정체성들이 플래그 문양 배지로 팔리고 깃발로 휘날린다. 이 수많은 퀴어 정체성의 급증에 대해 검토해볼 문제도 많지만, 이 다양한 이름들은 정체성을 내 안의 어떤 지워지지 않는 본질적 실체에서 비롯된 것으로 해석하는 대신, 항상 과정 중에 있고 시간적 변화를 거치며 스스로 탐색하고 만들어가는 동일시 과정으로 입증하면서, 경직된 정체성 정치의 논리를 해체해나가고 있다(자세한 논의는 이 책 3장을 보라).

그러므로 퀴어 이론 및 정치가 정체성 정치를 비판한다고 할 때 그건 모든 정체성을 반대해서 그 어떤 정체성도 말할 수 없다는 뜻이 아니다. 정체성 정치에 대한 비판은 정체성 그 자체에 대한 비판과는 다르고, 정체성 전부를 초월할 수 있다는 오만과도 다르다. 정체성은 결코 단순하지도 획일적이지도 않고 곧 사라져버릴 수 있는 것도 아니다. 한편으로, 히더 러브Heather Love의 말대로 정체성은 변치 않는 본질이라서 중요한 것이 아니라 우리가 살아내는 경험이라서 중요하다. "우리가 정체성을 뭐라고 생각하든지 간에, 그리고 우리가 그걸 믿든 안 믿든 그걸 승인하든 안 하든 간에, 그건 계속해서 존재하고, 우리 경험을 형성하고, 우리 삶에서 일어나는 선택에 영향을 미치는 등의 일을 한다."96)

다른 한편, 2장과 3장에서 논하겠지만 정체성 범주를 조직하는 권력 관계들에서 완전히 벗어나 무중력 공간에서 산다는 것은 불가능하다. 오히려 퀴어 이론이 정체성 정치를 비판하면서 수행하는 작업은, 맥루어의 말을 빌리자면 "정체성과 함께 일하고 정체성을 통해 일하고 정체성에 대항해 일하는 작업"97)이고, 야고스의 말을 빌리자면 "정체성 개념 그 자체에 대한 협상"이다.98) 여기에는 몇 가지 정체성 범주를 고정불변의 것으로 본질화하고 자연화하는 한편 다른 퀴어들을 비가시화하거나 아예 인식 장 밖으로 폐제하는 방식에 대해 문제제기하는 작업이 포함된다. 정체성이 배타적인 경계 설정을 통해 '나'와 '나 아닌 것'을 구분하여 만들어지는 것일 때 그 배제로 인해 생겨나는 문제들을 비판적으로 심문하는 것이다. 또한 범주에 사람을 끼워 맞추는 대신 사람에 맞춰 범주를 다각화하는 방식으로 삶의 복잡다단함에 맞게 설명을 발전시키는 작업이 포함된다. 이는 단순히 정체성의 무한한 다양성을 찬양하는 것이 아니라 "원치 않는 정체성"을 강제로 제정하는 힘—트랜스여성에게 '너는 남자야'라고 끊임없이 주입하고 순응하지 않으면 폭력을 가하는 강제성—에 맞서 싸우는 작업이고, 불안정성을 무조건 찬양하는 것이 아니라 삶을 삶답게 만들어주는 안정성의 지평을 확장하는 작업이다.[99] 이러한 작업이야말로 정말로 차이를 중시한다는 것이 무엇인지, 차이를 어떻게 이해하고 받아들일 것인지를 고민하는 노력일 것이다.

(5) 교차성intersectionality을/으로부터 사유하기

많은 퀴어 이론가들, 특히 퀴어 페미니스트 및 유색인 퀴어 이론가들은 퀴어 이론이 필연적으로 교차성 이슈를 다룰 수밖에 없고 다뤄야 한다는 것을 역설해왔다. 한국에서도 교차성의 중요성이 점점 더 강조되고 있지만 교차성을 어떻게 정의하고 어떻게 사유할 것인가, 교차성에 어떻게 접근하는 것이 방법론으로 가장 좋은 것인가는 보편적인 공식으로 만들어낼 수 있는 게 아니다. 퀴어 이론가들은 다양한 주제와 맥락에서 교차성을 어떻게 분석하고 실천할 것인가, '차이'를 어떻게 바라보고 해석하고 접근할 것인가의 문제를 고민한다. 퀴어 이론가들은 젠더와 섹슈얼리티 안에서도 기존 범주들만으로는 설명할 수 없는 복잡한 교차가 만들어지는 방식을 탐구하면서 '퀴어'라는 이름을 더욱 복잡하게 다각화하는 노력을 기울이고 있다.

이는 한편으로는 '퀴어'로 묶이는 사람들 안에서도 어떤 원인에 의해 어떤 배제가 일어나는지를 파헤치는 작업으로 발전했다. 교차성 개념을 학계에 도입한 크랜쇼가 이 개념을 통해 흑인 여성이 겪는 이중의 억압과 차별을 드러내고자 한 것처럼, 드 로레티스가 퀴어란 개념을 학계에 도입한 목적도 레즈비언 여성이 겪는 이중의 억압과 차별을 드러내기 위함이었다. 드 로레티스는 동성애자 공동체 및 학계 안에서도 남녀 불평등과 여성 배제 문제가 있음을 지적하면서, 게이 레즈비언 학계는 물론 사회·경제·문화·정치 영역에서 여성 동성애자들의 문제가 뒷전으로 밀리고 남성 우월주의적 관점에서 재단되는 불평등을 쇄신하고자 '퀴어' 개념을 도입했다(이 개념이 자신이 생각한 범위를 벗어나 움직이자 폐기했지만 말이다). 또한 현재 한국의 페미니즘 지형에서 점점 더 명확해지듯, 트랜스젠더 이론도 페미니즘 내 교차성 이슈와 맞닿아 있다. 트랜스젠더 이론은 앞서 말했듯 단일한 여성 정체성과 단일한 남성 정체성이 있다는 믿음을 깨부수면서 섹스, 젠더, 섹슈얼리티에 대한 퀴어 이론과 페미니즘을 고쳐 쓴다. 동시에, 계급과 빈곤, 성폭력, 직업 선택의 자유, 성노동 등 페미니즘에서 다뤄온 여러 쟁점이 시스젠더 여성들만의 문제가 아니라 트랜스젠더퀴어들의 문제이기도 하다는 점을 보이면서, 복잡하게 얽힌 억압 구조들을 풀어가기 위해서는 차이를 존중하면서 연대할 방법을 발전시킬 필요가 있음을 강조한다.[100]

다른 한편에서는 특히 국가와 문화, 인종적 다양성과 관련하여 퀴어 이론의 지평을 확장하는 작업이 진행되어왔다. 여기서도 거칠게 정리하자면 두 개의 흐름을 찾아볼 수 있는데, 하나는 인종·민족·국적·계급·시간성 등 다양한 맥락에 따라 젠더와 섹슈얼리티 정체성에 대한 정의와 재현 양상이 변화하는 방식을 탐구하는 연구 흐름이다. 예를 들어 수마트라 남부 미낭바카우 사회에서 '톰보이tomboi or cowok'로 불리는 사람들을 참여 관찰한 이블린 블랙우드Evelyn Blackwood의 인류학

연구[101]는 퀴어 정체성이 지역적 맥락과 초국적 맥락의 교차 속에서 어떻게 구성되고 변화해 가는지를 보여준다. 젠더역할이 확고하게 분리된 사회에서 '톰보이'들이 남성에 동일시하고 남성성을 수행하는 것은 남/여 이원론에 기초한 젠더 성역할 규범 말고는 다른 어떤 관계도 상상할 수 없는 환경에서 자신의 섹슈얼리티를 실천하기 위해 택한 방법이다. 여기에 서구의 LGBT 운동이 수입되면서 톰보이들이 자기 정체성을 레즈비언 여성, 부치, 트랜스젠더 등으로 다양하게 정의하고 협상하게 되는 변화가 일어난다. 여성을 사랑하더라도 반드시 여성 정체성을 부인할 필요가 없는 레즈비언 정의에 맞춰 자신의 젠더 정체성을 재정립하는 경우도 생기고, 자신을 트랜스젠더로 인식해서 트랜지션 transition을 수행하는 경우도 생기는 것이다. 이때 트랜지션은 오히려 이 사회의 토착적 통념(섹스와 젠더는 반드시 일치해야 하고 남자와 여자는 이분법적으로 분리되며 이성애가 자연의 섭리다)에 맞추는 방식이기에 여성 젠더로 여성을 사랑하는 실천보다 덜 위반적인 것으로 받아들여지기도 한다.[102] 블랙우드의 이 연구는 젠더라는 축에 한정해서는 특정 사회의 젠더 위반을 제대로 설명할 수 없다는 것을 논증한다. 그 사회의 맥락에서 가장 강력한 위계를 구성하는 권력벡터들이 무엇이며 젠더 위반이 그것에 항거하는 방식으로 어떻게 작동하는지를 봐야 한다는 것이다. 미낭바카우 사회에서는 가부장적인 이슬람 문화와 모계 사회 전통의 갈등, 가문의 권위에서 벗어나 독립하려는 딸들과 지역 사회에 대한 장악력을 확보하기 위해 근대화라는 명목 아래 젊은 세대의 독립을 문화적으로 지원하는 정부의 이해관계 등이 복잡하게 얽혀 톰보이들이 살아가는 환경을 직조한다. 이 논문이 제안하는 바는 무엇이 젠더 위반이냐를 우리가 규정하고자 할 때 원래부터 본질적인 젠더 위반은 없다는 점을 유념해야 한다는 것이다. 젠더 위반은 한 사람에 대해 관용할 수 없거나 바람직하지 않다고 규정하는 사회적 정의들에 대한 거부이며, 이 거부는 자신이 정체성이라고 생각하는 것을 유지하기 위해 계속되는 투쟁 과정이다. 이러한 사회적 정의 및 규정은 다양한 요인이 서로 수렴하거나 충돌하면서 만들어진다. 따라서 톰보이 정체성은 지역적·국가적·초국가적 프로세스들에 대한 반응으로 계속해서 재정의되고 협상되는 과정 중에 있으며, 이 복잡한 권력 관계들의 역동을 분석하지 않으면 젠더 위반과 젠더 정체성, 성적 정체성을 제대로 설명해낼 수 없다.

블랙우드의 연구가 앞서 내가 '1.1) (4) 유색인 페미니즘과 퀴어' 마지막 단락에 쓴 대로 "각 나라의 현재와 과거와 미래의 시간성이 이론 수출국과 수입국의 공간성과 맞물리는 한편 수입국 내부의 다양한 권력 관계와 맞물리면서 엄청나게 복잡하게 뒤얽히는" 양상을 보여주는 예라면, 이제 소개할 두 번째 흐름에 해당하는 퀴어 이론 연구들은 '이론 수출국/수입국'의 위계 자체를 문제 삼으면서 퀴어 이론이 미국에서만 생산될 수 있다고 보는 믿음에 이의를 제기한다. 교차성을 중심에 놓는다는 것은 단순히 젠더와 섹슈얼리티를 다루는 이론에 인종이나 장애, 계급, 다른 국가의 문화를 '끼워주겠다'는 식의 시혜적 태도로 해결할 수 있는 문제가 아니다. 이 문제를 지적하는 퀴어 이론가들은 국가, 지역, 문화에 따라 일어나는 이론적 상호작용 그리고 그런 상호작용이 발견되고 해석되고 재현되는 방식이 얼마나 서구 중심적이고 제국주의적인 방식으로 교묘하게 차별을 재생산하는가를 폭로한다. 마야 믹다시와 재스비어 K. 푸아Maya Mikdashi & Jasbir K. Puar는 미국 이외의 지역에서 생산되는 퀴어 이론 연구들이 퀴어 '이론'으로 인정받지 못하고 '지역학'

이나 '섹슈얼리티 연구 분야의 '사례 연구'로 취급당하는 경향이 있다고 지적하면서, 퀴어 이론이 지정학적 특수성을 반영하지 않을 때 '호모내셔널리즘'을 재생산하고 강화할 수 있다고 비판한다.[103]

이러한 문제의식 아래 작업하는 퀴어 이론가들은 다양한 국가, 인종, 민족을 바탕으로 한 사회·문화·정치적 지형을 변수로 들여올 때 퀴어 이론에서 교과서처럼 받아들여지던 개념과 인식틀에 어떤 간섭이 일어나는지를 보이면서 퀴어 이론의 담론 지형을 변화시키고 있다. 예를 들어 앞서 내가 퀴어 이론들에서 많이 보이는 특징 중 하나로 이성애 규범성에 대한 비판적 해체를 설명하는 동시에 이성애에 대한 다각적 분석이 진행되고 있음을 언급했듯이, 교차적 위치에서 나오는 퀴어 이론들은 모든 사람에게 이성애 규범성이 똑같은 형식의 억압으로 작동하는 것도 아니고 모든 퀴어에게 이성애 규범성이 유일한 '주적'인 것은 아니라는 점을 보여준다.

이는 단순히 다양성의 문제나 이론의 허점을 논하는 것이 아니다. 진 해리타원Jin Haritaworn은 주디스 버틀러를 비롯한 백인 퀴어 이론가들이 이성애 규범성을 논하는 방식이 인종, 계급, 젠더 등의 권력 벡터가 섹슈얼리티와 맞물리면서 생산하는 복잡한 위계를 탈맥락화하여 일차원적으로 만들고, 위치성의 차이를 폭력적으로 뛰어넘어 동성애적 욕망을 낭만화하는 경향이 있음을 강력히 비판한다.[104] 또한 해리타원은 백인의 시선에서 태국 남성은 이성애자든 아니든 일단 게이로 읽혀지고 태국 여성은 '창녀'로서의 이성애자로 읽혀지는 현상을 분석하기 위해 "다인종적 매트릭스"라는 개념 틀을 제시한다. 언뜻 보기에 태국 남성과 여성에게 다른 잣대가 적용되는 것 같지만, 사실상 이는 "아시아인이 이성애자건 동성애자건 백인에게 성적으로, 그리고 다른 측면에서도 서비스하는 존재로 위치지어"지는 양상을 드러낸다.105) 이 틀에서 태국 여성을 재현하는 '이성애적 여성성'은 규범적이고 보호해야 할 여성성이 아니라 "가부장적 제도가 이 여성성에 맞서 국가를 보호해야 하는" "도덕적 위험"으로 재현되는 한편, "태국 여성은 극도로 여성적이라는 지배적인 상상 아래에서 태국 부치는 간단히 말해 존재하지 않는다. 비[인터뷰 참여재]의 인종적 젠더 정체성은 부치로 이해되지 않는 것뿐 아니라 여성으로도 적합하지 못한 것으로 파악된다. 다시 말하자면, 비의 젠더를 인식 불가능하게 하는 매트릭스는 젠더화된 만큼이나 인종화된 것이다."106) 물론 규범적 이성애에 대한 논의를 '이성애자들은 동성애자에 비해 기득권이다'라는 뜻으로 단순화하고 이성애적 매트릭스에 대비시켜 다인종적 매트릭스를 이분법적으로 설치하는 해리타원의 방식이 이론적으로 정밀하다고 보긴 어렵다. 그러나 한국으로 이주한 아시아권 이민자 여성들이 항상 국제결혼이나 성매매 대상으로서의 이성애자로 재현되는 양상, 또는 미국 안에서 백인 여성과 비교해 흑인 여성이 항상 문란하고 악독한 '창녀'로 재현되는 양상을 볼 때, 태국인의 젠더와 섹슈얼리티가 인종화되는 양상을 분석한 해리타원의 논의는 지역적이고 초국가적인 맥락에서 인종적 위계가 젠더와 섹슈얼리티에 대한 이해에 어떻게 복잡하게 간섭하는지를 설명하는 데 유용하고 중요하다.

퀴어 장애학 연구들도 단순히 사회적 주변부로 밀려난 존재들로서 퀴어와 장애인의 유사성에 기대 연대를 모색하는 데서 그치는 것이 아니라 비장애인 중심적으로 구축된 퀴어 이론의 인식틀을 뒤흔드는 중요한 개입을 만들어왔다. 예를 들어 장애학에서의 에이섹슈얼리티 연구는 비장애인과 장애인에게서 섹슈얼리티와 에이섹슈얼리티가 다르게 기대되고 강요되고 재현되는 양상을 탐구한다. 비장애인 무성애자들이

'당연히 유성애자일 것'이라는 기대와 압박에 시달린다면 장애인들은 '당연히 무성적 존재일 것이다'라는 기대를 강요받기 때문에, 장애인 관점에서 에이섹슈얼리티에 대한 연구는 사회에서 강제되는 에이섹슈얼리티와 장애인 당사자가 스스로의 정체성으로 탐색하는 에이섹슈얼리티를 신중히 구분하면서 진행되어야 한다.107)

나아가 교차성을 중시하는 퀴어 이론가들은 전 세계적인 사안과 퀴어 사안이 맞물려 있다는 문제의식 아래 퀴어 이론을 발전시키고 있다. 신제국주의, 내셔널리즘, 전쟁과 빈곤, 환경 문제, 디아스포라와 시민권 문제, 글로벌한 노사 관계 속 자본과 현지 노동자 간 갈등, 다양한 공간적 맥락에서 발생하는 인종 차별, 여성 억압, 장애의 사회적 생산 등 다양한 문제가 퀴어와 어떻게 복잡하게 교차하여 서로 영향을 주고받으며 어떤 결과를 낳는지에 대한 탐구가 퀴어 이론 안에서 점점 더 중요시되고 있다. 관련 논의 중 일부는 이 책의 5장에서 소개하겠다.

3. '퀴어'의 유연성과 확장성을 둘러싼 논의

교차성 논의의 연장선상에서, 이 절에서는 앞서 언급했듯 퀴어의 특성이 야기하는 복잡한 난제들을 살펴보겠다. 지금까지 퀴어 이론에서 일반적으로 통용되는 정의는 퀴어라는 개념의 유동성, 불안정성, 가변성, 그 어떤 고정된 지시체를 갖지 않는 플레이스홀더placeholder로서의 무한한 가능성과 정치적 유용성에 초점을 맞춰왔다. 그러나 다른 한편 퀴어 이론가들은 퀴어의 이러한 유동적 특성들이 이해되고 소비되는 방식을 좀 더 비판적으로 성찰해볼 필요가 있다고 지적한다.

1) 퀴어란 이름은 무한히 확장될 수 있는가?

퀴어 개념의 효용성에 의문을 제기하는 사람들은 '퀴어에 아무 정체성 범주나 다 넣어도 되는가?' 우려하기도 한다. 말하자면 한국에서 기독교를 주축으로 하는 퀴어 혐오 세력이 '동성애를 허용하면 사회가 무너지고 나라가 망한다'는 이유 중 하나로 '동성애를 허용하면 수간도 시체성애도 아동성애도 다 허용될 것이다고 주장하는데, 이런 식의 확장을 어떻게 막느냐는 우려다. 이런 악의적인 확장에는 굳이 시간과 기력을 들여 답할 필요가 없지만, 퀴어의 유연성·유동성·확장성과 관련된 다른 상황은 숙고해볼 필요가 있다. 2017년 초여름 한 여성학자가 '퀴어'라는 이름을 퀴어가 아닌 여성 페미니스트에게까지 확장할 수 있다고 주장하면서 사실은 트랜스를 배제하는 페미니즘을 옹호하는 발언을 펼쳤던 일이 있었다.108) 이는 퀴어 이론이 해체하고자 하는 여성/남성 이분법적 범주는 그대로 놔둔 채 퀴어 페미니즘 이론가들이 개발한 이론적 자원을 협소하게 정의된 '여성'의 억압적 상황만을 기술하는 수단으로 전유하고, 퀴어의 수많은 다양성과 차이와 가능성을 '여성'에 흡수시키며, 결국 퀴어 이론에서 나온 개념들이 그 개념들이 비판하고 해체하고자 하는 이분법적 틀에 다시 봉사하게 만드는 문제가 있다. 또한 퀴어라는 용어를 무한히 확장시킬 수 있는 자유롭고 추상적인 개념으로만 취급하면서 '퀴어'라는 용어와 그 이름으로 불리어왔던 혹은 스스로를 그렇게 불러왔던 사람들을 서로 떼어놓을 때, 그리하여 트랜스를 배제하는 페미니스트들이 상상하는 단일한 여성 정체성을 위한 이론적 자원으로만 끌어다 쓸 때, 이는 퀴어로 살아가는 사람들의 퀴어 정체성을 부정하고 이 사람들을 페미니즘 의제에서 배제한다는 심각한 문제가 있다. 이는 퀴어를 전면 거부하는 것보다 훨씬 더 교묘한 퀴어 혐오일 것이다.

이 말은 '이 개념은 오직 우리 거야!' 하고 선을 긋자는 뜻이 아니다. 어떤 개념의 탄생에서부터 문제시하고 대항해오고 전복시키고자 했던 인식틀을 그대로 둔 채 그 개념만 떼어다가 오히려 그 인식틀을 위해 봉사하도록 전유할 때, 어떠한 정치적·역사적·담론적 맥락이 증발하는가를 비판적으로 질문하는 것이다. 우리는 특정 개념을 사용하는 방식이 역사적으로 그 개념과 밀접한 관련이 있는 당사자들로부터 그 개념을 빼앗아버리는 잘못된 전유인지, 혹은 그 개념을 그 개념이 문제제기하고자 했던 가치 체계에 다시금 복속시키는 시도인지, 아니면 그 개념을 보편적으로 확장함으로써 그 개념 자체를 가장 급진적으로 정치화하는 시도인지, 계속해서 비판적으로 살펴보길 게을리하지 말아야한다. 이러한 비판적 태도는 '퀴어' 정체성을 대할 때에도 필요하다. 3장에서는 LGBTIA 범주를 넘어서거나 그 범주를 잘게 쪼개는 퀴어 정체성이 최근 몇 년 새 급증한 현상에 대해 논할 것인데, 이러한 이름들에 접근할 때 기존에 유통되던 범주들 외엔 무조건 가짜라고 부인하거나 반대로 무조건 인정하지 않으면 퀴어 혐오라는 이분법적 선택지에 빠진다면 논쟁을 소모적으로 만들 뿐이다. 그보다는 어떤 개념이 어떠한 역사성과 맥락 안에 놓여 있는가, 그리고 어떤 수행적 효과를 발휘하는가에 초점을 맞출 필요가 있다. 6장에서 소개할 사라 아메드 식으로 질문을 바꾸자면, "그 이름이 무엇인가"보다는 "그 이름이 무엇을 하는가"를 심문할 때 논의는 좀 더 생산적인 방향으로 나아갈 수 있을 것이다.

2) 물질, 현실, 역사를 사유하기

한편 위의 문제에 대응하는 방식 중 하나는 퀴어의 역사와 물질적 특수성을 강조하는 것이다. 퀴어 역사학자 터너가 『퀴어 이론의 계보』에서 혐오폭력에 희생당한 퀴어들의 명단으로 책의 처음과 마지막을 열고 닫은 것은, 퀴어 이론이 그냥 멋져 보이기만 하는 탁상공론이 아니라 퀴어라는 이유로 지금도 일상에서 수많은 폭력과 차별과 억압을 겪고 죽고 쫓겨나며 생계와 목숨을 위협받아온 사람들의 삶과 역사를 바탕으로 만들어진 것임을 드러내고 기억하기 위해서였을 것이다. 버틀러가 구체적인 물질성이나 정체성에 무비판적으로 의존하는 본질주의적 경향에 맞서기 위해 자신이 『물질화되는 몸Bodies that Matter』(1993)[109]에서 개념화한 '비체abject'가 구체적으로 어떤 대상에 해당하는 것인지를 확언하길 피해왔음에도,[110] 결국 『젠더 트러블』 10주년 판 서문(1999)에서 "그런 사람 여기 있다there is a person here"고 주장한 것은, '내 주변엔 그런 사람 없는데?'란 말로 퀴어들의 존재를 삭제해버리고 버틀러의 논의를 계속해서 뜬구름 잡는 얘기로 치부하는 지배 담론에 대한 응답이었다. '퀴어'는 그 어떤 역사도 물적 기반도 없이 자유롭게 떠다니는 기표가 아니고 퀴어 이론은 현실과 괴리된 탁상공론이 아니다. 오히려 퀴어 이론은 그동안 '현실'로 인식/인정되지 못했던 퀴어한 존재들의 삶을 '현실'이라 주장하는 역할을 했고, 그 존재들이 살아갈 자리를 만들기 위해 주류 사회가 '현실'이라 믿는 것들을 생산하고 유지하는 인식틀 자체를 재편하는 작업을 꾸준히 해왔다. 예를 들어 근대적 인식론의 기반인 이원론은 인터섹스와 트랜스젠더, 논바이너리nonbinary 정체성을 가진 이들에게 실질적인 폭력이 되기 때문에, 이원론과 그걸 기반으로 하는 인식틀을 해체하는 이론적 작업은 궁극적으로는 이들의 삶에 직간접적으로 좋은 영향을 미친다. 이들의 삶을 구하려는 사회정치 운동이 이론적 작업에 동기를 부여하고 또 이론적 작업은 이들에게 가해지는 폭력을 정당화하는 논리를 깨부수며 운동에 논리와 동력을 제공한다. 이렇게 운동과 이론이 서로 맞물려 폭력을 중단시키는 데 기여할 수 있는 것이다.[111]

나아가 퀴어 이론은 단순히 퀴어만의 현실과 물적 기반이 있음을 주장하는 데서 그치지 않는다. 퀴어 이론가들은 현실/이론, 물질/언어 사이에 철저한 금을 긋는 것이 논리적으로 맞지 않을뿐더러 퀴어 정치에도 해롭다는 점을 역설해왔다. 모든 이론은 현실과의 관계 속에서 만들어지고 다시금 이론이 현실에 간섭하여 현실을 구축하는 복잡한 역동 속에 있기 때문에, 이론을 논할 때 이것이 현실과 관련이 있느냐의 문제를 '예/아니오'로 선택하도록 판을 짜는 건 적절치 않다. 오히려 질문해야 할 것은 이론이 관계 맺고 영향 받고 영향을 주는 '현실'이 누구의 입장에서 '현실'이냐는 것이다. 어떤 현실이 현실로 인정받고 존중되는가? 어떤 현실이 별것 아닌 거 치부되거나 아예 현실로 인식되는 것조차 불가능한가? 성소수자가 바로 눈앞에서 커밍아웃해도 "내 주변엔 그런 사람 없다" 혹은 "네가 그럴 리 없다"고 바로 받아치는 세간의 반응은, '현실'이나 '사실'이 그 자체로 중립적이고 자명한 증거가 되는 게 아니라 피 터지는 인정 투쟁의 문제라는 것을 여실히 드러낸다. '역사'도 마찬가지다. 많은 이들이 '역사'를 물적 토대로 상정하지만, 이때 '역사'라는 이름으로 상상되는 것이 '역사'가 될 수 있었던 다른 무언가를 쳐내고 정돈하여 단일하고 단선적이게 만든 진보 역사관인 경우가 많다는 점을 유념해야 한다. 가장 큰 문제는 '역사'라는 개념을 그 어떤 비판도 건드릴 수 없는 성역처럼 상정함으로써 '역사를 몰역사화할 위험이다.[112] 예를 들어 물질적 기반을 중시한다는 역사적 유물론자들이 퀴어 이론을 폄하할 때 역사적 유물론 대 관념론의 낡은 대립을 동원하곤 하는데, 이때 중시되는 '몸의 물질적 역사'는 '남성'과 '여성'으로 살아온 역사뿐이고, 트랜스섹슈얼의 성 재지정 수술은 몸의 물질적 역사를 무시하고 훼손하는 짓으로 비난받는다.[113] 그러나 우리가 트랜지션을 한쪽 범주에서 다른 쪽 범주로 완전히 건너가 버리는 '전환'이 아니라 어린 시절부터 살아온 몸과 체현 감각의 역사를 수술 후 몸과 잇는 비이원론적 방식으로 사유한다면, '역사'와 '물질'은 기존과는 다른 방식으로 개념화될 것이다. 따라서 퀴어의 실존을 부정하려는 지배 담론에 맞설 때, 수치와 낙인의 역사를 모두 갖다버리려 하거나 역사를 반박할 수 없는 본질적인 진리로 취급하는 대신에 '역사가 어떻게 복잡하고 모순적으로 구성되고 동원되는지에 관심을 기울여야 한다.

이와 관련해서, 앞서 얘기했듯 터너가 퀴어 이론의 계보를 설명하는 책의 처음과 끝에 퀴어들이 겪은 폭력과 살해의 기록을 배치했던 이유는 단지 퀴어들이 죽어가고 있다는 절박한 현실과 슬픔의 역사를 환기시키기 위해서만은 아니다. 사실상 퀴어를 겨냥한 그러한 폭력 자체가 어떻게 현실/이론, 물질/언어 등의 이분법을 교란시키는 동시에 특정 현실을 생산하여 그 이분법을 공고히 만드는 방식으로 작동하는지를 보여주기 위해서이다. 터너는 퀴어 혐오 폭력으로 살해당한 이들을 서술한 다음 동성애 패닉 사건을 예로 든다. 이 사건은 1999년 7월 미국의 한 육군 기지에서 자고 있던 병사를 동료 병사가 야구 방망이로 때려죽인 사건이다. 이 사건에서 주목할 점은, 살해당한 피해자 베리 윈첼이 동성애자인지 아닌지도 확실치 않았는데도 가해자 캘빈 글로버는 윈첼이 '호모'일 것이라고 멋대로 추측한 다음, "호모에게 내 후장을 따일 순 없다"고 선언하며 피해자를 죽였다는 점이다. 이 살해 사건에선 진짜 '사실'이 뭐냐가 관건이 아니다. 사회에 널리 퍼진 호모포비아, 그중에서도 호모가 '선량한 일반시민(이라고 스스로 주장하는 이성애자) 남자들'을 공격할 거라는 두려움이 가해자의 불안을 구성하고 살해를 추동하는 힘이었다. (관련 논의는 4장에서 좀 더 이야기하겠다.)

피해자가 정말로 동성애자인지 아닌지는 살해 동기로 중요하지 않았다. 즉, 혐오폭력 가해자들이 어떤 사람을 희생자로 선택하는 이유는 그 희생자에게 차별(처벌)받을 만하다는 물질적인 증거가 있기 때문이 아니다. 터너는 이런 사건이 발생할 때마다 '왜 가해자들이 인종적 차이나 성적 차이를 기반으로 희생자를 선택하는가?' 하는 질문이 자주 등장하지만 이 질문이 그러한 차이에 책임을 돌리기 위한 목적으로 사용되어서는 안 된다고 당부한다. 언론과 경찰이 '묻지마 살인사건'으로 서둘러 단정한 강남역 살인사건에서 가해자는 왜 아무나 죽이지 않고 여자가 지나갈 때까지 세 시간이나 기다렸는가? 젠더퀴어로 보이는 사람은 왜 희생자로 선택되는가? 그런 사람들을 죽여도 왜 가해자는 이해받고 처벌이 가벼워지는 경우가 많은가? 이슬람계 남성이 총기를 난사하면 테러가 되지만 백인 남성이 같은 짓을 하면 언론과 정부는 왜 이 행위를 '테러리즘'으로 규정하지 않는가? 또한 가해자의 인종과 상관없이 죽은 피해자들이 성소수자일 때도 언론과 정부가 이를 '테러'로 규정하지 않는 것은 어째서인가? 이는 "범주에 관한 질문이고, 재현에 관한 질문이고, 개인들을 그들의 정체성에 부착시키는 과정에 대한 질문이자, 관습적으로 정의된 정치와 법에 대한 질문이다."[114] 언어와 물질 사이에 건널 수 없는 확고한 선을 긋는 인식틀 안에서는 '니그로'와 '호모 새끼'

같은 명사에 어떤 의미들이 왜 붙는지, 그런 의미들이 어떤 사람들에게 어떻게 들러붙으며 어째서 그 의미가 붙지 않은 사람들이 그 의미가 붙은 사람들을 공격할 정당한 구실로 받아들여지는지, 또 어떻게 범주화가 폭력을 정당화하는지를 철저히 분석할 수 없다.115) 그러므로 '퀴어'라 불리고 스스로도 그 이름에 속해있다고 느끼는 사람들이 퀴어 정치 및 이론에서 만들어온 여러 개념의 역사와 맥락을 단절시킨 채 그 개념들을 다른 데서 전유해도 되는가 하는 문제를 두고 단순히 그러한 재전유에 찬성하느냐/반대하느냐를 택일하여 둘 중 하나가 항상 정치적으로 올바르다고 판정하기 전에, 재전유가 발생시키는 긴장과 모순이 어떠한 맥락에서 어떤 권력관계에 봉사하고 어떠한 효과를 낳는지에 대해 더 많은 논의가 필요하다. 그렇다면 앞서 지적했듯 '퀴어'를 위의 질문들에서 떼어내어 소위 '생물학적 여성'만을 위한 이론적 도구로 전유하려는 사람들에게도 물어야 한다. 당신들이 새로이 구축하는 현실은 무엇이고 정당화하는 폭력은 무엇인가?

3) 경계 짓기 / 열어놓기의 변증법

퀴어함이 배타적인 동일시와 경계 짓기에 대한 비판에 늘 열려있다는 점은 퀴어학의 이론적 · 정치적 힘이자 퀴어 인식론의 기본이었다. 앞서 말했듯 퀴어 이론은 정체성이 자명하거나 본질적인 것이 아니라 사회적으로 구성되고 부과되는 범주라는 통찰을 바탕으로 발전해왔고, 따라서 정체성 정치가 불가피하게 폭력적일 수 있는 지점들을 짚어왔다. 따라서 퀴어 이론의 강점은 "전통적인 정체성 정치에서는 검토되지 못하는 경우가 많은 여러 제약을 이론화"하는 데 있었다.116) 그러나 다시

1)의 질문으로 돌아가 이 유동성이 낳는 다른 복잡한 문제들을 고민해볼 필요가 있다. 경계를 가로지르고 한 곳에 고정될 수 없는 퀴어 개념의 특성이 마치 마음만 먹으면 위치성을 초월할 수 있는 양 오용될 위험을 어떻게 경계할 수 있을까? 위치를 본질적인 것으로 사유하지 않으면서도 위치성을 중시할 방안은 어떻게 모색해야 할까? 어떻게 해야 이름의 특수한 역사와 맥락을 중시하면서도 그 이름을 배타적인 경계로 둘러치는 대신 유동성과 변화 가능성에 계속해서 열어놓을 수 있을까? 이 고민은 '퀴어'라는 개념 자체에도, 그리고 퀴어라는 큰 우산 아래 생겨난 수많은 퀴어 정체성에도 해당된다.117)

한편으로 퀴어 이론가들은 유연성이 그 자체로 새로운 퀴어 규범성이 될 위험을 우려한다. 이는 우리가 '퀴어는 고정될 수 없다'고 정의하면서 그 '고정될 수 없음'을 다시금 고정된 속성으로 취급하려 할 때 발생하는 난제이다. 유연성이 곧 전복이나 진보와 등치되는 것이 아님에도 그리 단순하게 이해해버린다면, 그러한 관점에서는 트랜스인 사람들118) 중 트랜지션을 선택한 사람들은 기존 남/여 이원론 체계에 순응하고 체계를 재생산하는 부역자가 되어버린다. 비규범적인 젠더가 진보적이고 규범적인 젠더는 적폐라는 이분법적 가치 평가는 특히나 트랜스인 사람들을 옭아매는 잘못된 가치 평가다. 아이러니하게도 이러한 평가는 퀴어 운동 내부에서뿐 아니라 페미니즘 안에서도 나온다. 현재 SNS에서 지겹도록 매일 튀어나오는 주장인데, '터프'들은 '진짜' 여성은 그녀가 원하는 자유로운 옷차림과 젠더 표현을 할 권리가 있다고 주장하면서도 트랜스들의 옷차림과 젠더 표현은 '가짜'인 주제에 여성성을 따라함으로써 여성과 여성성의 잘못된 고착 관계를 강화하고 재생산하는 원흉이라 공격하곤 한다. 트랜스의 존재는 퀴어 이론의 첨병으로서만 가치 있다고 여기거나, 트랜스의 일상 모두를 문제시하여 여성성을 따라 하는지 아니면 남성성을 따라 하는지 이분법적으로 재단하고 검열하는 등, 유독 트랜스들에게만 모순적인 규범을 가혹하게 들이대는 것이다.[119] 핼버스탬은 트랜스를 이렇게 획일적으로 재단하는 태도가 트랜스 개념을 이국적인 대상으로 취급하고 물신화할 가능성이 있을 뿐만 아니라, 트랜스의 젠더 실천이 안정성과 합법성, 인식 가능성 그 자체에 도전할 가능성과 역량을 약화시킨다고 비판한다.[120]

또한 일부 퀴어 이론가들은 유연성이 특권을 가질수록 더 쉽게 접근 가능한 선택지일 수도 있다는 점을 지적한다. 핼버스탬은 노동자 계층이나 흑인 공동체에서 자주 보이는 스톤부치나 부치–펨 관계를 구시대적 정체성이라 싸잡아 비난하면서 유연성과 비고정성을 찬양하는 태도가 특히 대도시에 사는 백인 기득권층 퀴어들에게서 관찰된다고 비판한다.[121] 또한 맥루어는 신자유주의가 다양한 사회운동의 아이디어를 적극 차용하면서 차이를 찬양하고 구속 없는 유연성을 선호하지만 역설적으로 이러한 전환이 보다 글로벌한 불평등과 노골적인 착취를 낳는다고 진단한다. 이러한 전환 속에서 퀴어 이론이나 장애학이 전제해온 것보다 훨씬 더 유연한 이성애적이고 비장애–신체적인able-bodied 주체가 출현한다는 것이다. 이 유연한 주체들은 장애 및 퀴어 소수자들에게 관용을 베푸는 것처럼 보이지만 사실은 눈앞에 일어난 사건—자신들의 일관성과 안정된 주체 위치가 허상임을 폭로하는 주변부적 존재들—을 별것 아닌 일로 치부함으로써, 그리하여 그런 일 따윈 나에게 아무런 위협이 되지 않는다는 걸 보여줌으로써 위기를 관리하고 결국 효과적으로 봉합한다. 이성애적이고 비장애–신체적인 주체가 유연하게 축소했다 확장했다 하는 동안, 장애 및 퀴어 소수자들에겐 유연하게 그 움직임에 순응하는 선택지밖에 남겨놓지 않는 것이다.[122] 사라 아메드 또한 '퀴어란 무엇인가'에 대한 설명들이 관습이나 규범, 경계를 넘어서는 유동성과 이동을 이상화하는 경향이 있다고 지적한다. "이동을 이상화하는 것 혹은 이동을 페티시로 변환시키는 것은 […] 퀴어하다고 여겨지지 않는 것에 애착을 가진 타자, 혹은 반–규범성을 영원한 지향으로 유지하는 '위험'을 무릅쓸 수 있는 (경제적·문화적) 자본이 없는 타자를 배제할 수 있다."[123]

한편 이런 논의가 '아직 성소수자 인권이 발전되지 못한 나라에선 정체성 정치가 여전히 유용하다'는 식으로 또 다른 '나중에' 담론을 생산할 위험 또한 경계해야 한다. 즉 이런 태도는 비서구권 특히 아시아권 퀴어들이나 지방의 퀴어들을 게이 레즈비언에 대한 이분법적인 스테레오타입(여성적인 게이/남성적인 부치)에 맞춰 해석하고 재현하면서 이미 오래전부터 세계 곳곳에서 살아왔을 논바이너리 퀴어들을 다시금 배제하고 비가시화할 위험이 있다. 물론 자신을 설명할 더 많은 언어적 자원에 접근할수록 자기 정체성을 감각하는 방식도 달라질 수 있기에, 앞서 소개한 블랙우드의 톰보이 연구처럼 최신 퀴어 이론을 쉽게 접할 수 없는 지역에 사는 퀴어들이 최신 이론을 쉽게 접하는 지역의 퀴어들보다 자신을 남/여 이분법적 틀에 맞춰 표현하는 경향성이 커질 수는 있을 것이다. 하지만 그렇다고 해서 자신이 남성과 여성, 남성성과 여성성 어느 쪽에도 잘 들어맞지 않는다고 감각하는 사람이 시골엔 전혀 없는 것도 아니고, 인류의 역사에 남/여 이분법에 갇히지 않는 존재들에 대한 담론이 전혀 없었던 것도 아니다. 또한 아메드의 지적처럼 퀴어를 경계를 가로지르며 이행하는 특성으로 정의하는 방식이 이동에 제한이 있는 사람들에게 적절치 못한 모델일 수 있을지라도, 이를 두고 '퀴어의 유동성 모델이 장애인을 배제한다고 확언할 수는 없다. 내가 다른 글에서 논증했듯 만성질환이 있는 사람들이나 시간이 흐를수록 추가적인 장애를 얻는 사람들에겐 고정된 정체성 정치 모델보다 이 변화와 불확실성을 담아낼 수 있는 퀴어 이론의 논의가 좀 더 설명력이 있기 때문이다.124) 어쨌든 자신이 안정된 정체성 범주에 잘 맞는다고 생각하는 사람들과, 자신을 어느 범주에도 딱 들어맞지 않는 경계적 존재로 경험하는 사람들이 퀴어 이론의 유동성과 불안정성을 자기에게 유용한 자원으로 생각하는 정도는 차이가 있을 수밖에 없다. (한편 유연성과 달리 불확실성은 버틀러가 『불확실한 삶*Precarious Life*』125)에서 지적했듯 특권과 멀리 떨어진 타자일수록 더 많이 할당받는 특성이다. 5장과 6장에서 관련된 이야기를 좀 더 나눌 것이다.)

여기서 유념할 점은, 유연성이 또 다른 특권이 될 위험을 경계하는 입장과 그런 해석이 논바이너리 젠더퀴어들의 실존을 지울 위험을 경계하는 입장이 대립되는 게 아니라는 점이다. 두 입장 모두, 우리가 '퀴어', '퀴어 이론', '퀴어다운 삶'을 평가할 때 '진보 아니면 반동'이라는 이분법에 끼워 맞춰 손쉽게 결론 내고픈 유혹을 뿌리칠 것을 제안한다. 다시 말해 퀴어 이론이 대안으로 제시한 것들이 또 다른 교조주의적 규범이 되어서는 안 된다고 주장하는 것이다. 언제나 본질적으로 옳고 진보적인 것과 그리고 반동적인 것이란 존재하지 않는다. 버틀러가 『젠더 트러블』에 대한 오해를 해명하면서 누누이 말했듯, 유연성이 곧 체제 전복을 보장하는 것도 아니다. 이 책 전체에서 이야기하겠지만 퀴어가 항상 반드시 규범 권력에 저항하고 그걸 전복시키는 데 성공한다는 특성을 갖고 있는 것도 아니고, 자연스러워 보이던 토대가 사실은 구성되었음을 폭로한다고 해서 곧바로 전면적인 변화가 일어나 새 세상이 도래하는 것도 아니다. 더욱이 이분법적 범주화와 규범적 가치 위계가 강력한 힘을 발휘하는 문화에선, 사회적으로 주변으로 밀려나고 낮은 가치가 책정되는 존재들에 대한 재현에 늘 전복인지 공모인지 확정할 수 없는 복잡한 의미들이 과도하게 뒤엉키게 된다.

예를 들어 그리스의 패럴림픽 수영 챔피언 안토니스 차파타키스 Antonis Tsapatakis가 2017년 찍은 화보[126]에선 물이 가득 찬 수영장 바닥 한구석에 휠체어가 모로 누워있고 티셔츠와 청바지를 입고 운동화를 신은 차파타키스는 수영장 바닥을 똑바로 딛고 서 있다. 이 사진은 장애인 수영선수가 땅 위에선 장애인이지만 물 안에서는 장애인이 아니라는 것을 시각적으로 보여줌으로써 장애인은 결함이 있는 존재가 아니라 다른 환경에서 '다른 능력이 있는 사람differently abled'이라는 메시지를 전한다. 이는 장애 운동에서 장애인의 자긍심을 고취시키고자 하는 대안적인 명명 전략 중 하나이다. 하지만 다른 한편 장애인을 주제로 한 많은 화보가 장애를 엄청나게 선정적으로 부각시키거나 아니면 전혀 장애인처럼 보이지 않도록 세팅한 모습을 찍음으로써 장애를 신기한 볼거리로 소비하고 비장애인을 '인간의 기준으로 세우는 비장애 중심주의의 생산과 유지에 일조한다는 비판을 받아왔다.[127] 따라서 우리는 이런 사진이 비장애 중심주의에서 벗어나지 못한 것인지 비장애 중심주의에 한 방 먹이는 것인지 확답을 내리는 대신 세심히 결을 살펴 가며 계속 고민해야 한다. 지금 이 사회에서 규범적인 것은 매우 이분법적으로 범주화되어 있는 데다 더 좋고 나쁨의 위계가 그사이를 촘촘하게 채우기 때문에 이런 위계질서에서 이미 가치가 낮춰진 존재들이 재현될 때마다 이 재현이 과연 규범을 전복시키는 것인지 공모하는 것인지 확답할 수 없는 복잡한 의미가 덕지덕지 쌓이게 된다. 그래서 우리에게 최선의 길이란 항상 어느 것이 반드시 정치적으로 올바르다고 쉽게 결론 내고픈 유혹을 뿌리치면서 그저 이러한 복잡성을 디폴트로 놓고, 이 속에서 어떻게 정치적 실천을 할 것인지 다각도로 고민하며 나아가는 길밖에 없다(이 어려움을 2장에서 수행적 모순이란 개념으로 논할 것이다).

'퀴어'는 그 자체로 반드시 전복적인 것이 아니고, 퀴어 이론은 '퀴어'가 본질적으로 항상 진보적이라고 주장하는 이론이 아니다. 반대로 퀴어 이론은 '퀴어'라는 용어의 사용법을 계속해서 비판적으로 성찰하는 이론이라고 설명하는 게 가장 적절할 것 같다. 5장에서 좀 더 이야기하겠지만 퀴어 내셔널리즘과 핑크워싱에 관한 논의가 대표적이다. 맥루어는 항상 올바르고 진보적인 위상을 안전하게 점유할 수 있는 정체성 따위는 없다는 걸 보여주는 연구로 리시아 피올-마타Licia Fiol-Matta의 『국가를 위하는 퀴어 엄마A Queer Mother for the Nation』(2002)[128]를 소개한다. 이 저서는 칠레의 저명한 소설가 가브리엘라 미스트랄에 대한 연구로, 미스트랄의 퀴어 정체성과 퀴어한 특성이 이성애 규범적이고 가부장적이고 인종차별적인 국수주의의 생산과 전파에 어떻게 동원되고 활용되었는지를 분석한다. 이러한 차별적인 담론들은 "퀴어함에도 불구하고가 아니라 바로 그 퀴어함을 통해 공고히 구축되었다."[129] 그러므로 단순히 퀴어를 찬양하고 퀴어는 늘 비규범적이고 저항적인 위치에 있을 거라고 자신하기보다는, 그 어떤 이론이든 정체성이든 항상 예측 불가능하고 문제 있는 방식으로, 심지어 처음의 의도와는 완전히 다른 방식으로 "전유될 수 있고 상품화될 수 있고 지배적인 이해관계에 일조하는 방향으로 만들어질 수 있다고 자각"[130]하고 이를 어떻게 이론화할 것인지를 탐구하는 일이 퀴어 이론의 발전에 중요했고 지금도 중요하다.

딘 스페이드의 말대로, "우리의 대안이 표준화, 정상화, 내부의 적을 확인하는 일을 필요로 하는 진리 정치를 어떻게 생산해내는가를 검토"하면서 "우리의 대안을 심문하는 일"을 꾸준히 계속해야 하는 것이다.131)

4. 그러므로 우리에게 필요한 건 인식론적 겸손의 정치

버틀러는 「비판적으로 퀴어Critically Queer」(1993)에서 '퀴어'라는 이름이 재현/대표하고자 하는 이들을 완벽하게 포괄하고 설명할 수 있다고 자만해서는 안 되며 "용어의 우연성을 긍정"해야 한다고 조언한다. 한편으로는 '퀴어'라는 용어로 재현될만한데도 운동이며 정치에서 그 용어를 이용할 때 계속 배제되는 존재들이 있다는 점을 인정하고, 그런 존재들이 퀴어라는 용어를 재점유하도록 할 필요가 있다. 또한 지금은 퀴어라는 용어에서 예상하거나 기대할 수 없는 의미들을 담아낼 수 있도록 퀴어라는 용어를 계속해서 미래의 가능성에 열어놓을 필요가 있다. 버틀러는 퀴어함을 구성하는 전제들을 계속해서 의심하고 비판하면서 퀴어의 의미와 용법을 어딘가에 미리 완전히 고정시켜 매어두지 말자고 제안한다. 이러한 태도는 "퀴어 정치를 계속해서 민주화"하기 위해 필요할 뿐 아니라 "그 용어의 구체적인 역사성을 드러내고 긍정하고 고쳐쓰기 위해"서도 반드시 필요하다.132)

정리하자면 무엇보다도 퀴어 이론을 퀴어하게 만드는 것은 자신의 주장이 토대삼은 것들도 심문하면서 스스로를 항상 비판에 열어놓는 태도다. '퀴어'라는 이름은 무언가를 배타적이고 독점적으로 규정하는 이름으로 한정되어서는 안 된다. 계속된 자기 반성성과 개방성과 운동성은 퀴어란 개념을 그토록 쓸모 있게 만들어주는 특성이자 퀴어 이론의 정치적 방향성이다. 그러므로 유연성, 불확실성, 가변성 같은 특징을 무조건 진보의 특성이라거나 무조건 특권층의 특성이라고 이분법적으로 규정하는 논의는 엄밀히 말해 퀴어 이론의 지향과 어긋난다. 퀴어를 고정될 수 없고 예측 불가능한 것으로 설명하는 건 퀴어가 반드시 그래야 한다는 정언명령이나 본질적인 속성에 대한 중립적인 기술이 아니라, 우리가 '퀴어'라는 개념으로 사유하고 실천해나갈 때 필요한 일종의 지침으로 봐야 할 것이다.

그리고 이러한 개방성은 항상 "인식론적 겸손"을 필요로 한다. 인식론적 겸손의 정치는 "우리가 타자들과 함께 살아간다는 바로 그 사실, 자신의 가치가 우리의 가치와 결코 똑같지 않은 타자들과, 혹은 우리가 무엇을 알 수 있는가에 대한 한계를 설정하는 타자들과, 혹은 우리에게 불투명한 타자들과, 혹은 우리에게 낯선 타자들과, 혹은 우리가 극히 일부만 이해할 수 있는 타자들과 함께 살아간다는 바로 그 사실"을 바탕으로 이론과 실천을 조직하는 정치다.133) "우리가 세상의 중심에 있을 수 없고 우리가 우리 멋대로 일방적으로 행동할 수 없다'는 것을 인정하고, 내가 알지 못하는 타자들과 함께 살아가는 세상을 만들기 위해 "때로는 우리의 인식론적 확신뿐만 아니라 정치적 확신도 단념"할 것을 각오하는 윤리적 노력이다.134) 따라서 인식론적 겸손의 정치는 예측 불가능성, 불안정성, 미결정성을 받아들이는 한편, 그러한 특성들이 전 세계적으로 불평등하게 분배되고 있음을 날카롭게 인식하고 그에 대처하려 노력하는 정치다. 인식론적 겸손의 정치는 전 세계적으로 불평등한 지식의 생산과 유통을 인정하고 이에 맞서 다른 세상을 상상하고 만들고자 노력하는 지식 생산 형식으로서 필요하다.

또한 인식론적 겸손의 정치로서의 퀴어 정치는 내가 모든 것을 다 알지는 못한다는 사실을 겸손하게 인정하고 계속해서 스스로를 돌아보고 고쳐 나가는 어려운 길을 간다. '알지 못함'을 인정하는 것은 이론의 약점이 아니라 이론을 윤리적으로 만들어주는 최소한의 기본 조건이다. 앞서 말했듯 "나는 인간이 아닙니까?"를 질문하는 존재들의 계속된 등장은 인간이라는 보편적 개념을 계속해서 열어놓음으로써 개념의 보편성을 심문하는 동시에 역설적으로 보편성을 보편성이게 해주는 정치적 실천을 구성한다. 이런 점에서 버틀러는 보편성을 가장 잘 나타내는 표현이 '아직은 아닌not yet'이라고 말한다. "보편적인 것에 의해 '실현되지 않은' 채 남아 있는 것이 보편적인 것을 본질적으로 구성한다"는 것이다.135) 그리고 보편성이 '아직은 아닌'에 의해 보편적일 수 있다면 보편적인 개념을 이루는 경계의 확장과 변환은 결코 어느 시점에서 그칠 수 있는 성질의 것이 아니기에, 우리가 어떻게 기존에 당연시되고 보편적이라 간주되던 개념들을 끊임없이 심문하면서도 그 개념을 계속 사용할 수 있을 것인가 하는 문제는 확실한 하나의 답을 내리고 끝낼 수 있는 문제가 아니다. 이 문제에 대한 유일한 해결책이라면, 철저하게 비판적인 고찰을 계속해나가는 것뿐이다. 우리가 이 문제에 대해 정확한 답을 알지 못한다는 무지를 인정하고 그러한 무지가 들어올 자리를 이론에 마련하면서 말이다.

무지가 들어올 자리를 마련한다는 것은 내가 다 파악할 수도 통제할 수도 없고 감히 그러려고 해서도 안 되는 타자들이 들어올 자리를 마련한다는 뜻이기도 하다. 버틀러는 이러한 작업이 "사전에 완전히 결정될 수 없는 미래에 무엇을 포함하게 될 것인가에 관해 우리는 무지하다는 중요한 감각에 보편적인 것을 밀어" 넣는 "생산적인 위험을 무릅쓰는"

어려운 노동이리라고 전망한다.136) 당장 정확히 답을 말할 수 없는 이 무지의 상태에서 우리가 할 일은 '난 모르겠으니 입 닫을게'라고 멀찌감치 물러서는 게 아니다. 우리는 인간이 무엇인지 인권이 무엇인지 여성이란 무엇이고 누가 여성이 아닌지 등에 대해 하나의 정답을 딱 말할 수도 없고 그럴 수 있다는 오만을 가져서도 안 되지만, 그럼에도 계속해서 이런 문제들에 대해 고민하고 발언하고 개입하지 않을 수 없다. 싸움에 침묵하는 자는 방관자고 체제 유지에 기여하는 자가 될 수 있기 때문에, 또한 인식론적인 겸손함으로 이 무지를 받아들이고 이 무지 속에서 치열하게 고민해나가는 것이 우리의 윤리적 책무이기 때문에.137) 이럴 때 무지는 역설적으로 우리가 윤리적으로 행동할 수 있게 하는 출발점이 될 것이다.

그리고 여러 학자들이 지적하듯 퀴어라는 개념의 "가장 큰 미덕이 엄밀히 말하자면 정의할 수 없"고 "개념을 전개할 때의 결과와 함의를 미리 예측할 수 없다는 점"138)이라면, 퀴어를 그러한 것으로 유지하는 일이 퀴어 이론의 정치적·윤리적 약속일 것이고, 그런 의미에서 퀴어 이론은 아직 오지 않은 미래에 대해 확실히 알지 못한 채 미래를 현재로 끌어오는 유토피아적인 실천이 될 것이다. 무지를 받아들여 "생산적인 위험을 무릅쓰는" 이 노동은 성소수자의 발언에 "나중에"를 연호하는 사람들에 맞서, 나중이 아니라 현재 여기에 퀴어가 살고 있음을 보여주고 퀴어라고 차별받지 않는 세상을 지금 여기서 만들고자 노력하는 운동이자, 우리 앞에 무엇이 있을지 모르지만 아직 도래하지 않은 다른 세상을 꿈꾸며 더듬더듬 길을 만들어나감으로써 세상을 조금씩 더 퀴어하게 만드는 미래지향적인 노동일 것이다.

퀴어 이론이 학계에 막 등장했던 당시 버런트와 워너는 "퀴어 이론이라 불릴 수 있는 거의 모든 것들이 세상을 창조하려 애쓰면서 급진적으로 앞질러 가는 것이기 때문에 지금 퀴어 이론을 요약하려는 그 어떤 노력이든 폭력적으로 편파적일 것이다."139)라고 말했는데, 이는 퀴어 이론이 상당히 제도화된 현재에도 해당되는 이야기일 것 같다. 사실 퀴어 이론이 무엇일 수 있으며 무엇이어야 하는가에 대한 논의는 지금도 계속 진행 중이다. 정치적으로 '퀴어'의 이름을 어디까지 확장하고 그 안에 무엇을 넣을 것인가의 문제는 아무런 제한 없는 무한다원주의가 아니라, 그렇게 함으로써 우리가 어떠한 권력 관계를 전복시키고자 하고 또 어떠한 권력 관계를 영속시킬 위험이 있는가, 그 결과 누구의 삶을 인간다운 삶으로 여기게 되는가를 계속해서 성찰하면서 윤리적인 책임을 놓지 않기 위해 고민해야 하는 문제다. 결국엔 "무엇이 퀴어 이론과 퀴어 정치를 퀴어하게 만드는가"라는 질문 자체를 놓지 않으려는 노력이 그 자체로 퀴어 이론과 정치를 퀴어하게 만드는 실천이 될 것이다.

주

1. David L. Eng, Judith Jack Halberstam, and José Esteban Mūnoz, "What's Queer About Queer Studies Now? Introduction," *Social Text* 84-85, Vol.23, Nos.3-4, 2005, pp. 1-17.
2. Teresa De Lauretis, "Queer Theory: Lesbian and Gay Sexualities: An Introduction," *Differences: A Journal of Feminist Cultural Studies,* Vol.3, No.2, 1991, pp. iiix-viii. 드 로레티스는 이 학술지 특집호가 나오기 1년 전 같은 제목의 학술대회를 먼저 조직했었다.
3. Robert McRuer, *Crip Theory: Cultural Signs of Queerness and Disability,* NYU Press, 2006, p. 216. 2006년에 나온 맥루어의 다른 논문도 인용할 예정이므로 앞으로 이 텍스트는 2006a로 표기하겠다.
4. 'straight'에는 '똑바른, 일직선의'라는 의미와 '이성애자'라는 의미가 있다. Robert McRuer, "A Genealogy of Queer Theory (review)", *NWSA Journal,* Vol.14, No.2, 2002, p. 227.
5. *Ibid.*
6. McRuer(2006a), *op. cit.,* p. 216.
7. '퀴어'를 욕으로 경험해본 적이 없는 한국인들은 퀴어라는 용어가 어째서 누군가에겐 당사자 용어로 생각조차 할 수 없는 심한 욕인지 상상하기 힘들 것이다. 아마 그래서 '퀴어'가 좀 더 대안적이고 현대적인 당사자 언어로서 쉽게 받아들여질 수 있었을지도 모른다(그 단어의 뜻을 뭐라고 생각하든 간에 말이다). 『섹스와 젠더의 백과사전』(Fedwa Malti-Douglas, ed., *Encyclopedia of Sex and Gender,* Detroit, Mich: Macmillan Reference USA, 2007)의 '퀴어' 항목에 따르면 이 단어는 독일어 *quer*를 어원으로 하여 1508년에 영어에 처음 등장하였는데, "'괴상한(peculiar)', '상궤를 벗어난(eccentric)', 또는 '정상적 상태가 아닌(not in a normal condition)'의 뜻을 가지며, 일반적으론 약간의 광기로 고통받고 있다고 보이는 사람들이나 사회적 행실이 매우 올바르다고 여겨지지는 않는 사람들을 가리키는 말로 사용되었다." 1800년대에는 이 단어에 "술주정꾼(drunk)"이란 비속어 뜻이 추가되었고, 1830년대 중후반이 지나면서 "어려움, 곤경, 트러블, 나쁜 환경, 빚 또는 병에 관련된 종류는 뭐든지 내포하는 단어"가 되었다. 이 단어에는 계속해서 나쁜 뜻이 추가되어 도둑질, 사기, 약탈에 이어 "질서를 어기다", "남을 기분 나쁘게 만들다" 같은 뜻이 추가로 굳어졌다. 19세기 후반에 이르면 이 단어에 드디어 "성적 일탈의 의미"가 붙게 되는데, 그 이후부터는 성적인 의미가 과하게 들러붙은 욕으로 쓰이게 된다. "어의론적 전환을 겪으면서 퀴어는 사내답지 못한 남성과/또는 게이 남성들, 그리고 비규범적 젠더 행동 및 습관을 드러내는 이들을 가리

키는 경멸적 용어로 주로 사용되게 되었다."(p. 1235)

8. McRuer(2006a), *op. cit.*, pp. 215-216; Judith Butler, *Bodies that matter: on the discursive limits of "sex",* New York: Routledge, 1993, pp. 232-33.

9. Allan Berube and Jeffrey Escoffier, "Queer/nation", *Out/Look,* Vo.11, No.3, 1991, pp. 14-16; William Benjamin Turner, *A Genealogy of Queer Theory,* Temple University Press, 2000, p. 106에서 재인용.

10. 퀴어인 사람들 사이에서 자주 쓰이는 '비(非)-퀴어'(non-queer)라는 표현은 두 가지 함의를 갖는다. 첫째, 장애학 및 운동에서 사용하는 '비장애인'이라는 표현처럼, 장애인과 퀴어의 반대 항을 '정상인'으로 설정하는 지배 담론에 맞서는 효과가 있다. 정상인의 반대편에 장애인과 퀴어를 놓는 대립 구도는 퀴어나 장애인이 아닌 사람은 자연스럽고 '정상'인 주체인 반면 퀴어와 장애인은 결함이 있고 열등하고 이상하고 예외적인 타자라고 상정한다. 반면 비장애인/장애인, 비-퀴어/퀴어 구도는 뒷항을 인식틀의 중심에 놓음으로써 지배 담론이 생산하는 정상/비정상 위계를 깨뜨린다. 둘째, 19세기 말 20세기 초 형성된 근대의 성 정체성 담론들은 세상 모든 사람을 동성애자와 이성애자로 나누는 이분법을 바탕으로 만들어져왔다. 퀴어 정치가 등장하기 전 게이 레즈비언 정치는 이 이분법 구도에 의지하여 사회를 지배하는 다수자를 '이성애자'로, 성소수자를 '동성애자'로 규정했다. 그러나 동성애/이성애와 남성/여성의 이분법적 틀에 갇힐 수 없는 '퀴어'한 존재들이 자기 목소리를 내고 가시화됨에 따라 이성애자로 읽히는 사람들도 퀴어일 수 있다는 점이 점점 더 강조되고 있다. 이런 흐름에서 '비-퀴어'는 '이성애자'를 대신하여 퀴어의 반대 항으로서 기득권 위치에 있는 존재들을 가리키는 표현으로 유통되고 있다.

11. 시스젠더(cisgender)는 자신의 젠더 정체성이 출생 시 지정된 성별(assigned sex)에 부합하여 자신이 남자인지 여자인지에 대해 별다른 의구심이나 불편함 없이 살아가는 사람들을 가리킨다. 이 역시 '비-퀴어', '비장애인'과 마찬가지로 트랜스젠더의 반대말로 만들어졌다. 시스젠더-이성애 중심주의에 대한 자세한 내용은 2장을 보라. '정상'이자 모든 것의 기준이던 주체 위치를 가시화하고 명명의 기준을 타자들에게로 옮기는 이 담론 전략에 대한 자세한 설명은 전혜,「장애와 퀴어의 교차성을 사유하기」, 전혜은, 루인, 도균,『퀴어 페미니스트, 교차성을 사유하다』, 비사이드 선집 1, 서울: 여이연, 2018, 32-36쪽을 보라.

12. Turner(2000), *op. cit.*, p. 145.

13. *Ibid.*

14. Carrie Sandahl, "Queering the Crip or Cripping the Queer?: Intersections of Queer and Crip Identities in Solo Autobiographical Performance",

    GLQ: A Journal of Lesbian and Gay Studies, Vol.9, No.1-2, 2003, pp. 25-56.

15. Lauren Berlant and Elizabeth Freeman, "Queer nationality", *boundary 2*, Vol.19, No.1, 1992, pp. 149-180.

16. 이 전략 상당수는 버틀러가 「비판적으로 퀴어Critically Queer」(이 글은 *Bodies that Matter*(1993) 마지막 장으로 수록되었다.)에서 퀴어한 대항 실천으로 소개한 것들이다. 이러한 대항 방식에 대해서는 2장에서 좀 더 자세히 논의하겠다. 다만 '퀴어 네이션'의 밑바탕에 깔린 '국가'관과 민족주의적 동질성의 정치에 대해서는 다각적인 비판이 제기된 바 있다. 애너메리 야고스, 『퀴어 이론 입문』(박이은실 옮김, 서울: 여이연, 2012)의 마지막 장 「퀴어 안의 경합들」에 이런 비판들이 명료히 정리되어 있다(Annamarie Jagose, *Queer theory: an introduction*, New York: New York University Press, 1996a).

17. Eve Kosofsky Sedgwick, *Epistemology of the Closet*, University of California Press, 1990; Judith Butler, *Gender trouble: feminism and the subversion of identity*, New York: Routledge, 1990(주디스 버틀러, 『젠더 트러블: 페미니즘과 정체성의 전복』, 조현준 옮김, 파주: 문학동네, 2013).

18. Turner(2000), *op. cit.*, p. 5.

19. 페미니즘의 트랜스 혐오가 발전하게 된 미국의 맥락에 대해서는 스트라이커, 『트랜스젠더의 역사: 현대 미국 트랜스젠더 운동의 이론, 역사, 정치』(제이, 루인 옮김, 서울: 이매진, 2016) 154-158쪽을 참조하라. (Susan Stryker, *Transgender History*, Berkeley, CA: Seal Press: Distributed by Publishers Group West, 2008) 이 혐오의 역사를 보면, 다양한 차이가 배제와 폭력으로 이어지지 않기 위해 다른 대안을 고민할 수 있었음에도 쉽게 '동일성'을 주장하는 방향으로 가버렸기 때문에 혐오를 다른 이에게 밀어내는 악순환이 이어졌음을 알 수 있다. 70년대 중반 베트남전이 종전되었을 때부터 본격화된 미국 사회 전체의 보수화 분위기 속에서 페미니즘 또한 주류를 거스르지 않는 분위기로 바뀌어갔다. (백인, 중산층, 기혼) 이성애자 중심의 주류 페미니스트들은 동성애 혐오로 무장하고 레즈비언 페미니스트들을 배척했고, 레즈비언 페미니스트들은 자신들이 여성을 사랑한다는 차이만 있을 뿐 '여성에 동일시하는 여성'이라는 동일성으로 묶일 수 있다고 주장하면서 남성/여성의 이분법적 구분선을 강화하는 방향으로 이 혐오를 돌파하고자 했다. 그러기 위해서는 이 혐오를 대물림해줄 타자가 필요했고, 그 타자로 지목되고 배척받게 된 것이 그동안 페미니즘 안에서 함께 활동하고 있었던 트랜스젠더퀴어들이었다. 이 책 전체에서 나는 이 혐오의 카르텔을 뒷받침하는 논리들을 다각도로 파훼하는 시도를 했다.

한편 페미니즘과 퀴어 이론이 함께 갈 수 있고 함께 가야만 더 많은 문제들을 해결할 수 있다는 점을 많은 연구자 및 활동가들이 꾸준히 주장해왔다. 예를 들어 다음을 보라. 루인, 「젠더로 경합하고 불화하는 정치학: 트랜스젠더퀴어, 페미니즘, 그리고 퀴어 연구의 이론사를 개괄하기」, 전혜은, 루인, 도균(2018), 앞의 책; 미미 마리누치, 『페미니즘을 퀴어링!: 지금 우리에게 필요한 페미니즘 이론, 실천, 행동』, 권유경, 김은주 옮김, 서울: 봄알람, 2018(Mimi Marinucci, *Feminism is queer: the intimate connection between queer and feminist theory*, London; New York: Zed Books, 2010).

20. 이 글에서 나는 '퀴어'와 '성소수자'란 용어를 섞어 쓰고 있지만, 두 용어가 정확히 같은 건 아니다. 본문에서 설명하겠지만 '퀴어'는 이 사회를 조직하는 규범적 권력 체계와 불화하는 위치에서 당사자의 자기 명명이자 보다 광범위한 연대를 가능케 하는 이름으로 기능해왔으며, 이론적으로는 정체성을 본질적이지 않은 방식으로 이해하려는 노력과 연결되어 있다. 반면 '성소수자(sexual minority)'는 사회적·법적·제도적 차원에서 현존하는 억압과 차별과 관련하여 하나의 집단을 명명하는 용어다. 예를 들어 미국 장애인 차별금지법은 소수자 집단 모델을 기반으로 만들어졌는데, 이 모델은 "개개인을 억압과 차별과 배제의 역사를 가진 '개별적으로 섬처럼 고립된 소수자'라는 특징을 가진 하나의 집단으로 묶어 그들을 차별로부터 보호하고 공적 영역에 접근할 수 있도록 편의를 제공하는 정책 수립에 토대"가 된다(전혜은, 「'아픈 사람' 정체성」, 전혜은, 루인, 도균(2018), 앞의 책, 159쪽 각주 48). '소수자'의 반대말은 '다수자'로, 이는 양적 차이가 아니라 사회의 지배적 가치와 부합하느냐, 또한 억압과 차별과 배제를 받고 있느냐의 차이다. 사회적으로 다수자 집단에 속하느냐 소수자 집단에 속하느냐는 본질적으로 정해진 것이 아니며 그 사회의 환경에 따라 상대적으로 개념화된다. '퀴어'라는 용어를 그다지 자기 이름으로 받아들이고 싶지 않은 사람도 '성소수자'에 속할 수 있다.

한편 이러한 정의에 비추어볼 때, 주로 기독교를 기반으로 한 혐오 세력이 주장하는 것처럼 수간이나 소아성애까지 성소수자에 포함된다는 주장은 어불성설이다. 수간이나 소아성애를 행하는 부류의 인간들은 집단적인 억압과 차별과 배제의 역사를 겪어오지도 않았고 사회의 규범성에 도전하지도 않으며, 오히려 그러한 욕망이 실천에 옮겨질 때 상대방(동물과 아이)의 동의를 얻지 못하는 성폭력으로 구현된다는 점에서(그리고 그러한 범죄를 저지르는 대다수가 남성이라는 점에서) 이 사회를 지배하는 특정한 폭력적 규범성을 따르고 강화한다.

퀴어 페미니스트 학자 게일 루빈에게는 소아성애를 옹호했다는 오명이 따라다녔지만, 『일탈』(게일 루빈, 『일탈: 게일 루빈 선집』, 신혜수, 임옥희, 조혜영, 허윤 옮김, 서울: 현실문화, 2015[Gayle Rubin, *Deviations: A Gayle Rubin Reader*, Duke University Press, 2011])을 보면 루빈의 논지가 소아성애 옹호에 초점이 맞춰진 것이 아님이 드러난다. 물론 루빈은 이 사회가 '바람직한 성'과 그렇지 못한 성을 구분하는 섹슈얼리티의 위계 구조에서 제일 밑바닥에 깔린 것이 소아성애라는 점을 언급한다. 그러나 이는 섹슈얼리티의 정상/비정상을 차등화하는 구조가 어떤 식으로 짜여 있는지를 밝히고, 그러한 위계에 문제제기하고, 인간 섹슈얼리티의 다양성과 복잡성을 낙인 없이 이해하기 위한 것이다. 루빈이 초점을 맞추는 것은 보수 우익 세력이 동성애 탄압을 정당화하기 위해 소아성애를 활용하는 재현 정치의 문제다. "세대 간 섹스에 관한 모든 통계로 보건대, 이런 사례의 다수와, 합의하지 않은 사건들의 절대 다수가 이성애자이다(나이 많은 남자와 어린 여자). 그럼에도 불구하고 대다수 미디어의 보도 범위와 법적인 관심은 게이 남성에게 쏠려 있다. 나이 위반으로 게이 남성이 체포될 때마다 신문의 머리기사는 그것이 주로 게이 관행이라는 식의 상투적 이미지를 강화하는 데 한몫한다."(한글판 232쪽). 루빈은 성인 남성과 미성년 남성의 관계가 합의 여부와 무관하게 "군침을 질질 흘리는 늙고 병든 노친네가 꽃봉오리 같은 순진한 아동을 타락시키고 훼손하는" "상투적 이미지"로 그려진다는 점을 지적하면서, 동성애자를 악마화하는 이런 재현이 청소년들을 학대로부터 제대로 보호하지도 못하고, 청소년들이 자신에게 필요한 성적 지식을 습득하고 자신의 섹슈얼리티를 탐구하는 중요한 과정을 밟아가지 못하게 방해한다고 비판한다(같은 쪽).

또 하나 주목해야 할 점은, 소아성애를 옹호한다는 오해를 받은 이 대목에서 루빈이 세대 간 섹스에 대해 논할 때 등장하는 단어가 모두 "청소년(youth)"이라는 점이다(원문 112-13쪽). 책 전체에서 루빈이 세대 간 섹스와 미성년자의 섹슈얼리티에 대한 낙인을 반대한 대목의 표현을 모아보면 다음과 같다. "sexually active youth"(원문 26쪽), "gay lovers of youth"(원문 112쪽), "all adult-youth sex"(원문 113쪽), "the community of men who love underage youth"(원문 143쪽). 'underage youth'라는 표현이 좀 걸리긴 하지만(미국에서 살았던 지인들 말로는, underage youth는 '아동'이라 하긴 애매하고 '성년' 쪽에 가깝지는 않은 20세 이하의 청소년, 보통 13-16세 즈음의 나이대를 가리킬 때 쓰이는 표현이라고 한다), 책 전체를 뒤져봐도 루빈은 '소아(an infant, a baby, a young child)' 혹은 '사춘기 이전 아동(prepubescent children)'이라는 표현을 사용하지 않는다. 말하자면 루빈이 '소아성애(pedophilia)'를 옹호했다고 보기는 어렵다.

그런데 이 한글판의 「옮긴이 해석」에서 역자들은 루빈의 이 논점들을 언급하지 않아 오해를 방치할 뿐 아니라, '소아성애'라는 용어를 꾸준히 사용하면서 소아성애 문제를 미성년자의 섹슈얼리티에 대한 지식 및 당사자 실천을 비범죄화하는 문제와 뒤섞어버린다. 역자들이 루빈의 '소아성애' 논의를 변호한답시고 제기하는 질문은 다음과 같다. "아동과 청소년은 성과 관련하여 반드시 보호해야 할 대상인가? 인간의 섹슈얼리티에 있어 도덕의 기준은 누가 정하는가? 합의에 근거한 성인과 미성년(미국 기준 만 18세 이하)의 성관계를 범죄화하는 것이 타당한가? 아동, 청소년, 미성년은 성적으로 어떻게 정의되고, 그들의 나이는 어떠한 기준에 따라 결정되는가? 만 16-17세의 청소년과 성인의 성관계를 어떻게 볼 것인가? 미성년은 어떤 경로와 방식으로 섹슈얼리티에 대한 지식에 접근하고 경험할 수 있는가? 10대들이 휴대폰이나 채팅으로 자신들의 성적 이미지를 주고받는 것을 '아동 포르노그래피'로 단정 짓고 범죄화하는 것은 타당한가?"(한글판 696-697쪽) 그러나 이 질문들은 소아성애자의 범죄 대상이 18세 이하 청소년이 아니라 주로 영유아와 아동이라는 점을 간과하고 있다. 한국에 사는 한국 남자라서 1년 6개월이라는 가벼운 형만 살고 풀려난 손정우가 운영해온 세계 최대의 아동성착취물 사이트에서는 피해자에 1세 이하의 유아까지 포함되어 있었고, '6개월 방' '1세 방'이 따로 운영되기까지 했다. 그리고 그런 영상에 등장한 아이들 대다수가 생사가 불분명하다. 이것은 섹슈얼리티가 아니라 폭력과 살인의 범주로 다뤄야 할 문제다. 따라서 『일탈』의 역자들이 미성년자의 성적 자기결정과 관련된 문제를 다루고 싶다면 그 논의를 '소아성애'라는 용어와 섞어서는 안 된다.

21. Lauren Berlant and Michael Warner, "What Does Queer Theory Teach Us about X?", *PMLA: Publications of the Modern Language Association of America*, Vol.110, No.3, 1995, p. 345.

22. *Ibid.*

23. 2장에서 설명하겠지만 이러한 좀비 상태를 버틀러는 '비체(abject)'라는 개념으로 이론화한다.

24. Fedwa Malti-Douglas, ed.(2007), *op. cit.*, p. 1235.

25. 예를 들어 다음을 보라. 매튜 소던, 「HIV 양성의 몸 공간: 아오테아로아/뉴질랜드의 에이즈 그리고 미래를 부정하는 퀴어 정치학」, 캐스 브라운, 개빈 브라운, 제이슨 림 엮음, 『섹슈얼리티의 지리학: 페미니즘과 퀴어 지리학의 이론, 실천, 정치』, 김현철, 시우, 정규리, 한빛나 옮김, 서울: 이매진, 2018, 340-341쪽(Matthew Sothern, "HIV+Bodyspce: AIDS and the Queer Politics of Future Negation in Aotearoa/New Zealand," *Geographies of Sexualities: Theory, Practices and Politics*, eds., Kath Browne, Gavin Brown, and Jason Lim, Surrey, U.K.; Burlington, VT: Ashgate, 2009).

26. Susan Stryker, "(De)subjugated knowledges: an introduction to

transgender studies", *The transgender studies reader*, eds., S. Stryker and S. Whittle, London, UK: Routledge, 2006, p. 7.

27. *Ibid.*

28. 핼버스탬은 '주디스 핼버스탬'이란 본명으로 저작을 내오다 스스로의 젠더 정체성을 탐색하는 과정에서 '잭'이란 이름을 함께 쓰기 시작했다. 한국에 소개된 핼버스탬의 저서에도 이 변화가 반영되어 있다. 1998년 출간된 *Female Masculinity*를 번역한 『여성의 남성성』(유강은 옮김, 서울: 이매진, 2015)에서는 저자 이름을 '주디스 핼버스탬'으로 표기한 반면, 2012년 출간된 *Gaga Feminism*을 번역한 『가가 페미니즘』(이화여대 여성학과 퀴어-LGBT 번역 모임 옮김, 서울: 이매진, 2014)에서는 저자 이름을 '주디스 잭 핼버스탬'으로 표기했다. 본문에서 인용 중인 2005년 논문을 쓸 당시에는 핼버스탬이 '주디스 핼버스탬'으로 논문을 발표했으므로 출처를 영문으로 표기할 때는 그대로 따르되, 한글로 핼버스탬의 이름을 처음 소개하는 이 자리에선 핼버스탬의 젠더 정체성을 존중하는 차원에서 현재 불리는 이름으로 표기하였다. 『가가 페미니즘』을 보면 핼버스탬 본인은 두 이름을 대립과 단절이 아니라 자신의 삶을 다 담아내는 연결성으로 이해하고 사용하는 것으로 보인다.

29. Eng, Halberstam, and Mūnoz(2005), *op. cit.*, p. 7.

30. Gloria Anzaldua, "La Prieta", *This Bridge Called My Back: Writings by Radical Women of Color*, eds., Cherrie Moraga and Gloria Anzaldua, Latham, NY: Kitchen Table/Women of Color Press, 1981.

31. McRuer(2002), *op. cit.*, p. 229.

32. 이 이성애 규범적 재생산 시간성은 핼버스탬이 만든 개념어로(Judith Jack Halberstam, *in a Queer Time and Place: Transgender Bodies, Subcultural Lives*, New York University Press, 2005), 5장에서 상세히 논했다. 간단히 말하자면 이성과의 연애-결혼-임신-출산-양육 단계를 거쳐 자라난 자식들을 다시 결혼시켜 손주를 보도록 삶을 강제하는 시간적 규범을 가리킨다.

33. 해방노예 흑인 여성 소저너 트루스가 1851년 미국 오하이오주 애크런에서 열린 여성권리집회에서 했던 연설의 일부. 패트리샤 힐 콜린스, 『흑인 페미니즘 사상: 지식, 의식, 그리고 힘기르기의 정치』, 박미선, 주해연 옮김, 서울: 여이연, 2009, 44쪽(Patricia Hill Collins, *Black Feminist Thought: Knowledge, Consciousness, and the Politics of Empowerment*, Revised, 10th anniversary 2nd edition, New York: Routledge, 2000[original 1990]).

34. Laura Harris, "Queer Black Feminism: The Pleasure Principle", *Feminist Review*, Vol.54, No.1, Autumn 1996, pp. 3-30.

35. Harris(1996), *ibid.*, p. 13; Turner(2008), *op. cit.*, p. 170에서 재인용.

'패싱(passing)'의 정의와 그 복잡함에 대해서는 전혜은, 「아픈 사람' 정체성」, 전혜은, 루인, 도균(2018), 앞의 책, 155쪽 각주 18을 보라.

36. Turner(2008), *op. cit.*, p. 170.

37. Evelynn Hammonds, "Black (W)holes and the Geometry of Black Female Sexuality", *Differences: A Journal of Feminist Cultural Studies,* Vol.6, Nos.2−3, 1994, pp. 126−145.

38. Kimberle Crenshaw, "Demarginalizing the Intersection of Race and Sex: A Black Feminist Critique of Antidiscrimination Doctrine, Feminist Theory and Antiracist Politics," *Feminist Legal Theories,* ed., Karen Maschke, Routledge, 2013(original 1989), pp. 23−52.

39. 오드리 로드, 『시스터 아웃사이더』, 주해연, 박미선 옮김, 서울: 후마니타스, 2018(Audre Lorde, *Sister Outsider: Essays and Speeches,* Berkeley, Calif: Crossing Press, 2007[original 1984]). 로드의 저작 중 최초로 출간된 이 한글판의 역자들은 로드의 이름을 '오드리 로드'로 번역하였다. 사실 한국에서 로드를 다룬 몇 안 되는 2차 문헌을 보면 '오드리 로드'와 '오드르 로드' 표기가 뒤섞여 있다. 그러나 엄밀히 말해 Audre Lorde는 '오드르 로드'로 표기하는 것이 그 이름의 소유자의 뜻에 일치한다. 로드는 다른 책에서 자신의 이름을 Audre로 고쳐 쓰게 된 연유를 설명한 바 있다. 부모에게서 받은 이름은 Audrey지만 로드는 4살 무렵부터 이름에서 y를 빼고 썼을 때 AUDRE LORDE가 보여주는 균등함과 대칭의 아름다움에 빠졌던 것이다(Audre Lorde, *Zami: A New Spelling of My Name,* 1st edition, Freedom: Crossing Press, 1982, p. 24). 엘리자베스 알렉산더는 『자미』의 부제가 "내 이름의 새로운 스펠링(a new spelling of my name)"인 것에 주목하여, 로드가 자신의 이름에서 y를 뺀 것이 '원래 그런 거니까 따라야 한다'고 강요하는 규범적 문법에 맞서 자기에게 맞는 대안적인 언어와 문법을 만들어온 로드의 평생의 정치적 행보와 연결된다고 본다(Elizabeth Alexander, "'Coming out Blackened and Whole': Fragmentation and Reintegration in Audre Lorde's *Zami* and *The Cancer Journals*", *American Literary History,* Vol.6, No.4, Winter 1994, pp. 703−705).

40. Hammonds(1994), *op. cit.*, p. 140−41; Turner(2008), *op. cit.*, p. 169에서 재인용.

41. 미셸 푸코, 『성의 역사 1: 지식의 의지』, 제3판, 이규현 옮김, 파주: 나남, 2010(Michel Foucault, *L'histoire de la sexualité, Vol.1, La volonté de savoir,* Paris: Gallimard, 1976).

42. "Butch/Femme", *Encyclopedia of Sex and Gender,* ed., Fedwa Malti−Douglas, Detroit, Mich.: Macmillan Reference USA, 2007, p. 202.

43. 이는 퀴어 지정학(queer geopolitics)에서 '퀴어 디아스포라(queer diasporas)'

라는 키워드로 논의되는 사안이다. 사실 수입국과 수출국이라는 표현도 정확한 것은 아니다. 이 장의 3절에서 논하겠지만 퀴어 이론과 정치뿐 아니라 모든 이론과 정치는, 수입국과 수출국이 깔끔하게 나뉘어 전자가 후자에게 이론이나 정치학을 제공하고 후자가 응용하는 식의 관계가 아니다. '서구 열강'과 '우리나라'의 구분이 영토 구분선으로만 만들어지는 것도 아니다. 이 주제를 다룬 좋은 논문은 예를 들어 다음을 보라. 한주희, 「퀴어 정치와 퀴어 지정학」, 『문화과학』, 83호, 2015, 62~81쪽. 이 논문은 미국 한인 보수 기독교 사회의 안티-퀴어 정치가 미국과의 관계 속에서 호모포비아를 어떻게 상호 구성하는지, 한국의 퀴어 정치가 어떻게 "사상, 몸, 믿음, 정동 등의 다층적인 초국가적 상황에 연루되어 있는지"(65쪽)를 설득력 있게 논증한다.

44. 트랜스젠더퀴어 활동가 도균의 빛나는 글 「게이라는 게 이쪽이라는 뜻이야?」를 보라(전혜은, 루인, 도균[2018], 앞의 책).

45. 관련 논의에 대해 최근 번역 출간된 좋은 책이 있다. 캐스 브라운, 개빈 브라운, 제이슨 림 엮음(2018), 앞의 책.

46. 스트라이커(2018), 앞의 책, 71쪽 옮긴이 주를 보라. 이런 포괄에는 몇 가지 이유가 있다. 첫째, 이는 당사자가 자신을 설명하기 위해 입수 가능한 언어가 턱없이 부족한 시대적 문제이기도 했다. 물론 본문에 앞서 소개했듯 '이쪽 사람들'에 대한 도균의 논의(2018)는 이처럼 차이를 뭉뚱그리는 호명 방식이 비단 과거의 문제가 아니라 연령, 계급, 지식 자본에의 접근성, 공간적 구획 등 개인의 위치와 경험과 정체성을 구축하는 데 영향을 미치는 복잡한 요소들에 따라 현대에도 당사자 언어로서 기능하고 있음을 보여준다.

둘째, 다양한 퀴어 정체성을 담아내는 이름들이 만들어진 뒤에도 여전히 '동성애자'가 포괄적인 용어로 쓰였다면, 이는 성소수자들 사이의 다양한 차이를 제대로 구분하지 못하고 뭉뚱그려 타자화하는 주류 사회의 문제 때문이기도 하다. 리키 윌친스(Richi Wilchins)는 『젠더 이론, 퀴어 이론: 초급 입문서』(*Gender Theory, Queer Theory: An Instant Primer*, Los Angeles: Alyson, 2004) 2장에서 역사적으로 게이가 젠더 교란자들과 구분되지 않았던 시절이 있음을 지적한다. 현대 게이 인권 운동이 태동했던 1969년 당시 "적대적인 이성애자 세상에서 보기에 벽장 속에 숨겨진 공동체의 공식적인 얼굴은 부치-펨 커플, 여성스러운 게이 남성들, 드랙퀸이었다. 이들은 '퀴어한 게 눈에 확 띄는' 사람들이라서 숨을 수도 없었는데, 학교 동기와 직장 동료 등 주변 모든 사람들은 이들을 게이로 **알았다**."(p. 14, 원문 강조) (사실 이런 오인은 21세기 한국의 혐오세력에서도 자주 보이는 현상이라, 몇 년 전 혐오세력이 레즈비언과 트랜스젠더를 혐오하는 슬로건을 내걸었을 때 성소수자들은 '드디어 쟤들도 게이 말고 다른 성소수자들이 있다는 걸 알게 되었구나'

하고 비꼬기도 했다.)

한편 윌친스는 "게이성(gayness)과 젠더는 항상 때려야 뗄 수 없게 얽혀 있다"고 주장한다(p. 15). 게이 인권을 둘러싼 논쟁에서 섹스와 젠더 이슈는 점차 사라지고 '성적 지향'과 '라이프 스타일'에 대한 논의가 중심을 차지하게 되었지만, 게이 인권 운동의 초기 역사에서 젠더는 중요한 사안이었다. 그 이유는 첫째, 현대 게이 인권 운동은 스톤월 항쟁에서 시작되었는데, 당시 항쟁의 주역은 유색인 드랙퀸과 트랜스였다. 둘째, 주류의 관점에서 눈에 띄게 퀴어한 사람들이 죄다 게이로 오인되고 게이는 젠더 교란자로 오인되는 상황에서 게이 인권 운동이 "젠더 스테레오타입을 피하기란 불가능"했고, 따라서 이 스테레오타입과 얽혀 발생하는 혐오폭력에 운동 차원에서 대응할 필요가 있었다(p. 14). 셋째, 윌친스는 시스젠더 동성애자들의 삶에서도 젠더 이원론을 둘러싼 긴장과 협상이 매번 발생한다는 점을 지적한다. 동성애자들이 상대방에게 끌리고 관계를 맺고 자기 섹슈얼리티를 표현하는 양상은 이성애가 여성에게 여성성을, 남성에게 남성성을 강제하는 규범적 방식과 맞지 않으며, 때로 그러한 젠더 이분법의 경계를 넘나든다. 예를 들어 부치는 이성애 규범적 세상에서 남성성을 상징하는 기호(짧은 머리, 옷차림, 낮고 굵은 목소리, 몸짓이나 자세 등)로 자신의 젠더를 표현한다. 또한 동성애자들의 성행위에서는 "파트너 밑에 깔리는 남성, 연인에게 삽입하는 레즈비언처럼 파트너 중 한 명이 보통 다른 성별과 결부되는 상징적 의미들과 협상하는 일이 불가피하게 일어난다."(p. 15) 이 말은 게이 커플과 레즈비언 커플에서 한쪽이 남자, 다른 한쪽이 여자 역할을 한다는 뜻이 아니다. "로맨스와 섹스의 엎치락뒤치락하는 기브 앤 테이크(give and take)에서, 한쪽 파트너가 남성성의 기호와 상징적 언어—행위, 몸짓, 자세, 옷차림—을 이용한다는 뜻이다"(ibid.). 그러나 보수 우익 혐오세력은 바로 이와 같은 젠더 교란자로서의 특성을 겨냥하여 동성애 혐오를 정당화했다. 윌친스는 게이 정체성 정치가 동성애 규범성의 정치로 가는 과정은 혐오를 피하려다 그러한 젠더 교란자로서의 위치성과 결별하는 과정이었음을 상술한다.

47. 자세한 내용은 스트라이커(2018), 앞의 책, 2장 참조.
48. Stryker(2006), *op. cit.*, pp. 7-8. 본문에서 나는 '포스트모더니즘'을 부정적 의미로 사용하는 일부 근대주의자들이 트랜스젠더와 포스트모던을 부정적으로 결합시키는 문제를 지적했지만, 트랜스젠더가 포스트모더니즘과 결부되어 재현되는 양상은 죄다 나쁜 쪽으로만 해석할 수 있는 것은 아니다. 스트라이커의 이 글을 포함하여 트랜스젠더를 포스트모더니티에 연결시키는 양상에 주목하는 논의들(예를 들면 스트라이커(2006)의 글에서 소개한 Judith M. Halberstam and Ira Livingston, eds., *Posthuman bodies,* Indiana University Press, 1995)은 이러한 연

결이 좋은 의미로든 나쁜 의미로든 (푸코적 의미에서) 생산적인 방식을 논한다. 트랜스젠더에 대한 재현이 밀레니엄 직전의 긴장 상태와 맞물려, 현대 문화가 미래를 새로운 가능성으로 가득 찬 시간으로 상상할 때 끌어다 쓰는 형상이 트랜스젠더가 되었다는 것이다. 스트라이커는 '트랜스젠더학'이 "이러한 역사적 시점에 21세기라는 멋진 신세계를, 그 모든 위협과 그 모든 약속—생의학적이고 소통적인 테크놀로지의 새로운 형식들을 통해 상상할 수 없는 변환의 약속—을 우리가 사유하는 집단적 방식에서의 한 가지 실천으로 출현한다"고 말한다(ibid.). 이어서 스트라이커는 트랜스젠더 비판이론이 근대적 인식론을 겨냥한다는 점에서도 '포스트모던'하다고 본다. 그리고 바로 이러한 인식론적 접근이 트랜스젠더 이슈의 핵심이자 트랜스젠더 투쟁에 동기를 부여해주는 중요한 요소라고 평가한다(pp. 8-9).

49. 자세한 논의는 스트라이커(2018), 앞의 책, 4장 154-172쪽을 참조하라.

50. '터프'는 트랜스를 배제하는 래디컬 페미니스트(trans-exclusionary radical feminist)의 줄임말(TERF)이다. 이 책 2장을 보라.

51. 컴튼스 카페테리아 항쟁과 스톤월 항쟁에 대한 자세한 설명은 각각 스트라이커(2018), 앞의 책, 106-121쪽과 135-139쪽을 보라.

52. Stryker(2006), op. cit., pp. 8-9.

53. 일라이 클레어, 『망명과 자긍심: 교차하는 퀴어 장애 정치학』, 전혜은, 제이 옮김, 서울: 현실문화, 2020(Eli Clare, Exile and pride: Disability, queerness, and liberation, Duke University Press, 2015[original 1999]) 2부 1장 참조.

54. Jonathan Kemp, "Queer Past, Queer Present, Queer Future", Graduate Journal of Social Science, Vol.6, No.1, 2009, p. 11.

55. Turner(2000), op. cit., p. 30.

56. David M. Halperin, "The normalization of queer theory", Journal of homosexuality, Vol.45, Nos.2-4, 2003, p. 340.

57. Teresa de Lauretis, "Habit Changes", Differences: A Journal of Feminist Cultural Studies, Vol.6, Nos.2-3, 1994, pp. 296-313.

58. 대학 제도의 이 길들임에 대한 보다 상세한 논의는 McRuer(2006a), op. cit., 4장을 보라.

59. Jagose(1996a), op. cit., p. 112; 야고스(2012), 앞의 책, 176-177쪽, 번역 일부 수정. 이는 야고스의 주장이 아니라 세간의 평가를 야고스가 취합한 것이다.

60. Michael Warner, The Trouble with Normal: Sex, Politics, and the Ethics of Queer Life, Harvard University Press, 2000. 에이즈 위기는 바이섹슈얼인 사람들이 이성애자 공동체와 동성애자 공동체 양쪽에서 배척받는 결과를 낳기도 했다. 이성애자 중심적인 주류 사회는 바이섹슈

얼 남성을 '동성애자 남성들과 섹스를 즐기다 에이즈에 감염된 다음 순결한 아내와 아이들에게 병을 옮기는 악한'으로 상상하고 재현했다. 에이즈가 주로 남성 동성애자를 중심으로 전파되었기에 상대적으로 자신들은 안전하다고 느끼던 레즈비언 공동체는 바이섹슈얼 여성을 '남자와 섹스하다 에이즈에 감염된 다음 순수한 레즈비언들에게 병을 옮기는 악한'으로 상상하고 배척했다. 다음을 보라. Robyn Ochs, "Biphobia: It Goes More Than Two Ways," *Bisexuality: The Psychology and Politics of an Invisible Minority*, ed., Beth A. Firestein, SAGE Publication, Inc. 1996, pp. 217–236.

61. David M. Halperin, "The normalization of queer theory," *Journal of homosexuality*, Vol.45, Nos.2–4, 2003, pp. 339–343. 사실 핼퍼린의 글은 학술지 논문이라고 하기엔 뒷담화 수준이다. 핼퍼린은 퀴어 이론이 '이론'이라고 부를만한 내용도 없는데도 게이 레즈비언 학보다 주류 학계에서 거부감 없이 받아들일 만한 이름이라서(그가 보기엔 성적인 뉘앙스가 없다는 이유로) 학계 내 제도화를 너무나 성공적으로 달성했고 결과적으로 게이 레즈비언 학의 밥그릇을 빼앗았다고 비난한다. 그리고 퀴어 이론이 기존의 게이 레즈비언 학을 정체성 정치라는 망상에 사로잡힌 덜 진보적인 리버럴리즘으로 치부해버림으로써 '이론'의 위상을 선점하고 퀴어학의 시야를 스스로 편협하게 만들었다고 비난한다. 이때 핼퍼린은 퀴어 이론이 권세를 누리는 바람에 자신이 대학원에서 가르치는 주제(게이 남성 주체성)이 핍박받는다고 여기는데, 그러면서도 자신이 퀴어 이론의 제도화라고 줄기차게 비판한 내용이 거물급 퀴어 이론가들(이브 코소프스키 세즈윅, 주디스 버틀러, 모니크 위티그, 게일 루빈, 미셸 푸코, D. A. 밀러, 레오 버사니, 시몬 와트니, 테레사 드 로레티스, 다이아나 퍼스, 더글라스 크림프, 리 에델만, 얼 잭슨, 비디 마틴, 수-엘렌 케이스, 마이클 워너, 주디스 핼버스탬)을 겨냥한 것은 아니라고 변명한다. 주요 퀴어 이론가 모두 다 빼놓고 핼퍼린이 비난하는 그 제도화된 퀴어 이론이란 게 과연 무엇을 가리키는지는 불분명하다.

62. Mark Kerr and Kristin O'Rourke, "Sedgwick Sense and Sensibility: An Interview with Eve Kosofsky Sedgwick", 1995, nideffer.net/proj/Tvc/interviews/20.Tvc.v9.intrvws.Sedg.html (최종검색일:2020.12.24.) 동성애 규범성에 대해서는 5장에서 논의할 것이다.

63. Eve Kosofsky Sedgwick, *Tendencies,* Duke University Press, 1993.

64. Sedgwick, *ibid.*, p. xii; 2011, pp. 188–189. 세즈윅은 『경향들』서문에서 처음 퀴어를 정의한 이 내용을 다듬어 1997년 프랑스의 조르주 퐁피두 센터에서 열린 게이 레즈비언 학 국제 콜로키움 기조연설에 포함시킨다. 이 연설문은 세즈윅 사후에 친구인 영문학자 조나단 골드버그가 미간행 원고와 연설문을 모아 2011년에 출간한 유고집 『프루스트의 날

씨』에 「게이 의미를 만들기」란 제목으로 실렸다. 여기선 2011년 판본에 서 인용문을 따왔다. Eve Kosofsky Sedgwick, "Making Gay Meanings", *The Weather in Proust*, ed., Jonathan Goldberg, Durham and London: Duke University, 2011.

65. Turner(2000), *op. cit.*, p. 3.

66. 미셸 푸코, 『"사회를 보호해야 한다": 1976, 콜레주 드 프랑스에서의 강 의』, 박정자 옮김, 서울: 동문선, 1998, 26쪽(Michel Foucault, *Il faut défendre la societe: cours au Collège de France, 1975-1976*, Paris: Gallimard/Seuil, 1997).

67. 푸코(1998), 위의 글, 27쪽. 푸코의 이 강의록은 2015년에 다른 한글판 이 나왔다. 그 한글판에서의 번역은 다음과 같다. "당신이 '과학이다'라 고 말한 바로 그 순간에, 당신은 어떤 유형의 앎을 자격 박탈하려 하는 가? 당신이 '이 담론을 말하는 나는 과학적 담론을 말하는 것이며, 따라 서 나는 학자이다'라고 말하는 바로 그 순간에, 당신은 어떤 말하는 주 체, 어떤 담론의 주체, 경험과 앎의 어떤 주체를 소수자화하고 싶은가? 따라서 당신은 어떤 이론적·정치적 전위를 왕좌에 앉혀 이것을 앎의 대 규모적이며 유통적이며 불연속적인 모든 형태로부터 분리시키려고 하는 가?"(미셸 푸코, 『"사회를 보호해야 한다": 콜레주드프랑스 강의 1975~ 76년』, 김상운 옮김, 난장, 2015, 27쪽.)

68. Jacques Derrida, "Deconstruction and the Other," *Dialogues with Contemporary Continental Thinkers—The Phenomenological Herritage: Paul Ricoeur, Emmanuel Levinas, Herbert Marcuse, Stanislas Breton, Jacques Derrida*, ed., Richard Kearney, Manchester: Manchester University Press, p. 125.

69. Butler(1993), *op. cit.*, p. 30.

70. Judith Butler, *Undoing Gender*, New York; London: Routledge, 2004, p. 179; 주디스 버틀러, 『젠더 허물기』, 조현준 옮김, 서울: 문학과지성 사, 2015, 283-84쪽, 번역 일부 수정. 버틀러는 2004년에 *Undoing Gender*와 *Precarious Life* 두 권을 출간했다. 앞으로 전자를 2004a, 후 자를 2004b로 표기하겠다.

71. Butler(2004a), *ibid.*, p. 190; 버틀러(2015), 위의 책, 302쪽.

72. Butler(2004a), *ibid.*, pp. 41-42; 버틀러(2015), 위의 책, 22쪽, 번역 일부 수정.

73. 병리화는 이런 도토리 키재기 경쟁을 조장하여 사회적 소수자들을 분할 통치하는 수단으로 기능한다. 다음의 글을 보라. 전혜은, 「장애와 퀴어 의 교차성을 사유하기」, 전혜은, 루인, 도균(2018), 앞의 책.

74. Berlant and Warner(1995), *op. cit.*, p. 345.

75. Turner(2000), *op. cit.*, p. 34.

76. Lauren Berlant and Michael Warner, "Sex in public", *Critical inquiry*, Vol.24, No.2, 1998, p. 548 n2.

77. *Ibid.*

78. *Ibid.*

79. Sara Ahmed, *The cultural politics of emotion*, New York: Routledge, 2004, p. 146. 감정이 어떻게 몸과 세계를 형성하는가에 대한 아메드의 논의는 6장 「퀴어 정동 이론」에서 정리하였다.

80. *Ibid.*, p. 148.

81. *Ibid.*

82. *Ibid.*

83. *Ibid.*

84. *Ibid.*, p. 149. 규범성과 편안함/불편함에 대한 이상의 설명은 비장애 중심주의가 강제하는 '정상적인 몸'의 규범성과 장애인들의 관계, 인종차별주의의 백인 중심성과 유색인들의 관계 등 여러 권력 체계와 그 체계의 타자들이 맺는 관계에 대해서도 해당되는 설명이다.

85. 트랜스젠더에 관해 좀 더 자세하고 친절하게 설명해주는 훌륭한 책들로, 앞서 소개한 수잔 스트라이커의 『트랜스젠더의 역사』 외에도 다음을 보라. 케이트 본스타인, 『젠더 무법자: 남자, 여자 그리고 우리에 관하여』, 조은혜 옮김, 서울: 바다 출판사, 2015(Kate Bornstein, *Gender outlaw: on men, women, and the rest of us*, New York: Routledge, 1994).

86. 느낌, 감각, 감정이 우리 삶에서 당연한 듯 받아들였던 수많은 권력 규범 체계에 어떻게 영향을 받아 형성되고 '내 것'처럼 느껴지는지, 또 그러한 체계의 강화와 유지에 정동이 어떤 역할을 하는지는 6장에서 자세히 논할 것이다.

87. Jagose(1996a), *op. cit.*, p. 3; 야고스(2012), 앞의 책, 10쪽, 번역 일부 수정. 야고스의 이 책은 1996년에 출간된 것이라 단어 사용이 현재와 좀 다르다. 야고스가 '젠더 교정 수술(gender-corrective surgery)'이라 부른 것은 트랜스인 사람들이 자신의 정체성 감각과 몸의 괴리를 줄이기 위해 선택하는 의료적 조치(이 조치 과정 전체는 보통 '트랜지션[transition]'이라 불린다) 중 외과수술을 부르는 이름 중 하나로, 이 수술은 sex reassignment surgery, gender reassignment surgery, sex affirming surgery, gender affirmation surgery, gender-affirming surgery 등 다양한 이름으로 불리어왔다. 이 용어들의 번역어도 성전환 수술, 성 재지정 수술, 성 재확정 수술, 성 긍정 수술 등 다양하게 변화되어왔다. 섹스와 젠더에 대한 이해가 변화함에 따라, 그리고 트랜스젠더에 대한 인식이 여성에서 남성으로(또는 남성에서 여성으로) 성별이 '전환'된 것이 아니라 수술 전후의 모든 삶과 경험이 트랜스젠더인 사람의 역사로서 연결되어 있다는 점을 이해하는 방향으로 달라짐에 따라

수술을 부르는 이름도 함께 변화한 것이다.

88. Stryker(2006), *op. cit.*, p. 7.

89. 페미니즘 장애학자 로즈메리 갈런드-톰슨과 마사 스토다드 홈즈가 베네
딕트 앤더슨의 '상상의 공동체' 개념을 전유하여 '장애인'이라는 이름을
사회·역사적으로 형성된 정체성으로서 "신체적·정신적·감정적 다양성
을, 비정상성이라는 명칭으로 낙인찍혔다는 것 말고는 공통점이 그리 없
을지도 모르는 사람들을 묶는 크고 다양한 하나의 집단으로 조직하는
한 가지 방식"으로 제시한 바 있다(Rosemarie Garland-Thomson and
Martha Stoddard Homles, "Introduction", *Journal of Medical Humanities*,
Vol.26, Nos.2-3, 2005, p. 74). 마찬가지로 '퀴어' 또한 엄청난 다양함
을 한시적으로 한자리에 모아놓은, 사회·역사적으로 구성된 '상상의 공
동체'로서 기능한다.

90. Turner(2000), *op. cit.*, p. 4.

91. Warner(2000), *op. cit.*, p. 72-75.

92. *Ibid.*, p. 74.

93. *Ibid.*

94. Sedgwick(2011), *op. cit.*, p. 201.

95. 불행히도 이런 식의 반어법을 결코 이해하지 못하는 혐오 세력들은 이
반어법을 성소수자가 사회를 망치는 불온분자라는 증거로 끌어오곤 한
다. 예를 들어 1970년대 미국에서 보수 혐오 세력이 '동성애자로부터
우리 아이들을 지키자'는 슬로건을 앞세웠을 때, 심지어 동성애자의 존
재 자체가 아동 성추행이므로 교사직, 상담직, 아동복지 관련 직종에서
동성애자를 해고하자는 주민투표안을 발의했을 때('캘리포니아 발의안
제 6호'[California Proposition 6]는 발의한 주의회 의원 존 브릭스의
이름을 따 "브릭스 이니셔티브[The Briggs Initiative]"라고 불렸다), '게
이 공동체 뉴스'(*Gay Community News*)에서 「전율하라, 헤테로 돼지들
아」란 제목의 사설을 내어 이 혐오 반응을 풍자한 적 있다. "우리는 당
신의 아들들, 당신의 허약한 남성성의 상징들, 당신의 얕은 꿈과 천박한
거짓말들에 항문성교를 할 것이다. 우리는 당신의 학교, 기숙사, 체육관,
탈의실, 운동장, 신학교, 청소년 단체, 영화관 화장실, 군대 막사, 트럭
정류장, 당신이 다니는 모든 남성 클럽, 국회에서, 남자들이 함께 있는
곳마다 유혹할 것이다." 사설은 길었음에도 반어법으로 혐오 세력을 조
롱한 바로 이 단락만 보수 기독교 혐오 세력이 또 발췌하여 동성애자들
을 공격할 근거로 써먹었다(Laura Briggs, *How all politics became
reproductive politics: From welfare reform to foreclosure to Trump*,
Vol. 2, University of California Press, 2018, p. 157).

96. Love, 2011, p. 144. [Christina Crosby, Lisa Duggan, Roderick
Ferguson, Kevin Floyd, Miranda Joseph, Heather Love, Robert McRuer,

Fred Moten, Tavia Nyong'o, Lisa Rofel, Jordana Rosenberg, Gayle Salamon, Dean Spade, Amy Villarejo, "Queer Studies, Materialism, and Crisis: A Roundtable Discussion," *GLQ: A Journal of Lesbian and Gay Studies*, Vol.18, No.1, 2011, pp. 127-147.] 이 논문은 학술대회 라운드테이블 토론을 정리한 것으로 여러 저자의 목소리가 실려 있어 부득이하게 출처 표기를 이렇게 했다.

97. Robert McRuer, "We were never identified: Feminism, queer theory, and a disabled world", *Radical History Review*, Vol.2006, issue.94, 2006b, p. 152.

98. Annamarie Jagose, "Queer Theory", 1996b, australianhumanitiesreview. org/1996/12/01/queer-theory/ (최종검색일:2020.12.24.)

99. Butler(2004a), *op. cit.*, pp. 7-8; 버틀러(2015), 앞의 책, 20-21쪽.

100. 한국에서는 퀴어 이론가 루인이 이 주제와 관련하여 꼭 읽어야 할 글을 독보적으로 생산해왔다. 루인의 글과 발표문은 블로그 'Run To 루인'에 잘 정리되어 있다. docs.google.com/spreadsheets/d/1LgeGJsvZI qIpWBBfwZLiGkLUOXDr-6gYUkuFvu87fWM/edit#gid=0 (최종검색일:2020. 12.24.)

101. Evelyn Blackwood, "Tombois in West Sumatra: Constructing masculinity and erotic desire", *Cultural Anthropology*, Vol.13, No.4, 1998, pp. 491-521.

102. 한편 이 논문에서 톰보이의 짝인 여성은 상대적으로 조명되지 않는다. 이는 한편으로는 여성의 젠더와 섹슈얼리티 연구에서 '펨'으로 분류되는 이들이 비가시화되는 문제점을 그대로 답습했다는 점에서 논문의 한계이기도 하고, 다른 한편으로는 이성애 규범성이 강력하여 모든 연애 관계가 남/여가 수행하는 이성애를 '모방'하는 것으로 해석되는 사회에선 사회에서 기대되는 여성성을 표현하는 여성은 본인이 원하든 원치 않든 패싱이 일어날 수 있다는 점을 보여주는 것이기도 하다. 논문에 따르면 톰보이와 사귀는 여성들이 남성과의 결혼에 '한번 다녀와서' 가문의 여성 역할을 수행했을 경우엔 톰보이 파트너와의 동거가 사회적으로 묵인되는 분위기라고 한다.

103. 마야 믹다시, 재스비어 K. 푸아, 「퀴어이론과 영구적인 전쟁」, 이진화 옮김, 『문학과 사회』, 29권 4호, 2016, 119-134쪽(Maya Mikdashi and Jasbir K. Puar, "Queer theory and permanent war", *GLQ: A Journal of Lesbian and Gay Studies*, Vol.22, No.2, 2016, pp. 215-222). 호모내셔널리즘에 대한 설명은 이 책 5장을 보라.

104. 진 해리타원, 「인종과 뒤섞인 퀴어?—태국 다인종성을 통해 동성애 규범성 파헤치기」, 캐스 브라운, 개빈 브라운, 제이슨 림 엮음(2018), 앞의 책 (Jin Haritaworn, "Queer Mixed Race? Interrogating Homonormativity

through Thai Interraciality," Kath Browne, Gavin Brown, and Jason Lim, eds.[2009], *op. cit.*).

105. 위의 책, 204쪽.

106. 위의 책, 198-199쪽.

107. 이 주제에서 독보적인 연구를 꾸준히 수행 중인 학자는 현재 시라큐스 대학에서 재직 중인 김은정 선생님이다. 다음의 논문을 보라. Eunjung Kim, "How much sex is healthy? The pleasures of asexuality", *Against Health: How Health Became the New Morality,* ed., Jonathan M. Metzl and Anna Kirkland, New York and London: New York University Press, 2010, pp. 157-169; "Asexuality in disability narratives", *Sexualities,* Vol.14, No.4, 2011, pp. 479-493; "Asexualities and Disabilities in Constructing Sexual Normalcy", *Asexualities: Feminist and Queer Perspectives,* eds., Karli June Cerankowski and Megan Milks, Routledge, 2014, pp. 249-282. 이 연구들에 대한 간결한 정리는 전혜은(2018), 「장애와 퀴어의 교차성을 사유하기」, 전혜은, 루인, 도균(2018), 앞의 책, 39-62쪽을 보라.

108. 2017년 6월 페미니즘 철학자 윤김지영이 페이스북에 「젠더 퀴어와 TERF 간의 논쟁에 대하여」라는 제목으로 공개한 글. 이 제목은 나중에 「페미니즘 판의 대립구도와 혐오 혐의론에 대하여」로 바뀌었다(전문은 goo.gl/khG2yL). 윤김지영의 이 글을 포함하여 래디컬 페미니스트로 표방하는 이들이 주도하는 트랜스 혐오에 대한 탁월한 비판은 다음을 보라. 루인, 「페미니즘, 젠더 정치 그리고 책임」,『페미니즘의 미래: 폭력과 불평등을 넘어서, 2017 한국여성학회 여름캠프 자료집』, 한국여성학회 여름캠프 기획단, 2017. 루인 블로그 'Run To 루인'에서 전문을 볼 수 있다. runtoruin.com/3298?TSSESSIONruntoruincom= 2d9b33bb2f031dbc12da798e50bb258a (최종검색일:2020.12.24.)

109. 버틀러의 책 *Bodies that Matter*는 『의미를 체현하는 육체: '성'의 담론적 한계들에 대하여』라는 제목으로 한글판(김윤상 옮김, 고양: 인간사랑, 2003)이 출간되어 있지만 한글판 번역이 제목부터 버틀러를 오독하고 있기 때문에 그 제목을 그대로 쓸 수 없다. 이 한글판의 문제에 대해서는 다음 장인 2장 각주 12에 정리하였다. 이 책을 쓰면서 아직 한글판이 출간되지 않은 논문이나 단행본의 제목도 한글로 번역해 달았기에 관례를 따라 이 책도 번역하여 표기하였지만, 책 제목인 *Bodies that Matter*에 버틀러의 물질성 논의의 정수가 담겨 있기 때문에 딱 들어맞는 번역어를 찾기 어렵다. 『중요한/물질인 몸』과 『물질화되는 몸』 중 고민하다 잠정적으로 후자를 택하였다. 버틀러의 물질성 논의는 다음 장에서 소개한다.

110. Irene Costera Meijer and Baukje Prins, "How bodies come to matter:

An interview with Judith Butler", *Signs: Journal of women in culture and society,* Vol.23, No.2, 1998, pp. 279-281. 관련 논의는 2장에서 다룬다.

111. Stryker(2006), *op. cit.,* p. 10.

112. Iain Morland, "What Can Queer Theory Do for Intersex?", *GLQ: A Journal of Lesbian and Gay Studies,* Vol.15, No.2, 2009, pp. 303-304.

113. 예를 들면 도널드 머튼(Donald Morton)이 퀴어 이론에 대해 쓴 악명 높은 글 "Birth of the Cyberqueer"(*PMLA,* Vol.110, No.3, 1995, pp. 369-381)를 보라. 사실 시간 들여 볼 가치는 없다.

114. Turner(2000), *op. cit.,* p. 2.

115. Turner(2000), *ibid.,* p. 33.

116. Jagose(1996b), *op. cit.*

117. 앞서 교차성 절에서 소개한 인종 이론 관련 연구들 또한 같은 문제를 고민하고 있다. '퀴어 인종 이론'이라는 이름으로도 묶이는 이 작업들은 비판적 인종 이론(critical race theory)의 영향을 받았는데, 비판적 인종 이론은 인종이라는 본질적인 생물학적 사실이 있는 것이 아니라 인종차별주의, 제국주의, 식민주의 아래 '인종' 개념이 생산되고 유통되어 왔음을 폭로하고 다양한 권력구조의 교차 속에 인종이 형성되고 배치되는 '인종화(racialization)' 과정을 분석해왔다. 따라서 여기서 인종은 고정된 상수로 취급되지 않는다. 페미니즘과 퀴어 이론이 이분법적인 젠더가 생물학적 사실이 아님에도 우리의 현실에 강력한 영향을 미치는 방식을 분석하기 위해 젠더라는 범주 명을 사용하고 이 이름과 비판적으로 협상을 벌이면서 이 이름으로 담아낼 수 있는 새로운 내용을 탐구해온 것처럼, '인종'이란 개념도 비판적으로 사용할 수 있다. 그런데 인종차별주의자들이 스스로를 정당화하는 방식은 너무도 뻔뻔하게 다채로운 나머지 이 비판적 인종 이론의 논지를 교묘하게 비틀어 '인종이란 본질이 없으니 인종차별주의도 없다'는 주장을 내세우기도 한다. 예를 들어 2009년 프랑크푸르트에서 교차성을 주제로 한 학술대회가 열렸을 때 그 학술대회가 인종과 관련된 쟁점을 모두 배제하고서 교차성을 논한 방식에 대한 비판이 외부에서 제기되었다(관련 비판은 다음을 보라. Sirma Bilge, "Intersectionality Undone: Saving Intersectionality from Feminist Intersectionality Studies", *Du Bois Review,* Vol.10, No.2, Fall 2013, pp. 405-424). 나중에 학술대회 조직위는 *Framing Intersectionality: Debates on a Multi-faceted Concept in Gender Studies* (eds., Helma Lutz, Maria Teresa Herrera Vivar and Linda Supik. Farnham, Surrey, GBR: Ashgate Publishing Ltd, 2011)란 제목의 선집을 출간하였다. 그런데 학술대회에 제기된 비판과 논쟁점까지

모아 선집에 반영했다는 책 소개와 달리 이 선집의 서론은 인종이라는 쟁점이 왜 유럽의 교차성 논의에서 덜 중요한 사안이었는지를 변명한다. 더욱이 서론 전체에서, 인종이 사실상 고정된 실체가 아니라 사회적으로 구성된 범주임을 알리기 위함(Helma Lutz, Maria Teresa Herrera Vivar and Linda Supik, "Framing Intersectionality: An Introduction", 2011, p. 3, n.3)이라는 핑계로 '인종'과 '백인' 페미니즘에만 시종일관 작은따옴표를 계속 치면서(흑인에는 작은따옴표를 치지 않는다) 자기네 마음이 불편하다는 티를 팍팍 낸다. 자신들이 백인이라 인종 이슈에 소홀했다는 비난에 변명한답시고 '인종'이 사회적으로 구성되었으니 '백인'도 사회적으로 구성된 범주일 뿐이고 어디에도 인종 차별은 없다는 식으로 비꼬는 태도인 것이다.

118. 트랜스젠더와 트랜스섹슈얼을 구분해서 쓰는 이들은 전자를 "젠더 질서의 관습적 전제들을 교란시키는 젠더 표현을 하는 사람, 그리고 그걸 자신의 정체성으로 받아들인 사람"을 가리키는 용어로, 후자를 "남자나 여자로 살기 위해 호르몬 치료 그리고/또는 수술을 받는 이들과 자신을 그렇게 정체화하는 사람"을 가리키는 용어로 정의한다(Patricia Elliot, *Debates in transgender, queer, and feminist theory: Contested sites*, London and New York: Routledge, 2016, p. 1). 그러나 보다 최근에는 트랜스젠더와 트랜스섹슈얼, 드랙퀸, 트랜스베스타잇(혹은 인터섹스와 젠더퀴어까지)을 아우르는 말로 'trans*'라는 표현을 쓰거나 'trans'로 표기하는 경향이 늘고 있다. "'트랜스*'에서의 *는 광범위한 정체성 및 표현을 위한 와일드카드로서 '섹스'나 '젠더'를 대신하여 놓인 것이다. 나아가 이 표현은 섹스/젠더의 이분법적 적용을 문제시하고, 섹스/젠더의 주변부를 지식이 생산되는 장소로 놓는 지식체계를 만드는 데 기여한다."(에반 T. 테일러와 메리 K. 브라이슨의 논문 「암의 가장자리: 트랜스* 및 젠더 비순응자의 지식 접근과 암 건강 경험, 의사결정」, 『여/성이론』 36호, 2017, 60쪽[Evan T. Taylor and Mary K. Bryson, "Cancer's Margins: Trans* and Gender Nonconforming People's Access to Knowledge, Experiences of Cancer Health, and Decision —Making," *LGBT Health*, Vol.3, No.1, 2016, pp. 79-89].) 어떤 이들은 인터섹스를 비롯하여 남성이나 여성으로 정체화하지 않는 모든 다양성을 총칭하기 위해 '젠더 비순응자'(gender nonconforming)이란 표현을 사용한다(이 표현에는 트랜스젠더와 트랜스섹슈얼이 포함되기도 하고, 표현 자체가 '트랜스'라는 범주화에도 들어맞지 않는 이들을 칭하는 개념으로 사용되기도 한다. 예를 들어 세계 트랜스젠더 보건의료 전문가 협회(the World Professional Association for Transgender Health, WPATH)가 발간한 「트랜스섹슈얼·트랜스젠더·성별 비순응자를 위한 건강관리실무표준」(Standards of Care, SOC) 7판에선 트랜스

젠더와 트랜스섹슈얼과 젠더 비순응자를 구별하여 표기한다. 「건강관리 실무표준」의 한글판 번역과 달리 내가 gender nonconforming을 '성별 비순응' 대신 '젠더 비순응'으로 번역하는 이유에 대해서는 내가 번역한 에반 T. 테일러와 메리 K. 브라이슨의 논문 「암의 가장자리: 트랜스* 및 젠더 비순응자의 지식 접근과 암 건강 경험, 의사결정」 역주 5에 밝혔다.

이 책에서 나는 트랜스젠더나 트랜스섹슈얼을 명시할 필요가 있을 때를 제외하고는 '트랜스'나 '트랜스젠더퀴어'라는 표현을 사용하고, 남성-남성성/여성-여성성의 이분법 체계에 들어맞지 않는 보다 광범위한 존재들을 칭할 때는 '젠더 비순응자'라는 표현도 사용한다. 하지만 이 개념들이 구체적으로 어떤 존재들을 포함하고 있는지 정확하게 명시하기란 여전히 어렵다. 예를 들어 루인은 '트랜스젠더퀴어'를 인터섹스를 포함하는 개념어로 사유하지만 용어 자체가 인터섹스를 가시적으로 드러내지 못한다는 점, 맥락에 따라 '트랜스젠더퀴어와 인터섹스'라고 써야할 경우 이 용어가 인터섹스를 포함시키지 못한다는 사실이 드러난다는 점을 고민하면서 '트랜스젠더퀴어'란 용어를 포괄적인 우산 개념으로 사용할 때 발생하는 긴장과 갈등을 숙고한다. 루인, 「트랜스젠더퀴어와 인터섹스」, 『Run To 루인』, 2017.03.13. runtoruin.com/3272?category=0 (최종검색일:2020.12.24.)

119. 한편 아이러니하게도 이 원고를 오래 붙들고 있는 동안 한국 페미니즘 안에서 '탈코(탈코르셋)' 운동이 자리 잡아감에 따라 터프들은 자신들이 '진짜' 여성이라고 믿는 '생물학적 여성'들에게조차 여성성과 관련된다고 읽혀지는 옷차림과 젠더 표현을 단속하면서 여성성을 드러내는 이들을 가부장제의 부역자로 비난하기 시작했고, 일이 넌 새 이런 비난이 고착화되었다.

120. Judith Jack Halberstam, "Rethinking Feminist and Queer Theory", Paper at Conference *Trans/Forming Knowledge: The Implications of Transgender Studies for Women's, Gender, and Sexuality Studies*, Center for Gender Studies, University of Chicago, February. 2006; 이 학술대회 발표문은 Patricia Elliot(2016), *op. cit.*, p. 1에서 발췌하여 정리하였다.

121. Halberstam, 2007, pp. 190−191. [Carolyn Dinshaw, Lee Edelman, Roderick A. Ferguson, Carla Freccero, Elizabeth Freeman, Judith Jack Halberstam, Annamarie Jagose, Christopher S. Nealon, Tan Hoang Nguyen, "Theorizing Queer Temporalities: A Roundtable Discussion," *GLQ: A Journal of Lesbian and Gay Studies*, Vol.13, Nos.2−3, 2007, pp. 177−195.] 이 논문은 학술대회 라운드테이블 토론을 정리한 것으로 여러 저자의 목소리가 실려 있어 부득이하게 출처

표기를 이렇게 했다.

122. McRuer(2006a), *op. cit.*, 서론을 보라.

123. Ahmed(2004), *op. cit.*, pp. 152−153.

124. 전혜은, 「'아픈 사람' 정체성」, 전혜은, 루인, 도균(2018), 앞의 책.

125. Judith Butler, *Precarious life: the powers of mourning and violence,* London: Verso, 2004b (주디스 버틀러, 『불확실한 삶: 애도와 폭력의 권력들』, 양효실 옮김, 부산: 경성대학교 출판부, 2008).

126. 이 사진은 지금은 이 선수에 대한 구글 이미지 검색에서 첫 번째로 등장할 정도다. 이 사진을 사용한 최근 기사로는 다음을 보라. Paulina Karavasili, "Antonis Tsapatakis: The Paralympic Athlete that never stopped dreaming", *greekcitytimes,* 2020.11.14. greekcitytimes.com/2020/11/14/antonis−tsapatakis−paralympics−athlete/ (최종검색일: 2020.12.24.)

127. 관련 논의는 클레어(2020), 앞의 책, 2부 2장 「결을 가로질러 읽기」를 보라.

128. Licia Fiol−Matta, *A queer mother for the nation: the state and Gabriela Mistral,* University of Minnesota Press, 2002.

129. McRuer(2006b), *op. cit.*, p. 148, 원문 강조.

130. *Ibid.*

131. Dean Spade, 2011, p. 136. [Christina Crosby, Lisa Duggan, Roderick Ferguson, Kevin Floyd, Miranda Joseph, Heather Love, Robert McRuer, Fred Moten, Tavia Nyong'o, Lisa Rofel, Jordana Rosenberg, Gayle Salamon, Dean Spade, Amy Villarejo, "Queer Studies, Materialism, and Crisis: A Roundtable Discussion," *GLQ: A Journal of Lesbian and Gay Studies,* Vol.18, No.1, 2011, pp. 127−147.] 이 논문은 학술대회 라운드테이블 토론을 정리한 것으로 여러 저자의 목소리가 실려 있어 부득이하게 출처 표기를 이렇게 했다.

132. Butler(1993), *op. cit.*, p. 230.

133. European Graduate School Faculty, "Judith Butler: Quotes," egs.edu/faculty/ butler−resources.html; Eng. Halberstam, and Munoz(2005), *op. cit.*, p. 15에서 재인용.

134. Eng. Halberstam, and Munoz(2005), *ibid.*, p. 15.

135. Butler(2004a), *op. cit.*, p. 191; 버틀러(2015), 303쪽, 번역 일부 수정.

136. *Ibid.*

137. 이 내용은 버틀러의 *Undoing Gender*(2004a) 37쪽을 내가 정리하여 해석한 것이다. 원문은 다음과 같다. "A reductive relativism would say that we cannot speak of the human or of international human rights, since there are only and always local and provisional

understandings of these terms, and that the generalizations themselves do violence to the specificity of the meanings in question. This is not my view. I'm not ready to rest there. Indeed, I think **we are compelled to speak** of the human, and of the international, and to find out in particular how human rights do and do not work, [⋯]."(인용자 강조) 이 문장은 이렇게 번역할 수 있다. "환원론적 상대주의라면 우리가 인간이나 국제 인권에 대해 말할 수 없다고 주장할 것이다. 왜냐하면 그런 것들에 대해 항상 오직 국지적이고 잠정적인 이해만 있기에, 그것들을 일반화하면 그 자체로 해당 의미의 특수성에 폭력을 저지르는 짓이기 때문이라는 것이다. 나의 견해는 이와 다르다. 나는 이 견해에 안주하고 싶지 않다. 사실, 내 생각에 우리는 인간에 대해, 또 국제적인 것에 대해 **말하지 않을 수 없다.** 그리고 특히 인권이 어떻게 작동하고 작동하지 않는지[⋯]를 **찾아내지 않을 수 없다.**" 여기서 "we are compelled to speak"는 '우리는 말하지 않을 수 없다', 즉 우리의 윤리적 책무를 담아낸 표현이다. 그런데 이 부분에 해당하는 한글판 37쪽은 이 문장을 치명적으로 잘못 해석해놓았다. 한글판은 이 표현을 "우리는 말하도록 강요받는다"고 번역해버린다. "사실 나는 우리가 인간에 대해, 또 국제적인 것에 대해 말하도록 강요받는다고 생각하며, 특히 인권이 어떻게 작동되고 또 작동되지 않는지, [⋯] 알아내라는 강요를 받는다고 생각한다."(한글판 『젠더 허물기』, 37쪽) 이렇게 번역해버리면 위 문장은 '너의 정치적 견해를 밝히라는 말이 부담스럽고 그건 강요다'는 내용으로 해석될 수 있다. 즉 버틀러의 입장과 완벽히 대비되어 체제 유지자들이 가장 즐겨 쓰는 무책임한 자기변명으로 둔갑해버리는 것이다.

138. Turner(2000), *op. cit.*, p. 146.
139. Berlant and Warner(1995), *op. cit.*, p. 344.

2장

트랜스 멍멍이를
버틀러가 논박하다[1]

영토 확장 중

섹스는 무엇이고 젠더는 무엇인가? 이 질문은 수학 방정식 풀듯 단 하나의 근을 찾을 수 있는 문제가 아니다. 섹스가 무엇이고 젠더가 무엇인지 답하는 것 자체가 많은 이들에겐 은유적으로든 문자 그대로든 생존이 달려 있는 문제이기 때문이다. 남/여 이분법을 해체하는 이론적 작업이 존재 자체만으로 폭력과 차별과 살해 협박을 겪는 트랜스젠더들의 삶을 개선하는 데 필요한 일이라고 수잔 스트라이커가 말했듯, 섹스와 젠더를 어떻게 정의하고 이해하는가에 대한 담론들은 어떤 사람들의 삶을 살아도 되는 삶, 살 만한 삶으로 이해하고 그렇게 만들어가는 데 매우 큰 영향을 미친다.

이 장은 주디스 버틀러의 젠더 수행성 이론을 최대한 쉽고 정확하게 독자들에게 전달하는 것을 목표로 한다. 젠더를 논하는 퀴어 이론가가 버틀러 한 사람만 있는 것도 아니고 버틀러의 이론이 퀴어 이론 및 운동에서의 모든 젠더 논의를 아우르는 독보적인 위치에 있다고 단언할 수도 없겠지만(그리고 2000년대 후반부터 버틀러의 관심사가 퀴어와 관련은 있되 퀴어에 초점을 맞추지는 않는 다양한 주제를 향한 만큼, 퀴어 이론 및 당사자 담론이 발전할수록 버틀러의 젠더 논의가 포괄할 수 없는 범위가 늘어나겠지만), 그럼에도 퀴어 이론에서의 젠더 논의를 소개하고자 기획했던 이 장에서 버틀러의 젠더 수행성 이론을 중점적으로 풀어보자 결정한 이유는 크게 세 가지이다. 첫째, 1990년『젠더 트러블_Gender Trouble_』을 시작으로 버틀러가 발전시킨 젠더 수행성 이론은 퀴어 페미니즘적 관점에서 섹스와 젠더를 이해할 이론적 기틀을 마련하였다는 점에서 중요하다. 둘째, 한국에 들어온 퀴어 이론서 중 단일 저자로는 버틀러의 저작이 가장 많이 번역 소개되었다. 따라서 한국에서 버틀러의 이론은 가장 유명하고 가장 쉽게 접근할 수 있는 퀴어 이론이자 그만큼 가장 많은 오해를 사는 이론이기도 하다. 부분적으로 이러한 오해는 논의의 복잡함과 이에 수반된 번역상의 문제로 인해 나타난 것이지만, 보다 궁극적으로는 버틀러의 이론이 그동안 페미니즘의 기반으로 당연시되었던 '생물학적 여성'이라는 개념을 뿌리째 흔들기 때문에 발생한 것이기도 하다. 이와 연관하여 셋째, 최근 한국에서 버틀러 이론은 '젠더론'이라 불리며 '젠더론 안 사요'라는 말로 배척받고 있다. 그런데 이때 회자되는 '젠더론'은 버틀러의 젠더 수행성 이론과 정말 같은 것인가? 아니라면, 도대체 이 '젠더론'이라는 것은 무엇이고, 버틀러의 이론을 '젠더론'이라 비하하며 젠더론 안 산다고 주장하는 이들은 누구인가? 그리고 이들이 생각하는 '젠더론'과 버틀러의 젠더 수행성 이론은 어떻게 다른가? 나아가, 버틀러를 '젠더론'이라 비하하는 이들이 이 주장을 바탕으로 무슨 일을 벌이고 있는가?

의도적이든 아니든 버틀러의 젠더 이론에 대한 오해가 현실에 어떤 결과를 불러오고 어떤 폭력을 뒷받침하는 데 쓰이는지 비판적으로 검토하고 그에 맞서기 위해, 이 장은 버틀러를 중심으로 젠더에 대한 논의를 풀어가고자 한다. 제일 먼저, 이 '젠더론을 안 산다는 사람들'의 주장을 파훼하는 작업부터 시작해보자.

1. 젠더론 안 사요 : 트랜스 멍멍이의 논리

젠더는 오랫동안 페미니즘에서 주요 개념 중 하나였지만 제대로 논의의 대상이 되기보다는 논의의 토대로 받아들여지는 경향이 있었다. 이때의 '젠더'는 남성과 여성이라는 이분법적 구도를 벗어나지 않거나 그 틀 자체로 이해되곤 했다. 그런데 다양한 퀴어들이 투쟁해온 역사가 쌓이고 그 존재와 역사를 뒷받침하는 퀴어 이론이 발전하면서 젠더 개념 자체가 급진적으로 바뀌게 되자 젠더는 페미니즘에서 골칫거리로 취급되기 시작했다. 특히 최근에는 스스로를 '래디컬 페미니스트'라 부르는 이들로부터 페미니즘에 불필요하거나 해로운 개념으로 배척받고 있다. 이 현상은 2010년대 중반부터 한국에서 페미니즘이 다시 부흥하면서 함께 부상한 트랜스 혐오와 관련되어 있다. 물론 이전에도 페미니즘 안에 트랜스 혐오는 존재했다. 미국에서는 베트남전 이후 사회가 전반적으로 보수화되던 1970년대에 트랜스젠더를 페미니즘의 주적으로 설정하여 배척하는 혐오의 물결이 페미니즘을 찢어놓았다.[2] 미국과 비교해서 그간 한국에서 트랜스 혐오가 가시화되지 않았다면, 그건 트랜스젠더는커녕 동성애자의 존재조차 떠올리지 못하는 이들이 많았기에 혐오가 노골적으로 드러나지 않았을 뿐이다. 한국에서도 페미니즘의 주류는 시스젠더 이성애자들이었고, 유명 여성학자 중에서도 대놓고 하지만 않았을 뿐 은근히 퀴어 혐오 발언을 하는 사람이 꽤 있었고, 여성학 커리큘럼에서 퀴어 이론을 아예 빼거나 시스젠더 중심성을 깨지 않을 내용까지만(즉 동성애까지만) 곁다리로 들이는 경향이 만연했었다. 그러나 트랜스에 대한 공격이 한국 페미니즘 안에서 본격화된 것은 최근의 현상으로, 최근의 페미니즘 내 트랜스 혐오에서 새로운 점은 크게 세 가지이다. 한편으로는 대놓고 트랜스를 배제하는 방향으로 페미니즘 이론을 재편하는 학술적 움직임이 눈에 띄게 활발해지기 시작했다. 다른 한편으로는 트위터, 페이스북, 유튜브 등 다양하게 활성화된 SNS에서 자신을 드러내고 의견을 개진하는 퀴어들에게 페미니즘의 이름으로 사이버불링cyberbullying을 하고 신상을 캐는 등 폭력을 휘두르는 현상이 급증했다. 이 현상은 부분적으로는 트랜스를 비롯한 젠더퀴어들이 그만큼 가시화된 데에 따른 백래시backlash라고 설명할 수 있겠지만, 이 백래시가 학계와 대중이 결합된 형태로 페미니즘 안에 고착화되었다는 점의 심각성에 주목해야 한다. 페미니즘을 표방하는 학자들이 앞장서서 혐오를 정당화할 이론적 자원을 공급해주고 페미니스트로 정체화한 대중이 학술적으로 정당화된 혐오를 조직적으로 풀어내는 이러한 움직임은 분명 위험한 현상이다.

더욱이 세 번째로 주목할 점은, 이런 움직임들이 퀴어 이론의 언어를 전유하여 퀴어 이론을 무효화하는 전략을 사용한다는 점이다. 예를 들어 '터프' 혹은 '랟펨'이라는 이름으로 분류되는 이들[3]이 '트랜스 멍멍이', '트랜스 부엉이' 등의 이름을 내거는 현상이 2017년 즈음부터 나타났다. SNS에서 이런 이름을 쓰는 사람들은 이분법적 젠더에 얽매이지 않는 젠더 정체성을 선언하는 퀴어의 문법을 가져와 퀴어를 조롱한다. 퀴어들이 '있는 그대로의 나'를 선언하면 트랜스 멍멍이들이 그 언어를 빼앗아 '내 젠더니 존중해달라면 아무 젠더나 다 갖다 붙여도 되는 거냐?' 하고 악질적으로 미러링mirroring하는 것이다. 그런데 얼핏 보기에 퀴어 이론을 가져다 퀴어 이론을 무너뜨리는 것처럼 보이는 이들의 전략은 사실 퀴어 이론이 그간 쌓아 올린 이론적 성취를 모두 잘못 해석하거나 왜곡하고 있다. 그렇다면 이들의 주장이 왜 오독이고 왜곡인지를

논증하기에 앞서, 이들의 주장과 그 주장에 깔린 전제가 무엇인지 살펴
볼 필요가 있을 것이다.

1) 젠더는 선택할 수 없고 생물학적 성별은 절대 건드릴 수 없다

'트랜스 멍멍이', '트랜스 독수리', '트랜스 부엉이' 등등 어디에나
'트랜스'를 붙일 수 있다고 주장하는 이들은 퀴어 이론에서 가장 기본적
이고 대중적인 주장인 '젠더는 구성된 것이다'를 받아들이는 듯 보이지
만, 사실은 젠더는 구성될 수가 없고 따라서 퀴어 정체성은 가짜라고
주장한다. 이 글의 초안을 쓰던 중 다른 곳에 투고했던 논문에 대한
심사의견서를 받았었는데, 흥미롭게도 한 선생님이 보낸 의견서가 트랜
스 멍멍이들의 입장을 좀 더 이론적인 언어로 펼치고 있었다(또 하나
흥미로운 점은, 심사하신 그분도 인정했지만, 의견서를 빼곡히 채운 그
내용이 정작 내 논문의 주제와 그다지 관련이 없었다는 점이었다). 그분
은 "트랜스젠더리즘과 퀴어정치학은 젠더와 섹슈얼리티 영역에서의 새
로운 자유주의적 선언"이라고 주장하면서, 이분법적이지 않은 젠더 정
체성을 이야기하는 퀴어들을 겨냥해 "개인의 자유와 선택, 정체성에
대한 자기규정의 주관성에 대해 우리는 얼마만큼 허용해야 할 것인가?"
"개인의 정체성에 대한 선택을 어느 정도까지 자유롭게, 어느 정도까지
사회구성의 범주로 인정해야 할 것인가?" 하는 질문을 던졌다.

퀴어로 살아가는 사람이라면 귓구멍에 귀지 쌓이듯 자주 듣게 되는
이런 문제 제기에서 주목할 점은, 질문을 던지는 이들은 젠더 정체성이
자유로운 선택으로 이해될까 걱정된다며 우려를 표현하면서도 시스젠
더 여성과 남성을 향해서는 정체성의 '선택'이라는 표현을 한 번도 붙이

지 않는다는 점이다. 오로지 그 이분법적인 젠더 위치에서 벗어나는 퀴어의 정체성만 문제 삼아, 너희들은 정체성을 자유롭게 선택할 수 있다고 착각하는 것 아니냐고 지적하는 것이다. 결국 이 사람들이 보기에 젠더는 선택할 수 없는 것이고, 선택할 수 없는 것이어야 한다. 그리고 그래야만 하는 가장 중요한 이유는 소위 '생물학적 성별'로 이해되는 섹스sex를 신성불가침의 영역으로 사수해야 하기 때문이다. 이런 관점에서 젠더는 크게 네 가지로 이해된다(이 네 개의 해석은 서로 연관되어 있다).

(1) 젠더는 섹스를 반영할 뿐이다

원래 페미니즘에서 섹스/젠더 이분법은 정치적 자원으로 도입된 것이었다. 페미니스트들은 '생물학은 운명이다'라는 논리('여자는 원래 강간당하는 거고 남자는 본능에 의해 씨를 뿌리는 것이다', '남자의 성욕은 참을 수 없다', '남자가 여자보다 힘이 세니 여자가 남자에게 복종하는 건 당연하다' 등등)에 맞서기 위해, 즉 생물학적 본질을 여성 억압의 근거로 끌어다 쓰는 지배 문화에 맞서기 위해 섹스/젠더 이분법을 활용했다. 이 이분법에서 섹스는 생물학적으로 본질적인 성별이지만 젠더는 사회·문화·역사·정치적으로 만들어져 부과되는 '역할'로 이해되었다. "사람은 여자로 태어나는 것이 아니라 여자가 되는 것이다one is not born a woman, but, rather, becomes one"라는 시몬느 드 보부아르Simone de Beauvoir의 그 유명한 주장4)은 여성 억압이 여자로 태어나면 응당 겪어야 하는 자연의 순리가 아니라 사회문화적으로 구성된 것이며, 따라서 바꿀 수 있는 것임을 폭로했다.

그런데 섹스와 젠더를 구분하고 젠더에 변화 가능성을 부여한 이 도식을 그저 당연한 듯 받아들이기엔 의문점이 생긴다. 섹스와 젠더가 나눠진다면 둘은 어떻게 연결되는가? 젠더가 바뀔 수 있다면 이 변환은 무한정 가능한가? 다시 말해 '생물학적 성'을 female과 male로, '사회적 성'을 woman과 man으로 이해하는 이 이분법에서 어떻게 female이 woman이 되고 male이 man이 되는지, 왜 female이 man이 아니라 woman과 연결되는지에 대한 논리적 설명이 결여되어 있는 것이다. 그리고 설명이 빠진 그 자리를 '당위'가 차지한다. 주류 페미니즘은 남성과 여성, 단 두 존재가 세상을 이루는 기본 요소이자 거의 모든 사회와 구조 및 제도의 바탕이라고 전제해왔다. 이렇게 세상의 모든 사안을 남과 여의 구도로 해석하는 한, 이 남성과 여성을 상징적·언어적·사회적 차원의 것으로 이해하더라도 그 두 존재를 구분하는 물질적 토대로서 섹스가 필요했다. 섹스와 젠더를 이런 식으로 이해하는 근대적 통념을 수잔 스트라이커는 '거울 이론'이라 부른다.[5] 이는 상부구조-하부구조로 이루어진 인식론적 패러다임으로, 섹스는 반박 불가능한 진짜 물질적 토대로서 하부구조를 차지하고 젠더는 섹스라는 물질세계를 거울처럼 반영하는 재현의 영역으로서 상부구조를 차지한다는 것이다. 만약 생물학적 섹스가 진짜고 젠더는 섹스를 그대로 반영한 것뿐이라면, 결국 섹스와 젠더는 다르지 않으니 구분할 필요도 없어지게 된다. 아니, 사실 생물학적 성별을 신성불가침의 영역으로 사수하려면 젠더는 섹스와 완전히 달라져서는 안 된다. 만약 젠더가 반드시 섹스를 따르지 않으며 사회적으로 구성되었다고 주장한다 할지라도, 섹스도 젠더도 남/여라는 단 두 개의 범주로 구분되는 것만큼은 절대 변해서는 안 된다고 고집한다면, 젠더가 구성되는 범위는 섹스가 정해준 한계를 벗어날 수 없게 된다. 페미니스트들이 섹스/젠더 이분법을 처음 도입했던 목적을 생각하면 이는 아이러니한 제약이다. 젠더가 섹스의 반영일 뿐이거나 섹스의 범위 안에서만 약간의 변형이 일어나는 것뿐이라면, 남성 우월주의 사회가 여성 억압을 정당화하기 위해 지어낸 '생물학은 운명'이라는 주장에서 완전히 벗어나지 못하는 셈이기 때문이다.

(2) 젠더는 남성성과 여성성을 뜻한다

젠더를 섹스가 정해준 한계에서 약간의 일탈을 감행하는 것으로 이해하는 관점에서 젠더는 사회가 규정한 여성성과 남성성을 가리키는 말이 된다. 최근 버틀러의 '젠더 수행성' 개념을 이런 식으로 이해하는 경향이 자주 보인다. 자신이 '여자'라는 것 자체는 신성불가침의 영역으로 수호하면서 남성성, 여성성, 성역할 규범만을 바꾸는 것이 젠더 수행성이라고 이해하는 것이다. 다리털과 겨드랑이털을 기르고 머리를 삭발하고 화장을 안 하는 등 규범화된 여성성을 벗어나는 실천들은 '진정한 여성 되기'에 초점을 맞추지 그 '여성'이라는 위치성 자체가 근본적으로 흔들릴 수 있다는 것은 생각하지 않는다. 이것이 렏펨 중에 트랜스 혐오와 '탈코'('탈脫코르셋'의 준말)를 동시에 외치는 사람들이 많은 이유다. 탈코가 자신의 여성다움(womanness 또는 feminineness)은 흔들지언정 생물학적 여성이라는 본질(femaleness)은 건드리지 않는다고 믿는 것이다. 이러한 관점에선 여성 억압을 젠더의 차원에서 설명하는 동안 섹스는 건드리지 않은 채 넘어가다 보니 '섹스는 괜찮은데 젠더가 문제야'라는 결론으로 빠지기 쉽다. 여성들이 겪는 억압과 차별을 설명할 땐 젠더 개념을 끌어다 쓰면서도 자매애, 여성의 고유한 힘, 여성적 영성 같은 긍정적인 논의들은 '여성'을 이 세상을 만들고 떠받치는 본질적 토대로 주장하면서 섹스 개념에 의지하는 식이다. 이런 입장의 사람들은 더 나아가 젠더 개념을 없애야 한다고 주장하기도 한다. 생물학적 성별인 진짜 '섹스'만 있으면 되니 젠더는 필요 없다고, 여성 억압의 모든 문제는 젠더와 관련되어 있으니 젠더는 해로운 것이고 없애야 한다고 주장하는 것이다. 손가락으로 달을 가리켰더니 달 대신 손가락을 물어뜯는 셈이다.

한편 최근에는 젠더를 문제 삼는 이 움직임이 주류 사회에서 '여성성'으로 읽혀지는 모든 젠더 표현을 그것이 표현되는 몸이나 위치의 특수성, 맥락, 의도, 나아가 야기하는 효과와 전혀 무관하게 '코르셋'이라고 낙인찍는 방향으로 획일적으로 굳어졌다. 이는 다양한 맥락의 저항적 실천을 뭉개버리고 '여성'이라는 범주 안의 다양성도 뭉개버린다. 동성혼 법제화 요구도 차별금지법 제정 요구도 계속 가로막히는 한국에서 처음으로 공개 결혼을 한 레즈비언 커플이 웨딩드레스를 입었다는 이유로 '코르셋'이라 비난하고, 무성적인 존재로 눈에 띄지 말고 어디 찌그러져 있길 강요당하는 장애 여성들이나 비만 여성들이 그러한 사회적 압박에 맞서 욕먹을 각오를 하고 원하는 옷차림을 해도 '코르셋', 성별 이분법의 경계를 교란시키는 드랙 퍼포먼스도 화장하고 치마 입으면 '코르셋'이라 비난한다. '생물학적 여성'의 몸으로 '남성적'인 젠더 표현(짧은 머리, 화장 안 하고 몸매를 드러내지 않는 옷, 남성 정장 등)을 실천해야만 '진짜 여성'으로 인정받는 것이다. 이때 문제가 되는 '젠더'는 오로지 여성성뿐이다. 정확히 말하자면 획일적인 낙인의 광풍에서 살아남는 건 '생물학적 여성'과 그 몸에서 표현되는 '남성성'의 조합뿐이다. 여성성은 여자가 표현해도 비난받고 남자가 표현해도 비난받고 그 누가 표현해서도 안 되는 것이 되어버린다.[6] 많은 이들이 지적하듯 이는 여성성을 혐오하고 남성성을 기준 삼는 방식의 또 다른 여성 혐오다.

가부장제가 줄기차게 여성의 가격을 후려치고 낮잡아보면서 길들이는 방식의 여성 혐오를 재생산하는 것이다. 여기서 젠더는 다르게 변화할 가능성이 있는 '구성'이 아니라 또 다른 본질로 고정된다.

(3) 트랜스젠더 = 젠더

이런 엄격한 이분법적 검열 아래서는 당연하게도, 자신을 '생물학적 남성'이나 '생물학적 여성'으로 감각하지 않는 사람들이나 여성성/남성성의 이분법적 분리를 따르지 않는 사람들이 있을 자리가 전혀 없다. '섹스는 괜찮은데 젠더가 문제야'라는 주장을 하는 사람들은 젠더 개념을 없애야 할 또 다른 근거로 트랜스젠더를 문제 삼는다. 젠더라는 개념이 포괄할 수 있는 의미가 '생물학적 남성/여성'으로 이해되는 섹스와 조금이라도 어긋날 기미가 보이자 젠더 개념 자체를 통째로 버리는 것이다. 사라 아메드가 페미니즘 내 트랜스 혐오에 대해 쓴 글에 따르면, 최근 미국에서 트랜스 혐오를 하는 이들은 스스로를 '젠더 비판적인 페미니스트'라고 칭한다.[7] 이들의 주장은 트랜스젠더들이 젠더 이원론을 무비판적으로 수용함으로써 젠더 이원론을 답습하고 강화한다는 것이다. 그러나 시스젠더라는 위치 자체가 그 이원론에서 나온 것이자 이원론을 생산하고 유지하는 중심이라는 점은 못 본 척하고 트랜스젠더만 비판한다는 점에서, 이들이 비판한다는 '젠더'는 사실상 젠더 이원론이 아니라 트랜스젠더다. 한국 페미니즘에 트랜스 혐오를 위한 이론적 자원을 공급하는 쉴라 제프리스Sheila Jeffreys의 최근작과 그 저서를 수용하는 렘펨들은 점점 더 노골적으로 '젠더'라는 용어를 '트랜스젠더'와 등치시키면서 이러한 젠더는 가짜고 해로우니 젠더를 없애야 한다고 주장한다.[8] 어쩌면 젠더 개념을 싫어하는 건 혐오자들의 공통된 특징인 것도 같다. 예를 들어 1995년 로마 교황청이 여성 지위에 관한 UN NGO 강령에 개입하여 젠더는 동성애 코드나 다름없는 상스러운 용어니 대신 섹스란 단어를 써야 한다고 주장한 사건이 있었는데, 이때 교황청에서 '젠더' 말고 칭송해야 한다고 생각했던 '섹스' 개념은 모성과 재생산에 한정된 '진짜' 여성성을 가리키는 것이었다.[9]

(4) 섹스 = 몸 / 젠더 = 정신 이분법

또한 위와 연관해서, 섹스는 진짜고 젠더는 가짜라고 주장하는 이들은 섹스와 젠더의 이분법적 대립을 몸과 정신의 이분법적 대립으로 이해하는 경향을 보인다. 즉 섹스는 몸, 젠더는 정신이라는 것이다. 그런데 이때의 몸/정신 이분법은 서구 형이상학의 전통에서 정신을 몸보다 우위에 두었던 위계 관계를 거꾸로 뒤집는다. 이들의 관점에서 섹스는 반박 불가능한 물질인 반면 젠더는 (SNS에서 사용되는 표현을 가져오자면) '뇌 내 망상'에 지나지 않는다. 그런데 여기서도 모든 젠더가 '뇌 내 망상'인 것은 아니다. 섹스와 젠더가 '사회적 통념'에 맞게 일치하는 경우엔 젠더가 정신이든 아니든 아무 상관이 없다. 오직 이 섹스-젠더의 일치 관계를 벗어나는 젠더만이, 즉 '터프'의 관점에서 감히 '진짜 몸'에 따르지 않는 '정신'만이 문제가 된다. 이 주장을 하는 이들이 트랜스젠더를 '젠신병자(젠더와 정신병자의 조합)'라고 부르는 것은 바로 이런 이유에서다. 진짜 섹스에 순응하는 이들은 '정상'인 반면 가짜인 젠더를 고집하는 이들은 '비정상'이자 '정신착란'을 일으킨 자들이라는 것이다.

이런 관점은 트랜스 혐오와 장애 혐오를 동시에 표출한다. 사실 트랜스 혐오는 장애 혐오와 처음부터 긴밀히 연결되어 있다. 한때 스스로를 랟펨이라 칭하는 이들이 SNS에 갑자기 피어싱이나 타투를 여성 억압의 원흉으로 지목하는 글을 줄줄이 올린 적이 있다(이런 주장들의 등장 배경엔 호주의 대표적 '터프'인 쉴라 제프리스의 논문이 한국에서 책으로 묶여 2018년 초 출간된 사건이 있다).10) 작성자의 계정명만 가리면 유교 사상을 설파하는 것처럼 보이는 이런 주장이 나오는 이유는 명백하다. '터프'가 트랜스인 사람들을 공격하는 근거 중 하나는 트랜스가 '진짜' '건강한' 몸을 훼손하고 있다는 것이다(이런 이유에서 타투나 피어싱도 문제가 된다). 그러나 앞으로 논하겠지만 '진짜 몸', '건강한 몸'이 과연 무엇인가를 규정하는 것 자체가 이데올로기적 실천이다. 시대나 문화, 개개인의 맥락과 무관하게 그런 규정을 항상 일관되게 유지해야만 할 근거가 없는데도 '가짜' 트랜스에 맞설 '진짜' 몸을 옹호하고 보호하려다 보니 신체발부수지부모를 주장하는 수준으로 내려가 버리는 것이다. 여기서 생물학적 본질주의는 비장애 중심주의 및 건강이데올로기와 맞물려 서로가 서로를 지지하는 공생관계를 유지한다. 다시 말해 트랜스 혐오에는 장애와 질환에 대한 혐오가 동원되고, 질환 및 장애를 혐오해야만 트랜스 혐오가 가능해지는 셈이다.11)

2) 나(시스젠더)만이 주체가 될 수 있다

한편 섹스와 젠더에 대한 이런 이해를 이론적으로 논박하기 위해서는 이런 주장을 하는 사람들이 섹스와 젠더 개념만이 아니라 본질과 구성, 주체와 행위성, 주체가 권력구조와 맺는 관계를 어떤 식으로 이해하고 있는지도 살펴봐야 한다. 이런 것들을 어떻게 이해하고 인식하느냐가 섹스와 젠더에 대한 그 어떤 이론에서든 전제로 깔려 있기 때문이다. 그런데 트랜스 멍멍이들의 주장에서 그런 전제들은 모순적으로 뒤엉켜 있다. 그 이유는 이 모든 주장이 오직 자신들만을 주체 위치에 놓고자 하는 욕망으로 수렴되기 때문이다. 남/여 이분법적 위치에 맞춰 섹스와 젠더를 일치시키는 데 실패하거나 이를 거부하는 사람들에게 '가짜'나 '정신병자'라는 딱지를 붙이는 태도는 오직 시스젠더만이 모든 것을 다 알고 판단하고 결정할 능력과 권한을 가진 주체라는 생각을 전제로 한다. 앞서 언급한 심사의견서도 트랜스 멍멍이들도, 젠더 정체성을 주장하는 '자유'의 한도를 정해 규제하고 기준에 맞는 것만 인정하지 않으면 사회가 무너지고 나라가 망하리라는 공포를 품고 있는 한편, 그런 걱정을 할 자격과 남의 정체성을 '어디까지 인정해줄 것인가'를 결정해줄 자격이 자신에게 있다는 믿음을 강하게 드러낸다. 이와 같은 믿음은 주체를 자율적이고 독립적이며 모든 것을 다 알고서 선택하고 판단하는 존재로 상정하는 근대적 통념을 따르고 있는데, 이런 식의 주체 개념을 주디스 버틀러는 '의지주의적 주체voluntarist subject'라고 부른다.12)

(1) 본질주의 vs 구성주의의 대립 구도 안에서 구성주의를 비판

섹스·젠더·섹슈얼리티에 대한 이해는 본질주의 대 구성주의라는 이분법적 대립 구도에 쉽게 빨려 들어가곤 한다. 트랜스 멍멍이들은 구성되는 것과 구성되지 않는 것을 구분할 수 있다고 생각한다. 이들이 구성 개념을 사유하는 방식은 둘 중 하나다. 구성은 곧 가짜라고 치부하거나, 아니면 세상 모든 게 구성될 수 있고 변할 수 있다 하더라도 소위 '생물학적 성별'만은 구성의 영향력을 벗어난다고 생각한다. 따라서 트랜스 멍멍이들은 퀴어 이론의 핵심 주장 중 하나인 '젠더는 구성된 것'이라는 주장을 '아침에 일어나 젠더를 옷 갈아입듯 선택할 수 있다는 뜻이냐고 오해한다.13) 이들은 '젠더를 스스로 선택할 수 있다'는 말을 믿지 않는다. 이들에게 젠더는 남성과 여성이라는 각각의 위치 안에서만 약간의 자유도가 허락된다는 개념일 뿐이고, 이때 남/여 범주는 기본적으로는 생물학적으로 결정되어 그 어떤 담론도 개입할 수 없는 본질이어야 한다.

이 때문에 모순이 생긴다. 남성과 여성 범주 자체를 수호하기 위해선 본질주의에 의존해야 하고 따라서 젠더를 스스로 선택할 능력과 권한이 인간에게 없어야 한다. 이렇게 본다면 이런 입장은 의지주의적 주체 개념을 반대하는 셈이다. 그런데 섹스와 젠더의 문제에서 본질주의와 구성주의의 대립 구도를 만드는 동시에 이들은 의지주의적 주체 개념에 의지한다. 섹스가 진짜고 젠더가 가짜라면, 혹은 젠더를 비롯해 세상의 다른 차원은 사회문화적으로 구성되고 변할 수 있다 하더라도 소위 '생물학적 성별'만은 구성에서 비껴갈 수 있다고 믿는다면, 이 믿음은 진짜와 가짜, 구성되는 것과 구성되지 않는 것이 구분될 수 있다고 전제하는 것이다. 그런데 누가 어떻게 그걸 구분할 수 있는가? 트랜스 멍멍이들은 그런 구분을 할 수 있는 예외적 권능을 시스젠더인 자신들에게 부여함으로써 본질주의와 구성주의의 대립 구도에서 심판자 위치를 차지한다.

(2) 억압 vs 자율의 이분법적 대립 구도를 믿지만 나만은 여기서 자유롭다

이는 또 다른 모순으로 이어진다. 스스로는 모든 권력과 담론 바깥에서 판단을 내리는 초월적 주체 위치를 차지하면서도, 남/여 위치에 문제제기하고 그 위치에서 벗어나려는 이들에겐 '권력 바깥의 위치가 있는 줄 아느냐고 조롱하는 경향을 보이는 것이다. 앞서 언급했던 심사 의견서에서는 '젠더퀴어들이 남/여라는 단 두 개의 젠더 대신 제3의 성이나 n개의 젠더를 사회구성의 원리로 주장하려는 것이 아니냐, 그렇다면 과연 우리가 몇 개까지 허용해줘야 하느냐'는 문제제기도 나왔었다. 이런 질문에 동조하는 이들은, 이분법적 젠더에 맞지 않는 퀴어들을 '아침에 옷 갈아입듯 자유롭게 젠더를 선택할 수 있다고 믿는 이상주의자 아니면 기존의 규범을 새로운 규범으로 대체하려는 교조주의자일 뿐이라 폄하한다.

여기엔 억압과 자율을 이분법적으로 대립시키는 사고가 전제되어 있다. 이 전제 아래에선 현재의 억압에 저항할 방법이 기존 권력을 완전히 초월한 '순수한' 저항의 위치에서 기존의 규범을 파괴하는 것밖에는 없다. 트랜스젠더의 젠더 표현을 비난하는 글은 SNS에 수시로 올라오는데, 트랜스 여성은 머리를 기르고 치마를 입으면 '억압적인 여성성을 답습하고 재생산한다'고 비난받고, 머리가 짧고 티셔츠에 바지를 입으면 '남자인 주제에 말로만 여자인 척한다'고 비난받는다. 다양한 드랙 실천조차 머리 길이와 화장 유무, 치마 착용 유무 등을 기준으로 여성성/남성성 둘 중 한쪽 범주를 따라한다며 비난받는다. 트랜스 멍멍이들은 젠더퀴어들에게 '너희가 권력의 바깥에 있는 줄 아느냐'고 조롱하며 그들의 저항을 무익한 것으로 치부하면서도, 이들에게 '순수한' 저항의 위치에 있음을 증명하라고 요구한다. 완벽한 권력의 바깥이란 것은 존재하지 않지만 권력의 바깥에 있어야만 너희들의 저항을 인정해주겠다는 모순적 기준을 들이대는 것이다. '탈코' 운동이 페미니즘 정치에서 중요한 의의를 가짐에도 불구하고 계속 논란에 휩싸이는 이유 또한 이처럼 저항과 전복이 출현할 가능성을 매우 편협하게 사유하고 자신들만을 초월적 위상에 올려놓기 때문이다. 다양한 교차적 위치에서 '코르셋'의 의미와 맥락, 그리고 '탈코' 수행 방식이 다를 수 있음을 인정하지 않은 채 '이미 깨우쳐 완전히 해방된 나'와 '저기 우매한 중생들'을 구분하는 독선적 태도는 억압 vs 자율의 이분법적 교착을 계속 재생산한다. 어떻게 억압받는 인간이 그 억압에서 자유로워질 수 있는지는 제대로 설명하지 못하면서도 모든 것을 의지의 문제로 치부하는 한편, 자신과 다른 위치에 있거나 다른 행보를 보이는 사람들의 의지는 모조리 무시하고 그들을 권력 억압을 내면화한 수동적 존재로 평가내리는 모순적 행보를 보이는 것이다.

이처럼 트랜스 멍멍이들의 논리에선 의지주의적 주체에 의존하는 동시에 그러한 주체 개념을 조롱하는 모순이 계속 드러나지만, 거기에 깔린 욕망은 명확하다. 자신들의 여성성 실험은 '젠더 수행성'의 참된 실천으로 평가하면서도 젠더 수행성 개념이 트랜스젠더퀴어와 연관될 때엔 그저 '개인의 수행'으로 치부하면서 '역할놀이'나 '탁상공론', 정치와 무관한 '담론적 유희'로 폄하하는 트랜스 멍멍이들의 경향을 보면, 결국 이 모순적인 태도 아래엔 의지주의적 주체로 상정된 주체의 위상·자격·권한·능력을 오로지 자신만 차지하고 나와 다른 사람에게는 터럭 하나도 넘기고 싶지 않다는 의지가 강력하게 작동하고 있음을 알 수 있다.

이처럼 트랜스 멍멍이들의 주장엔 온갖 모순과 억지가 얽혀 있기 때문에 어디서부터 어떻게 대응해야 할지 난감해지기 마련이다. 그런데 다행인지 불행인지, 이런 문제를 약 25년 전 주디스 버틀러가 『물질화되는 몸Bodies that Matter』(1993)에서 이미 논박한 바 있다. 버틀러는 1990년 『젠더 트러블』14)을 출간하고 나서 열광적인 지지를 받았지만 다른 한편으론 곤란한 오해에도 시달렸다. 그 책에서 버틀러는 '이성애는 자연의 섭리가 아니고 남성과 여성이라는 젠더는 사실상 구성된 것이다'를 입증함으로써 퀴어들이 존재할 자리를 이론적으로 마련했다. 하지만 '젠더가 구성되었다'는 주장은 많은 의문을 불러일으켰다. 이 의문 혹은 오해는 크게 세 가지로 정리할 수 있는데, 위에서 정리한 트랜스 멍멍이들의 주장에 담긴 문제들을 정확히 꿰고 있다.

① 젠더가 구성된다는 건 무슨 뜻인가? 페미니즘에서 남성성과 여성성에 대해 여태 해왔던 논의처럼 버틀러의 젠더 구성 논의도 남자와 여자가 남성성과 여성성을 강요받고 훈육 당한다는 이야기를 하려는 건가? 아니면 젠더가 구성된다는 건 아침에 일어나서 옷장에서 오늘 입을 옷 고르듯 젠더를 그냥 내 맘대로 선택할 수 있다는 뜻인가? 아니면 젠더가 구성된다는 건 젠더가 우리를 딱 결정해버린다는 뜻인가?

② 젠더가 구성되는 거면 섹스는? 젠더와 섹스의 관계는? 젠더가 구성되어도 '생물학적 여성'과 '생물학적 남성' 자체는 변치 않고 남아있는가?

③ 만약 우리가 젠더를 결정하는 게 아니라 젠더가 우리를 결정하는 거라면 사람의 행위성은 어떻게 설명할 수 있나? 젠더가 강제적인 것이라면 남성이나 여성이 아닌 다른 퀴어들은 어떻게 존재할 수 있는 건가?

그래서 이제 이 장에서 풀어낼 이야기는 크게 두 부분으로 나뉜다. 첫 번째 부분인 2절은 트랜스 멍멍이들의 주장을 주디스 버틀러의 이론으로 논박하면서, 섹스와 젠더를 남/여 이분법적 한 쌍으로 이해하는 인식이 어떻게 그 자체로 규범으로 작동하는지를 설명하겠다. 그리고 2절을 따라가면서 ①과 ②의 질문을 풀어내다보면 그다음엔 ③이 궁금해질 것이다. 정말로 현재 당연시되는 이분법적 섹스와 젠더가 규범이라면, 이 규범에 순응하지 못하거나 않는 퀴어 존재 및 실천은 어떻게 가능해지는가? 그래서 두 번째 부분인 3절에서는 퀴어 존재 및 실천을 본질주의나 의지주의적 주체 개념에 기대지 않고서도 설명할 수 있는 방법을 버틀러의 이론을 통해 모색하고자 한다.

사실 구성에 맞서 절대 구성될 수 없는 본질이란 걸 상정하는 태도가 생물학적 성별을 수호하는 이들에게만 해당되는 것은 아니다. 성소수자들 또한 '있는 그대로의 나를 주장할 때 대개 결코 바뀌지 않는 내면의 본질을 강조하여 자신의 정체성을 입증하는 방식을 사용하곤 했다. 퀴어함을 옹호하고 설명하려는 이들도 앞서 정리한 대로 '터프'가 섹스, 젠더, 주체, 정체성, 행위성, 권력과의 관계를 이해하는 데 사용하는 전제들을 공유하는 경우가 많아서 논쟁이 계속 꼬이고 혼선이 빚어지곤 했던 것이다. 그래서 3절에서는 규범과는 다른 정체성 및 실천이 어떻게 가능한지를 설명해줄 이론적 자원을 버틀러의 이론에서 끌어와 정리할 것이다. 마지막으로 4절에서는 '비판이란 무엇인가'라는 화두로 이 장을 마무리한다.

2. 젠더는 규범이다

1) 생물학적 성별?(×) 성별 이원론 체계로서의 젠더(o)

앞서 인용한 보부아르의 명제, "사람은 여자로 태어나는 것이 아니라 여자가 되는 것이다"에 대해 버틀러는 되묻는다. '처음부터 여성이 아니었다면 언제부터, 어떻게 여성이 될 수 있는 건데?'15) 앞서 설명한 섹스와 젠더에 대한 지배적인 인식에선 젠더가 아무리 사회적으로 구성된 것이라 한들 화살표가 오직 같은 줄에 있는 왼쪽에서 오른쪽으로만 향한다.

$$female \quad \rightarrow \quad woman$$
$$male \quad \rightarrow \quad man$$

하지만 female이 처음부터 항상 이미 woman인 게 아니라 woman이 '되는' 것이라면, male이 woman이 되지 않을 이유는 무엇인가? 화살표가 대각선 방향으로 그려질 순 없을까? 게다가 male과 female로 갈라지지 않는 그 사이의 존재들은? woman과 man이 지금처럼 딱 분리되지 않는다면, 그 사이의 존재들은? 다른 화살표를 이을 가능성과 다른 범주를 꾸릴 가능성을 모두 억압하고서 무조건 저 도식대로의 연결만 가능해야 한다고 고집한다면, 결과적으로 섹스와 젠더의 이러한 특정 연결방식이 그 자체로 자연스러운 사실이 아니라 일종의 정언명령이라는 점이 드러난다. female, male이 생물학적인 성별이고 woman, man은 사회적인 구성이라고 주장하면서도 결국엔 female은 반드시 woman이 되고 male은 무슨 일이 있어도 man이 되어야 한다면, 사람의 몸은 항상 이미 젠더화된 몸이 되는 셈이다. 다시 말해 이 사회가 '진짜 현실'이라고 믿고 있는 남성/여성의 몸은 정말로 반박 불가능하고 자연스럽고 중립적인 물질이 아니라 남/여라는 단 두 개의 항으로 이뤄진 젠더 이원론인 것이다.

인간은 언제, 어떻게 처음으로 젠더화되는가? 태어날 때부터다. 영문법에서 태아를 가리키는 대명사는 '그것(it)'이지만 태어나는 순간 "아들입니다" 혹은 "딸입니다"라는 호명에 의해 '그녀' 아니면 '그'의 대명사로 귀속된다. 신생아를 둘러싼 사람들은 이 호명이 신생아의 '진짜' 섹스, 즉 타고난 몸의 물질성을 '그대로 기술하는 것뿐이라고 믿지만, 버틀러는 이 호명의 순간에 인간의 몸이 항상 이미 젠더화된 몸으로 산출된다고 본다.16) 이 호명에서 출발하여 태어나면서부터 의학·법·행정적 차원에서 할당받는 위치인 '지정성별assigned sex'은 엄밀히 말해 '생물학적 성별'이 아니다.17) 내부 생식기가 발달하지 않았거나 염색체가 XX 혹은 XY로 딱 떨어지지 않더라도 외부 성기 형태만 보고 아들인지 딸인지 정해지기 때문이다. 이런 이야기를 꺼내면 사람의 육신 자체를 통째로 부정하냐며 불편해하는 사람들이 있다. 하지만 이는 인간이 육신이 있는 존재란 걸 부정하는 것이 아니라 다른 각도에서 질문을 던지는 것이다. "응, 그래 인간에겐 몸이 있지. 그런데, 몸이라고 할 때 너는 무엇을 떠올리는데?"

낯선 사람을 마주할 때 사람들이 제일 먼저 파악하는 것은 상대가 여자냐 남자냐 하는 것이다. 인종, 계급, 민족, 연령 등 한 사람을 표시하는 범주들은 많지만 인간이 거의 무의식적으로 제일 먼저 파악하려는 것은 그 사람의 성별이다.18) 심지어 사람들은 첫눈에 상대방의 '생물학적 성별'을 알아볼 수 있다고 믿는다. 그러나 그 믿음의 근거는 옷차림, 헤어스타일 등 겉으로 드러나는 젠더 표현과, 남자나 여자의 해부학적 구조를 드러낸다고 여겨지는 얼굴 윤곽, 가슴 윤곽, 속눈썹 길이, 목울대 모양, 목소리 등이다. 이런 특징들은 사람에 따라 매우 다양한 데다 숨기거나 바꿀 수 있다. '생물학적 성별'이 성기로 구분된다고 믿는 사람들이 많지만 게일 살라몬Gayle Salamon이 지적한 대로, 우리가 지나가다 마주친 사람을 보고 즉각 이 사람은 남자다 혹은 여자다 판단할 때 그 찰나에 상대방의 성기를 정말로 까보고 판단하는 건 아니다. 남자 군인이 폭탄 파편을 맞거나 해서 음경을 잃는 사고를 당했다 하더라도 "아무도 그의 성별(sex)을 의문시하지 않는다. 그 이유는 누구도 그의 젠더를 의문시하지 않기 때문이다."[19] 결국 자신이 한눈에 상대의 그 '생물학적 성별'이란 걸 읽어낸다고 생각하는 순간에 읽고 있는 것은 '젠더'인 것이고, 젠더가 섹스를 고스란히 반영한다는 믿음인 것이다. 뒤집어 말하자면 소위 '생물학적 성별'인 '섹스'와 같거나 그 섹스의 반영이라고 믿어지는 '젠더' 범주에 의존하지 않고서는 상대의 몸은 읽히지 않는다. 더욱이 '생물학적 성별'이란 것 자체를 정확히 규정할 수 있는 절대적인 기준이 과연 있는가?

예를 들어 인터섹스의 존재는 '생물학적 성별'이란 게 있다는 믿음에 도전한다. 인터섹스인 사람의 모호한 몸은 전형적으로 '섹스'라 여겨지는 것이 사실상 굉장히 많은 부분으로 이루어져 있다는 점을 보여준다고 수잔 스트라이커는 지적한다. 우리는 마치 "모든 개인의 몸 전체를 독특하게 특징짓는 통일된 자질" 같은 게 있다는 식으로 섹스를 상상하지만, 섹스는 과연 무엇을 가리키고 무엇에 의해 결정되는가? 호르몬? 재생산 기능? 몸의 형태? 해부학적 구조?[20] 이런 것들의 어떠한 조합이 어떻게 '성별'(섹스를 구별해준다는 의미에서)이 되는지를 따져본다면, 남자의 몸/여자의 몸 단 두 개의 범주만이 사실이라고 말할 수 없는 더 많은 다양한 몸이 가능하리라는 건 분명하다. 인터섹스 연구 초기에 나온 가장 유명한 논문인 「다섯 개의 성별The Five Sexes」(1993)[21]에서, 저자인 앤 파우스토-스털링Anne Fausto-Sterling은 의학에서 인터섹스라는 용어는 male과 female 특성 몇 가지가 결합된 다음의 세 가지 주요 하위집단을

모아 부르는 이름으로 사용된다고 설명한다. 간략히 도식화하자면,

① the hermaphrodite (herm이라 줄여 부름) : 한 개의 고환과 한 개의 난소를 가짐.
② the male pseudohermaphrodite (줄여서 merm) : 고환 2개와 여성 생식기 일부를 갖고 있지만 난소는 없음.
③ the female pseudohermaphrodite (줄여서 ferm) : 난소 2개와 남성 생식기 일부를 갖고 있지만 고환은 없음.

파우스토-스털링은 이 세 가지 범주의 인터섹스를 각각의 고유한 권리를 가진 추가적인 성별(sex)로 보자고 제안하는 한편, 섹스는 매우 광대하고 무한히 늘릴 수 있는 연속체이기에 이 다섯 가지 범주로만 한정해서 정의할 수 없다고 주장한다. 뒤에서 설명하겠지만, 이 주장은 섹스가 본질적으로 총 5개로 나뉘어져 있다는 말이 아니다. 파우스토-스털링은 섹스가 남/여 단 두 개로 이뤄져 있다는 믿음에 반대되는 예를 제시하는 것이다. 더욱이 여기 제시된 인터섹스의 세 하위 범주만 해도 각각 그 자체로 매우 복잡하다. 우리가 남성 특성과 여성 특성이라고 믿는 것의 비율과 조합은 같은 하위집단에 속한 사람들 사이에서도 매우 다양하다. 이들의 존재는 남성과 여성이 서로 확연히 구별되는 골격, 목소리, 체모 등의 신체적 특성과 젠더 표현 등을 갖추고 있다는 믿음이 얼마나 말이 안 되는지를 폭로함으로써 섹스의 이분법적 전제를 교란시킨다. 혹자는 고환, 혹은 난소의 개수로 이들을 분류할 수 있다고 주장할지도 모른다. 그러나 이들의 외모, 성격, 성 정체성, 성적 지향, 젠더 표현 등이 어떻게 다른지, 이들이 어떤 삶을 살아가고 있고 어떤 문제를 겪으며 무엇을 필요로 하는지에 대해 고환이나 난소의 숫자,

혹은 생식기 모양이 말해주는 바는 거의 없다.[22)]

더욱이 무엇이 진짜 섹스, 소위 '생물학적 성별'을 결정하느냐의 기준은 시대에 따라 달랐다. 예를 들어 오랫동안(지금까지도) 성호르몬이 생물학적 성별을 결정한다는 믿음이 있었다. 즉, 에스트로겐은 여성 성호르몬, 테스토스테론은 남성 성호르몬으로 각각의 호르몬이 여성과 남성을 결정한다는 것이다. 그러나 두 호르몬 모두 남녀 상관없이 모든 몸에서 생성되는 호르몬이라는 사실은 1930년대에 이미 밝혀졌다. 월경하는 여성인 경우, 배란기 이후엔 테스토스테론 수치가 에스트로겐 수치보다 높은 기간이 있다는 연구가 속속 등장했다. 또한 부신종양(副腎腫瘍)이 있는 여성들은 '남성'과 비교해서도 테스토스테론 수치가 월등히 높게 나온다.[23)] 성호르몬 다음에는 성염색체가 '생물학적 성별'을 결정해주는 핵심 요소로 등장했으나, 성염색체를 통해 생물학적 성별을 확증하겠다는 연구들이 사실상 설계 단계에서부터 이분법적 젠더 범주와 그 범주를 기반으로 한 성차별적 편견을 전제로 깔고 있다는 점이 비판받아왔다.[24)] 또한 앞서 인용한 파우스토-스털링의 연구를 포함하여 인터섹스 관련 연구들은 성염색체라 불리는 X와 Y가 XX와 XY 단 두 개의 조합으로만 발현되지 않기에 성염색체가 사람의 성별을 남성 아니면 여성으로 판별해줄 확고한 근거일 수 없음을 입증해왔다. 보다 최근의 생물학 분야에선 섹스를 일종의 스펙트럼으로 이해해야 한다는 연구들이 나오고 있다. '성적권리와 재생산정의를 위한 센터 셰어center for Sexual rigHts And Reproductive justicE, SHARE'에서 최근에 낸 기사 「[몸]섹스도 젠더도 스펙트럼이다(1)」는 성별 분화 과정의 복잡함을 명확하고 간결하게 잘 정리했다.[25)] 최근 몇 년간 페미니즘의 이름을 걸고 트랜스 혐오가 폭발한 일련의 사태에서 '터프'들은 늘 자신들만이 '진짜 여성'이라 주장하는 근거로 성염색체 XX를 들먹였으나(사실 그런 주장을 하는 이들 중 실제로 염색체 검사를 한 사람은 거의 없을 것이다), 현재까지 생물학이 잠정적으로 밝혀낸 바에 따르면 핵심 유전자 SRY, Sox9, Wnt4, Foxl2, RSPO1 등이 복잡하게 상호작용하면서 억제되거나 발현되어 그 결과로 X와 Y 염색체에 다양한 영향을 미쳐 난소와 정소 세포 생성에 다양한 차이를 만들고, 그다음 내부 성기와 외부 성기가 분화하는 과정에서도 여러 유전자와 효소와 호르몬들이 복잡한 상호작용을 거치면서 결코 '생물학적 여성'과 '생물학적 남성'이라고 확정할 수 없는 다양한 몸을 만든다. 이 기사의 결론은 성별이 이분법적으로 구별된다는 믿음을 확고히 뒷받침해줄 결정적인 의학적·생물학적 증거는 없다는 것이다. 수많은 사람들이 진짜 생물학적 성별을 결정해줄 인자를 찾겠다는 목적으로 연구해왔으나, 지금까지 축적된 연구들은 성별을 결정하는 단 하나의 생물학적 기준을 찾아내는 것이 불가능하다는 결과를 내놓고 있다.[26]

그럼에도 스포츠계에서 아직까지 벌어지는 강제적인 성별검사는, 염색체와 호르몬 수치를 이용한 성 판별이 진짜 과학적인 사실에 입각한 것이라기보다는 젠더 편견을 기반으로 작동한다는 점을 잘 보여준다. 한국의 축구선수 박은선, 남아프리카 육상선수 캐스터 세메냐처럼 남들보다 뛰어난 실력을 자랑하는 여자 선수들이 수시로 성별검사를 요구당하며 인권침해를 당하는 이유는 뻔하다. 이들이 '여자치곤' 너무 잘하는데 외양과 몸짓이 '여자' 같지 않아 보이기 때문이다. 여기서 우리는 두 가지 사실을 알 수 있다. 첫째, 염색체, 호르몬, 내·외부 성기관이 우리가 믿는 '남성'과 '여성'의 절대적 근거가 될 수 없다는 연구가 계속 나오더라도 호르몬과 염색체와 성기가 완벽하게 '생물학적 성별'을 구성하리라는 믿음은 현재에도 끈덕지게 이어지고 있다. 둘째, 많은 사람들이 섹스가 본질이고 젠더는 섹스를 반영할 뿐이라고 믿지만, 이 같은 성 판별 검사에서 섹스는 거꾸로 젠더를 반영한다. 스스로를 여성이라 느끼고 체현하고 살아오는 사람일지라도 그 사회의 젠더 기준에 부합하지 않는다면 섹스 자체를 의심받는다. 그리고 이 젠더 기준은 규범적인 남성 권력의 지배 아래 차별적으로 구축된다. 이 선수들이 외관이나 몸짓 등의 젠더 표현 면에서 사회가 규정한 '여성성'을 일탈하였더라도 성적이 그토록 뛰어나지 않았다면, 이 사회가 '여자치곤 잘한다가 어디까지 허용되는지 정해놓은 한계선을 뛰어넘을 만큼 실력이 출중하지 않았다면 성별검사를 강요받지는 않았을 것이다.[27]

이런 논의들로부터 알 수 있는 것은, 젠더가 섹스를 반영하는 게 아니라 반대로 젠더가 우리의 몸을 규정하고 해석하고 재현하는 기준이라는 것이다. 주류 사회가 진짜 성별이라고 믿는 것은 남/여 이원론으로서의 젠더일 뿐이고, 그런 점에서 섹스는 항상 이미 젠더이다. 이런 '섹스'에 맞지 않는 사람들과 조우했을 때, '섹스'란 당연한 사실이자 반박 불가능한 물질적 본질이 아니라 "몸이 어떤 의미인지, 몸의 어떤 부분이 제일 중요한지, 그리고 그것들이 우리의 의식이나 시각 장 안에 어떻게 등록되는지에 관해 우리가 혼합해놓은 이야기"라는 것이 드러난다.[28]

그러나 이 '이야기'를 그저 허구라고 간단히 치부하고 치워버릴 수 없는 이유는, 이 구성된 이야기가 우리 몸과 존재를 조직하고 배치하고 단속하는 인식론적 토대로서 기능하기 때문이다. 게일 살라몬이 『몸을 추정하기: 트랜스젠더와 물질성의 수사학Assuming a Body: Transgender and Rhetorics of Materiality』(2010) 7장에서 분석한 사례는 이 점을 너무도 명확하게 보여준다. 살라몬이 책을 집필하던 2000년대 초반 뉴욕시와 뉴욕주 사회보장국은 트랜스인 사람들에게 출생증명서에 명시된 성별을 수정하고 싶으면 성기 수술을 했다는 증거를 내놓으라고 요구했다. 그런데 뉴욕시와 뉴욕주의 기준이 달랐다. 뉴욕시는 트랜스 여성에겐 질 성형, 트랜스 남성에겐 페니스 성형을 했다는 의료적 증거를 요구했다. 뉴욕주는 트랜스 여성에게는 페니스를 제거했다는 기록만 요구했고 트랜스 남성에게는 자궁과 양쪽 유방을 절제했다는 기록만 요구했다. 즉 뉴욕시가 기존 성기 제거 수술에 추가로 자궁과 질, 페니스를 수술로 만들었다는 증명을 요구한 반면, 뉴욕주는 트랜스인 사람이 반대편 성별에 적절하게 "속하는" 성기를 제거했다는 증거만 보여줄 수 있으면 신분증명서의 성별란을 그 사람이 현재 살아가는 젠더에 맞게 수정해줬고, 이런 절차를 밟지 않을 경우 성별란을 빈칸으로 발행해줬다. 여기서 살라몬이 주목한 점은 세 가지이다. 첫째, 같은 지역의 주와 시인데도 성별 정정 기준이 다르다는 점, 나아가 몸의 성별을 승인해줄 권한이 지방 정부에 있다는 점은, 정말 그 누구도 반박할 수 없는 물질적 증거를 가진 진짜 섹스라는 게 있는 건 아니라는 사실을 보여준다. 둘째, 뉴욕주 정부가 성기 제거 인증 절차를 밟지 않은 트랜스젠더에게 출생증명서의 성별 표기란을 빈칸으로 만들어 발행했기 때문에, "트랜스 여성이 빈칸 없는 증명서를 발급받기 위해선 자기 몸에 빈칸을 만들어야만 한다. […] 이 경우 섹스는 주 정부에 귀속되는 명칭으로, 가장 문자 그대로의 의미에서 그녀가 '다른' 성별의 구성원인 적이 있었다는 그 어떠한 증거라도 그녀의 몸에서 말소해버릴 때에만 부여되는 것이다."[29]

셋째, 뉴욕주의 성별 정정 조건은 "문서 기록상 변화를 승인하는 데 있어 가장 핵심 요소가 그 수술의 결과로 생길 신체 부위의 존재도 아니고, 문제가 되는 신체 부위도 아니라, 수술 **그 자체**"라는 걸 보여준다.30) 살라몬은 이 점을 너무도 적나라하게 폭로하는 사례로 트랜스 여성 친구가 겪었던 일을 소개한다. 그 친구의 경우 수술 전 호르몬 치료가 효과가 좋은 나머지 유방이 잘 발달해서 집 밖에 나가면 사람들이 다 이 친구를 여자라고 인식하는 상황이었다. 그런데 그녀의 수술을 책임진 외과 의사가 이 가슴을 제거해야 한다고 주장했다. 의사의 논리는 이러했다. ①당신이 받을 수술은 남자를 여자로(혹은 여자를 남자로) 변환시키는 거다. 따라서 수술을 받기 전까진 당신은 남자다. ②남자는 유방이 자랄 수 없다. 따라서 남자인 현재 상태/신분에서 자라난 유방은 그저 남성에게서 유선 조직이 비정상적으로 발달했을 때 붙는 명칭인 '여성형 유방gynecomastia'일 뿐 '여자의 가슴'은 아니다. ③따라서 호르몬 치료를 통해 당신의 몸에서 발달한 '그것'은 비록 그것이 당신을 완벽하게 여성으로 보이게 해주는 유방이라 하더라도 그냥 병리적인 부산물일 뿐이고, 트랜스 여성에겐 실리콘을 주입해 성형한 유방만이 '진짜 유방'이라는 것이다. 이 어이없는 논리에선 같은 모양새로 튀어나온 유방이라 하더라도 이 유방이 달린 사람이 출생 시 '남자로 분류되었다면 '치료'해야 할 병리적 증상이 되고, 그 유방이 달린 사람이 '여자로 분류되었다면 자연스러운 진짜가 된다. 그리고 수술을 통해 실리콘이 주입된 가슴이 '진짜 몸'이 되고, 호르몬 치료를 통해서이긴 하나 생리적 변화를 통해 나왔던 가슴은 '가짜가 되고 만다. 그렇다면 이 사람의 성별을 정하는 것은 그 어떤 물질적인 토대가 아니라 정말로 수술 그 자체가 되는 셈이다.31)

이 사례는 이 사회에서 '진짜 몸이 뭐라고 생각되는지, 섹스는 무엇을 기준으로 정의되는지, 어떤 목적에서 그렇게 정의되며 정의할 권한은 누가 갖는지를 적나라하게 보여준다. 뉴욕의 성별 정정 조건과 살라

몸의 친구 사례 둘 다에서, 당사자의 자아 감각과 젠더 정체성보다도, 몸의 생리적 변화보다도 더 절대적으로 우선시되는 건 남/여 이분법이다. 성 재지정 수술을 거치지 않은 여성은 아직 '여성'이 아니라고 간주되고, 아직 '여성'이 되지 않은 '남성' 몸에선 여성과 비슷한 그 어떤 신체적 변화도 '비정상'으로 병리화된다(결국 그 친구는 의사의 말을 따라 제거 수술을 받고 실리콘 유방을 넣어야 했다). 이 사례들은 섹스가 물질적 토대이며 기원이자 중심이고 젠더는 조신하게 섹스를 반영할 뿐이라는 지배적인 인식틀을 뒤집어, 오히려 섹스가 사회문화적 인식체계로서의 젠더에 의해 만들어진다는 것을 폭로한다.

그렇다면 섹스나 젠더가 단순히 구성되었다는 말로는 충분치 않다. 이것들이 규범으로 기능하기 때문이다. 어째서 규범인가? 첫째, 그것을 지켜야 한다는 강제가 있다면 규범이다. 앞서 말했듯 사람들은 마주오는 상대방이 남자인지 여자인지를 보는 순간 알아차릴 수 있다고 믿지만, 상대의 몸이 읽히지 않는다고 해서 '아, 사람의 성별을 한눈에 알아볼 수 있다고 생각한 내가 오만했구나. 남자나 여자로 구분할 수 없는 사람들이 존재하는구나.' 이런 깨달음을 얻고 반성하는 사람들은 별로 없다. 그 대신에 다음의 폭력적인 두 가지 방향으로 움직이는 사람들은 매우 많다. 한편으론 젠더 뒤에 진짜 섹스가 있다는 믿음의 근거를 찾기 위해 폭력을 행사하는 것이다. 앞서 살라몬이 '만나는 사람마다 성기를 까보고 판단하는 건 아니다'라는 말을 했지만 사실 이 설명은 씁쓸함을 느끼게 한다. 젠더 표현만으로 상대방의 성별(섹스)을 읽어낼 수 없거나 상대방의 젠더 표현이 정해진 성별을 위반하는 것으로 보일 때 생물학적 성별을 신봉하는 사람들이 그 상대방에게 매우 자주 저지르는 폭력은 옷을 벗겨 성기를 노출시키는 것이기 때문이다. 트랜스젠더나 부치가 여자화장실에서 겪는 폭력도 마찬가지다. 이분법적 젠더에 들어맞지 않는 사람들이 여자화장실에 들어가면 화장실에 있던 다른 사람들이 "저게 여자야 남자야?" "여기 여자화장실이에요" "경비 불러" 같은 반응을 보일 때가 자주 있다. 핼버스탬에 따르면 이런 반응은 이들을 남자로 착각해서 공포에 질려 나온 말일 수도 있겠지만 그보다는 이들의 젠더 표현이 부적합하다는 점을 조롱하고 처벌하기 위함인 경우가 많다. 이런 언설은 젠더 이분법에 맞지 않는 사람들을 검열하고 단속하여 다시금 이분법에 끼워 맞추는 기능을 하는 것이다.[32)

다른 한편, 자신이 바라보는 상대의 몸이 남성인지 여성인지 읽어낼 수 없을 때 사람들은 이 읽히지 않는 몸을 매우 낯설고 이상하고 불쾌하게 느끼다 못해 아예 '인간의 몸'이 아니라고 배척해왔다. 인간의 몸으로 간주되지 않는 이 다른 몸들은 역사적으로 '괴물'로, 프릭 쇼[33)의 볼거리로 취급되곤 했다. 심지어 성기가 모호한 형태로 태어난 인터섹스 아이들은 본인이 의사를 표현할 능력을 갖추기도 전에, 많은 경우 태어나자마자 남/여 어느 한쪽으로 분류되도록 성기 수술을 받는다. 나중에 당사자가 매우 방황하고 고통스러워할 수 있고 수술로 인해 장애나 후유증을 얻을 수 있다는 점이 알려져 있는데도 수술은 꾸준히 강행되어왔다. '아들입니다' 혹은 '딸입니다'라고 외치기 애매한 아기가 태어났을 때 호명을 수정하는 게 아니라 호명에 맞춰 아기의 몸을 수정해버리는 것이다. 결국 딱 봐서 '인간의 몸'인지 아닌지를 판별하는 전제조건이 젠더라면, 젠더는 '인간'이라는 주체 위치를 생산하고 유지하기 위한 전제조건인 셈이고,[34) 나아가 그 기준에 부합하는 몸을 강제로 만들어서라도 지켜야 하는 규범인 것이다.

둘째, 규범norm은 "사회적 관행 안에서 작동하는 정상화normalizing

의 암묵적 기준"이다.35) 무언가가 규범인지 아닌지를 알려면 그것과 관련하여 이건 정상이고 저건 비정상이라는 기준이 작동하고 있는지를 살펴보면 된다. 이분법적 젠더 위치에 들어맞지 않는 사람들이 비정상으로 간주되어 감금·폭행·살해당하고 정신병원에 끌려가거나 전환치료를 겪어온 오랜 역사를 보면 젠더가 정상화의 기준으로서 규범으로 작동한다는 점을 알 수 있다. 셋째, '정상화된다는 것은, 그게 너무 당연시되어 규범이란 것 자체를 거의 느끼지 못하고 살아간다는 뜻이다. 버틀러는 이에 대해 "규범이 인식 가능성을 지배한다"고 설명한다. 다시 말해 규범은 "사회적인 것을 읽어낼 잣대를 부과하고, 사회적인 것의 영역 안에 나타날 것과 나타나지 않을 것이 무엇인지 그 한도를 정의하면서, 특정 종류의 실천과 행동이 인식/인정 가능해지도록 허용한다."36) 젠더가 인간의 인식 가능성을 규제하는 틀이라면, 젠더는 옷 갈아입듯 쉽게 선택할 수 있는 것이 결코 아닌 셈이다. '젠더를 옷 갈아입듯 선택할 수 있다는 주장은 "어떻게 젠더 표현이 범죄가 되고 병리적인 것이 되는지, 어떻게 젠더를 가로지르는 주체가 감금되고 투옥될 위험에 처하는지, 왜 트랜스젠더 주체에 가해지는 폭력은 폭력으로 인정되지 않는지, 왜 이런 폭력이 그 주체를 폭력에서 보호해야 할 바로 그 국가에 의해 자행되는 경우가 많은지"를 설명하지 못하는 것이다.37)

그러므로 우리가 '섹스', '생물학적 성별'이라고 알고 있는 남/여 범주는 처음부터 규범적이다. 버틀러는 이 섹스 범주가 푸코 식으로 표현하자면 '규제적 이상regulatory ideal'이라고 말한다. 왜 규제적 이상인가? 한편으로는 모든 사람이 거기 도달하길 원하고 노력하게끔 유도하는 '이상'으로 기능하는 동시에, 모두가 바라고 노력하지 않을 수 없도록 '규제'하기 때문이다. '섹스'는 자연스럽고 당연한 것이 아니라 사실은 젠더 이원론 규범 체계를 통해 물질화된 인식론적 범주이다. 그리고 이 섹스 범주는 물질화의 방향성을 규정하고 물질화를 진행시키는 규제적 이상으로, 그리하여 특정 존재를 반박 불가능한 '물질'의 위상에 올려놓는 '물질화 규범'으로 기능한다. 이것이 바로 버틀러가 Bodies that Matter라는 책 제목에 담은 주장이다.

2) 물질화 규범으로서의 섹스 : 주체, 타자, 그리고 비체

matter는 '중요하다'는 뜻과 '물질'이라는 뜻을 갖고 있다. 버틀러가 제시한 개념인 '물질화materialization'는 쉽게 말하자면 중요한 것으로 다뤄질 자격을 획득한 몸만이 '몸'으로 인정받고 인식 가능해진다는 뜻이다. 반박 불가능한 몸의 물질성이 있다고 믿는 사람들은 버틀러가 모든 물질을 부정하고 담론과 언어만을 신봉한다고 비판해왔다. 그러나 버틀러의 논의는 모든 물질성을 부정하는 게 아니다. 도대체 무슨 이유로 어떤 메커니즘에 의해 물질이 반박 불가능한 토대의 위상에 올라서는지, 그리고 당신이 '몸은 자연스럽고 당연한 것'이라고 말할 때 당신 머릿속에 떠올리고 있는 그 자연스럽고 당연하다는 몸은 누구의 몸을 기준으로 하는 것인지를 질문하는 것이다.

앞서 지적했듯 트랜스 멍멍이들은 '생물학적 성별'로 이해되는 섹스만이 진짜 물질성이고 이 진짜 물질성만큼은 구성을 비껴간다고 생각한다. 그리고 구성되는 것과 구성되지 않는 것을 구별할 수 있으며 그 구별할 능력 내지 권한을 자신들만이 갖고 있다고 주장한다. 그런데 『물질화되는 몸』 전반부에서 버틀러는 물질성을 절대적 진리로 사수하려는 사람들의 생각을 하나하나 논박한다. 이런 사람들은 자연스럽고 당연하고 결코 담론이 침범할 수 없는 몸의 영역이 있다고 가정하지만, 어차피 우리가 몸에 대해 '사유'하는 순간 그 사유대상으로서의 몸은 사유를 조직화하는 의미화 체계 안에 항상 이미 들어와 있다. 문화로 진입하기 전에 존재하는 '자연적인' 몸을 규명하려는 그 사람은 자신의 사유에 영향을 미치고 사유를 가능케 하는 특정 문화 안에서 이미 살아가고 있는 것이다. 따라서 언어나 담론의 간섭 없는 '순수한 몸 자체'를 규명하는 일은 정의상 불가능하다. 우리가 어떤 물질을 인정한다는 것은 항상 특정 버전의 물질을 인정하는 것이 되고, '섹스'를 '생물학적 성별'이라는 절대적 진리로 인정한다는 것은 항상 특정 버전의 '섹스'를 그렇게 인정한다는 뜻이 되는 셈이다.[38]

물질성을 부정하는 거 아니냐며 버틀러를 비판하던 학자들 중엔 몸의 물질성이 담론과 무관하게 실재한다는 증거로 육신의 고통을 내세우는 이들도 있었지만, 십수 년간 만성질환자로 살아오면서 나는 내 몸이 정말로 아픔을 느끼고 고통스러워한들 사회의 지배적 담론들이 세워놓은 인식틀에 잡히지 않으면 그 고통이 실재하지 않는 양 꾀병 취급당하는 경험을 지긋지긋하게 겪어왔다.[39] 특히 여성, 빈곤층, 유색인, 난민 등 사회적 소수자들은 아무리 아파도 의사와 보험회사의 편견에 가로막혀 검사를 거부당하거나 진통제조차 처방받지 못하거나 '심인성'일 뿐이라고 오진 당하는 경우가 비일비재하다.[40] 얼마나 많은 여성이 의사가 원인도 해결책도 찾아내지 못하는 통증에 시달리는지, 그리고 그 중 가임기 여성인 경우 의사로부터 '애 낳으면 나을 수 있다'는 헛소리를 듣는 일이 얼마나 잦은지, 겪어본 사람은 알 것이다. 또한 의학이 성별 이분법을 토대로 발전되어왔기에 트랜스젠더들은 의료 권력의 지배 아래 놓이는 병리화된 대상으로 취급되면서도 이들의 건강과 안녕은 의학의 관심사 바깥으로 밀려나 있다. 몸이 아플 때 병원에 진입하는 것부터 각종 어려움이 있는 데다, 성 재지정을 위한 의료 절차를 밟을 때 어떤 부작용이 발생하는지, 지금 맞고 있는 호르몬이 암 발병에 영향을 미칠지, 그리고 전반적인 건강 문제에 있어서 자신의 몸에 무슨 일이 일어나고 있는지에 대해 정보나 지원을 얻을 수 없이 고립되어 있는 것이다.41) 사회는 이들의 아픔을 인정하지 않거나 그런 아픔이 있는지조차 인식하지 못한다. 다른 한편 사회가 규정하는 '정상성'에 맞지 않는다는 이유로 부당하게 고통의 원인을 떠맡는 경우도 있다. 동성애자들은 '동성애자로 사는 게 고통'이라는 말도 안 되는 논리로 강요되는 전환 '치료' 때문에 고통받는다. 성소수자가 아프고 고통스럽다면 그 원인은 성소수자의 존재를 부인하고 차별하면서 눈에 띄기만 하면 폭력을 휘두르는 이 사회에 있는 것이지 성소수자의 존재 자체에 있는 것이 아님에도, 성소수자들은 너무도 쉽게 존재 자체만으로 고통과 질병의 화신 취급당한다.

그러므로 모든 물질성이 있는 그대로 인정받는 건 아니다. 육신의 고통까지 포함해서 어떤 특정한 몸과 몸의 경험을 실재하는 것으로 만들어주는 것은, 무엇이 몸으로 인식될 수 있고 무엇이 인식될 수 없는지 그 가능성을 지배하는 당대의 인식틀이다. 버틀러는 이를 '인식 가능성의 매트릭스matrices of intelligibility'라 부르는데, 사실 인식과 이해는 인정의 문제와 밀접히 연관되어 있다. 뭔가가 인식되려면 먼저 지배적인 사회 규범들에 부합하는지를 인정받아야 하기 때문이다.42) 규범의 인정을 받지 못한 물질은 이해받지 못하거나 인식조차 되지 못한다. 이름과 의미를 부여받지 못하고 그 실체가 있다는 것 자체를 부인당하며 반박 불가능한 본질의 위상에 올라가지 못하는 것이다. 다시 말해 인식 가능성의 틀 안으로 들어오지 못하면 물질은 '물질화'되지 못한다. 섹스와 젠더의 특정 규범에 맞는 몸들은 'bodies that matter'로서 인정되고 '물질성'의 위상을 획득하지만, 규범에 순응하지 않거나 들어맞지 않는 몸들은 'bodies that do not matter'가 되는 셈이다. 이 후자가 바로 '비체abject'이다.

지금 하는 이야기는 '그런 존재가 있다는 건 아는데 인정은 못 하겠어'의 수준이 아니다. 누가 이 세상의 디폴트로 설정되어 있는지를 폭로하는 것이고, 더 중요한 건, 어떤 존재가 있다는 사실 자체를 인식조차 못 하게 만드는 구조를 폭로하는 것이다. 우리가 '타자'라고 부르는 존재들은 적어도 이 인식틀 안에 들어오지만, 타자로도 인식되지 못하는 존재들이 있다. 버틀러가 '비체'라 부른 이들은 주체/타자의 인식틀을 이루는 경계 자체이자, 주체가 주체로서 '실재'하게 해주는 그림자이다.

영화 <어벤져스: 에이지 오브 울트론>[43]을 예로 들어 주체, 타자, 비체의 관계를 도식화하자면, 주체의 자리엔 캡틴 아메리카를 비롯한 어벤져스가 놓인다. 그리고 타자는 오직 '악한 타자'와 '불쌍한 타자(엄밀히 말하자면 정의로운 주체가 악한 타자로부터 자신을 구출해주기만 기다리는 수동적이고 무력한 타자) 단 둘로만 재현된다.[44] 영화로 치자면 악한 타자에는 지구를 멸망시키려는 로봇 울트론이, 불쌍한 타자에는 어벤져스가 구출하는 수많은 무력한 민간인이 자리한다. 그리고 울트론에 의해 가상의 도시 소코비아가 통째로 하늘로 떠오르는 와중에 죽은 사람들, 심지어 악당이 공격한 것도 아닌데 헐크가 이성을 잃고 파괴한 건물에서 죽어간 사람들이 비체에 해당된다. 사실 모든 히어로 영화에서 악당과 영웅이 싸우는 동안 파괴되는 도시에선 수많은 생명이 미처 몸을 피하지 못하고 죽어 나갈 것이다. 그러나 이들의 죽음은 그 어떤 의미도 부여받지 못하고 애도되지도 못한 채, 아니 죽기 전에 이들이 살아있었다는 사실 자체도 조명받지 못한 채 철저히 인식 장 바깥으로 사라진다. 영화에서 이들의 죽음이 가시화될 때는 헐크의 비극적 운명을 극적으로 드러내는 장치로 소비될 필요가 있을 때 정도고, 소중한 사람이 이런 식으로 휘말려 죽은 것을 항의하는 이들에게는 속편의 빌런 역할이나 주어진다. 영화 밖 현실은 더 처참하다. 미국이나 이스라엘이 테러와의 전쟁이라는 명분으로 퍼부은 폭력으로 죽은 민간인은 테러 분자라는 누명을 뒤집어쓴다. 이처럼 삶도 죽음도 삭제되는 이들이 놓이는 자리가 비체의 자리다.

인식과 인정의 문제로 주체, 타자, 비체를 비교하자면, 주체는 인식도 되고 인정도 받고 그 자리에 동일시할 것이 권장되는 자리이며 인식 가능성의 틀 자체가 이들을 중심으로 구축된다. 타자는 "지배적인 사회 규범들에 부합하는 인정의 결과로서 산출된"[45] 인식 가능성의 매트릭스 안에 들어오긴 하나 이때의 인정은 주체가 받는 종류의 인정과 다르다. 오로지 타자의 위치에 있을 것만이 허락되는 인정일 뿐 온전한 사람으로 인정받지는 못하는 것이다. 다시 말해 타자의 자리는 주체가 보기에 불쌍하니 구해줘야 하겠지만 기어오르는 건 용납될 수 없는 약자 아니면 주체가 무찔러 없애버려야 하는 악이 머무는 자리로, 이들은 주체가 정당성과 명분을 갖기 위해 필요한 들러리이다. 반면 주체에게 비체는 아예 인식이 되지 않는 자리이다. 그 자리에 사람이 산다고 생각조차 할 수 없고 상상도 안 되거니와 설령 그런 자리에 사람이 산다는 말을 들어도 "내 주변엔 그런 사람 없는데?"라고 답하게 되는 자리, 그런 자리에 사는 존재 따윈 절대 동일시할 수도 없고 참아낼 수도 없다고 여겨지는 영역이다. 따라서 비체는 타자와 다르다. 버틀러는 비체를 설명할 때 '폐제閉除, foreclose'라는 표현을 사용하는데 이는 '배제'와 같지 않다. 그냥 쫓아내는 게 아니라 그런 존재가 있었던 흔적, 그런 존재가 있을 가능성 자체를 인정하지도 않고 인식조차 못 하는 것이다. 아예 처음부터 존재할 수도 없는 것으로서 인식 장 바깥에 놓이게 만드는 것이다. 타자는 억압받는 존재로 가시화되지만 비체는 현실로 인정조차 받지 못한다.

> 억압받는다는 것은 당신이 이미 특정 부류의 주체로 존재한다는 의미이고, 당신이 주인 주체에 대해 가시적이고 억압된 타자로서, 어떤 가능하거나 잠재적인 주체로서 거기 있다는 뜻이다. 하지만 비현실적이라는 것은 완전히 다른 문제이다. 억압을 받기 위해서는 우선 인식부터 가능해야 한다. 당신이 근본적으로 인식조차 불가능하다는 것을 알게 된다는 것은(정말로 문화와 언어의 법이 당신을 어떤 불가능성으로 본다는 것은) 당신이 인간에 접근

할 권리를 얻지 못했다는 것을 알게 된다는 뜻이고, 당신이 그저 항상 인간인 양 말은 하고 있으나 실상은 인간이 아니라는 의미에서 당신의 언어가 텅 비었다는 것을, 또 인정이 일어나게끔 하는 규범들이 당신 편이 아니라서 앞으로도 인정은 없다는 것을 알게 된다는 뜻이다.[46]

SNS에서 트랜스젠더퀴어들이 꾸준히 자신의 정체성과 경험과 삶을 이야기하고 드러내는데도 '세상에 성별은 남성과 여성 단 두 개뿐이다', '트랜스 여성은 여자가 되고 싶어 하는 한남'일 뿐이라는 비난이 계속해서 이들의 목소리를 덮어버리는 현상은, 현재의 인식틀에서 트랜스젠더퀴어가 '비체'의 위치에 있음을, "인정이 일어나게끔 하는 규범들이 당신 편이 아니라서 앞으로도 인정은 없다"는 것을 여실히 증명한다.

그런데 엄밀히 말해 폐제는 주체가 의식적으로 비체를 쫓아낸다는 뜻이 아니다. 폐제의 작동이 주체의 형성을 가능케 하는 것이다. 비체는 어디까지가 주체인지 그 범위와 경계를 정해주는 역할을 한다. 비체는 주체를 "구성하는 외부"이자 "인식 가능성의 한계 그 자체"인 것이다.[47] 그리하여 비체는 양가적인 위상을 갖는다. 한편으로 비체는 인식 가능성을 박탈당해 실존 자체를 부정당한다. 그러나 다른 한편으로 주체는 비체에 반대해서만 존재한다. 즉 계속해서 비체에 동일시하지 않음으로써만 주체로서 형성될 수 있다는 점에서 주체는 주체로 존재하기 위해 자신의 경계를 설정해주는 비체들에 의존할 수밖에 없는 역설이 발생한다. 비체라는 불가능한 형상은 언제나 주체의 언저리에서 주체의 구성적 외부로서 유령처럼 주체 곁을 떠돈다. 이 말은 주체의 그 일관성이 언제나 불완전하고 결코 완결될 수 없다는 것을, 즉 통합된 주체의 달성은 필연적으로 실패할 수밖에 없다는 것을 비체의 존재 자체가 증명하며 이런 점에서 비체는 언제나 주체에게 잠재적인 위협이 될 수 있다는 뜻이다. '생물학적 성별'이 진짜라고 주장하기 위해서는 인터섹스나 트랜스젠더를 비롯한 젠더퀴어들의 존재를 부정해야 하고, 이들을 '몸은 여성이나 남성인데 젠더를 착각하는 사람들'로 병리화해야 하며, 이들의 존재를 끊임없이 혐오해서 인식장 안에서 지워버려야 한다. 이들의 존재를 끊임없이 부정하고 비난하고 혐오해야만 '주체'는 '주체'로서의 자신의 경계를 지킬 수 있다. 그러므로 섹스가 남/여 단 두 개로 이뤄져 있다는 믿음은 언제나 비체화된 존재의 생산과 맞물려 있고, 비체로 생산된 존재들을 향한 실질적인 폭력으로 구현된다. 역설적으로 이 폭력은 이 사회가 그토록 굳건하게 믿고 있는 남/여로서의 '생물학적 성별'이 폭력을 쓰면서까지 끊임없이 단속해야만 겨우 유지되는 불안정한 체계라는 것을 보여주는 셈이다. 이는 결국 그토록 절박하게 사수하려고 하는 '생물학적 성별'에 기초한 주체는 쉴 새 없는 부인과 혐오의 형태로 늘 비체로서의 젠더퀴어에 의존하고 있음을, 그리하여 그 주체의 안정성이란 결국 불가능한 허상임을 드러낸다.

이 비체 논의를 통해 버틀러가 '생물학적 성별'과 '몸의 물질성'을 반박 불가능한 진리로 받아들이길 거부한 이유를 알 수 있다. 버틀러는 인간이 차별적으로 생산되는 메커니즘을 파헤치고 그에 맞서고자 하는 것이다. 어떤 몸만 인간의 몸으로서 자격이 있고 어떤 몸은 그런 자격이 없는가? 어떻게 해서 특정 존재들만 '인간'으로 인정되고 다른 존재들은 인간보다 못한 것, 인간도 아닌 것, 혹은 인간으로 상상조차 할 수 없는 것이 되는가?[48] 그 기준은 무엇인가? 어떤 메커니즘으로 인간은 그렇게 차별적으로 구성되는가? 우리가 이런 차별적 생산에 맞서고자 한다면, 우리에게 익숙한 담론에서 한 치의 의심도 없이 당연한 듯 받아들여지던 모든 것을 의심해야 한다.[49]

3) 섹스-젠더-섹슈얼리티의 불온한 커넥션

한편 온 세상 생명체가 남성/여성으로 이루어져 있다는 믿음은 이
성애 중심주의와 깊게 결탁하고 있다. 사실 '이성애 중심주의'라는 표현
으로는 부족한데, 1장에서 언급했듯 이성애도 강제적인 규범으로 기능
하기 때문이다. 애드리언 리치Adrienne Rich에 따르면 '강제적 이성애'란
개념이 처음 등장한 것은 1976년 <여성에 반하는 범죄에 대한 브뤼셀
법정the Brussels Tribunal on Crimes against Women>에서였다. 그 국제법정에
서 나온 보고서들은 레즈비언 여성들이 교정치료라는 명목으로 강제
결혼 및 강간을 당하거나 재활캠프에 수감되거나 망명을 택해야 하는
현실을 폭로하면서, 이성애의 강제가 정도의 차이는 있어도 전 세계적
으로 광범위하게 자행되는 실제적인 폭력임을 입증했다. 리치는 강제적
이성애를 그 자체로 가부장제를 떠받치는 제도로 보고 이를 탐구해야
한다고 주장한다. 젠더 억압의 실행과 유지에 강제적 이성애가 필수적
이라는 것이다. 리치는 제도 안에서 경험의 질적 차이는 있을지언정
여성들에게 선택권이 없다면 모든 여성은 강제적 이성애에 붙들려 있는
것이라고 진단한다.50) 주디스 버틀러는 이 '강제적 이성애' 개념을 '이성
애적 매트릭스the heterosexual matrix'라는 개념으로 좀 더 정교하게 발전
시킨다. 버틀러는 강제적 이성애가 사람을 억압할 뿐 아니라 더 근본적
으로는 "젠더의 인식 가능성에 대한 헤게모니를 쥔 담론적/인식론적
모델"로 기능한다고 주장한다.51) 젠더 이원론과 이성애적 매트릭스는
서로를 구성하고 뒷받침한다. 이원론적 체계로서의 젠더는 "젠더의 규
범적 경계와 겨루는 섹슈얼리티의 표현들을 규제하려 애쓰는 규범적
제도"이고, "섹슈얼리티에 대한 규제가 일어나게끔 하는 규범적 수단

중 하나"다.52) 동성애가 섹슈얼리티에 관한 것임에도 동성애 혐오자들이 그토록 격렬하게 동성애를 반대하는 이유 중 하나는 (아들이 남자 '며느리'를 데려와 집안이 망하고 나라가 망할 거라는 호들갑에서 보이듯) 동성애가 기존의 남성성과 여성성을 위협한다고 여기기 때문이다. 사실 이브 코소프스키 세즈윅이 『남자들 사이*Between Men*』와 『벽장의 인식론*Epistemology of the Closet*』53)에서 탐구했듯, 역사적으로 남성 동성애에 대한 호모포비아적 정의는 남성 동성애를 항상 젠더와 연결해서 정의했다. 남성 동성애자의 젠더가 '진짜 남자'와 동떨어져 있다고 규정되어야만 호모포비아적인 남성 동성사회적 유대가 유지될 수 있었기에 남성 동성애자들은 여성적이고 감정적인 존재로 상상 및 재현되었고 이성애자 남성은 여성성과 연결될 가능성이 있는 건 모조리 부정해야 했다.54)

버틀러는 『물질화되는 몸』에서 플라톤의 『티마이오스』와 정신분석의 남성성/여성성에 관한 논의를 분석하면서 남/여 이원론과 강제적 이성애의 이 긴밀한 공조를 짚어낸다. 플라톤이 코라에 관해 논한 대목은 물질성이 어떠한 것인지를 객관적이고 중립적으로 이론화한 것처럼 보이지만 아주 거칠게 요약하자면 '여성은 물질, 남성은 정신'이고 여성은 남성을 위한 그릇(다 담아주고 포용하고 수용하는)으로서만 존재한다는 젠더 편견을 진리인 양 포장한 것이었다. 이는 여성이 남성의 성기와 정자를 받아들이는 위치, 즉 삽입 당하는 위치에만 있어야 한다는 명령이기도 하다. 남성 중심적 이론들은 이 관점을 계승해왔다. 예를 들어 정신분석에서 성별이란 처벌의 위협 하에 수취될 수 있는 상징적 위치인데, 이때 남자들에게 가장 큰 처벌의 위협은 거세 위협으로 나타난다. 여자는 자를 페니스가 없으므로 처벌에서 자유로워야 할 텐데도 거세를 둘러싼 이 남성 중심적 서사에서 여자는 이미 처벌당한 존재로 여겨진다. 기분 나쁘게도 남자를 위해 여자는 '쟤처럼 되면 안 된다'의 그 '쟤' 역할을 맡는다. 남자에게 거세가 실제로 일어난다는 위협을 보증하는 위치로서, 항상 이미 거세되고 결여된 처벌의 형상으로 놓이는 것이다. 그다음엔 항상 남성이 삽입하는 위치에 있고 여성이 삽입 당하는 위치에 있어야 한다는 규칙을 깨는 존재들인 '여성화된 호모femminized fag'와 '남근화된 부치phallusized butch'가 두 번째 처벌의 형상으로 내세워진다. 혐오론자들이 게이는 여성적이고 레즈비언은 남성적일 거라고 상상하는 이유는 게이와 레즈비언들이 남성과 여성의 젠더 위치, 삽입하고 삽입 당하는 위치를 교란시키기 때문이다. 이성애자 남자들에게 '여성화된 호모'는 '나도 쟤처럼 될지 모른다'는 공포, 즉 자신이 삽입 당하는 위치에 놓일지도 모른다는 공포를 불러일으키는 처벌의 형상이고, 남근화된 부치는 감히 삽입하는 남성의 위치를 넘보는 위협적 존재다. 더욱 중요한 건 젠더 이원론과 강제적 이성애 매트릭스가 서로를 구성하고 뒷받침하는 가운데 저렇게 전형화된 버전의 게이와 레즈비언이 아닌 존재들은 아예 사람으로 상상조차 할 수 없고 사람이라면 저럴 수 없다는 비체로서 인식 장 밖으로 완전히 쫓겨난다는 점이다. 결국 남성과 여성이라는 젠더화된 위치는, 따르지 않으면 처벌하겠다는 위협 하에 강제되는 이성애적 매트릭스를 통해 보장되는 것이다. 이렇게 해서 만들어진 섹스-젠더-섹슈얼리티의 커넥션은 반드시 '섹스와 젠더는 같고, 동일시identification는 같은 성에게, 욕망은 다른 성에게'라는 규칙으로 이루어져 있다. 그리고 이 규칙만이 옳고 이 규칙에 따르지 않는 사람들은 병리적이라는 주장이 정신분석을 포함한 온갖 이론을 통해 전파되어왔다.55)

버틀러의 이 분석은 시스젠더 중심주의와 이성애 중심주의가 강고히 결합된 주류 사회를 설명하기에 유용하다. 그렇다면 동성애와 관련해서는 시스젠더 중심주의가 어떤 식으로 작동할까? 사실 이는 여기서 간단히 언급하기엔 따로 연구할 것이 많은 주제다. 적어도 이 질문에서 크게 네 가지 갈래, 즉 주류 사회, 동성애자 공동체 안에서의 게이 담론과 레즈비언 담론, 그리고 정치적 레즈비어니즘 각각에서 동성애를 이해하고 재현해온 방식과 시스젠더 중심주의를 구축해온 방식에 이성애적 매트릭스가 어떤 영향을 미쳤는가, 혹은 그 안에서 이성애적 매트릭스가 어떻게 변형되는가를 탐구할 필요가 있을 것이기 때문이다. 지면의 한계와 이 2장의 목적상 여기서 깊이 들어가기에는 적절치 않을뿐더러 아직은 더 많은 질적 연구가 필요한 주제일 것이다. 그러나 적어도 여기서 기초적인 단상 몇 가지를 풀어볼 수는 있다.

세즈윅은 『벽장의 인식론』에서 동성애와 관련하여 젠더를 이해하는 담론을 도식화한 바 있다. 세즈윅에 따르면 동성 간 욕망을 이해함에 있어 "젠더에 대한 두 가지 모순된 수사가 지속적으로 주도권을 장악해왔다."[56] 하나는 "자리바꿈의 수사"로, 앞서 언급한 것처럼 주로 동성애 혐오자들이 즐겨 쓰지만 역사적으로 종종 동성애자들도 받아들였던 이 수사는 남성 동성애자를 '남성의 몸에 여성의 영혼이 갇힌 사람'으로 여긴다. 이런 수사에선 남성 동성애자를 대표하는 것은 '여성화된 호모'고 여성 동성애자의 전형은 '남근화된 부치'다. 이런 수사는 동성애를 병리화하는 한편, '겉으로는 동성애자처럼 보여도 내면은 이성애자다'는 식으로 "이성애를 욕망 그 자체의 본질로 보존"하려는 목적을 갖고 있다. 또한 주류 사회에서 이 수사가 유통될 때 거기에 깔린 전제는 '진짜 남자는 이성애자'라는 것이다. 영화나 드라마에서 동성애자 역할을 맡은 남자 배우에게 리포터가 성적 지향을 은근히 묻는 무례한 질문을 던지면 그에 호응하여 배우가 "어우, 저 남자예요"라고 대꾸하는 흔한 패턴이 여기 해당된다. 이에 맞서 동성애자 공동체가 자주 채택해 온 "젠더 분리주의" 수사에서는 반대로 남성 동성애자가 진짜 남자, 속된 말로 '상남자'이고 레즈비언은 여자를 사랑하고 여자에 동일시하는 가장 여자다운 여자로 규정된다. 이 분리주의 서사에서 욕망의 본질은 자리바꿈의 수사와는 반대로 동질성이다. 젠더 분리주의 수사에선 같은 젠더를 가진 사람들끼리 삶의 거의 모든 면에서 공통점을 공유하며 따라서 성적 욕망도 함께 묶일 수 있다는 게 가장 자연스럽게 여겨진다.57) 젠더 자리바꿈 수사가 주로 혐오 세력의 논리로 쓰였다는 점, 그리고 과거에는 이 수사가 특히 바텀과 부치에게 설명력을 가지기도 했으나 트랜스 담론이 발전하면서 스스로 젠더가 뒤바뀌었다고 느끼는 사람들이 '동성애자'보다는 트랜스젠더나 트랜스섹슈얼을 자신의 정체성으로 인식하게 되었다는 점을 생각하면, 젠더 분리주의 수사가 동성애자 공동체에 더 적합한 수사처럼 보이기도 한다. 그러나 '상남자'와 '진짜 여자'를 강조하는 젠더 분리주의 수사는 게이 공동체에서는 탑-바텀의 위계를 만들고 (70년대 제2물결 페미니즘 시대에) 레즈비언 공동체에서는 부치-펨 조합을 배척하는 데 기여하기도 했다. 더욱이 분리주의 수사는 동성애의 진정성을 주장하기 위해 남성과 여성을 정반대의 속성인 양 분리하여 시스젠더 중심주의를 강화하는 길을 택한다. 두 수사 모두 젠더에 관한 이분법적 관점에 기대고 있기에, 세즈윅은 어느 쪽 수사가 항상 옳고 어느 쪽이 항상 그른지를 판별하는 데 힘쓰기보다는 역사적으로 이 두 수사가 어떤 맥락에서 어떤 식으로 선호되거나 서로 얽히는지 그 역학을 탐구하는 것이 좀 더 생산적이리라고 제안한다.

　　젠더 자리바꿈 수사와 달리 젠더 분리주의 수사에서는 시스젠더 중심주의와 이성애적 매트릭스가 상호 공조한다기보다 전자가 후자를 압도하는 것처럼 보이지만, 가부장제적 남성우월주의가 여성과 남성을 규정하고 구조화하는 방식이 게이와 레즈비언의 위치성을 어떻게 다르게 형성하는지에 대해 좀 더 숙고해본다면 젠더 분리주의 수사가 이성애적 매트릭스와 완전히 무관하다고 말하기 어렵다. 앞에 정리한 버틀러의 분석에서 알 수 있는 것은 역사적으로 축적되어온 '남성과 여성은 다르다'는 지식이 이미 '이성애적 이자 관계'에 기초한 가부장제적 남성우월주의(남자는 삽입하고 여자는 삽입 당하고, 남자가 씨 뿌리고 여자는 씨를 받는 밭이자 남자를 따르고 품어주고 담아주고 길러주는 그릇이고 등등)를 바탕으로 형성되어왔다는 점이기 때문이다. 이런 점을 생각하면 같은 젠더 분리주의 수사라 하더라도 '게이가 진정한 남자'라는 수사에서의 '남자'보다 '레즈비언이 진정한 여자'라는 수사에서의 '여자'를 정의하는 작업이 좀 더 골치 아플 수밖에 없다. 전자는 가부장제에서 구축되어온 남성과 남성성에 대한 지배적 인식을 그대로 답습하여 '상남자'를 주장할 수 있지만, 제2물결 페미니즘 등장 이래 '여성을 사랑하고 여성에 동일시하는 여성'을 진정한 여성의 대표로 선언해온 담론은 여성을 열등하게 재현해온 지배적 문화를 비판하면서 그 대안이 될 여성성까지 이론화해야 하는 부담을 떠맡기 때문이다. 따라서 레즈비언들이 시스젠더 중심주의를 주장할 때 그 시스젠더 중심주의가 강제적 이성애를 바탕으로 구성되는가 하는 질문은 '예/아니오'로 대답할 수 있는 문제가 아니다. 가부장적 남성우월주의 이데올로기의 영향 아래 구축된 시스젠더 중심주의의 핵심, 즉 남/여 이원론이 이성애적 매트릭스와의 공조를 통해 그 안정성을 보장받아온 것이라면, 그러한 남/여 이원론에 기대어 대안적 여성성과 여성 위치를 정립하려는 시도가 이성애적 매트릭스와 어떤 복잡한 관계를 맺고 상호 간에 어떤 갈등과 변형이 일어나는지 그 결을 살펴보는 연구가 더 필요할 것이다.

적어도 여기서 간략히 이야기할 수 있는 것은, 최근 한국의 '페미니즘 리부트'에서 두드러진 현상인 래디컬 페미니스트들이 표방하는 정치적 레즈비어니즘은 이 복잡한 문제를 쉽게 해결하고자 젠더 분리주의 수사를 채택하고 이성애와 관련된 모든 것(기혼 여성까지도)을 배척하는 방법을 택했지만, 여전히 이성애를 기준으로 동성애를 사유하는 한계를 보인다는 것이다. 랟펨 혹은 터프의 논리에서 세상의 모든 문제는 여성에 대한 남성의 성적 억압, 양성 대결의 문제로 환원되기 때문에 이성애적 관계는 지양해야 하고 남성과 관계를 맺는 여성은 '좆빨러'로 적대시해야 한다. 그래서 이들은 정치적 레즈비어니즘을 채택하며 시스젠더인 여성에 한해 동성애에 우호적이다. 그런데 많은 이들이 비판해왔듯, 여기서 허용되는 동성애는 낭만화되고 살균된 애매한 모양새를 띤다. 실존하는 레즈비언은 이성애적 틀 안에서 남자와 엮이지 않아도 된다는 대안으로서 동원될 뿐, 여성들 사이의 성적 끌림이나 보다 더 육욕적인 성애는 물론 동성 간 성폭력이 실존한다는 사실도 지워버리는 것이다. 예를 들어 2019년 하반기를 뜨겁게 달궜던 음악 예능 <컴백전쟁: 퀸덤>[58]의 2차 경연에서 가장 주목받았던 것은 5인조 여성 아이돌 그룹 AOA의 <너나 해> 공연이었는데, 이 퍼포먼스를 둘러싸고 터져 나온 반응은 정치적 레즈비어니즘에서 실제 레즈비언들이 얼마나 쉽게 지워지는지를 보여준다. 쓰리슈트를 갖춰 입은 여성 가수들과 화장과 몸매를 드러내는 옷차림을 한 남성 보깅 댄서들을 매치한 무대를 두고 랟펨들에게서 주로 나온 반응은 여성의 성적 대상화를 벗어던지고 남성을 성적 대상화시켰다는 칭찬이었다. 그러나 이는 곧 거센 논쟁을 일으켰는데, 이에 대한 비판 중 하나는 '성적 대상화를 남성과 여성 간에만 가능하다고 전제함으로써 레즈비언 욕망을 모조리 지워버린다는 것이었다. AOA의 대표곡 중 하나인 <짧은 치마> 공연(1차 경연에 등장)과 <너나 해> 공연을 각각 전자는 남성을 위한 성적 대상화, 후자는 그 성적 대상화라는 코르셋을 벗어던진 '인간다운 여자'를 재현했다고 보는 해석은 여성이 여성을 욕망할 수 있다는 사실을 부정해야만 가능하다.

여기서 또 하나 흥미로운 점은 최근 한국의 정치적 레즈비어니즘이 젠더 분리주의 수사를 기본으로 하되 젠더 자리바꿈 수사에 의존하고 있다는 점이다. 미국의 제2물결 페미니즘 시기 정치적 레즈비어니즘이 부치와 펨 스타일을 배척하면서 소위 '자연스러운' 여성성이란 것을 정립하려 애썼다면, 한국의 정치적 레즈비어니즘은 오히려 젠더 자리바꿈 수사에서 여성 동성애자를 재현하는 방식인 '남근화된 부치'에 가까운 스타일을 '탈코' 운동의 스타일로 환영한다. 그러나 여기서 두 가지 문제가 생긴다. 먼저 부치 스타일에서 레즈비언 섹슈얼리티를 배제한 채 남성적 젠더 표현만 긍정하다 보니 '남성적'인 것과 관련되는 표현만을 '인간다움'의 기준으로 간주하는 남성우월주의적 편견에 힘을 실어주는 한계를 보이는 것이다. 둘째, 앞서 말했듯 랟펨들은 여성성과 남성성이 무엇이고 어떻게 구조화되며 이것들이 여성과 남성에 어떻게 연결되는지에 대한 깊이 있는 사유는 배제한 채 단순히 남/여 이원론을 절대적 진리로 상정한다. 그런데 이 바탕 위에서 젠더 분리주의 수사와 젠더 자리바꿈 수사를 뒤섞어 여성과 남성성의 조합을 찬양하다 보니, '진짜 여성'과 '탈코'의 이 조합이 분리주의적 젠더 이해를 교란시키는 효과를 제대로 소화하지 못한다는 문제가 생긴다. 3장에서 논하겠지만 부치는 FTM 트랜스와의 경계를 복잡하게 만들면서 젠더 이원론의 안정성을 뒤흔들 수 있는 존재 양식이다. 그러나 작년에도 화장기 없는 짧은 머리의 부치 스타일을 고수하는 한국의 역사적인 레즈비언 활동가 한채윤 님의 강연 홍보 포스터를 보고 '왜 한남이 페미니즘 주제를 강의하냐'며 항의하는 글이 뜬 적이 있다. AOA의 <너나 해> 퀴덤 공연 방송에서도 카메라가 객석을 비출 때 잠깐 잡힌 탈코 여성을 '한남'으로 오해하여 비난하는 글이 뜬 적 있다. 랟펨은 '생물학적 여성'이 어떤 모습을 하든 상대방이 여자란 걸 자신들이 알아볼 수 있다고 믿지만 사실상 그런 능력이 있을 수가 없음이 드러난 것이다. 그래서 '탈코'의 공식을 가장 잘 따른 여성은 가부장적 억압을 깨부수고 나온 '진짜 여자'지만, 동시에 언제든 그 '여성'이라는 위치 자체를 의심받고 남자로 오인당할 수 있는 존재가 된다. 이처럼 랟펨들의 정치적 레즈비어니즘 담론에서 '가장 여자다운 여자', '진짜 여성'만 챙긴다는 수사가 '탈코' 운동과 엉키며 벌어지는 혼란은, 가장 이성애적이지 않은 시스젠더 중심주의를 수호하려는 담론이라도 불가피하게 강제적 이성애와 남근 중심주의의 영향을 받으며, 이를 가리기 위해 억지와 폭력을 쓰지 않고서는 이분법적 인식틀의 수호가 현실적으로 불가능하다는 점을 보여준다.

결론적으로, 남성 아니면 여성이라는 성별을 받아들인다는 것은 결코 평화로운 과정이 아니다. 이러한 받아들임은 특정 위치에의 동일시만 허용하고 그 외의 다른 모든 동일시는 배제하는 거부의 논리를 통해 작동하는 것이다. 이제 여기서 2부로 넘어가는 두 가지 질문이 나온다. 섹스가 구성되었다는 사실을 은폐하고 자연스러운 것으로 만드는 수단이 젠더라면,[59] 그러한 규범적 과정은 어떤 식으로 이뤄지는 것일까? 그리고 이렇듯 젠더가 사람의 성별을, 나아가 '인간의 몸' 자체를 인식할 수 있게끔 하는 규범이라면, 그 규범에서 벗어나는 젠더퀴어들은 어떻게 존재할 수 있는 것이며 자신들의 존재를 무엇에 근거해서 주장할 수 있는가? 버틀러를 비롯한 퀴어 이론가들의 논의에서 젠더가 규범이라는 주장은 남/여 이분법만이 '젠더' 전체를 이해하는 유일한 방식이라는 주장이 결코 아니다. 젠더 규범이 존재한다는 점을 인정하는 것과 그 규범을 그저 자연의 순리나 벗어날 수 없는 속박인 양 받아들이는 건 전혀 다르다. 젠더가 규범으로 작동한다는 논의가 지금과는 다르게 젠더화될 가능성과 어떻게 양립할 수 있는가? 이 문제를 풀기 위해서는 주체가 권력과 맺는 관계 그리고 주체와 행위성에 대한 기존의 이해를 갈아엎어야 한다.

3. 수행성 : 우리는 어떻게 구조 안에서 살아가고 저항하는가

젠더를 우리의 인식 가능성의 경계를 설정하는 규범으로 이해하고 섹스의 물질성을 권력 역학의 효과로 본다는 것은, 내가 나의 존재를 뜻하거나 내 소유라 생각했던 섹스와 젠더가 오롯이 내 것이 아니라 나를 둘러싼 다른 힘들에 의해 형성된다는 뜻이다. 그렇다면 젠더의 구성이란 자율적이고 독립적이고 규범으로부터 완전히 자유로운 주체가 아침에 일어나 입을 옷 고르듯 자기 맘대로 젠더를 선택할 수 있다는 의미가 될 수 없다. 그러나 반대로, 이는 외부에서 나를 찍어 누르는 권력에 의해 내가 그냥 틀에 찍혀 나오는 붕어빵처럼 수동적으로 만들어진다는 뜻도 아니다. '젠더는 규범'이라는 말을 (현재의 이분법적) 젠더가 우리를 결정하고 따라서 젠더로부터 결코 벗어날 수 없다는 뜻으로 이해한다면 '젠더는 규범이다'나 '생물학은 운명이다'나 결국 같은 말이나 다름없이 될 것이다. 이 난국을 풀어가기 위한 실마리는 두 가지다. 첫째, 절대적 규범은 없다. 둘째, 권력으로부터 순수한 위치는 없다.

1) 규범과 젠더의 관계

지금까지 젠더 이원론이 어떻게 규범으로 강제되는지를 설명했지만, 남/여 이분법만이 젠더의 장 전체를 이해하는 유일한 방식은 아니다. 버틀러의 말대로, "어떤 사람이 '젠더 트러블'이나 '젠더 블랜딩blending,' '트랜스젠더'나 '크로스젠더cross-gender'를 언급한다면, 그 사람은 자연스럽다고 받아들여지는 이분법을 넘어 젠더가 움직이는 방식을 이미 제시하고 있는 셈이다."[60] 앞서 말했듯 남성과 여성이라는 이분법적 범주가 자연스러운 것이 아니라 구성된 젠더 해석일 뿐이며 지속적으로 강력한 규제를 가하지 않고서는 그 안정성을 유지할 수 없는 것이라면, '젠더'가 어느 시대 어느 지역에서나 반드시 남성성/여성성의 모양새를 취해야 할 필요는 없다. 오히려 그런 모양새로 젠더를 강제해야 한다는 바로 그 사실이, 강제하지 않았을 때 다른 모양이 나올 가능성이 있음을 암시하는 것이다. 더욱이 젠더를 반드시 남성성과 여성성을 의미하는 용어라고 못박아버린다면, 즉 "젠더의 정의를 젠더의 규범적 표현과 융합해버리면, 자기도 모르게 젠더의 정의를 규제하는 규범의 권력을 강화하게" 되는 셈이다. 따라서 버틀러는 '젠더'라는 용어를 남성성/여성성 이분법과 떼어놓아야만 이 이분법이 '젠더'라는 개념에서 나올 수 있는 다양한 의미와 실존과 실천의 가능성을 "어떻게 고갈시켜버리는지"를 폭로하고 이론적으로 설명하는 작업을 시작할 수 있다고 말한다.[61]

어쩌면 '젠더'의 정의도 이 개념의 효과도 단 하나에 고정될 수 없다는 바로 이 점(앞으로 설명하겠지만 젠더의 '수행적' 특성)을 가장 잘 알고 있는 건 혐오 세력일지도 모른다. 예를 들어 한국에서는 '양성평등'과 '성 평등' 개념을 둘러싸고 보수 기독교 혐오 세력이 몇 년째 반발하고 있다.[62] 지금이 언명에 마법이 실려 있는 시대도 아닐진대 정책 입안 시 '양성평등' 말고 '성 평등'이라는 용어를 쓰기만 하면 그 즉시 가정이 무너지고 나라가 망하고 에이즈가 창궐하고 모든 청소년이 갑자기 동성애자로 변신할 것이라는 공포를 조장하는 것이다. 이 공포는 말도 안 되는 것이긴 하지만 한 가지 진실을 담고 있다. 이들은 동성애자가 뭔지 퀴어가 뭔지 잘 알지도 못하지만 뭔가 느낌으로 알고 있다. 여태까지 세상의 모든 존재는 남자와 여자뿐이고 당연히 이성애자일 거라 믿어왔던 그 틀이 변치 않는 진리가 아니라 언제든 흔들릴 수 있다는 촉이 오는 것이다.[63] 그러므로 '젠더'란 개념은 단 하나의 정의, 단 하나의 의미로 포괄될 수 있는 것이 아니라 오히려 그 자체로 "다양한 관점이 경쟁하는 장"이다. 버틀러는 이 용어에 대한 정확한 정의를 찾으려 애쓰는 대신에 이 용어가 공적이고 사적인 문화에서 어떤 식으로 유통되는지를 추적해야 한다고 제안한다.[64] 세즈윅 또한 젠더를 "단지 부가적인, 양립할 수 없어 보이는 요소들(남성과 여성)의 합에 지나지 않는 게 아니라 복잡한 재현 체계로서, 즉 수많은 층위의 피드백과 상호작용이 일어나는 역동적인 체계로서 탐구"해야 한다고 제안한 바 있다.[65] 이러한 탐구는 우리가 규범과 비판적인 거리를 벌리면서 규범적 의미로 완전히 환원될 수 없는 틈을 만들기 위해, 그리고 퀴어들이 생존할 자리를 담론적으로 마련하기 위해 필요한 작업이다.

그러나 이런 논의를 '규범으로서의 젠더' 대 '마냥 자유로운 젠더'의 대립으로 이해해서는 안 된다. 시중의 버틀러 개론서 중 이런 해석을 하는 텍스트도 있으나 이는 결코 버틀러의 주장이 아니다. 버틀러가 보기에, 우리를 둘러싸고 있는 권력 구조에서 완전히 자유롭고 기존의 젠더 규범을 완전히 초월한 젠더 정체성은 있을 수 없다. 모든 정체성은 어떤 식으로든 자신을 둘러싼 규범들과 관계를 맺기 때문이다. 아이들이 서너 살 때부터 보는 TV 애니메이션 <뽀로로>에도 남/여 이분법과 성 역할 구분이 나오고, 어린이집에서부터 분홍색은 여자고 파란색은 남자고 남자아이는 여자아이를 좋아하기 마련이라고 가르친다. 따라서 사람은 어린 시절부터 자신이 의식하기도 전에 좋든 싫든 자신이 속한 문화의 젠더 규범과 어떤 식으로든 관계를 맺으면서 자라게 된다. 그 규범을 모조리 싫어하거나, 그냥 자연스레 받아들이거나, 규범 중 어떤 측면은 자신에게 잘 맞는다고 느끼지만 다른 측면에는 뭔가 불편한 감각을 느끼거나 등등 다양한 관계를 맺는 것이다. 물론 이분법적 젠더 규범을 아예 인식하지 못하거나 잘 이해하지 못하는 사람들도 있을 것이다. 그러나 그런 이들도 젠더 규범으로부터 완벽히 자유로울 순 없다. "왜냐하면, 만약 규범이 사회적 장을 인식할 수 있게 만들고 정상화하는 것이라면, 규범 바깥에 존재하는 것도 어떤 의미에서는 여전히 규범과의 관계 속에서 규정되고 있는 셈이기 때문이다. 누가 완전히 남성적이지도 여성적이지도 않다는 말은 여전히 그 사람이 '완전히 남성적인 것'과 '완전히 여성적인 것'과 맺는 관계의 견지에서만 이해될 것이다."[66]

이 말은 현재의 이분법적 젠더 규범에서 절대 벗어날 수 없다는 뜻이 아니다. 지난 가을 강연 마지막에 이와 관련된 질문을 받았는데, 기차 시간에 쫓겨 답변을 길게 하지 못하고 집에 돌아와 생각해보니 질문하신 분이 강의 내용을 다 소화하지 못하신 듯 보이는 상황에서 내 대답이 떠 큰 오해를 불러일으켰을 것만 같았다. 그래서 좀 더 설명이 필요할 것 같다. 크게 두 가지 측면에서 이야기해볼 수 있을 것이다.

한편으로, 앞서 인용한 버틀러의 주장대로, 주류 사회가 당연시해온 특정 버전의 섹스, 젠더, 섹슈얼리티는 말 그대로 여러 버전 중 하나일 뿐이며 다르게 감각하고 이해하고 살아갈 다른 가능성(들)이 존재한다. 이를 보여주는 연구들이 장애학 분야에서 나오고 있다. 예를 들어 최근 자폐 스펙트럼 관련 연구는 자폐 스펙트럼에 속한 사람들에게서 이분법적 젠더 규범에 순응하지 못하는/않는 경향이 높다고 제시한다.[67] 그동안 자폐인을 '치료'하겠다는 프로그램들에는 젠더 이분법과 이성애적 연애 각본을 가르치고 강제하는 일이 포함되어왔는데, 이는 젠더 이분법과 이성애에 순응하지 않는 경향을 그 자체로 질병의 증상으로 보는 태도였다. 그러나 뒤집어 생각하면 이런 연구 결과는 이 사회가 자연의 순리라 주장하는 남성/여성, 남성성/여성성이 그 자체로 학습과 반복을 통해 습득되고 각인되어야 하는 젠더 규범이라는 것을 보여주는 예로 해석될 수 있다. 이전에 쓴 글에서 정리했었지만, 자폐 스펙트럼에 속한 사람들은 섹슈얼리티에 대한 감각도 다르다는 연구들이 있다. 자폐인들은 스스로를 에이섹슈얼로 정체화하거나, 섹슈얼/에이섹슈얼의 범주를 섹슈얼리티의 유/무로 이해하는 통념이 자신을 잘 설명하지 못한다고 느낀다.[68] 이와 관련하여 신경 다양성 운동 분야에서 제기된 비판을 참고해보자. 신경 다양성Neurodiversity 운동은 신경 영역에서 장애/비장애의 차별적 위계를 세우는 대신 신경 다양성 관점에서 사람들을 이해하고 공존하길 요청하는 운동인데, 이 관점을 따르자면 버틀러의 논의를 포함하여 지금까지 나온 젠더와 섹슈얼리티에 관한 이론들이 '신경전형인neurotypical'(신경 다양성 운동에서 '비장애인' 대신 사용하는 명칭)의 관점에 치우쳐 있다는 비판도 가능하다.[69] 그러나 유념할 점은, 이런 논의는 젠더 규범과 완전히 무관한 권력 밖의 유토피아적 위치가 있다는 뜻이 아니라는 것이다. 다양한 장애의 위치에서 퀴어 페미니즘 이론을 다시 읽을 때 지금과는 다른 논의를 발전시킬 수 있고, 어쩌면 기존의 논의를 토대부터 다시 검토해서 수정해야 하는 작업이 필요할 수 있다는 뜻이다. 기존의 철학, 사회학, 의학, 법학 등 다양한 학문 영역이 남성만을 '인간'으로 간주하고 구축되어왔음을 페미니즘이 밝혀냈듯, 기존의 이론 대부분이 비장애인의 관점에서 구축되어왔음을 꾸준히 문제제기하는 작업이 장애학이란 영역을 만들어냈다. 퀴어와 페미니즘 이론 영역에 장애 관점이 도입될 때 얼마나 많은 것들이 달라질 수 있고 달라져야 하는지에 대해 우리는 아직 모른다.

다른 한편, 이러한 논의는 앞 단락에서 설명한 '나'와 젠더 규범과의 관계에 대한 설명을 무효로 만들지 않는다. 다시 정리해보자. 첫째, 우리는 우리가 세상을 가늠하고 세상 속에서 벌어지는 일들을 이해하고 상상할 수 있게 해주는 인식틀(인식 가능성의 매트릭스) 없이, 그런 인식틀과 아무런 관계를 맺지 않고서 살아갈 수는 없다. 아무것도 없는 텅 빈 공간에 점 하나를 찍으면 그 점은 자신이 어디에 있는지 자신이 무엇인지에 대해 알지 못할 것이다. 이 점이 자신을 파악하기 위해서는 x - y 축과 같은 인식틀이 필요하다. 태어나자마자 사방 일곱 걸음을 걸으며 '천상천하 유아독존'을 선언했다는 싯다르타에게도 일단 하늘과 땅, 그리고 사방의 구분이라는 인식틀이 필요했다. 둘째, 우리가 그 어떤 인식틀과도 전혀 관계 맺지 않고선 살 수 없을지라도, 중요한 건 그런 인식틀, 젠더 규범, 규제적 이상은 변할 수 있다는 것이다(그리고 뒤이어 논하겠지만 그 변화를 만들어내는 것이 우리가 할 일이다). 점을 파악하기 위한 좌표평면이 xy 축만 있는 것이 아니라 xyz 축도, xyzw 축도 있으며 더 많은 차원이 추가될수록 이 점에 대한 인식도 이해도 가능성 도 달라질 수 있는 것처럼 말이다. 만약 우리 사회를 지배하는 젠더 규범이 현재와 같은 젠더 이원론의 모양새가 아니게 된다 해도, 사람들 은 그 새로운 젠더 규범과 어떤 식으로든 관계를 맺으며 자신을 감각하 고 이해하고 살아가게 될 것이다. 물론 지금보다 더 평등하고 더 다양성 을 존중하는 방향으로 젠더 규범이 달라진다면, 젠더 정체성이 한 사람 의 삶 전반에 영향을 미치는 불평등하고 억압적인 경험들은 옅어지거나 사라질 수 있을 것이다. 그렇게 달라진 의미에서 사람들은 사회의 젠더 규범과 다양한 '관계'를 맺을 것이다.

섹스도 마찬가지다. 인터섹스 논의에서처럼 연구가 거듭될수록 수 만 갈래의 섹스가 구분될 수 있다 하더라도 현재 그중 '인간의 자연스러 운 성별'로 물질화되도록 허락받는 것은 '남성'과 '여성' 단 두 개의 범주 뿐이지만, 만약 성별을 두 개보다 훨씬 많게 구분하는 세상이 온다면 그 세상에서는 그 인식틀에서 구분하는 수만큼의 섹스가 '자연스러운 성별로 인정받고 물질화될 것이다. 그러나 이 말을 마치 '순수하게 저기 어딘가 자유롭고 온전하게 존재하는 수만 갈래의 섹스'와 '남/여 단 두 개의 섹스로 물질화하는 규범 체계'의 대립처럼 이해해서는 안 된다. '섹스를 몇 개로 정의하든, 그것은 자연스럽고 당연한 게 아니라 인식론 적 범주이고, 이 인식론적 범주가 물질화의 방향을 규정하고 물질화를 진행시키는 규제적 이상으로 기능할 것이다. 현재에도 지구상의 어딘가 에서는 '두 영혼'이라는 표현을 쓰고 어딘가에서는 '젠더 플루이드gender fluid'라는 표현을 쓴다. '제 3의 성', '트랜스섹슈얼', '트랜스젠더', '젠더퀴 어', '논바이너리nonbinary' 등 다양한 표현에서 알 수 있는 것은, 섹스가 자연계에 정확히 몇 개가 있어서 사람들이 그것을 찾아내는 것이 관건이 아니라, 사람들이 섹스와 젠더를 인식하는 범주의 구성이 문화마다 시대마다 다양한 맥락에 따라 달라질 수 있다는 것이다. 그러므로 섹스와 젠더에 대해 우리가 탐구할 때 '진짜는 몇 개다'를 확정하는 교조주의에 빠져서는 안 된다. 이 글 서두에 언급했던 심사의견서처럼 섹스와 젠더의 다양한 실존 및 가능성을 논하는 작업을 가리켜 '교조주의 아니냐'고 비판하는 사람들은 퀴어 이론 및 정치를 잘못 이해하고 있는 셈이다.

정리하자면, 현재 사람들의 성별을 이분법적인 고정된 범주로 만드는 사회구조적이고 이데올로기적 차원에서의 젠더(즉, 젠더 규범 체계)와 개개인이 주관적으로 경험하고 체현하는 젠더가 반드시 일치하는 건 아니다. 전자는 규제적 이상으로 기능하기 때문이다. 다만 둘은 완전 별개일 순 없다. 개개인의 젠더 감각과 경험, 젠더 정체성은 무에서 유가 창조되는 식으로 발생하는 것이 아니다. 항상 사회성 속에서, 즉 나를 둘러싼 타자들과의 관계 속에서 그리고 그 관계에 영향을 미치는 현재 이 사회를 지배하는 젠더 규범과의 관계 속에서 형성되는 것이다. 여기서 다시 한 번 강조하지만, 이런 논의는 현재의 규범에서 절대로 벗어날 수 없다는 뜻이 아니다. 그보다는 첫째로 규범에 대한 우리의 이해가 달라질 필요가 있다는 뜻이고, 둘째로 1장에서 말했듯 현재 당연시되는 보편성의 범주들을 더 나은 방향으로 고쳐 쓰기 위한 부단한 투쟁이 필요하다는 뜻이다. 앞서 말했듯 규범에는 강제성과 정상화 기능이 작동한다. 그러나 규범이 단 하나만 있는 것도 아니고, 신라 시대와 대한민국의 법규 및 도덕이 다르듯 모든 규범이 한 번 규범으로 정해지면 영원불변으로 고정되는 것도 아니다. 규범을 억압과 등치시켜 그로부터 완벽히 해방되는 것만을 옳은 방향이라고 볼 수도 없고 그게 가능하지도 않다. '권력은 나쁘고 무조건 모든 속박에서 해방되어야 한다'는 식의 논리가 성 해방 운동에서 시스젠더 이성애자 남성들의 여성 착취에 기여했던 역사를 생각해보라. 따라서 규범의 문제를 사유함에 있어 몇 가지 더 유념할 것들이 있다. 첫째, 페미니즘의 교차성 논의가 밝혀왔듯 규범은 항상 규범'들'이고, 서로를 강화하고 보완하는 효과를 내기도 하지만 서로 충돌하고 모순적으로 얽히기도 한다. 둘째, 인식 가능성과 인정 가능성을 관장하는 "규범들은 변한다. 그리고 이런 규범들이 변화하면서 무엇이 인간으로 인정받을 만한 것으로 여겨지고 무엇이 그렇게 여겨지지 않는지도 변한다.'[70] 이러한 변화는 더 나은 방향으로 이뤄질 수 있다. 1700년대 말 프랑스 혁명에서 천부인권 사상이 선언될 당시 여성은 '인간'의 범주에 들어가지 않았지만, 지금은 그때보다는 나아졌음을 생각해보자. 물론 이는 우리가 손 놓고 있어도 자연히 그런 변화가 온다는 뜻은 아니다. 여성들이 참정권을 얻고, 퀴어 운동이 백래시를 받을 만큼 가시화되고, 존중받아야 할 '인간'의 범위가 역사적으로 점점 더 확대되어 '인종 차별', '여성 차별', '계급 차별' 같은 개념이 생겨나는 등의 사회 변화는 수많은 사람들이 목숨 걸고 투쟁해온 덕에 만들어진 것이다. 이와 관련하여 셋째, 지금의 젠더 이원론 대신 더 다양한 젠더 범주들이 인간을 인식하는 규제적 이상으로 기능하는 날이 오기를 많은 성소수자들이 바랄 것이다. 그렇다면 '규제적 이상'이라는 것이 반드시 인간을 억압하는 나쁜 방향으로 작동하는 권력을 뜻한다고 볼 순 없다. '생물학적 성별'이라는 이원론에 맞춰 사람을 차별하거나 혐오하면 안 된다'가 규제적 이상이 될 수도 있는 것이다. '천부인권'이나 차별금지법, 살인 금지, 동물 학대 금지 등 더 좋은 세상을 만들기 위한 규제적 이상들은 존재한다. 세상을 더 낫게 바꾸려는 투쟁들은 이러한 규제적 이상들을, 즉 보편적으로 당연하게 받아들여지는 것들의 범주를 급진적으로 확장·변환시키려는 싸움이기도 했다.

마지막으로 유념할 점은, 규범은 변할 수 있고 변하게 할 수 있지만, 그 변화를 우리가 완전히 통제할 순 없다는 것이다. 더욱이 우리는 우리가 맞서 싸우는 규범 권력과 우리가 지향하는 규범 권력의 차이를 미리 정확히 알 수 없다. 앞으로 풀어갈 논의는 이 불투명성을 세상을 더 낫게 바꾸려는 투쟁의 걸림돌이 아니라 투쟁의 기본 조건이자 동력으로 상정한다.

2) 규범과 '나'의 관계 : 행위성을 재개념화하기

위의 논의들은 주체와 권력의 관계, 주체와 행위성에 대한 더 복잡한 고찰을 요구한다. 권력과 주체의 관계를 '외부로부터 주체를 찍어 누르는 억압적 권력과 그에 맞서 자율성과 독립성을 발현하는 해방된 주체'의 이분법적 대립 구도로 바라보는 기존의 통념으로는 그 강력한 권력에 어떻게 맞설 수 있는지, 그 맞설 힘이 어디서 나오는 건지가 제대로 설명되지 않는다. 젠더 규범에 대한 버틀러의 논의를 이해하려면 먼저 이 논의가 전통적으로 권력을 이해해온 방식인 억압/자율의 이분법적 대립 자체를 문제시한다는 점부터 이해해야 한다. 이는 주체와 권력에 대한 미셸 푸코의 관점을 따른 것이다. 푸코는 주체 형성 과정을 '주체화/종속화subjectivation'라는 개념으로 설명하는데, 이 용어는 권력에 의해 종속되는 과정과 주체가 되어가는 과정을 동시에 담아낸다.

우리는 태어날 때부터 자신을 둘러싼 권력 구조 안에서, 타자들과의 관계 속에서 주체로 형성된다. 그리고 우리가 살아가기 위해선 우리를 둘러싼 특정 권력관계들의 담론 질서에 근본적으로 의존할 수밖에 없다. 그리고 이런 설명을 할 때조차, 나는 언어가 표현할 수 있는 범위 이상으로는 말로 설명할 수 없다.

> 말하고 있는 '나'라는 것이 있고 그로 인해 담론 안에서 어떤 효과가 산출되는 경우, 거기엔 그러한 '나'보다 앞서 '나'를 가능케 하는 담론이 먼저 있는 것이며 이 담론이 '나'의 의지를 속박하는 궤도를 언어 속에서 형성하는 것이다. 그러므로 담론의 **배후**에 서서 담론을 **통해** 의지나 결단력을 실행하는 '나'란 건 없다. 반대로, '나'는 오직 불리어지고, 이름 붙여지고, 알튀세의 용어를 사용하자면 호명됨으로써 존재하게 되는 것이다. 그리고 이러한 담론적 구성은 '나'에 앞서 일어난다. [⋯] 사실 나는 내가 처음 메시지를 전달받았던addressed 한에서만, 그리고 메시지전달address이 발화 속에 나의 자리에 가동성을 부여하는 한에서만 '나'를 말할 수 있다. 역설적으로 사회적 인식/인정recognition의 담론적 조건은 **주체의 형성보다 앞서고 그것을 조건 짓는다.** 즉 인식/인정은 주체에게 수여되는 것이 아니라 주체를 형성하는 것이다.[71]

여기서 주목할 점은 버틀러가 담론, 권력, 규범의 작동을 설명할 때 '결정한다determine' 대신 '조건 짓는다condition'는 표현을 주로 쓴다는 점이다. 이것들은 우리를 찍어누르고 억압하고 우리를 완전히 결정해주는 것이 아니다. 이것들은 "경계를 설정하는 인지적 프로세스"다.[72] 다시 말해 '젠더 규범이 인식 가능성의 경계를 설정한다'는 말은 젠더 규범이 주체가 세상을 인식하고 이해하는 데 준거점이 된다는 뜻만이 아니라, 보다 근본적으로 주체를 주체로서 존재하게 해주고 주체가 행위할 조건을 마련해준다는 뜻이다. 이는 규범 권력이 주체의 위치에 대신 들어앉는다는 뜻이 아니라 그 자체로 주체의 실존을 위한 조건이자 주

체의 욕망의 궤도를 제공한다는 뜻이다.[73]

우리가 인정받을 수 없다면, 즉 우리가 인정받을 수 있게끔 하는 인정의
규범이 없다면, 사람이 자신 고유의 존재로 끝까지 살아남기란 불가능하며
그래서 우리는 가능한 존재(possible being)가 아니다. 즉 우리는 가능성에서
폐제당한 것이다. […] 사실상 우리의 삶, 우리의 존속 자체가 그러한 규범들에
의존하거나, 아니면 최소한 우리가 규범 안에서 규범과 타협할 수 있을 가능성,
규범이 작동하는 장에서 행위성을 추동시킬 가능성에 달려 있다. 우리가 지속
될 바로 그 능력 속에서, 우리는 우리의 외부에 있는 것, 더 폭넓은 사회성에
의존하며, 이러한 의존성이 우리의 지속성과 생존 가능성의 기초가 된다.[74]

달리 말하자면 "규범에 저항하는 주체는 바로 그러한 규범들에 의
해 생산되지는 않을지라도 가능하게enable" 되는 것이다.[75] 역설적으로
우리는 우리의 행위성을 개시하고 유지시키는 담론에 근본적으로 의존
해야만 행위할 수 있다는 것이 이 주체화/종속화의 요지다.[76]

직관적으로 이해하기 어려운 이야기이긴 하다. 어떻게 권력의 속박
이 인간의 행위를 가능케 하는 조건이 된다는 건가? 하지만 '행위성'이
실제로 어떤 식으로 작동하는지를 생각해보면 이해가 빠를 것이다. 대
개 사람들이 '행위성agency'이란 용어를 쓸 때는 모든 억압에서 자유로운
주체가 나만의 의지로 선택하고 결정하는 권력 바깥의 행위를 상상하는
경향이 있다. 그러나 예를 들어 입금이나 마감이 없으면 글은 완결되지
않는다(나만 그런 건 아닐 것이다). 인터넷 쇼핑몰에 들어가 장바구니에
물건 넣는 평범한 행동을 떠올려보자. 내 의지만으로 자유롭게 선택할
수 있는 건 없다는 사실을 실감할 것이다. 내 욕망에도 가성비부터 따져
야 한다. 어떤 물건이 세일가로 잘 나와서 진짜 득템찬스란 걸 알아도

내 통장에 돈이 없으면 못 산다. 인간이 사고 싶은 게 많더라도 돈이 모자라면 우리 개와 동네 냐옹이들 먹일 것만 결제하게 된다. 만약 돈이 넉넉하더라도 온 세상의 수많은 쇼핑몰을 개인이 다 알 수도 없으니 모든 선택지를 다 안 다음 결정할 수 있는 것도 아니다. 내가 갖고 싶은 완벽한 상품이 아직 개발이 안 되었거나 여러 검색 경로를 거쳐도 나오지 않는다면 최대한 비슷한 물건을 살 수밖에 없다. 한편으로는 검색이 보여주는 선택지에 내 욕망이 맞춰지고 다른 한편으로는 그 선택지들이 내 것인지 아닌지 모르겠는 내 욕망을 계속 생산한다. 이처럼 사람의 행동은 아주 사소한 일일지라도 모든 권력 구조와 관계적 맥락을 떠나 홀로 이뤄지지 않는다. 우리의 선택이 모든 결과를 미리 다 알고서 나온 것도 아니고, 내 행동을 전부 논리적으로 명확하게 설명할 수 있는 것도 아니다(그럴 수 있었다면 '지름신'이나 '씨발 비용'이란 표현은 생겨나지 않았을 것이다).

더욱이 능동과 수동, 억압과 자율을 이분법적 대립으로 나눠놓는 근대적 관점으로는 성폭력이나 성노동을 비롯해 '온전히 네 선택이다'라고 말할 수 없는 상황에 놓인 사람들의 행위를 제대로 설명하지도 이해하지도 못한다. 이들을 무조건 나약한 피해자로 재현하거나 '꽃뱀'으로 치부하는 양극단밖에 없는 것이다. 그런데도 아이러니한 점은, 억압과 자율을 극단적으로 대립시켜 누군가의 행위성을 판단하는 방식이 사회적 소수자들에 대해서만 엄격하게 적용된다는 점이다. 이를테면 재판부가 '위력에 의한 간음'과 '성적 자기결정권' 개념을 매우 편파적으로 왜곡하여 성폭력 자체를 인정하지 않은 2018년 8월 안희정 전 충남도지사 성폭력 사건 1심에서처럼, 성폭력 피해자들은 자신이 완전히 억압당했고 완전히 '선택'의 자유를 빼앗겼음을 스스로 입증해야 하는 상황에 놓인다.77) 반면 법정이나 언론이 가해자에게 "왜 성폭력을 선택했느냐"고 묻는 경우는 없다. 대다수의 성폭력 사건에서 남성 가해자들에겐 심신이 미약하여 사람을 가해할 만큼 판단력이 흐려질 수밖에 없었던 온갖 사유가 너그러이 허용된다. 또한 직장인이나 대학원생에겐 어쩌다 그 선택을 했는지 물어보지 않으면서 성노동자에겐 어쩌다 그걸 선택했는지부터 묻는 무례한 인간들은 엄청나게 많은 반면, 이 사회에서 남자들의 성매매는 너무도 당연한 나머지 유명 남자 연예인들이 상시적으로 성매매를 계획하고 참여하고 알선한 정황이 작년부터 꾸준히 터져 나오는데도 기삿거리조차 되지 못한다.

이렇게 볼 때, '어쩌다 그렇게?'는 낙인찍힌 타자들에게만 제기되는 질문이다. 그런데 사실 모든 사람이 알고 있다. 삶은 '어쩌다'의 연속이라는 것을. 트위터에선 "어쩌다 보니 인생 망하게 된 사람들의 모임" 같은 트윗에 1만 알티가 찍힌다. 삶의 수많은 부분이 '어쩌다'로 이뤄져 있고, 우리는 우리를 둘러싼 환경과 권력 구조들 속에서 명확한 결과를 다 알지 못한 채 오직 항상 이미 자신과의 불투명한 관계 속에서 선택하고 살아가게 된다. 그럼에도 행위성을 따지는 엄격한 시험은 타자들에게만 가해진다. 그 누구도 이성애자들에겐 이성애를 '선택'했다고 말하지 않는 반면 동성애자들에겐 항상 '왜 동성애를 선택했는데?' 아니면 '네가 그런 길을 선택했잖아'라는 말이 따라붙는다. 이 사회의 그 누구도 시스젠더인 사람에게 너의 성별을 언제 무슨 이유로 '선택'했냐고 묻지 않지만 시스젠더가 아닌 이들에게는 네 성별을 스스로 선택할 수 있다고 생각하느냐, 혹은 이 글 앞머리에 언급했던 의견서처럼 그 '선택'을 이 사회가 어디까지 '인정'하고 '허용'해줘야 하느냐고 타박한다. 여기서 알 수 있는 것은, '선택'이란 단어가 등장할 때는 '선택'이란 말을 내뱉는 사람들이 그 말을 듣는 사회적 소수자의 위치·정체성·경험 등을 부인할 때 아니면 사회적 소수자가 겪는 폭력의 원인을 소수자 탓으로 돌리고 소수자에게 자신이 가하는 폭력을 정당화하는 상황인 경우가 많다는 점이다.

이처럼 '자율적 선택'으로서의 행위성 개념에 내재한 부조리함에 맞서기 위해 성소수자들은 자신의 성적 지향이나 젠더 정체성이 본질적인 것임을 주장하곤 했다. 그러나 본질에 기대는 담론은 여전히 능동과 수동, 억압과 행위성을 이분법적으로 대립시키는 인식틀을 토대 삼기 때문에 '진정성'을 따지는 소모적인 싸움에 쉽게 휘말린다. 이러한 난국에서 빠져나오기 위해 그 인식틀 자체를 재편하는 작업이 수행성 performativity 논의다. 수행성은 버틀러 이론의 핵심축이자 퀴어 이론 전반에서 매우 중요한 개념으로, 복잡한 현실을 이분법적 잣대로 재단하는 대신 현실이 만들어지는 방식을 분석하는 개념이다. 수행성의 관점에서 볼 때 완전무결하게 순수한 행위성이라는 것은 없다. 사람은 자신의 행위성을 가능케 해주는 담론 안에 항상 이미 들어가 있기 때문에, 자신을 형성하는 조건인 권력 규범들에 맞서 투쟁할 때조차 주체로 형성되고 행위성을 발휘하기 위해 바로 그 규범들에 의존하게 되는 것이다.[78] 그러므로 권력에의 저항은 모든 권력관계를 초월하는 권력의 외부에서 나오는 것이 아니다. 부당한 현실에 맞서 투쟁해온 노동자, 해고 노동자, 철거민, 성소수자, 여성, 식민지가 된 고향에서 살아가거나 쫓겨나는 원주민 그 누구도 권력 바깥의 어딘가 안전한 위치에서 완벽한 자율을 누리며 저항해온 것이 아니다. 오히려 사람이 모든 권력관계로부터 완벽히 자유로운 위치에서 자신의 명확한 의지로 선택하고 행동하며 모든 인과를 통제하고 책임져야 한다는 생각, 즉 저항의 '순수성'을 강조하는 것은 피지배 집단을 억압하는 데 효과적으로 사용되어왔다.

그러한 논리는 국가, 경찰, 사법부, 나아가 이 사회가 성폭력 피해자들의 행동이 '저항'의 요건에 맞지 않는다며 성폭력 자체를 부인할 때나 시위에 나선 대중을 너희는 순수한 시민이 아니라 폭도라고 낙인찍을 때 동원되곤 했다. 따라서 자유주의적이고 의지주의적인 행위성에서 수행성으로의 인식론적 전환은 기득권에 쉽게 접근할 수 있는 이들보다는 다양한 억압의 교차를 겪는 사회적 소수자들에게 더 필요하고 절실한 일일 것이다.

여기서 주목할 점은 수행성이 공모와 전복 두 차원을 다 아우르는 개념이라는 점이다. 즉 한편으로는 규범이 어떤 식으로 우리를 조건 짓고 규범 권력이 어떻게 재생산되는지를 설명하는 동시에, 다른 한편 어떻게 우리가 규범 안에서 그 규범에 맞서는 행위를 할 수 있는지를 설명하는 개념이다. 이 때문에 수행성 개념을 이해하기가 어려운 것이기도 하다. 이 장이 너무 길어 여기까지 읽느라 지치셨겠지만 조금 쉬고 당분을 섭취한 다음 차근차근 논의를 따라가 보자. (산책길 한 시간 반 걷고 지친 쉰네가 화장실 급하다고 읍소하면 으슥한 풀밭으로 끌고 간 뒤 쳐다보고 안 싸면 다시 으슥한 풀밭으로 끌고 가 쳐다보는 우리 개 상전과 비슷한 짓을 지금 내가 하고 있다는 건 알고 있다… 하지만 진짜 지금부터가 산책의 클라이맥스니 집에는 못 갑니다)

(1) 수행성 1 : 반복과 인용을 통한 권력의 재생산

버틀러의 수행성 논의에서 권력의 재생산이라는 측면부터 살펴보자. 버틀러가 수행성 개념을 만든 첫 번째 목적은 규범 권력이 어떤 식으로 작동하는지를 설명하기 위해서다. 다시 말해 섹스가 구성되었다는 점이 어떻게 은폐되는지, 우리가 자연스럽고 당연하다고 믿는 그 물질성이 어떻게 해서 만들어지는지를 설명하기 위해서다.

버틀러는 언어학자 J. L. 오스틴의 '수행문'과 '진술문' 논의79)에서 수행성 개념을 생각해낸다. 매우 간단히 설명하자면 "아, 저기 고양이 (있다)"처럼 현상을 그저 기술하는 문장이 진술문이고, "고양이 쫓으면 안돼" 같은 직접 명령문이나 "두 사람이 부부가 되었음을 선포합니다" 처럼 말하는 즉시 어떤 효력을 발휘하는 선언문이 수행문에 해당한다. 또한 주로 아버지가 어머니나 딸 앞에서 "목이 마르네", "반찬이 짜네" 따위의 혼잣말을 다 들리게 구시렁거릴 때나, 한국의 부모들이 자주 애용하는 레퍼토리인 "네가 내 말 안 들을 거면 나는 뭐 하러 자식을 낳았나, 내가 죽어야지"처럼 수동 공격을 통해 상대의 행동을 조종하는 식의 문장도 수행문에 속한다.80) 사람 혹은 행위에 권위를 부여하거나 빼앗는 기능을 하는 문장, 혹은 당장은 아니라도 말을 통해 상대의 행동을 직간접적으로 유도하거나 통제하는 식으로 말에 어떤 힘이 실리는 문장이 수행문인 것이다. 그러나 사실 진술문과 수행문이 항상 명확하게 구분되는 것은 아니다. 같은 문장이라도 그 문장이 나온 대화 속 참여자 간 관계를 구성하는 개인적이고 사회적인 맥락에 따라 진술문이 수행문이 될 수도 있다. "우리 딸 밥 먹네"는 맥락에 따라 그냥 밥 먹는 모습을 기술한 말일 수도 있고, 자식이 잘 먹는 걸 대견해 하는 마음으로 더 먹으라고 격려하는 말일 수도 있고, '굶어서 살 빼도 모자랄 판에 저 돼지 같은 년이 또 처먹네'라는 성차별과 비만인 차별이 결합된 비난을 담아 밥을 못 먹게 하려는 말일 수도 있다.

버틀러는 이처럼 자연스럽고 당연한 사실을 기술하는 듯 보이나 실제로는 특정 권력의 효과를 산출하는 담론의 수행적 움직임을 탐구한다. 버틀러가 주목한 것은 지금까지 논했듯 태어나자마자 듣는 "아들입니다' 혹은 "딸입니다"라는 말이 있는 그대로의 사실을 중립적으로 기술하는 진술문이 아니라 한 인간 생명체를 이분법적 성별 체계에 맞춰 구분해 정렬하는 수행문으로 기능한다는 점이다. 여기서 수행성 개념은 인간 주체의 행위를 지칭하는 것이 아니라 담론에 의해 규제되고 속박되는 바로 그 현상들을 생산해내는 담론의 힘으로 이해된다.[81] 그렇다면 그 힘은 어디서 오는가? 버틀러는 우리를 규제하고 단속하는 권력의 힘이 바로 지속적인 반복과 인용을 통해 만들어진다고 설명한다.

보통 법과 규범은 개개인의 말과 행동보다 앞서 존재하는 확실한 기원이 있고 거기에서 권위가 나온다고 여겨진다. 그러나 규범 권력은 십계명 적힌 비석처럼 완성된 형태로 하늘에서 떨어지는 것이 아닐뿐더러, '사문화된 법'이란 표현이 있듯 커다란 비석에 새겨놓은 법이라도 아무도 그것을 따라 지키지 않으면 법의 효력이 발생하지 않는다. 사실상 규범의 권위와 힘은 계속 반복해서 인용됨으로써 발생하는 것이다.[82] 달리 말하자면 가족이나 친척, 지인, 직장 상사나 동료, 버스 옆자리에 앉거나 길에서 마주치는 사람들, 경찰서나 법원 같은 관공서에 갔을 때 마주하는 담당자 개개인이 그 규범을 실행하고 재생산하고 강화한다. '옷차림이 왜 저래?' '쟤 브래지어 안 한 거 맞지?' '저거 남자야 여자야?' '남자가 왜 저러고 다녀' 이런 말을 던지는 사람들은 나를 억압하기 위해 태어났거나 정말 의식적으로 권력의 화신으로 변신한 것은 아니다. 이들은 그저 유구하게 계속 반복해왔던 권력을 자연법인 양 받아들여 반복하는 중일 수 있다(물론 올해 초 성별 정정을 마친 트랜스여성이 모 여대에 합격했다가 결국 입학을 포기하게 만든 거센 반대 여론 중에 '학교 들어오면 CCTV 없는 데서 각목으로 후려치려고 했는데 아쉽'다고 깔깔대던 반응처럼, 저 권력이 마치 자신의 것인 양 등에

업고 남을 괴롭히는 것을 즐기는 자들도 분명 있다). "여자는 원래 그래야 돼"라고 말하는 사람들에게 그 '원래'가 무슨 뜻인지 설명하라고 하면 대개 논리적으로 말하지 못한다. 그 사람에겐 그것이 너무도 당연해서 설명이 따로 필요 없을 만큼 체현되어 있기 때문이다. '그냥 원래 그래' 이 말이 통용되는 순간이야말로 권력이 가장 크게 힘을 발휘하는 순간이다. 권력이 가장 효과적이 되는 순간은 권력이 만들어졌다는 것 자체가 은폐되어 사람들이 자연스럽게 받아들이는 그 순간이기 때문이다.[83] 모든 물질이 다 물질로 인식되는 것이 아니라 인식 가능성의 매트릭스를 통과한 것만이 물질화되고 물질로서 중시된다고 앞에서 설명했는데, 이 사회가 '진짜 생물학적 성별'이라고 믿는 섹스의 물질성은 이처럼 의례적으로 반복되는 인정 행위를 통해 물질화되는 것이다. 그리고 이렇게 구성된 섹스가 '원래 그래'라는 말로 당위를 획득할 때, 즉 구성되었다는 사실이 성공적으로 은폐될 때 이 물질성은 규범적 힘을 발휘하게 된다. 세상엔 여자와 남자밖에 없고 그 각각의 위치에 맞는 성질이 따로 있으니 거기서 벗어나는 이들은 제재를 받아야 한다는 방향으로 가는 것이다.

이런 점에서 수행성은 의지주의적 주체가 명확한 의도를 갖고 한번에 끝내는 일회성 행위가 아니라, 반드시 의식하지는 않았을지라도 규범(들)을 반복하고 인용함으로써 우리가 당연하다고 여기는 것들을 규제적으로 생산해내는 의례적인 반복적 실천으로 정의된다.[84]

> 젠더가 수행된다는 말(gender is performed)과 젠더가 수행적이라는 말(gender is performative)은 좀 다르다. 우리가 젠더가 수행된다고 말할 때 대개 의미하는 건 우리가 어떤 식으로든 맡은 역할을 취하고 있다거나 어떤 식으로든 연기(acting)하고 있다는 뜻이고, 우리의 연기 혹은 우리의 역할극

(role playing)이 우리 자신이자 우리가 세상에 내보이는 젠더에 결정적으로 중요하다는 뜻이다. 젠더가 수행적이라고 말한다는 건 이와 좀 다르다. 왜냐하면 뭔가가 수행적이라는 말은 그게 일련의 효과를 생산한다는 뜻이기 때문이다. 우리는 남자나 여자로 존재하기의 인상을 공고히 하는 방식으로 걷고 말하고 이야기하고 행동한다. [⋯] 거기엔 정신의학적 정상화 같은 제도적인 권력이 있고, 우리의 젠더화된 자리에 우리를 붙박아 놓으려 시도하는 따돌림 같은 종류의 비공식적 관행이 있다.[85]

따라서 수행성은 담론적 유희나 즐거운 볼거리로 축소될 수 없다. 수행성은 "현실이 재생산되는 동시에 경합을 벌이는" 방식을 포착하는 개념이고, 그러한 방식이 어떤 중대한 결과를 낳는다는 것을 강조하는 개념이다. 그 결과에는 특정 젠더 표현이 범죄나 병적인 것 취급받고, 누군가 그로 인해 목숨의 위협을 받고 심각한 폭력에 노출되었음에도 그런 폭력을 당했다는 사실 자체가 사회에서 인정되지 않고 오히려 국가가 나서서 폭력을 조장하거나 주도하는 등의 끔찍한 일들이 포함된다.[86] "그냥 원래 그래"가 지향하는 현실이 '현실'로 반복해서 재생산될 동안 원래 그렇지 못한 존재들은 현실에서 담론적으로도 물리적으로도 반복해서 삭제당하는 것이다.

여기서 다시 한 번 유념할 점은 수행성에 대한 논의를 의지주의적 주체를 기준으로 해석해선 안 된다는 것이다. 한편으로, 우리를 둘러싼 권력 구조가 우리의 행위성의 조건이 된다는 논의는 '다 너 잘되라고 그러는 거야', '젊어서 고생은 사서 한다'는 식으로 구조적 억압이 피해자 개인에게 도움이 되는 양 포장하기 위함이 결코 아니다. 이런 식의 해석은 권력과 권력 내 행위자의 관계를 지나치게 단선적인 인과 관계로 놓고 사실상 능동적인 주체의 자리에 권력 구조를 놓는다는 점에서 여전히 의지주의에 갇혀 있다는 문제가 있다. 다른 한편, 우리를 괴롭히는 규범의 힘이 반복과 인용에서 나온다는 논의는 그렇게 규범을 반복해서 인용함으로써 규범에 힘을 실어주는 사람들이 모두 무죄고 자신이 한 발언에 책임질 필요가 없다는 뜻이 결코 아니다. 규범을 반복하고 인용하는 그 과정을 통해서만 규범이 규범으로서 힘을 발휘한다면, 특히 그 힘이 누군가를 혐오하고 상처 입히는 데 쓰이고 있다면, 우리는 규범을 그대로 반복하는 이들에게도 책임을 돌려야 한다(이 중요한 지적은 루인이 「피해자 유발론과 게이/트랜스 패닉 방어」[87]에서 낸 결론이다). 수행성은 규범에 힘을 실어주는 사람들에게 면죄부를 주는 개념이 절대 아니다. 그런 식으로 책임 소재를 따지는 것은 다시금 능동/수동, 억압/자율의 이분법적 대립 틀 안에서만 주체를 이해한다는 한계가 있다. 오히려 버틀러는 우리가 완벽히 능동도 수동도 아니고 완벽히 억압도 자율도 아닌 상태에서 태어날 때부터 우리를 둘러싸고 우리를 주체로 형성하는 권력 구조와 타자와의 관계 구조 안에서 살아간다면, 바로 그러한 조건 속에서 우리의 행위에 윤리적 책임을 질 수 있고 져야 한다고 본다.[88]

(2) 수행성 2 : 다르게 반복하기

그렇다면 우리를 둘러싼 규범 권력이 반복과 인용을 통해 끊임없이 재생산되어 유지되는 가운데 어떻게 윤리적 책임을 지고 어떻게 규범의 폭력에 맞서 판을 뒤엎을 수 있을까? 여기서 주목할 점은, 바로 그 반복적 인용으로부터 권력에 균열을 만들어낼 가능성도 나온다는 것이다. 반복이란 몇천 번을 반복해도 처음의 원본을 똑같이 찍어내는 행위가 될 수 없다. 한 번 인용한다고 해서 규범이 완전히 충족되고 끝나는 것도 아니다. 인간이 처음으로 젠더화되는 순간이 태어나자마자 '아들입니다' 혹은 '딸입니다'라는 호명을 통해 성별을 지정받는 순간이라면, 이 젠더화는 한번 지정되면 끝나는 것이 결코 아니다. '여성'으로 성별이 지정되었더라도 그 사람이 정말로 여성이 맞는지, 여성이란 걸 아무도 의심하지 못하게 행동하는지 평생 간섭받는다. 게다가 여자는 이래야 한다는 기준들은 서로 잘 맞지 않고 모순적이며 시대와 문화에 따라 변하는데 이런 기준들을 반복해서 실천하지 않으면 계속해서 의심받고 검열당한다. 더욱이 똑같이 반복한다고 안전해지는 것도 아니다. 어제는 단정하고 여성스럽다고 칭찬받았던 옷차림인데 오늘 대중교통에서 성폭력을 당하면 '그런 짓을 당할 만한 옷차림'으로 비난받기도 한다. 역설적으로 이런 모순 때문에 더더욱 젠더 규범의 속박에서 벗어나기 힘들다. 결국 규범에 순응하는 사람들에게서조차 규범을 체현한다는 것은 아무리 규범적 이상에 다다르려 애써도 결코 완벽히 다다를 수 없기에 평생 반복해서 접근선을 그리는 고단한 과정이다.[89] 그러므로 규범에 순응하지 못하고 실패하는 존재들이 있다는 것은 다른 편에 규범에 완벽히 순응하는 존재들이 있다는 증거가 아니라 그 규범 자체가 완벽하지 않고 근본적으로 불안정하다는 것을 보여주는 강력한 증거일 수 있다. 특정한 위치에만 동일시해야 한다는 요구, 나아가 그러한 "동일시가 **반복**되어야 한다는 요구 속에는 반복에 **실패**할 가능성, 반복이 **실패하리라는** 위협이 계속 있는 것이다."[90]

이것이 바로 수행성이 열어주는 두 번째 차원, 전복적 차원이다. 버틀러는 우리가 의지주의적 주체 개념에 기초한 억압/자율의 이분법적 대립에 반드시 의존하지 않고서도 현재의 강고한 권력을 뒤엎을 방법을 반복과 인용의 양가성에서 모색한다. 계속되는 반복과 인용 속에서 처음의 의도와는 달라지고 새로운 의미가 생성되고 그 와중에 기존 권력 체제를 교란시키고 전복시킬 가능성이 나올 수 있게 된다는 것이다.[91] 이 무슨 뜬구름 잡는 소리냐 생각할 독자도 계시겠지만, 사실 반복과 인용에서 발생하는 의미의 미끄러짐이 법 자체의 수행을 실패하게 만듦으로써 발생하게 되는 불복종은 역사적으로 많은 사례를 찾아볼 수 있다. 프랑스 혁명 이후의 참정권 확대 투쟁은 인권선언을 입안한 백인 중간계급 남성들이 미처 고려하지 못했던 현상이었다. '인간이라는 이름이 당연히 자신들만을 뜻한다고 생각하던 남성들에게 여성들은 우리도 인간인데 자유와 평등의 권리가 우리에겐 왜 적용이 안 되느냐, 우리가 왜 '시민'의 온전한 권리를 누리지 못하느냐 문제제기하기 시작했다. 여성참정권 운동은 바로 그 보편 가치의 '의례적 반복'에 개입하여 다르게 반복한 명확한 사례다. 사실상 일반적으로 사회적 소수자들의 운동은, 바로 이처럼 보편성의 용어를 다르게 반복하여 그 용어의 의미를 급진적으로 한계까지 밀어붙임으로써 새로운 의미와 자리를 마련하는 식으로 이뤄졌다. '트랜스 여성도 여성이다'는 슬로건이 '여성'의 의미를 급진적으로 확장하고 변환시킨 것처럼 말이다. 1장에서 소개한 퀴어 네이션의 투쟁 방식, 이성애 로맨스 드라마에서 작가나 감독이 의도하지 않았던 퀴어 커플링을 어떤 식으로든 찾아내어 착즙하는 퀴어 시청자들의 독해 방식 또한 다르게 반복하고 인용하는 일상적 실천이다.

그러므로 문제는 반복을 하느냐 마느냐가 아니다. 우리를 둘러싼 권력에 대항하기 위해 "어떻게 반복할 것인가"가 관건인 것이다.[92] 권력으로부터 순수하게 초월적인 위치란 어디에도 없으며 우리가 우리를 둘러싸고 있는 이 규범 권력들과 어떤 식으로든 관계를 갖게 되기에 우리는 권력을 완전히 거부하거나 싹 다 거둬들일 순 없지만, 규범의 의례적 반복을 비틀어 다르게 반복함으로써 권력을 "재배치"할 순 있다.[93] 버틀러는 '나만은 권력에서 완전히 초월할 수 있다는 불가능한 환상을 붙들고 있기보다는 권력을 전복적으로 재배치하는 작업, 즉 기존의 범주들을 불법으로 점유하고 재배치함으로써 다시는 그 범주들이 당연시될 수 없도록 트러블을 일으키는 작업이 훨씬 더 교활하고 효과적이라고 주장한다.[94] 버틀러의 저작 곳곳에서 이런 실천의 예를 찾아볼 수 있다. 일례로, 버틀러가 『젠더 트러블』 마지막 장에서 드랙drag을 예로 들어 설명한 '젠더 패러디'는 기존 젠더 규범의 명령을 과장해서 재배치하여 원본/모방본의 위계가 허상임을 드러내고 규범 자체의 비자연성을 폭로하는 실천이다. 버틀러가 『물질화되는 몸』 8장 「비판적으로 퀴어Critically Queer」에서 보여주는 퀴어 개념의 변천 또한 기존의 혐오 용어를 당사자들이 점거하고 저항과 자긍심의 이름으로 재전유함으로써 권력을 재배치한 예이다.

이러한 재전유는 개념을 형성해온 억압의 역사와 별개인 것이 아니라, 그 용어의 바로 그 규범적 용례로부터 추진력을 얻는다. 퀴어가 자긍심의 용어가 될 수 있었던 건 "저 새끼 퀴어 아냐?"라고 욕먹을 때 "그래, 나 퀴어다 어쩔래?"라고 받아치면서 시작된 것이기 때문이다. 이는 자신을 비체로 만드는 바로 그 용어들을 재영토화하는 실천이고, 자신을 비체로 만드는 법의 힘을 모방하고 폭로하는 동시에 그걸 뒤집어버리고 과장되고 극적으로 만듦으로써 그 힘을 빼앗아 무단으로 사용하는 실천이다.[95] 버틀러를 비판하는 사람들은 이런 것들이 그저 사적 영역에 국한된 개인적 실천이라고 폄하하고 집단적 실천이 필요한 사안에선 근대적인 의지주의적 주체를 기반으로 하는 정체성 정치가 더 힘을 발휘할 수 있다고 주장한다. 그러나 패러디적 재전유는 집단적인 정치

행동의 일환으로 실제로 사용되어왔다. 예를 들어 미국의 에이즈 관련 인권운동단체인 액트업Act-Up에서 에이즈로 죽어가는 사회적 소수자들의 현실에 무관심한 사회에 항의하여 죽음에 관한 과장된 퍼포먼스를 벌인 die-ins 시위, 또는 한국 페미니즘 부흥을 연 메갈리아의 '미러링' 전략이 여기 해당한다. 이런 운동들은 사회적 소수자에 대한 편견과 무관심, 또는 혐오폭력에 맞서 그러한 상해를 과장되게 전시하거나 그 부조리함을 역지사지로 뒤집는 형식으로, 다르게 반복하고 재인용함으로써 패러디적 재전유를 효과적인 집단적 정치 실천으로 상연한다.96)

　　다르게 반복하기는 기존의 토템을 깨부수고 새로운 토템을 세우는 교조주의적 작업이 결코 아니다. 예를 들어 버틀러가 『물질화되는 몸』 2장에서 '레즈비언 팰러스'란 개념을 제시했을 때 이는 페니스와 연관된 팰러스를 대체하는 새로운 신체 부위를 본질로 세우고자 한 것이 아니다. "(이성애 중심적인) 성차의 헤게모니적 상징을 전치시키고 성적 쾌락의 장소들을 구성하기 위한 대안적인 상상적 도식들을 비판적으로 해방시키는" 작업으로서,97) 우리에게 인정을 수여하는 규범들과 비판적으로 관계 맺으려는 시도인 것이다. 이러한 비판적 작업이 본질주의와도 교조주의와도 다르다는 점을 『박탈Dispossession』(2013)의 공동 저자인 아테나 아타나시오우Athena Athanasiou는 다시 한 번 확언한다. "규범적인 '갖기'의 해체가 반드시 '새롭게 갖기'를 창안하는 본질주의적 제스처를 수반하는 건 아닙니다. [···] 비판적 모방은 정체성주의적 정의처럼 새로운 토대가 될 물질성을 수립하는 일에 관한 게 아닙니다. 오히려 그것은 규범의 유연성을 재배치하고 규범의 자연화라는 허구적 특성을 재배치하는 전복적인 반복을 우연적으로 발생시키는 작업입니다."98) 버틀러가 레즈비언 팰러스를 제시하는 방식은 패러디의 서사를 따른다. 먼저 버틀러는 라캉 파 정신분석에서 상징계의 핵심 기표인 팰러스phallus가 음경penis과의 연관을 부인하지만 사실상 부인의 형태로 연결되어 있음을 논증한다. 그다음엔 '너희 남자들이 팰러스와 자지의 연관성을 그토록 부인한다면, 그럼 팰러스를 다른 신체 부위에 연결시켜도 되겠네?'라고 정신분석 논리의 허점을 파고든다. 다시 말해 정신분석이 고강한 법으로 세우고자 하는 상징계가 사실상 규범적인 남성적 상상계임을 폭로하여 정신분석의 권위를 깨는 동시에, 정신분석의 바로 그 논리와 도구를 사용하여 페니스-팰러스 중심적 상징계에 균열을 내고 기존의 체계에선 예상치 못했던 낯섦을 창출하는 것이다. 버틀러는 이 개념적 작업을 '재절합re-articulation'이라 칭한다.[99)]

레즈비언 팰러스에 대한 논의에선 사이다 맛이 나지만, 사실 규범과 다르게 반복한다는 것은 마냥 유쾌 상쾌 통쾌한 일이 아니다. 앞서 설명했듯 반복 행위 자체의 특성상 원하는 바를 한 번에 성공할 수도 없고 한 번 거둔 성공이 쭉 고정되는 것도 아니다. '퀴어'처럼 주류 사회에서 낙인찍힌 의미로 반복 재생되는 개념을 가져와 고쳐 쓴다는 것은 현재도 계속 반복 중인 낙인과 오욕과 오인의 역사를 완벽히 털어버릴 수 없이 등에 짊어지고서 새로운 길을 개척하는 고단하고 어려운 작업이다. 1장에서 소개했던 퀴어 네이션은 자신들이 '퀴어'라는 개념을 선택한 이유는 '트러블'이 중요했기 때문이라고 설명하는데, 이때의 트러블은 시원하게 판을 엎는다는 뜻이 아니다.

왜 퀴어인가...
음. 그래, '게이'는 멋지다. 그 단어는 자기 자리가 있다. 하지만 수많은 레즈비언과 게이 남성들은 아침에 잠에서 깼을 때 '게이'한 게 아니라 화나고 넌더리난다고 느낀다. 그래서 우리는 우리 자신을 퀴어라 부르길 선택했다. '퀴어를 사용한다는 건 우리가 세계의 나머지로 인지되는 방식을 우리에게 상기시켜주는 한 가지 방법이다. 그건 우리가 우리 삶을 계속 조심하게 만들고 우리를 이성애자 세계에서 주변으로 밀려나게 만드는 사람들을 위해 재치있고 매력적일 필요가 없다고 스스로에게 말하는 한 가지 방법이다.100)

'게이gay'가 명랑하고 밝고 '행복'과 결부되어 있는 단어라면, 퀴어는 어떤 이들에겐 어린 시절 당했던 혐오폭력의 기억을 불러일으키고 어떤 이들에겐 자신이 늘 사회의 이방인으로 고립되어 있다는 감각을 불러일으킨다는 점에서 "화나고 넌더리나는" 현실과 결부되어 있다. 규범에 맞선다는 것은 이런 분노와 지긋지긋함이 해방과 전복의 가능성과 뒤엉켜 있는 "달콤쌉싸름"101)한 느낌이다. 현재의 지배적 규범에 어긋나는 방식으로 자신의 존재 양식을 다르게 반복하는 사람은 자신의 사회적 실존 자체가 무효화될 위험에 처하게 될 수 있다. 또한 이 싸움은 지긋지긋하게 계속되는 개싸움이다. 앞서 말했듯 규범적 이상에 대한 정의들이 서로 모순되고 충돌하는 것은 규범이 절대적 진리가 아니라는 증거이기도 하지만, 다른 한편 그토록 모순적이기에 규범적 범주를 정의하는 경계는 매우 탄력적이고, 이 때문에 규범이 더욱 우리를 꼼짝 못하게 만드는 것이기도 하다. 버틀러가 여러 번 강조했듯, 우리가 당연시해온 규범이 사실 당연한 게 아님을 폭로한다고 해서 그 폭로가 반드시 그 규범의 중립적이고 자연스러운 체하는 위상을 전복해주리라는 보증은 어디에도 없다.102)

이런 점에서 버틀러는 수행성이 "우리가 대항하는 것에 이미 연루되어 있는 관계를 기술하는 용어"라고 말한다. 이는 "권력에 대한 대안적 양상을 생산"하는 작업이 "당대의 권력관계들에 맞서는 '순수한' 저항이나 '초월'이 아니라 불가피하게 불순한 자원으로부터 미래를 만들

어내는 어려운 노동"임을 드러낸다.[103]

3) "불가피하게 불순한 자원으로부터 미래를 만들어내는 어려운 노동"

(1) 브리콜라주, 혹은 improvisation의 실천

"불가피하게 불순한 자원으로부터 미래를 만들어내는 어려운 노동", 이것이 수행성의 전복적 차원을 가장 잘 담아낸 표현일 것이다. 기존의 젠더 규범을 재생산하는 반복을 중지하고 다르게 반복하려는 노력은 트랜스 멍멍이들이 생각하는 것처럼 속 편한 담론적 유희가 될 수 없다. 또한 젠더퀴어를 옹호하는 입장 중에 젠더를 색 고르듯 고를 수 있다고 믿으며 '색연필젠더' 같은 표현을 쓰는 사람들이 생각하는 것처럼 버틀러의 수행성 개념을 정확히 의지주의적인 행위로 이해하고 젠더를 전적으로 내 의지대로 선택하고 바꿀 수 있다고 생각하는 것도 잘못된 믿음이다(버틀러가 권력의 작동과 전복을 반복과 인용으로 설명하는 것 자체가 사실상 의지주의적 주체와 결별하는 인식틀이다). 그렇다면 이제 설명해야 할 문제는, 기존의 규범체계를 재생산하지 않는 방향으로 다르게 반복하는 이 어려운 노동이 본질적 토대나 의지주의적 주체에 기대지 않고서 어떤 식으로 이뤄질 수 있는가이다.

버틀러는 "젠더는 행위다doing"라는 명제를 이렇게 설명한다. "만약 젠더가 일종의 행위라면, 어느 정도는 우리가 알지 못한 채 우리 의지와 상관없이 부단히 수행되는 활동이라면, 그런 이유로 그것이 자동적이거나 기계적인 것은 아니다. 반대로 젠더는 규제의 장면 안에서 일어나는 a practice of improvisation이다."[104] *Undoing Gender*의 한글판 『젠더 허물기』 역자는 이를 '즉흥적 실천'이라고 번역했는데, 이 번역이 틀린 건 아니지만 딱 들어맞는 것도 아니다. 명사 improvisation은 즉석에서 즉흥적으로 만든 것 또는 그 행위를 뜻하지만, 동사형 improvise에는 두 가지 의미가 있다. 하나는 '즉흥적으로 무언가를 한다'는 뜻이고, 다른 하나는 '임시변통으로 뭐든 있는 것을 끌어다 처리하다(만들다)'의 뜻이다. 이 후자의 뜻을 적용하자면, '젠더는 행위다'는 명제는 레비-스트로스Claude Levi-Strauss가 『야생의 사고(La)pensee Sauvage』105)에서 제시했던 '브리콜라주bricolage'의 의미로 해석할 수 있다. 다시 말해 사람이 아무런 제한 없이 즉흥적이고 자유롭게 젠더를 선택하고 실천한다는 뜻이 아니라, 우리를 둘러싼 권력 구조의 제약 안에서 일단 구할 수 있는 것을 가지고 젠더를 수행한다는 뜻이다. 지금은 내가 접할 수 있는 한정된 자원으로 나를 특정 젠더 정체성으로 설명하더라도, 내가 입수할 수 있는 다른 자원이 더 많아진다면, 권력 구조에 균열을 내는 집단적 실천이 더 늘어간다면, 몇 년 뒤에 나의 젠더 정체성은 다른 이름으로 설명될 수 있을지도 모른다(이에 관한 논의는 3장에서 한다). 우리의 실존과 행위성을 조건 짓는 규제적인 장 안에서 나의 삶을 가능하게 해줄 설명들을 그러모아 재조립하고 재배치하는 과정이 나의 정체화 과정identification인 것이다. 어떤 면에서 주체의 자아 형성은 자신을 형성하는 규범 체제 안에서 체제와 관계 맺고 협상하면서 자신의 한계(범위)를 정의하는 작업delimiting이 되는 셈이다.

유념할 점은, 이때 협상이란 이미 주체로 존재하는 주체가 벌이는 작업이 아니라는 것이다. 그보다 이는 법이 설정하는 한계들이 무엇이 주체가 될지 안 될지를 미리 결정하는 상황에서, 그러한 한계들이 삶과 욕망의 조건이자 계기 자체가 된다는 뜻이다.106) 성소수자들은 "법적 · 윤리적 · 정치적인 고발 · 비난 · 폭로 · 구금 · 병리화 · 범죄화가 항상 일어날 수 있는 사회적 맥락 속에서,"107) 즉 규범을 완전히 따르지 않을 경우 생존도 위협받고 '나'라는 사람 자체가 완전히 무효화되어버릴undone 위협에 처해 스스로도 자신을 어느 정도 이상으로 더 알 수 없고 설명할 수 없는 막막한 상황에서,108) "성적 교환·지배·속박의 규범들을 수용하고, 전유하고, 고쳐 쓰"면서 자기 자신과 삶을 만들어간다.109) 그 결과로 만들어지는 현재의 '나'는 "규범들에 의해 구성되고 규범에 의존할 뿐만 아니라 동시에 규범들과 비판적이고 변환적인 관계를 유지하는 방식으로 살려고 애쓰기도 하는 '나'이다."110) 그리고 이러한 실천 과정에서, 영원히 변치 않을 것 같았던 권력들이, 그 구성요소들이 해체되고 재배치되어 기존의 견고한 구조에 균열을 만들어낼 가능성이 생긴다.

(2) 불법 점유의 언어

이 improvisation의 실천이 구체적으로 어떤 것인지에 대해 설명하려면, "불가피하게 불순한 자원으로부터 미래를 만들어내는 어려운 노동"이란 구절에서 "어려운 노동"에 초점을 맞춰 좀 더 이야기할 필요가 있다. 규범과 다르게 반복하기 위해 내가 갖다 쓸 수 있는 것들은 뭐든 이것저것 그러모아 조립하여 기존의 견고한 구조에 균열을 만들기 위해 애쓰는 작업은 주체가 자기 의지로 모든 것을 통제하면서 이뤄낼 수 있는 것이 아니다. 기존의 규범을 재생산하는 반복의 커다란 흐름에서 나만 다른 길로 가고자 한다면, 때로는 물살에 휩쓸리기도 하고 내가 목표했던 방향과 비뚤어지게 가버리기도 하고 열심히 자맥질해도 제자리에 둥둥 떠 있는 것처럼 보일 수도 있다. 가라앉아 다시는 떠오르지 못할 수도 있고 말이다. 내가 나를 설명하기 위해 필사적으로 그러모아 규범과 다르게 반복한 언어를, 규범적 반복에 익숙한 사람들은 읽어내지 못하고 오해할 수도 있다. 트랜스 여성을 계속 치마가 입고 싶은 한남이라고 오독하는 반응처럼 말이다. 이런 어려움은 앞서 인용한 대로 "규범들에 의해 구성되고 규범에 의존할 뿐만 아니라 동시에 규범들과 비판적이고 변환적인 관계를 유지하는 방식으로 살려고 애쓰기도 하는 '나'"의 언어가 이 사회 문화를 지배하는 인식/인정 가능성의 언어와 불편하고 뒤틀린 관계를 맺기 때문에 불가피하게 생기는 어려움이고, 그 결과 거듭되는 실패와 폭력적 반응을 겪으면서 깊은 우울, 사회적 타살에 다름 아닌 자살, 직접적인 살해의 위험 속에 거주하게 되는 처지의 어려움이다. 이 혼란 속에서 손닿는 대로 불순한 자원을 그러모아 나 자신을 설명하고 내가 살아있어도 되는 존재임을 변호하고 내가 나로서 살아있을 미래를 만들어내려 투쟁하는 언어는 불가피하게 버틀러가 "불법 점유usurpation의 언어"111)라고 부른 것의 모양새를 띤다.

데이빗 라이머David Reimer에 대한 버틀러의 분석112)은 이 사회가 강요하는 규범적인 남성/여성 범주 중 어느 한쪽에 딱 들어맞지 않는 사람들이 자신을 그 규범에 끼워 맞추려는 힘에 대항하여 자기 자신을 설명하기 위해 규범의 언어를 불법 점유하는 방식을 보여준다. '조안/존 사례'로 알려진 데이빗 라이머는 지정성별 남성이었으나 생후 8개월 무렵 포경 수술 중에 음경이 불타 없어지는 의료사고를 겪는다. 당시 존 머니란 의학자는 태어날 때 부여받은 성별과 다른 젠더가 되는 수술을 아이가 아주 어릴 때 해버린 뒤 사회화한다면 아이가 새로운 젠더에 완벽히 적응해 잘 살 수 있다는 주장을 펼치고 있었기에, 머니에게 데이빗은 자신의 가설을 검증할 좋은 기회였다. 존 머니의 권고에 따라 데이빗은 고환 제거 수술을 받고 질을 만들기 위한 예비 수술을 받았으며 브랜다라는 이름을 부여받아 여자아이로 키워진다. 그러나 브랜다는 '정상적인' 여자아이처럼 행동하지 않았고, 그에게 여성성을 주입하려는 의료진의 학대에 가까운 훈육에 저항했다. 존 머니와 대립적 위치에서 젠더 정체성을 호르몬을 토대로 설명하던 성과학자 밀튼 다이아몬드가 이 사례에 개입하면서 브랜다는 14세부터 데이빗으로 살기 시작했다. 그는 남성 호르몬 주사, 유방 제거 수술, 음경 수술을 받았다. 머니는 사회화가 성별을 결정한다는 주장의 증거로 브랜다를 이용했고, 머니를 비판하는 다른 의료진들은 태어난 성은 수술로도 바꿀 수 없다는 주장의 증거로 데이빗을 이용했다.

여기서 주목할 것은 데이빗의 자기 서술이 처한 딜레마적 위치다. 여자아이로 살길 강요받았던 시절의 데이빗 라이머의 자기 서술은 '자기에 대해 설명하기'가 갖는 양가성을 드러낸다. 한편으로, 우리는 이 서술을 개인이 자신을 이해받기 위해 제공하는 서사로서 이해하고 존중해야 한다. 그의 진술을 그 자체로 존중해야 하는 이유는 진술을 존중한다는 것이 화자를 존중받을 만한 인간으로 대한다는 뜻이기 때문이다. 그러나 다른 한편, 데이빗의 진술을 존중한다고 해서 그의 진술이 그 어떤 권력과도 무관하게 완전히 자유롭다고 보거나 그의 내면적 본질을 고스란히 반영한다고 속단해서는 안 된다. 다른 모든 사람의 진술과 마찬가지로 그 또한 말을 할 때 자신을 둘러싸고 자신보다 앞서 존재하는 규범적 언어의 틀 안에서 진실을 생산하는 것이다. 또한 그의 진술은 항상 특정한 메시지전달 구조의 맥락(이 경우엔 그가 평생에 걸쳐 겪은 의료 권력의 감시와 폭력적인 개입) 안에서 일어난 대답이라는 점을 이해해야 한다. 브랜다/데이빗은 어린 시절부터 내내 의료진의 관찰 대상이었고 심각한 인권침해를 겪었다. 의료진이 지켜보는 가운데 옷을 벗어 성기 발달 정도를 내보이라는 요구를 받거나 그의 쌍둥이 남자 형제와 유사 성행위를 강요당한 적도 있었다. 의료진이 데이빗에게 스스로 여성으로 느끼는지 답하라고 끊임없이 질문할 때, 이 질문은 성적 진리를 규명하는 객관적이고 중립적인 질문이 아니라 그가 '알맞은' 젠더 규범을 획득했는지를 집요하게 심문하는 훈육 과정에 속한다. 따라서 데이빗이 자신의 진짜 젠더가 뭐라고 느끼는지 보고할 때, 그가 순수하게 자신의 본질에 대한 느낌을 이야기한 것이라기보다는 그가 '인간'인지, '적합한 몸'을 가졌는지를 규정하고 식별하고 감시하는 지식 체계에 반응한 것으로 봐야 한다.113)

데이빗의 서술은 그가 규범과의 괴리감을 느끼고 있음을 보여준다. 의료진은 끊임없이 여성성과의 일체감을 강요했지만, 그는 그것이 자신에게 부과되는 규범임을 알고 있었고 자신이 그 규범에 미달한다고 생각했으며 몸과 성에 대해 자신이 갖는 느낌은 강요되는 규범과는 다른 무언가라고 생각했다. 그러나 데이빗의 괴로움이 외부에서 자신을 바라보고 강제하는 관점과 그가 자신을 바라보는 관점이 완전히 별개라서 생겨난 것이라고 말하긴 어렵다. 그는 규범의 외부에 있는 것이 아니라 이미 규범 안에 들어와 있기 때문이다. 버틀러가 『젠더 트러블』에서 분석한 에르퀼린처럼, 데이빗 또한 규범 내부에 추방의 형태로 포함되어 있다. 특정한 존재 및 양태들을 자신의 외부, 즉 배척하고 비난하며 자신과의 관계성을 부인해야 할 외부로서 생산하고 배치해야만 규범은 규범으로서의 위상을 정립할 수 있다는 점에서, 에르퀼린과 데이빗은 법의 양가적 산물이다.114) 규범은 규범이 규정하는 이상ideal 속에서만 발견되는 것이 아니라 규범이 일탈, 괴물스러움, 변태로 규정한 것들 속에서도 발견된다.115) 특정한 존재 및 양태들을 자신의 외부로서, 즉 배척하고 비난하며 자신과의 관계성을 부인해야 할 외부로서 생산하고 배치해야만 규범은 규범으로서의 위상을 정립할 수 있기 때문이다. 그렇기에 데이빗이 느끼는 괴리감은 규범으로부터 완전히 동떨어진 위치에서 느끼는 괴리감이 아니라, 일반적으로 규범들에 종속되어 있고 특정 규범에 특히 더 종속되길 강요받으면서도 규범들 어디에도 완전히 들어맞지 않는 것으로 위치 지어지는 존재가 느끼는 괴리감으로 볼 수 있다. 다른 한편, *그가* *스스로*를 여성적이라고 느끼지 못했음을 증명하기 위해 처음부터 여성스러운 옷이나 장난감 따위는 싫었고 총을 갖고 놀거나 나무타기를 더 좋아했다고 고집스레 진술할 때, 그는 규범 내에 이미 들어와 있고 규범의 심각한 간섭을 받고 있으면서도 그에 대항하기 위해 또 다른 규범의 언어로 말한다. 그러나 데이빗은 단순히 하나의 젠더 규범을 다른 젠더 규범으로 교환하고 있는 것이 아니다. 존 머니가 이끄는 의료진이 질 수술을 강요하면서 제대로 된 음경이 없으면 사랑이나 결혼 같은 평범하고 행복한 삶은 살 수 없을 거라고 위협했던 순간을 떠올리며 데이빗이 자신의 다리 사이에 있는 것(성기)만으로 자신의 가치를 결정할 순 없다고 선언할 때, 그는 남성/여성이라는 규범 중 하나를 택하는 것만이 유일한 길은 아님을 주장하고 있는 것이다.

그의 언어는 이 양가성을 동시에 고려할 수밖에 없는 딜레마, 혹은 양가성을 동시에 점유해서 생존할 수밖에 없는 딜레마 속에서 몇 번이고 부서지고 뒤틀리고 오독되고 이용당하면서도 끈질기게 자신으로 살아있고자 하는 메시지를 전달한다. 마찬가지로, 트랜스섹슈얼이 자신의 성별을 재지정하기 위해 의료 조치에 접근하는 과정에서 사용하는 언어는 불법 점유의 언어로 이해해야 한다. '터프'들은 이들의 의료 조치가 젠더 이원론 규범 체계를 강화한다고 맹렬히 비난한다. 그러나 엄밀히 말하면 의료 조치를 선택하는 이들이 체계를 강화하는 것이 아니라, 반대로 젠더 이원론 규범이 이 사람들에게 남/여 양쪽 자리에 끼워 맞추는 것 말고는 달리 생존할 자리를 내어주지 않는 것이 문제. 성 재지정 수술이 젠더 이원론 체계를 강화한다고 비판하는 사람들은 그런 수술을 선택하는 당사자들이 어떤 고통을 겪는지에 대해 관심이 없다. 트랜스인 사람들이 트랜스라는 것이 밝혀질 경우 상시적으로 얼마나 큰 위험에 처하는지에도 관심이 없고, 수술이 아무리 비싸고 아무리 위험해도 그러한 의료적 조치를 선택한 사람들에게는 목숨을 건 문제라는 점에도 관심이 없다. 성 재지정 수술을 허가받기 위해서는 이 사회가 규정해놓은 매우 편협한 남성성/여성성의 기준에 끼워 맞추는 불합리한 과정을 거쳐야 한다는 점에도, 그 기준에 맞게 '어릴 때부터 치마 입고 인형 놀이하는 것을 좋아했고' 식의 전형적인 여성성 서사를 연기하지 않으면 수술할 수 없게끔 제도가 구축되어 있다는 점에도 관심이 없다. '터프'들은 트랜스인 사람들을 직장에서도 쫓아내고 학교에서도 쫓아내면서 이들이 살아있을 공간을 하나도 남겨놓지 않는 주제에, 그저 이들이 자기들 눈에 안 띄기만 바라는 것이다. 그러나 태어날 때 지정받은 성별에서 자신이 벗어나 있다고 감각하는 사람들이 젠더 이원론에 기대어 반대 성별을 자기 정체성으로 주장한다 하더라도, 그것은 그 사람에게 가져다 쓸 수 있는 담론적 자원이 그것밖에 없고 사회 제도가 그 사람에게 그러한 언어를 습득해야만 생존을 허락할 것이라고 위협하기 때문이다. 따라서 그 사람의 주장을 젠더 이원론이 진리이자 물질적으로 실재한다는 증거로 쓸 순 없다. 트랜스섹슈얼의 의료 조치는 자신의 생존이 그 규범에 달려 있는 사람들이 규범의 틈새를 가로지르며 어떻게든 자신을 '살아도 되는' 존재로 설명하기 위한 필사적인 협상의 과정으로 봐야 한다.

불복종은 규범과의 바로 그 모순적인 괴리로부터 출현한다. 데이빗은 통상적으로 인간으로 인식되는 기준으로부터 떨어져 있다. '그가 누구인가'와 '그가 무엇을 가지고 있는가(성기 종류)' 사이엔 같은 척도로 잴 수 없는 간극이 있다. 그가 갖고 있는 음경과, 보통 남자라면 가지고 있어야 한다고 기대되는 음경 사이에도 같은 척도로 잴 수 없는 간극이 있다. 때문에 그의 인간다움이 출현하는 방식은 온전히 인식 가능해지지도 않고 온전히 분류되지도 않는다. 그리고 이 때문에 데이빗은 인간다움 자체를 계속 의심받는다. 그러나 이 상황은 그 개인의 실패가 아니라, 그를 온전히 인식/인정할 수도, 제대로 분류할 수도 없고 그래서 간단히 처분해버리지 못하는 규범의 무능을 드러낸다고 봐야 한다. 역설적으로 바로 이 간극, 손쉽게 어느 한 범주에 쓸어 넣어지지 않는 이 복잡성, 통상적인 '인간'과의 바로 이 거리가 데이빗이 하는 비판적 발화의 조건이자 그가 스스로의 가치를 정당화하는 원천이 된다.116) 그는 인식 가능성의 규제적인 매트릭스 안에 안전하게 포섭되지 않음으로 인해 인간으로서의 실존이 위협받는 위치에 놓이지만, 역설적으로 바로 이러한 위치가 그 매트릭스에 대항하는 비판적인 관점을 가능케 하는 장소가 되는 것이다. 이 위치에서 나오는 데이빗의 발화는 데이빗을 규정하려 했던 이들의 지식에 한계가 있음을 입증하고, 진리의 정치117)를 혼란에 빠뜨린다. 그는 의도적으로 자신을 규범과 관련하여 특정한 위치에 놓지만 규범의 요건을 충실히 따르지도 않는 불복종을 감행한다.

이러한 위치는 규범을 완전히 극복한 새로운 유토피아가 아니라 "규범과 규범의 실패 사이 어딘가"에 있다.118) 데이빗을 포함해 많은 젠더퀴어들이 자살 혹은 타살로 내몰려왔듯, 주로 비체의 영역인 이 위치에서 삶을 지속한다는 것은 매우 위험하고 고단한 일이다. 제대로 인식되지도 인정받지도 못하는 위치에서 부단히 감행하는 불복종은 행위자가 의도했던 바를 이루지 못하고 지쳐 스러질 수도 있다. 게다가 규범에 이미 연루되어 있는 상태에서, 규범과 규범의 실패 사이 어딘가의 위치에서, 규범의 언어들을 불법 점유하여 그 불순한 자원으로 자기 자신을 설명하고 그저 자기 모습대로 살아있어도 될 미래를 만들기 위한 실천은 불가피하게 모순된 형태를 띨 수밖에 없다. 그러나 버틀러는 이런 모순이 사회적 소수자들의 한계가 아니라 수행성이 발현되는 모든 형식에 해당되는 것이며 나아가 정치를 추동하는 힘이라고 주장한다.

(3) 수행적 모순

사람들은 어떻게 하면 정확하게 진짜 전복적 효과가 일어날 것인지 알고 싶어 한다. 이분법적으로 딱 나눠서 저건 보수고 이건 진보라는 확답을 얻고 싶어 한다. 아무리 복잡한 맥락이 있더라도 단 하나의 진짜 해결책이 있었으면 하는 바람을 버리기란 쉽지 않다. 독자분들이 지금까지의 논의를 잘 따라왔다면, 이제 모든 것을 다 알고 통제하는 자율적이고 독립적인 주체가 자신을 누르는 권력을 훌쩍 벗어난 유토피아적 위치에서 자유롭게 행위하고 판단할 수 있다는 믿음이 잘못되었음을 알 것이다. 그러나 그래서 그다음은 어떻게 해야 할지 막막해고, 아무리 몸부림친들 "전복이 자연히 딸려 나오리라는 약속은 어디에도 없다"[119]는 깨달음에 힘이 쭉 빠질지도 모르겠다. 그럼에도 '언제 어디서 무엇을 어떻게 행해야 전복이 일어날 수 있을까?'하는 질문은 우리가 결코 쉽게 답할 수 있는 질문이 아니다. 우리는 우리가 권력에 대항하는 바로 그 순간에 권력 안에 존재하고 권력에 의해 형성되기 때문이다. 따라서 우리는 우리 자신에 대해 부분적으로만 알 수 있을 뿐이고, 타인에 대해서도, 세상에 대해서도, 우리가 맞서고 있는 권력 규범과 우리가 지향하는 권력 규범에 대해서도 완벽히 다 알 수가 없다. 그러나 1장에서부터 이야기했듯, 이러한 무지는 우리가 정치적으로 아무것도 할 수 없다는 뜻이 아니며 우리가 아무런 책임을 지지 않아도 된다는 뜻도 아니다. 오히려 이러한 무지와 불투명성은 우리가 더 나은 세상을 만들어가기 위해, 즉 모든 것을 다 파악하고 통제하고 획일적인 질서에 종속시키는 세상이 아니라 서로의 차이를 존중하고 다양성과 복잡성을 인정하면서 보편적이라 믿어져 온 범주들을 정말로 보편적인 것으로 만들기 위해 필요한 조건이다. 그러므로 '언제 어디서 무엇을 어떻게 행해야 전복이 일어나는가' 하는 질문은 해소될 수도 없지만 해소되어서도 안 되는 질문이다. 이 점을 논의하기 위한 개념이 바로 '수행적 모순 performative contradiction'이다.

2006년 봄 캘리포니아의 주요 도시에서 일어난 미등록 이주자(흔히 '불법 체류자'로 불리는)의 권리 보장을 요구하는 대규모 거리 시위에서, 참가자들이 미국 국가(國歌)를 멕시코 국가와 함께 스페인어로 노래한 사건이 있었다. 버틀러는 스피박과의 대담집 『누가 민족국가를 노래하는가Who Sings the Nation-state?』[120]에서 이 사건을 '수행적 모순'이라는 개념으로 해석한다. 이 행동은 기존의 '우리'라는 경계에 의존하는 것이 아니라 행동을 통해 '우리'라는 소속양식과 '평등'의 틀을 새로 짜는 행동이다. 스페인어로 미국 국가를 노래하는 이 행위는 '우리'라는 복수성을 표현하는 행위이고, 동시에 이 '우리'는 민족과 평등에 대한 사유 방식을 변화시킨다. 당시 대통령이던 부시가 미국 국가는 오직 영어로

만 노래해야 한다고 주장했지만, 이 주장이 사후적인 것이라는 점에서 이미 미국 국가를 다른 언어로 부를 수 있는 가능성을 기존의 민족과 국가 개념만으로는 막을 수 없다는 한계가 드러났다. 다른 언어로 미국 국가를 부르는 행위는 기존의 민족과 국가 개념에 대해 근본적인 성찰을 할 계기를 마련한다. 그러므로 이 행동은 평등의 조건 자체를 질문하는 행동이자, 동시에 그 행동 속에서 새로운 평등의 조건을 만드는 행동으로 평가될 수 있다.

이것을 버틀러는 한나 아렌트Hannah Arendt의 '권리를 가질 권리' 개념과 연결시켜 설명한다. 버틀러에 따르면 아렌트는 인간이 온전히 인간다움을 간직하면서 생존하기 위해서는 최소한 다음의 세 가지의 권리가 필요하다고 주장한다. ①삶의 터전을 가질 권리, ②권리를 가질 권리, ③자유를 가질 권리.121) 이 권리들은 단순히 이미 존재하는 것들에 대해 소유권을 주장하는 식의 권리가 아니다. 버틀러는 이 권리 개념들을 수행성과 연결시켜 설명할 수 있다고 본다.122) "자유는 자유에 대한 권리를 요청하는 행위에 앞서서 존재하지 않는다. […] 오직 그러한 행위를 통해서 자유가 존재할 수 있게 되는 것이다."123) 자유를 요청하고 선언한다고 해서 바로 자유를 획득할 수 있는 것은 아니지만, 그 행위는 자유가 무엇이며 무엇이 될 수 있는지를 보여준다는 점에서 자유를 실행한다. 다시 말해 바로 그 요청행위의 한 가운데서 우리가 요청하는 자유, 평등, 우리의 의미가 만들어지고 경합된다는 점에서 수행적인 것이다. 집회에 참가해 노래를 부른 이들은 미등록 이주자 신분이기에 표현의 자유도 집회결사의 자유도 법적으로 부정당하는 존재들이지만, 그러한 권리('권리를 가질 권리'에서 전자의 권리, 즉 법치를 통해 보장받을 수 있는 권리)를 요구하면서 동시에 실제로 그 권리를 거리 위에서 실행하고 있다.124) 이러한 권리 행사는 아직 오지 않은 미래를 현재에 상연하는 역설 속에서 그 가능성을 열어젖히는 수행적인 실천이 된다.

수행적 모순은 우리를 막다른 골목으로 몰아넣는 것이 아니라 모반의 형식들을 이끌어낸다. 물론 미국 국가를 스페인어로 부르는 행동을 그 자체로 완전히 전복적이라고 말할 수는 없다. 앞서 논했듯 우리는 이미 처음부터 규범들 안에 배태되어 있기에, 특정 규범에 대항하기 위해서는 또 다른 규범의 언어를 재전유하고 재절합하여 투쟁할 수밖에 없다. 그 때문에 전복에는 항상 위험이 뒤따른다. 또 다른 민족주의로 귀결될 위험, 약간의 다양성들을 첨가한 뒤 다시 동질성을 확인하는 식의 다원주의로 귀결될 위험, 다시금 그저 다른 방식의 종속에 지나지 않을 위험. 그러나 여기엔 이러한 위험과 그 위험을 넘어설 가능성이 항시 공존한다는 모순이 있다. 버틀러는 바로 이 모순이 정치를 추동시킨다고 주장한다. 집회의 자유를 얻지 못한 이들이 거리에서 집회를 여는 모순을 통해 거리라는 공적 공간은 자유로운 집회 현장으로 재편된다. 권리에서 배제된 이들의 권리 요구는 지배적인 언어를 손상시키고 권력관계를 고쳐 쓸 수도 있다. 이러한 수행적 모순이 없다면 정치적 저항이란 불가능한 것이다.

일단 우리가 어떠한 정치적 입장도 수행적 모순에 의거할 순 없다는 생각을 물리치고, 수행적 기능을 시간 속에서 효과가 펼쳐지는 주장이자 행동으로 받아들인다면, 우리는 수행적 모순이 없다면 변화를 위한 그 어떤 급진 정치도 불가능하다는 정반대의 명제를 환대할 수 있을 것이다. 자유와 평등을 가로막는 권위와의 바로 그 관계 속에서 자유를 행사하고 평등을 단언한다는 것은, 자유와 평등이 현재의 명문화된 절합을 넘어서 어떻게 움직일 수 있고 움직여야 하는지를 보여주는 것이다. 새로운 무언가를 지향하기 위해선 우리는 모순에 의지하고, 모순을 드러내야 하며, 모순에 착수해야 한다. 그 외의 다른 방법은 없다.[125]

　이러한 수행적 모순은 보편적 권리를 박탈당한 주변부 존재들의 정치의 핵심이다. 자유, 평등, 안전, 복지, 인간, 여성과 같은 보편성의 범주에서 배제된 이들이 보편성을 주장하는 행위는 단순히 기존의 보편성 개념을 확장하는 데 그치는 것이 아니다. 오히려 이 행위들은 보편성의 소위 보편적 위상을 근본적으로 뒤흔드는 질문들을 유발한다—누가 보편성을 말할 수 있는가? 보편성은 어떻게 말해져야 하는가? 우리는 이런 질문에 대한 답을 알지 못하며, 사회적 소수자들의 투쟁은 이 질문을 계속해서 늘 열려 있는 것으로 만든다.[126] 역설적으로 이 열린 질문이 바로 보편성에 핵심이 된다. 1장 말미에서 언급했듯, 보편적 권리나 이름으로 간주되는 것을 부여받지 못한 이들이 그 권리나 이름을 주장할 때, 우리가 배제되었으니 아직 그것은 보편적이지 않다고 주장할 때, 이 '아직은 아닌not yet'이 사실상 계속해서 보편성을 보편적 의미 자체로의 보편성이 되도록 추구하는 원동력이 된다. '아직은 아닌'에서 출발하여 보편성을 단언하는 것은 보편성을 고정불변의 의미가 아니라 어느 하나의 실체에 고정되지 않고 열려 있는 범주로서 재구성한다. 그리고 이렇게 새로이 구성된 보편성은 "아직 존재하지 않는 것을 현실로 불러내고 아직 만나지 못한 문화적 지평들의 수렴 가능성을 붙잡는 데" 전략적 유용성을 갖는 "미래 지향적 노동"이 될 수 있다.[127]
　그렇다면 이런 우연성을 어디까지 열어놓을 것인가? 우리는 그것을 미리 알 수 없고, 어쩌면 영원히 알 수 없을지도 모른다. 내가 이 정도면 되었다고 생각한 선이 다른 이들에게는 턱없이 모자랄 수 있기 때문이다. 여기서 버틀러가 인간이라는 보편적 범주—평등과 자유와 복지와 더 나은 삶을 위한 거의 모든 운동의 중심이자 목표인 범주—에 대해 논한 대목을 찬찬히 읽어보자.

'인간'이라는 범주는 자기 안에 인종 간 권력 격차의 작동 방식을 자신의 역사성의 일부로 간직하고 있다. 그러나 그 범주의 역사는 끝나지 않았고, 그래서 '인간'은 결코 최종적으로 완전히 파악될 수가 없다. 인간 범주가 시간 속에서 만들어지며 또 광범위한 소수자들을 배제함으로써 작동된다는 점이 의미하는 바는, 그런 범주에서 배제된 자들이 그 범주에 대해, 그리고 그 범주에서부터 말하는 바로 그 지점에서 '인간' 범주에 대한 재절합이 시작될 것이라는 뜻이다. 파농이 "흑인은 사람이 아니다"라고 썼을 때 그걸 쓴 건 누구인가? 우리가 '누구'냐고 물을 수 있다는 것이 의미하는 바는, 인간이 자신의 범주적 정의를 초과해왔다는 뜻이며, 어떤 다른 미래로 그 범주를 열어젖히는 그 발화 안에서, 또 그 발화를 통해 그 사람이 존재한다는 뜻이다.

만약 '인간'을 구성하는 인정의 규범들이 있고, 그 규범들이 권력 작용을 기호화한다면encode, '인간'의 미래를 두고 벌이는 경쟁은 그러한 규범들 안에서 그 규범들을 통해 작동하는 권력을 두고 벌이는 경쟁이 될 것이다. 그 권력은 언어 속에서 제한된 방식으로 출현하거나, 또는 사실상, **앞으로 움직여나감에도 불구하고 절합을 멈추려 애쓰는 식의 절합의 다른 양식들** 안에서 출현할 것이다. 이런 이중 운동은 규범에 대한 투쟁을 절합하는 발화, 이미지, 행동 속에서 발견된다. **읽어낼 수 없거나, 알아볼 수 없거나, 불가능하다고 여겨지는 존재들은 그럼에도 불구하고 '인간'이라는 용어를 가지고 발언하면서 기존의 권력 격차에 완전히 속박되지는 않는 역사에 그 용어를 열어젖힌다.**[128]

설명을 위해 임의로 원문에선 하나였던 문단을 두 개로 나누고 세 개의 문장을 강조해봤다. 첫 번째 단락은 앞서 미등록 이주자들의 시위처럼 '아직은 아닌' 자들이 만드는 보편성의 정치를 설명한다. 자유나 평등 따위는 네 것이 아니라고 배제되어온 사람들이 자유와 평등의 권리를 부르짖음으로써 그 순간 아직 오지 않은 미래를 열어젖혔듯, '너는 인간이 아니다'라고 배제되어왔던 사람들이 보편적 인권을 어떤 식으로 박탈당해왔는지 스스로 이야기함으로써, 고정불변의 보편적 기준이자 진리로 간주되던 '인간' 개념이 사실상 교차적 억압 속에서 역사적으로 형성되어온 방식을 폭로하는 동시에, 바로 그러한 발화를 통해 그 순간 '인간'으로 존재한다는 것이다. 두 번째 단락은 보편성의 범주들을 둘러싸고 그동안 배제되었던 이들을 위해 미래를 열어젖히는 투쟁이 어떤 식으로 이뤄지는가를 부연 설명한다. 두 번째 단락의 첫 번째 문장을 정리하면 다음과 같다. ①앞서 젠더 규범에 대해 설명했듯, 권력은 '인간'이 무엇인지를 구성하는 인정의 규범들 안에서 그 규범들을 통해 작동한다. ②따라서 '인간'이 미래에 어떤 모양이 되어야 하고 어떤 존재들까지 포함해야 하는가를 두고 벌이는 경쟁은 이 규범 권력을 둘러싼 경쟁, 즉 앞서 말한 불법 점유의 언어를 통해 인정 규범 자체를 재절합하는 투쟁이다.

여기서 주목할 것은 두 번째 단락의 두 번째 문장이다. "그 권력은 언어 속에서 제한된 방식으로 출현하거나, 또는 사실상, **앞으로 움직여나감에도 불구하고 절합을 멈추려 애쓰는 식의 절합의 다른 양식들** 안에서 출현할 것이다."에서 내가 굵은 글씨로 강조한 부분을 숙고해볼 필요가 있다. 앞서 언급한 AOA의 <너나 해> 퀸덤 공연은 한편에서는 가부장적 남성 우월주의 안에서 작동하는 기존의 '남성다움/여성다움'의 이분법과 여성이 겪는 성적 대상화를 다르게 반복하여 재절합했다고 해석할 수 있다. 거기서 더 나아가 퀴어 관객들은 이 공연을 젠더 이분법 자체를 교란시키는 퀴어한 재절합으로 해석했다. 그런데 전자의 해석을 한 사람들 중 시스젠더 중심주의를 수호하는 랟펨들이 이 퀴어한 해석에 격렬히 분노하여 '퀴어 묻히지 마라', '드랙 묻히지 마라'라고 대응하면서 이 공연이 모두가 축하하고 기뻐할 수 있는 공연이 아니라 진영을 가르는 논쟁의 중심이 된 적이 있다. 사실 어떤 의도를 가지고 시위를 하거나 예술 작품을 만들거나 메시지를 내놓았을 때는, 그것 자체가 이미 기존의 권력 규범이 유통되고 받아들여지는 방식을 비틀어 재절합한 실천이기에 대중이 내가 의도한 변화까지만 읽어줬으면 좋겠다고 생각하기 마련이다. 이런 바람이 그 자체로 잘못된 건 아니다. 하지만 나와 다른 위치성을 가진 다른 사람들은 동일한 텍스트에서도 다른 의미를 더 읽어내고 다른 방향에서 재절합을 계속해갈 수 있다. 이때 그러한 재절합, 다르게 반복하는 실천을 중단할 선을 긋지 말고 계속 열어놓는다면 <너나 해> 같은 공연은 페미니즘과 퀴어가 함께 하면 어떻게 더 풍요로운 의미와 더 전복적인 움직임을 창출할 수 있는지 보여주는 예가 될 수 있다. 반대로 '퀴어 묻히지 마라', '드랙 묻히지 마라'처럼 "절합을 멈추려 애쓰는 식"으로 대응한다면 이는 생물학적 남/여 이분법을 진리인 양 수호하기 위해 다른 퀴어들의 존재 및 실천을 모두 그 틀에 맞춰 베어내고 쫓아내는 폐쇄적인 폭력이 될 수 있다.

그러므로 몇 번이고 강조하지만, 우리가 미리 알 수 없는 것들을 향해 우리의 운동을 열어놓는다는 것은 무책임함이 아니라 인식론적 겸손의 정치다. 내가 타자를 다 알지 못하고 다 알 수도 없다는 것을 인정하고, 내가 이해하지 못하겠는 타자를 함부로 재단하거나 배제하지

않고, 끊임없이 나 자신을 성찰하려는 책임의 정치를 하려는 노력인
것이다.129)

4. 비판이란 무엇인가

이 장에서 나는 버틀러의 젠더 수행성 이론을 최대한 쉽게 풀려고
노력하면서 두 가지를 독자분들에게 제공했다. 첫째, '생물학적 성별'이
란 게 있다고 고집스레 주장하면서 트랜스젠더퀴어들에게 폭력을 휘두
르는 이들에 대항하여, 젠더 이원론이 본질적인 진리가 아님을 논증하
고 젠더 규범이 어떤 식으로 구축되고 작동하는가를 보였다. 둘째, 이원
론적 젠더 규범에 들어맞지 않는 사람들이 자신을 설명하고 세상에 자
기 자리를 만드는 데 필요한 이론적 자원을 제공하는 데 힘썼다.

서두에서 언급했던 그 의견서로 되돌아가 보자. 그 의견서는 퀴어
정치학이 '~중심주의'에 대한 비판만 하느라 기득권에 속하는 사람들에
게 윤리적 부채감을 만들어낼 뿐 정상성을 해체하지는 못한다고 주장하
면서 마지막으로 이런 조언을 한다. "중심성에 대한 비판을 넘어서 비판
에 대한 사유 자체를 어떻게 틀 짓는지에 대한 고민이 담겼으면 한다."
퀴어 정치학의 '비판적 사유를 구조 짓는 틀'을 묻는 이 질문에 대해,
그리고 트랜스 멍멍이란 조롱을 자랑스럽게 내거는 '터프'들이 자신들
이야말로 트랜스젠더를 '비판'한다고 주장하는 태도에 대해 딱 맞는 대
답이 있다. 버틀러는 비판이란 어떤 것이어야 하는가에 대해 이렇게
말한다. 비판이란 "삶의 다른 양식들이 가능해지도록, 삶을 규제하는
용어들이 무엇인지를 심문하는" 실천이다. 이는 그저 다양성과 차이를
있는 그대로 찬양하자는 나이브한 자유주의나 무한다원주의가 아니다.

모두가 동일한 노선을 따라 살기를 강제하는 규범적 모델에 "저항하는 삶에 피난처를 제공하고 그러한 삶을 유지하기 위한 보다 포괄적인 조건을 확립하는" 작업이 비판인 것이다.130) 그런 점에서, 버틀러는 불안정성과 안정성 중 어느 쪽이 더 정치적으로 올바른가를 두고 싸우는 것이 소모적이라고 생각한다. 버틀러는 비수술 트랜스젠더는 전복적이고 수술한 트랜스섹슈얼은 이원론적 젠더 규범 체계를 강화한다는 식의 이분법에 반대한다. 안정된 정체성을 바라는 마음이 시대착오적이고 잘못되었다고 보는 시각에도 반대한다. 왜냐하면 "살 만한 삶이 가능하려면 정말 여러 종류의 안정성이 필요"하기 때문이고, 규범이라는 것이 단 하나만 있는 것도 아니고 모든 사람에게 똑같이 작용하는 것도 아니기 때문이다. 차라리 중요한 것은 어떤 규범과 관습들이 "사람들을 숨쉬고 욕망하고 사랑하고 살게" 만드는가, 또 어떤 규범과 관습들이 "삶의 조건 자체를 규제하거나 제거하는"가를 꼼꼼히 따지는 일이다.131)

따라서 비판에서 가장 중요한 것은

> 특정한 사람에게만 살 만한 삶을 모두에게 법으로 제정하는 걸 중단하는 일이고, 마찬가지로 특정한 사람에게만 살기 힘든 삶을 모두에게 금지하는 것을 막는 일이다. [⋯] 젠더 규범들에 대한 비판은 그 규범들이 살아지는 삶의 맥락 안에 놓여야 하고, 살 만한 삶의 가능성을 최대화하는 것은 무엇인가, 견딜 수 없는 삶이나 사실상 사회적 죽음이나 실제 죽음의 가능성을 최소화하는 건 무엇인가, 이러한 질문에 의해 인도되어야 한다.132)

그러므로 젠더 이분법에서 벗어나는 존재들은 가짜이고 살아서는 안 된다고 주장하는 이들에게 질문을 되돌려줘야 할 때다. 당신들의 비판은 과연 '비판'인가?

주

1. 이 글은 이제는 절판된 내 책 『섹스화된 몸: 엘리자베스 그로츠와 주디스 버틀러의 육체적 페미니즘』(서울: 새물결, 2010)과 학술지 논문 「근대적 주체 이후의 행위성: 주디스 버틀러의 행위성 이론」(『영미문학페미니즘』, 19권 2호, 2011, 153-191쪽)의 내용을 바탕으로 수정, 발전시킨 것이다. 초고는 2018년 비사이드 포럼 <퀴어 트러블>에서 처음 강연하였다.
2. 자세한 설명은 수잔 스트라이커의 『트랜스젠더의 역사』(루인, 제이 옮김, 이매진, 2016[Susan Stryker, *Transgender history*, Berkeley, CA: Seal Press: Distributed by Publishers Group West, 2008]) 4장을 보라. 베티 프리단을 비롯한 백인 중산층 기혼 이성애자 중심의 리버럴 페미니스트들이 레즈비언을 페미니즘 정치에서 몰아내려 했다면, 레즈비언이 포함된 래디컬 페미니스트들은 그러한 공격에 맞서 싸우면서도 트랜스젠더, 트랜스섹슈얼을 비롯하여 남/여 이분법에 맞지 않는 존재들을 페미니즘 정치에서 몰아내려고 했다(그 과정에서 사회에서 '남성성'으로 분류되는 젠더 표현을 하는 부치들 또한 배척받았다). 래디컬 페미니스트들은 '여성에 동일시하고 여성을 사랑하는 여성'이라는 정치적 레즈비어니즘에 입각한 성별 분리주의를 내세우면서 한편으로는 '우리는 같은 여성이니 싸우지 말자'는 동질성에 입각한 결속을 만들어내고자 했고, 다른 한편으로는 기혼 이성애자 페미니스트들보다 '더' 페미니즘적이라는 도덕적·정치적 당위를 확보하고자 했다. 시스젠더 남성들에 대한 공격보다 트랜스젠더에 대한 공격이 더 중점적으로 집요하게 펼쳐진 배경에는 '같은 여성'으로 묶일 수 없는 '내부의 적'이라는 낙인을 넘길 희생양이 필요했던 이유도 있었을 것이다. 물론 래디컬 페미니즘이 반드시 사상적으로 트랜스 혐오와 직결되는 것도 아니고 역사적으로 모든 래디컬 페미니스트가 죄다 트랜스젠더를 배제하고 혐오하는 입장에 동조하는 것은 아니다. 래디컬 페미니즘으로 분류되지 않는 다른 페미니스트들이 트랜스 혐오와 무관한 것도 아니고 말이다. '트랜스를 배제하는 급진적 페미니스트(trans-exclusionary radical feminist, 줄여서 TERF)'라는 신조어는 래디컬 페미니즘 안에서도 트랜스젠더를 배제하는 입장과 그렇지 않은 입장을 구분하기 위해 만들어진 용어다. 2008년에 호주의 시스젠더 래디컬 페미니스트 블로거 비브 스미스(Viv Smythe)가 만든 것으로 알려져 있지만 스미스는 자신이 온라인에서 이미 사용되고 있던 용어를 옮긴 것뿐이라고 말한다. 스미스는 래디컬 페미니스트들이 터프를 암묵적으로 지지하는 듯 보이는 상황에 분개하면서 그러한 배제에 반대하는 글을 쓰며 이 용어를 사용하였는데, 래디컬 페미니즘 안에서 트랜스를 배제하는 이들을 구분한 그 글이 온라인에서 빠르게 유명해지면서 그 단어를 만든 것처럼 보이게

되었다는 것이다. Viv Smythe, "I'm credited with having coined the word 'Terf'. Here's how it happened", *The Guardian*, 2018.11.28. theguardian.com/commentisfree/2018/nov/29/im-credited-with-having-coined-the-acronym-terf-heres-how-it-happened (최종검색일:2020.12.24.) 터프에 관한 좀 더 상세한 설명은 위키피디아를 참조하라. en.wikipedia.org/wiki/TERF; en.wikipedia.org/wiki/Feminist_views_on_transgender_topics#Trans-exclusionary_radical_feminists_(TERFs (최종검색일:2020.12.24.) 최근에는 '터프'의 입장에 반대하여 래디컬 페미니즘 안에서도 트랜스를 포함하는 흐름이 있었음을 보이기 위해 '트랜스를 포함하는 래디컬 페미니스트(trans inclusive radical feminist)'라는 표현을 쓰는 이들도 있다. 예를 들어 다음을 보라. Cristan Williams, "Radical inclusion: Recounting the trans inclusive history of radical feminism", *Transgender Studies Quarterly,* Vol.3, Nos.1-2, 2016, pp. 254-258. 다만 페미니즘의 이름을 내걸고 트랜스 혐오를 펼치는 집단이 래디컬 페미니즘의 한 분파로서 등장하고 지금까지 위력을 떨치게 된 데에는 성별 분리주의를 주장할 근거로 '생물학적 성별'이 필요했던 래디컬 페미니즘의 기본 입장이 영향을 미쳤을 것이다.

3. 온라인에서 유통되는 용어로, '랟펨'은 '래디컬 페미니스트'의 줄임말이다 (미국이나 영국에서는 'radfem'이라고 줄여 쓴다). 물론 스스로를 '랟펨'이라 칭하는 사람들의 주장이 페미니즘의 역사에서 래디컬 페미니스트들이 주장하고 발전시킨 담론과 여러모로 차이를 보인다는 지적(예를 들어 '야망보지 프로젝트'라는 명목으로 주식 투자를 종용하는 자본 친화적인 움직임)은 곳곳에서 제기되어왔다. 이 '랟펨'들은 '터프'라 불리는 것을 싫어한다. 그러나 현재 '터프'의 뜻인 '트랜스를 배제하는 래디컬 페미니스트'에 가장 부합하는 주장을 펼치며 트랜스 개인이나 트랜스 친화적인 단체에 집단적인 사이버 공격을 가하는 이들이 '랟펨'이라 자칭하는 집단이기에, 이 글에서는 트랜스 혐오를 생산하거나 동조하는 이들을 가리키는 이름으로 '랟펨'과 '터프'와 '트랜스 멍멍이'를 혼용해서 사용할 것이다.

4. Simone de Beauvoir, *The Second Sex*, translated by E. M. Parshley, New York: Vintage, 1973, p. 301(*Le Deuxième sexe*, Paris: Gallimard, 1949).

5. Susan Stryker, "(De)subjugated knowledges: an introduction to transgender studies", *The Transgender Studies Reader,* eds., Susan Stryker and Stephen Whittle, Taylor & Francis, 2006, pp. 9-10.

6. 한편 이런 관점에서는 남성은 젠더만 문제인 게 아니라 섹스 자체가 문제라서 셜코 손잡아서는 안 되는 적으로 간주된다. 젠더가 사회·정치·문화적으로 구성되고 학습되어 형성되는 것이라면 남성 우월적 가부장제와 다른 방식으로 남자아이를 길러내는 일이 더욱 중요해짐에도 불구하고,

현재 가부장적으로 남성성을 체현하고 표현하는 남자아이들을 '한남유충'으로 낙인찍어 변화 가능성 자체를 차단하는 것이다. 물론 이 지긋지긋한 가부장제 역사에서 남성들을 평등한 세상을 함께 만들어갈 동반자로서 교육시키려 했던 페미니스트들의 노력이 오히려 가부장제가 강요해온 대로 어른 남자까지 돌보고 교육시키는 노동을 여성만이 수행해야 하는 희생을 낳거나(이 남자들은 70살이 넘어도 자신이 아직 잘 모르니 네가 날 봐줘야 한다는 태도를 고수한다), '이 정도면 나는 페미니스트지'라고 잘난 체해대는 수많은 '오빠 페미니스트'의 발생(그리고 그런 놈들이 페미니즘의 이름으로 젊은 여성을 그루밍하며 저지른 수많은 성폭력)을 목도하는 결과로 빠졌던 것을 생각해보면, 시스젠더 남성들의 발전 가능성에 대한 기대를 빠르게 포기하고 관계를 손절하는 것이 여성 개개인의 정신건강에는 도움이 될지 모른다. 그러나 특히 교육과 사회복지 영역에서 일하는 페미니스트들은 섹스와 젠더를 이렇게 고정불변의 것으로 보고 획일적으로 낙인찍고 치워버리는 것이 사회 전체로 봤을 때는 그리 도움이 되지 않으며 특히 아동과 청소년 교육을 포기하여 사실상 그 공간에 속하는 모든 사람들을 위험하게 만든다는 문제를 SNS에서 논의해왔다. 또한 '남자는 절대 변할 수 없다'는 이 생각이 트랜스젠더들에게 페미니즘의 이름으로 가해지는 혐오 폭력을 정당화한다는 문제가 있다.

7. 사라 아흐메드, 「망치들의 친화력」, 오렛 옮김, 사이, 우주현 감수, 퀴어페미니스트 매거진 『펢』 2017 특별판 <쓰까페미>, 언니네트워크, 2016 (Sara Ahmed, "An Affinity of Hammers", *TGQ: Transgender Studies Quarterly*, Duke University Press, Vol.3, Nos.1-2, 2016, pp. 22-34).

8. 쉴라 제프리스, 『젠더는 해롭다: 페미니즘의 눈으로 본 트랜스젠더 정치학』, 유해담 옮김, 인천: 열다북스, 2019 (Sheila Jeffreys, *Gender Hurts: a Feminist Analysis of the Politics of Transgenderism*, London, England: Routledge, 2014). 제프리스의 이 책에 대한 비판은 다음을 보라. 페미니스트 연구 웹진 Fwd, 「쉴라 제프리스의 『젠더는 해롭다』 출간에 부쳐」, 『페미니스트 연구 웹진 Fwd』, 2019.10.02. fwdfeminist.com/2019/ 10/02/ critic-3/; 「쉴라 제프리스의 『젠더는 해롭다』 출간에 부쳐: 트랜스젠더리즘은 해롭다?」, 2019.10.31. fwdfeminist. com/2019/10/31/critic-4/ (최종검색일:2020.12.24.)

9. Judith Butler, *Undoing Gender,* New York; London: Routledge, 2004, pp. 181-192; 주디스 버틀러, 『젠더 허물기』, 조현준 옮김, 서울: 문학과 지성사, 2015, 287-304쪽. 버틀러는 2004년에 *Undoing Gender*와 *Precarious Life* 두 권을 출간했다. 앞으로 전자를 2004a, 후자를 2004b로 표기하겠다.

10. 쉴라 제프리스, 『코르셋: 아름다움과 여성 혐오』, 유혜담 옮김, 인천: 열다북스, 2018(Sheila Jeffreys, *Beauty and misogyny: Harmful cultural*

practices in the West, Routledge, 2014).

11. 트랜스젠더를 있어선 안 되는 존재로 규정하는 지배 담론이 트랜스젠더를 정신장애와 신체장애 양쪽에 묶어두는 방식에 대한 논의는 다음을 보라. 전혜은, 「장애와 퀴어의 교차성을 사유하기」, 전혜은, 루인, 도균, 『퀴어 페미니스트 교차성을 사유하다』, 서울: 여이연, 2018.

12. Judith Butler, *Bodies that Matter: On the Discursive Limits of "Sex",* New York: Routledge, 1993, pp. 6–7. 이 책은 한글판(『의미를 체현하는 육체: '성'의 담론적 한계들에 대하여』, 김윤상 옮김, 고양: 인간사랑, 2003)이 이미 출간되어 있으며 '의지주의적 주체'라는 번역어는 한글판의 번역을 따랐지만, 사실 이 번역서를 그다지 추천하고 싶지는 않다. 이전에 내가 낸 책에서 지적하였지만(전혜은[2010], 앞의 책) 한글판의 제목부터가 원제 Bodies that matter에 대한 심각한 오역일 뿐만 아니라, 페미니즘도 퀴어 이론도 전혀 아는 바가 없는 번역자가 책을 맡는 바람에 관련 개념도 이론도 모조리 심각하게 잘못 번역되어 있기 때문이다. 이 책의 한글판 제목이 어째서 오역인지에 대해서는 물질화 과정에 대한 버틀러의 논의를 소개하는 이 장 2절에서 설명이 될 것이다. 오역의 몇 가지 예를 들자면, 내가 이 장에서 설명하겠지만 버틀러는 '생물학적 성별'(섹스)과 '사회적 성'(젠더)을 구분하는 이분법적 성별 이해 자체를 갈아엎은 이론가로 유명하다. 그런데 출간된 한글판에서는 sex와 sexuality가 따로 등장할 때는 모두 '성'으로 번역했다가 두 개념이 한 문장에 같이 등장할 때는 전자를 '생물학적인 성', 후자를 '성'으로 번역하고 gender를 '사회적인 성'으로 번역한다. 이러한 번역은 독해를 혼란케 할 뿐만 아니라 버틀러가 이 개념들을 사용하면서 말하고자 하는 논지를 오독하고 있다. 또한 이 한글판은 성소수자들에 대한 번역도 엉망으로 함으로써 성소수자에 대한 편견을 강화한다. 드랙(drag)은 한글판 4장 전체에서 "여장한 남성 동성애자"로 번역되어 있는데, 이는 드랙에 대한 잘못된 편견이다. 드랙은 반드시 남성 동성애자들만이 하는 행위가 아니며, 트랜스젠더 및 레즈비언들도 드랙을 수행한다. 이성애자면서 드랙을 수행하는 이들도 있다. 자신의 젠더 및 섹슈얼리티 정체성을 표현하는 연장선상에서 드랙을 하는 이들도 있지만 그렇지 않은 이들도 있다. 심지어 버틀러가 바로 이 책에서 드랙을 '여장한 남성 동성애자'라고 이해하는 것이 드랙을 여성혐오로 이해하는 입장과 맞닿아 있음을 지적한 바 있다. "드랙을 단지 여성혐오로만 분석하는 것의 문제는, 이러한 분석이 male-to-female 트랜스섹슈얼리티, 크로스 드레싱, 드랙을 단지 남성 동성애적인 활동들로만 나타내며—그것들은 항상 남성 동성애적이지는 않다—, 더 나아가 남성 동성애를 여성 혐오에 기초한 것으로 진단한다는 점이다. 이로써 페미니즘 분석은 남성 동성애를 여성들에 **대한**(about) 것으로 만들어버린다. 극단적인 경우에 이러

한 종류의 분석은 사실상 배후에서 식민화하는 전략, 즉 페미니스트 여성들이 자신들을 남성 동성애 활동의 중심으로 만드는 하나의 방식이라고 주장할 수 있을 것이다"(Butler[1993], *ibid.*, p. 127; 버틀러[2003], 위의 책, 238쪽, 원문강조, 번역 수정) 버틀러가 보기에 이런 태도는 드랙, 더 나아가 페미니즘에 "이성애적 매트릭스를 재기입하는 방식(*Ibid.*)"이 된다. 이러한 논리는 사랑을 거부(repudiation)의 논리를 통해 산출되는 것으로 이해하는 관점에 의거하고 있는데, "이와 같은 거부의 논리는 이성애적인 사랑을 드랙과 레즈비어니즘 둘 다의 기원이자 진리로 정립시킨다(Butler[1993], *ibid.*, p. 128; 버틀러[2003], 위의 책, 240쪽, 번역 일부 수정)"라고 버틀러는 비판한다. 그럼에도 불구하고 버틀러가 이러한 내용을 주장하고 있는 텍스트의 한글판이 드랙을 "여장한 남성 동성애자"로 번역하는 것은 드랙의 의미를 이성애적 매트릭스로부터 건져내려는 버틀러의 노력과 정면으로 배치된다고 할 수 있다. male -to-female drag(*Ibid.*, p. 127)이란 표현을 한글판에서는 "남성적인 여장동성애로부터 여성적인 여장 동성애까지 이르는 여장 동성애 일반"이라고 엄청나게 잘못 번역하기도 한다. 또한 이 한글판은 트랜스섹슈얼을 "성전환"이라 번역하고 크로스 드레싱을 "옷 바꿔 입기"라고 번역하면서 이 개념들을 여전히 이성애적 기준으로 재단하여 남성 아니면 여성이라는 성별 이분법 체계 안에 가둬놓는다. 이런 오역은 퀴어에 대한 무지와 편견을 드러낼 뿐 아니라, 그러한 무지와 편견에 맞서 싸우는 이론서인 버틀러의 저작을 다시금 이성애 규범성과 성별 이분법 체계라는 틀에 강제로 끼워 넣는 잘못을 저지르고 있다. 사실 *Bodies that Matter*는 *Undoing Gender*(2004)와 더불어 버틀러의 이론 전체를 관통하는 주제와 논지를 담고 있을 뿐 아니라 버틀러의 다른 저작으로 이어지는 아이디어의 허브(hub)라 평가할 만한 저서이기 때문에 이 책의 한글 번역서가 오역과 오해로 점철되어 있다는 것은 한국 독자들에게 굉장히 큰 손실이 아닐 수 없다. 이러한 이유로 차후 *Bodies that Matter*를 인용할 때는 가급적 한글판을 언급하지 않고 원문을 직접 인용하겠다. 아울러 1장 각주 109에서 말했듯 이 책의 제목을 언급해야 할 때는 임시로 『물질화되는 몸』으로 부르겠다.

13. 사실 이러한 오해는 주디스 버틀러에 대한 개론서로 가장 먼저 번역되었던 사라 살리의 책에서부터 널리 퍼져나간 것이기도 하다. 사라 살리, 『주디스 버틀러의 철학과 우울』, 김정경 옮김, 서울: 앨피, 2007(Sara Salih, *Judith Butler,* London; New York: Routledge, 2002). 이 책은 루트리지 출판사에서 꾸준히 발간 중인 다양한 사상가를 소개하는 개론서 시리즈 'Routledge critical thinkers'의 고질적 문제(특히 그 사상가가 페미니즘이나 퀴어 이론가일 때의 문제)를 그대로 담고 있는데, 사상가의 주장이 나온 배경과 맥락은 물론 주장 자체도 제대로 살펴본 건지

의심스러운 저자가 자신의 몰이해를 이론적 비판인 양 포장하여 내놓기 때문이다. 마찬가지로 주디스 버틀러와 더불어 퀴어 이론의 선구자 중 하나로 평가받는 이브 코소프스키 세즈윅에 대한 루트리지 개론서도 결코 추천하지 않는다. 제이슨 에드워즈(Jason Edwards)가 쓴 *Eve Kosofsky Sedgwick* (London; New York: Routledge, 2009)은 1차 문헌 인용 출처를 대부분 틀려 학술서로서의 기본조차 갖추고 있지 못할 뿐 아니라, 세즈윅이 스스로를 남성/여성, 동성애/이성애 이분법에 맞지 않는 퀴어로서 꾸준히 설명해온 것을 무시하고 이를 두려움으로 인해 레즈비언 정체성을 부정하는 것으로 해석하는 등 세즈윅 본인의 말을 귓등으로도 듣지 않고, 아동성애와 수간(獸姦)을 퀴어 다양성에 집어넣는 등 퀴어 정치학에 무지한 모습을 반복해서 드러낸다.

14. Judith Butler, *Gender Trouble: Feminism and the Subversion of Identity*, New York: Routledge, 1990(주디스 버틀러, 『젠더 트러블: 페미니즘과 정체성의 전복』, 조현준 옮김, 파주: 문학동네, 2008). 이 장에서 살펴볼 버틀러의 텍스트 중 2008년에만 한글판이 세 권 출간되었다. 그래서 『젠더 트러블』의 한글판은 앞으로 2008a로 표시하겠다. 뒤에서 소개할 『불확실한 삶』은 2008b, 『누가 민족 국가를 노래하는가』는 2008c로 표시하겠다.

15. Butler(1990), *ibid.*, p. 111; 버틀러(2008a), 위의 책, 292-93쪽.

16. *Ibid.*

17. 퀴어 이론에서 지정성별이란 개념은 남/여 단 두 항으로 이루어진 생물학적 성별이라는 본질이 있다는 믿음, (젠더가 섹스를 반영하는 방식으로) 섹스와 젠더가 일치한다는 믿음, 성별을 지정하는 기준은 생식기라는 믿음을 문제시하는 데 사용된다. '지정성별'과 '시스젠더' 두 개념을 혼동하는 사람들이 있는데 둘은 다르다. '지정성별'이 말 그대로 태어날 때 남성 아니면 여성 위치를 지정받는 것을 의미하는 반면, '시스젠더(cisgender)'는 그 지정성별과 자신의 젠더 정체성이 일치한다고 생각하는 사람 내지 그런 감각을 가리키는 용어다. '지정성별 여성'에는 트랜스 남성을 비롯한 다양한 젠더퀴어가 포함되지만 '시스젠더'는 그러한 젠더 퀴어의 대척점에 자리한다. 한편 시스젠더를 '생물학적 성별과 사회학적 성별이 일치하는 사람'이라고 정의하는 건 부정확한 정의다. 그러한 정의는 앞서 비판한 섹스/젠더 이분법에 기초할 뿐 아니라, 이 장에서 논의하겠지만 '생물학적 성별'을 한 점 의심 없이 확고하게 정해주는 기준은 존재하지 않기 때문이다.

18. Judith Butler, "Preface 1999", *Gender Trouble* by 10th Edition, New York: Routledge, 1999, pp. xxii-xxiii. 2008년 출간된 한글판에는 「개정판 서문」이란 제목으로 수록되어 있다.

19. Gayle Salamon, *Assuming a Body: Transgender and Rhetorics of*

Materiality, Columbia University Press, 2010, p. 179.

20. Stryker(2006), *op. cit.,* p. 9.

21. Anne Fausto-Sterling, "The Five Sexes: Why Male and Female are not Enough", *The Sciences,* Vol.33, No.2, 1993, pp. 20-24.

22. *Ibid.,* pp. 20-21. 파우스토-스털링의 이 말은 인터섹스들이 섹스-젠더 이원론의 반례로만 제시될 뿐 이 사람들을 '예시'나 '실험 대상'이 아니라 '사람'으로 대하는 연구가 이제까지 부재했다는 지적이기도 하다. 인터섹스 연구자 및 활동가들은 퀴어와 페미니즘 분석에서 섹스/젠더 이분법 체계를 비판할 때만 인터섹스 몸을 끌어다 근거로 쓸 뿐 실제 인터섹스인 사람들이 어떤 어려움을 겪고 어떤 삶을 살아가는지에 대해 퀴어 운동 일반도 페미니즘도 그리 관심을 갖지 않는다는 점을 비판해왔다. 부끄럽게도 이 책 또한 그런 중요한 한계를 안고 있다. 이들의 삶에 초점을 맞춘 연구가 필요하고, 이들을 사람으로서 대하고 이들이 사람으로서 살아가게끔 해줄 연구, 법, 정책, 문화가 필요하다. 인터섹스 당사자 운동은 이런 문제들을 강력히 제기하고 풀어나갔다. 예를 들어 다음의 글을 보라. 셰릴 체이즈, 피터 헤가티, 「피터 헤가티와 셰릴 체이즈의 대화」, 제이 옮김, 『여/성이론』 27호, 2012, 130-157쪽(Peter Hegarty, "Intersex Activism, Feminism, and Psychology: Opening a Dialogue on Theory, Research and Clinical practice." *Feminism & Psychology,* Vol.10, No.1, 2000, pp. 117-132. 이 글은 헤가티의 이름으로 학술지에 게재되었지만, 글의 첫머리에 적힌 또 다른 제목은 "THE SPOKEN WORD: Peter Hegarty in conversation with Cheryl Chase"이고, 이 인터뷰의 내용은 인터섹스 당사자 활동가인 셰릴 체이즈의 발언으로 채워져 있다. 한글판 역자 제이는 이 점을 존중하여 이 글의 저자로 체이즈와 헤가티 두 사람의 이름을 모두 적었다). 인터섹스에 관한 대표적 문헌으로는 다음을 보라. Alice Domurat Dreger, *Hermaphrodites and the medical invention of sex,* Harvard University Press, 2000; Anne Fausto-Sterling, *Sexing the body: Gender politics and the construction of sexuality,* Basic Books, 2000; Suzanne J. Kessler, *Lessons from the Intersexed,* Rutgers University Press, 1998. 한국에서도 2017년 2월부터 인터섹스 당사자 모임 '나선'이 활동을 시작했다(twitter.com/intersex_kr). '나선' 인터뷰는 다음을 보라. 최미랑, 「[간성의날 인터뷰] "여자도 남자가 아닌 성별도 존재합니다. 제가 바로 그 증거죠"」, 『경향신문』, 2017.10.26. news.khan.co.kr/kh_news/khan_art_view.html?artId=201710261654001&code=940202 (최종검색일:2020.12.24.)

23. Alice Dreger, "Doubtful Sex", *Feminism and the Body,* ed., Londa Schiebinger, Oxford University Press, 2000, pp. 118-151; Nelly Oudshoorn, "The Birth of Sex Hormones", *Feminism and the Body,*

ed., Londa Schiebinger, Oxford University Press, 2000, pp. 87-117; Dreger, "Seeking Simple Rules in Complex Gender Realities", *New York Times*, 2009.10.25. nytimes.com/2009/10/25/sports/25intersex. html (최종검색일:2020.12.24.)

24. 예를 들어 버틀러는『젠더 트러블』에서 당시의 성염색체 연구 중 하나를 비판적으로 분석한다(Butler[1990], *op. cit.*, pp. 106-111; 버틀러[2008a], 앞의 책, 284-292쪽). 1987년에 데이비드 페이지 박사가 이끄는 연구팀이 Y 염색체를 구성하는 지배 유전자를 발견했다고 발표하고 이 유전자에다 '고환 결정 인자'라는 이름까지 붙였는데, 나중에 보니 그 유전자 배열이 여성들의 X 염색체에서도 발견되었다. 그러자 페이지 팀은 그 유전자가 '여성'의 몸에서는 수동적으로 발현되고 '남성'의 몸에선 능동적으로 발현된다고 주장하면서 남성과 여성에 대한 성차별적 편견을 투명하게 드러냈다. 더욱이 염색체를 통해 여성과 남성을 결정하는 인자를 찾아내겠다는 실험을 하는 주제에 특정 몸을 '여성'과 '남성'의 몸이라고 먼저 부르는 게 논리적으로 타당한가? 이 연구팀이 무엇을 기준으로 '여성'이나 '남성'으로 불렀는가를 따져보니, 외부 성기를 보고 그렇게 분류했더라는 것이다. 외부 성기에 따라서 '여성'인지 '남성'인지가 결정되고 심지어 유전자 배열이 '수동적'인지 '능동적'인지가 결정된다면, 이는 성별의 물질성을 규명하는 연구가 아니라 자신들이 믿고 있는 젠더 편견을 다시금 단언하는 것에 불과하다.

25. 윤정원, 「[몸]섹스도 젠더도 스펙트럼이다(1)」, 『성적권리와 재생산 정의를 위한 센터 셰어』, 2020.02.29. srhr.kr/2020/865/; 「[몸]섹스도 젠더도 스펙트럼이다(2)」, 『성적권리와 재생산 정의를 위한 센터 셰어』, 2020.02.29. srhr.kr/2020/897/ (최종검색일:2020.12.24.)

26. 다음 기사도 보라. Clair Ainsworth, "Sex redefined", *Nature: International Weekly Journal of Science*, 2015.02.18. nature.com/news/sex-redefined-1.16943#/spectrum (최종검색일:2020.12.24.) 이 기사의 번역문도 있다. 클레어 에인스워스, 「[바이오토픽] 성(性)의 재정의(Sex redefined)」, 양병찬 옮김, 『BRIC』, 2015.02.23. m.ibric.org/trend/news/subread.php?Board=news&id=256503& SOURCE=6 (최종검색일:2020.12.24.)

27. 이 주제와 관련해서 읽어볼 중요한 글이 나와 각주로 소개한다. 첫째, 세메냐 선수에게 성별검사를 강제하는 인권침해가 십여 년째 계속되고 있음에도 국제육상경기연맹은 입장을 수정하기는커녕 2018년에 테스토스테론 수치에 따라 여성 선수의 경기 참가 자격을 제한하는 규정을 확정하고야 만다. 이 문제에 대해 다음의 비판을 보라. 한채윤, 「[한채윤의 비 온 뒤 무지개] 테스토스테론을 도구로 삼은 차별」, 『한겨레』, 2018. 11.01. hani.co.kr/arti/opinion/column/868447.html#csidxb51fd99fd4d3428bac3cb51b26d3d69 (최종검색일:2020.12.24.) 두 번째로 읽어볼

글은 이 성별검사 강제가 남성의 영역과 여성의 영역에 진입하는 트랜스젠더 선수들을 차별하는 방식에 대한 비판적 분석이다. 허주영, 「트랜스젠더의 신체와 스포츠의 정정당당함」, 『일상비평 웹진 쪽』, 2019.10. 23. zzok.co.kr/232 (최종검색일:2020.12.24.) 저자는 "트랜스젠더 선수들의 불공평한 신체에 대해서 문제 삼을 때 이야기되는 것은 언제나 여성 리그에 속해 있는 트랜스젠더 선수들이며, 남성 리그는 섹스와 호르몬 수치에 상관없이 누구나 정정당당하게 싸울 수 있는 공간으로 여겨진다"는 사실을 지적하면서 이러한 불평등의 원인은 트랜스젠더 선수들에게 있는 것이 아니라 '원래 여성이 남성보다 약하다'는 이분법적 젠더 위계에 있음을 밝힌다. "스포츠에서 두 개의 성차와 그에 따른 신체의 차이가 신체 능력의 차이라는 것을 다시 한 번 환기했을 때, 이러한 성적 구분을 통해 '약한 여성'이라는 규범이 사회문화적으로 구성되는 것이며 낙인찍기의 반복은 트랜스젠더 여성을 배제하는 것뿐만 아니라 젠더화된 권력 체계를 의미 없는 고통으로 되풀이할 뿐이다. [...] 스포츠에서 트랜스젠더 선수들의 신체는 이원론을 만들고 강화하는 것이 아니라 양 끝에 놓인 섹스 체계의 사이에서 새로운 규칙을 요구한다. 그 요구에 따라 스포츠가 남성-국가 중심적인 기획을 멈추고 새로운 젠더를 이야기할 수 있는 장이 되기 위해서 새로운 침입자들과 어떻게 경합하고 변화해나갈지 우리는 함께 논쟁해야 할 것이다." SNS로 이 글을 소개하여 이 글을 읽게 해주신 퀴어 활동가 김민수님에게 감사드린다.

28. Stryker(2006), *op. cit.*, p. 9.
29. Salamon(2010), *op. cit.*, p. 188, 원문강조.
30. *Ibid.*, 원문강조.
31. 또한 이 사례는 내가 다른 글에서 지적했듯, 진짜 생물학적 성별이란 게 있고 젠더가 거기에 반드시 일치해야 한다고 믿는 규범 체계에 어긋나는 퀴어함이 어떻게 장애로 병리화되는지를 보여준다. 전혜은, 「장애와 퀴어의 교차성을 사유하기」, 전혜은, 루인, 도균(2018), 앞의 책.
32. Judith Jack Halberstam, *Female Masculinity*, Durham, NC: Duke University Press, 1998, pp. 22-23; 주디스 핼버스탬, 『여성의 남성성』, 유강은 옮김, 서울: 이매진, 2015, 52-53쪽.
33. 프릭 쇼(freak show)는 19세기 중반~20세기 초반 유럽과 미국에서 성행했던 오락으로, 인종·국적·성별·섹슈얼리티·비장애 등에 대한 당대의 규범을 바탕으로 구축된 외양의 정상성에서 어긋나는 모든 차이를 '인간이 아닌 괴물'로 전시하였다. 장애 관점에서 프릭 쇼를 분석한 참고문헌으론 로즈메리 갈런드 톰슨, 『보통이 아닌 몸: 미국 문화에서 장애는 어떻게 재현되었는가』(손홍일 옮김, 서울: 그린비, 2015) 2부 3장을 보라. (Rosemarie Garland-Thomson, *Extraordinary Bodies: Figuring Physical Disability in American Culture and Literature*, New York:

Columbia University Press, 1997.) 그리고 일라이 클레어, 『망명과 자궁심』(전혜은, 제이 옮김, 서울: 현실문화, 2020) 2부 1장 「프릭과 퀴어」도 보라(Eli Clare, *Exile and Pride: Disability, Queerness, and Liberation*, Durham: Duke University Press, 2015[original 1999]).

34. Butler(2004a), *op. cit.*, p. 11; 버틀러(2015), 앞의 책, 25쪽.

35. Butler(2004a), *ibid.*, p. 42; 버틀러(2015), 위의 책, 72쪽, 번역 일부 수정.

36. Butler(2004a), *ibid.*, p. 42; 버틀러(2015), 위의 책, 73쪽, 번역 일부 수정.

37. Butler(2004a), *ibid.*, p. 30; 버틀러(2015), 위의 책, 55쪽, 번역 일부 수정.

38. Butler(1993), *op. cit.*, p. 10.

39. 심지어 현대 의학은 철저히 분업화되어 있으나 의사가 그 한계를 인정하기는커녕 환자의 증상을 부정하는 경우도 있다. 내 몸을 차지하고 있는 질환 중 하나와 얽힌 일화를 들자면, 2004-2005년 즈음에 어지러워 차 타는 것도 불가능하고 옆에 뭐가 지나가도 메슥거리고 위를 보거나 아래를 내려다보는 것도 핑 돌아 건강검진을 받으러 갔는데, 유명 병원의 가정의학과 의사는 검사로 잡히는 게 없다면서 우울증이라는 진단을 내렸고 내가 정밀검사를 받고 싶다고 하자 우울증 환자의 전형적 '저항'이라며 약을 먹으라고 반말로 윽박질렀었다(심지어 일단 어지럼증에 도움 되는 약부터 주겠다며 나를 속이고 항우울제를 먹였다). 몇 달 뒤 안과에 가보고서야 당시엔 잘 알려지지 않은 개방각 녹내장 진단을 받았고, 안압 약을 넣게 되자 어지러움의 세기가 확실히 줄어들었다.

40. 다음을 보라. 멜러니 선스트럼, 『통증 연대기』, 노승영 옮김, 서울: 에이도스, 2011; 전혜은, 「수잔 웬델: 손상의 현상학자」, 『여/성이론』 27호, 2012, 186-204쪽; 수잔 웬델, 『거부당한 몸: 장애와 질병에 대한 여성주의 철학』, 강진영, 김은정, 황지성 옮김, 서울: 그린비, 2013. 최근 나온 기사도 이 문제를 잘 정리하고 있다. 윤정원, 「어떤 여자들은 자기 병명을 아는 데 12년이 걸린다」, 『시사 IN』 제554호, 2018.05.02. m. sisain.co.kr/?mod=news&act=articleView&idxno=31742 (최종검색일: 2020.12.24.) 또한 질병의 진단과 치료에 남성우월주의가 어떤 영향을 미치는지를 다룬 저서가 최근 번역 출간되었다. 마야 뒤센베리, 『의사는 왜 여자의 말을 믿지 않는가: 은밀하고 뿌리 깊은 의료계의 성 편견과 무지』, 김보은, 이유림, 윤정원 옮김, 한문화, 2019(Maya Dusenbery, *Doing harm: The truth about how bad medicine and lazy science leave women dismissed, misdiagnosed, and sick*, New York: Harper Collins, 2018).

41. 다음을 보라. 에반 T. 테일러, 메리 K. 브라이슨, 「암의 가장자리: 트랜스* 및 젠더 비순응자의 지식 접근과 암 건강 경험, 의사결정」, 전혜은

옮김, 『여/성이론』 36호, 2017, 60−95쪽(Evan T. Taylor and Mary K. Bryson, "Cancer's Margins: Trans* and Gender Nonconforming People's Access to Knowledge, Experiences of Cancer Health, and Decision −Making", *LGBT Health,* Vol.3, No.1, 2016, pp. 79−89). 또한 트랜스젠더의 삶을 둘러싼 차별과 폭력이 심신의 건강에 얼마나 심각한 영향을 미치는지에 대해서는 다음을 보라. 김승섭, 박주영, 이혜민, 이호림, 최보경, 레인보우 커넥션 프로젝트, 『오롯한 당신: 트랜스젠더, 차별과 건강』, 서울: 숨쉬는책공장, 2018.

42. Butler(2004a), *op. cit.,* p. 3; 버틀러(2015), 앞의 책, 12쪽.
43. 조스 웨던 감독, <The Avengers: Age of Ultron>, 미국, 2015.
44. Judith Butler, *Precarious Life: The Powers of Mourning and Violence.* London: Verso, 2004b (주디스 버틀러, 『불확실한 삶: 애도와 폭력의 권력들』, 양효실 옮김, 부산: 경성대학교 출판부, 2008b) 5장을 보라. 버틀러는 정의로운 주체, 나쁜 타자, 불쌍한 타자의 예로 각각 미국, 빈 라덴, 미군이 자신을 해방시켜주길 기다리는 아프간 소녀를 든다. (이 책의 한글판은 다른 역자에 의해 한 번 더 출간되었다. 『위태로운 삶: 애도의 힘과 폭력』, 윤조원 옮김, 필로소픽, 2018).
45. Butler(2004a), *op. cit.,* p. 3; 버틀러(2015), 앞의 책, 12쪽, 번역 일부 수정.
46. Butler(2004a), *ibid.,* p. 30; 버틀러(2015), 위의 책, 54쪽, 원문 강조, 번역 일부 수정. 한편 타자와 비체의 구분은 절대적이거나 존재론적으로 구분되는 것이 아니다. 전적으로 비체의 자리에 내몰려 현실로 취급되지 못하는 사람들도 있지만, 사회의 주변부적 존재인 사람은 누구나 어떤 시공간에선, 혹은 자신의 어떤 측면에선 타자이거나 비체이거나 둘 다일 수 있다.
47. Butler(1993), *op. cit.,* p. xi.
48. 이 문제의식은 버틀러의 전체 저작을 관통하는 질문이다. *Ibid.,* p. 8.
49. 『전쟁의 틀』(Judith Butler, *Frame of War: When is life grievable?* London; New York: Verso Books, 2010)에서도 버틀러는 인식 가능성의 매트릭스 개념을 변주하여 전쟁을 특정 방식으로 인식하게 하는 '틀'에 대해 논한다. 이 틀은 "그 자체로 전쟁의 물질성의 일부"로서 폭력적 효과를 낳는다. "틀은 현실을 전시할 뿐 아니라, 무엇을 현실로 간주할 것인가를 선별적으로 생산하고 강화하는 봉쇄 전략에 적극적으로 참여한다. […] 틀은 항상 무언가를 버리고, 항상 무언가를 못 들어오게 하고, 항상 현실의 대안적인 버전들, 즉 공식적 버전을 버리는 반대자들을 탈−현실화하고 탈−합법화하고 있는 것이다."(*Ibid.,* p. xiii) 여기서 유념할 점은 버틀러가 모든 인식틀을 다 내다 버리자고 주장하는 게 아니라는 점이다. 전사자 통계라는 중립적인 듯 보이는 수학 뒤에 숨어 존중

받고 애도 받을 가치가 있는 삶과 그렇지 않은 삶을 차별적으로 생산하는 전쟁의 틀에 맞서, 모든 살아있는 존재를 가치 있게 여기고 함께 공존할 수 있는 틀을 만들자고 제안하고 그 방법을 모색하려는 것이다.

50. Adrienne Rich, "Compulsory Heterosexuality and Lesbian Experience", *Signs: Journal of Women in Culture and Society*, Vol.5, No.4, 1980, pp. 631−660. 내가 이 책 원고를 오래 붙잡고 있는 사이 또 각주에 추가할 참고문헌이 나왔다. 한글 번역은 다음을 보라. 에이드리엔 리치, 「강제적 이성애와 레즈비언 존재」, 『레즈비언 페미니즘 선언: 반란, 연대, 전복의 현장들』, 나영 엮고 옮김, 서울: 현실문화, 2019. 여기 실린 번역 논문들도 좋지만 「옮긴이 서문」이 정말 좋으니 꼭 꼼꼼히 읽어보시길 권한다.

51. Butler(1990), *op. cit.*, p. 151 n.6; 버틀러(2008a), 앞의 책, 93쪽 (1장 각주 6), 번역 일부 수정. 버틀러는 "이성애적인 이자관계(the heterosexual dyad)"라는 표현도 쓰는데(Butler[1993], *op. cit.*, p. 16), 이 표현은 이성애에 젠더 이원론이 토대가 된다는 걸 전제한다. 강제적 이성애 체계로서의 이성애적 세계관에선 인간이 남성과 여성 단 둘뿐이므로, 필연적으로 이성애는 젠더 이원론에 기초해 있다. 즉 젠더 이원론이 모두 이성애로 환원되지 않을지라도 젠더 이원론은 강제적 이성애의 토대가 된다. 하지만 단순히 이성애가 젠더 이원론에 포함된다고 말하는 것은 이성애라는 개념이 품을 수 있는 다른 대안적 가능성을 모조리 삭제해버릴 위험이 있다. 만약 지배적인 담론에서처럼 이성애를 '남성과 여성 간의 끌림'으로 정의하지 않고 '나와 다른 성에 끌림'으로 정의한다면, 이성애는 퀴어들까지 포함 가능한 용어가 될 수 있다. 실제로 최근 몇 년 새 퀴어 담론에선 이성애를 젠더 이원론과 결별시켜 사용하고 있다. 버틀러는 2013년에 출간한 『박탈』(Judith Butler and Athena Athanasiou, *Dispossession: the performative in the political*, conversations with Athena Athanasiou, Malden, MA: Polity, 2013. 이 책은 다음의 한글판으로 번역되어 나왔다. 주디스 버틀러, 아테나 아타나시오우, 『박탈: 정치적인 것에 있어서의 수행성에 관한 대화』, 김응산 옮김, 서울: 자음과모음, 2016)에서 이성애에 대한 자신의 입장을 보충 설명한다. 1993년에 『물질화되는 몸』을 쓸 당시엔 헤게모니적 이성애 규범성을 상정했다면, 이십 년 뒤에 버틀러는 헤게모니적 이성애 규범성이 여러 다양한 형태로 나타날 것이기에 "폐쇄적인 총체적 체계를 단정하지 않는 것이 중요하다"고 말한다. 이성애적인 것들이 반드시 단일한 강제적 이성애 체제를 이루는 것도 아니고, 트랜스젠더나 젠더퀴어 커플, 바이섹슈얼 커플, 에이섹슈얼 커플 등등 이성애자 커플처럼 보이거나 이성애를 실천하는 퀴어들처럼 "이성애 규범 안에도 퀴어함이 들어와 있다"는 것이다(Butler[2013], *ibid.*, p. 53; 버틀러[2016], 위의 책, 94쪽, 번역 일부 수정). 더욱이 1

장에서 교차성을 논한 절과 5장 부록에서 언급했듯, 인종, 장애, 계급 등 여러 교차적 억압 속에서 이성애든 동성애든 성애 자체가 허락되지 않는 집단이 역사적으로 존재해왔다는 점에서 이성애 규범성이 모든 시공간을 통틀어 모든 사람에게 획일적으로 강제되는 것은 아니다. 강제적 이성애를 젠더 억압의 기제로 본 애드리언 리치 또한 좋은 이성애와 나쁜 이성애를 구분하려 애쓰는 대신, 이성애가 제도로서 강제적으로 시행될 때가 문제라고 보았다. 그러므로 리치와 버틀러를 포함한 퀴어 페미니스트들이 '강제적 이성애'라는 개념을 쓸 때는 젠더 이원론을 기반으로 구축되고 젠더 이원론에 연료를 공급하면서 누가 '정상적인' 인간인지를 규정하는 상호 공조 체계로서의 이성애를 가리키는 것이다.

52. Judith Butler, "Against proper objects", *Feminism Meets Queer Theory*, eds., Elizabeth Weed and Naomi Schor, Bloomington and Indianapolis: Indiana University Press, 1997, p. 27.

53. Eve Kosofsky Sedgwick, *Between men: English literature and male homosocial desire*, New York: Columbia University Press, 1985; Sedgwick, *Epistemology of the closet*, Berkeley and Los Angeles: University of California Press, 1990.

54. 이는 남성 동성애 혐오가 여성 혐오와 어떻게 맞닿는지, 근대의 남성성과 남성 동성 섹슈얼리티를 정의하는 담론에서 여성 혐오가 얼마나 중요한 역할을 하는지를 드러낸다. 4장에서 자세히 논할 것이다.

55. Butler(1993), *op. cit.*, p. 50−51.

56. Sedgwick(1990), *op. cit.*, p. 87.

57. *Ibid.*

58. <컴백전쟁: 퀸덤>은 Mnet 방송에서 총 10부작으로 2019년 8월 29일부터 10월 31일까지 방영되었다.

59. "젠더는 […] '자연적인 섹스'가 '담론 이전의' 것으로서, 문화에 선행하는 것으로서, 문화가 그 위에서 활동하는 정치적으로 중립적인 표면으로서 산출되고 확립되게끔 하는 담론적/문화적 수단이기도 하다"(Butler[1990], *op. cit.*, p. 7; 버틀러[2008a], 앞의 책, 97쪽, 원문강조, 번역 일부 수정).

60. Butler(2004a), *op. cit.*, p. 42; 버틀러(2015), 앞의 책, 74쪽, 번역 일부 수정.

61. Butler(2004a), *ibid.*, pp. 42−43; 버틀러(2015), 위의 책, 73−74쪽, 번역 일부 수정. 버틀러의 초기작이 젠더 이원론이 규범으로 강제되는 방식을 규명하는 데 초점을 맞췄다면(그리고 본문에서 이어 설명하겠지만 지금의 이분법적 젠더 규범과는 다르게 젠더화될 가능성을 반복과 인용을 통한 권력의 재배치를 통해 모색할 수 있다고 제안했다면), 『젠더 허물기』에서 버틀러는 젠더가 모조리 다 이분법적 젠더 규범으로 환

원되지 않을 수 있을 이론적 자리를 마련하는 작업의 일환으로 젠더를 '장치(apparatus)'로 보자고 제안한다. 젠더를 "남성적인 것과 여성적인 것의 생산과 정상화가, 그 젠더가 수취하는 호르몬, 염색체, 심리적인 것과 수행적인 것 사이의 틈새에 있는 형식들을 따라 일어나게끔 하는 장치"로 볼 때, 젠더 개념은 기존 권력에도 복무할 수 있고 그걸 전복시킬 가능성도 담게 된다. "젠더는 남성성과 여성성에 대한 통념들을 생산하고 자연스러운 것으로 만드는 메커니즘이지만 그런 관점을 해체하고 탈자연화하는 장치가 될 수도 있다. 또한 사실상 규범을 설정하려는 장치 자체가 바로 그 설정을 뒤흔드는 작용을 할 수 있다"(*Ibid.*, 번역 일부 수정).

62. 양성평등 개념이 왜 문제가 되는지 잘 설명한 글로는 다음을 보라. 정희진, 「양성평등에 반대한다」, 정희진, 권김현영, 루인, 류진희, 한채윤, 『양성평등에 반대한다』, 서울: 교양인, 2017.

63. 사실 정체성이 사회적으로 구성되는 것이라는 생각을 퀴어 운동 및 이론이 적극 지지해온 이유 중 하나는 시스젠더-이성애 중심적인 이 사회가 모든 아이를 태어날 때부터 시스젠더 이성애자로 훈육하고 강제하는 방식을 폭로하고 분석할 필요가 있기 때문이었다. 그런데 정체성이 사회적으로 구성된다는 이 생각을 혐오 세력도 받아들이고 있다. 이들은 동성애를 다룬 컨텐츠를 아이들이 보면 동성애가 '옳는다'고 주장한다. 이 말을 뒤집자면 이성애자라는 정체성이 고정불변의 자연스러운 사실이 아니라는 것을 이 사람들도 알고 있는 셈이다. 그럼에도 이들은 '정체성이 사회적으로 구성된다면 정체성을 변경할 수 있다'는 생각을 시스젠더 이성애자가 아닌 성소수자들에게만 적용하여 '탈동성애'를 강요한다. 정체성의 구성과 변화 가능성을 가장 혐오스럽고 끔찍하게 실천에 옮긴 것이 바로 전환 치료다. 한편 여기서 또 하나 알 수 있는 점은, '정체성은 본질적이다'와 '정체성은 사회적으로 구성된다'라는 입장의 대립 구도에서 반드시 한쪽 입장이 성소수자고 다른 한쪽은 혐오 세력에 해당한다고 구분할 수 없다는 것이다. 사안과 맥락에 따라 두 입장은 얼마든지 성소수자 쪽이나 혐오 세력 쪽을 대변할 수 있다. 이 책 4장에서 소개하겠지만 세즈윅은 소수자화 관점과 보편화 관점이란 개념을 만들어 두 관점의 복잡한 역동으로서 이 문제를 분석한다.

64. Butler(2004a), *op. cit.*, p. 184; 한글판(2015), 앞의 책, 292쪽, 원문 일부 수정.

65. Eve Kosofsky Sedgwick, "Thinking through Queer Theory", *The Weather in Proust*, ed., Jonathan Goldberg, Durham and London: Duke University, 2011, p. 192.

66. Butler(2004a), *op. cit.*, p. 42; 버틀러(2015), 앞의 책, 73쪽, 번역 일부 수정.

67. 예를 들어 다음을 보라. John F. Strang, et al., "Increased gender variance in autism spectrum disorders and attention deficit hyperactivity disorder", *Archives of Sexual Behavior*, Vol.43, No.8, 2014, pp. 1525–1533; Doug P. VanderLaan, et al., "Autism spectrum disorder risk factors and autistic traits in gender dysphoric children", *Journal of autism and developmental disorders*, Vol.45, No.6, 2015, pp. 1742–1750; Derek Glidden, et al,. "Gender dysphoria and autism spectrum disorder: A systematic review of the literature", *Sexual Medicine Reviews*, Vol.4, No.1, 2016, pp. 3–14. 이런 연구가 있다는 정보를 전해준 @Koma12E 님에게 감사드린다. 한편 『내셔널 지오그래픽』 2017년 1월 성 특집호에서도 존 F. 스트랭의 연구가 소개된 바 있다.

68. 전혜은, 「장애와 퀴어의 교차성을 사유하기」(전혜은, 루인, 도균[2018], 앞의 책)를 보라. 장애 관점에서 본 에이섹슈얼리티 논의도 이 글에서 정리했다.

69. 젠더와 섹슈얼리티 영역을 따로 다루지는 않지만, 신경 다양성 관점에 관해 최근 번역된 책이 있다. 스티브 실버만, 『뉴로트라이브: 자폐증의 잃어버린 역사와 신경 다양성의 미래』, 강병철 옮김, 서울: 알마, 2018 (Steve Silberman, *Neurotribes: The legacy of autism and the future of neurodiversity*, Penguin, 2015).

70. Butler(2004a), *op. cit.*, p. 31; 버틀러(2015), 앞의 책, 56쪽, 번역 일부 수정.

71. Butler(1993), *op. cit.*, pp. 225–226, 원문 강조.

72. Butler(1993), *ibid.*, p. 52.

73. 욕망의 궤도의 역사적 형성과 관련된 논의는 이 책 3장을 보라.

74. Butler(2004a), *op. cit.*, pp. 31–32; 버틀러(2015), 앞의 책, 56–57쪽, 인용자 강조, 번역 일부 수정.

75. Butler(1993), *op. cit.*, p. 15. 이는 '구성'에 대한 버틀러의 입장이기도 하다. 구성 개념을 이해하는 트랜스 멍멍이들의 입장과 달리, 버틀러는 구성을 진짜 대 가짜, 본질주의 대 구성주의의 이분법적 교착 상태에 가둬두지 않는다. 앞서 말했듯 현재 이 사회의 많은 이들이 진짜 본질이라고 믿고 있는 생물학적 성별(즉, 섹스)가 젠더 이원론 체계에 의해 '진짜'의 위상에 올라선다 할지라도 '아 그러면 섹스 치워버리면 되나?' '그냥 이원론만 버리면 되나?' 이렇게 간단하게 생각할 수 없는 이유는, 섹스와 젠더가 구성된 것이라 할지라도 우리 몸과 존재와 삶을 조직하고 배치하는 인식론적 토대로 기능하기 때문이다. 그래서 버틀러는 구성을 가짜가 아니라 그것 없이는 우리가 살 수 없는 장(field), 우리가 거기에 의존하여 살아가는 환경을 조성하는 환상적인 장으로 이해해야 한다고

말한다. 무언가를 진짜 실재하는 것으로 인식할 수 있게 해주고 인정해주는 인식 가능성의 영역 자체를 구성하는 환상적인 장으로서 구성은 힘을 갖고 있다. 그래서 버틀러는 '규제적 허구(regulatory fiction)'라는 표현을 쓰기도 한다. SNS 상에서 관련 논쟁이 벌어질 때 많은 퀴어들이 지적했듯 화폐도 구성이고 법도 구성이다. 내가 본문에 썼듯 천부인권도, 인간으로서 당연히 누려야 할 권리라고 우리가 생각하는 권리들도, 살인하면 안 되고 성폭력은 처벌받아야 하고 동물을 학대하면 안 된다고 보는 도덕법규도, 우리의 삶을 살만하게 만들기 위한 규제적 허구이다. 둘째, 이런 논의는 진정성과 본질을 따지는 소모적인 논쟁에 휘말리지 않고서도 다양한 사회적 소수자들의 존재를 인정하고 존중할 길을 열어준다. 젠더퀴어를 비롯한 다양한 성소수자들이 구성된 위치라 할지라도, 버틀러는 정신분석을 전유하여 환상(fantasy) 개념의 정치적 중요성에 주목한다. 상상과 환상이 중요한 이유는, '세상에 그런 사람이 어디 있어?'나 '내 주변에는 그런 사람 없는데?'라는 말에서의 그 '그런 사람'이 된다면, 즉 '상상조차 할 수 없다'는 딱지가 붙어 상상의 영역으로도 들어오지 못한다면 그 사람은 현실에도 진입할 수 없기 때문이다. 상상조차 못 하겠는 존재를 어떻게 내 가족이나 동료나 친구로 인정하고 같이 살겠는가. 그러므로 버틀러는 '규범이 규제적이라 할지라도 허구니까 없애버려도 된다'는 주장을 하는 것이 아니다. 본문에서 논하겠지만, 우리가 지금의 규제적 규범을 전복하기 위해 반드시 구성과 무관한 본질적 토대를 끌어오려 애쓸 필요가 없다는 이야기를 하는 것이다. 다시 말해 여성이란 범주가 구성되었으니 없애버리자는 주장이 아니라, 그 범주 자체를 단 하나의 고정된 의미가 아닌 다양하고 복잡한 의미들에 열어놓고 그 의미들이 서로 복잡하게 경쟁하는 장으로서 만든다면, 구성의 바로 이 다양성이 기존의 헤게모니를 쥔 규제적 허구의 단일성을 분열시킬 가능성을 가져온다는 것이다(Butler[1990], *op. cit.*, p. 32). 이는 1장에서 논한 대로 보편성을 급진적으로 재사유하는 대안 정치의 방법론이다.

76. 이 주제는 버틀러의 저작 전체에 밑바탕이 되었지만, 특히 『윤리적 폭력 비판』과 『젠더 허물기』에서 이 주제를 중점적으로 다룬다. 각 단행본의 1장을 참조하라. 주디스 버틀러, 『윤리적 폭력 비판: 자기 자신을 설명하기』, 양효실 옮김, 고양: 인간사랑, 2013(Judith Butler, *Giving an account of oneself,* New York: Fordham University Press, 2005). 지금 여기서는 규범이 어떻게 주체를 형성하고 주체로서 가능하도록 해주는가에 초점을 맞추고 있지만, 버틀러의 주체 논의에서는 타자와의 관계도 주체를 형성하는 나머지 핵심 요건이다. 특히 『불확실한 삶』, 『윤리적 폭력 비판』, 『박탈』에서는 이 타자와의 관계라는 맥락에서, 그리고 그 요소가 규범 권력과 맺는 복잡한 관계의 맥락에서 정치윤리학을 재

구성한다. 관련 논의는 퀴어 정동 이론을 정리한 이 책의 마지막 장에서 소개하겠다.

77. 책 구매도 연대다. 김지은, 『김지은입니다—안희정 성폭력 고발 554일간의 기록』, 서울: 봄알람, 2020.

78. Judith Butler, "Afterword", *Bodily Citations: Region and Judith Butler*, eds., Ellen T. Armour and Susan M. St.Ville, NY: Columbia University Press, 2006, p. 285.

79. J. L. 오스틴, 『말과 행위: 오스틴의 언어철학, 의미론, 화용론』, 김영진 옮김, 서광사, 2005 (John Langshaw Austin, *How to do things with words: the William James lectures delivered at Harvard University in 1955*, New York: Oxford University Press, 1976).

80. 이 은근하게 사람 뒷목 잡게 하는 형식의 수행문에 주목해서 수행성을 재개념화한 작업은 다음을 보라. Eve Kosofsky Sedgwick, "Around the Performative: Periperformative Vicinities in Nineteenth-Century Narrative", *Touching Feeling: Affect, Pedagogy, Performativity*, Durham and London: Duke University Press, 2003. 이 책에서 세즈윅은 수행성을 담론적·언어적 차원에서 개념화한 버틀러와 달리 수행성의 연극적 측면, 공간적 측면, 그리고 정동적 측면에 초점을 맞춰 수행성의 지도를 그린다. 다만 세즈윅이 자신의 개념화를 돋보이게 하려다 보니 버틀러의 수행성 논의를 의도적으로 『젠더 트러블』에 한정하여 버틀러가 언어적 차원밖에 고려하지 못한 양 좁게 해석한다는 문제가 있긴 하다.

81. 버틀러는 『젠더 트러블』(1990)까지는 수행(performance)이란 용어를 사용하였으나, '퍼포먼스'라는 용어의 통상적 의미 때문에 오해가 빚어지자 『물질화되는 몸』(1993)에 이르러서는 수행성이라는 용어로 대체하였다. 퍼포먼스의 통상적인 의미, 즉 남에게 보여주기 위한 일회적 공연이라는 의미에서 연상되는 의지주의적 주체와 일회적 행위라는 두 특성 때문에 "젠더 수행성이란 젠더를 옷처럼 그때그때 선택하고 갈아입을 수 있다는 의미이냐", "젠더는 단 한 번으로 결정되는 것이냐"라는 오해가 발생하자 개념어를 재정립한 것이다.

82. Butler(1993), *op. cit.*, p. 13.

83. *Ibid*, p. 107−9, p. 251.

84. *Ibid*, p. 2, 12, 94.

85. Judith Butler, <Your Behavior Creates Your Gender> 2011.06.06. youtu.be/Bo7o2LYATDc (최종검색일:2020.12.24.), 인용자 강조.

86. Butler(2004a), *op. cit.*, p. 30; 버틀러(2015), 앞의 책, 55쪽. 위의 설명에 해당되는 한글판 단락을 옮기자면 "그러나 젠더가 수행적이라는 것은 단순히 쾌락적이고 전복적인 볼거리를 생산할 권리를 주장하는 것이 아니라, **현실이 재생산되는 동시에 경합을 벌이는 극적이고도 중요한**

방식을 우화적으로 표현하는 것이다. 이것은 젠더 표현이 어떻게 범죄가 되고 병리적인 것이 되는지, 젠더를 가로지르는 주체가 어떻게 감금되고 투옥될 위험에 처하는지, 왜 트랜스젠더 주체에 가해지는 폭력은 폭력으로 인정되지 않는지, 왜 이런 폭력이 그 주체를 폭력에서 보호해야 할 바로 그 국가에 의해 자행되는 경우가 많은지에 영향을 미친다." 원문을 옮기자면 "To say, however, that gender is performative is not simply to insist on a right to produce a pleasurable and subversive spectacle but to allegorize the spectacular and consequential ways in which reality is both reproduced and contested. This has consequences for how gender presentations are criminalized and pathologized, how subjects who cross gender risk internment and imprisonment, why violence against transgendered subjects is not recognized as violence, and why this violence is sometimes inflicted by the very states that should be offering such subjects protection from violence."(둘 다 인용자 강조) 내가 굵은 글씨로 강조한 저 문장에 대한 설명이 좀 더 필요할 듯하다. 본문에서 나는 권력의 작동 방식을 분석한 수행성의 첫 번째 차원을 설명하는 과정에서 수행성을 뜬구름 잡는 요란한 유희처럼 해석하는 트랜스 멍멍이들의 논리를 반박하기 위해 "현실이 재생산되는 동시에 경합을 벌이는" 방식이 어떤 차별적이고 폭력적인 결과를 낳는지에 좀 더 강조점을 두었지만, 좀 더 정확히 설명하자면 버틀러는 이 consequential (굵은 글씨로 강조한 문장의 다음 문장에서 설명하는 결과들)과 spectacular를 대립시키지 않는다. "현실이 재생산되는 동시에 경합을 벌이는" 방식은 눈길을 확 잡아끄는 스펙터클한 방식으로 펼쳐질 수 있는데, 이는 드랙(drag)이나 퀴어 퍼레이드 같은 전복적 실천에만 해당되는 것은 아니다. 퀴어 혐오는 일상적으로 은밀하게도 일어나지만 스펙터클하게도 일어난다. 스톤월 항쟁이 일어났던 계기처럼 성소수자들이 모이는 공간을 공권력이 수시로 급습하여 때려잡거나, 종교의 이름을 빌려 귀신을 쫓겠다며 요란하게 두들겨 패거나, 퀴어 퍼레이드 행사장 옆에서 시끄럽게 북을 두들기고 부채춤을 춰가며 나라가 망할 것처럼 주접을 떨거나, 성소수자 한 명 한 명을 온라인에서도 오프라인에서도 집요하게 괴롭히거나 살해하는 등의 다양한 혐오 폭력은 눈길을 끄는 볼거리를 만들어내면서 특정 현실—퀴어가 비정상이자 사회의 해악으로 규정되는 현실—을 반복해서 재생산한다.

87. 루인, 「피해자 유발론과 게이/트랜스 패닉 방어」, 권김현영 외, 『피해와 가해의 페미니즘』, 서울: 교양인, 2018.

88. 이 윤리적 책임이 '속박'에도 불구하고'가 아니라 바로 그 속박이라는 조건으로 인해 어떻게 발생하는지에 대한 논의는 『윤리적 폭력 비판』의 핵심 주제다. 이 책의 6장 <퀴어 정동 이론>의 버틀러 절에서 이 논의

를 간략히 정리하겠다.

89. Butler(1993), *op. cit.*, p. 231. 관련 논의를 '젠더 경합'이라는 개념으로 풀어온 루인의 글을 참조하자. 루인, 「젠더를 둘러싼 경합들」, 『여성이론』 15호, 2006, 289-304쪽; 「젠더, 인식, 그리고 젠더폭력: 트랜스(젠더)페미니즘을 모색하기 위한 메모, 네 번째」, 『여성학 논집』 제30호 1권, 2013, 199-233쪽.

90. Butler(1993), *op. cit.*, p. 102, 원문 강조.

91. *Ibid.*, pp. 244-245.

92. Butler(1990), *op. cit.*, p. 148; 한글판(2008a), 앞의 책, 362쪽.

93. Butler(1990), *ibid.*, p. 124; 한글판(2008a), 위의 책, 318-319쪽.

94. Butler(1990), *ibid.*, pp. 124-128; 한글판(2008a), 위의 책, 318-326쪽.

95. Butler(1993), *op. cit.*, p. 232.

96. 이런 움직임을 버틀러는 "연극성의 정치화"라 부른다(Butler[1993], *ibid.*, pp. 232-233). 개인적인 유희에 지나지 않는다는 비판을 받는 드랙의 젠더 패러디 실천 또한, 퀴어 공동체 문화를 번성시킬 뿐 아니라 지금과는 다른 식으로 존재해도 될 미래를 현재에 끌어들임으로써 '다른 세상 만들기'에 기여한다. 다음을 보라. José Esteban Muñoz, *Cruising utopia: The then and there of queer futurity*, NYU Press, 2009. 물론 몇 번이고 강조하지만, 이는 드랙 실천이 완벽하게 아무 문제 없는 순수한 저항의 거점으로 기능한다는 뜻이 아니다. 다른 모든 실천이 그렇듯 드랙 실천도 성소수자 공동체 안팎에서 작동하는 인종차별주의, 자본주의, 계급주의, 여성 혐오, 트랜스 혐오 등의 복잡한 교차적 억압에서 완전히 자유롭지 않다. 본문의 나머지 부분에서 상세히 설명하겠지만, 이 장을 읽으면서 계속 유념해야 할 것은 '완벽한 억압/완벽한 해방'의 이분법적 인식을 털어내는 것이다. 이는 '모두가 더러우니 내가 좀 잘못하면 어때'하는 무책임함이 아니라 '모두가 복잡한 억압구조에 연루되어 있다면 남을 함부로 부역자라 재단하지 말고, 나 자신을 꾸준히 성찰하고, 보다 윤리적이고 평등한 세상을 만들기 위해 어떻게 해야 하는가를 고민하자'는 인식론적 겸손의 정치로 나아가기 위한 작업으로 이해해야 한다.

97. Butler(1993). *op. cit.*, p. 91.

98. Butler(2013), *op. cit.*, p. 50; 버틀러(2016), 앞의 책, 90쪽, 번역 일부 수정.

99. 사전에서 동사 articulate (명사 articulation)는 생각, 감정이나 발음을 명료히 표현한다는 뜻과 관절 같은 것으로 이어진다는 뜻을 갖고 있다. 내가 버틀러에 관한 학위논문과 단행본을 쓸 당시엔 참고할 한글 번역서가 아직 없었기에 잠정적으로 '절합(節合)'이라는 번역어를 사용하였지만 현재로서는 '접합(接合)'이라는 번역어를 사용하는 한글 문헌들이

있다(예를 들어 주디스 버틀러, 에르네스토 라클라우, 슬라보예 지젝, 『우연성 헤게모니 보편성: 좌파에 대한 현재적 대화들』, 박대진, 박미선 옮김, 서울: 도서출판b, 2009 [Judith Butler, Ernesto Laclau, and Slavoj Žlžek, *Contingency Hegemony Universality: Contemporary Dialogues on the Left*, New York: Verso, 2000]). 그러나 사실 두 번역어 모두 articulation의 뜻을 딱 담아낼 만한 적절한 번역어라 말하기엔 좀 애매하다. 버틀러의 논의에서 이 개념은 여러 요소들이 하나로 모여 기능을 하는 것을 의미하는 용어로, 구성요소들의 단순합산을 뜻하거나 용접처럼 뗄 수 없게 붙인다는 뜻이라기보다는 손가락의 여러 뼈들이 관절과 이어져 합체하면서 유기적으로 전체 손의 모양과 기능을 이루는 모양새를 가리킨다. re-articuiation은 기존 체계 안에서 체계의 목적과 기능을 위해 봉사할 수 있었던 요소들을 분해해서, 그 요소들이 갖고 있던 의미를 이용하여 기존의 목적과 기능과는 다른 방식으로 잇대어 사용할 수 있음을 뜻한다. 말하자면 버틀러가 "상징계를 재절합한다"는 표현을 사용할 때는, 상징계 안의 작동 인자들을 이용하여 기존의 상징계의 원리, 위상, 권위 등을 탈안정화시키고 교란시킴으로써 재의미화하는 작업을 뜻한다. 본문에서 논하겠지만 이는 권력 밖 어디 순수하게 저항적인 위치가 아니라 권력 안에 처음부터 연루되어 권력의 영향 아래 형성되어 온 인간이 그 안에서 권력규범에 맞서는 방법을 구조화한다.

100. Anonymous Queers, "Queer Nation Manifestos", 1990; Heather Love, *Feeling backward*, Harvard University Press, 2009, p. 157에서 재인용. 퀴어 네이션의 이 선언문은 다음 주소에서 다운받을 수 있다. actup ny.org/documents/QueersReadThis.pdf (최종검색일: 2020.12.24.)

101. *Ibid.*

102. Butler(1993), *op. cit.*, p. 231.

103. Butler(1993), *ibid.*, p. 241.

104. Butler(2004a), *op. cit.*, p. 1; 버틀러(2015), 앞의 책, 10쪽, 인용자 강조, 번역일부 수정.

105. Claude Levi-Strauss, *(La)pensee sauvage*, Paris: Plon, 1962(클라우드 레비-스트로스, 『야생의 사고』, 안정남 옮김, 서울: 한길사, 2003).

106. Judith Butler, "Agencies of Style for a Liminal Subject", *Without Guarantees: In Honour of Stuart Hall*, eds., Paul Gilroy, Lawrence Grossberg and Angela McRobbie, New York: Verso, 2000, p. 32.

107. *Ibid.*, p. 31.

108. Butler(2004a), *op. cit.*, p. 3; 버틀러(2015), 앞의 책, 14쪽, 번역 일부 수정.

109. Butler(2000), *op. cit.*, p. 31.

110. Butler(2004a), *op. cit.*, p. 3; 버틀러(2015), 앞의 책, 14쪽, 번역 일

부 수정.

111. Butler(1990), *op. cit.*, p. 100; 버틀러(2008a), 앞의 책, 274쪽, 번역 수정. 한글판은 "찬탈의 언어"라고 번역했고, 물론 usurpation에는 그런 멋진 뜻도 들어가 있다. 하지만 버틀러가 『젠더 트러블』에서 에르퀼린 바뱅, 그리고 『젠더 허물기』에서 데이빗 라이머를 분석하면서 도출한 usurpation의 언어는 왕위를 찬탈하고 권력을 손아귀에 넣는 것과 같은 호쾌한 사이다 서사가 결코 아니다. 에르퀼린 바뱅은 19세기에 프랑스에 실존했던 인터섹스이다. 푸코는 그의 일기를 자신이 직접 쓴 서문과 함께 출간했다(Michel Foucault, ed., *Herculine Barbin, dite Alexina B. presenté par Michel Foucault*, Paris: Gallimard, 1978). 에르퀼린은 태어날 때 '여성'으로 간주되어 알렉시나로 살았다. 같은 수녀원에 있던 여성과 연인 관계가 되었던 그는 자신의 해부학적 구조에 대한 고민과 죄의식을 의사와 신부들에게 고백한 뒤 법적으로 남성이 되도록 강제되었다. 섹슈얼리티를 해방적인 것으로 보는 자유주의 모델에 분명한 반대를 표명했던 『성의 역사』 1권(미셸 푸코, 『성의 역사 1: 지식의 의지』, 제3판, 이규현 옮김, 파주: 나남, 2010[Michel Foucault, *L'histoire de la sexualité, Vol.1, La volonté de savoir*, Paris: Gallimard, 1976])에서의 입장과 달리, 푸코는 에르퀼린에 대한 서문에서는 에르퀼린의 몸의 쾌락이 섹스에 속박되지 않는 자유로운 쾌락의 다원성, 규제를 초월한 쾌락의 무한증식을 보여준다고 주장한다. 버틀러는 푸코의 모순을 비판하면서 에르퀼린의 위치가 규범으로부터 완전히 자유로운 해방구가 아니라 규범 속으로의 추방이자 규범의 언어를 불법 점유하여 이뤄지는 부분적인 불복종이라는 양가적 위치임을 논증한다. 『젠더 트러블』 3장 2절을 보라.

112. Butler(2004a), *op. cit.*; 버틀러(2015), 앞의 책, 3장을 보라. 나는 규범에 어긋난 존재들이 어떻게 불순한 자원을 임시변통으로 그러모아 자기 자신을 설명하고 살 만한 미래를 만들어내기 위한 어려운 노동을 하는지를 예시하기 위해 이 사례에 주목했지만, 내가 이 절에서 정리한 내용 이상으로 섹스와 젠더 중 어느 것이 더 사람을 결정하는가를 둘러싼 본질주의적 담론들 간 충돌, 인터섹스와 트랜스젠더 담론이 교차하는 논쟁 지점, 성 재지정 수술을 둘러싼 논의에 대해 훨씬 많은 복잡한 질문을 던지는 장이므로 일독을 권한다.

113. Butler(2004a), *op. cit.*, pp. 67−69; 버틀러(2015), 앞의 책, 111−114쪽.

114. Butler(1990), *op. cit.*, p. 99; 한글판(2008a), 앞의 책, 272쪽.

115. Butler(2004a), *op. cit.*, p. 70; 버틀러(2015), 앞의 책, 115쪽.

116. Butler(2004a), *op. cit.*, pp. 72−73; 버틀러(2015), 앞의 책, 120−122쪽.

117. '진리의 정치(the politics of truth)'란 푸코의 용어로, 무엇이 진리로 간주될 수 있는지 여부를 미리 경계 설정하는 권력관계들에 속하며 일상적이지만 규제적인 방식들로 세계의 질서를 세우는 정치를 말한다. 우리는 그것을 마치 처음부터 원래 진리인 양 당연하게 받아들이게 된다(Butler[2004a], *ibid.*, p. 57; 버틀러[2015], 앞의 책, 97쪽).

118. Butler(2004a), *ibid.*, p. 74; 버틀러(2015), 앞의 책, 122쪽.

119. Butler(1993), *op. cit.*, p. 22.

120. Judith Butler and Gayatri Chakravorty Spivak, *Who Sings the Nation-State?: Language, Politics, Belonging,* London; New York: Seagull Books, 2007(주디스 버틀러, 가야트리 스피박, 『누가 민족국가를 노래하는가』, 주해연 옮김, 서울: 웅진씽크빅: 산책자, 2008c).

121. Butler(2007), *ibid.*, pp. 47-48; 버틀러(2008c), 위의 책, 49-51쪽.

122. Butler(2007), *ibid.*, pp. 25-26; 버틀러(2008c), 위의 책, 32쪽.

123. Butler(2007), *ibid.*, pp. 48; 버틀러(2008c), 위의 책, 50쪽, 번역 일부 수정.

124. Butler(2007), *ibid.*, pp. 63-65; 버틀러(2008c), 위의 책, 63-66쪽.

125. Butler(2007), *ibid.*, pp. 66-67; 버틀러(2008c), 위의 책, 66쪽, 번역 일부 수정.

126. Butler(2000), *op. cit.*, pp. 38-39; 버틀러(2009), 앞의 책, 66-67쪽.

127. Butler(1999), *op. cit.*, pp. xvii-xviii; 버틀러(2008a), 앞의 책, 60쪽, 번역 일부 수정.

128. Butler(2004a), *op. cit.*, pp. 13-14; 버틀러(2015), 앞의 책, 28-29쪽, 인용자 강조, 번역 일부 수정.

129. 이 책의 마지막 장인 퀴어 정동 이론 장에서 버틀러의 책임의 정치윤리에 대한 논의를 좀 더 정리할 것이다.

130. Butler(2004a), *ibid.*, p. 4; 버틀러(2015), 앞의 책, 14쪽, 번역 일부 수정.

131. Butler(2004a), *ibid.*, p. 8; 버틀러(2015), 앞의 책, 21쪽, 번역 일부 수정.

132. *Ibid.*, 인용자 강조, 번역 일부 수정.

3장

퀴어 정체성의 백가쟁명 :

비규범적인 젠더와 섹슈얼리티의 가능성/실존

고양이 안돼

이 장에서 탐구할 질문은 '과연 비규범적인 젠더와 섹슈얼리티가 있을까?' 따위 질문이 아니다. 규범에 들어맞지 않는 젠더와 섹슈얼리티는 항상 이미 존재해왔다. 그럼에도 한편으로는 '현실'을 규정하고 지배하는 인식틀 안에선 비규범적 젠더와 섹슈얼리티들이 "내 주변엔 그런 사람 없다"는 식으로 여전히 인정받지 못하고 있고, 다른 한편으로는 남/여 젠더 이원론과 이성애만 당연시하는 세상에서 '여기 우리도 존재한다' 이상의 설명을 할 언어가 모자라 늘 고군분투하는 중이다. 따라서 2장에서 주디스 버틀러의 이론을 중심으로 논의했듯이, 버틀러를 비롯한 퀴어 이론가들은 주류 사회가 보기엔 '새롭지만 다른 많은 사람들이 이미 오랫동안 경험하고 살아왔던 젠더와 섹슈얼리티의 복잡성을 나타낼 수 있는 언어를 어떻게 개발할 수 있을 것인가 하는 문제와 씨름해왔다.[1] 2장에 이어 3장에서도 이 씨름을 계속하면서 퀴어들이 존재할 자리를 이론적으로 마련해온 논의들을 소개하고 우리가 우리 자신을 설명하는 데 사용할 수 있을 만한 언어를 발굴할 것이다.

한편 최근 몇 년 새 미국은 물론 한국에서도 기존의 LGBT 범주에 갇히지 않는 새로운 퀴어 정체성이 급증하고 있다. 특히 트위터를 비롯한 SNS에서 활동하는 젊은 세대 퀴어를 중심으로 자신의 정체성을 호명하는 패러다임에 커다란 지각변동이 일어나고 있다. 이는 섹스·젠더·섹슈얼리티의 복잡성을 섬세하게 사유해온 퀴어 이론의 성과가 반영된 현상인 동시에, 퀴어의 다양성을 더욱 급진적이고도 정치적으로 올바르게 사유하려는 노력의 일환이기도 하다. 이 장에서는 이 새로운 퀴어한 이름들을 이해하고 설명하는 데 유용할 이론적 자원을 제공하는 한편 이런 자기 호명의 양상을 비판적으로 고찰하고자 한다. 그리고 퀴어들이 그 어떤 본질에 의존하지 않고서도, 정체성 정치의 한계에 갇히지 않고서도, 어떻게 스스로를 명명할 수 있을지 방법을 모색한다.

1. 젠더 × 섹슈얼리티

앞 장에서 이야기했듯, 젠더는 사람과 몸을 생산해내는 규범적 체계로서 기능하지만 젠더 자체가 근본적으로 규범적인 것은 아니다. 젠더를 무조건 규범적인 것으로 치부하거나 남/여 이원론과 등치시켜버린다면, 그 남/여 이원론 이외의 다른 젠더를 사유할 가능성을 차단해버릴 위험이 있다. 또한 개개인이 이원론적 젠더 규범과 어떤 식으로든 관계 맺으면서 그 관계 속에서 자신의 정체성을 협상하며 상호 작용하는 다양한 양상을 이야기할 수 없게 된다. 섹슈얼리티도 마찬가지다. 남성/여성, 동성애/이성애의 이분법만으로는 젠더와 섹슈얼리티가 어떻게 복잡하게 상호작용하는지를 제대로 이해할 수 없다. 앞 장에서 젠더 이원론과 강제적 이성애가 매우 밀접하게 연결되어 어떻게 인간 몸의 정상성을 규정하는지에 대해 논의했지만, 젠더와 섹슈얼리티가 반드시 규범적인 형태로만 결합하는 것도 아니다. 규범적이지 않은 방식으로도 젠더와 섹슈얼리티는 밀접한 관계를 맺고 있고, 젠더와 섹슈얼리티의 얽힘이 서로의 규범적 위치를 교란시키기도 한다.

퀴어 이론이 부상했던 1990년대에 젠더와 섹슈얼리티를 분리하고 퀴어 이론과 페미니즘을 분리하여 '페미니즘은 젠더에 관한 연구, 퀴어 이론은 섹슈얼리티에 관한 연구'로 나누자는 논의가 등장한 적이 있다. 논쟁의 발단은 1984년에 출간된 게일 루빈의 논문 「성을 사유하기 Thinking Sex: Notes for a Radical Theory of the Politics of Sexuality」였다.[2] 이 글에서 루빈은 젠더에 매몰되지 않는 섹슈얼리티 연구를 발전시킬 필요가 있다고 주장했다. 당시 젠더와 섹슈얼리티에 관한 페미니즘의 논의가 시스젠더 이성애자 중심적이었고 특히 포르노 반대 입장의 페미니스트들이 안전한 이성애 섹스에 초점을 맞춰 다양한 성소수자들의 존재와 성적 실천을 배제하고 억압하는 경향이 있었던 만큼 여기에 비판적으로 개입하기 위해서였다. 그러나 섹슈얼리티에 대한 연구가 따로 필요하다는 이 문제의식은 "더 광범위한 성소수자들이 겪는 규제를 설명할 수 있는 분석을 만들고자"[3] 했던 루빈의 의도와 달리 교조적으로 받아들여졌고, 어느샌가 젠더 문제는 페미니즘 쪽 의제, 섹슈얼리티 문제는 퀴어 쪽 의제라고 단순 구분하는 경향이 생겨났다(이때의 젠더는 이원화된 남성/여성의 위치로 이해되었다).

이런 해석은 그동안 동성애자들이 중심 의제와 발언권을 더 많이 점유해왔던 퀴어 공동체 내부의 불평등과 무관하지 않았다. 이에 반대하는 연구자 및 활동가들은 인터섹스와 트랜스젠더를 비롯한 젠더퀴어가 겪는 어려움은 단지 섹슈얼리티만이 아니라 젠더와 관련된 사안임을 지적하면서 젠더 연구를 다시금 퀴어 이론의 지평 안으로 끌어왔다.

젠더와 섹슈얼리티 사안을 별개로 보는 것은 백인 중심적인 관점이라는 비판도 나왔다. 유색인들에게 젠더와 섹슈얼리티와 인종화의 문제는 얽혀 있다. 엘리자베스 위드Elizabeth Weed는 서구 페미니즘에서 발전한 성차 이론에선 백인 여성이 '여성'이란 기표를 점해버리기에 흑인 여성은 '여성'이 아니거나 '여성'보다 못한 존재가 되고, 남녀를 막론하고 비 – 백인은 백인 여성과 백인 남성의 성차를 극명하게 대비시키기 위한 배경으로만 동원된다고 지적한다. 흑인 여성의 섹슈얼리티에 대해 말하기 위해선 먼저 흑인 여성이 여성 젠더로 가시화되지 못하고 있음을 비판해야 하는 상황에서, 섹슈얼리티와 젠더를 서로 동떨어진 범주인 양 취급하는 경향이 흑인 여성의 퀴어성queerness을 더욱 침묵하게 만들 수 있다는 것이다.4)

또 다른 한편 버틀러는 "젠더의 규제는 언제나 이성애 중심적 규범성을 만드는 작업의 일부"였기에, "젠더와 섹슈얼리티가 근본적으로 분리된다고 주장한다면 호모포비아적 권력의 특수한 작동을 분석할 기회를 놓치는 셈"이라고 지적한다.5) 호모포비아는 젠더와 섹슈얼리티를 뭉뚱그리는 식으로 작동한다. 예를 들어 주류 사회가 어떤 사람을 '게이 같다고 비난할 때 그 의심의 근거를 생각해보라. 사실 많은 퀴어들이 공공장소에서 대놓고 애정행각을 하진 않기 때문에, 그리고 애인 없는 퀴어들도 많기 때문에, 공공장소에서 이 사람이 게이인지 아닌지를 알아본다면 그건 이 사람의 섹슈얼리티 때문이 아니라 이 사람의 옷차림, 머리 스타일, 몸짓 등 젠더 표현 때문이 된다(그래서 커밍아웃하지 않은 성소수자 커뮤니티에선 '일탁', 즉 '일반인'[시스젠더 이성애자를 뜻하는 속어]으로 보이는 사람이 연애 상대로 인기 있는 조건이 되기도 한다). 젠더와 섹슈얼리티를 뭉뚱그리는 혐오 세력을 향해 동성애자 이외의 다른 퀴어들을 알아보지 못하는 그 엄청난 무능함을 비웃어줄 순 있을 것이다. 하지만 이 무능함은 퀴어포비아적 폭력의 작동 방식을 정확히 보여주는 것이기도 하다. 퀴어포비아적 폭력은 이 사람이 정확히 시스젠더 게이인지 트랜스젠더인지 젠더플루이드gender fluid인지 바이섹슈얼인지를 구분하지 않고 일단 '이상하다' 생각하면 폭력을 가하는 식으로 작동하는 것이다. 이 '이상하다'라는 감은 규범적인 섹스-젠더-섹슈얼리티의 조합과 어긋나는 젠더 표현, 즉 이 사람이 남자 아니면 여자로 완전히 구별 가능하고 이 사람의 젠더 표현이 소위 '생물학적 성별'에 맞고 이 사람의 섹슈얼리티도 분명 이성애자로 보여야 한다는 규범적 조합에 들어맞지 않는 사람들을 향한다는 점에서 규범을 감각적 차원에서 체현한 결과이다. 규범적인 섹슈얼리티(이성애)와 규범적인 젠더(남/여)가 상호 공조하는 이 인식틀에서 규범적인 섹슈얼리티를 실행하지 않는 사람은 젠더 또한 규범적인 위치에서 일탈했으리라는 의심을 받고, 규범적인 젠더 위치에서 벗어나 보이는 사람은 섹슈얼리티 또한 규범에서 일탈했으리라는 의심을 받는다. 물론 그런 의심이 진실을 가리킬 때도 많다. 그러나 여기서 중요한 점은, 결국은 그처럼 젠더와 섹슈얼리티의 위반을 뭉뚱그리고 뒤섞고 마구잡이로 엮는 의심을 바탕으로 포비아적 폭력이 일어난다면, 젠더와 섹슈얼리티를 별개의 사안으로 구분하는 데 어떤 이론적이고 실천적인 유용성이 있고 또 어떤 한계가 있는지를 세심하게 살펴볼 필요가 있다는 것이다.

더욱이 퀴어인 사람은 젠더나 섹슈얼리티 어느 한쪽만 퀴어하지 않다. 섹슈얼리티와 젠더의 얽힘은 규범적인 젠더에 순응하는 것처럼 보이는 위치에서조차 사실은 규범적이라 말할 수 없는 복잡한 역동을 불러일으킨다. 이를 잘 보여주는 두 가지 논의가 있다. 하나는 게일 루빈이『일탈』10장「미소년과 왕에 대하여: 부치, 젠더, 경계에 대한 성찰」
에서 논한 부치 젠더에 관한 논의이고, 다른 하나는 게일 살라몬이 『몸
을 추정하기: 트랜스젠더와 물질성의 수사학』6) 3장에서 제시한 호모에
라틱homoerratic 개념이다.

　모든 보통명사가 그 안에 엄청난 다양함을 안고 있듯 '레즈비언'이
라는 이름 내부도 결코 동질하지 않다. 남성성과 여성성이라고 불릴만
한 것의 표현도 매우 다양하고, 자신의 신체 부위 중 어느 부분이 자신의
정체성과 연결되어 있다고 생각하는지에 대해서도 매우 다양한 입장을
보인다. 예를 들어 주디스 핼버스탬이 『여성의 남성성』에서 소개하는
'스톤 부치'는 자신을 남성이라고 생각하지는 않지만 통상적인 의미의
'여성'이라고 느끼지도 않으며 자신을 "비-여성적인 존재, 성적으로 건
드릴 수 없는 여성"으로 정의한다.7) 섹스할 때 옷을 벗지 않는 부치들이
자기 몸에 대해 느끼고 생각하는 바는 섹스할 때 상대방에게 몸을 보이
는 사람들이 자기 몸에 대해 느끼고 생각하는 바와는 상당히 다를 것이
고, 남/여, 남성성/여성성이라는 규범적 젠더 위치와 맺고 있는 관계도
서로 다를 것이다. 그렇다면 우리가 레즈비언을 같은 성 간의 사랑, 혹은
'여성을 사랑하는 여성'이라고 정의할 때, 이 '여성' 자체, 우리가 '같은
성'이라고 부르는, 동일하다고 생각하는 이 범주 자체가 문제시된다.
그래서 루빈은「미소년과 왕에 대하여」에서 '부치'로 범주화되는 사람
들 안에서 섹슈얼리티 표현과 젠더 표현이 얼마나 다양하며 그 표현들
이 서로 간에 어떻게 복잡하게 얽혀 있는지를 이야기한다. 이 풍성한
현실을 남성성/여성성이라는 단순하고 이분법적인 구분이나 같음/다름
의 획일적 논리로 설명할 수 없다는 것을 분명하게 보여주는 것이다.
　루빈은 차라리 부치성butchness을 젠더 변주gender variation의 관점에

서 조망하자고 제안한다. 부치를 섹슈얼리티가 아니라 젠더의 범주에서 사유하면 여러 이점이 있는데, 첫째, 부치-펨에 대한 획일화된 고정관념 (소위 부치가 남자 역할, 펨이 여자 역할을 할 것이라는 생각)을 넘어서는 다양한 부치 섹슈얼리티의 관계 조합을 설명할 수 있다. 둘째, 부치는 소위 '여성성'보다는 '남성성'과 좀 더 관계를 맺는 레즈비언들을 위한 이름이다. 셋째, 부치는 젠더 위화감을 느끼는 여성들을 위한 레즈비언 내 범주이기도 하다. 이때 루빈은 젠더 위화감gender dysphoria을 "육체적 신체나 부여된 젠더 지위status와 불화하는 성별 느낌과 정체성을 가진 사람들을 기술하는 용어"로 느슨히 사용한다.8) 루빈은 레즈비언 공동체가 '여성을 사랑하는 여성'이라는 성 지향성을 기본으로 만들어진다 하더라도 공동체 안에 다양한 젠더 위화감이 존재하고 그것이 다양한 방식으로 표현된다는 점을 보여준다. 또한 이 젠더 위화감과 관련해서 루빈은 부치와 트랜스섹슈얼 간 경계를 공고히 하려는 본질주의 논리에 맞서 누가 '여성'이고 '레즈비언'인지 자격을 검열하고 배척하는 대신 정체성을 이행하는 과정 중에 있는 모든 사람들을 포용하고 지지하자고 제안한다.9)

이러한 복잡함 중 일부를 게일 살라몬은 '호모에라틱'이란 개념으로 포착한다. 이 용어는 호모에로틱homoerotic과 erratic이란 단어를 합친 신조어이다. erratic을 사전에서 찾아보면 '불규칙한, 일정치 않은, 변덕스러운, 별난, 괴상한, 상례를 벗어난, 색다른, 이상한, 정해진 목적을 가지지 않은, 변하기 쉬운, 변덕스러운, (별 따위가) 일정한 궤도를 가지지 않은' 등으로 풀이된다. 한 인터뷰에서 살라몬은 자신이 이 신조어를 만들게 된 계기를 자신의 연애 경험으로 설명한다. 살라몬 본인은 펨인데 자기 파트너들은 "부치 그리고/또는 트랜스 그리고/또는 트랜스-남성 스펙트럼transmasculine spectrum 어딘가에 있는 사람들"이었다. 그래서 살라몬은 자신을 '퀴어'로 정체화하는 데엔 아무런 문제가 없었지만, '내가 동성애자인가?' 하는 질문엔 답하기 어려웠다고 말한다. '호모'라는 단어가 품고 있는 "젠더화된 동일성의 원리"가 자신의 섹슈얼리티를 조직하고 있다고 볼 수 없었기 때문이다.

> 말하자면 이런 거다. 어떤 의미에서, 내가 트랜스남성적인 파트너와 맺는 성적인 관계가 '호모'일 수 있는가? 펨과 부치 혹은 펨과 트랜스남성 간 관계가 젠더화된 동일성의 관계로 기술될 수 있다면 정확히 어떤 근거에서인가? 그리고 만약 내 여성적 젠더와 내 파트너들의 다양한 남성적 젠더 간 관계를 동일성의 관계로 설명하는 게 말이 안 된다면, 그 관계를 조금이라도 더 잘 기술하도록 날 도와줄 언어가 뭐가 있을까? [⋯] 내가 이성애자가 아니라는 건 확실했지만 내가 '레즈비언'의 언어도 많이 받아들이지 못했다는 것도 분명하다. 내가 완전히 '여성을 사랑하는 여성'인 건 아니다. 그리고 '레즈비언'이란 이름은 문제가 많은 방식으로 여성화되어 있다. 왜냐하면 '레즈비언'이란 이름은 내 남성적 파트너들을 여성으로 묘사하는데 이런 묘사가 그들에게 잘 들어맞지 않기 때문이다. '이성애자'도 정확하지 않았다. 퀴어란 용어는 그 용어의 뜻이 고정되지 않는다는 점에서 유용했지만, 때로 사람은 젠더에 이름을 붙이는 단계에서 좀 더 정확한 이름을 원할 때가 있다. [⋯] 따라서 호모에라틱은 퀴어 섹슈얼리티에 스며든 욕망, 차이, 동일성의 복잡한 회로 중 일부를 설명하려 노력한 한 가지 방법이었다.[10]

이 개념을 처음 제시한 『몸을 추정하기』 3장에서 살라몬은 샌프란시스코의 대표적인 레즈비언 바 <렉싱턴 클럽> 홍보 달력의 사진을 통해 다이크dyke[11] 문화에서 유통되는 남성적 에로티시즘이 얼마나 다양하고 유동적이고 변화무쌍한지 분석한다. "렉스의 소년들"이란 제목이 붙은 이 달력에서 렉싱턴 클럽 직원인 부치들은 남성성과 여성성을 교란시키면서 둘 다의 스펙트럼을 확장하는 다양한 이미지를 생산한다. 그 지역의 게이 바 <이글 터번>에서 일하는 게이들과 찍은 한 사진에서 렉스 바의 '소년'은 게이와 "일종의 남성적인 호모에로틱함"을 재현한다.12) 일반적으로 호모에로티시즘은 '동성애', 즉 '같은 성끼리의 사랑'으로 이해되고 이때의 에로티시즘은 '호모homo'라는 동질성과 유사성을 바탕으로 한다. 그런데 이 사진에서 부치와 게이가 뿜어내는 호모에로틱한 긴장은 오히려 이들이 닮았는데 뭔가 다르다는 감각, 섹스나 젠더나 몸에 어떤 좁힐 수 없는 결정적인 차이가 있는 것 같다는 감각에 의존한다. "사진의 에로틱한 힘은 동일성 안의 이 차이에 의해 생성"13)되고 증폭된다. 이 에로틱한 기운은 헤테로/호모의 이분법적 구분으로는 제대로 설명되기 어렵다. 차이를 바탕으로 하는 이 유사성, '차이임에도 불구하고'가 아니라 바로 그 차이 때문에 유사성 안에서 생겨나는 에로틱한 긴장과 힘을 살라몬은 '호모에라틱'이라는 개념으로 포착한다. homo + erratic이라는 단어 조합대로, '호모'의 동질성이 불규칙해지고, 상궤를 벗어나고, 별나고, 괴상하고, 변덕스러운 양상에 잠정적으로 붙여놓은 이름인 것이다.

젠더와 섹슈얼리티의 '에라틱'한 뒤엉킴은 이분법적 젠더 구분에 불복하는 위치에서 더욱 강렬해진다. 최근 몇 년 사이 젠더 차원에서 퀴어한 이들을 '젠더퀴어'라고 통칭하는 경향이 생겨났지만, 엄밀히 말해 젠더퀴어는 젠더 정체성만 퀴어한 게 아니다. 어떤 이의 젠더 정체성이 남/여를 이분법적으로 구분하는 젠더 규범에 들어맞지 않을 때, 그 사람의 섹슈얼리티 또한 동성애/이성애의 구분에 들어맞을 수가 없다. 즉 젠더 위치에 균열이나 변동이 생기면 그 사람의 섹슈얼리티 차원의 정체성도 변동을 겪게 된다. 수술이나 호르몬 조치를 하지 않은 트랜스 젠더가 '여성'이나 '남성'(물론 상대방의 성별도 정확히 규정할 수 없겠지만)을 사랑할 때 그 사람은 이성애를 하고 있는 건가, 동성애를 하고 있는 건가? 젠더리스와 트랜스젠더가 사귈 때 둘은 이성애자인가 동성애자인가? 이런 질문 자체가 어그러지는 것이다. 그래서 최근엔 임시방편으로 '남성애자androsexual'나 '여성애자gynesexual'라는 표현이 사용되기도 한다. 여전히 남성과 여성을 의미하는 접두사에 의지하고 있다는 문제는 있지만, 이런 용어는 '남'과 '여'가 정확히 무엇을 의미하고 무엇으로 구성되어 있는지에 대해 더 이상은 어떤 본질적인 토대를 근거로 단언할 수 없는 상황에서 최대한 적절한 설명을 찾으려 노력하는 과정 중에 임시로나마 나온 이름이다. 또한 남성이나 여성에 동일시하지 않는 사람이 이 용어를 사용할 때 그 '남'과 '여' 자체는 기존의 공고한 위상에서 미끄러져 내려와 영원히 문제시된다. 이런 점에서 이와 같은 잠정적인 범주의 개발은 2장에서 말한 "불가피하게 불순한 자원으로부터 미래를 만들어내는 어려운 노동"에 속할 것이다.[14]

2. 성 정체성, 성적 지향을 다시 사유하기

퀴어 이론가들은 기존의 범주 규정과 어긋나거나 흘러넘치는 비규범적인 젠더와 섹슈얼리티의 자리를 이론적으로 마련하려는 노력을 해왔다. 예를 들어 일반적으로 사람들은 '성 정체성'이라는 단어를 들으면 성 정체성을 나타내는 이름들이 확실한 경계선으로 서로 구분될 수 있고, 각각의 범주 안에선 내적으로 동일하고 단일한 의미를 가진다고 생각하는 경향이 있다. 그런데 이브 코소프스키 세즈윅은 그 '성 정체성' 안에 얼마나 다양한 의미가 압축되어 있는지 보여주는 목록을 작성한다.

① 당신의 생물학적(즉, 염색체적) 섹스, 남성 또는 여성

② 당신이 자신의 성별이라 인식하는 지정받은 젠더. 남성 또는 여성 (당신의 생물학적 섹스와 동일하다고 가정됨).

③ 당신의 개성과 외양의 특질 중 우세한 것, 남성적 또는 여성적 (당신의 섹스 및 젠더와 일치한다고 가정됨)

④ 당신이 선호했던 파트너의 생물학적 섹스

⑤ 당신이 선호했던 파트너의 젠더 지정 (그 사람의 생물학적 섹스와 동일하다고 가정됨)

⑥ 당신이 선호했던 파트너의 남성성 또는 여성성(당신의 그것과 정반대라고 가정됨)

⑦ 게이나 스트레이트로서의 당신의 자기-인식 (당신이 선호하던 파트너가 당신의 성별과 같은지 아니면 그 반대인지 여부에 상응한다고 가정됨)

⑧ 당신의 생식 관련 선택 (예스라면 이성애자로, 노라면 게이로 가정됨)

⑨ 당신이 선호하던 성적 행위(들) (당신이 남성 혹은 남성적이라면 삽입하는 쪽, 당신이 여성 혹은 여성적이라면 받아들이는 쪽으로 가정됨)

⑩ 당신의 가장 성애화된 성 기관 (당신 성별의 생식 능력에, 그리고 당신이 삽입함/받아들임 어느 쪽에 배치되는지에 부합한다고 가정됨)

⑪ 당신의 성적 판타지(당신의 성적 실천과 매우 일치하지만 강도에 있어선 더 세다고 가정됨)

⑫ 당신의 감정적 유대의 주 본거지 (당신이 선호하던 파트너에 속한다고 가정됨)

⑬ 성적 관계에서 당신이 권력을 누리는가 여부 (당신이 여성 혹은 여성적이라면 그 정도가 낮고, 남성 혹은 남성적이면 높다고 가정됨)

⑭ 당신 자신의 젠더와 섹스에 관해 당신이 본받아 따르는 사람들 (젠더와 섹스 양 측면에서 당신 자신과 일치한다고 가정되는 사람들)

⑮ 문화적 · 정치적으로 당신이 동일시하는 공동체 (당신의 정체성에 부합한다고 가정됨)

목록은 이보다 훨씬 더 많다.15)

마지막에 세즈윅이 목록이 이보다 훨씬 더 길어질 수 있다고 덧붙인 점을 잊지 말자. 이 목록은 성 정체성이 본디 이 열다섯 가지 속성으로 구성되어 있다고 정의한 것이 아니라, 우리가 '성 정체성'이라고 말할 때 그 단어 안에 담는 통념이 얼마나 다양한지를 예를 들어 열거한 것이다. 이 통념들은 이성애 중심적인 주류 사회뿐만 아니라 동성애자들이 좀 더 발언권을 가진 퀴어 공동체에서도 아직까지 힘을 발휘하고 있다.

몇 가지를 살펴보면, 항목 ①은 소위 '생물학적 성별'이 있고 그걸 정하는 기준은 염색체라는 통념(즉, XX 염색체면 여성, XY 염색체면 남성)을 보여준다. 이 믿음에 확실한 근거가 없음은 2장에서 설명했다. 그럼에도 '생물학적 성별'은 아직까지도 진리처럼 통용되면서 트랜스젠더퀴어들의 존재를 부정하는 데 사용되고 있다. 항목 ②에 담긴 통념은 섹스와 젠더가 일치한다고 보는 믿음이다.16) 항목 ③~⑥에는 남성성과 여성성이 각각 남성과 여성 젠더(여기서 젠더는 섹스와 마찬가지라고 이해된다)와 일치할 것이라는 믿음, 그리고 남성과 여성은 모든 특성이 서로 정반대라는 믿음이 전제되어 있다. 그러나 항목 ⑥에 단 각주에서 세즈윅은 "여자와 남자는 분필이 치즈와 닮은 것보단, […] 위가 아래와 닮은 것보단, I가 O와 닮은 것보다는 훨씬 많이 서로 닮아 있다"고 비꼰다.17) 같은 인간 종인데 남자와 여자가 그렇게 정반대의 대척점에 놓일 만큼 다르다고 주장할 근거가 희박하다는 것이다. 더욱이 항목 ⑨⑩⑬은 생물학적 남성/여성, 지정받은 젠더인 남성/여성, 남성성/여성성 이 셋을 일치시키는 규범적 조합이 남성우월주의와 긴밀하게 맞물려 있음을 보여준다. 항목 ⑬에서 드러나듯, '남성은 성적으로 리드하거나 지배해야 된다'는 편견 또한 성 정체성을 구성하는 것이다.

한편 섹스와 젠더에 대한 이러한 통념들에선 나의 성별이 확실한 만큼 상대방의 성별도 확실하다고 가정하는데, 이 가정이 섹슈얼리티를 정의하는 데 중대한 영향을 미친다. 예를 들어 내가 나를 레즈비언으로 정체화한다면 내 파트너는 반드시 시스젠더 여성이고 동성애자라는 확고한 믿음이 '성 정체성'이라는 표현에 들어가 있게 된다. 반대로 내가 레즈비언이라는 걸 증명하는 방법이 내 파트너의 '성별'이라고 보는 믿음 또한 작동한다. 이런 통념이 확고한 곳에선, 앞서 게일 살라몬이 '호모에라틱'이라는 개념으로 논했던 것처럼, "나는 트랜스남성적인 사람하고만 사귀는데 이런 나를 '동성'애자라고 정의할 수 있는가?" "'나는 동성애자야'라는 한 마디만으로 내 모든 성적인 역사와 취향과 섹슈얼리티와 관계들이 다 설명되는가?" 하는 의문이 무시당하거나 배제당한 채 찜찜하게 남는다. 이와 관련하여 항목 ⑦⑧은 성 정체성에 관한 통념들이 이성애/동성애 단 두 개의 선택지만 전제하는 데다 이 두 선택지를 서로 완전히 대립되는 것으로 간주하여 그 외의 다른 성 정체성은 생각조차 할 수 없게 만든다는 점을 보여준다. 한편 항목 ⑫는 '성 정체성'이라는 개념에 섹슈얼한 측면과 로맨틱한 측면이 다 들어갈 수 있음을 보여준다. 대개 사람들은 두 측면이 일치한다고 생각한다. 그러나 미국에서는 최근 20년 사이, 한국에서는 최근 십 년 사이 논의가 발전되어온 에이섹슈얼 스펙트럼에 속한 정체성들은 로맨틱한 끌림을 느끼더라도 그것이 반드시 성욕 및 성행위로 귀결되지는 않을 수 있음을 이야기하면서 로맨틱과 섹슈얼의 강고했던 조합에 균열을 만들어오고 있다.

다시 한 번 강조하지만 세즈윅은 이 목록이 진리라고 주장하는 게 아니다. 이 목록은 우리가 '성 정체성'이 나의 섹스와 젠더뿐만 아니라 섹슈얼리티의 모든 것을 바로 설명해줄 수 있다고 믿을 때 그 믿음이 어떤 전제를 기반으로 하고 있는지를 보여주는 것이다. 첫째, 일단 이 목록에 깔린 전제는 유성애적 관점을 바탕으로 한다. 모든 사람은 섹슈얼리티를 갖고 있어야 한다고 가정되기 때문에 '성 정체성'이라는 이름에 담긴 통념들을 정리한 이 목록에 에이섹슈얼한 특성이 하나도 포함되지 못하는 것이다. 둘째, 모든 사람이 저마다 갖고 있는 그 섹슈얼리티는 그 사람의 전반적인 정체성, 혹은 정체성의 핵심과 관련되어 있을 것이라는 전제가 깔려 있다. 이 전제의 더 아래엔, 섹슈얼리티를 포함한 정체성의 모든 것을 그 사람의 생물학적 성별에서 추론해낼 수 있으리라는/있어야 한다는 규범적인 전제가 깔려 있다. 셋째, 성 정체성에 대한 위의 목록은 대상성애allo-erotic를 전제로 하고 자가성애auto-erotic를 배제한다.[18] 그리고 여기서 전제된 대상성애는 폴리아모리polyamory를 배제한다. 즉 한 번에 한 명의 파트너만 가질 것이라 가정하는 것이다.

마지막으로 여기엔 "그러한 성적 지향은 시간이 지난다고 해서 바뀌진 않을 것이라는 가정"이 깔려 있다.[19] 이런 전제 하에선 한 번 동성애자는 반드시 동성애자여야 하고 이성애자는 반드시 이성애자여야 하기에, 이런 가정을 교란시키는 바이섹슈얼이나 팬섹슈얼pansexual[20]에겐 그 사람의 정체성에 대한 의심은 물론이요, 인격 전반에 대한 비난이 가해지는 경우가 많다. 평생에 걸쳐 정체성을 탐색하고 자신을 설명하는 이름을 바꿀 수도 있다는 '과정 중의 정체성' 개념 또한 세간에서 그리 환영받지 못한다.

세즈윅이 보기에 가장 중요하게 비판해야 할 문제점은, 여기 깔린 전제들에 어긋나는 수많은 차이가 침묵을 강요받고 뭉뚱그려지고 깔아뭉개지는 과정을 거쳐 '성 정체성'이 이음매 없이 매끈하고 일관된 하나의 통일체로 조직된다는 점이다.[21] 그래서 (다음 장에서 이야기하겠지만) 세즈윅은 『벽장의 인식론』에서 동성애/이성애 이분법이 근대 서구의 사유와 문화의 토대로 자리매김해왔다고 주장하지만, 이 주장은 동성애/이성애 이분법이 불변의 진리라는 뜻이 아니다. 동성애와 이성애를 이분법적으로 구분 짓고 대립시키는 구도는 '생물학적 성별'로 간주되는 여성/남성 위치를 토대 삼아 이 이분법에 어긋나는 수많은 차이를 밋밋하게 밀어버리고 말끔하게 봉합함으로써 구축된다는 점을 폭로하려는 것이다.

세즈윅은 '퀴어'라는 용어가 가리킬 수 있는 것 중 하나가 바로 이러한 수많은 차원 및 차이라고 본다. "어느 누구든 그 사람의 젠더를 구성하는 요소들, 그 사람의 섹슈얼리티를 구성하는 요소들이 획일적으로 의미화되게 만들어지지 않을(혹은 만들어질 수 없을) 때, 가능성, 간극, 겹침, 공명과 불화, 의미의 벗어남과 과잉의 열린 그물망, 실험적인 언어적·인식론적·재현적·정치적 모험들", 즉 우리가 뭔가 '성적인 것'이라고 말할 수 있을 법한 와글와글한 이 모든 것이 "우리 중 매우 많은 이들에게 들러붙어 있다"는 것, 그래서 절대 단순한 이분법적인 범주로는 나눌 수 없다는 것이 세즈윅의 주장이다.[22] 세즈윅은 '퀴어'에 들어갈 수많은 가능성 중 몇 가지 이름을 나열하는데, 여기서 주목할 점은 LGBT 범주로는 다 담기지 않고 그런 식의 구분으로는 설명할 수 없는 굉장히 다른 이름을 열거하고 있다는 점이다.

> pushy femmes, radical faeries, fantasists, drags, clones, leatherfolk, ladies in tuxedoes, 페미니스트 여성 혹은 페미니스트 남성, 자위하는 사람, bulldaggers, divas, Snap! queens, butch bottoms, storytellers, 트랜스섹슈얼, aunties, wannabes, 레즈비언에 동일시하는 남자들 또는 남자들과 자는 레즈비언, 등 등으로 기술하는 쪽으로 움직여질 사람들, 그런 것을 좋아하고, 그런 것에서 배우고, 그런 것과 동일시할 수 있는 사람들.[23]

이 이름들은 미국 전역의 다양한 퀴어 하위문화에서, 다양한 시공간적 맥락에서 만들어진 것이기에 정확한 개념 정의가 이뤄진 바도 없고 그 이름이 사용되는 지역을 벗어나면 이해되지 않는 경우도 많다.[24] 따라서 발음을 그대로 한글로 옮기는 방법 말고는 제대로 번역할 수도 없는 이름들도 있다. 한국에서도 '게이, 레즈비언, 바이섹슈얼, 트랜스젠더'와 같은 이름 말고도 하위문화에서 사용되던 이런저런 이름들이 있다. '바지 씨', '반바지 씨', '이쪽 사람들'과 같은 용어들은 기존의 남/여 이분법에도 이성애/동성애 이분법에도 심지어 LGBT 범주 구분에도 정확히 들어맞지 않는, 섹스-젠더-섹슈얼리티로 범주를 구분해 조합하는 방식의 명명법으로는 결코 담아낼 수 없는 다양한 가로지름과 변화

무쌍한 움직임과 복잡한 얽힘의 지형과 역사를 일별할 수 있게 해주는 '퀴어한' 이름들이다.25)

한편 섹슈얼리티에 좀 더 초점을 맞춰본다면, 일반적으로 섹슈얼리티를 정의하고 설명함에 있어 두 가지 양상이 보인다. 첫째는 섹슈얼리티의 유동성과 모든 경계에 스며드는 특성을 강조하는 식이고, 둘째는 섹슈얼리티를 성적 지향과 동의어처럼 쓰는 통념이다. 호모섹슈얼, 헤테로섹슈얼, 바이섹슈얼 등 널리 쓰이는 규격화된 이름들이 이 후자에 속한다면 첫 번째에 해당하는 설명은 엘리자베스 그로츠가 『뫼비우스 띠로서 몸_Volatile Bodies_』(1994)에서 제공한 바 있다.

> 첫째, 섹슈얼리티는 주체가 대상을 지향하도록 만드는 충동이며, 본능이자, 일종의 추진력으로 이해할 수 있다. […] 둘째로, 섹슈얼리티는 또한 우리 몸과 장기와 쾌락이 포함되지만 반드시 오르가즘에 도달하는 것까지 포함하지는 않는 일련의 실천이나 행위와 관련된 것으로 이해할 수 있다. 셋째, 섹슈얼리티는 정체성과 관련하여 이해될 수 있다. 몸의 성별the sex of bodies 은 이제 젠더라는 용어로 흔히 기술되는데, 이것은 남자와 여자라는 이항대립적인 수단을 통해서 이해할 수 있는 적어도 두 가지 다른 형식을 지칭한다. 넷째, 섹슈얼리티는 경향성, 입장, 욕망과 같은 것으로 흔히 지칭되는데, 이것은 욕망, 차이, 주체의 몸이 자기 쾌락을 추구할 수 있는 특수한 방식이 있음을 암시한다.26)

위에서 세즈윅이 온갖 것을 성 정체성이라는 이름 안에 몰아넣어 엮는 통념들을 정리한 것처럼, 그로츠의 이 인용문에도 섹슈얼리티의 정의에 '성적인 것'이라 불릴만한 모든 것이 다 들어가 있다. 섹스에 관한 것, 젠더에 관한 것, 재생산에 관한 것, 파트너에 관한 것, 경향성,

입장 등등이 다 들어가 있는 이 정의를 보면 섹슈얼리티는 정말 어디든 관련 없는 곳이 없고 섹슈얼리티가 못 들어가는 곳이 없는 것처럼 그려진다(그로츠가 섹슈얼리티를 이론화하는 작업이 엄청나게 어렵다고 말했던 이유이기도 하다). 그러나 사실 그로츠에게서 섹슈얼리티와 관련된 모든 논의는 '성차'로 수렴된다. 그리고 이때의 성차는 존재론적이든 인식론적이든 남성과 여성이라는 변치 않는 생물학적 성별이 있다는 전제하에 개념화된다. 그래서 섹슈얼리티가 위의 정의처럼 어떤 경계든 넘나들며 '휘발하는volatile' 특성을 가진 것으로 정의된다 하더라도 남/여 성차 사이의 경계선을 넘나들 수는 없다는 강력한 금지가 그로츠의 논의에 걸려 있다.27)

두 번째 통념, 즉 섹슈얼리티가 성적 지향과 동의어로 간주되고 성적 지향에 따라 섹슈얼리티가 딱딱 구분되어 분류될 수 있다는 통념에 대해서는 세즈윅이 『벽장의 인식론』에서 비판한 바 있다. 섹슈얼리티가 매우 다양한 의미를 담고 있다고는 하지만, 보통 '~섹슈얼'이라 부를 때 사람들은 섹슈얼리티를 '성적 지향'과 동일시하고, 성적 지향을 '대상 선택의 젠더'와 등치시키는 경우가 많다. 즉 사람들은 누군가의 섹슈얼리티에 대해 설명을 요구할 때 '난 동성애자야'와 같은 대답이 나오길 기대한다. 그리고 '동성애자'라는 규정은 곧 그 사람이 같은 성별의 사람에게 반한다는 뜻으로 해석된다. 그러나 앞에서 언급했듯 '동성애자' 안에서도 '같은 성'이라고 뭉뚱그리기엔 너무도 많은 젠더 변주와 그에 따른 섹슈얼리티의 차이가 담겨있을 뿐 아니라, 섹스의 남/여 이원론이 흔들리게 되면 이 '같은 성별'이라는 전제 자체가 흔들림으로써 대상 선택의 그 대상이 누구냐를 규정하는 것이 흔들리게 된다. 세즈윅 또한 이 통념에 맞서, 사람들 저마다 섹슈얼리티에 대해 느끼고 경험하고 의미부여하는 바가 이 '성적 지향 = 대상 선택의 젠더'의 틀에 포함되지 않는 매우 많은 다양성을 담고 있다고 주장하면서 몇 가지 예를 또 목록으로 작성한다.

- 성기를 사용하는 같은 성행위라도 사람들마다 매우 다른 의미를 담고 있다.

- 어떤 이들에겐, "성적인 것"의 후광(後光)이 개별적인 성기 사용 행위의 경계를 넘어 확장될 일은 거의 없는 듯하다. 다른 이들에겐, 그 후광이 그 경계를 느슨히 감싸거나 사실상 경계에서 자유로이 해방되어 떠다닌다. [인용자 첨언: 간단히 말하면, 어떤 이들에게는 '성적인 것'이 곧 성기와 성기를 사용하는 성교만을 뜻하는데 그렇지 않은 이들도 있다. 예를 들어 오만 데서 성적인 것을 읽어내는 사람들을 부르는 농담조의 명칭으론 '음란마귀'가 있다.]

- 섹슈얼리티는 어떤 이들에겐 스스로 인지하는 정체성의 큰 몫을 이루지만 다른 이들에겐 작은 몫을 이룬다.

- 어떤 이들은 섹스를 생각하느라 많은 시간을 쓰지만, 다른 이들은 별로 그렇지 않다.

- 어떤 사람들은 섹스를 많이 하는 걸 좋아하지만, 다른 이들은 적게 하거나 안 한다.

- 많은 사람들이 자신이 하지 않거나 심지어 하길 원하지 않는 성행위들에 자신의 정신과 감정의 가장 많은 부분을 쏟아붓는다. [인용자 첨언: 이는 자나 깨나 항문성교와 수간만 생각하는 동성애 혐오 기독교 세력에게 해당되는 설명일 것이다. 사실상 그 사람들이 가장 매혹되어있는 것은 타락한 형식으로 상상되는 동성애이고, 그 사람들의 섹슈얼리티의 지도 자체가 바로 그 항문성교와 수간

을 중심으로 조직되어 있는 셈이다.]

■ 어떤 사람들에겐, 의미, 서사, 그리고 자기 삶의 다른 측면과의 연결과 공명하는 맥락 속에 섹스가 깊이 박혀 있다는 게 중요하다. 다른 사람들에겐 삶의 나머지 부분이랑 섹스가 분리되는 게 중요하다. 또 다른 이들은 섹스가 삶의 다른 부분과 연결될 수 있다는 생각 자체를 안 하는 듯하다.

■ 어떤 사람들에겐 특정한 성적 대상, 행위, 역할, 부위, 또는 시나리오에 대한 선호가 기억나지 않을 만큼 먼 옛날부터 지속된 거라, 선천적인 것처럼 경험될 수 있을 따름이다. 다른 사람들에겐, 그런 선호가 늦게 나타나거나 우발적 원인에 좌우되거나 임의로 택할 수 있는 것으로 느껴지는 듯하다.

■ 어떤 사람들에겐, 나쁜 섹스의 가능성은 자기 삶의 중요한 특징이 그 가능성을 피하는 것이라고 할 만큼 혐오하는 것이다. 다른 이들에겐 그렇지 않다.

■ 어떤 사람들에겐, 섹슈얼리티는 깊이 파고들어 새로운 것을 발견해낼 필요가 있고 인지적 과잉자극을 필요로 하는 공간을 제공한다. 다른 이들에겐, 섹슈얼리티는 인지의 중단과 관례화된 습관을 필요로 하는 공간을 제공한다. [인용자 첨언: 후자의 공간이란 따로 골치 아프게 생각하지 않고 습관적으로 움직일 수 있는 공간을 뜻한다.]

■ 어떤 사람들은 즉흥적인 성적 장면을 좋아하고, 어떤 사람들은 각본이 세세하게 정해진 장면을 좋아하고, 어떤 사람들은 완벽히 예상 가능하지만 그럼에도 즉흥적인 것처럼 들리는 장면을 좋아한다.

■ 어떤 사람들의 성적 지향은 자가성애적 쾌락과 역사로 강력히

특징지어진다―때로는 대타성애적 대상선택의 그 어떤 측면보다 훨씬 더 많이 그러하다. 다른 사람들에겐 자가성애적 가능성은, 그 사람들에게 그런 게 있기나 하다면, 부차적이거나 미약해 보인다.

■ 동성애자, 이성애자, 바이섹슈얼 중 어떤 사람들은, 자신들의 섹슈얼리티가 젠더 의미와 젠더 차별의 매트릭스 안에 깊숙이 박혀 있다고 경험한다. 각 섹슈얼리티의 다른 사람들은 그렇게 경험하지 않는다.

개인 차이의 목록은 쉽게 확장될 수 있다.[28]

앞의 목록과 마찬가지로 이 목록 또한 절대적인 것이 아니다.

세즈윅은 의도하지 않았겠지만 이 목록은 성적 지향을 단순히 선택한 대상의 젠더를 뜻하는 개념이 아니라 자신의 섹슈얼리티와 관련된 매우 다양하고 다른 의미들이 와글거리는 공간으로 사유함으로써, 젠더 플루이드를 비롯해 더욱 급진적인 젠더퀴어들의 섹슈얼리티를 달리 사유할 길을 열어준다는 의의가 있다. 특히 아래에서 논하겠지만 '~섹슈얼'의 앞에 선택한 대상의 젠더를 쓰지 않는 정체성을 위한 자리를 마련해준다. 마지막으로, 세즈윅은 자신이 이 목록을 통해 비판하고자 하는 것이 바로 섹슈얼리티를 명명하고 설명할 권한을 당사자에게서 빼앗는 폭력이라고 말한다. 푸코가 『성의 역사』 1권에서 보여줬듯 근대에 들어와 섹슈얼리티가 정체성과 지식 둘 다에서 엄청나게 중요한 핵심 요소로 자리매김해온 만큼, 자신의 성적 욕망과 삶을 명명하고 설명할 권위와 자신의 정체성을 탐색하여 그 이름을 스스로에게 붙일 역량을 당사자에게서 빼앗는다면 그것이야말로 "가장 은밀한 폭력"이라는 것이다.[29] 이러한 논의는 지금 우리가 대면하고 있는 새로운 퀴어 정체성의 급증에 이론적인 토대를 마련해준다.

3. 퀴어 정체성의 백가쟁명

국어사전에선 '백가쟁명(百家爭鳴)'을 '많은 사람이 자신의 학설이나 주장을 자유롭게 발표하고 논쟁하고 토론하는 일'이라 설명한다. 한 역사학자는 기존의 질서가 흔들리고 새로운 질서가 수립되기 전 세상이 커다란 변화를 겪는 시기에 백가쟁명이 필연적으로 출현한다고 진단한 바 있다.[30] 그동안 '성소수자', '퀴어'와 LGBT(게이, 레즈비언, 바이섹슈얼, 트랜스젠더 및 트랜스섹슈얼)는 동의어처럼 사용되어왔다. 그러나 사실 퀴어는 매우 다양하여 남/여 범주는 물론이고 LGBT라는 범주들의 경계에도 완전히 갇히지 않기 때문에 퀴어와 LGBT를 등치시키는 호명은 점점 더 낡은 생각이 되어가고 있다. 그래서 LGBT에 알파벳을 덧붙이는 식으로 퀴어 범주의 다양성을 담아내려는 노력이 있었지만(인터섹스의 I, 에이섹슈얼의 A, 퀴어의 Q가 추가되곤 했다), 최근 몇 년 사이엔 주로 영어권의 인터넷 공간을 기반으로 기존의 범주에 잘 들어맞지 않는 사람들이 자신에게 맞는 이름을 발굴하고 만들어가면서 다양한 퀴어 정체성이 급증하고 있다. 그리고 이렇게 만들어진 이름들이 한국에도 수입되어 자리 잡아가는 중이다. 나는 이러한 움직임을 퀴어 정체성의 백가쟁명이라 부른다.

이 절에서 나는 이 급증하는 정체성들이 명명되고 유통되고 수용되는 방식에 있어서 생각해볼 문제를 몇 가지 이야기할 것이다. 다만 이러한 비판적 고찰이 이 정체성들을 모조리 반대한다는 뜻은 결코 아니다. 우리에겐 무조건적 수용과 무조건적 반대 단 두 개의 선택지만 있는 게 아니다. 새로운 정체성이 나올 때마다 그저 '사이-정체성'을 무한 증식하는 것에 지나지 않는다고 비판하는 이들은 늘 있었다. 이런 말은 사이-정체성은 진짜 정체성이 아니고 무한증식은 잘못된 것이라는 전제를 깔고 있다. 그러나 질문을 뒤집어볼 필요가 있다. 사이-정체성을 주장하면 안 될 이유가 있을까? 기존의 정체성 범주에 맞지 않는 사람이 오해받고 자신의 괴로움을 하찮게 취급당하고 거짓말쟁이로 몰리는 삶을 살아오면서 기존의 범주 구분과 그에 기초한 담론에 맞지 않는 자신을 설명하기 위해 기존 담론의 문제점을 짚어나가고 언어를 발굴하는 노력은 잘못된 것일까? 기존의 제한된 범주에 이 사람이 맞지 않는다면 범주를 고치는 대신 이 사람을 잘라서 범주에 끼워 맞춰야 할까? 지금까지 이야기했듯이 퀴어 이론은 모든 사람을 남/여, 이성애자/동성애자 등의 이분법적 구조에 딱 맞춰 구분할 수 있다는 통념이 자연스러운 것이 아니라 사회적으로 구성되고 강제되는 규범이라는 점을 폭로해왔다. 또한 퀴어 이론은 정체성 정치의 한계를 비판하면서도 정체성 자체를 완전히 폐기하는 대신 정체성과 관련된 논의를 더욱 풍성하고 복잡하게 만들고 항상 변화에 열어놓는 작업을 해왔다. 퀴어 정체성의 백가쟁명 또한 이런 작업의 연장선상에서, 기존의 정체성 범주에 들어가지 못하는 수많은 퀴어들이 존재한다는 것을 드러내고, 기존의 경직된 인식틀이 이들의 존재를 부인하고 이들이 경험하는 차별과 억압을 부인해왔다는 점을 폭로한다는 의의가 있다. 이 성향 내지 느낌을 하나하나 구분하여 '정체성'의 이름을 붙이는 것은, 위에서 세즈윅이 정리한 목록처럼 섹스, 젠더, 섹슈얼리티를 설명해온 제한된 범주 안에 뭉뚱그려져 있던 무수히 많은 차이를 언어화하고 소통할 수 있게 하는 긍정적인 효과가 있다. 이름이 붙고 사람들이 그 이름을 불러야만 그 이름과 관련된 존재들이 가시화되고 그다음에야 비로소 그 존재들이 집단적으로 정치화될 수 있다는 점에서 이름은 매우 중요한 기능을 한다. 또한 이 정체성들에 대해 우리가 어떻게 접근하고 사유하고 실천하느냐에 따라서 이 정체성들은 그저 범주 늘리기에만 급급한 무한다원주의가 아니라 이분법 체계 자체의 인식론적 모순과 폭력에 맞서는 실천이 될 수 있다. 물론 자연스럽게 그리되는 것은 아니다. 따라서 현재 이 퀴어 정체성의 급증이 어떤 식으로 진행되고 있는지에 대해 검토해볼 필요가 있다.

표1과 2는 최근의 새로운 퀴어 정체성들을 정리한 것이다. 여기에 소개한 것 말고도 다양한 표가 있고, 인터넷 공간이나 당사자들이 관련 정체성을 소개하는 책자들에서 쉽게 접할 수 있다.31) 이 표들은 새로운 퀴어 정체성 범주들을 소개하는 지식 정보로 자주 사용된다. 이 표에 정리된 정체성들만 있는 건 아니다. 저 정체성들을 다시 더 잘게 세분화하는 시도 또한 이어지고 있다. 예를 들어 '제논'이라는 필명을 쓰는 활동가가 해외 텀블러에 올라온 젠더퀴어 정의를 번역해 정보를 공유하는 블로그에서는 젠더플루이드의 하위 개념인 루나젠더를 비롯해 논바이너리 트랜스젠더퀴어 정체성 17개를 소개한다.32)

[표1, 2] 21세기 들어 급증한 퀴어 정체성을 설명하는 도식들

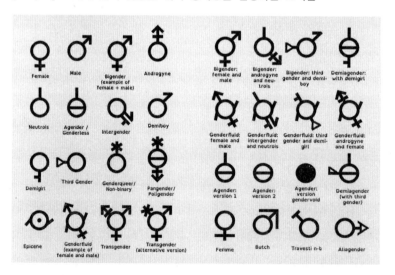

프라이드 & 게이
오색찬란 무지개가 반짝반짝!
퀴어 전반(특히 호모섹슈얼)을 상징합니다.

레즈비언
가운데의 도끼는 아마조네스들의 라브리스.
여성에게 끌리는 여성들입니다.

바이섹슈얼
자신과 같은 성과 다른 성 양쪽으로 끌리는 사람.
두 사람을 동시에 좋아하는 것과 다릅니다. 틀려!

팬섹슈얼/팬로맨틱
젠더/성과 상관 없이 성적/로맨틱 끌림을
느끼는 사람. 둘은 같은 깃발을 써요.

에이섹슈얼
성적으로 끌리지 않는 사람.
모두가 다 똑같지 않아!

인터섹스
각자 다른 형태의 성기가 한 몸에 있는 사람.
혹은 성별이 명확하지 않은 사람을 말해요.

트렌스젠더
젠더와 지정성별이 다른 사람.
자신이 무슨 성인지 알아가요.

젠더퀴어
세상에는 남자와 여자만 있지 않아!
이분법으로 나누려 들지 말아줘.

논-바이너리
성별이분법으로는 설명할 수 없단다.
그 수 많은 젠더들이 논-바이너리.

바이젠더
두 가지의 젠더를 가진 젠더.
젠더는 바뀌기도(플루이드), 동시에 가지기도 해요.

팬젠더
모든 젠더를 가지고 있는 젠더.

트라이젠더
세 가지의 젠더를 가지는 젠더.
역시 변하기도 하고, 한꺼번에 갖고 있기도 해요.

젠더플럭스
시간이 지나면서 젠더의 농도가 변하는 젠더.
노란색에서 옅어지거나 진해지는 느낌.

젠더플루이드
시간이 지나면서 젠더가 계속 변하는 젠더.
노란색에서 녹색으로 변하는 느낌.

에이젠더
젠더가 '없'거나, '무성'인 사람.
투명색과 하얀색으로 이해해 보아요.

안티걸
여성의 반대 젠더. 남성 아니야.
여성성에 부정적이거나 하는 게 아닙니다.

안티보이
남성의 반대가 되는 젠더. 여성 아니야.
남성성에 부정적이지 않습니다.

폴리아모리
한 사람과의 독점적인 관계를 지양합니다.
비독점적 다자 간 관계를 맺거나 맺길 원해요.

그레이섹슈얼
성적 끌림을 경험하는 일이 잘 없거나,
섹슈얼과 에이섹슈얼 사이에 있는 성향.

그레이로맨틱
로맨틱 끌림을 경험하는 일이 드물거나,
로맨틱과 에이로맨틱 사이에 있는 성향.

데미섹슈얼
깊은 감정의 대상에게 성적으로 끌리는 사람.
'진정한 사랑으로 열리는' 이딴거 절대 아니다.

에이로맨틱
로맨틱한 끌림을 경험하지 않는답니다.
결립이 아니야, 로맨틱하지 않아도 행복해!

오토코리(스)섹슈얼
성적인 상상, 포르노 등을 즐기나 성적 주체가
되는 것은 원하지 않는다. 좋지만 하고싶지 않아.

에이로플럭스
로맨틱 끌림의 정도/농도가 유동적으로 변함.

리쓰섹슈얼/로맨틱
성적 끌림을 경험하지만, 성적 교감을
갈망하지는 않는 성향.

프레이섹슈얼/로맨틱
모르는 사람에게 성적으로 끌리며,
아는 사람이 되면 흥미를 잃는 성향.

쿠피오섹슈얼/로맨틱
성적 끌림을 경험하지 않으나, 성적 교감을
갈망하는(원하는) 성향.

아포시(안티)섹슈얼/로맨틱
섹슈얼/로맨틱 끌림을 경험하지 않고,
원하지 않으며, 싫어하는 성향.

뉴트로이스
남성, 여성이 아니라 뉴트로이스.
보통 중성화된 신체를 원해요.

안드로진
남성과 여성의 젠더를 동시에 가진 젠더.
그러니까 어느 한쪽이 아니라니깐요.

데미젠더
어떠한 젠더/성별에 반 쯤 속한다 느껴요.
데미걸과 데미보이의 상위 호환.

매버릭
젠더와 성별을 중성이라 느껴요.
뉴트로이스랑은 다른 중성!

데미걸
반 쯤 여성에 속한다고 느껴요.
지정성별과 다를 수 있어!

데미보이
반 쯤 남성에 속한다고 느껴요.
지정성별이랑 다를 수 있어!

퀘스쳐너리/퀘스쳐닝
정체성이 확립되지 않아 자신을 탐구하는 사람.
일시적일 수도 있지만 영구적일 수도 있어요.

기타 (Other)
아직 설명되지 않았거나, 알려지지 않은
당신만의 젠더. 무슨 색일까요?

사실 LGBT 범주에 들어맞지 않는 퀴어 정체성이 처음 등장한 것은 아니다. 앞 절에서 미국 전역의 퀴어 하위문화에서 통용되던 이름들을 인용했듯, '퀴어'한 사람들은 자기들만의 공동체와 문화를 꾸리고 이름을 만들어왔다. 그런데 최근의 퀴어 백가쟁명은 확실히 이전의 이름들과는 다르다. 첫째로, 앞서 통용되던 '푸시 팸', '래디컬 페어리' 같은 이름들은 그 이름들이 유통되는 하위문화 바깥에서는 의미가 잘 전달되지 않고 따라서 범주화도 잘 되지 않았다. 반면 새로이 급증한 퀴어 정체성은 젠더/로맨틱/섹슈얼의 범주 구분을 따라 좀 더 체계화되었다는 특징이 있다. 이러한 체계화된 명칭은 특정 하위문화 공동체에 속하지 않은 이들도 무슨 의미인지 유추해볼 수 있는 최소한의 합의 위에서 만들어지므로 이름이 만들어진 문화권을 넘어 유통될 수 있다는 장점이 있다. 둘째, 세즈윅이 인용한 것과 같은 퀴어한 이름들은 LGBT 범주만으로 모든 퀴어가 한정되지 않는다는 것을 가시화하긴 했지만 LGBT 범주와 아예 결이 달랐기에 서로가 서로를 침범하지 않는 평행선을 어느 정도 유지하고 있었다면, 새로운 퀴어 정체성들은 호모섹슈얼, 바이섹슈얼, 트랜스젠더 등의 기존 이름과 같은 문법을 사용함으로써 기존의 범주 구분에 잡히지 않던 퀴어들을 LGBT와 같은 층위로 끌어올린다. 다시 말해 새로운 퀴어 정체성들은 게이와 레즈비언(호모섹슈얼), 바이섹슈얼, 트랜스젠더처럼 기존의 성소수자 담론에서 가시화된 정체성 각각의 내부적 복잡함을 더 세분화해 가시화하는 동시에, 이런 기존의 범주와 별개로 구분되는 독립된 정체성 범주로서 등장한다. 셋째, 인터넷의 영향으로 이 이름들이 적극적으로 문서화되어 유통된다는 특징이 있다. 텀블러, 유튜브, 트위터, 페이스북처럼 비전문가인 사람들이 자신의 의견을 개진할 수 있는 공간이 극대화됨에 따라 퀴어들은 학계가 주도하는 퀴어 이론과는 또 별개로 자신들의 정체성을 적극 발굴해나가기 시작했다. 이 새로운 정체성에 관한 참고문헌은 당사자 모임이 펴낸 책자 아니면 외국 학술문헌으로, 주로 교육학 분야에서 청소년들을 대상으로 한 양적 방법론 연구가 대부분이다. 이 새로운 정체성들은 의학이나 정신과학 전문가들의 입김이 닿지 않는 곳에서 자생적으로 만들어지고 있는 셈이다. 넷째, 한국에서 '무성애'란 용어로 통칭되는 에이섹슈얼리티의 다양성과 복잡성을 더욱 풍성하게 드러내는 이름들이 등장했다. 이 새로운 정체성들은 반드시 누군가와 연애하고 섹스하고 사랑을 주고받아야 한다는 유성애자 중심적 인식틀을 깨고, 사랑과 섹스가 반드시 일치해야 한다는 로맨틱-섹슈얼의 연결도 깨면서 섹슈얼리티의 담론 지형을 극적으로 변화시키고 있다.[33] 다섯째, '퀴어'의 범위가 매우 광범위하다는 점이 점점 더 잘 보이게 됨에 따라 '이성애자도 퀴어에 포함될 수 있다는 점이 당연시되기 시작했다. 즉 90년대 초중반 퀴어 관련 논의가 퀴어와 대립되는 규범적 위치에 '이성애자'를 놓는 경향이 있었다면, 이제는 젠더와 섹슈얼리티의 광범위한 다양성에 따라 '이성애자'로 보일 수 있는 관계도 퀴어할 수 있다는 관념이 퀴어 공동체 안에서 어느 정도 상식으로 자리 잡았다.

여섯째, 세즈윅의 목록에서처럼 섹슈얼리티를 성적인 것과 관련된 매우 다양한 특성이 담기는 커다란 도가니로 생각할 때, 현재 퀴어 정체성의 급증 현상 중 '~섹슈얼'과 '~로맨틱'이 점점 더 대상선택에 있어 '젠더'와 무관한 성향에 붙고 그것이 하나의 정체성으로 받아들여지는 현상에 대해 주목할 필요가 있다. 기존에는 호모섹슈얼, 바이섹슈얼 등 보통 자신과 자신이 선택한 대상의 젠더와 관련된 단어가 섹슈얼 앞에 붙었다면, 요즘은 데미섹슈얼demisexual, 프레이섹슈얼fraysexual 등 다채로운 구분이 인터넷 공간을 중심으로 유통되고 있다.[34] 이전에는 그런 특성들은 '성 정체성'이 아니라 한 사람의 성격적 특성이나 개인사로 인해 후천적으로 획득된 개인적 성향처럼 여겨졌다. 예를 들면 '나는 좀 낯을 가리고 내향적이라 오래 알고 지낸 사람과 사귀는 게 편해', '내가 살면서 겪었던 이런저런 힘든 일 때문에 사람에게 마음을 여는 속도가 느려' 이런 식으로 설명했었지 '나는 데미섹슈얼이야'라고 설명하진 않았던 것이다. 푸코는 『성의 역사』 1권에서 '언제부터 행위가 정체성과 결부되었는가?'하는 질문을 탐색한 바 있다.[35] 소도미sodomy는 그냥 누구든 할 수 있는 '행위'였는데 언제부터 이 행위가 남성 동성애자의 정체성을 드러내는 핵심 증거처럼 여겨지게 되었는가?[36] 우리는 여기서 비슷한 질문을 던져볼 수 있을 것이다. 개인의 성향이나 느낌이 언제부터 어떻게 '성 정체성'으로 구축되었는가? 내가 성적으로 끌리는 요소, 실제 성관계까지 가능하다고 상상하는 요소, 연인관계를 만들고 싶다고 생각하는 요소는 매우 다양하고 서로 겹칠 때도 있지만 다르거나 반대될 때도 있고, 존재하지 않을 때도 있다. 섹슈얼리티에 영향을 미치는 요소들은 상대의 성별과 관련 있는 것도 있지만 아닌 것들도 있다. 그런 다양한 요소가 '식sexual tastes'이나 성격이나 살아온 경험이 아니라 '정체성'으로 규정되기까지 어떤 일이 일어나는 걸까?

예를 들어 미국에서 젊은 층을 중심으로 2015~16년 즈음 등장한 정체성인 사피오섹슈얼sapiosexual은 성적 끌림을 느끼는 우선적 요소가 상대방의 지적 능력인 사람들에게 붙는 이름 혹은 특성이라고 설명된다.[37] 이러한 끌림을 잘 보여주는 모델이 있긴 하다. 영국 BBC에서 제작한 드라마 <셜록> 시즌 2 (2012) 2화에 등장하는 아이린 애들러는 스스로 레즈비언이라 밝히지만 "똑똑함이 섹시한 것이다Smart is Sexy"라는 명언을 남기고 셜록에게 빠져든다. 사실 그 드라마에서 셜록의 지적 매력은 어마어마한 나머지 자신이 이성애자라고 줄기차게 주장하는 존 왓슨이 셜록 때문에 동성애자로 의심받게 만들고, 레즈비언인 아이린을 이성애자처럼 보이게 만든다(존과 아이린 두 사람이 만나 이 상황을 자조하기도 한다). 드라마 전체에서 셜록 본인은 성적인 것에도 로맨틱한 것에도 무심한 사람으로 나오지만38) 셜록이 유일하게 아이린에게 관심을 갖는 이유는 그녀가 자신의 추리를 활성화시키기 때문이다. 이렇게 보면 셜록과 아이린 모두 사피오섹슈얼이라는 분류에 맞을 법도 하다(물론 셜록이 아이린에게 느끼는 매력이 성적이거나 로맨틱한 끌림인지는 확실하게 드러나지 않는다). 흥미롭게도 아이린은 자신이 레즈비언이라고 말하지만 셜록을 만나자마자 사피오섹슈얼의 전형이 되어버리는 셈인데, 이는 여러 가지 문제를 생각해보게 한다. '레즈비언'이라는 이름이 가정하는 상대의 성별과 사피오섹슈얼의 특성으로 끌리게 된 상대의 성별이 상충할 때, 아이린의 성 정체성은 어떤 이름으로 더 정확히(그런 게 가능하다면) 설명될 수 있을 것인가? '레즈비언'이란 이름 뒤에 '사피오섹슈얼'을 추가 기입하기만 하면 해결되는 문제인가? '나는 레즈비언이고 똑똑한 여자에게 끌려' 이런 식으로 사피오섹슈얼을 레즈비언보다 하위의 지향으로 놓을 순 있을지라도 반대는 불가능하다. '나는 레즈비언이지만 똑똑한 남자에게 끌려버렸네'는 '레즈비언'이라는 이름 자체를 뒤엎기 때문이다. 그렇다면 이는 아이린이 사실은 바이섹슈얼이나 호모플렉시블homoflexible39)이었음을 보여주는 증거인가? 상대의 성별과 무관한 특성을 성적 끌림의 핵심 요소로 상정하는 정체성은 기존의 성별과 연결된 섹슈얼리티와 어떤 관계를 맺는가? 사피오섹슈얼이 남/여 젠더 구분 없이 사람의 지적 능력만 보고 끌림을 느끼는 것이라면 이들은 그 이분법적 젠더 위치에 순응하지 않는 젠더 퀴어들에게도 지적 능력만 보고 끌림을 느낄 것인가? 그런 사람도 있고 아닌 사람도 있다면, 이들의 성적 끌림에서 '젠더'는 어느 정도까지 영향을 미치는가? 이러한 질문들은 이들의 정체성을 의심하기 위해서가 아니라 이러한 정체성에 대해 더 잘 이해하고 소통하기 위해 탐구될 필요가 있다.

버틀러는 언제, 어떻게, 왜, 섹슈얼리티의 특정 양식이 단 하나의 '성적 지향'으로서의 자격을 얻는지를 우리가 질문해야 한다고 제안한 바 있다.[40] 우리가 섹슈얼리티를 결정하는 가장 최우선 조건으로 성별을 따지는 것 또한 성별 이분법에 갇힌 사고는 아닐까? 자신과 상대의 젠더를 특정할 수 없는 젠더퀴어들, 특히 젠더플루이드인 사람들에겐 섹슈얼리티를 설명할 다른 섬세한 언어가 더 많이 필요하지 않을까? 사피오섹슈얼, 데미섹슈얼, 데미로맨틱 같은 새로운 이름들은 낭만적인 끌림과 성적인 끌림을 섬세히 구분하고 '섹슈얼리티 = 성적 지향 = 대상 선택의 젠더'라는 통념에서 벗어나 섹슈얼리티의 가능성과 대상선택의 가능성을 급진적으로 확장시킨다는 의의가 있다. 앞 절에서 세즈윅의 성적 지향 목록이 담고 있던 다양한 내용처럼, 이성애자냐 동성애자냐만 따지는 시스젠더 중심적 사고에서 벗어나 섹슈얼리티를 탐구할 때 우리는 훨씬 더 섬세하고도 복잡하게 자신의 성적 지향에 대해 고민하고 토론할 수 있게 될 것이다.

그런데 좀 더 비판적으로 검토해봐야 할 측면들도 있다. 이름들이 잘게 세분화될수록 더 이상은 하나의 이름으로 자신의 성 정체성을 설명할 수 없게 된 사람들이 특히 SNS에서 [~젠더] + [~로맨틱] + [~섹슈얼]의 특성들을 길게 열거하는 방식으로 자신의 성 정체성을 밝히는 경향에 대해 좀 더 숙고해봐야 한다. 물론 이러한 성 정체성 도식화를 가짜로 치부하고 기존의 LGBTI 범주만(혹은 주로 이성애자와 동성애자 범주만) 진짜 정체성이라고 주장한다면, 그런 주장은 당사자가 스스로의 정체성을 탐색하고 명명하는 과정을 무시하고 기존 인식틀 이외의 가능성들을 가짜 취급한다는 점에서 그 자체로 인식론적 폭력이라 비판받아 마땅하다. 하지만 내가 묻는 건 좀 다른 문제다. 이런 도식에서 ~젠더 ~로맨틱 ~섹슈얼과 관련된 항목을 하나씩 골라내어 열거한 덧셈 모델은 나 자신을 충분히 설명해준다고 말할 수 있을까? 젠더/로맨틱/섹슈얼 각 항목 당 하나씩 고른 이름이 나의 젠더와 섹슈얼리티와 로맨틱 측면 각각을 완벽히 설명해주는가? 나 자신을 좀 더 자세히 설명하기 위해 점점 더 많은 이름을 고를 때 이 이름들끼리 서로 겹치거나 충돌하지는 않을까? 1절에서 이야기했듯 젠더와 섹슈얼리티는 서로 별개로 분리될 수 있다고 여겨지는 순간에조차 서로에게 적지 않은 영향을 미치며 얽혀 있는데, 이 덧셈 모델에는 그러한 얽힘을 사유할 자리가 있는가? 젠더퀴어인 사람에게 '사피오섹슈얼' 같은 설명은 무척 유용하겠지만, 위의 아이린 에들러의 사례에서처럼 '레즈비언'과 '사피오섹슈얼'이 충돌하는 사람의 경우엔 둘 중 하나만이 '진짜' 정체성이 되는 걸까? 한쪽이 '정체성'의 위상을 차지하고 다른 한쪽은 '취향'의 층위로 내려가는 걸까? 그렇게 구분되는 기준이 여태 살아온 경험을 토대로 한다면, 앞으로 살아가면서 정체성과 취향의 위상은 서로 바뀔 수 있을까? 그럴 때 '정체성'이란 무엇일까?

사실 더 큰 문제는, 그렇게 도식화된 정체성이 다시금 (1장에서 비판했던) 정체성 정치의 한계를 답습하여 개인의 역사와 개인이 처한 사회적 맥락을 지운 채 항상 이미 저기 있었던 본질처럼 간주되는 경향이 있다는 점이다. 젠더와 섹슈얼리티를 이분법적으로 사고하던 인식틀에서 벗어나는 이 새로운 정체성들을 하늘에서 부여받은 고정불변의 본질처럼 주장한다면 그건 다시금 자신이 정체성을 탐색하다 이 이름과 접촉하게 된 역사를 지워버리고 이름이 만들어진 역사적·문화적 맥락도 지워버리는 셈이다. 그런 성향이나 특성이 어쩌다 자신의 성 정체성을 설명하게 되었는지 성찰하면서 개인적이고 사회적인 역사를 돌아보는 대신 도식적인 조합을 공식처럼 제시하기만 한다면, 항목들을 나열하는 게 나 자신과 내 삶에 어떤 의미인지, 이런 성향들이 내 안에서 어떤 식으로 교차하여 나라는 사람을 만들어 가는지에 대한 더 깊은 탐구를 못 하게 될 위험이 있다. 다시 말해 이런 새로운 명명법은 한편으로는 하나의 정체성으로 묶일 수 없는 한 사람 안의 다양하고도 이질적인 정체성들을 드러냄으로써 기존의 섹스/젠더/섹슈얼리티의 이분법적 인식틀을 급진적으로 해체하는 시도로 평가할 수 있지만, 다른 한편 '한 사람은 다양한 정체성으로 이루어져 있다'는 입체적인 인간관에 대한 더 깊은 탐구, 열거된 특성들이 어떻게 교차하는지에 대한 더 본격적인 탐구로 더 나아가지 못하게 만드는 것이다.

더욱 심각한 문제는 이 새로운 정체성에 대한 의문이 제기될 때마다 '모르면 외워라', '이 이름들을 건드리면 혐오다' 이렇게 주장하며 1장에서 논했던 것처럼 정체성 정치의 가장 배타적인 형식으로 돌아가는 경향이 자주 보인다는 점이다. 그러나 어떤 정체성이 출현하게 되는 역사적·사회 문화적 맥락을 '모르면 외워라'로 덮어버리기만 한다면 정체성들에 관한 더 깊이 있는 논의가 진전될 수 없다. 예를 들어 데미섹슈얼은 엄청 가까운 관계에서 오랜 시간 동안 신뢰와 애정이 쌓여 마음이 열려야만 상대에게 성적 매력을 느끼는 특성으로 설명된다. 그런데 이 이름을 설명하는 특성이 근대적 사랑 담론에서 전통적으로 '진정한 사랑'으로 간주되는 덕목이었음을 생각해볼 필요가 있다. 여기서 나는 데미섹슈얼이 존재할 수 없다고 주장하려는 것이 아니라, 모든 이름들은 계보학적으로 고찰될 필요가 있다는 점을 말하려는 것이다. '진정한 사랑'이라는 개념 또한 역사적으로 만들어진 것이다. 사랑의 '진정성'이 감정과 애정과 성적 실천과 나아가 섹슈얼리티와 관련된 모든 것을 소위 '영혼이 통한' 한 사람하고만 독점적으로 나누는 양상을 가리키는 말이 된 건 언제부터이고 어떻게 그렇게 된 것인가? 자넷 R. 야콥슨 Janet R. Jakobsen은 서구에선 종교개혁 이후 '진정한 사랑'을 스스로 선택하여 결혼할 자유가 개인의 자유의 가장 큰 특성이자 우리가 현재 '자유'라고 부르는 그 개념 자체를 대표하고 구성하는 자유가 되었다는 점을 지적한다.41) 리사 두건도 유사한 지적을 하는데, 사랑을 모든 것에 선행하는 가치로 내세우는 지금의 동성애 주류화 전략은 미국에서 연방복지 이득에 접근하는 유일한 방법이 한 사람과 독점적인 파트너쉽을 체결하는 방법밖에 없다는 사실을 가리고 있다는 것이다. 이 때문에 독점적이지 않고 느슨한 관계를 맺고 있는 퀴어 가족 혹은 퀴어 공동체는 여전히 복지 혜택에 접근할 수 없고 병원에서 보호자 역할을 할 수 없음에도, 이런 문제들이 마치 결혼만 하면 다 해결될 것처럼 '결혼할 자유'와 '시민의 자유'가 등치되어 결혼이 시민으로서 누릴 수 있는 권리와 복지에 접근할 수 있는 유일한 통로가 되어가고 있다.42) 이런 점을 유념하면, 또한 깊은 감정적 유대와 섹슈얼리티의 특정 결합이 근대의 규범적인 섹슈얼리티를 대표하는 동시에 다른 섹슈얼리티들을 단속하는 특성이었다는 점을 생각해본다면, '로맨틱'과 '섹슈얼'에 대한 논의들을 역사적 · 정치적으로 맥락화할 필요가 있다.

몇 번이고 당부하지만, 이 말은 새로이 생겨난 성 정체성들이 모조리 가짜라는 뜻이 아니다. 모든 정체성들이 역사적으로 구성되어온 것임을 지적하려는 것이고, 1장에서 언급했던 버틀러의 말대로 모든 토대에 대한 계보학적 비판이 퀴어 주체에도 적용되어야 한다는 말이다.[43] 이는 '동성애자'와 '이성애자'처럼 확고해 보이는 정체성에도 마찬가지로 해당된다. 다음 장에서 좀 더 설명하겠지만 지금 시점에서 과거를 돌이켜봤을 때 동성애와 이성애라 이름 붙일 만한 성적 실천이나 관계가 역사적으로 꾸준히 존재했다 하더라도 그것이 '동성애'와 '이성애'라는 별개의 정체성 범주로, 한 인간의 정체성 전반을 대표하는 본질로 규정된 것은 근대에 이르러서이다. '동성애'라는 이름 자체가 등장한 것이 1869년이고 이의 대립 항으로서 '이성애'라는 이름이 만들어진 것은 1878년인 것이다.[44] 더욱이 이미 확정된 이름처럼 유통되는 새로운 정체성들은 주로 영미권의 수많은 퀴어 공동체와 인터넷 공간에서 자생적으로 만들어진 실험적 이름들로서 지역마다 비슷한 의미를 다른 이름으로 부른 것들이 섞여 있기 때문에, 이 모든 이름을 모아 공식처럼 외우려고 할 때 혼선이 빚어진다는 점도 생각해봐야 한다. 예를 들어 에이젠더agender와 젠더리스genderless 중 전자는 '어떤 성별에도 속해있지 않은 사람', 후자는 '젠더 자체가 아예 없다'고 정의된다고들 하지만,[45] 이 두 개념을 정확히 구분하여 정의하기란 사실 쉽지 않다. 이런 이름들은 미국 전역에 있는 수많은 다양한 퀴어 하위문화에서 다양한 시공간에 따라 다르게 정체화하던 이름들을 모아놓은 것이다. 그 뜻이 겹치는 이름들이 있음에도 한국에선 이 이름들을 모조리 수입하여 동시에 한 도식에 펼쳐 놓으려다 보니 그 미세한 차이를 임의적으로 만들어내려다 혼선이 빚어진 것으로 보인다.[46] 이런 이름들은 모두 다양한 시공간에서 수많은 사람이 젠더 이분법은 물론이요, LGBT 이름들만 가지고 따지기엔 도무지 설명할 수 없는 자신의 감각을 정체성으로 포착하기 위해 치열하게 고민하고, 자신의 지역에서 사용하거나 인터넷에 올리고 그걸 또 다른 이들이 건너 듣고 공유하거나 수정하며 발전시켜 온 귀납적 언어이다. 따라서 이런 이름들을 명확한 단 하나의 기원이나 사전적 정의에 고정시키는 것은 사실상 불가능할 것이다. 그러므로 이런 정체성이 진짜냐 가짜냐를 따지는 대신에, 어떤 역사적 국면에서 어떻게 이런 정체성이 하나의 성 정체성으로 등장하게 되었는가를 탐구하는 쪽이 좀 더 생산적일 것이다.

이와 관련하여 데미섹슈얼에서 주목할 점은, 방금 말한 대로 '데미섹슈얼'에 해당하는 특성은 근대적 사랑 담론에서 매우 중요하고 바람직하고 '정상'적인 것으로 가치 평가되어왔던 반면, 이 데미섹슈얼이 하나의 '정체성'으로 등장하게 된 것은 성적 욕망을 인간의 디폴트로 삼는 유성애 중심적 인식틀에 비판적으로 맞서는 에이섹슈얼 스펙트럼을 개념화하는 과정에서였다는 점이다. 이건 무엇을 의미할까? 전통적인, 그래서 소위 성해방 시대가 지난 이후엔 고루하고 보수적이라고도 여겨졌던 독점적이고 신실한 사랑을 기반으로 비로소 섹슈얼한 느낌을 인식/인정하고 섹슈얼한 관계를 타진하는 규범적 방식이 왜, 어떻게 해서, 어떤 시기에 어떤 맥락에서 유성애 중심주의에 맞서는 에이엄브렐라A-umbrella[47)의 정체성 중 하나로 등장하게 된 것일까? 이 질문에 답하기 위해서는 사랑에 대한 계보학적 접근에서부터 시작하여 더 많은 연구가 필요할 것이다. 말하자면 우리는 지금 다양한 퀴어 정체성을 명명하는 단계까지는 왔지만, 그 이름들을 어떤 식으로 사유할 수 있고 그 이름들에게 어떤 이론적 토대를 마련해줄 수 있는가 하는 문제에 있어서는 아직까지 많은 부분이 백지상태에 놓여 있는 셈이다. 이에 관한 탐구가 퀴어 이론을 더욱 풍성하게 해줄 것임은 분명하다.

그러므로 우리는 어떤 이름을 무비판적으로 수용하는 대신, "특정 범주화들이 어떻게 작동하는가, 그런 범주화들이 무엇을 수행하고 있으며 그것들이 창출하고 있는 관계들은 무엇인가를 반복적으로 질문"할 필요가 있다.48) 지배적인 이분법적 인식틀에서 벗어난 가능성들을 주장하고 정체성으로 삼는 움직임은 무에서 유를 만들거나 지배적인 권력 구조에서 완전히 자유로운 무풍지대를 건설하는 작업이 되어선 안 될 것이고 그렇게 될 수도 없다. '퀴어'라는 용어가 원래 비하와 모욕의 언어였으나 당사자의 자긍심과 소속감의 언어로 바뀐 것처럼, 그리고 이러한 변화가 이전의 오욕의 역사와 무관하게 일어난 것이 아니라 바로 그 역사적 폭력에 맞서다 가능해진 것처럼, (2장에서 논했듯) 우리는 역사적 속박 속에서 "양가적인 자원들을 조립"하여 "퀴어 행위성을 고쳐 만들" 수 있다.49) 그 역사적 속박이 단지 속박인 것만이 아니라, 우리의 행위성이 어디까지 발현될 수 있는지를 제한하는 "한계인 동시에 우리의 행위성을 가능케 하는 조건들을 표시"한다는 점을 받아들인다면 말이다.50) 용어들이 역사적으로 축적해온 방대하고 다양한 의미가 야기하는 상처와 고통을, 그 용어를 고쳐 쓰는 사람이 전부 책임지는 것은 불가능하다. 반대로 용어들의 과거 따윈 하나도 없는 것처럼 무로부터 해방의 언어를 창조해내는 것도 불가능하다. 그럼에도 그 용어들을 꾸준히 정치적 담론 안에서 작업하고 수정하는 일은 가능하고, 또 필요하다.

마지막으로, 우리가 아무리 정체성의 덧셈 모델을 촘촘하게 짜고 정체성을 더욱 세분화하는 이름을 아무리 만들어낸들, 2장에서 논했듯 주체로서의 나는 규범권력과 타자들과의 관계 속에서 주체로 형성되는 것이기에 나 자신에 대한 설명은 항상 완벽히 충족될 수 없다는 걸 기억하는 게 중요하다. 버틀러는 그 어떤 이름이든 간에 그 이름이 지시하려는 대상을 뭐 하나 빠뜨리는 거 없이 완벽하게 포착할 수 있으리라는 기대를 버려야 한다고 말한다. 이러한 미끄러짐은 실패가 아니다. 오히려 이 미끄러짐은 그 어떤 권위도 법이나 규범도 퀴어 정체성 이름들을 완벽히 장악할 수 없다는 점을 보여준다. 또한 이 이름들을 항상 미래의 변화와 재구성에 열어놓아 언어가 계속 살아있도록 만들어준다.51) 우리가 이름들의 의미와 쓰임새를 처음부터 전부 다 알고 통제할 수 없다는 것은 우리의 한계이기도 하지만 우리가 행동할 수 있는 바로 그 조건이기도 하다. 어떤 이름을 정체성으로 정할 때 그 경계 짓기로 인해 불가피하게 생겨나는 배제를 계속해서 성찰하고, 어떤 역사적·구조적 맥락에서 이 정체성이 내게 자연스러운 것이 되는지를 비판적으로 조사하고, 내가 모든 것을 다 알지 못한다는 인식론적 겸손함을 갖추고 이 이름들을 미래의 변화 가능성에 항상 열어놓는 자세는 퀴어 정치의 핵심이자 퀴어 정치를 "계속 민주화"52)할 수 있는 원동력이기 때문이다.

4. 일인칭으로 이야기하기

이러한 신중한 접근이 당사자가 자기 이름을 찾아내고 스스로를 명명할 역량을 약화시키는 것은 아닐까, 혹은 내 정체성의 진정성을 더 이상 주장할 수 없게 만드는 건 아닐까 우려하는 독자들도 있을 것이다. 사실 퀴어의 존재 자체를 전면 부정하고 퀴어의 정체성을 가짜 취급하는 사회에서 많은 퀴어들은 두 가지 선택지에 갇히곤 한다. 하나는 내 정체성은 그 누구도 반박할 수 없는 본질을 갖고 있음을 주장하는 것이고, 다른 하나는 '내가 말하면 그게 곧 나'라는 의지주의voluntarism에 의존하는 것이다.

먼저 전자는 "나는 세 살 때부터 나를 여자라 생각했고", "나는 다섯 살 때부터 남자를 좋아했고" 같은 말처럼 정체성의 '기원'을 먼 과거나 본능의 영역에 두는 본질주의 서사에 의지한다. 이런 식의 전형적인 정체성 서사는 정체성을 항구적이고 일관된 나의 핵심으로 주장해야만 그 정체성에 진정성이 있다고 받아들여지는 주류 담론에 익숙한 이 사회에서 어느 정도 설득력을 발휘해왔다. 특히 '성 정체성은 선택할 수 없다'는 주장은 퀴어의 존재를 사회로부터 인정받고 퀴어라는 이유로 당하는 억압과 차별로부터 법적으로 보호할 수단을 마련할 때 효과적이었다.

하지만 이런 본질주의적 기원 서사에선 자신이 퀴어라는 것을 늦게 자각하는 경우 진정성을 의심받는다. 성소수자 공동체에선 소위 '진성'이냐 아니냐를 나누는 암묵적인 분위기가 있다. 예전에 어떤 퀴어 모임에 갔을 때 '언제부터 이쪽인 걸 알았냐'는 질문을 받은 적이 있다. 내가 스물다섯 살 무렵이라고 답하자 갑자기 분위기가 싸해졌다(물론 질문한 사람이 '이쪽'이란 표현으로 뜻한 건 '레즈비언'이었고 내가 뜻한 건 '바이섹슈얼'이었다). 사람은 남자 아니면 여자고 반드시 이성애자여야 한다는 세상에서 자신을 지정받은 젠더와 대립적인 젠더로, 혹은 동성애자로 경험하는 사람은 자신의 정체성을 규범적 정체성과 대립하여 확립하는 시기가 일찍 찾아올 것이다. 하지만 남/여, 동성애자/이성애자의 이분법적 경계에 걸쳐져 있는 사람들은 대립되는 젠더와 섹슈얼리티 또한 자신의 일부로 경험하므로 정체성을 확립하는 시기가 시스젠더 동성애자보다 느린 편일 것이다. 본질주의 서사는 내 성 정체성이 내가 어떤 환경에서 어떤 사람들에 둘러싸여 살아왔는가와 무관하고 나보다 앞서 존재하는 규범권력과 무관하게 태어날 때부터 고정되어 있다고 전제하며, 이러한 전제는 남성과 여성, 남성성과 여성성이 대립 관계로 정의된다고 보는 배타적인 동일시 논리를 기반으로 한다는 점에서 논바이너리non-binary 정체성의 존재를 배제한다. 또한 정체성을 그 어떠한 변화도 겪지 않는 항구적인 것으로 보는 이러한 관점은 유동적인 퀴어 정체성들의 존재가 들어올 여지를 없애며, 모든 정체성의 형성 과정에 핵심인 역사성을 배제한다는 문제가 있다. 따라서 남/여, 동성애자/이성애자의 이분법적 구도에 들어맞지 않는 많은 퀴어들을 다시금 인식 장 밖으로 쫓아내는 일이 퀴어의 이름으로 자행될 위험이 있다.[53]

다른 한편 '내가 말하면 그게 곧 나'를 주장하는 것도 문제가 있다. 이런 입장은 내 정체성을 내가 선택할 수 있다고 본다. 그런데 이때의 선택은, 2장에서 버틀러의 젠더 논의에 대한 가장 큰 오해로 예시했던 '아침에 일어나 옷장에서 오늘 입을 옷을 고르듯 젠더를 선택할 수 있다'는 관점으로 자신의 정체성에 접근한다는 뜻인 경우가 많다. 이런 논리 또한 정체성은 개인이 어떤 환경에서 어떤 사람들에게 둘러싸여 살아왔는지나 그보다 앞서 존재한 규범권력과 무관하게 존재한다고 전제하는 것이다. 그러나 주체가 아무런 제약 없이 그저 '이게 나'라고 선언하기만 하면 된다고 생각한다면, 트랜스를 배제하고 혐오하는 페미니스트들(TERF)이 SNS상에서 '트랜스 멍멍이', '트랜스 부엉이' 같은 이름을 만들어내며 트랜스나 젠더퀴어 정체성 자체를 조롱하고 부정하는 행보를 어떻게 논리적으로 반박할 수 있을까? "오늘부터 나는 말라뮤트 젠더야'라고 말하는 사람도 그 자체로 존중받아야 한다는 뜻인가?[54] 정체성을 본질로 보는 입장도, 정체성을 내가 자유롭게 선택할 수 있는 것으로 보는 입장도, 정체성을 아무도 감히 이의를 제기해서는 안 되는 성역처럼 사수한다는 점에서 똑같이 문제가 있다. SNS에서 이 새로이 급증하는 퀴어 정체성들에 관한 논쟁이 벌어질 때마다 단골로 나오는 주장은 '원래 그런 젠더가 있으니 외워라', '당사자가 주장한 정체성을 비판하면 혐오다'라는 것이다. 그러나 이런 식으로는 트랜스를 혐오하는 이들이 '트랜스 멍멍이', '트랜스 부엉이' 같은 이름을 만들어내면서 '내가 선언하기만 하면 이게 곧 정체성이다', '내 정체성이니 건드리면 혐오다'라고 비꼬는 행태를 논리적으로 반박할 수 없게 된다.

이런 난국에 빠지지 않으려면, 다양한 퀴어 정체성을 탐색하고 정립하는 작업은 수많은 퀴어 연구자들이 주장하듯 정체성을 형성해온 역사성, 체현embodiment, 체험lived experiences을 중심에 놓아야 한다. 역사성, 체현, 체험에 초점을 맞춘다는 것은 정체성이 이미 예부터 있었으니 혹은 몸에 배었으니 바꿀 수 없다고 우기겠다는 뜻이 아니다. 그보다는 우리가 혁명이나 대안을 사유할 때 구조 대 개인, 억압 대 해방의 단순 이분법적 틀에 갇히는 걸 경계하고 그러한 인식틀 자체에 균열을 내겠다는 뜻이고, 한 개인의 정체성을 형성하는 데 커다란 영향을 미치는 권력 구조와 사회문화적·역사적·정치적·경제적 맥락들을 간과하지 않겠다는 뜻이다. 이 억압적 사회 체계에 잘 들어맞지 않는 방식으로 살아온 개인의 울퉁불퉁한 삶에서 출발하겠다는 뜻이고, 어떤 보편성을 상정하고 거기에 기대는 편한 길을 가지 않겠다는 뜻이다. 규범에 순응하지 못하는/않는 정체성들은 규범이 허용한 경직된 정체성 범주들이 나와 불화했고, 나를 억압했고, 그러한 불화와 억압의 경험이 아주 세밀한 일상의 영역에서 내 삶을 촘촘히 직조해왔음을 증언하는 정체성이다. 이 말은 퀴어 정체성을 억압으로만 설명할 수 있다는 뜻이 아니다. 2장에서 버틀러가 "수행성은 우리가 대항하는 것에 연루되는 관계를 기술하는 용어"[55]라고 말했듯, 우리의 정체성은 우리가 대항하는 것과의 관계 속에서 치열하게 우리가 살 자리를 만들고 삶을 꾸려나가는 작업의 일환인 것이다.

더 중요한 점은, 고정되고 변치 않는 확실한 본질처럼 여겨지는 정체성도, 사회적 합의가 되었다고 여겨지는 정체성도 매우 울퉁불퉁하고 모순과 갈등으로 점철되어 있다는 점이다. 세즈윅이 가르치던 대학원 수업에서 있었던 일이 이 점을 잘 보여준다. 게이 레즈비언 문학을 주제로 하는 이 수업에서 학기 내내 모든 여학생은 게이 남성의 관점이 레즈비언을 규정하는 게 문제고 가부장적 구도가 문제라는 비판을 하면서 뭉쳐왔다. 그런데 학기 말이 되자 여성들 간에도 불협화음에 시달리고 있었다는 점이 분명해졌다. 여성 모두가 페미니스트로서 겉보기엔 동질적인 집단처럼 보였지만 내부의 차이가 표면화되기 시작했던 것이다. '나는 여자다', '나는 페미니스트다', '나는 레즈비언이다', 이렇게 생각하는 근거와 용어 정의를 저마다 다 갖고 있었지만 그 정의가 모두 똑같은 의미가 아니라는 점을 깨닫게 되었고, 그래서 각자가 스스로에 대해 내린 정의의 진정성을 서로 의심하게 되었다. 그리고 모두가 남의 정의를 의심할 수 있는 능력이 자신에게 있다고 생각했다(이러한 의심이 잘못되었다는 것은 아니다. 사실 페미니즘은 이러한 수많은 의심과 입장 차이를 통해 발전해왔다. 하지만 페미니스트들 사이에서 농담조로든 공격할 때든 "그게 무슨 페미니스트야"란 말이 제일 효과적으로 뼈를 때리는 말인 것도 사실이다). 결국 '여성', '페미니스트', '레즈비언'

같은 이름으로 스스로를 호명하는 사람들이 모두 동질적이리라는 막연한 믿음을 전제로 일을 진행하는 것도, 남이 그러한 이름으로 스스로를 정의할 때 그 정의를 계속 의심하는 것도 둘 다 불협화음을 일으켰다. 세즈윅은 이러한 불협화음을 경험한다는 것은 분명 유쾌하지 못한 일이긴 하나, 이 불협화음의 역학이 "정체성 정치에 우발적인 것이 아니라 정체성 정치를 구성한다"고 주장한다.56) 앞장에서 논했듯 정체성 정치의 특징인 배타적인 동일시는 '~로서 정체화하기(identification as)'에 항상 "'~로서 반대하여 동일시하기(identification against)'를 수반"하지만, 또 다른 한편으로 "'~와 동일시하기(identification with)'의 복잡한 과정"이 항상 따라붙는다.57) 즉 '페미니스트라면 다 이럴 것이다'라는 어떤 동질성에 대한 기대가 '자매애'라는 신뢰의 형식으로 표출되는 경향이 있지만, '자매애'는 한 개인으로서의 정체화(identification as)가 집단적인 동일시(identification with)와 다를 가능성을 보지 못하게 만든다. 사실 우리가 전자와 후자를 구분하지 않고 둘이 같다고 착각하기 때문에 역설적으로 타인의 정체성을 의심하게 되는 셈이다. 둘을 동질성으로 묶는 인식에선 '그럼에도 불구하고'라는 차이를 받아들일 수 없기 때문이다. 더욱이 동일시가 이런 식으로 배타적인 형태로 이뤄지지 않는다 하더라도 "~와 동일시하기에 내재된 관계들은 […] 통합, 축소, 팽창, 위협, 손실, 보상, 부인이라는 강렬함으로 가득 차 있다."58) 이런 점에선 이 사회가 당연시하는 규범에 들어맞는 정체성은 물론이고 적어도 특정 공동체 안에서 사회적으로 합의되었다고 여겨지는 정체성도 사실상 동질적이고 완결된 형태를 이루는 것이 아니라 여러 동일시를 가로지르고 교차하고 얽히는 복잡한 모양새로 만들어진다. 동일시의 교차적 특성은 사회적 소수자들에게만 해당되는 것이 아니라 모든 정체성의 조건인 것이다.59)

본질적인 기원이나 내 안의 중핵 같은 것에 기대지 않고서도 자신의 정체성을 스스로 명명할 수 있고, 또한 이 작업이 반드시 자율적이고 독립적이고 모든 권력 관계를 초월한 근대적 주체 개념에 의지해야만 가능한 것도 아님을 2장에서 버틀러가 수행성 개념으로 설명했다면, 세즈윅 또한 도움이 될 만한 설명을 제공한다. 세즈윅은 퀴어는 퀴어가 자신을 퀴어라고 호명하는 바로 그 발화행위 속에서 수행적으로 퀴어가 된다고 주장한다. "발화행위로서 퀴어가 갖는 실험적 힘의 일부는 퀴어라는 용어가 발화하는 위치 그 자체를 극적으로 만드는 방식에 있다."60) 쉽게 말해 '저 새끼 퀴어 아냐?'하고 모욕하고 조롱하기 위해 뱉어내던 말을 뺏어와 당사자가 '그래 나 퀴어다, 어쩔래!' 하고 직접 그 말을 내뱉을 때, 이 1인칭 선언을 추동하는 힘이 "'퀴어'란 설명을 참된 것으로 만들어주는" 것이다.61)

이는 '퀴어'라는 단어에만 해당되는 것이 아니라 퀴어에 속하는 모든 이름에 해당된다. 당사자의 자기 선언은 혐오 세력이 '동성애자'를 입에 올릴 때와는 전혀 다른 정치적 힘을 갖는다는 것을 우리는 퀴어 퍼레이드 때마다 확실하게 경험하고 있다. 여기서 중요한 점은 세즈윅의 이 말은 자신이 말한 대로 다 된다고 믿는 유아론적 사고가 결코 아니라는 점이다. 자신의 정체성과 욕망을 탐색하면서 스스로를 퀴어로 호명하는 과정은 기존에 당연시되던 범주들을 가로지르면서 범주의 우연성과 불안정성을 폭로하는 과정이다. 그리고 동시에, 항상 과정 중에 있는 주체로서 자신이 어디로 가는지 명확히 알지 못하지만 "오래된 범주적 이미지와 새로운 범주적 이미지 수백 가지를 만들고 부수고 다시 만들고 다시 용해시키는" 임시방편의 분류법62)을 통해, 혹은 버틀러의 말을 빌리자면 "불가피하게 불순한 자원"63)을 가지고 좌충우돌하며 자기만의 지도를 만들어가는 과정이다. 이런 점에서 이 1인칭 자아는 항상 "체험적 나heuristic I"[64]이고, 이 '체험적 나가 그 과정에서 찾은 이름을, 혹은 그 과정 전체를 자신의 정체성으로 호명하는 수행적 발화 행위로서의 1인칭인 것이다. 이 과정에서 찾은 정체성은 자신이 찾아낸 퀴어한 이름이 어떤 의미를 담고 있으며 앞으로 어떤 의미를 담을 수 있을지, 어떤 효과를 낳을지에 대해 다 알지 못한 채로 가지 않은 미래를 현재로 불러들여 낯선 땅에 길을 개척하는 과정에 놓인 잠정적인 이름인 것이다.

이런 점에서 세즈윅은 자신의 정체성을 명명하고 밝히는 문제는 단순한 권리의 언어로 번역될 수 있는 문제도 아니고, 우리를 둘러싼 복잡한 권력관계와 상관없이 그저 혼자 선언하면 끝나는 문제도 아니며, 한 번 선언되면 '모르면 외워' 식으로 모두가 따라야 하는 윤리적 처방이나 명령의 문제도 아니라, "서사"에 관한 질문이라고 본다. "그리고 그건 직접적으로 개인적인 종류의 서사인 경우가 많았다."[65] 정체성의 언어를 서사에 관한 질문으로, 특히 개인적 서사에 대한 질문으로 조망한다는 것은 무슨 뜻일까? 내가 다른 글[66]에서 이야기했듯이, 서사로서의 정체성은 우리가 무조건적으로 기댈 수 있는, 절대 변치 않는 확고한 뿌리라기보다는 과거와 현재와 미래의 나를 연결해 나를 계속 살게 해주고 나를 타인들과 연결시켜주는 가늘디가는 구명줄과 비슷하다. 이렇게 관점을 달리 해본다면 여기서 두 가지 이야기를 풀어낼 수 있겠다.

첫째, 본질주의에 대해서도 다시 생각해볼 수 있을지도 모른다. 흔히 정체성 정치를 옹호하거나 비판할 때 등장하는 '본질주의'로 이해되는 표현들, 즉 '나는 세 살 때부터 여자가 좋았다', 'Born this way' 같은 표현들을 어떤 "유전적, 생물학적, 혹은 생리학적 메커니즘"이나 "근원

적인 욕동이나 성향"이라는 불변의 토대를 상정하는 본질주의적 담론67)
으로 이해하는 대신에, 사회적으로 '정상'이 아니라는 감각을 개인적이
고 집단적으로 역사화한 일종의 '서사'로서 이해할 수 있지 않을까? 그리
고 이런 점에서 정체성 정치를, 절대 반론을 제기할 수도 없고 해서는
안 되는 폐쇄적 성역으로 상정하여 이분법적으로 사수하거나 폐기하는
대신에, 나보다 앞서 나라는 주체를 형성해온 권력 내부에서 나 자신을
설명하고, 내가 감각하고 체현하고 받아들인 나로서 그저 살아갈 수
있는 더 나은 세상을 만들고, 나와 다른 존재들과의 연대를 꾀하기 위한
"번역의 정치"68)로 이해한다면 좀 더 생산적인 논의를 할 수 있지 않을까?

둘째, 어떤 이름이 나의 구명줄로 받아들여지느냐는 사람마다 살아
온 역사와 환경에 따라 다르고, 정체성을 가리키는 이름들이 발전하고
분화하고 새로이 생겨나고 수입되고 유통되는 용어의 역사와도 관련이
있으며, 특히 그 다양한 정체성 용어의 발전사와 내 삶의 궤적이 어떻게
맞물리는지와 밀접한 관련이 있다. 이름이 더 이상 자신에게 맞지 않더
라도 그 이름과 맺었던 관계 때문에 이름이 여전히 가치 있는 경우도
있다. 예를 들어 나는 시간이 흐르면서 내가 대상 선택에 있어서는 바이
섹슈얼보다 팬섹슈얼pansexual에 가깝고, 성적 실천에 있어서는 대타성
애보다는 자가성애적 측면이 더 큰 비중을 차지한다는 것을 알게 되었
다. 그럼에도 바이섹슈얼이라는 이름에 애착이 있는 이유는 그 이름을
알았을 때가 내가 나를 처음으로 퀴어로 정체화하게 된 순간이었고 내
삶의 방향을 '이쪽'으로 틀기 시작한 순간이었기 때문이다. 젠더도 마찬
가지다. 나는 내가 '여성'이라는 이름에 편하게 들어맞지 않는다는 감각
을 갖고 있었고 지금은 이 감각에 대한 탐색을 세분화하는 이름이 많이
나오고 있지만, 내게는 부치젠더라는 표현이 편하다. 다른 수많은 이름

이 나오기 전 내가 찾아내고 나와 함께 해온 이름이기 때문일 것이다. 물론 부치를 어떻게 정의할 것인가부터 온갖 복잡한 문제가 얽히겠지만, 때로는 이런 생각이 든다. 과정 중의 주체로서 시간이 흐르고 내가 변한 만큼 내가 나를 소개하는 이름들, 내가 동일시하고 있던 이름들과 나의 연결 상태는 느슨해졌지만, 그 이름들은 내 살아온 역사에서 분명 빛나는 결절점이었고 그 이름을 만나 그것을 내 이름으로 느끼고 그 이름에 동일시하게 되고 남에게 그 이름으로 날 소개하게 된 그 모든 순간이 퀴어로서의 내 역사라고 말이다.

새로 생긴 복잡하고 다양한 퀴어 정체성들에 대해서도 마찬가지로 이해할 수 있다. 앞서 말했듯 그 용어들이 성적인 것을 둘러싼 담론의 발전사와 어떤 관계를 맺고 있고 어떠한 사회적 맥락에서 만들어진 것인지를 계보학적으로 탐구하는 작업은 필요하지만, 동시에 용어의 역사는 이 용어들을 자기 이름으로 받아들인 개개인의 경험이 모여 또 새로이 만들어진다. 중학교 때 한 여자 친구를 오랫동안 좋아했으나 여기에 사랑이라는 이름을 붙일 수 있으리라고는 생각조차 하지 못했고, 대학에 들어와서야 동성애란 용어를 알게 됐고, 내가 여성에게 끌리는 것 같다고 말했을 때 주변의 동성애자 지인들이 넌 남자친구도 있으면서 헛소리 말라고 강력히 부정하는 일을 여러 번 겪고, 스물다섯 살이 되어서야 '바이섹슈얼'이란 용어를 책에서 접하고 이게 내 이름이구나 하고 감격했으며, 젠더에 대한 탐색은 훨씬 나중에야 시작했던 나와 달리, 다양하게 세분화된 퀴어 정체성이 급증하는 지금 시기에 자신의 이름을 처음 찾은 사람들에겐, 그 이름과 만나고 그 이름으로 자신을 설명하게 된 그 순간들이 자신의 퀴어 역사에서 중요한 순간이고 그 역사를 이루는 요소일 것이다. 이는 트랜스젠더를 조롱하기 위해 만든 '트랜스 멍멍아' 같은 이름을 내거는 사람들은 결코 경험하지 못하고 결코 그런 이름으로 담아내지도 못하는 서사적 물질성이다.

주

1. Judith Butler, *Undoing Gender*, New York; London: Routledge, 2004, p. 31; 주디스 버틀러, 『젠더 허물기』, 조현준 옮김, 서울: 문학과 지성사, 2015, 55-56쪽. 1장에서도 소개했지만 이 주제와 관련하여 굉장히 멋진 책이 한글판으로 출간되어 있다. 케이트 본스타인, 『젠더 무법자: 남자, 여자 그리고 우리에 관하여』, 조은혜 옮김, 바다 출판사, 2015 (Kate Bornstein, *Gender outlaw: on men, women, and the rest of us*, New York: Routledge, 1994).

2. 게일 루빈, 『일탈: 게일 루빈 선집』(신혜수, 임옥희, 조혜영, 허윤 옮김, 서울: 현실문화, 2015[Gayle Rubin, *Deviations: A Gayle Rubin Reader*, Duke University Press, 2011]) 5장에 수록되어 있다. 이 책에 실린 루빈의 대표작 「성을 사유하기」는 1984년에 처음 발간되었다. Gayle Rubin, "Thinking sex: Notes for a radical theory of the politics of sexuality", *Social Perspectives in Lesbian and Gay Studies: A Reader*, 1984, pp. 100-133.

3. Judith Butler, "Against proper objects," *Feminism Meets Queer Theory*, eds., Elizabeth Weed and Naomi Schor, Bloomington and Indianapolis: Indiana University Press, 1997, p. 11.

4. Evelynn Hammonds, "Black (W)holes and the Geometry of Black Female Sexuality," *Feminism Meets Queer Theory*, eds., Elizabeth Weed and Naomi Schor, Bloomington and Indianapolis: Indiana University Press, 1997, pp. 136-156.

5. Butler(2004), *op. cit.*, p. 186; 버틀러(2015), 앞의 책, 295-296쪽, 번역 일부 수정.

6. Gayle Salamon, *Assuming a Body: Transgender and Rhetorics of Materiality*, Columbia University Press, 2010.

7. Judith Jack Halberstam, *Female Masculinity*, Durham, NC: Duke University Press, 1998, p. 21; 주디스 핼버스탬, 『여성의 남성성』, 유강은 옮김, 서울: 이매진, 2015, 51쪽.

8. 게일 루빈(2015), 앞의 책, 468-470쪽.

9. 위의 책, 478-485쪽.

10. Gayle Salamon and Ken Corbett, "Speaking the Body/Mind Juncture: An Interview With Gayle Salamon", *Psychoanalytic Dialogues*, Vol.21, No.2, 2011, pp. 221-229.

11. 다이크(dyke)는 여성의 남성성을 담아내는 속어다. 이 단어는 남/여 이분법을 절대시하고 동성애를 혐오하고 남성 우월주의적인 사회에서 '여

자답지 못한 여자'를 모욕하기 위한 욕으로 사용되었다가 나중에 당사자
의 언어로 되찾은 이름이다. 지금도 당사자가 아닌 사람이 상대방을 가
리키는 말로 사용하는 것은 권장되지 않는다. 1970~80년대 미국에서
주류 사회는 물론 이에 대항해 대안적인 여성성을 발굴하려던 제 2물결
페미니즘에서도 남성적 젠더 표현을 하는 부치를 배척했기에 다이크는
욕으로 기능했다. 그러나 '퀴어'가 원래 욕이었다가 '그래 나 퀴어다, 어
쩔래!'라는 맞받아치기를 통해 당사자 용어로 탈환된 것처럼, 다이크란
용어 또한 레즈비언들이 그러한 배척에 맞서 스스로를 부르는 이름으로
사용하기 시작했다. 1990년대에 이르면 여성의 남성성과 젠더 수행에
관한 연구들이 나오고(대표적인 것이 햄버스탬의 『여성의 남성성Female
Masculinity』) 공동체 문화에서 다이크란 표현이 활발히 쓰이게 되었다.
현재 다이크 문화는 맥락에 따라 레즈비언 문화 전반을 가리킬 수도 있
고 '스톤 부치', 한국의 속어로는 '강(强)부치'들의 하위문화를 가리키는
용어로도 쓰인다. '레즈비언'이란 용어가 일반적으로 '여성을 사랑하는
여성'으로 정의되어왔던 경향과 비교할 때, 다이크란 용어는 여성을 사
랑하지만 사회에서 이해되고 훈육되는 여성성과 자신을 도무지 연결시
키기 어려워하는 부치 여성들과 ftm 트랜스젠더에게 자신을 좀 더 편하
게 담아내는 이름으로 받아들여진다.

12. Gayle Salamon(2010), *op. cit.*, p. 71.
13. *Ibid.*
14. Judith Butler, *Bodies that Matter: On the Limits of "Sex"*, London:
    Routledge, 1993, p. 241.
15. Eve Kosofsky Sedgwick, *Tendencies,* London: Loutledge, 1993, p. 7.
16. 원문의 2번 항목에서 세즈윅은 '남성 또는 여성'을 man or woman이 아
    니라 male or female이라고 표기했는데, 그 이유는 2장에서 설명했듯이
    man은 male에, woman은 female에 당연히 연결될 것이라 보는 통념 때
    문에 사람들이 따로 전자와 후자를 구분해서 사용하지 않는 현상을 짚
    기 위해서다.
17. *Ibid.*, p. 7. I와 O는 키보드 자판에 그 둘이 바로 옆에 붙어 있다는 걸
    빗댄 말장난이다.
18. 사실 많은 사람들의 삶에서 대타성애와 자가성애는 별개의 범주나 대립
    항으로서 단절되어 있지 않다. 사람의 섹슈얼리티엔 대타성애적 측면과
    자가성애적 측면이 공존하고, 두 측면 모두 다양한 관계성과 맥락과 특
    정 주기에 따라 각기 다른 강도로 발현되며 다양한 방식으로 얽힌다. 이
    는 단순히 애인이 있으면 섹스하고 없으면 자위하는 문제도 아니고, 대
    타성애로 가는 여흥으로서 자가성애가 덧붙여지는 문제도 아니다. 그러
    나 대타성애를 기준으로 구성되어 각각의 정체성 간에 구분선을 확고히
    그어놓는 기존의 정체성 명명 방식으로는 이러한 복잡하고 미묘한 층위

를 제대로 설명하기 어렵다.

이런 문제에 대해 아직 많은 논의가 나오진 않았지만 자가성애에 대해 주목할 만한 논문이 하나 있다. 세즈윅이 『경향들Tendencies』(1993)에 수록한 「제인 오스틴과 자위하는 소녀Jane Austen and the Masturbating Girl」라는 멋진 제목의 논문이다. 세즈윅은 소위 퀴어 삼부작이라 불리는 『남자들 사이에서Between Men』, 『벽장의 인식론』, 『경향들』세 권 중 앞 두 권에선 동성애/이성애 이분법 구도와의 관련 속에서 남성 섹슈얼리티를 이론화한 반면, 『경향들』에선 여성 섹슈얼리티의 지도를 만들려면 동성애/이성애 이분법 말고 다른 개념 틀이 필요하다고 주장하면서 대타성애/자가성애의 구도를 중요한 요소 중 하나로 지목한다(아쉽게도 세즈윅이 『벽장의 인식론』을 출간하자마자 유방암 진단을 받고 암이 척추로 전이되어 평생 투병하느라 관심사가 섹슈얼리티에서 멀어진 바람에 여성 섹슈얼리티에 대한 연구는 더 진전되지 못하고 가설 단계에 그치고 말았다).

「제인 오스틴과 자위하는 소녀」에서 세즈윅이 수행하는 작업 중 하나는 자가성애를 역사화하는 일이다. 세즈윅은 섹슈얼리티가 동성애/이성애라는 단 두 개의 범주로 재편되기 이전, 근대 이전의 시대에는 '자위하는 사람'이 성 정체성의 하나로 구별되었다는 점에 주목한다. 이 논의 대로라면 최근 전 세계적으로 SNS나 유튜브 등을 통해 유통되고 있는 다채로운 퀴어 정체성의 급증(이 3장에서 논의할 것이다)은 근대 서구 형이상학의 이분법적 구도에 포획되기 이전에 매우 촘촘하게 범주화되었던 다양한 이름의 시대로 되돌아가는 것일 수도 있다. 이 둘이 어떤 다른 에피스테메 아래 작동하는가도 흥미로운 연구 주제가 될 것이다. 여기서 이 주제를 분석하지는 않겠지만 즉각적으로 눈에 띄는 한 가지 차이점은, 최근에 일어난 퀴어 정체성의 급증 현상은 (1장에서 이야기 했듯) 정상화/병리화의 이분법적 위계에서 벗어나 '퀴어'라는 범주를 자신의 범주로 받아들인 당사자들이 자신의 퀴어한 정체성을 보다 정확히 담아낼 이름을 탐색하고 새로 만들어 스스로를 명명한다는 점이 중요한 특징인 반면, 근대 이전 개인의 정체성 범주로서 기록되었던 '자위하는 사람'은 철저히 병리화된 관점에서 의학이 타자를 명명하고 분류하는 범주였다는 점이다. 그리고 이 병리화된 정의는 현대에도 여전히 영향력을 행사하고 있어서, 세즈윅이 그 논문 서두에 인용했듯 1990년 초반 당시 『뉴욕타임즈』건강칼럼에도 자위가 정상적인 발달에 필수적이지 않으며 오히려 건강에 안 좋다는(그러니 지나친 자위를 하는 자녀를 단속하라는) 주장이 실린 바 있다. 좀 더 명확히 말하자면, 자위는 근대 이전엔 병리화된 별개의 정체성 범주로 규정되었다가, 19세기 말~20세기 초 정신분석학을 통해 정상적인 성적 발달의 중간 단계로 포함되어 정체성의 위상을 잃은 대신, '정상'에는 포함되지만 그 위치에 계속 머무른다면 '미성숙'하고 '발달되지 못한' '비정상'으로 병리화될 위험성을 항시 내포하고 있는 굉장히 애매한 임시적 특성으로 개념화된다. 이것은 다시 1990년대 『뉴욕타임즈』의 건강칼럼에 이르러 '건강하고 정상적인 발달'과 무관한 병리적인 것으로 확고히 재개념화되는 과정을 겪는다. 자위는 오직 대상성애로 넘어가는 '정상적인 발달' 경로에서 스치듯 지나가는 간이역으로서만 임시적인 인정을 받아왔을 뿐이다. 그러나 세즈윅은 젠더 관계와 다양한 섹슈얼리티 간의 관계가 역사적으로 억압적이었던 맥락에서 볼 때, 자가성애를 정상/비정상, 건강/병리, 자아/타자, 억압/종속의 이분법적 가치 위계에서 벗어나 누군가를 대상화하지 않을 수 있고 자신도 타자나 비체로 대상화되지 않을 수도 있는 다른 종류의 황홀함의 공간을 제공해주는 영역으로 재조명하자고 제안한다(*Ibid.*, p. 111).

19. Sedgwick(1993), *op. cit.*, p. 8.
20. 바이섹슈얼은 남성과 여성 어느 쪽에든 성적 끌림을 느끼는 성향을, 팬섹슈얼은 남성과 여성은 물론이고 다양한 젠더퀴어들까지 망라하여 성별 자체에 상관없이 성적 끌림을 느끼는 성향을 가리키는 이름으로 정의된다. 전자는 '양성애', 후자는 '범성애'로 번역되기도 한다. 팬섹슈얼리티를 표방하는 이들은 바이섹슈얼보다 팬섹슈얼을 더 광범위한 범주로 정의하지만, 최근에는 미국의 바이섹슈얼 당사자 운동에서 바이섹슈얼이란 개념 자체를 확장하여 팬섹슈얼에 해당하는 성적 끌림 내지 욕망은 물론이고 모든 논-모노섹슈얼non-monosexual을 포괄할 수 있는 용어로 사용하는 경향이 있다('bi+'라 표기한다).
21. Sedgwick(1993), *op. cit.*, p. 8.
22. *Ibid.*
23. *Ibid.*
24. 한국과 미국에서 활동 중인 퀴어 연구자 이조님에게 2016년 즈음 이 문단을 어떻게 번역할지 문의했을 때 이조님이 해주신 이야기이다. 이조님에게 감사드린다.
25. '바지씨'에 관해서는 2017년 개봉한 이영 감독의 다큐멘터리 <불온한 당신> 참조. '이쪽 사람들'이란 이름에 대해서는 다음의 글을 보라. 도균, 「게이라는 게 이쪽이라는 뜻이야?」, 전혜은, 루인, 도균, 『퀴어 페미니스트, 교차성을 사유하다』, 여이연, 2018.
26. Elizabeth Grosz, *Volatile Bodies: Toward a Corporeal Feminism*, Sydney: Allen & Unwin, 1994, p. viii; 엘리자베스 그로츠, 『뫼비우스 띠로서 몸』, 임옥희 옮김, 여이연, 2001, 35쪽.
27. 이는 그로츠만이 아니라 성차를 페미니즘의 핵심에 위치시키면서도 성차와 남/여 이원론을 등치시키는 이들이 갖는 한계이기도 하다. 관련 논의는 다음을 보라. 전혜은, 『섹스화된 몸: 엘리자베스 그로츠와 주디스 버틀러의 육체적 페미니즘』, 새물결, 2010. 성차란 개념을 완전히 폐기하지도 않고, 이 개념을 젠더이분법에 가두는 경향에는 반대하면서, 좀

더 불확실성과 모순을 품은 복잡한 개념으로서 생산적으로 재사유하려
는 시도는 버틀러의 『젠더 허물기』 9장을 보라.

28. Eve Kosofsky Sedgwick. *Epistemology of the Closet.* Berkeley and
Los Angeles: University of California Press, 1990, pp. 25-26.
29. *Ibid*, p. 26.
30. 박기수, 「전국책평점 (제1편) 백가쟁명」, 『박기수의 함께 보는 중국 인
문지리』, 2018.08.07. blog.naver.com/PostView.nhn?blogId=pkschina5
05&logNo=221334205252 (최종검색일:2020.12.24.)
31. 주로 퀴어문화축제를 비롯한 각종 퀴어행사에서 배포 또는 판매되는 소
책자들은 한국의 퀴어아카이브 <퀴어락>(queerarchive.org/)에서 열람
할 수 있다. 표1, 2의 도식은 이제 퀴어 관련 행사에선 어느 정도 공유
되어 깃발과 배지 같은 각종 상품으로 접할 수 있다.
32. 예를 들어 다음을 보라. 제논, 「Category: Nonbinary identities 17. 폴
리젠더(Polygender)/트라이젠더(Trigender)」, 『My Blog』, 2016.08.30.
blog.naver.com/PostList.nhn?blogId=answer_queer&from
=postList&categoryNo=11&parentCategoryNo=11 (최종검색일:2020.
12.24.)
33. 퀴어의 섹슈얼리티와 에이섹슈얼리티 담론이 장애와 만나 더욱 복잡하
고 다채로워지는 양상은 다음의 글을 참조. 전혜은, 「장애와 퀴어의 교
차성을 사유하기」, 전혜은, 루인, 도균(2018), 앞의 책.
34. 데미섹슈얼은 본문에서 설명할 것이다. 프레이섹슈얼(fraysexual)은 데
미섹슈얼과 반대로, 잘 모르는 사람에게만 끌리고 관계가 진전되면 흥미
가 떨어지는 경향을 가리킨다. 정신적 유대감이 강화될수록 성적 끌림이
사라진다고 정의되기도 한다. fray-는 옛 영어로 '낯선 사람'이란 뜻이
다(rainbowpedia.wikia.org/wiki/Fraysexuality). 그런데 이 용어도 아직
정착되지는 않은 용어라, 이 용어가 자기 경험과 맞닿아 있다고 생각하
는 수많은 사람이 저마다의 방식으로 이 용어를 정의하는 과도기에 있
다. 어떤 이들은 전형적인 바람둥이처럼 한번 잔 상대에게 흥미가 떨어
지는 성향을 설명하기 위해 이 용어를 끌어들인다. 어떤 이들은 (특히
오래 사귄 레즈비언 커플에게서 자주 나타나는 현상인데) 오래 사귈수
록 섹스는 하지 않는 섹스리스 부부의 현실을 설명하기 위해 이 용어를
끌어들인다. 어떤 사람들은 이 용어를 에이섹슈얼 스펙트럼의 하위 범주
로 설명할 수 있지 않을까 타진해보고 있다. 미국의 에이섹슈얼 단체
AVEN(Asexual Visibility & Education Network)의 포럼 게시판에서
<The Gray Area, Sex and Related Discussions>이란 이름의 하위 게
시판을 보면 이 개념과 자신의 경험을 연결지어 고민을 풀어내는 글들
이 눈에 띈다(asexuality.org/en/forum/72-the-gray-area-sex-and-
related-discussions/). (모든 웹주소의 최종검색일: 2020.12.30.)

35. 미셸 푸코, 『성의 역사 1: 지식의 의지』, 제3판, 이규현 옮김, 파주: 나남, 2010(Michel Foucault, *L'histoire de la sexualité, Vol.1, La volonté de savoir*, Paris: Gallimard, 1976), 특히 2부 2장을 보라.

36. William Benjamin Turner, *A Genealogy of Queer Theory*, Temple University Press, 2000. 특히 5장을 보라. 소도미 관련 논의는 다음 장에서 다룰 것이다.

37. 예를 들어 다음을 보라. Somjen Frazer and Melissa Dumont, "How Do LGBT Youth in New York State Talk about Gender and Sexual Orientation?", *The Act for Youth Center of Excellence*, 2016, actforyouth.net/resources/rf/rf_lgbt-nys-talk_0816.pdf (최종검색일:2020. 12.24.); Gilles E. Gignac, Joey Darbyshire, and Michelle Ooi, "Some people are attracted sexually to intelligence: A psychometric evaluation of sapiosexuality", *Intelligence*, Vol.66, No.-, 2018, pp. 98-111. 퀴어 백가쟁명의 다른 정체성들과 마찬가지로 이 정체성 또한 아직까지는 문헌의 수가 많지 않고 대부분 양적 방법론으로 현상을 갈무리하는 접근법을 취하는 경향이 있다.

38. 셜록 홈즈 시리즈는 퀴어 관계성에 대해 매우 복잡하고 다채로운 논의를 불러일으킨다. 셜록 홈즈와 왓슨 박사의 관계는 특히나 흥미로운데, 이 관계를 누구의 관점에서 해석하냐에 따라서 '퀴어하다'는 한 마디에 다 담길 수 없는 퀴어 내부의 긴장이 드러난다. 셜록과 왓슨의 관계에 섹슈얼한 긴장이 없다고 해석한다면 동성애적 욕망을 부정하는 게 될까? 아니면 셜록과 왓슨의 관계를 섹슈얼하게만 해석한다면 에이로맨틱 에이섹슈얼 관계에서 생성될 수 있는 강렬한 애착을 부정하는 게 될까? 그동안 셜록과 왓슨의 관계는 퀴어베이팅(queerbaiting)이라는 비판을 자주 받았다. 퀴어베이팅이란 드라마, 영화, 소설 등에서 같은 성별로 분류되는 두 등장인물을 동성애자 커플로 해석할 여지를 흘리고 그 성적 긴장으로 극을 끌고 가면서도 결국은 이들이 진짜 동성애자는 아니라고 선을 긋는 서사 방식을 가리킨다. 2010년부터 2017년까지 총 4시즌으로 방영된 BBC 드라마 <셜록>에서도 이 퀴어베이팅이 왓슨과 데이트하는 여성들의 입을 빌려 재미를 유발하는 장면으로 활용되고 있다. 그러나 셜록과 왓슨의 관계 자체는 전적으로 퀴어베이팅이라고만 보기에 애매한데, 셜록의 성 정체성이 서사 전체에서 비밀에 싸여 있기 때문이다. (한국에서 2013년 『무성애를 말하다』라는 제목으로 번역된 앤서니 F. 보개트의 *Understanding Asexuality*에서는 셜록 홈즈를 에이섹슈얼 정체성으로 분류한다. Anthony F. Bogaert, *Understanding Asexuality*, Lanham, Md.: Rowman & Littlefield Publishers, 2012, pp. 36-39[앤서니 F. 보개트, 『무성애를 말하다: 이성애, 동성애, 양성애 그리고 사랑이 없는 무성애, 다시 쓰는 성의 심리학』, 임옥희 옮김, 서울: 레디셋고,

2013]). 셜록은 사람 자체에 성적 욕망을 드러내지 않음으로써 왓슨과의 관계를 동성애적 끌림의 관계로 보는 해석에도, 이 둘의 관계를 퀴어 베이팅으로 활용하려는 해석에도 완벽히 포획되지 않으면서 섹슈얼리티를 인간의 본능으로 단정하는 유성애적 사고관 자체를 어느 정도 낯설게 만드는 데 성공한다.

39. 어반딕셔너리의 설명에 따르면, 호모플렉시블(homoflexible)은 헤테로플렉시블(heteroflexible)에 대응하여 나중에 만들어진 용어다. 'flexible (유연한, 융통성 있는, 신축성 있는)'이란 표현이 붙은 것처럼, 호모플렉시블은 주로 동성에게 성적인 이끌림을 느끼지만 오로지 동성에게만 끌리는 것은 아닌 성적 지향을 가리킨다. 사실 성소수자들에게는 이런 지향성을 부르는 다른 이름들이 있다. 호모플렉시블 성향을 보이는 사람들은 게이 레즈비언이나 바이섹슈얼로 정체화해왔던 것이다. 그런데 이성애자로 정체화하여 살고 있던 사람 중에 '헤테로플렉시블'이란 이름의 필요성이 생겨났다(urbandictionary.com/define.php?term=homoflexible). 위키피디아의 헤테로플렉시블 항목을 보면, 헤테로플렉시블은 주로 이성에게 끌리고 이성과 로맨틱하거나 성적인 교류를 하는 성향이 강하지만 종종 동성에게도 끌린다. 그러나 동성에게 끌리는 빈도나 욕망의 크기가 이성에게 끌릴 경우와 비교했을 때 매우 적고 드물기 때문에, 스스로를 이성애자라고 생각하지 바이섹슈얼이라고 생각하지는 않는다(en.wikipedia.org/wiki/Heteroflexibility). 이런 사람들은 자신을 "대부분은 이성애자(mostly straight)"라고 정의한다고 한다. 위키피디아에서 관련 논문을 소개하고 있다. 예를 들어 E. M. Thompson and E. M. Morgan, "Mostly straight' young women: Variations in sexual behavior and identity development", *Developmental Psychology*, Vol.44, No.1, 2008, pp. 15-21. 이 새로운 이름은 한편으로 '동성애자', '이성애자' '양성애자' 같은 이름을 수취하고 나면 그 범주를 벗어나면 안 된다는 식으로 유동성과 변화 가능성을 차단하는 기존의 정체성 담론에 도전하면서 개인의 성적 지향과 정체성을 좀 더 융통성 있게 탐구하게끔 해준다는 의의가 있다. 또는 적어도 이성애 중심적 사회에서 '대부분 이성애자'로 정체화하길 강요받아온 사람들에게 이런 새로운 이름이 자신이 생각조차 하지 못했던 다른 가능성을 열어주는 계기가 될 수도 있다. 하지만 다른 한편 이런 이름이 동성애자와 이성애자라는 정체성을 안전하게 사수한 채 그 범주를 넘어서는 욕망과 행동을 잠깐의 일탈로 치부함으로써 '바이섹슈얼'을 배제한다는 지적도 나올 수 있다. 어쨌든 이 개념에 대한 논의는 이제 막 시작되었다.

40. Judith Butler and Athena Athanasiou, *Dispossession: the performative in the political*, Malden, MA: Polity, 2013, p. 47; 주디스 버틀러, 아테나 아타나시오우, 『박탈: 정치적인 것에 있어서의 수행성에 관한 대화』, 김

응산 옮김, 서울: 자음과모음, 2016, 85쪽.

41. Janet R. Jakobsen, "Sex+Freedom=Regulation Why?", *Social Text* 84 −85, Vol.23, Nos.3−4, 2005, pp. 285−308.

42. 리사 두건, 『평등의 몰락』, 한우리, 홍보람 옮김, 서울: 현실문화, 2017 (Lisa Duggan, *The twilight of equality?: Neoliberalism, cultural politics, and the attack on democracy,* Beacon Press, 2012). 특히 3장 「평등한 퀴어라는 신자유주의의 신화」를 보라.

43. Butler(1993), *op. cit.,* p. 227.

44. Sedgwick(1990), *op. cit.,* pp. 2−3.

45. 예를 들어 다음을 보라. 마성의게이, 「젠더퀴어의 종류: 안드로진, 뉴트로이스, 바이젠더, 트라이젠더, 에이젠더, 젠더리스, 팬젠더, 젠더플루이드」, 『마성의 게이 블로그』, 2016.03.08. blog.naver.com/PostView.nhn? blogId=queerdigger&logNo=220649330765 (최종검색일:2020.12.24.)

46. 2016년 겨울 이조님과의 대화.

47. 에이섹슈얼 스펙트럼이라고도 한다. 확실한 유성애자 정체성에 딱 들어맞지 않는 성 정체성들을 통칭하여 에이엄브렐라(에이섹슈얼을 아우르는 거대한 우산 아래 들어와 있다는 의미에서) 혹은 에이섹슈얼 스펙트럼이라 부르는 경향이 커지고 있다. 문제는 근대 초 정신분석과 성과학을 포함하여 유성애에 대한 이론의 발전사는 100년이 훌쩍 넘은 반면, 기존의 유성애 정체성과 어긋나는 섹슈얼 정체성이 당사자들의 목소리로 나오기 시작한 것은 너무도 최근의 일이라는 점이다. 그러다보니 에이섹슈얼에 관한 논의는 섹슈얼(유성애)/에이섹슈얼(무성애)의 이원 대립 구도를 만들어놓고 앞항에서 조금이라도 어긋나 보이는 것은 뒷항에다 쓸어 담는 식으로 분류가 이루어지고 있다. 이에 대한 이론적 탐구는 아직 미진한 상황이다. 어떤 면에선 현재의 에이섹슈얼 담론은 유성애/무성애 이분법적 구도를 가시화하거나 그러한 이분법을 지적하는 경계적 정체성이 있다는 것을 보여주는 역할 이상으로 탐구되지 못하고 있다.

48. Sedgwick(1990), *op. cit.,* p. 27.

49. Butler(1993), *op. cit.,* p. 228.

50. *Ibid.*

51. Butler(2004), *op. cit.,* p. 108; 버틀러(2015), 앞의 책, 206−207쪽.

52. Butler(1993), *op. cit.,* p. 227.

53. '터프(TERF)'를 표방하는 워마드에 시스젠더 레즈비언들이 상당수 참여하는 데엔 이와 같은 이유도 포함될 것이다.

54. 물론 이런 종류의 트랜스 혐오에 맞서는 많은 사람들이 냉소적으로 지적해왔듯, 그런 명칭을 내세우는 터프는 자신이 트랜스젠더임을 부정하는 트랜스젠더일지도 모른다(이런 부류를 '디나이얼[denial]'이라 부른다). 그리고 말라뮤트나 독수리나 연필 같은 대상과 동일시하는 사람이

있을 수 있더라도 그 동일시가 젠더의 영역은 아니라는 점을 지적할 수 있을 것이다. 이런 이름을 정말로 진지하게 자신의 젠더 정체성으로 주장하는 사람이 있다면, 그 사람은 젠더를 뭐라고 정의하는 걸까? 말라뮤트, 독수리, 연필은 종(種) 구분의 문제 혹은 유생물과 무생물 구분의 문제인데 이것을 인종도 아니고 계급도 아니고 반드시 '젠더' 정체성과 연결된 문제라고 정말로 감각하는 사람이 있다면, 그 사람에게 젠더는 무엇인가?

55. Butler(1993), *op. cit.*, p. 241.
56. Sedgwick(1990), *op. cit.*, p. 61.
57. *Ibid.*
58. *Ibid.* 사실 동질성을 주장하며 배타적인 동일시를 만들려 노력해도 그 노력은 실패할 수밖에 없음을 극명하게 보여주는 사례는 워마드의 행보에서 볼 수 있다. '생물학적 여성만 챙긴다'는 워마드는 '탈코'(탈코르셋 운동)에 동참하지 않거나 못하는 여성, 이성애 결혼을 한 여성, 남자아이를 낳고 기르는 여성, 앞 세대 여성을 '좆빨러', '부역자', '유충모'라고 부르며 '같이 갈 수 있는 여성'과 '같이 갈 수 없는 여성'을 쉴 새 없이 구분해왔다. 심지어 SNS에 비혼모들이 겪는 부당한 일들을 담담하게 올린 계정이 화제가 되자 워마드에 속한 사람들은 비혼모가 남성과 섹스했다는 이유만으로 모든 책임을 비혼모에게 돌렸다. 예를 들면 "유충모는 같이 갈 수 없는 거 맞다. 섹스 왜함? 피임 왜 안함? 낙태 왜 안함? 이 질문만 떠오른다. 왜 낙태를 안 해서 모든 고통을 스스로 안아버림?", "강간 사기 등 피해로 인해 임신했다 치자. 그런데도 굳이 꾸역꾸역 낳은 이유는 뭐야? 스스로 임신한 것도 아니고 좆냄충의 역겨운 피가 섞여 있는데 낳고 싶었나? 그 모성애라는 허구의 감정 때문에?"(@teaoblink 2018.09.06)라고 매도한 것이다(비난이 쏟아지자 이 글을 쓴 사람이 계정을 없앴기에 인용해도 '조리돌림'이 되지 않으리라는 판단에서 인용한다). 이들은 여성의 동질성('생물학적 여성')을 단언하면서도 사실은 누가 '여성'의 자격이 있는지 감별할 권위가 자신들에게 있다고 믿기 때문에 자신들의 신념에 맞지 않는 여성들을 가부장제에서 남성들이 해왔던 것보다 훨씬 가혹하게 비난한다. 이런 행위의 폭력성에 대해서 충분히 논의하고 제재할 필요가 있다. 다만 여기서는 본문의 내용을 부연하는 차원에서 보자면, 이렇게 동질성을 단속하려는 행위는 역설적으로 동일시에 온갖 복잡하고 모순되고 충돌을 일으키는 강렬한 관계들이 내재되어 있음을, 그래서 완벽히 배타적으로 동질적인 동일시란 불가능함을 부지불식간에 드러낸다.
59. 다음의 글도 참조하라. Judith Butler, "Revisiting Bodies and Pleasures", *Theory, Culture & Society,* Vol.16, issue 2, 1999, pp. 11-20.
60. Sedgwick(1993), *op. cit.*, p. 9.

61. *Ibid.*
62. Sedgwick(1990), *op. cit.*, p. 23.
63. Butler(1993), *op. cit.*, p. 241.
64. Eve Kosofsky Sedgwick, Stephen M. Barber and David L. Clark, "This Piercing Bouquet: An Interview with Eve Kosofsky Sedgwick." *Regarding Sedgwick: Essays on Queer Culture and Critical Theory*, eds., Stephen M. Barber and David L. Clark, New York and London: Routledge, 2002, p. 251.
65. Sedgwick(1990), *op. cit.*, p. 60.
66. 전혜은, 「'아픈 사람' 정체성」, 전혜은, 루인, 도균(2018), 앞의 책.
67. Carole Vance, "Social construction theory: problems in the history of sexuality", *Homosexuality, Which Homosexuality?* eds., A. van Kooten Nierkerk and T. Van Der Meer, Amsterdam: An Dekker, 1989, pp. 13-34. 캐럴 반스는 무엇을 본질주의라고 칭할 때 좀 더 섬세한 논의가 필요하다고 제안하면서, 섹슈얼리티 연구에서 보이는 본질주의적 형식을 크게 두 가지로 정리한 바 있다. 하나는 인간의 행동습관이 유전적, 생물학적, 혹은 생리학적 메커니즘에 의해 미리 결정되고 따라서 바꿀 수 없는 '자연스러운 것'이라는 믿음이다. 또 하나는 인간의 행동습관이 근원적인 욕동이나 성향의 표현이라는 믿음이다.
68. 번역의 정치, 정확히 말해 '문화 번역'은 버틀러가 제안하는 정치적 실천으로, 2장에서 논한 수행적 모순을 정치적 자원으로 활성화하고 교차성의 정치를 추구하기 위해 필요한 작업을 가리킨다. 앞서 소개한 수행적 모순의 저항 행위들이 고립된 해프닝으로 끝나지 않고 사회 안에서 이해되고 공론화되기 위해선 일종의 '번역'이 필요하다. 사실상 모든 정치적 운동은 문화 번역을 통해 작동하고 가능해지는 것이다. 자신을 대변해서 주장하려면 주장이 들릴 수 있는 방식으로 발화해야 하지만, 사회의 주변부로 밀려나는 존재들의 자기주장은 많은 경우 주류 사회에서 이해할 수 있는 방식으로 발화되지 않는다. 언어라기보다는 소리에 가까운 절규, 철거될 건물 기둥에 몸을 묶기, 절망적 상황에서의 분신이나 투신, 이런 고통의 언어들은 그 자체로 살고자 하는 강렬한 외침이지만 지배적인 인식 가능성의 기준에 들어맞지 않기에 들리지 않는 것이다. 이런 말하기가 들리게 하려면 어떻게 해야 할까? 이는 가야트리 차크라보르티 스피박(Gayatri Chakravorty Spivak)이 '하위주체는 말할 수 있는가'란 화두로 고민했던 문제이기도 하다("Can the Subaltern Speak?"은 1983년에 나온 논문으로 수많은 선집에 실렸다. 한글판과 원문은 다음에서 확인할 수 있다. 가야트리 차크라보르티 스피박, 「서발턴은 말할 수 있는가?」, 로절린드 C. 모리스, 가야트리 차크라보르티 스피박, 파르타 차테르지, 리투 비를라, 드루실라 코넬, 『서발턴은 말할 수 있는가?

서발턴 개념의 역사에 관한 성찰들』, 태혜숙 옮김, 서울: 그린비, 2013 [Rosalind C, Morris and Gayatri Chakravorty Spivak, eds., *Can the Subaltern Speak?: Reflections on the History of an Idea*, New York: Columbia University Press, 2010]).

버틀러는 스피박의 이 주장이 뜻하는 바를 두 가지로 정리한다(Judith Butler, Ernesto Laclau, and Slavoj Žižek, *Contingency Hegemony Universality: Contemporary Dialogues on the Left*, New York: Verso, 2000, p. 36. [주디스 버틀러, 에르네스토 라클라우, 슬라보예 지젝, 『우연성, 헤게모니, 보편성: 좌파에 대한 현재적 대화들』, 박대진, 박미선 옮김, 서울: 도서출판b, 2009]). 첫째, 행위성에 대한 지배적 개념화 내에서 하위주체의 행위성은 판독될 수 없다. 둘째, 이 주장의 핵심은 단순히 기존의 폭력적인 체제를 확장해서 하위주체를 체제 안에 구성원으로 포함하자는 것이 아니다. 왜냐하면 이미 하위주체는 그 체제에 포함되어 있기 때문이다. 정확히 말해 하위주체는 배제·추방·제거를 통해 권력체제 안에 포함되는 '법 내부로의 추방'이라는 형태로 구성된다. 지식인들은 하위주체를 '재현'하지 않을 수 없지만, 이는 쉽지 않다. 재현을 위해선 '번역'이 필요한데 번역은 언제나 전유의 위험을 안고 있기 때문이다. 따라서 스피박은 문화 번역을 정치적 책임의 이론이자 실천으로 정립해야 한다고 주장한다.

그렇다면 버틀러는 이 논의를 어떻게 발전시키는가? 버틀러의 논의를 크게 네 가지로 정리해볼 수 있다. ①번역이 정치적 책임의 이론이자 실천이 되려면 어떻게 번역해야 할까, 이 질문을 고민할 때 제일 먼저 유념해야 할 것은, 번역은 보편과 특수를 잇는 작업이 아니라는 것이다. 번역을 이런 식으로 생각해버리면, 보편/특수를 구별하는 가치 위계가 있다고 전제하는 셈이고, 서구 국가의 백인 중심적 사유(또는 중산층 이상 고등교육을 받은 계급의 사유)를 보편에 놓고 나머지 '제3세계' 유색인들(또는 '빈곤층', '블루칼라 노동자')을 자기 이론을 뒷받침하기 위한 특수한 사례로 소비하는 식민주의적 방식으로 문화적 착취를 이어갈 위험이 있기 때문이다. 오히려 버틀러가 보기에 보편성은 문화적 규범과 맞물려 있다. 그리고 어떤 주장이 보편적인 것으로 기능하려면 "보편적 주장들의 의미와 힘이 만들어지는 수사적이고 문화적인 다양한 맥락들로의 번역이라는 일련의 과정을 거쳐야만 한다."(*Ibid.*, p. 35) 따라서 버틀러가 보기에 우리가 실천해야 할 문화 번역은, 보편성을 표방하는 지배 언어의 한계를 드러냄으로써 보편성이 그 자체로 초월적 위치에 있는 것이 아니라 의미들·입장들·맥락들의 경쟁에 의해 만들어지고 점유되는 장소임을 폭로하는 방향으로 가야 한다. 그다음으로 유념할 점은, '이것만 따르면 절대적으로 옳다'고 의지할 수 있는 확실한 매뉴얼 따윈 없다는 것이다. 문화 번역은 자신이 번역하려는 타자의 말을 섣불리 일관된 하나의 서사로 봉합하려는 욕심을 버려야 한다. 최소한으로 지켜야 할 사항은 다음과 같다. "[우리의 임무는] 말해질 수 없는 것을 말해질 수 있음의 영역에 수용하기 위해 전자를 후자에, 즉 기존의 지배적 규범들 내부로 동화시키는 게 아니다. 반대로 우리의 임무는 지배의 확신을 산산이 부수는 것, 지배적 규범들의 보편성 주장이 얼마나 불확실한지를 보여주는 것, 그리고 그 불확실함으로부터 체제의 붕괴를 추적하는 것, 번역의 작업 자체로부터 만들어지는 보편성의 대안적 판본으로의 개방을 추구하는 것이다."(*Ibid.*, p. 179) (이 사항을 준수하여 타자의 말하기를 문화적으로 번역한 사례는 이 책의 6장 <퀴어 정동 이론>에서 사라 아메드의 논의를 다룬 4절의 4) '슬픔의 정치학 : 타자의 고통을 가로채지 않는 애도의 윤리'를 보라.)

②2장에서 '수행적 모순'의 예로 제시한 미등록 이주자들의 시위는 보편적 권리를 박탈당한 주변부 존재들이 보편성 개념을 주장하는 행위로도 읽을 수 있다. 버틀러는 이러한 사회적 소수자들의 투쟁을 반드시 정체성 정치라고만 단정할 필요는 없으며, '번역의 정치'로 해석할 수 있다고 제안한다(*Ibid.*, pp. 168-69). 1장과 2장에서 논했듯 보편성에서 배제된 이들이 보편성을 주장할 때, 즉 불평등하게 차별받는 이들이 평등을 주장하고 낙태죄로 처벌받는 이들이 자기 몸에 대한 권리를 주장할 때, 이들은 우리가 배제된 보편성이 과연 '보편성'이냐고 질문함으로써 보편성을 급진적으로 열어놓는다. 이들은 보편성과 특수성 간의 위계와 모순에 문제제기하고, 보편성의 소위 보편적 위상을 근본적으로 뒤흔든다. 이 '아직은 아닌(not yet)'이야말로 보편성을 보편적 의미 자체로의 보편성이 되도록 계속 추구할 원동력이 된다. 나아가 버틀러는 경계적 위치만이 새로운 보편성을 만들 수 있다고 주장한다. 지금과는 다른 보편성은 주체가 되는 특전을 부여받지 못한 주체로부터 출현한다는 것이다. 버틀러는 "헤게모니를 새롭게 사유하려는 투쟁은 합법성의 규범— 점점 더 다양한 국가 장치에 의해 판결이 내려지는 그런 규범—이 무너지는 저 경계에, 경계적인 사회적 존재가 중지된 존재론의 조건 속에서 출현하는 저 경계에 머무르지 않고서는 매우 가능하지 않다"고 단언한다(*Ibid.*, p. 178). 하지만 이는 경계적 위치를 무조건적으로 찬양하거나 특권화하는 주장은 아니다. 그보다는 안정된 정체성에 안전하게 머물러 있으면서 자신의 기득권을 하나도 놓치지 않으려 한다면 새로운 투쟁은 불가능함을 말하려는 것이다.

③한편, 사회적 소수자들의 투쟁을 '번역의 정치'로 읽을 수 있다는 말은 각기 다른 소수자들의 투쟁 간 연대의 가능성과 지향점을 의미하는 것이기도 하다. 버틀러는 반인종주의 운동, 반세계화 운동, 장애 운동, 퀴어 운동, 페미니즘 등 다양한 운동들 사이에 문화 번역이 이뤄질 수 있다고 본다. 이 말은 '번역이 이뤄질 수 있다'는 손쉬운 단언도 아니

고 단순한 다원주의도 아니다. 그보다는 더 나은 세상을 위한 정치적 투쟁에 문화 번역이 필요하다는 점을 강조하는 것이다. 최근 경계를 넘어 장애와 퀴어, 퀴어와 페미니즘, 반세계화 운동과 장애 등 각 운동의 연대와 이론적 접점 찾기 작업이 활발히 이뤄지고 있다. 버틀러의 이론도 장애 이론의 정교화를 위한 자원으로 사용되거나 장애 이론과 퀴어 이론을 연결시켜주는 문화 번역의 역할을 맡는 경향이 있다. 이때 각각의 운동에는 각자의 고유한 보편적 주장들이 있고 시간을 따라 구축되어온 용어들의 역사와 맥락이 있기 때문에 번역이 각각의 운동에 중요한 무언가를 훼손할 위험은 없는가 하는 우려의 목소리도 나온다. 그러나 버틀러가 여기서 제안하는 정치적 연대와 실천으로서의 문화 번역이란, 단순히 섹스와 젠더라는 개념이 들어가던 자리에 손상과 장애라는 개념을 대신 집어넣는 식의 작업을 의미하는 것이 아니다. 버틀러의 주장은, 각 운동에 고유한 보편적 주장들은 경쟁하고 중첩되는 보편성들로서, 문화적 번역이라는 정치적 실천을 통해 계속해서 스스로의 보편성 자체를 재고하고 다양한 형태의 다문화주의에 능동적으로 참여하는 열린 운동으로 움직여야 한다는 것이다(*Ibid.*, pp. 168-69). 이는 문화 번역을 절대적인 대안으로 던져놓고 끝낼 순 없음을 의미한다. 문화 번역이 정치적 행위성의 장소이자 자원이 되기 위해서는, 번역을 그러한 것으로 만들기 위한 계속된 노력이 투쟁 속에서 이뤄져야 한다는 의미이다. 이 지속적인 성찰과 노력만이 문화 번역을 정치적 책임의 이론이자 실천으로 살아있게 한다.

④ 이와 연관해서 마지막으로 유념해야 할 점은, 이러한 번역 실천은 모든 것을 완벽히 번역해내겠다는 것을 목표로 삼는 게 아니라는 점이다. 물론 우리는 하위주체의 말하기를 지배규범의 언어로 전유하려는 대신 최대한 있는 그대로 살리려 노력해야 할 것이고, 서로 다른 운동 간의 연대를 통해 지금의 틀에 대항해 인식 가능성에 대한 새로운 규범들을 정립하려 노력해야 할 것이다. 하지만 이는 모든 걸 언제 어디서고 이해할 수 있고 말할 수 있게 변환하자는 것이 아니다. 그러한 목표는 이루어질 수도 없고 이루어져서도 안 되기 때문이다. 이 지점에서 문화 번역은 재현의 실패라는 문제와 조우하게 된다. 이때 버틀러는 윤리적인 재현 실천은 재현에 실패한 것을 그 재현 안에 그대로 담아내야 한다고 주장한다. 이 '재현의 실패를 드러내는 재현'에 대해서는 이 책의 6장 <퀴어 정동 이론>에서 버틀러를 다룬 3절에서 논하겠다.

4장

벽장의 인식론

인간 살려주세요

이제 우리의 퀴어 이론 산책 절반쯤 지나왔습니다. 가벼운 마음으로 반려견과 산책을 나갔다가 고양이 마주쳐 쫓는 우리 개진상씨를 잡아끌면서 놀란 고양이에게는 간식 바쳐 사과하고, 다른 개 사는 집 대문 앞에서 괜히 쌍욕 배틀을 벌이는 개진상씨를 막으면서도 너무 시무룩해지지 않게 적당히 편들어주고, 아름다운 꽃을 보고 잠시 멈춰 평화로이 냄새를 맡는 개 사진을 찍겠다고 폰을 꺼냈으나 바로 꽃에 쉬 뿌리는 개진상 사진만 건지고, 가끔은 개 혐오하는 인간 (진짜) 진상들을 마주쳐 격렬하게 싸우고, 그래도 밝게 웃으며 내 표정을 살피는 우리 개가 사랑스러워 산책을 재개하고, 고즈넉한 풍경에 잠깐 마음이 여유로워졌다가도 비둘기 쫓는다고 급커브 도는 우리 개에게 휘둘려 어깨가 빠지거나 발목이 비틀릴 수 있고, '뭐해? 일어나 하고 멀뚱히 쳐다보는 개상전에게 감히 아픈 티도 못 내고, "나 너무 힘들다, 그만 집에 가자 ㅜㅜ" 읍소하면 침착한 눈빛으로 나를 벤치에 데려가 앉히는 개마님과 5분쯤 앉아있다가 '충전됐지? 일어나'라는 요구에 다시 걷고, 집 반대 방향으로 신나게 멀리 멀리 뛰어가고선 돌아갈 힘 없다고 '뭐해? 안아'라고 요구하시는 개상전을 안고 집까지 걸어와 발 닦어드렸더니 '뭐해? 간식 내놔'라고 눈을 빛내

시는 개상전에게 먹을 걸 바쳐야 비로소 끝나는 산책에 비하면 퀴어 이론 산책은 아직 할 만하지 않은가요(☆ㅅ<). 우리의 이론 산책에서는 엊그제 목욕시켰건만 너무 열심히 흙 파대서 흑미찰떡으로 변신한 멍뭉이를 또 빨아야 하는 상황도 없고… 물론 여기까지 읽은 독자분들 중에는, 밤이니 배변만 시키고 얼른 집에 들어가고 싶었는데 우리 개가 허리를 말고 궁디를 아래로 늘어뜨린 특유의 엉거주춤한 자세로 어기적어기적 걸어가며 금방 쌀 것처럼 굴어서 따라가다 보니 300평 풀밭을 가로질러 왔을 때의 황망함을 느끼는 분도 계시겠지만… (외면) 어쨌든 계속 가봅시다.

지금까지 이분법적 사유로는 설명할 수 없는 퀴어의 다양성, 이질성, 차이에 관한 논의를 했다면, 이 장에서는 동성애/이성애 이분법적 대립에 관한 논의로 돌아갈 것이다. 이 말은 이 이분법 자체를 당연한 진리이자 유일한 분석 틀로 생각하겠다는 뜻이 아니다. 이 이분법이 무엇을 하는가에 주목하겠다는 뜻이다. 이 질문을 던진 학자들은 이성애와 동성애의 이분법적 대립이 어떻게 만들어졌는지 그 역사와 맥락을 추적하고, 이 대립이 근대의 사회문화 구조와 사람들에게 어떤 영향력을 발휘해왔는지를 탐구해왔다. 이것은 이브 코소프스키 세즈윅의 『벽장의 인식론Epistemology of the Closet』(1990)의 핵심 주제이기도 하다.[1)]

세즈윅의 책은 30년 전에 나왔지만, 현재 상황에 적용해 생각할 것들이 많다. 우리가 뭉뚱그려 '성적인 것'이라고 여기는 것들을 다루는 담론들은 매우 복잡하고도 모순적으로 시공간을 횡단하고 뒤섞기 때문이다. 2008년 제2판 서문에서 세즈윅은 소도미sodomy 법을 둘러싼 모순을 예로 든다. 소도미 법은 영미법 전통에 따라 1533년 영국의 헨리 8세 때 제정된 항문성교 금지법Buggery Act을 계승했다는 미국 법으로,

명목상 "2세 생산으로 이어지지 않는 성행위", 대표적으로 항문성교와 구강성교 같은 행위를 규제하는 법이었으나 실질적으로는 남성 동성애자를 탄압하는 법으로 쓰였다.[2] 이 법은 2003년이 되어서야 폐지되었지만 그 처벌이 강력하던 1980년대 말에도 소도미가 미국 모든 주에서 불법인 것은 아니라서, 이쪽 주에서는 불법이라도 바로 옆 주에서는 불법이 아닌 엉망진창인 상황이었다. 또한 소도미 법 옹호자들은 성서, 로마법, 교회법, 영국의 항문성교 금지법 따위를 모조리 끌어와 동성애가 항상 금지되고 처벌되었다고 주장하면서 수천수백 년과 현재를 같은 시간대인 양 이어 붙였다. 그러나 사실 소도미가 도대체 무엇인지 명확한 정의조차 없어서 불법으로 단속하는 주마다 소도미의 의미가 달랐다.[3] 더욱이 1986년 바워스 대 하드윅 사건Bowers v. Hardwick 판결 때만 해도 인류의 역사에 유구히 내려온 변치 않는 전통으로 옹호되었던 소도미 법은, 고작 17년 뒤에 로런스 대 텍사스 주 사건Lawrence v. Texas에서 위헌으로 결정되었다. 이때 미연방대법원은 '그때도 틀렸고 지금도 틀리다'고 선언했다.[4] 하지만 다른 한편, 미국에선 시대에 뒤쳐진 과거의 악법으로 선언된 동성애에 대한 법적 처벌은 시공간을 가로질러 21세기 한국에서 여전히 군 형법 92조 6항 "항문성교 및 기타 추행"이란 죄목으로 살아있다.[5] 이런 혼란은 섹슈얼리티 담론 중 초역사적 일관성을 가진 '진짜 진리'와 금방 뒤집어질 우연적·일시적 담론을 우리가 확실히 구분해서 이해할 수 있으리라는 자만을 흐트러뜨리고, 섹슈얼리티에 대한 명확한 기원을 파악해서 단선적인 진보 서사를 그리고픈 욕망을 좌절시킨다.

세즈윅은 이런 문제를 한 번에 해결할 방법을 제공해주지는 않는다. 대신 이 복잡한 모순들을 맥락화·역사화하고 그 구조를 읽어낼 수 있도록 도와준다. 이 장에서는 세즈윅의 논의를 중심으로, 동성애/이성애 대립을 둘러싸고 형성된 담론과 개념들이 성소수자들을 규제하거나 그 규제에 균열을 내거나 또 다른 규범을 강화하는 식으로 복잡하게 얽히는 양상을 탐구할 것이다. 그리고 우리가 한국의 현재 상황을 이해하는 데 도움이 될 만한 렌즈와 이론적 도구들을 갈무리해볼 것이다.

1. 벽장-커밍아웃의 얽힘과 공-사의 정치학

이 절에서는 세즈윅의 논의를 중심으로 벽장과 커밍아웃의 복잡한 역학을 살펴보겠다. 다른 퀴어 역사학자들과 마찬가지로 세즈윅은 동성애와 이성애가 단순한 선호가 아니라 확고한 성 정체성으로 여겨지게 되었을 뿐 아니라 모든 인간을 두 개의 '종(種)'으로 가르는 대립적 범주로 굳어진 것, 그리하여 모든 성적 다양성과 차이가 동성애 아니면 이성애란 이분법적 틀에 맞춰 해석되고 재현되게 된 것이 근대적 현상이라는 점을 강조한다. 그리고 근대에 들어 이렇게 범주화된 '동성애에 대한 의미·재현·쟁점 등을 지도로 그린다면 거기서 가장 중요하게 두드러진 표상은 '벽장'과 '커밍아웃'이다.[6] 너무도 유명해진 이 두 표상은 이분법적 대립으로 보이는 관계가 늘 그렇듯 성소수자들의 삶에 대한 이해를 지나치게 단순화하는 효과가 있긴 하다. 그러나 사실 성소수자들에게 벽장과 커밍아웃은 깔끔하게 분리되지도 않고, 어느 한쪽이 다른 쪽보다 항상 옳은 것도 아니며, 무엇보다 개개인이 자기 의지대로 통제할 수 있는 것도 아니다. 세즈윅에 따르면 동성애/이성애의 대립은 근대 서구의 사유와 문화를 떠받치는 수많은 이분법—정상/비정상, 건강한 것/병리적인 것, 선/악, 도덕/퇴폐, 공적인 것/사적인 것, 보편/특수 등—의 의미와 작동에 지대한 영향을 미쳤고 또 영향받아왔다. 이러한 얽힘은 벽장과 커밍아웃의 재현 정치를 더욱 골치 아픈 모순들로 가득 채운다.

1) 벽장/커밍아웃(×) 벽장-커밍아웃(O)

보통 벽장과 커밍아웃에 대한 관습적인 설명은 자신의 성 정체성을 숨기며 살았다는 의미에서 (은유로서의) '벽장'에 머무르던 사람들이 커밍아웃해서 세상으로 나가는 진보 서사의 형식을 따른다. 일단 커밍아웃한 사람들은 광명 찾았고, 진정한 자기 삶을 살기 시작했고, 그래서 다시는 벽장으로 들어가지 않는다—이런 식으로 벽장과 커밍아웃 사이에 명확한 금을 그어버리는 이야기들이 반복된다. 그래서 벽장에 머무는 사람들과 커밍아웃한 사람들 사이에도 그런 금이 그어지기도 한다. 커밍아웃하고 성소수자 인권운동에 참여하는 이들 중 일부는, 벽장에 있는 너희는 도와주지도 않으면서 운동의 과실을 훔쳐간다고 비난한다. 반면 벽장에 있는 이들 중 일부는, 커밍아웃하기 어려운 위험한 환경에 처한 사람들이 얼마나 많은데 너희는 커밍아웃하기 쉬운 환경이라 상대적으로 안전하게 살면서 우리에게 욕하는 거 아니냐며 비난하거나, 성소수자 인권 단체 활동가들이 가시화 운동을 펼치는 바람에 벽장 속에 있는 우리가 위협받는다는 논리를 펼친다. 이러한 논쟁에서는 벽장과 커밍아웃이 대립되는 개념으로 사용된다.

그런데 세즈윅은 벽장과 커밍아웃이 그렇게 명확히 나뉘지 않는 현실을 짚어준다. 첫째로, 한번 커밍아웃한 사람이라고 해서 매일 길에서 만나는 모든 사람에게 "안녕하세요? 전 게이에요"라고 외치고 다니지는 않는다. 슈퍼에 장 보러 가서 점원에게 내 성 정체성을 밝힐 이유도 없고 집주인이나 보험설계사나 은행 직원에게 뜬금없이 커밍아웃할 이유도 없다. 커밍아웃은 항상 특정한 맥락에서 특정한 누군가에게 행하는 자기 선언이다. 즉 커밍아웃은 항상 관계의 맥락에서 매번 새로이 일어나는 것이기 때문에, 그 관계에 들어가지 않는 사람들에게 나의 성 정체성은 알려지지 않은 정보가 될 것이다. 그런데 이 사회는 이성애 중심성이 너무도 강한 나머지 말 안 하고 있으면 모두 이성애자로 간주해버린다. 따라서 매일 매순간 모든 곳에 벽장이 새로이 만들어지는 것이다. 그러므로 둘째, 살면서 특정 시기 특정 순간에 벽장에 다시 들어가는 일이 아예 생기지 않는 삶이란 없다. "직장을 구하거나 양육권이나 방문 교섭권을 얻고 싶어서, 보험에 들고 싶어서, 폭력을 당하고 싶지 않아서, '치료'를 당하기 싫어서, 왜곡된 스테레오타입에 갇히기 싫어서, 모욕적으로 심문받지 않거나 그저 욕을 듣고 싶지 않아서"[7] 등의 다양한 이유로 특정 시기에만 벽장에 들어가 있거나 하루에도 몇 번씩 벽장에 들락날락 하거나 남은 평생 벽장에 들어가는 등의 경우가 생길 수 있는 것이다.

셋째, 커밍아웃과 벽장이 딱 나뉘지 않는다는 사실은 커밍아웃을 듣는 상대방의 반응을 통해서도 알 수 있다. 커밍아웃이 항상 관계적 맥락에서 이루어진다는 말은 커밍아웃에는 커밍아웃을 들어줄 사람의 존재가 필요하며, 적어도 그 상대방과의 관계에서 커밍아웃이 성공적으로 이루어지느냐 여부에 상대방의 반응이 중요한 영향을 행사한다는 의미이기도 하다. 따라서 커밍아웃을 하더라도 듣는 상대의 반응에 따라 자신의 의지와 무관하게 벽장 안팎을 오가는 상황이 발생한다. 예를 들어 커밍아웃을 들은 사람들이 당사자의 말을 믿지 않거나 이성애자로 변할 수 있다고 설득하거나 부모에게 하는 반항쯤으로 치부하는 등 당사자의 정체성 선언을 무효화함으로써 다시 벽장에 처넣는 일은 비일비재하다. "네가 정말로 게이인지 네가 어떻게 알아? 왜 그런 결론으로 성급히 건너뛰려고 해? 무엇보다, 지금 네가 말하고 있는 건 그냥 약간의 감정에 기초한 것뿐이지 실제 행동에 기초한 건 아니잖아(아니면 이 말과 번갈아가며 나오는 말: 지금 네가 말하고 있는 건 그냥 행동에 좀 기초한 것뿐이지 반드시 네 진정한 감정에서 나온 건 아니잖아.) 너 상담사랑 얘기 좀 더 해보고 찾아보지 그랬니?"[8] 인용하기만 해도 기 빨리는 이런 예처럼, 커밍아웃을 부인할 근거는 마구잡이로 계속 튀어나온다.

넷째, 벽장 안에서 살아간다는 건 아무도 전혀 모르게 완벽히 숨겨온 비밀 속에서 살아간다는 것이기보다는 공공연한 비밀을 아슬아슬하게 유지하는 문제일 수 있다. 커밍아웃을 하는 순간은 정확히 내가 내 정체성을 알았다고 생각하는 깨달음의 순간과 시간대가 어긋나는 경우가 많을 뿐만 아니라(많은 사람들이 성인이 되어 부모로부터 어느 정도의 거리와 안전을 확보한 다음 커밍아웃한다), 내가 그러한 정체성의 이름을 알기 전의 어린 시절부터 그 정체성과 관련된 듯 보이는 언행을 나도 모르게 부모에게 내비치던 순간과도 시간대가 어긋나는 경우가 많다. "성 정체성과 성적 활동에 관한 정보를 전달한다고 여겨질 수 있는, 다양하고 때로는 상충하기까지 하는 그 모든 코드를 죄다 혼자 힘으로 통제할 수는 없는 노릇이다. 여러 관계, 아니 대부분의 관계에서 커밍아웃이란 직감 내지는 확신을 굳히는 일이다—한동안 이미 공기 중에 감돌면서 무언의 경멸, 무언의 비방, 무언의 미화, 무언의 공모로 이루어진 권력 회로를 나름대로 이미 구축해왔던 직감 내지 확신을 굳히는 문제인 것이다."9)

이 공공연한 비밀의 해피엔딩으로 성소수자들이 꿈꾸는 결말은 커밍아웃을 받은 부모와 친구들이 '그럴 거라 생각했다'고 담담히 받아들이거나 '너를 사랑하고 지지한다'고 따뜻하게 환영해주는 장면일 것이다. 그러나 많은 경우 성소수자들은 '저 새끼 뭔가 좀 수상해, 게이일지도 몰라' 하고 의심하거나 '말은 안 했지만 우리는 저 새끼가 게이란 걸 알고 있다'고 믿으며 으스대는 주변 사람들에 둘러싸인 "유리 벽장"10) 안에 살면서 온갖 감시 · 시험 · 놀림 · 모욕을 참아내느라 벽장 밖으로 나오기 더 어려워지곤 한다. 따라서 세즈윅은 벽장과 커밍아웃이 외부의 영향을 받지 않은 채 당사자의 결심만으로 완벽한 비밀을 유지하거나 고백하는 문제가 아니라고 말한다. 이 공공연한 비밀이 드러날 때 목숨을 걸어야 하는 사람과 그렇지 않은 사람에게 벽장과 커밍아웃의 의미와 무게는 분명 다를 것이고 벽장과 커밍아웃의 연결 양상도 매우 다를 것이다. 더욱이 이분법적 젠더 규범을 다소간 교란시키는 외관이 눈에 띄는 사람들에겐 벽장 안의 삶에도 훨씬 더 노골적인 의심, 검열, 일상적 폭로의 순간(과 이어지는 폭력)이 따라붙는다. 결국 벽장 안에서 사는 것도 벽장 밖으로 나오는 것도 "결코 순수하게 밀폐된 환경에서 일어나는 문제가 아니다. 오히려 여기서 살펴봐야 할 개인적이고 정치적인 지리학은 훨씬 더 가늠하기 어렵고 격변하는 지리학, 즉 공공연한 비밀의 지리학이다."11)

다섯째, 아마도 커밍아웃과 관련해 이것이 가장 애매하고 난감한 문제일 텐데, 다른 정체성과 달리 성 정체성을 밝히는 커밍아웃은 듣는 상대방을 상처 입힌다고 여겨진다. 인종적 특성이 외모에서 쉽게 읽히지 않거나 달리 읽히는 사람들, 혹은 비가시적 장애 및 질환이 있는 사람들도 '커밍아웃'을 해야 하는 상황이 자주 발생하지만, 이들이 커밍 아웃했다고 해서 듣는 사람이 상처를 입지는 않는다. 그런데 유독 성소 수자에게만 이런 반응이 돌아온다. 세즈윅이 소개한 사례에서 한 엄마 는 아이가 커밍아웃을 했는데 동네가 워낙 보수적인 곳이다 보니 이번 에는 자신이 가족 중에 동성애자가 있다는 사실을 이웃들에게 숨기느라 벽장 안에 갇힌 셈이 되었다고 고백한다.12) 물론 자식이 엄마를 벽장에 처넣으려고 의도했던 것은 아니며 엄마에게 벽장에 들어가 있으라고 요구한 것도 아니기 때문에 이 논리는 호모포비아적인 사회의 부당함을 커밍아웃한 사람에게 전가시킨다는 점에서 잘못된 것이다. 다만 세즈윅 은 커밍아웃을 들은 상대방이 이 모순적인 논리에 빠지는 이유를 다음 과 같이 추론한다. 첫째, 에로틱한 정체성은 늘 관계적 맥락에서 만들어 지기 때문에 당사자의 정체성에만 한정될 수 없고 커밍아웃을 듣는 상 대방의 정체성 역시 커밍아웃에 연루되고 동요하게 되기 마련이라는 것이다. 둘째, "20세기 문화에서 동성애 정체성의 비일관성과 모순은 강제적인 이성애의 비일관성과 모순에 즉각 반응하는 것이자 따라서 후자를 환기시키는 것이기 때문"이다.13) 서로 연관되는 이 두 가지 문제 는 다음 절의 '동성애 패닉'이란 사안에서 좀 더 명확해질 것이다.

2) 벽장이 아니라 미궁? 메이즈 러너14)가 된 성소수자들

위의 논의는 벽장과 커밍아웃이 단절되고 대립적인 별개의 영역·상태·경험이 아니라 연결되고 얽혀 있는 것임을 관계성의 차원에서 설명한다. 이제 그다음으로 고려해야 할 것은, 서구의 근대적 사유 구조를 떠받치는 다른 이분법들이 동성애/이성애의 이분법적 대립과 얽혀 벽장과 커밍아웃을 어떻게 뒤섞어 놓는가이다. 대표적인 것이 공/사 이분법이다. 대개 사람들은 벽장은 사적인 것이고 커밍아웃은 벽장의 확실한 반대편에 놓이는 명백히 공적인 것이라고 생각한다. 그러나 세 즈윅이 분석한 아칸포라 사건15)은 공–사의 정치학이 벽장과 커밍아웃 의 관계를 모순적으로 굴절시키면서 성소수자를 효과적으로 탄압하는 방식을 잘 보여준다.

1973년 메릴랜드 주의 한 초등학교에 근무 중이던 아칸포라Acanfora 라는 이름의 교사가 게이라는 게 알려지자 학교 교육위원회는 이 사람 을 교직과 관련 없는 위치로 좌천시켰다. 이 교사가 자신이 처한 부당한 상황을 언론에 알리자 학교는 그를 해고했다. 그래서 소송이 진행되었 는데, 1심에서 법원은 학교 편을 들었다. 이 교사가 굳이 언론과 인터뷰 까지 해가며 자신이 게이란 걸 공적으로 알렸기 때문에 학교에 누를 끼쳤고 이건 아이들 교육에도 해롭다는 이유였다. 1심에선 공적인 공간 에서 '사적인 정보'를 너무 대놓고 말한 게 문제가 되었다. 반면 항소심 에선 1심에서 학교 측의 손을 들어준 이 근거가 기각되었다. 언론 인터 뷰는 수정헌법 제1조가 보장하는 언론의 자유에 해당되니 문제될 게 없다는 것이었다. 그러나 항소심에서도 여전히 교사의 해고는 타당하다 는 판결이 나왔는데, 그 근거는 1심의 논리와 정반대였다. 이 교사가 대학 시절에 동성애 인권단체에서 활동했다는 사실을 구직신청서에 기 재하지 않았는데, 만약 구직신청서에 이 사람이 게이라는 정보가 있었 다면 처음부터 고용하지 않았으리라는 학교 측 주장이 받아들여진 것이 다. 즉 애초에 미리 알았더라면 고용하지 않았을 텐데 미리 알리지 않아 서 고용된 것이니 이제 와서 해고된다 해도 네 책임이라는 논리였다.

이번에는 미리 커밍아웃하지 않은 것, 공적 공간에서 그 '사적인 정보'를 말하지 않은 게 문제가 된 것이다.

귀에 걸면 귀걸이고 코에 걸면 코걸이가 되는 이 어이없는 논리에서 공과 사, 침묵과 발화, 알려야 할 것과 숨겨야 할 것의 영역은 완벽히 구분되어 정의되기는커녕 모순적으로 얽혀 어찌 됐든 성소수자의 해고를 정당화하는 데 동원된다. 고용주와 법원의 주장은 이런 식이다. 이 교사는 동성애자라서 해고당한 게 아니다(즉 우리는 성적 지향을 이유로 사람을 차별하지 않았다). 교사가 동성애자란 걸 굳이 쓸데없이 밝혀서 해고당한 것이다.16) 하지만 그 사실을 '밝힌' 것 자체가 문제가 아니라 밝힌 시기와 공간이 문제란다. 즉 사리분별이 있고 염치가 있는 인간이라면 고용되기 전에는 '미리' 밝혀서 애초에 고용되지 말아야 했고, 고용된 다음에는 밝히지 '말아야' 했다는 거다. 1심에서는 동성애자라는 성 정체성은 공적인 공간에선 숨겨야 하는 사생활이자 비밀이고 커밍아웃은 결코 다른 이들에게 널리 알려서는 안 되는 TMI(Too Much Information)를 퍼뜨리는 몰염치한 짓거리로 취급받는다. 그런데 2심에서는 이 사적인 것을 미리 공적으로 밝히지 않았기 때문에 해고가 정당화된다. 이 모순된 논리 앞에서 성소수자들은 커밍아웃이 강제되는 동시에 금지되는 이중의 압박을 받으며 이도저도 못하게 된다.

여기서 세즈윅은 지식과 무지가 권력과 얽히는 양상을 포착한다. 미셸 푸코가 지식과 권력의 긴밀한 관계를 정교하게 이론화한 이래, 페미니스트들은 이 논의를 활용하여 언뜻 중립적인 것처럼 보이는 과학이나 의학의 지식이 사실상 남성을 중심으로 인간을 정의하고 지식을 구축하며 여성을 남성보다 열등한 아류 종으로 취급해왔음을 폭로해왔다.17) 그런데 또 다른 페미니스트들은 무지함도 권력과 관계가 있음을 보여줬다. 성폭력 사건에서 가해자 남성이 '나는 몰랐다'를 주장하는 한, 피해자 여성이 이런 행동이 강간이라는 걸 알고 있었고 명확한 반대 의사를 표했다 한들 여성의 지식은 법정에서 남성의 무지보다 하찮게 취급당하곤 한다. 더욱이 남성은 그런 행동이 강간인 줄 '몰랐다'는 이유로 면죄부를 쉽게 얻지만 여성은 이 무지의 특권을 누릴 수 없다. 남자와 단둘이 있으면 무슨 일을 당할지 혹은 모텔이란 공간이 무슨 일을 당하는 공간인지에 대해 여성만은 '알고' 있어야 한다는 비난을 받고, 당연히 '알고' 있을 거라는 전제하에 꽃뱀 취급을 받는다.[18] 여기서 드러나는 것은 '무지해도 되는 권력'이다. 기득권층은 권력을 갖고 있기 때문에 사회적 소수자들의 처지와 그들의 경험에서 우러나온 지식을 알 필요가 없다. 그런 걸 몰라도 잘 살 수 있고, 오히려 계속 몰라야만 마음 편히 기득권을 누릴 수 있다. 이 선택적 무지가 까발려지는 순간 자신의 행동에 책임을 져야 하기에, 기득권층은 '몰라서 그랬다'는 면죄부를 계속 얻어 무해하고 바른 사람의 위치를 고수하기 위해 적극적으로 남의 입을 틀어막는 데 권력을 활용해왔다. 그래서 여성들이 성폭력하면 안 된다, 남을 함부로 만지거나 때리면 안 된다 수준의 기본적인 도덕을 계속 이야기해왔음에도 기득권 남성들은 "딸 같아서 그랬다", "여자도 좋아하는 줄 알았다"는 변명을 수십 년 수백 년 우려먹으면서 성폭력을 강행한다. 트랜스젠더와 젠더퀴어에 관한 이론적·경험적 논의가 아무리 발전해도 '난 그런 거 모르겠고 생물학적 성별은 단 두 개고 트젠은 코르셋이다'라는 주장을 반복하는 사람들이 끝없이 튀어나오는 것도 마찬가지의 이유다(이런 식의 '무지해도 되는 권력'은 앞서 1장과 2장에서 논한 인식론적 겸손의 윤리와는 전혀 다르다는 점을 유념해야 한다. '내가 남의 사정 따위를 왜 알아야 돼?'란 태도와, '내가 다 알지 못하니 겸손하게 타자의 목소리를 경청해야지'란 태도의 차이다. 또한 '나는 잘 모르니 누가 죽든 말든 신경 끄겠다는 태도와, '나는 잘 모르지만 이 무지를 핑계로 타인의 고통을 외면하지 않겠다, 부당함에 맞서 함께 싸우기 위해 노력하겠다는 태도의 차이다).

이처럼 지식과 무지의 인식론적 특권은 젠더·섹슈얼리티·인종·계급·장애 등 기존의 권력 위계들을 따라 차별적으로 할당된다. 아칸포라 사건에서 학교 측은 '교사가 동성애자다'라는 지식을 '알지 못했기' 때문에 부당해고가 아니라는 면죄부를 얻었고, 교사는 이 지식을 '알리지 않은' 죄로 처벌받았다. 그러나 동시에 이 지식은 '지나치게 사적인 것'으로 치부되어, 교사가 공적인 자리에서 이를 발설하여 다른 사람들이 이걸 '알게' 만들 경우에도 처벌받았다. 이 사건은 50년 전에 일어났지만, 이 기적의 논리는 현재에도 여전히 활발히 작동 중이다. 2020년 초 한국의 한 여대에 성별정정을 마친 트랜스 신입생이 입학하려다 폭발적인 혐오에 밀려 입학을 취소한 사건에서도 지식과 무지, 알려야 할 것과 숨겨야 할 것의 구분은 성소수자들에게 모순적으로 강요되었다. 혐오를 주동했던 자들은 어디 감히 입학 전부터 트랜스임을 당당히 커밍아웃하냐고 불쾌해했다. 그러나 동시에 트랜스라는 걸 숨기고 들어왔더라도 끔찍했을 거라고 떠들어댔다. 트랜스젠더퀴어 대학생·졸업생들이 이 신입생을 지지하며 '이미 여대에 트랜스가 있다는 것을 밝히자 혐오자들은 이들을 색출해야 한다고 목소리를 높였다. 몰랐든 알았든, 감추든 내보이든 간에 상관없이 성소수자는 처벌받고 해고당하고 모든 삶의 터전에서 쫓겨나야 마땅하고, 죽든 말든 '정상인'의 눈앞에서 영원히 사라져야만 한다는 것이다.[19] 이런 점에서, 세즈윅은 이 정치적 역학을 '무지'라는 용어로 부르는 건 충분치 않다고 본다.

나는 특정한 통찰이 특정한 불투명성을 생성하고 특정한 불투명성으로 덮여 있으며 동시에 특정한 불투명성에 의해 구축되기도 한다는 해체적 이해를 성-정치적 사유에 활용할 수 있기를 바란다. [...] 무지가 곧 어떤 지식에 대한 무지를 가리키는 한—말할 것도 없겠지만, 이런 지식은 다른 진리 체제하에서는 진실로 여겨질 수도 거짓으로 여겨질 수도 있다—이런 무지들은 절대로 태초의 어둠에서 나온 부스러기가 아니다. 무지들은 특정한 지식에 의해 산출되고 특정한 지식에 대응하며 특정한 진리 체제의 일부로서 유통된다.[20]

결국 벽장의 문제는 개인의 용기와 의지로 벽장 바깥으로 나오기만 하면 해결되는 문제가 아니다. 벽장을 없애는 건 결코 개인의 힘으로 할 수 없다. 벽장 밖으로 나온 사람들을 다시금 가두는 벽장은 계속해서 만들어진다. 이 점을 적나라하게 보여준 것이 지난 2017년 대선 당시 동성애 의제를 둘러싼 대선 후보의 반응이었다. 대선 토론회에서 홍준표 후보가 '동성애를 지지하느냐'라는 질문을 문재인 후보에게 제기하자 문 후보는 동성애에 반대한다는 의견을 밝혔다. 다음날 활동가들의 항의 시위가 있었으나 이들 모두 연행되었다. 그리고 다음날 내놓은 해명 발언에서 문 후보는 동성애는 찬반의 문제가 될 수 없다고 주장했는데, 그 이유는 동성애가 개인의 사생활이기 때문이라는 것이었다.[21] 이는 당시 SNS와 대자보로 번져나간 커밍아웃 릴레이뿐만 아니라 성소수자 인권운동의 공적인 성격을 전면 부인하고, 바로 전날 공적인 자리에서 항의시위를 한 활동가들의 존재마저도 부인하는 반응이었다. 이는 성소수자들이 벽장에 나와 커밍아웃하는 순간 사적인 공간으로 규정된 벽장에 다시 처넣는 폭력이었다.

더욱이 동성애자 이외의 다른 퀴어들도 여태까지 성소수자 인권운동에 참여해왔고 대통령 후보의 발언과 행동에 함께 항의했지만, 이 모든 논의가 이성애자/동성애자 구도로만 조명되면서 이 이분법에 담기지 않는 퀴어들은 처음부터 아예 벽장 밖으로 나온 적이 없었던 양 모조리 삭제되었다. 세즈윅은 벽장 이미지에 대한 논의에서 가시성의 장을 문제 삼았지만, 우리가 2장에서 봤듯이 사실 동성애자가 아닌 퀴어들에게는 가시성의 문제가 아니라 아예 인식 가능성 자체가 문제가 된다. 따라서 지난 대선에서 당시 대선후보이자 현 대통령이 동성애란 주제에 내보인 반응의 효과는, 동성애자들을 벽장으로 재현되는 사적 공간에 다시 밀어 넣을 뿐 아니라, 동성애자가 아닌 퀴어들을 '타자'의 자리에도 머물지 못하는 '비체'로서, 그런 삶이 있다고 상상조차 할 수 없는 비체로서 벽장보다 더 깊은 인식 불가능성의 영역에 도로 처넣은 것이었다. 이쯤 되면 '벽장'이라고 부를 수도 없다. 우리는 매번 새로운 벽이 생겨나 길을 막는 <메이즈 러너>의 거대한 미궁에 갇혀 있는 셈이다.

3) 공/사의 정치학 : 정체성과 Too Much Info

앞서 아칸포라 사건의 1심에서, 아칸포라가 학교 측의 부당함을 언론에 알리면서 자신이 게이라고 밝힌 것이 TMI로 취급받았다는 점에 다시 주목해보자. '네가 게이이든 말든 그건 네 사적인 문제인데 굳이 나한테 왜 얘기하냐'는 반응은, 커밍아웃을 성소수자로서 살아왔고 살아가겠다는 의사 표명이 아니라 남사스럽게 남들에게 성생활을(그것도 바람직하지 않은 성생활을!) 과시하는 TMI의 문제로 변질시킨다. 이성애자는 이성애자라고 밝혀도 TMI 취급당하지 않는다. 이 사회는 너무도 당연하게 집, 학교, 직장, 길거리 모든 공간에서 처음 만나는 사람에게까지 이성 애인이 있는지 결혼은 언제 하고 아이는 언제 낳을 것인지 별별 이야기를 묻고 간섭한다. 더욱이 그런 간섭은 할지라도 아이를 데리고 나온 이성애자 부부를 보면서 '저 애는 저 둘이 떡쳐서 만들어졌겠지…' 같은 생각부터 바로 떠올리는 사람은 별로 없을 것이고, 입 밖에 내는 사람은 더더욱 없다. 하지만 그런 사람들도 동성애자를 마주하면 저 년/놈이 다른 년/놈과 어떻게 뒹굴지를 바로 상상하고 바로 불쾌해하는 경우가 너무도 많다(물론 순진한 척 물어보는 잡것들도 많다. "여자끼린 어떻게 해요?" 이럴 땐 책을 홍보해보자. 한채윤,『여자들의 섹스북: 우리 모두 잘 모르는 여자들의 성과 사랑』, 서울: 이매진, 2019).

그렇다면 한 사람의 성 정체성에 대한 어떠한 정보가 '사적인 것'으로 취급당하고, 나아가 '음란한 것'으로 취급당하고, 그래서 결코 공적 담론에서는 말해서는 안 되며 발화되는 순간 듣는 사람을 불편하고 불쾌하게 만드는 TMI 취급당하는가? 이것을 가르는 기준선은 이성애/동성애 이분법적 위계를 중심으로 구축된 "품위respectability의 위계"를 따라 만들어진다고 볼 수 있다. 1장에서도 설명했듯 품위의 위계란 '어떤 섹스가 가장 정상적이고 바람직하고 일반화되고 보편적인(그리고 가장 성스럽고 가장 살균되어 정갈한) 섹스인가?'를 질문했을 때 기혼 이성애자 커플의 바닐라 섹스(기구나 특수 복장 따위를 추가하지 않고 소위 '정상' 체위로 단둘이 하는 성기삽입 섹스)가 최상층에 위치하고, 그다음 커플링, 성 정체성, 성적 실천의 종류에 따라 층층이 위계가 구축된다는 것이다. 그래서 위계의 아래쪽, 가장 품위 없는 쪽에 놓이는 사람들의 성 정체성은 물론이고 그 존재 자체가 곧바로 음란한 섹스와 동의어로 받아들여진다.22)

따라서 성소수자는 행위와 상관없이 정체성만 밝혀져도 그 즉시

'음란한 정보를 제공했다'는 비난을 받는다. 예를 들어 미국드라마 <엘워드>[23] 시즌 4의 7편을 보면, 레즈비언인 쉐인의 남동생과 쉐인의 애인인 페이지의 아들이 함께 다니는 학교에서 학급 아이들이 '너희 엄마끼리 사귀니까 너희도 호모'라며 남동생과 아들을 괴롭히자 쉐인과 페이지가 학생과 학부모들에게 동성애를 설명하는 자리를 마련한다. 그런데 쉐인이 사람들의 다양성을 존중해야 한다는 말을 꺼내자마자 학부모들이 벌떡 일어나 "애들 앞에서 어디까지 자세히 말할 거냐"고 화낸다. 또 다른 예로, 한국 인터넷 규제의 역사에서는 '동성애'와 '퀴어'가 청소년음란물로 지정되어 검색 제한에 걸렸던 시기가 있다. 2004년이 되어서야 청소년보호시행령상 청소년유해매체물 심의 기준에서 '동성애 조항'이 삭제되었지만,[24] 2020년 현재에도 웹 검색창에 '동성애'를 치면 "청소년에게 유해한 결과는 제외되었습니다"라는 안내가 뜨면서 성인인증을 요구한다('이성애'를 검색했을 때는 결코 이런 문구가 뜨지 않는다). 2017년 가을에는 퀴어여성네트워크가 <제1회 여성성소수자 생활체육대회>를 개최하려 했으나 '미풍양속에 저해된다'는 이유로 동대문구 시설관리공단이 갑작스레 대관취소를 강행하여 대회가 무산되는 사건이 일어났다.[25] 도대체 '음란마귀'가 낀 건 어느 쪽인가? 우리 존재가 여기 있다는 것을 밝히고 경험담을 나누거나 심지어 그저 배드민턴을 치고 농구를 하려고 모인 사람들인가, 아니면 '퀴어', '성소수자', '게이' 같은 단어를 듣기만 하면 섹스밖에 생각 못 하고 하루종일 남의 후장과 자신의 후장을 걱정하느라 밤잠도 설치는 사람들인가? ('후장섹스'와 '똥꼬충'이라는 말을 공적 영역에 유통시키고 가장 많이 사용한 것은 동성애 혐오 세력이었다.)

이런 점을 볼 때 성소수자 이슈와 관련된 공/사 논쟁에서 중요한 건 '공적인 것'과 '사적인 것'을 대립시켜 어느 쪽을 더 중시할 것이냐가 관건이 아니다. '사적인 것'으로서의 벽장 이미지는 성소수자 인권운동의 수사에도 자주 등장했다. 예를 들어 바워스 대 하드윅 사건에서 경찰이 하드윅의 집 침실까지 쳐들어와 체포를 감행한 문제를 비판할 때, 많은 이들이 경찰이 있어야 할 곳은 길거리고 섹슈얼리티가 있는 자리는 그 누구도 "침입할 수 없는 공간"이라고 주장했다.26) 사실 하드윅 사건이 소도미 법에 대항하는 상징이 된 이유는, 한편으로는 토릭이란 이름의 경찰관이 하드윅을 체포하기 위해 개인적으로 영장을 집행하고 함정을 파고 온갖 법적 절차를 모두 위반했고, 다른 한편으로는 "상호 합의한 두 성인이 격리된 공간에서 성행위"했기에 그 누구에게도 피해를 끼친 적이 없다는 사건의 성격 덕분에 법의 부당함을 알리기에 적합했기 때문이었다.27) 그러나 앞서 세즈윅의 논의가 보여주듯, 그리고 퀴어 활동가 한채윤 님이 「소수자는 피해자인가: 커밍아웃, 아웃팅, 커버링」(2018)에서 명확히 지적했듯, 단순히 성소수자의 사생활 보호에만 초점을 맞춘다면 이 사회 자체가 하나의 거대한 벽장이라는 사실을 놓치고 만다. 그리고 성소수자라는 존재를 드러내는 게 문제가 아니라 존재를 드러내면 처벌하는 사회가 문제라는 점을 보지 못하게 된다. 또한 성소수자라는 게 드러나더라도 소위 '나대지만' 않으면 '정상인' 범주에 편입시켜주겠다고 약속하는 교묘한 통치 전략인 '커버링covering'에 길들여지게 된다.28) 나아가 성 정체성과 관련된 모든 것을 '프라이버시 권리'로만 축소시킴으로써 오히려 성소수자의 인권을 지킬 수 없게 될 위험이 있다. "사생활만을 가진 이에게 사생활을 보호해준다는 것은 곧 사생활만을 향유하라는 의미"가 되기 때문이다.29) 결국 성소수자를 혐오하는 이 사회가 규정한 틀 자체는 건드리지 않은 채 벽장을 프라이버시와 등치시켜 이해할 때, 우리는 사적인 것이 무엇이고 공적인 것이 무엇인지, 성소수자를 위한 미래는 어떠해야 하는지에 대해 더 깊고 풍성한 논의를 할 수 없게 된다.

그러므로 공적인 것과 사적인 것에 대한 담론들은 최소한 다음의 세 가지 사안을 중심으로 재검토될 필요가 있다.

첫째, 어떤 삶과 존재는 공적으로 취급되는 반면, 왜 다른 삶과 존재는 공적인 장에 진입해도 꾸준히 사적인 자리로 밀려나는가? 후자의 사람들에게 허용되는 사적인 자리란 어떤 것인가? 성소수자에게 밖에 나오지 말고 집에나 있으라고 윽박지르는 건 혐오 세력의 유구한 레퍼토리지만, 공/사 이분법의 확고한 구분과 사적 영역을 신성화하는 가치관은 명백히 규범적 주체(기본적으로 백인 중상류층 남성 이성애자 주체)를 기준으로 만들어진 것이다. 공적 영역이 확보되지 않으면 그 사생활조차 보장받을 수 없다. 더욱이 역사적으로 낙인찍혀 차별받아온 성소수자들은 공적 영역으로도 사적 영역으로도 딱 구분할 수 없는 경계에서 친밀성의 영역을 구축해왔다. 누스바움은 보호받을 섹슈얼리티를 '가정'에 한정하는 법적·도덕적 담론들이 놓치는 성소수자들의 특수성을 이렇게 정리한다(누스바움은 소도미 법과 관련해서 주로 남성 동성애자들이 처한 문제를 다뤘기 때문에 동성애자만 호명했지만, 이 상황은 다른 성소수자들과도 무관하지 않다).

> 사회는 오랜 세월 게이와 레즈비언들에게 낙인을 찍어왔다. 바로 그렇기 때문에, 동성애자들에게 섹스클럽과 성인업소는 다양한 차별로부터 보호받으며 사회적인 사교활동을 할 수 있는 공간으로서 상당한 중요성을 띠게 되었다. 이성애자들은 다양한 장소에서 공개적으로 자신의 성적 욕망을 드러내거나 성행위를 할 수 있다. 그러나 최근까지도 동성애자들은 이성애자

들과 똑같은 행위를 했다는 이유만으로 기소를 당하거나 심지어 체포를 당할 수 있었다. 그런 만큼 게이 바나 동성애자들에게 우호적인 다양한 성인업소는 게이와 레즈비언들이 자신의 정체성을 사회적으로 인정받을 수 있는 중요한 축이 되었다. 동성애자 인권운동의 진화과정에서도 이 업소들은 중심적인 역할을 수행했다. 그러므로 섹스클럽이나 성인업소에 대한 공격은 이성애자들에게는 그렇지 않을지 몰라도 동성애자들에게는 대단히 중심적인 문제가 된다.[30]

이 문제를 잘 보여주는 텍스트는 새뮤얼 R. 딜레이니Samuel R. Delany의 1999년 작 『타임스퀘어 레드, 타임스퀘어 블루Times Square Red, Times Square Blue』이다.[31] 유명 SF 작가이자 흑인 퀴어 남성인 딜레이니는 1960년대부터 1990년대까지 다양한 인종 · 계급 · 장애 · 성소수자 특성을 가진 사람들이 성적 욕망과 친밀성을 나누는 만남의 공간으로 기능했던 타임스퀘어의 포르노 극장 안팎에서 겪은 경험을 글로 썼다. 1993년 뉴욕 시장에 당선된 루돌프 줄리아니Rudolph W. L. Giuliani는 도시 정화라는 명분 아래 이 만남의 장소를 밀어버리고 중산층 이성애 규범적 가족을 위한 쇼핑몰을 세워버린다. 이 젠트리피케이션gentrification의 결과는 단순히 퀴어들에게 공적 공간이 사라졌다는 것만이 아니다. 퀴어들은 공적 공간에서 쫓겨나 사적인 공간으로 돌려보내지는 것이 아니라, 사적인 공간 자체가 위협받고 부서져버리는 것이다. 공적 영역에 만들어진 크루징 공간은 퀴어들이 사적인 욕망과 관계를 충족시킬 수 있는 장소다. 이 공간이 퀴어들에게 접근 불가능한 공간으로 재편되어버리면서 퀴어들은 공적인 삶도 사적인 삶도 누릴 수 없게 된다. 게일 루빈 선집 『일탈』에 수록된 「카타콤: 똥구멍 사원」도 이 문제를 다룬다. BDSM 플레이의 안전성과 위생을 정교하게 관리하는 클럽 공간에서 사람들은 안전한 섹스 방법을 전수받으며 새로운 욕망의 영토를 탐험할 수 있었다. 그러나 공권력의 탄압으로 인해 수많은 클럽이 문을 닫았고, "대대적인 폐점은 섹스할 기회와 함께 성교육의 기회도 제거해버렸다. 폐점은 남성들이 거리, 골목, 공원으로 나가게 만들었으며, 그런 곳은 확실히 그들이 잃어버린 클럽보다 덜 안전하고 덜 청결했다."[32]

마이클 워너와 로렌 버런트도 이처럼 쫓겨난 퀴어들이 점점 더 위험하고 구석진 공간으로 밀려나는 문제를 지적한다. 이들이 차도 안 다니고 가로등도 없는 더욱 낙후된 지역으로 밀려나 크루징할 수밖에 없게 된다는 것이다. 그런 위험지역일수록 범죄자나 퀴어 혐오 폭력을 저지르는 사람들이 더 많이 출몰하고 경찰들은 잘 오지 않는 공간이기 때문에, 그 공간에 오는 퀴어들은 사적이고 공적인 친밀성의 영역을 사수하기 위해 폭력에 스스로를 노출시켜야 하는 암담한 상황에 놓이게 된다. 게다가 경찰은 '위험한 우범지대에 가지 말았어야지', '너희가 자초한 일이다'라고 대응하면서 혐오폭력의 피해자에게 폭력의 책임을 뒤집어씌운다.[33]

결국 공적인 영역/사적인 영역의 보장은 어느 한쪽을 선택하는 문제가 아니다. 공적인 영역이 보장되어야 사적인 삶이 가능해지고 또 안전해진다. 집에서는 자신의 정체성을 숨겨야 하고 들키면 가족에게서 쫓겨나고 길에서는 혐오폭력을 겪는 성소수자들에게 사적인 삶과 사적인 인간관계가 어디서 어떻게 가능해지겠는가.[34] 이런 점에서 볼 때, 소도미 법 위헌을 쟁취하기 위해 싸운 바워스 대 하드윅 소송과 로런스 대 텍사스 주 소송에서, 하드윅과 로런스가 자기 집 침실이라는 "격리된 공간"[35]에서 파트너와 합의된 성행위를 했기 때문에 그 누구에게도 해를 끼치지 않았으니 법적 제재를 받아선 안 된다고 변호한 전략은 장점

만큼 한계도 분명했다. 어느 정도는 전략적 입장이었을 것이다. 동성애자인 것만 빼면 모든 면에서 모범 시민다운 피해자가 소송에서 이기기 쉬울 테니 말이다. 하지만 가정을 침범 불가능한 특권적 공간으로 옹호하고36) 성행위의 종류와 무관하게 사랑과 친밀성을 신성한 가치로 삼는 옹호 방식37)은 길거리 크루징이나 게이 찜질방에서 관계를 맺는 퀴어들, 억압과 차별 때문에 사적 영역조차 확보할 수 없어 공적 공간에서 위험을 무릅써온 퀴어들의 특수한 생존 양식을 법적으로 보호할 방법은 마련해주지 못했고, 오히려 이들을 더 낙인찍힌 위치로 내모는 데 일조했다.

둘째, 사회의 주류에서 얼마나 멀어지냐에 따라 사적인 것의 위상 자체가 달라진다. 성소수자뿐만 아니라 일반적으로 사회의 주변부로 밀려날수록, 규범에 맞는 '정상성'을 이루는 조건들을 충족시키지 못할수록, 사생활 자체를 인정받지 못하고 약간의 보호 기능으로 쓰일 만한 벽장조차 부서지는 상황에 처한다. 예를 들어 이진화는 「지구적 적대의 퀴어한 재배치를 위하여」38)에서 9.11 이후 미국이 테러와의 전쟁을 벌이던 시기에 '사적인 것'을 누릴 자격이 어떻게 차별화되었는지를 간략히 설명한다. 한편으로, 불안정한 국내외 정세와 "신자유주의 세계화의 횡포 아래" "사적인 친밀성의 영역"이 중요하게 부상한다. 이는 "제도적 안전망을 대신할 환상으로 (이성애 정상) 가족과 가정의 가치가 거듭 강조"되는 양상을 띠었다.39) 그러나 동시에 다른 한편에선 "민간인에 대한 검열과 감시가 일상화"되었고, 특히 이민자와 비백인은 잠재적 테러리스트로 분류되어 "당국의 의심과 통제의 대상"이자 "대중적 공포와 혐오"의 대상으로 낙인찍혔다.40) 이 낙인찍힌 타자들은 사적인 친밀성의 영역을 모조리 몰수당했다. 다시 말해, "사적인 영역 자체를

박탈당하는 요주의 위험인물과 사적인 영역을 어떻게 누릴지 고민할
여유를 부여받은 규범적 시민 사이의 위계가 공고해졌다."41) 주로 백인
－이성애자－정상 가족일 '모범 시민'의 프라이버시를 수호하기 위해 인
종·국적·민족·계급·성별·섹슈얼리티 등의 권력 위계에서 아래
쪽에 놓이는 사람들의 사적인 삶은 낱낱이 까발려지고 수시로 불심 검
문당하면서 길바닥에 내팽개쳐지는 것이다.

　나얀 샤Nayan Shah의 2005년 논문 「프라이버시, 이주민, 자유의 한계
를 단속하기Policing Privacy, Migrants, and the Limits of Freedom」42) 또한 프라
이버시가 권력 위계들의 아래쪽에선 누릴 수 없는 권리라는 점을 보여
준다. 샤는 20세기 초반 소도미 법 판례를 분석하는데, 당시 인도, 폴란
드, 아르메니아, 중국, 멕시코 등지에서 미국의 시골로 이민 온 이주노동
자들이 소도미 법을 어겼다는 고발을 당했을 때 이 사람들이 정말로
동성애자인지 여부는 중요하지 않았다. 남색 행위로 기소당하는 데 있
어 가장 결정적인 요인은 성 정체성이 아니라 오히려 계급·연령·인
종 격차였다.43) 9.11 이후 미국에서 이슬람계로 보이는 사람들이 잠재적
테러리스트 취급당한 것처럼, 이주노동자들은 처음부터 잠재적 범죄자
로 간주되어 경찰의 감시 아래 놓였다. 이때 이주노동자 남성들이 모이
지 못하게, 아예 모일 엄두를 못 내게 단속하기 위해 경찰이 소도미
법을 자주 활용했던 것이다. 샤는 여기에 더해 성소수자 공동체 안에서
도 계급과 인종 격차에 따라 프라이버시에의 접근 가능성이 달리 만들
어진다고 주장한다. 중산층 이상 계급의 백인 남성들과 비교했을 때
20세기 초 이주노동자 남성들에게 가해진 경찰의 감시와 단속이 너무도
강력하고 상시적이고 촘촘한 나머지 이 감시망을 피해 '사적으로' 만난
다는 건 거의 불가능한 일이었다. 이들의 퀴어한 접촉과 공동체와 경험을

구성하는 핵심 요소는 집요한 공권력의 일상적 침탈이었던 것이다.44)

셋째, 동성혼 법제화를 둘러싼 논쟁에서도 드러나지만, 사적인 관계에서 이뤄지는 섹스가 공적으로 인정받는 섹스의 위상에 오르는 건 국가가 인정한 결혼이란 형식 절차를 밟아야만 가능하다. 즉 보호받을만한 친밀성의 영역의 종류와 범위를, 어떤 섹스가 바람직한 섹스인지를 규정하는 가치 위계를 국가와 법이 정하는 것이다. 이 점을 버틀러는 다음과 같이 지적한다.

> 누구의 욕망이 국가적으로 합법화되는 욕망이라는 자격을 얻을 것인가? 누구의 욕망이 국가의 욕망이라는 자격을 얻을 것인가? […] 국가는 환상이 문자 그대로 구현되는 수단이 된다. 즉 욕망과 섹슈얼리티가 승인을 받고, 정당화되고, 알려지고, 공적으로 임명되고, 영원하고 지속적인 것으로 생각되는 것이다. 그리고 바로 그 순간에 욕망과 섹슈얼리티는 몰수당하고 쫓겨난다. […] 아이러니하게도 결혼을 통해 개인적 욕망은 특정한 익명성과 교환 가능성을 획득하고, 말하자면 공적으로 매개되고, 그런 의미에서는 일종의 합법화된 공적인 섹스가 된다고 할 수 있다.45)

국가의 구성원으로 인정받아야만 프라이버시가 인정되고 프라이버시의 성적인 차원도 인정받는다. 즉 국가의 구성원으로 인정받지 못하는 존재들에겐 프라이버시도 인정되지 않을뿐더러 그들이 자신을 성적인 존재로 드러내는 건 더더욱 용납할 수 없는 짓이 된다. 이를 두고 워너와 버런트는 프라이버시에 대한 통념이 "국민의 자격 안에 프라이버시의 성애화sexualization를 숨겨놓는다"고 표현한다.46) 그러므로 다음 장에서 좀 더 상세히 논하겠지만 성소수자 인권 담론에서 프라이버시의 인정이 오로지 백년해로할 퀴어 커플을 법적으로 인정하는 방식에만 집중된다면, 퀴어들에게는 결혼을 통해 합법적인 존재로 인정받거나 아니면 불온분자 또는 범죄자 취급당하거나, 이 두 가지 선택지밖에 남지 않게 되는 셈이다. 퀴어들이 성적으로 교류하고 친밀함을 나누는 방식이 굉장히 다양할 텐데도, 이 양자택일 사이에 끼어 있는 퀴어들은 담론에서 다뤄지지 못하고 남겨지는 것이다.47)

또한 성적 실천을 둘러싸고 정상/도착(倒錯), 합법/불법을 규정하고 통제하는 섹스의 규범성 문제에 주목해야 할 필요성이 에이즈 위기를 거치면서 더욱 분명해지고 급박해졌다. 마이클 워너는 『정상과의 트러블*The Trouble with Normal*』(2000) 7장에서 이 주제를 다룬다. 워너가 보기에 사회가 에이즈 위기에 그토록 무관심했던 이유는 에이즈에 걸리는 사람들이 품위의 가치 위계에서 밑바닥에 있는 사람들이었기 때문이다. 분명 에이즈 치료법은 꾸준히 향상되어 이제는 에이즈가 만성질환으로 자리 잡았지만 이는 발전된 서구 사회의 시민, 그중에서도 경제적 여력이 있는 사람들에게나 해당되는 이야기다. 국가·인종·민족·계급·젠더·섹슈얼리티 등의 권력위계의 아래쪽에 내몰린 사람들에겐 에이즈는 여전히 목숨을 앗아가는 위험한 질환이다. 그럼에도 전 세계적으로 봤을 때 그 소수의 성공이 에이즈가 거의 정복되었다는 기대를 퍼뜨렸기에 소위 선량한 모범시민이라는 사람들은 이런 식으로 생각하게 된다. '아직까지 에이즈에 걸리는 사람들은 분명 멍청하거나 아니면 정말 에이즈를 퍼뜨리기 위해 마구잡이로 섹스를 하는 사악한 사람들일 거야.' 그러므로 멍청하거나 음탕하거나 사악한 사람들을 위한 치료책을 마련할 필요가 없다는 식으로 여론이 형성된다. 게다가 위정자들의 입장에선 혐오의 정치가 경제적으로 이득이 된다. 에이즈 발병률이 점점 더 인종 및 계급 격차를 따라가면서 위계의 아래쪽에 있는 사람들이 더욱더 많은 위험에 노출될수록, 에이즈를 예방하는 복잡한 정책과 의료적 지원과 복지 제도에 천문학적 비용을 쏟아 붓는 것보다 이 사람들을 혐오하고 이들에게 성적 수치심의 낙인을 찍어 사회에서 쓸어버리는 것이 훨씬 싸게 먹히는 방식인 것이다. 국가는 에이즈 위기와 에이즈에 걸린 사람들 둘 다를 이런 식으로 방치한다.[48]

이 문제는 여전히 현재 진행중이다. 2018년에 나온 기사를 보면 미국 백인 남성의 HIV 신규 감염률은 하락 추세인 반면, 흑인 공동체에선 HIV 감염이 확산되고 있다고 한다. 미국 질병관리센터는 현재 추세가 계속된다면 흑인 동성애자와 양성애자 남성 중 50퍼센트가 HIV 양성이 되리라고 예측하지만, 그럼에도 이것이 백인 남성의 사안이 아니기 때문에 뉴스거리로 취급조차 되지 못한다. 기사 작성자이자 에이즈 연구자인 스티븐 W. 쓰레셔Steven W. Thrasher는 백인 동성애자 남성들은 에이즈 치료제를 아주 초기부터 자주 복용할 수 있는 반면 흑인 동성애자 남성들은 약에 접근조차 할 수 없는 열악한 환경인 경우가 많다고 지적하면서, "HIV/AIDS를 끝장내지 못하는 무능함은 의학의 실패가 아니라 인종 자본주의의 실패"라고 비판한다.[49] 그러므로 에이즈 환자에 세금을 쓸 필요가 있는가 하는 소모적이고 시혜적인 논쟁에 휘말리기 전에 우리는 먼저 어떤 섹스에 어떤 종류의 인정과 어떤 종류의 공적인 개입이 이루어지는가, 나아가 이 사회가 어떤 목숨만이 살 가치가 있다고 여기는가를 꾸준히 심문해야 한다.

2. 동성애/이성애 대립이 만드는 모순과 위기

세즈윅은 이처럼 '벽장'을 둘러싸고 입장과 담론과 권력의 역학관계가 매우 복잡하게 얽혀 있는 양상을 '벽장의 인식론'이라고 명명한다. 지금까지 봤듯 세즈윅은 벽장을 미화하는 것도 아니고, 성소수자 인권 운동의 역사에서 벽장 바깥의 적극적 활동이 사회 변화를 끌어내는 데 무척 중요했음을 부인하는 것도 아니다. 그보다는 커밍아웃만으로는 해결되지 않는 복잡한 맥락과 위협적인 변수들, 커밍아웃했을 때 상대방에게서 나올 수 있는 다양한 반응, 그리고 생존과 안전을 위해 일단 가시성부터 획득하고자 하는 정치적 투쟁을 번번이 어둠과 침묵 속으로 처넣는 "비밀엄수의 구조"에 주목하는 것이다.50) 이와 관련해서 세즈윅의 목표 중 하나는, 앞 절에서 살펴본 것처럼 동성애와 이성애를 둘러싼 담론들이 이쯤 되면 이걸 일관성이라고 불러줘야 하나 싶을 만큼 꾸준히 비일관적인 각종 모순으로 가득 차 있음을 드러내 보이고 이 모순을 읽어낼 방법을 모색하는 것이다.

물론 동성애와 이성애가 태초부터 구분되어 있던 것이 아니라 대립적 범주로 발명되었다는 주장을 세즈윅이 처음 한 건 당연히 아니다. 세즈윅이 80년대에 『남자들 사이*Between Men*』(1985)51)와 『벽장의 인식론』의 원고를 쓰고 있을 당시에 이미 이 주장은 게이 레즈비언 학계에서 정설이었다. 특히 남성 동성애자에 초점을 맞춰 동성애자 '정체성'이 탄생하게 된 역사적 계보를 추적하는 작업은 미셸 푸코, 앨런 브레이 Allan Bray, 존 디밀리오John D'Emillio, 제프리 윅스Jeffrey Weeks 같은 역사학자들이 활발히 성과를 축적하고 있었다.52) 또한 동성애자가 이성애자와 완전히 대립되는 별개의 범주라는 생각이 결코 자명한 것이 아님을 강조하기 위해 세즈윅이 "가짜 대립"이란 표현을 종종 사용하긴 하지만, 이 인위적인 이항 대립이 전혀 쓸모없으니 폐기해야 한다고 주장하는 것은 아니다. 그 이유는 첫째, 우리가 2장에서 보았듯, 어떤 범주가 구성

된 것이라 해서 그게 곧 '가짜'란 뜻은 결코 아니기 때문이다. 그런 범주
들이 만들어지기 전부터도 역사적으로 그런 성향의 사람들은 존재해왔
으니 말이다. 그보다는 그런 성향을 그저 모든 사람이 할 법한 '행위'가
아니라 특정 사람의 '정체성'으로 고정할 수 있고, 그 단 하나의 특성만
으로 사람을 뚜렷이 구별할 수 있다는 인식이 구성되었다는 뜻이다.
둘째, 동성애/이성애의 이항 대립이 '동성애자'라고 분류되어온 사람들
과 '이성애자'라는 규범적 주체 위치에 들어갈 수 없는 다른 많은 이들에
게 여러 해악을 끼친 역사가 있지만(이 절에서 살펴볼 것이다), 동시에
매우 중요한 도움을 제공하기도 했다. "그러한 재현 체제 아래서 '동성
애'라는 주격 범주 또는 좀 더 최근에 등장한 유사 범주들에는 정말로
섹슈얼리티와 정체성에 대한 자신의 경험을 조직하고 기술할 힘"이 있
기 때문이다.[53] 이런 범주의 힘은 당사자들에게 절실히 필요한 것이라
서, 그 이름을 내 것으로 받아들인 결과 낙인찍히고 차별받을지라도
그런 "어마어마한 대가를 감수할 가치"가 있었고 지금도 그렇다.[54] 셋
째, 세즈윅은 20세기 정치학에서 이 비규범적 젠더와 섹슈얼리티에 쏟
아지는 차별과 억압을 가시화하고 이 비규범성과 관련된 존재들을 보호
하기 위해서는 이들을 뚜렷이 구별되는 성소수자 집단으로 범주화하는
작업이 필요하다는 점을 인정한다.[55]

그러나 이런 인정과 좀 다른 각도에서, 세즈윅이 주목하는 사안은
다음과 같다. 첫째, "동성애자라는 범주에 의해 정의되는 사람들"보다
"그 범주에 반대되는 존재로 자신을 정의하는 사람에게 그 범주가 없어
서는 안 될 필수품"이었다는 점이다.[56] 간단히 말하자면, 규범적 주체들
에겐 '난 저것들과 달라'의 그 '저것들' 역할을 하는 동성애자가 필요했
다. 세즈윅은 이 필요를 이렇게 비꼰다. "[…] 동성애자라는 새로운 종류

의 피조물을 명명하고 설명하고 정의하려는 시도가 마구 쏟아져나왔다. 그 노력이 너무도 절박했던 나머지, 동성애자를 가려내려고 날뛰다가 이성애자라는 더 새로운 범주를 생성해버리고 말았다."[57]

이와 관련해서 둘째, 세즈윅이 서구 근대 문화와 사유가 동성애/이성애 이분법을 바탕으로 구축되어 있음을 주장할 때, 세즈윅이 주목하는 것은 동성애를 이성애와 대립적인 것으로 규정하고 설명하는 그 정의들에 내재되어 있고 그 정의들이 야기하는 "위기"이다.[58] 왜 위기인가? 세즈윅에 따르면, 성 정체성에 대한 근대적 담론은 동성애와 이성애를 이분법적인 대립 관계로 정의하려고 엄청난 노력을 기울였다. 정확히 무엇이 동성애적 특성인지 경계를 설정해서 색출할 수 있어야 소위 '선량하고 올바른 보통 사람들'과 그들을 중심으로 구축된 사회를 지킬 수 있을 테니 말이다. 뒤에서 설명하겠지만 여기엔 더 중요한 다른 이해관계가 얽혀 있었다. 이 가짜 대립을 만들어 지키려는 진정한 보호 대상이자 주체는 무엇보다도 (소위 선량하고 올바른 보통) '남자들'이었던 것이다. 그리하여 근대 시기 동안 둘이 근본적으로 다르다는 증거를 만들려는 노력이 다양한 학문 분야에서 쏟아져 나왔고 동성애를 정의하고 규명하는 담론들이 넘쳐났다. 그러나 이 담론들이 모순으로 점철되어 있기에 서로 충돌하면서 여러 위기가 일어났다.

여기서 세 번째로 세즈윅이 주목하는 것은, 동성애와 이성애를 구별해서 정의하려는 소동이 낳은 이 위기들이 일시적인 것이 아니라 굉장히 "만성적이고 고질적으로" 근대를 "구조화"하고 "굴절"시켜왔다는 것이다.[59] 특히 남성의 동성애와 이성애를 구별해서 정의하는 일에 관련된 사안들이 "근대 유럽-미국 문화를 구성해온, 모세혈관처럼 가지치며 뻗어나간 틈새 관계들을 통해 구석구석 널리 퍼져나가고 스며들었다'는 것이 세즈윅의 주장이다.[60] 그리고 동성애와 이성애를 이분법적으로 구분 짓는 정의(들)에 내재된 모순과 위기도 같이 스며들었다. 시스젠더-이성애-남성 중심적인(그리고 인종과 비장애 등 다른 요소들도 합쳐서 만들어진) '규범적 주체를 위한 문화의 전반적인 구조—겉보기에 성적인 것과 무관해 보이는 정치경제 구조까지 포함해서—에 동성애와 관련된 것들이 "대단한 골칫거리"가 된 것이다.[61]

이 절에서는 이 모순과 위기가 왜 어떻게 만들어졌는지, 그리고 어떤 구조로 작동하는지에 관한 논의를 풀어볼 것이다. 그 전에 먼저, 동성애와 이성애를 이항 대립으로 정의하려는 담론들에서 그 정의가 얼마나 많은 모순을 품고 뒤엉켜 있는지를 알아볼 수 있게 해줄 도구로서 세즈윅이 제시한 보편화 관점-소수자화 관점부터 소개해보겠다.

1) 보편화 관점과 소수자화 관점

세즈윅은 동성애와 이성애를 정의하는 여러 담론에 내재된 모순을 두 가지 구조로 도식화하는데, 하나는 보편화 관점universalizing view과 소수자화 관점minoritizing view의 대립이고 다른 하나는 젠더를 분리된 것으로 보는 수사와 젠더를 자리바꿈으로 보는 수사의 대립이다. 후자에 대해서는 2장에서 설명했으니 여기서는 보편화 관점과 소수자화 관점에 초점을 맞춰보자.

먼저 유념할 점은, 세즈윅의 입장은 보편과 관점과 소수자화 관점 중 어느 쪽이 항상 옳거나 진보적이라고 판정하려는 게 아니라는 것이다(젠더 분리 수사와 자리바꿈 수사에 대해서도 마찬가지다). 세즈윅의 의도는 동성애와 이성애, 그리고 젠더와 섹슈얼리티를 정의하는 근대적 담론의 역사 전반에 내재해 있는 모델들과 그 모델들이 충돌하며 만들어내는 모순을 포착하려는 것이다. 달리 말하자면 1절에서 논의한 벽장과 커밍아웃의 관계에서처럼, 동성애와 이성애를 서로 대립하는 별개의 범주로 고정하려 애쓰는 담론들에서 사용하는 논리와 그 논리를 떠받치는 이항 대립적 요소들(앞에서 본 예를 들면 공/사, 숨김/드러냄, 지식/무지 등의 이항 대립)이 모순적으로 얽히는 양상, 그리고 그런 논리와 요소들이 성소수자를 혐오하는 담론에서도 지지하는 담론에서도 사용되면서 발생하는 기묘하고도 강력한 "비일관성"[62]을 읽어내는 데 도움이 될 틀을 찾는 것이다.[63]

그렇다면 소수자화 관점과 보편화 관점은 무엇인가? 세즈윅은 동성애자든 이성애자든, 동성애 혐오자든 그 혐오에 반대하는 사람이든 간에 사람들이 동성애를 정의하고 이해하는 생각이 비슷하며, 이 일반적 정의에 소수자화 관점과 보편화 관점이라는 상호 모순된 관점 두 개가 뒤섞여 비일관성을 창출한다고 본다. 먼저 소수자화 관점은 "뚜렷이 구별되는 '정말로' 게이인 사람들의 인구집단이 존재한다"[64]고 보는 관점이다. 혐오 세력은 '보통 사람'인 자신과 뚜렷이 구별되는 비정상적이고 괴물 같고 변태적인 타자들의 집단이 있다고 믿는다는 점에서 소수자화 관점을 갖고 있다. 이 혐오에 맞서는 이들 또한, 사회적으로 차별과 억압을 받고 자기들만의 고유한 정치적 사안과 공통된 경험이 있으며 다른 집단과 구별되는 상대적으로 고정된 특성을 가진 인구집단을 상정한다는 점에서 소수자화 관점을 갖고 있다. 소수자화 관점이 혐오 세력에 의해 사용될 때 이 관점은 타자를 색출해 차별할 근거로 동원되지만, 혐오를 반대하는 이들에게서 이 관점이 사용될 때 소수자화 관점은 오랫동안 사회적 소수자 인권운동의 토대였던 정체성 정치를 가능케 하는 전제이자 차별금지법 제정의 기반이 된다.

한편 동성애에 대한 근대적 정의들에서 명시적으로든 암시적으로든 발견되는 보편화 관점은 "성적 욕망은 안정된 정체성들을 예기치 못하게 녹여버리는 강력한 용해제"라는 것이다.[65] 즉, 성 정체성이 고정불변이 아니고, 특정한 사람 또는 집단이 평생 하나의 정체성에만 묶여있는 것이 아니며, 젠더 동일시도 성적 욕망도 규범적으로 구분해놓은 경계선을 넘어 흐르고 스며들고 퍼져나갈 수 있다는 관점 말이다. 또한 이와 연결해서 "동성 간의 영향력과 욕망이 겉보기에 이성애자인 사람들과 대상 선택에 강한 흔적을 남긴다"(마찬가지로 이성애적 욕망 및 영향력은 동성애자인 사람들과 대상 선택에 흔적을 남긴다)라는 생각, 그리고 "동성애적 욕망을 다들 내면화"하고 있으므로 더욱 강력히 단속하지 않으면 사회가 무너지고 나라가 망한다는 위기감 또한 보편화 관점에 속한다.[66] 2장(특히 각주 63)에서 언급했듯, TV에 동성애자 커플이 잠깐만 등장해도 혐오 세력이 '동성애를 조장한다', '동성애 옮는다고 야단법석을 떨며 동성애 관련 콘텐츠를 모조리 없애버리려 애쓰는 행동은 보편화 관점을 바탕으로 한 것이다. 물론 혐오 세력은 이 관점을 자신들의 정체성에 적용하는 것은 강력히 거부하고 오직 성소수자들에게만 적용하여 그들의 정체성을 '치료'하고 '교정'해서 '변경'할 수 있다는 믿음 아래 폭력을 저질러왔다. 그러나 1장에서부터 보았듯, 이러한 보편화 관점은 이런 혐오에 맞서는 이들이 퀴어 이론과 운동을 발전시키는 데 있어 중요한 바탕이 되기도 했다. 더욱이 정체성의 구성에 관한 문제에서만 보편화 관점이 작동하는 것은 아니다. 사회적 소수자 인권운동은 자기네 소수자 집단만 잘살자고 주장하는 것이 아니며, 사회적 소수자를 평등하게 사회에 통합시키자고 요구하면서 (1장과 2장에서 설명했듯) 보편성에 관한 개념들이 담을 수 있는 의미의 한도를 계속 확장하는 방향으로 보편성의 가치를 추구한다. 이런 점에서 모든 인권 담론의 밑바탕엔 보편화 관점이 깔려 있다.

여기서 알 수 있는 것은, 혐오 담론에서도 그 혐오에 반대하는 담론 에서도 보편화 관점과 소수자화 관점이 어지러이 뒤엉켜 있다는 것이다. 그리고 보편화 관점과 소수자화 관점은 그 자체로 둘 중 어느 쪽이 항상 진보라고 판단할 수 없다는 것이다. 예를 들어 소도미 법을 지지하 는 측에서 보편화 관점을 운용한 방식을 보자. 일반적으로 '사람(정체 성)'에 초점을 맞추는 것을 소수자 담론, '행위'에 초점을 맞추는 것을 보편화 담론으로 분류할 수 있다. 즉 특정 인구집단만이 어떤 행동 특성 을 보이거나 특정한 상황에 묶인다고 여기는 건 소수자화 관점이고, 누구나 그 행위를 할 수 있다고 여기는 건 보편화 관점이다. 이 점을 염두에 두고 소도미 법의 작동을 살펴보면, 미 대법원은 소도미 법이 '정체성으로서의 동성애자'를 처벌하는 게 아니라 '행위로서의 남색'을 처벌하는 것이라 주장함으로써 동성애자들의 프라이버시와 평등권을 침해한다는 비난에서 교묘히 빠져나갔다. 그러나 사실상 소도미 법으로 기소되고 처벌받는 사람의 대다수는 이성애자가 아니었고 소도미 법에 근거한 검열과 탄압으로 삶이 위협받는 사람들도 이성애자는 아니었다. 이 법 집행에서 사람은 정체성으로는 차별받지 않았으나 행위로는 차별 받았다. 이렇게 되면 법 담론 안에선 행위에 대한 보편화 담론의 이름으 로 금지되는 것이 사람에 대한 소수자화 담론에서 보호하는 바로 그것 이 되는 모순이 생기고 만다.[67] 더욱이, 소도미 법뿐만 아니라 수많은 젠더 폭력 사건에서 가해자들은 피해자들이 '여자'라서 또는 '동성애자 라서 자신들이 폭력을 썼다고 주장하지 않는다. 오히려 피해자의 '행실'

이나 '행위'에 초점을 맞춘다. 피해자의 행위에 초점을 맞출 때, 역설적으로 피해자는 능동적인 행위자가 되고(즉, 처신만 잘했다면 이런 일이 벌어지지 않게 만들 힘을 가진 위치에 놓이고), 가해자는 피해자의 행위에 수동적으로 반응했을 뿐인 대상의 위치에 자신을 안전하게 놓는다. 가해와 피해가 역전되는 것이다. 뒤에서 논하겠지만 이는 동성애 패닉과 트랜스 패닉의 논리이기도 하다. 이런 논리에서 보편화 관점은 당면한 사건이 혐오폭력의 성격을 띤다는 것을 은폐하는 데 효과적으로 쓰일 수 있다. 그리고 이러한 폭력에 맞서 이것이 특정 소수자 집단을 차별하고 억압하는 폭력임을 폭로하는 투쟁은 소수자화 관점을 바탕으로 한다. 그런데 다른 한편, 에이즈와 관련된 대중 건강 담론을 살펴보면 '사람'에 대한 소수자화 담론은 동성애자를 에이즈에 잘 걸리는 고위험군으로 분류해놓지만, '행위'에 대한 보편화 담론은 모든 사람이 에이즈에 걸릴 수 있으니 더 안전한 섹스를 지향하자고 홍보한다. 이러한 담론 지형에선 소수자화 담론이 보편화 담론보다 덜 억압적이라고 볼 수도 없다.[68]

또한 보편화 관점과 소수자화 관점이 그 관점을 채택한 사람들의 의도대로만 흘러가는 것도 아니다. 미국 장애차별금지법은 처음 만들어질 때부터 장애인을 법적으로 보호할 사회적 소수자 집단으로 인정하는 소수자화 관점을 취하고 있었다. 그런데 실제 소송에선 고용주들의 승소율이 압도적으로 높았다. 이는 미 법원에서 장애인은 차별받아도 된다고 생각했기 때문이 아니라, 소수자 집단 모델을 너무나도 협소한 자격 기준으로 사용하여 '너는 법의 보호를 받을 만큼 충분히 장애인인 것 같지 않으니 해고는 부당하지 않다'는 판결을 내리곤 했기 때문이다. 즉 이 사람이 해고당하거나 고용을 거절당한 것은 고용주가 장애 혐오자라서 그런 것이 아니라 이 사람이 장애인이라기엔 애매하고 회사 측에 필요한 다른 노동 자격에 안 맞았을 뿐이라는 회사 측의 주장과 법원의 인정에 소수자화 관점이 이용된 것이다.69)

그래서 세즈윅은 소수자화 관점과 보편화 관점의 관계를 권투 도중에 끌어안고 있는 "클린치" 상태—어느 쪽이 이겼다고 판정내릴 수도 없고, 겉보기엔 안정되어 보이지만 사실은 붙어 있는 상태에서 계속 에너지가 소모되는 교착 상태—로 설명한다. 그리고 "서로 모순되는 두 관점"이 근대적 사유 전반을 휘저으면서 근대에 나온 담론들에 강력한 "굴레"를 씌웠다고 평가한다.70) 즉 보편화 관점과 소수자화 관점, 그리고 (2장에서 소개한) 젠더 분리주의 수사와 자리바꿈 수사들은 동성애(그리고 젠더와 섹슈얼리티 전반)를 둘러싼 담론들의 비일관성을 포착할 수 있게 해주는 도구인 것만이 아니라, 그러한 비일관성을 창출하는 모순에 붙은 이름이기도 하다.

그러나 이것이 이 관점들에 대해 할 수 있는 설명의 전부는 아니다. 사실『벽장의 인식론』은 이론서나 역사서가 아니라 영미 문학의 계보 안에서 동성애/이성애가 정의되는 담론적 흐름을 추적하고 그 양상을 분석한 연구이고, 내가 이 장과 이 책 곳곳에서 소개하는 이론적 통찰은 주로 그 책의 서론과 1장에 집중되어 있다. 세즈윅 본인도 책의 목표를 밝히는 대목에서 "고도로 구조화된 담론적 비일관성의 장이 창출될 때 […] 이 모순을 해결하려 하기보다는 모순을 연구하는 것이 좀 더 전도 유망한 기획"으로 보였다고 쓴다.71) 그러다 보니 보편화 관점과 소수자화 관점이라는 새로운 도구를 제시해놓고도 그 도구들을 가지고 그다음에 뭘 더 어떻게 할지를 이론적으로 더 깊이 파고들지 않았고, 그래서 세즈윅을 소개하는 2차 문헌들은 이 두 모순된 관점의 "클린치" 상태와

"굴레"까지만 언급하고 끝맺는 경향이 있긴 하다. 하지만 세즈윅의 논의가 '이런 관점 혹은 모델들이 모순이라서 문제다'라는 결론에서 끝나고 마는 것은 아니다. 한편으로, 세즈윅은 위의 사례들에서처럼 "남성 동성애/이성애 정의를 소수자화하여 이해하는 견해와 보편화하여 이해하는 견해가 서로 겹치는 영역에서 동성애인 사람들이 입는 피해는 배로 불어나기 쉽다"는 것을 보이고자 한다.[72] 즉 보편화 관점과 소수자화 관점이 클린치 상태로 엉켜있는 현장에서 성소수자들이 어떤 폭력을 겪는지, 또 그 폭력이 어떻게 은폐되거나 정당화되는지를 분석하는 작업을 진행하는 것이다.

다른 한편, 앞에서 계속 짚었듯 이 내재적 모순이자 분석 도구들이 반드시 혐오 세력을 위한 것만은 아니다. 그런 점에서 세즈윅은 호모포비아에 반대하는 투쟁을 계속하기 위해서는[73] 자신이 찾아낸 이 모순적 대립들을 아우르면서 전략적이고 분석적으로 모두 운용할 수 있는 운동을 만들어나가는 것이 정치적 대안으로 필요하다고 제안한다. 즉 "관념론적 추진력과 유물론적 추진력, 소수화 모델 전략과 보편화 모델 전략, 젠더 분리주의적 분석과 젠더 통합적 분석"을 모두 갖춘 운동, 그리고 이것들 사이에서 어떤 게 이데올로기적 합리화에 더 유용할지 따져가며 가치의 경중을 부여하는 짓은 하지 않는 "다면적 운동a multi-pronged movement"을 만들자는 것이다.[74] 이때 세즈윅은 "다면적 운동", 달리 번역하자면 "수많은 갈래로 나뉘는 운동"을 구체적으로 만들 방안까지는 제시하지 않지만, 20세기의 동성애자 인권운동도 사실 이런 방식으로 구축된 것이라고 언급한다.[75] 아마도 이 다면적 운동은 "다중쟁점의 정치"[76]와 '교차성의 정치'를 구현해나가는 운동일 것이다. 그리고 서로 모순되는 듯 보이는 관점과 전략들을 운용하는 이런 작업이 어떻게 가능한가 하는 질문의 답은 우리의 퀴어 이론 산책의 1장부터 3장까지의 여정에서 보여줬다고 생각한다—삶과 운동의 구심점으로서 정체성을 주장하면서도 동시에 그 정체성이 구성된 역사와 맥락을 분석하기, 보편적 자유와 평등을 주장하는 동시에 현실의 차별과 혐오를 바로잡기 위해 소수자화 관점에서 차별금지법 제정을 요구하기, 특수성을 중심으로 보편성을 확장하기, 물질성과 역사성을 중시하면서도 그것들을 물신화하지 않기, (여기서 보편화 관점–소수자화 관점의 작동 방식을 설명하며 누누이 강조한 대로) 어느 관점이나 대안 한 가지가 항상 옳다고 믿지 않기, 개념과 사유의 지평을 항상 열어놓기, 그리고 내가 의도한 전략이 반드시 내 뜻대로 전개되지 않는다는 사실을 겸허히 받아들이면서 예기치 않게 발생한 복잡한 진행 양상을 추적하고 모순을 분석하기.

2) 남성 동성사회적 유대와 동성애 패닉

세즈윅의 목표대로 모순을 연구하는 작업을 진행하기 위해, 이 절의 서두에서 간략히 정리한 '위기'로 돌아가 보자. 동성애와 이성애를 이항 대립 관계로 정의하려던 담론들이 낳은 위기는 무엇이고, 어떻게 만들어졌는가? 아마 가장 짧게 요약하자면 다음의 현상이 문제였을 것이다. "금세기에 동성애자가 아닌 사람들, 특히 남자에 반대하는 남자들이 '동성애자(소수자)와 '이성애자(다수자)를 정의하며 편집증이랄 만큼 집요하게 둘 사이를 갈라놓는 장벽을 세운 결과, '동성애자가 의문의 여지 없이 뚜렷이 구별되는 별개의 범주에 속한 사람이라고 믿는 건 오히려 더 어려워지게 되었다."[77]

이런 혼란으로 향하게 된 과정을 간략하게 정리해보자. 세즈윅이 동성애 인권운동가이자 역사학자 앨런 브레이의 『르네상스 시대 영국에서의 동성애Homosexuality in Renaissance England』(1995)[78]를 가져와 설명한 바에 따르면, 영국에서 왕정복고 시대(17세기 중후반 찰스 2세 재위 시절) 즈음까지 호모포비아는 신학의 영역에 머물러 있었다. 소도미 법의 조상인 항문성교 금지법이 16세기부터 있었다 해도 오직 기독교 신학 관계자들만 거품 물고 동성애를 혐오했을 뿐 사람들의 일상생활과 일상적 인식에까지는 영향력을 미치지 못했다. 기독교는 남색sodomy을 자연의 질서에 위배된 것이고 적그리스도의 가장 큰 특징이라고 설명했지만(아니면 그런 식으로 설명한 게 문제였는지), 일반 사람들은 그게 도대체 무슨 소리고 구체적으로 무슨 행동을 가리키는 건지 쉽게 상상하지 못했다는 것이다. 무려 적그리스도가 하는 짓이라는데 어떻게 매일 인사하는 이웃 사람이 그런 짓을 저지른다고 상상할 수 있겠는가. 브레이에 따르면 세속화된 호모포비아의 등장은 18세기 중후반 남성 동성애자들의 하위문화가 출현한 다음부터였다(이때 '세속화된'이란 표현을 붙이는 이유는, 이후 호모포비아에 논리적 근거를 대주는 연료 공급지가 신학에서 심리학과 정신분석학으로 차츰 옮겨갔기 때문이다. 물론 그 후로도 기독교는 꾸준히 동성애를 적대시했지만, 적어도 동성애자는 적그리스도나 악마의 하수인에서 심리적으로 덜 자랐거나 병리적 문제가 있는 인간으로 위상이 바뀌었다). '몰리 하우스molly house'라 불리던 모임 장소를 중심으로 만들어졌던 남성 동성애자들의 하위문화는 등장하자마자 국가의 엄중하고 무작위한 탄압 아래 강력히 금지되었다. 이 정책은 크게 두 가지 효과를 낳았다. 한편으로 이 금지와 탄압 속에서 '보통 사람'과 뚜렷이 구분되는 남성 동성애자라는 인구집단의 존재가 대중의 심상에서 구체화되었다. 다른 한편, 이 강력한 금지는 "모든 문

화를 구조 짓는 남성 동성사회적 유대' 전체를 규제하는 동시에 그 유대의 성격을 구축했다.[79]

여기서 주목할 것은 ①남성 동성사회적 유대가 "모든 문화를 구조 짓는"다는 점, ②남성 동성애자를 향한 금지와 탄압이 "본보기를 보이기 위해 가혹한 방식으로 작동"하면서도 동시에 "무작위적"이었다는 점,[80] ③그러한 남성 동성애 금지가 남성 동성사회적 유대 '전체를 규제하고 그 성격을 구축했다는 점이다.

①번부터 풀어보자. 일단 '남성 동성사회적 유대'가 무엇인지에 대해서는 21세기의 독자들도 직관적으로 알 것이다—목숨보다 충성이 먼저였던 군신 관계, <삼국지>의 도원결의, 그리고 현대에는 회식과 사우나와 성매매를 통해 돈독해지길 강요하는 남성 중심적 직장 문화 등. 간단히 정의하자면, 남성 동성사회적 유대는 "재화, 사람, 의미의 생산과 재생산과 교환을 관장하는 남성 권력의 복잡한 그물망"에 참여할 자격을 얻기 위해 요구되는 "강렬한 남성 유대"를 가리킨다.[81] 세즈윅은 인류학자 클로드 레비-스트로스와 페미니스트 경제학자 하이디 하트만Heidi Hartmann의 논의로부터 이 개념을 구상했다. 레비-스트로스는 문화를 남자 집단 간의 교환 관계, 특히 여성을 교환 대상으로 삼아 맺어진 남자들만의 관계로 정의했고, 하트만은 가부장제를 "물적 토대가 있고, 남자들이 여자들을 지배할 수 있게끔 해주는 남자들 간의 상호의존과 연대를 위계를 통해 수립하거나 창출하는 남자들 사이의 관계"로 정의했다.[82] 즉, 가부장제와 이성애 문화를 떠받치는 남성 동성사회적 유대는 남자들 간의 돈독한 결합을 위해 여성을 상품으로 교환하는 방식으로 구축되어왔다는 점에서, 처음부터 남성 우월주의적이고 여성 혐오적 성격을 띠었다.

이 남성 동성사회적 유대는 모든 문화 구조에 지배력을 행사했다. 페미니스트들이 지적해왔듯 서구 형이상학적 사유는 외견상 A/B인 것처럼 보이지만 실상은 A/-A의 이분법적 위계로 구축되어왔고, 근대의 모든 문화와 사회 정치 제도 및 인식틀 자체는 정상/비정상, 건강한 것/병리적인 것, 선/악, 도덕/퇴폐, 공적인 것/사적인 것, 보편/특수 등의 수많은 이분법으로 지탱되어왔다. 그리고 이 이항 대립들은 남성/여성의 이분법적 위계와 긴밀한 관계 속에서 구축되어왔다. 남성은 정상, 건강, 힘, 선, 도덕, 공적인 것, 보편, 이성과 같은 속성들로 정의되었고, 여성은 비정상, 결함이나 질병, 사악하고 비열함, 속 좁고 근시안적이고 쉽게 감정에 휘둘림, 사적인 것, 결코 보편의 자리에는 올라갈 수 없는 주변적이고 예외적인 것과 연결되었다.[83] 그런데 2장에서 설명했듯 여성 혐오와 동성애 혐오는 상당히 밀접하게 연결되어 있다. 지배자인 '진짜 남자'는 여자와 같으면 안 되고, 여자와 관련된 모든 속성과 선을 그어야 한다. 특히 버틀러가 플라톤의 코라 논의를 해체하여 분석했듯, '진짜 남자'는 '삽입당하는 위치'에 내려가면 안 된다. 이런 점에서 여성을 혐오하는 '진짜 남자'를 주장하는 유대는 동성애 혐오 또한 장착했다. 물론 이것이 항상 참인 것은 아닌데, 왜냐하면 2장에서 세즈윅이 제시한 젠더 분리주의 수사를 설명할 때 지적했듯, '진짜 남자'를 부르짖는 남성 동성애자들도 여성을 혐오하는 경우가 있기 때문이다.[84] 그러나 공식적으로는, 적어도 고대 그리스 로마 시대 이후에 남성 동성사회적 유대는 남성 동성애자를 탄압하는 방향으로 흘러갔다. 남성 동성애자들끼리, 혹은 자신이 동성애자인 것을 숨기고 남자들끼리 여성 혐오로 대동단결할 수는 있었겠지만, 동성애자인 것이 드러나면 마찬가지로 혐오와 차별에 노출되었고 남성 동성사회적 관계망에서 쫓겨났다.

여기서 세즈윅은 이러한 이분법 체계가 이성애/동성애의 이분법적 위계와도 긴밀히 묶여 있다고 주장하는 데서 한발 더 나아간다. 남성 우월주의 이데올로기를 뒷받침하는 이분법적 사유 구조가 근대적인 형태로 재정립된 시기가 동성애/이성애를 이항 대립적으로 정의하는 근대적 담론이 부상한 시기와 얽혀 있다는 것이다. 세즈윅에 따르면 적어도 19세기에서 20세기로 넘어가던 삼십여 년간, 동성애/이성애를 정의하려는 담론들 중 제도화된 분류학 담론들이 증식했는데 이 기간에는 문화의 다른 영역들의 교점도 새로이 정의되고 다시 만들어지고 있었다. 여성 혐오와 동성애 혐오가 얽혀 있는 남성 동성사회적 유대가 "권력과 젠더에 관한 모든 사안을 실질적으로 가로지르는 강렬한 규제의 장소"인 만큼, 성 담론에서 일어난 변동은 섹슈얼리티의 영역이라고 한정할 만한 영역에만 있다고 선을 그을 수 없었다. 성 담론 내에서의 변동이 문화 전체에 영향을 끼쳤던 것이다.85) 이런 점에서, 세즈윅은 "세기 전환기 즈음에 나온 동성사회성/동성애 정의homosocial/homosexual definition의 역사적 특수성[…]이 20세기 서구 문화에서 의미가 경합하는 가장 결정적인 장소들 전체에 결과적으로는 쉬이 지워지지 않을 표식을 남겼다"고 주장한다. 이 절의 서두에서 언급했듯(두 번째와 세 번째 사안), 남성 동성애를 동성사회적인 이성애자 남성이라는 규범적 주체의 속성과 뚜렷이 구별되는 대립적인 범주로 정의하려 애쓴 그 모든 시도가 근대적 사유 전반에 위기를 불러왔고, 이 "위기라는 얼룩"이 "근대 문화를 조직하는 데 기본이 되는 다른 이항 대립 쌍에도" "너무도 속속들이 스며들어" 근대적 사유를 조직하는 핵심 요소로 은밀히 자리 잡았다는 것이다.86)

　역사적으로 순차적인 설명은 아니지만, 이런 현상을 염두에 두고 위의 ②번과 ③번을 살펴보자. 세즈윅은 브레이의 논의에서 남성 동성 애자를 향한 금지와 탄압이 매우 가혹하면서도(브레이가 "집단학살"이 나 마찬가지였다고 평할 정도였다) 무작위적이었다는 점에 주목한다. 탄압이 무작위적이었기 때문에 동성애자 남성들은 언제 자기 차례가 돌아올지 몰라 불안에 떨었다. 하지만 동시에, 이 무작위성 때문에 이성 애자 남성들도 폭력의 위협에서 자유로울 수 없었다. 왜냐하면 국가가 앞장서서 남성 동성애자를 색출하고 탄압하던 18세기 중후반에도, 앞서 말했듯 '남자의 자격'을 얻으려면, 즉 "재화, 사람, 의미의 생산과 재생산 과 교환을 관장하는 남성 권력의 복잡한 그물망"에 참여할 자격을 얻으 려면 "가장 타락한 유대와 쉽게 구별되지 않는 강렬한 남성 유대가 필 요"했기 때문이다. 남자로 인정받기 위해선 "남자들 간의 우정, 조언 관계, 존경에서 우러나온 동일시, 관료적 복종, 이성애적 라이벌 관계" 등에 거의 강제로 참여해야 했지만, 그런 관계에서 뭔가 정열적으로 여겨지는 낌새가 조금이라도 있으면 그 누구라도 동성애를 한다고 의심 받아 공권력에 끌려갈 수 있었다.[87)

이런 공포는 역사와 문화에 각인되어, 21세기에도 남자들은 자신들 의 관계가 동성애 관계가 아님을 증명하기 위해 여자에게 끌린다는 것 을 경쟁적으로 증명해야 한다. 이 압박이 가장 우스꽝스럽게 나타난 것은 헐리우드 영화 <캡틴 아메리카: 시빌워>[88)]일 것이다. '마블 유니 버스'라는 영화 세계관 안에서 지구를 지키는 능력자 집단 '어벤저스'의 일원인 '캡틴 아메리카'로 활동해온 스티브 로저스와, 그의 단짝 친구였 으나 적에게 잡혀 세뇌당해 '윈터 솔저'로 활동해온 버키 반즈의 관계는 그 누구도 갈라놓을 수 없는, 세상에서 가장 중요하고 강렬하고 애틋한 '우정'으로 그려진다. 스티브는 친구 버키에게 씌워진 누명을 벗기느니 몇 년 동안 동료로 생사를 함께 했던 아이언맨을 적으로 돌릴 정도로 버키만을 중요시한다(그리고 이 관계에 열광한 전 세계 팬들은 이 둘이 사귀는 내용의 2차 창작물을 끝없이 생산해왔다). 그러나 영화에서 이 둘이 드디어 모든 난관을 (반쯤) 뚫고 함께 하는 순간, 영화는 거의 한 세기에 걸쳐 서로에게만 집중하던 이 잘생긴 남자들이 동성애자가 아님을 증명해줄 증거로서 극의 흐름과 상관없이(정말로 성의 없게) 여자들을 끼워 넣는다. 장비를 건네받을 뿐인 장면에서 스티브는 이웃집에 살던 여성 요원과 뜬금없이 키스하고(키스하고 나서 둘의 관계가 진전되는 것도 아니다. 헤어지는 마당에 그동안 썸 한 번 제대로 못 타본 것을 아쉬워하며 키스를 나누고 더 어색해진 분위기 속에서 헤어진다. 그 뒤로 이 여성 요원은 다시는 등장하지 않는다) 버키는 흐뭇하고도 음흉하게 미소 지으며 그 모습을 바라본다. 스티브와 버키가 과거의 우정을 반추하는 장면에서는 하고많은 추억 중 까마득한 옛날, 제2차 세계대전이 일어나기도 전에 클럽에서 만났던 소녀들의 이름이 뜬금없이 튀어나온다. 이처럼 남자들 사이에서 애정이 넘쳐흐르다 못해 살 떨리는 성적 긴장감이 불타오르는데도, 혹은 남자들끼리 그토록 강렬하고 중요한 관계를 맺도록 사회적으로 장려하면서도, 그 관계가 결코 동성애적 욕망의 관계여서는 안 된다는 금지를 거는 식으로 남성 동성사회적 욕망은 구축되어왔다.

여기서 가장 중요한 점은, 세즈윅이 '동성애 패닉homosexual panic'이라고 부르는 공포가 정상적인 이성애자 남성이 되기 위한 자격 조건으로 구축되었다는 점이다.[89] 이 공포는 근본적으로는 동성애자와 이성애자를 완벽히 구별할 수 없다는 사실에서 비롯된다. 남자들 간의 동성사회적 유대에 참여해야만 살 수 있는데, 앞서 봤듯 동성애자를 이성애자와 완벽히 분리된 존재로 정의하려는 담론들은 제멋대로에 모순으로 가득 차 있어서, 모두가 언제든 동성애 탄압에 걸려들 수 있고, 또 그 탄압이 사회적으로 생매장당하는 건 기본이고 목숨도 위험할 정도로 잔혹하다면? 이 모순적 상황에서 살아남으려면, 자신이 다른 남자에게 성적인 유혹을 받기만 해도(혹은 받았다는 느낌이 들기만 해도) 충격에 휩싸여 상대를 때리거나 살해하지 않을 수 없을 만큼 동성애를 생리적으로 혐오하는 '보통 사람'이라는 것을 절박하게 증명해야 한다는 것이다. 앞서 언급했듯 커밍아웃을 듣는 사람이 자신이 상처받았다고 느끼는 상황, 심지어 모욕이나 협박을 받았다고 느끼고 분노하는 상황은 이런 편집증적 구조에서 발생한다. 사실상 이성애자 남성은 동성애자 남성과 동성애 관계에 대한 강력한 거부와 혐오를 바탕으로, 그 거부와 혐오에 의존해서만 만들어질 수 있는 셈이다.[90] 그러나 동성애/이성애 구분이 결코 완벽할 수 없다는 점이 계속해서 패닉을 생산한다.

이런 점에서 '동성애 패닉'은 남성 동성사회적 유대와 그 유대가 떠받치는 남성 우월주의 사회를 건설하는 데 핵심 요소이자, 동시에 그러한 유대를 불안케 만드는 위험 요소다. 한편으로 이 패닉은 그저 개개인이 개별적으로 겪는 심리적 문제가 아니라 "서구 남성성이 호모포비아라는 수단을 통해 남긴 테러리즘적인 잠재성과 협박 가능성의 구조적 잔여"이자, "한 문화 전체를 정의하는 데 적용할 수 있는 구조적 원리"다.[91] 그러나 다른 한편 동성애자와 이성애자를 명확히 구분하려고 혈안이 될수록, 그 구분은 더 위태로워진다. '쟤는 왜 저렇게 날뛰어? 뭐 찔리는 거 있나?' 한국인에게도 익숙한 이런 사고 흐름으로 인해 동성애 혐오를 가장 노골적으로 표출하는 자가 사실은 '디나이얼 게이' 일지도 모른다는 의심이 발생한다.

사실, '동성애 패닉'은 동성애자를 대상으로 한 혐오폭력(gay bashing 이라는 용어가 따로 있을 정도로 만연해 있었다)을 저지르다 검거된 가해자들을 위한 변호 전략을 만들기 시작했던 시기에, 바로 저런 의심을 바탕으로 만들어진 정신의학적 용어였다(세즈윅은 이 정신의학적 진단명에서 자신의 이론을 발전시킬 이름을 빌려왔다고 밝힌다).92) 루인에 따르면 현대의 법원에서 동성애 패닉과 트랜스 패닉을 변호하는 전략은 '합리적인 성인 남성이라면 패닉을 겪을 수밖에 없다'는 보편화 전략에 의존하는 경우가 많다.93) 그러나 세즈윅은 동성애 패닉 변호 전략이 막 부상했던 시기에는 일단 소수자화 관점을 사용하여 혐오폭력 가해자를 정신병리적으로 문제 있는 사람으로 규정한 다음 변호를 시작했다는 사실을 알려준다. 패닉 방어를 일으킨 자가 '디나이얼 게이'이자 병리적 결함이 있는 존재가 되고 나면, 이것은 '혐오폭력'이 아니라 오픈리 게이와 디나이얼 게이들끼리의 폭력(혹은 '변태'와 '미친놈'들끼리의 폭력)이라고 규정할 수 있으니 이성애자 남성 주체의 정상성은 견고히 지킬 수 있다. 하지만 이 전략이 법정에서 설득력이 있으려면 보편화 관점도 섞어야 했다. 판사나 배심원들이 '나 같아도 저런 상황이면 저렇게 반응했겠다'는 보편적 반응을 끌어내야 하기 때문이다. 따라서 '보통 사람'과 가해자 사이의 거리보다, '보통 사람'과 피해자 사이의 거리가 훨씬 멀어야 한다. 동성애자로 추정되는 피해자는 너무도 달라서 가해자가 그 차이에 패닉을 일으켜 (어쩔 수 없이) 폭력을 저지를 정도로 '보통 사람'과는 거리가 먼 예외적 존재로 소수자화된다.

이처럼 소수자화 관점이 이중으로 중첩되고 보편화 관점이 마구 뒤섞인 모순적 전략은 나쁜 의미로 효과가 있었다. 이 전략은 "우리 문화에서 동성애자에 대한 혐오는 매우 사적이고 비전형적인 현상이기 때문에 법적 책임을 감경하는 질환으로 분류할 수 있다고 가정함으로써 동성애 패닉을 그릇되게 개인화하고 병리화"했다.94) 그럼으로써, 소도미 법이 효력을 발휘하던 시대에, "동성애에 대한 비합법적 처벌과 합법적 처벌이 특유의 밀접한 관계를 맺는다는 사실"95)을 적극적으로 은폐했다. 소도미 법은 동성애자는 불법적인 존재이므로 함부로 처벌해도 된다는 메시지를 비공식적으로 살포함으로써(앞서 지적했듯 법원의 공식적 입장은 소도미 법이 동성애자를 차별적으로 처벌하는 게 아니라 남색 '행위'를 처벌한다는 것이었다) 동성애자를 겨냥한 사적인 제재를 양산했다. 이에 호응하여 동성애 패닉 변호 전략은 '세상에 요즘 동성애 혐오하는 사람이 어디 있어?'라는 거짓말로 혐오폭력의 존재 자체를 부인하면서 가해자들의 처벌을 경감시킴으로써 사적으로 집행되는 이 혐오폭력의 확산에 기여했다. (세즈윅이 동성애 패닉을 남성 우월주의 사회의 구성 원리로서 이론적으로 정립한 것은, 바로 이런 협업을 통해 혐오폭력이 은폐되는 현상을 저지하고 폭로하기 위함이기도 하다.)

더욱이 이 동성애 패닉 변호 전략은 혐오폭력의 가해자를 패닉 때문에 방어적 폭력을 썼을 뿐인 피해자로, 혐오폭력의 피해자를 패닉을 일으키게 만든 원흉으로 가해-피해 구도를 역전시킨다. 여기서 성소수자는 존재 자체만으로 위협의 대상이 되고 선량한 일반인을 성적으로 공격하는 포식자로 재현된다. 이는 성폭력에서 피해자 여성이 항상 '꽃뱀'으로 둔갑하고, 가정폭력 피해자 여성이 항상 가정의 '평화를 깨트린 원흉으로 지목되는 것과 같은 양상이다. 이 가해-피해의 역전은 동성애 패닉 변호 전략의 핵심으로, 남성 동성사회적 지배 구조에 필수적이다. "남성 이성애자 정체성과 근대의 남성 중심적 문화는 자신들을 유지하기 위해 희생양으로 삼을 게 필요"하고, 남자인 주제에 젠더와 섹슈얼리티를 교란하는 사람들을 그 희생양으로 삼는 것이다.[96] 이때 희생양에게 가해지는 폭력을 정당화하는 동시에 은폐하기 위해서는 폭력의 가해자가 철저히 피해자 위치에 놓여야 한다. '우리 선량하고 도덕적인 이성애자/백인/남성 등등'(기득권층)이 저 흉악하고 더러운 무리에게 위협받고 있으니 '선빵'을 날렸다는 합리화가 필요한 것이다. 뒤에서 설명하겠지만 군대 내 동성애 탄압 사건들은 바로 이 합리화를 적극적으로 활용한다.

그리고 이 합리화는 혐오폭력의 피해자에게는 끔찍하고 공모자와 가해자들에게는 더 큰 불안과 강박을 안기는 악순환을 일으킨다. 이 혐오적 사회와 개별적 가해자들이 자신들을 선량한 피해자 위치에 놓으려면 '저놈들 때문에 못 살겠다'를 주장해야만 탄압의 명분이 생기는데, 그러려면 '저놈들'을 너무도 강력하고 널리 퍼져 있어 대처하기도 힘든 악의 축으로 침소봉대해야 한다.[97] 그러니 아이러니하게도, 동성애를 가장 반대하고 적대시하는 문화는 동성애 욕망을 모든 이의 내면에 내재해 있고 널리 퍼져 있는 것(보편화 관점)으로 인정해야만 하는 것이다. 이 때문에 동성애자와 이성애자는 더욱 근본적으로 구별 불가능해지고 만다. 적을 탄압할 명분을 위해 적을 부풀리면, 그것이 다시금 적과 아군의 식별을 불가능하게 만들고, 그다음 그것이 편집증적 불안을 더욱 부추겨 아직 겪지도 않은 피해를 상상하며 폭력을 저지르는 악순환이 끝나지 않는 것이다.

3) 침묵과 색출의 역학 : 검열의 메커니즘

정리하자면, 동성애 패닉은 남성들 간 긴밀한 결속은 중시하면서 동성 간 사랑은 배척하는 모순적인 남성 지배 구조에서 필연적으로 발생하는 현상이고, 그러한 구조를 반영하는 동시에 재생산하고 유지하는 핵심 공정이다. 그리하여 이런 사회에 사는 모든 남성의 심리 구조에 강력한 영향을 미친다. 이런 점에서 남성 동성사회적 유대─동성애 패닉─혐오폭력의 연결은 훨씬 더 적극적이고 구조적으로 생산되고 지속된다. 남성 동성사회적 유대가 동성애 패닉을 중심으로 구축된 결과, 첫째, 자신이 동성애와 연루될 가능성에 대한 공포와 동성애자들을 향한 공포를 통해 남자들은 통제되고 조종되기 쉬워진다. 둘째, 가장 친밀한 남성 유대를 맺으라고 강제하면서도 동성애적 관계는 금지하는 이 "이중의 유대"가 가장 강하게 필요한 곳이 "폭력이 일어날 잠재성을 비축하는 장소"로 만들어진다.[98] 예를 들어 군대가 바로 그런 곳이다.

1장에서 소개했던 미군기지 내 살해 사건으로 돌아가 보자. 가해자 캘빈 글로버는 동료 군인인 베리 윈첼이 동성애자일 것이라고 혼자 추측한 다음, (추후 진술서에 따르면) '호모 새끼'에게 겁탈당할지도 모른다는 불안에 휩싸였고, 당하기 전에 먼저 죽이겠다고 결심하고선 병영 숙소에 잠들어 있던 윈첼을 살해했다. 이 진술이 진짜인지 아닌지는 모른다. 윈첼이 동성애자라는 증거도 확실치 않았을 뿐더러, 글로버가 정말로 강간 공포에 떨어 제정신이 아니었다는 증거도 없다. 그냥 평소에 마음에 안 들어 손봐주려 했던 상대가 동성애자라는 소문을 듣고 그 핑계로 살인을 저질러도 빠져나올 구멍을 찾았다고 생각한 것일 수도 있다. 그러나 중요한 건 살인범의 이 주장이 법정은 물론 사건을 기사화한 언론과 대중에게도 먹혀들었다는 것이고, 군대가 이 동성애 패닉 방어 논리를 적극적으로 받아들여 구조적으로 활용해왔다는 점이다. 한국의 군대도 마찬가지다.

한국의 군형법 92조 6항, 그리고 1절에서 언급한 대선 후보 당시 문재인 대통령의 '동성애를 반대한다는 발언 후 내놓은 입장(이 장 각주 21을 보라), 그리고 2017년 일어났던 군대 내 동성애자 색출 탄압 사건[99])에서 군 관계자들의 입장을 보면 공통된 믿음이 있다. 바로 동성애자 군인을 잠재적 성폭력 가해자로 보는 믿음이다. 그동안 군대 내 동성 간 성폭력 실태를 조사한 연구들은 이 믿음이 편견이라는 것을 보고해 왔다. 군대 내 남성 간 성폭력은 성적 지향과 무관한 전형적인 위계형 성폭력으로, 피해자가 거의 항상 가해자보다 계급이 낮았고, 공개 장소에서 피해자에게 수치심을 주는 방식으로 공범을 생산해왔으며, 피해자의 계급이 올라가면 후임병에게 똑같이 성폭력을 가해하는 경우가 많았다.[100] 그런데도 이 믿음이 여전히 강력히 유지되는 이유는 지금의 남성 지배 구조에 이 믿음이 필수적이기 때문이다. 남성 동성애자들이 병균처럼 퍼져 있고 사회를 무너뜨리는 암적 존재이자 '순진하고 순결한 우리 이성애자 아들'을 강간하는 범죄자라고 누명을 씌우는 짓은, 가부장적이고 이성애자 남성 중심적인 이 사회가 내부의 결속을 위해 외부의 적을 창출하는 전형적 방식이다. 다시 말해 동성애가 본디 이러한 특성을 갖고 있어서 군대에서 배척되는 것이 아니라, 군대가 동성애를 이렇게 정의함으로써 동성애를 탄압할 핑계를 자체 생산하는 것이다.

이런 구조 안에서는 동성애 패닉과 관련된 혐오폭력은 가해자 개인의 일탈이 아니라 구조의 필연성이 만들어낸 범죄일 수밖에 없다. 아직 한국에서는 그 수많은 군대 내 총기 사고와 살인 사건 중에 동성애 패닉이 핑계로 들먹여진 사건은 없다(물론 이는 한국의 역사에서 군대 내 사건 사고가 제대로 된 조사도 없이 덮이는 경우가 많았기 때문이기도 할 것이다). 그런데 군대 내 남성 간 성폭력 실태 조사 보고서에서 주목할 점은, 가해자들이 괴롭힘의 대상이 될 후임병을 고르는 조건 중에 "외모나 태도가 여성스러운 사람"이 매우 큰 비중을 차지했다는 점이다.101) 여기서 알 수 있는 것은, 군대 내 남성 간 성폭력이 명백히 여성 혐오와 긴밀히 결합된 동성애 혐오를 바탕으로 작동하고 있다는 점이다. 이 위계형 성폭력은 혐오폭력으로 명시되지는 않으나 동성애 혐오를 반영하는 동시에 구조적으로 재생산하는 분명한 혐오폭력이다. 또한 이 폭력은 동성애나 젠더퀴어와 관련된 것처럼 보이는 존재들을 희생양 삼아 폭력을 매개로 남성 동성사회적 유대를 강화하는 전형적 방식을 취한다는 점에서 동성애 패닉을 기반으로 한 혐오폭력과 연결된다. 물론 이 가해자들은 자신이 삽입당할지도 모른다거나 자신도 동성애자로 의심받을지 모른다는 패닉 불안을 발동시키는 것 같지는 않다. 이들은 이성애 남성 중심적 사회가 전형적으로 상상하는 '동성애자'와 비슷한 남자들을 성적 괴롭힘의 대상으로 삼으면서도 가해자 본인은 이성애자이며 이 폭력적 접촉이 자신의 성적 욕망이나 정체성을 흔들지 않는다고 믿는다는 점이 특징이다. 그러나 주디스 버틀러에 따르면, 군대 정책과 법이 가정하는 "합리적인 사람"은 동성애가 무엇이고 동성애자가 어떤 성향을 갖는 부류인지 구별할 기준을 자신이 안다고 믿는다는 점에서, 즉 "자신을 내부로부터 '위험에 빠뜨리는' 동성애를 외부에 있는 것으로 만든다는 점에서, 이 합리적인 사람은 편집증적"이다.102) 앞에서 설명했듯, 동성애 패닉도 편집증적 심리 구조를 가진다('저 호모 새끼가 날 강간할지도 몰라. 아냐 확실해. 먼저 죽여버리겠어!'). 이런 점에서 보면 한국의 군대 내 남성 간 성폭력은 동성애 패닉에 기초한 폭력과 편집증적 구조로 이어져 있다.

세즈윅의 논의를 바탕으로 정리해보자면, 국방부가 군형법 92조 6

항을 빌미로 동성 간 합의된 성관계까지 성폭력으로 규정하여 동성애자 군인들을 색출하고 탄압하면서도 군대 내 남성 간 위계형 성폭력은 방치하고 이 폭력의 혐오적 성격은 은폐하며 여성 군인 대상 성폭력은 방치하다 못해 조장하는 모순적 행보에서 노골적으로 드러나는 진실은 하나다. 이 사안 전체가 폭력/합의의 문제나 정의/불의의 문제가 아니라, 규범적인 남성 권력을 유지하고 수호하는 문제라는 것이다. 이때 군대는 단순히 남성 동성애를 박멸하길 원하는 것이 아니다. 버틀러도 지적했듯, 군대를 비롯하여 남성성을 통치하는 규범들은 자신이 부인하고 부정하고 탄압할 대상으로서 남성 동성애를 필요로 한다.[103]

이 지점에서, '묻지도 말하지도 말라'(Don't Ask Don't Tell, 줄여서 DADT) 정책이라고 알려진 미국 국방부의 동성애 검열 정책을 분석한 버틀러의 논의로 건너가 보자. DADT 정책은 1993~2011년까지 시행된 정책에 붙은 별칭으로, 원래 명칭은 '군대 내에서의 동성애에 관한 신정책 가이드라인'이었다. 이 별칭이 붙게 된 이유는 동성애자 군인이 스스로 동성애자란 것을 티내지만 않으면 동성애자라는 이유로 쫓겨나진 않을 것이라는 기괴한 조항이 있었기 때문이었다(1절에서 본 아칸포라 사건의 학교 당국 및 1심 법원의 논리와 같다). 논란이 된 부분을 옮기자면, "동성애적 행실homosexual conduct로 인해 드러나지 않는 한, 성적 지향이 군 복무를 하지 못하게 막는 장벽이 되지는 않을 것이다. 군 당국은 동성애적 행실에 참여한 장병들을 해고할 것이다. 동성애적 행실이란 동성애 행위, 장병이 동성애자거나 양성애자라는 진술statement, 혹은 같은 젠더인 사람과의 결혼이나 결혼 시도로 정의된다."[104] 간단히 말해, 이 정책은 동성애자 군인이 스스로 '동성애자임을 밝히는 것조차 할 수 없게 금지했다. 하지만 이 정책이 '동성애'라는 용어 자체를 금지한 것은 아니었다. 이 진술 금지의 역설은, 동성애자로 분류될 사람들을 검열하고 처벌하기 위해서는 '동성애자'라는 용어를 계속해서 언급하고 정의하고 공적 담론장으로 이동시켜야 했다는 점이다. 동성애자 당사자들만 동성애에 대해 말할 수 없을 뿐, 동성애에 대한 공적인 언급은 오히려 증가했다. 단, 이때 증가하고 권장된 발언은 '동성애는 금지되어야 한다'는 내용의 발언뿐이었다.[105]

여기서 군대 정책을 뒷받침하는 남성성 규범이 남성 동성애를 부인되고 금지된 형식으로 필요로 한다는 점이 드러난다. 버틀러는 검열이 단순한 금지가 아니라 푸코적 의미에서 생산적인 권력 양식이라는 점에 주목한다. 즉, 검열은 동성애를 아예 없애거나 침묵시키는 것이 아니라 '정부(혹은 이성애자)가 허락하는 동성애'라는 길들여진 형상을 생산하는 것이다. 더 명확히 말하자면, "검열의 메커니즘은 주체들의 생산에 적극적으로 관여할 뿐 아니라 발언 가능한 담론에 대한 사회적 한도 social parameters, 즉 공적 담론 안에서 무엇이 승인될 수 있으며 무엇이 승인될 수 없을 것인가에 대한 사회적인 한도를 한정하는circumscribe 데 관여한다."[106] 예를 들어 앞서 1절에서 '동성애는 사적 영역에 있어야 한다'는 주장이 동성애에 대한 공적 담론을 조성했다는 점을 기억해보자. 이때 동성애는 공적 영역에 들어와서는 안 되는 존재로서만 공적 영역에서 발화될 수 있다. 더욱이 이 검열 메커니즘이 설정한 또 다른 사회적 한도는, 공적 영역에서 동성애에 대해 말할 권리, 동성애 담론을 생산할 권리는 항상 동성애자가 아닌 규범적 주체들만 가질 수 있다는 것이다. 그래서 지난 대선 토론에서 홍준표와 문재인 후보는 전국에 생중계되는 카메라 앞에서 '동성애'라는 단어를 입에 올릴 수 있었지만, 다음날 항의 시위를 한 퀴어 활동가들은 카메라에 잡히는 즉시 치워졌다.

그런데 버틀러의 논의 방식이 늘 그렇듯, 버틀러는 이런 지배적 담론이 항상 승리한다는 결론을 내버리고 끝내지 않는다. 2장에서 설명했듯 그 어떤 검열도 완전하게 틈새를 막을 수 없고, 규범 권력을 완벽한 모습 그대로 수호할 수 없는 것이다. 그러한 실패를 만들어내는 계기는 이번에도 바로 그 정책이 금지한 것에서 나온다. DADT 정책을 둘러싼 핵심 쟁점 중 하나는 '내가 동성애자다'라는 말을 입에 올리는 '진술'이 어떻게 동성애를 행한 것과 마찬가지가 되는가 하는 문제였다. 동성애에 반대하는 사람들은 얼마든지 '동성애'를 입에 올려도 아무런 위험이 없는데, 당사자가 그 단어를 입에 올리면 군대의 기강이 위험해지고 사회가 무너지고 나라가 망한다고 생각하는 이유는 무엇인가? '진술'도 '동성애적 행실'로 간주하겠다는 정책적 금지는 말이 욕망을 전염시킨다는 전제를 깔고 있다. 앞서 설명했듯 동성애에 대한 근대적 정의에 섞여 있는 보편화 관점(동성애 욕망은 어디에나 있다) 때문에, 그리고 적의 위협을 침소봉대하는 편집증적 악순환의 회로 때문에, 또한 1980년대 이후 생겨난 동성애–에이즈–체액–전염이라는 "편집증적 환유"의 연결고리를 통해, 동성애는 늘 경계를 넘쳐흐르고 뭔가를 전염시키는 이미지를 갖게 되었다. 그래서 동성애자 당사자가 스스로를 설명하기 위해 동성애를 입에 올리기만 해도, "티 없이 순결한 상대방을 귀를 통해 감염시키는 매우 위험한 전달 행위"가 된다는 것이다.[107]

> 만일 진술이 행실conduct이고, 동성애적 행실이라면, 누군가가 동성애자라는 진술은 그 진술을 듣는 상대방에게 동성애를 행하는 것이라고 해석된다. 진술은 어떤 의미에선 행위일 뿐 아니라 행실의 한 형식이며, 즉 자신이 **말하는 것을 존재하게끔** 할 수 있는 권력을 행사하는 의례적 형식의 발언이고, 즉 동성애에 대한 재현이 아니라 동성애 행위이자 따라서 공격이라는

것이다.108)

커밍아웃을 듣자마자 자신이 고백받기라도 한 듯, 혹은 동성애자라
는 게 티 나는 사람을 마주치자마자 자신이 강간당하기라도 한 듯 펄쩍
뛰는 사람들의 논리 구조는 이렇게 만들어진다. 그러나 버틀러는 금지
와 욕망에 대한 정신분석적 독해를 통해 '동성애는 전염된다'는 혐오
세력의 논리가 사실 어떤 진실을 담고 있다는 점을 짚는다. 비체화된
욕망은 부인을 통해서만, 전염의 공포를 통해서만 지배적인 담론장에
등장할 수 있다는 것이다(버틀러가 『물질화되는 몸』109)에서 비체는 '유
령처럼 출몰한다haunt'라는 표현을 자주 사용한 것과 연결된다).110) 물론
혐오 세력의 논리는 동성애(나아가 젠더 이분법 질서가 정해준 자리에
서 이탈한 그 모든 퀴어한 실존들)을 병리화하는 것이긴 하다. 하지만
"동성애가 그 자체로 반사회적인 것, 사회 이전의 것, 사회적인 것 안에
서의 사회적인 것에 대한 불가능성이라는 배역을 맡게끔 하는 사회적
규제들"111)에 맞설 방법이 있다. 자신이 '보통 사람'이라고 믿는 이 편집
증적 망상에 빠진 개복치들을 '아냐 우리도 너희와 똑같은 선량한 시민
이야, 결코 동성애를 전염시키지 않아'라고 안심시키는 대신에, 욕망의
범주를 나누는 경계 자체가 결코 완벽할 수 없으며 항상 욕망은 새어나
가고 전이될 수 있다는 바로 그 골치 아픈 특성으로부터 출발하는 방법
말이다. 5장에서 이 논의를 풀어보겠다.

주

1. Eve Kosofsky Sedgwick, *Epistemology of the Closet*, Berkeley: University of California Press, 1990. 그리고 2008년 제2판 서문에서 세즈윅 본인이 내린 평가에 따르면 바로 이 접근법, 다시 말해 동성애와 이성애를 수천 년 전부터 변함없이 이어져 내려온 별개의 대립적 실체인 양 당연하게 받아들이길 거부하고 저항하는 계보학적 접근이, 1990년 출간 당시 '퀴어'란 용어를 사용하지 않았던 이 책을 '퀴어'하게 만든다(Sedgwick, "Preface to the 2008 Edition"[2008], p. xvi).
2. 미국 소도미 법의 문제와 이 법을 둘러싼 논쟁의 역사에 대해 법의 관점에서 상세히 다룬 논의는 마사 C. 누스바움, 『혐오에서 인류애로: 성적 지향과 헌법』, 강동혁 옮김, 게이법조회 해제, 서울: 뿌리와이파리, 2016 (Martha C. Nussbaum, *From disgust to humanity: sexual orientation and constitutional law*, Oxford; New York: Oxford University Press, 2010[original 2004]). 특히 3장 「소도미 법: 혐오와 사생활 침해」를 보라. 인용한 구절은 107쪽.
3. Sedgwick(2008), *op. cit.*, p. xiii. 심지어 구체적으로 명시하면 읽는 이에게 "불쾌감"을 주거나 따라할지도 모른다는 우려 때문인지 소도미 법은 "음탕한", "부자연스러운" 같은 애매한 표현을 섞어가며 소도미를 매우 모호하게 정의해놓았다(누스바움[2016], 앞의 책, 108쪽). 그러나 누스바움은 법의 어리석음을 비웃기엔 사실상 이 모호함이 훨씬 더 악독한 결과를 낳았음을 지적한다. 소도미의 정의가 불분명했기에 공권력이 마음껏 자의적 해석을 펼쳐 사람들을 탄압할 수 있었다는 것이다(같은쪽).
4. Sedgwick(2008), *op. cit.*, p. xiv. 바워스 대 하드윅 사건(*Bowers v. Hardwick*)은 마이클 하드윅(Michael Hardwick)이 동성애자인 걸 미리 알고 있던 경찰 키스 토릭(Keith Torick)이 하드윅의 집을 급습하여 침실에서 파트너와 구강 성교하던 하드윅을 소도미 법 위반을 명목으로 체포하면서 시작됐다. 하드윅은 소도미 법 위헌 결정을 끌어내기 위해 자신이 체포된 조지아 주의 당시 법무장관 마이클 바워스(Michael Bowers)에게 소송을 걸었다. 이 사건은 1986년 당시 미국 51개 주의 절반에선 소도미가 불법이고 절반에선 소도미가 불법이 아니던 상황에서 소도미 법의 위헌 논쟁에 불을 붙였다. 동성애 혐오론자였던 바워스는 이 사건을 동성애자라는 사악한 변태들로부터 사회의 안전을 지키는 문제로 구도를 짜서 혐오 담론을 부채질했고, 대법원은 조지아 주 소도미 법의 합헌성을 5:4로 인정했다. 이 대법원 결정이 뒤집어진 것은 2003년 로런스 대 텍사스 주 대법원 판결(*Lawrence v. Texas*)에서였다. 물론 로런스도 자기 집에서 파트너와 합의하에 성행위를 하다가 제보를 받고 집에 쳐들어온 경찰에 체포되어 소도미 법으로 처벌받은 것이 1998년이었으니 이 혐의를 벗기까지 5년이 걸렸다. 자세한 논의는 누스바움(2016), 앞의 책, 127—

143쪽을 보라.

5. 이 조항에 대한 간결한 설명은 누스바움(2016, 앞의 책)에 게이법조회가 단 해제 289-291쪽을 보라. 이 조항을 둘러싼 논란을 정리한 다음의 특집 기사도 보라. 김미향, 「원조인 미국도 폐지한 차별법… 군형법 92조의 6을 묻는다」, 『한겨레』, 2019.06.22. hani.co.kr/arti/society/society_gen eral/898898.html (최종검색일:2020.12.24.) 좀 더 자세한 정보는 '군 관련 성소수자 인권침해, 차별 신고 및 지원을 위한 네트워크'가 홈페이지에서 제공하는 <군 형법 '추행죄' 폐지 활동 정보/자료>를 보라(gunivan.net/?page_id=19).

6. Sedgwick(1990), *op. cit.*, p. 71.

7. *Ibid.*, p. 68.

8. *Ibid.*, p. 79.

9. *Ibid.*, pp. 79-80.

10. *Ibid.*, p. 80.

11. *Ibid.* 이 주제를 심층적으로 연구한 좋은 논문이 있다. 퀴어 페미니즘 활동가 정현희 님이 쓴 「동성애자의 정체성 드러내기와 정보 관리 행동 연구: 커밍아웃과 아웃팅의 이분법을 넘어」(서울대 여성학 협동과정 석사논문, 2013)이다. 이 연구는 동성애자들이 자신의 정체성과 관련된 정보를 어떻게 관리하는지, 평생 계속 마주치는 선택의 기로에서 어떤 협상을 벌이는지를 커밍아웃/아웃팅의 이분법적 대립 모델로는 제대로 파악할 수 없다는 문제의식 아래, 같은 대학 게이 레즈비언 열 명의 심층면접을 통해 정체성 정보 관리 양상을 분석한다. 동성애자 개인의 정체성 정보 관리 전략 및 실천은 '어떤 사람이 동성애자로 보이는가'를 구성하는 다양하고 복잡한 기호들, 여전히 강력히 존재하는 사회적 낙인, 동성애에 대한 인식 변화에 따른 가시성의 증대, 내가 동성애자임을 드러낼 경우 내가 어울리는 친구들까지 가시화될 위험을 수반하는 관계성의 문제, 오프라인뿐만 아니라 소셜네트워크서비스(SNS)의 관계성을 활성화/비활성화하기 위한 공간 구축 등 복잡하게 얽힌 제약 조건들을 협상해가는 어려운 노동으로 이뤄져 있다. 이 연구는 이런 노동 양상을 분석하는 한편, 이처럼 복잡한 조건 속에 결코 온전히 정보를 통제할 수 없는 상황에서의 선택과 행동에서 파생되는 긴장, 소외, 적대 등의 문제들을 해석하고 해결할 방안을 모색한다.

12. Sedgwick(1990), *op. cit.*, p. 80. 이러한 상황이 드문 일은 아니라서, 한채윤 님이 커밍아웃을 주제로 최근 출간하신 글에 실린 사례에서도 2007년의 일본의 어머니가 1980년대 말 세즈윅의 책에 등장한 어머니와 똑같은 이야기를 고백한다. 한채윤, 「소수자는 피해자인가: 커밍아웃, 아웃팅, 커버링」, 『피해와 가해의 페미니즘』, 권김현영, 루인, 정희진, 한채윤, <참고문헌 없음> 준비팀, 교양인, 2018, 131쪽.

13. Sedgwick(1990), *op. cit.*, p. 81.

14. <메이즈 러너>*The Maze Runner*는 제임스 대시너의 3부작 소설을 원 작으로 웨스 볼이 감독을 맡고 20세기 폭스사에서 제작한 헐리우드 영 화로, 2014, 2015, 2018년 세 편의 시리즈가 만들어졌다. 1편에서는 매 일 새로운 벽이 세워져 이전의 길이 쓸모없게 되는 미궁(maze)에 갇힌 사람들이 미궁을 탈출하려 노력한다. 2편에선 미궁에서 탈출한 사람들 이 미궁 바깥도 또 다른 거대한 미궁임을 알아차린다.

15. Sedgwick(1990), *op. cit.*, pp. 69-73.

16. 이 파렴치한 논리는 최근 중국의 성소수자 해고 사건에서도 작동했다. 기사에 따르면, 한 항공사 직원은 회사에 커밍아웃한 적 없었으나 자신 이 다른 남성과 키스하는 영상을 누군가가 SNS에 유포하여 아웃팅을 당했다. 그러자 회사는 정확한 이유 없이 그에게 6개월 정직과 감봉 처 분을 내린 뒤 재계약까지 거부했다. 이 직원은 자신의 성적 지향 때문에 해고당했다며 소송을 제기했으나, 항공사는 성적 지향을 이유로 차별한 적 없으며 "해당 영상으로 인한 논란이 기내 안전을 위협할 우려가 있 어 다른 부서로 전출시켰다"고 주장했다. 조채원, 「강제 아웃팅에 해고까 지…중국 동성애자 분노의 소송전」, 『UPI뉴스』, 2020.11.03. upinews. kr/newsView/upi202011030077 (최종검색일:2020.12.24.)

17. 미셸 푸코, 『성의 역사 1: 지식의 의지』, 제3판, 이규현 옮김, 파주: 나 남, 2010(Michel Foucault, *L'histoire de la sexualité, Vol.1, La volonté de savoir*, Paris: Gallimard, 1976). 페미니스트 과학자들의 작 업은 예를 들어 다음을 보라. 오조영란 외, 『남성의 과학을 넘어서: 페 미니즘의 시각으로 본 과학·기술·의료』, 서울: 창작과 비평사, 2002 [1999]; 샌드라 하딩, 『페미니즘과 과학』, 이박혜경, 이재경 옮김, 이화 여자대학교 출판문화원, 2002(Sandra G. Harding, *The science question in feminism*, Cornell University Press, 1986); 샌드라 하딩, 『누구의 과학이며 누구의 지식인가』, 조주현 옮김, 파주: 나남, 2009(Sandra G. Harding, *Whose Science? Whose Knowledge?: Thinking from Women's Lives*, Cornell University Press, 1991). 이 주제와 관련해서 최근 출 간된 책으로는 캐럴라인 크리아도 페레스, 『보이지 않는 여자들: 편향된 데이터는 어떻게 세계의 절반을 지우는가』, 황가한 옮김, 웅진지식하우 스, 2020(Caroline Criado-Perez, *Invisible Women: Exposing Data Bias in a World Designed for Men*, London: Chatto & Windus, 2019).

18. Sedgwick(1990), *op. cit.*, p. 5. 세즈윅이 예시한 참고문헌은 Susan Brownmiller, *Against Our Will: Men, Women, and Rape*, New York: Simon & Schuster, 1975(수전 브라운밀러, 『우리의 의지에 반하여: 남 성, 여성 그리고 강간의 역사』, 박소영 옮김, 오월의봄, 2018); Catherine

A. Mackinnon, "Feminism, Marxism, Method, and the State: An Agenda for Theory," *Signs*, Vol.7, No.3, 1982, pp. 515−44.

19. 이 입학 취소 사건 후 경향신문이 연재한 <가장 보통의 사람> 시리즈 에서는 트랜스젠더에게 "존재할 권리는 있는가"라고 통탄한다. 이 연재 의 모든 기사가 정말 훌륭하고 중요하지만 본문과 관련된 내용은 다음 의 두 기사를 참조하라. 허진무, 「[가장 보통의 사람] 주거·교육·직업 부자유 … 트랜스젠더에겐 헌법도 소용없다」, 『경향신문』, 2020.02.13. news.khan.co.kr/kh_news/khan_art_view.html?artid=202002130600025 &code=940100; 탁지영, 김희진, 「[가장 보통의 사람] 트랜스젠더 3인, 그들은 어떻게 학교에서 '유령'이 됐나」, 『경향신문』, 2020.02.13. news. khan.co.kr/kh_news/khan_art_view.html?artid=202002130600065&cod e=940100&s_code=as256 (최종검색일:2020.12.24.)

20. Sedgwick(1990), *op. cit.*, p. 8. 이런 점에서 세즈윅은 '무식하니 차별 주의자', '차별은 지능 문제'라는 식의 대응이 위험하다고 지적한다. 이 런 관점은 '나'는 '저들'과 달리 모든 것을 다 안다는 자만심에 빠져 "정 치적 싸움은 무지에 맞서는 싸움"이라고 규정함으로써 무지를 악마화한 다. 또한 이런 관점은 지식과 무지가 윤리 및 정치와 맺는 관계를 지나 치게 단순화한다는 점에서, 무지를 무조건 순진무구한 것으로 해석하는 관점과 동전의 양면이다(pp. 7−8).

21. 당시 기사에 따르면 "더불어민주당 문재인 대선 후보는 27일 '동성애는 허용하고 말고, 찬반을 따질 문제는 아니라고 본다. 각자의 (성적) 지향 이고 또 사생활에 속하는 문제'라면서 '다만 군대 내 동성애를 찬성하지 않는다고 한 것'이라고 해명했다. […] 군대 동성애 반대 입장을 낸 이 유에 대해서는 '영내 동성애가 허용된다면 스토킹 같은 것도 있을 수 있 고, 성희롱·성추행의 빌미가 될 수 있고, 적법·위법의 경계를 구분하기 쉽지 않을 것'이라며 '군대 동성애 허용은 아직 이르다는 입장을 말씀드 린 것'이라고 말했다. 문 후보는 '사적인 공간에서 이뤄지는 동성애에 대 해서는 아무도 개입할 수 없는 것'이라면서 '그러나 영내에서 방금 말씀 하신 행위(동성애)들이 이뤄진다면 그것은 허용할 수 없는 것'이라고 말 했다." 이 기사를 쓴 기자들은 다음과 같은 비판을 덧붙인다. "문 후보의 이 같은 발언은 동성애와 동성 간 성행위를 동일시하는 오류에서 나온 것으로 보인다. 또 성폭력의 빌미가 될 수 있고 특정 성행위에 적법·위 법을 구분하기 어려운 일들이 발생한다고 해서 연애와 성행위 자체를 금지한다는 발상은 이성애에는 아예 적용되지 않는 발상이라는 점에서 이 또한 차별이라는 지적이 나올 수 있다. 무엇보다 군대 내 성폭력 가 해자 중 상당수는 이성애자다."(최하얀, 곽재훈, 「스텝 꼬인 문재인, 동 성애 발언 해명 진땀」, 『프레시안』, 2017.04.17. pressian.com/pages/ articles/157052?no=157052 [최종검색일:2020.12.24.]) 문재인 후보의

이 신념은 대통령이 된 다음에도 바뀌지 않았다.

22. Michael Warner, *The Trouble with Normal: Sex, Politics, and the Ethics of Queer Life*, Harvard University Press, 2000, p. 197. 퀴어 페미니즘 역사학자이자 활동가인 게일 루빈도 1984년에 발표한 「성을 사유하기: 급진적 섹슈얼리티 정치 이론을 위한 노트」("Thinking sex: Notes for a radical theory of the politics of sexuality")에서 "성행위에 대한 위계적 가치 평가"가 어떤 식으로 구조화되는지를 도식화했다. 게일 루빈, 『일탈: 게일 루빈 선집』, 신혜수, 임옥희, 조혜영, 허윤 옮김, 서울: 현실문화, 2015(Gayle Rubin. *Deviations: A Gayle Rubin Reader*, Duke University Press, 2011).

23. 미국과 캐나다가 공동 제작하여 Showtime 방송사에서 방영한 TV 드라마로 2004년 1월부터 2009년 3월까지 총 6개의 시즌이 방영되었다. 공식 홈페이지 sho.com/the-l-word

24. 관련 기사는 다음을 보라. 이은희, 「동성애 조항, 드디어 청소년유해매체물 기준에서 삭제」, 『정보인권』, 진보네트워크센터, 2004.05.21. act.jinbo.net/wp/877/; 김창균, 서동진, 권장희, 「청소년, 인터넷에서 '동성애'를 만나다」, 『정보인권』, 진보네트워크센터, 2004.03.08. act.jinbo.net/wp/760/; 이상희, 「7인의 변호사들: 동성애자의 고민도 '음란물'이던 그때」, 『한겨레 21』 제 960호, 2013.05.10. h21.hani.co.kr/arti/society/society_general/34481.html (최종검색일:2020.12.24.)

25. 관련 기사는 다음을 보라. 잇을, 「배드민턴 치려면 궐기대회 해야 하는 여성성소수자: 퀴어여성 생활체육대회 대관취소 사태」, 『페미니스트 저널 일다』, 2017.10.09. ildaro.com/8019; 고한솔, 「성소수자에 잇단 대관 불허… 허가 며칠 뒤 '공사' 이유로 취소하기도」, 『한겨레』, 2017.09.29. hani.co.kr/arti/society/society_general/813082.html?_fr=mt2#csidx744f694ed5c271483c3557ca20d63ff (최종검색일:2020.12.24.)

26. Sedgwick(1990), *op. cit.*, p. 71.

27. 누스바움(2016), 앞의 책, 128쪽.

28. 한채윤(2018), 앞의 책, 131, 143-147쪽. '커버링'에 대한 자세한 논의는 다음을 보라. 켄지 요시노, 『커버링: 민권을 파괴하는 우리 사회의 보이지 않는 폭력』, 김현경, 한빛나 옮김, 류민희 감수, 서울: 민음사, 2017 (Kenji Yoshino, *Covering: the hidden assault on our civil rights*, New York: Random House, 2006).

29. 권김현영, 「성적 차이는 대표될 수 있는가」, 권김현영, 한채윤, 루인, 류진희, 김주희, 『성의 정치 성의 권리』, 자음과 모음, 2012; 한채윤(2018), 앞의 책, 142쪽에서 재인용.

30. 누스바움(2016), 앞의 책, 240쪽.

31. Samuel R. Delany, *Times Square Red, Times Square Blue*. nyu Press, 1999.

32. 루빈(2015), 앞의 책, 460쪽.

33. Lauren Berlant and Michael Warner, "Sex in public", *Critical inquiry*, Vol.24, No.2, 1998, pp. 551-552, n.9.

34. 한편 한국에서 게이 커뮤니티의 경우에 온라인 데이팅 앱의 영향으로 공적 삶과 사적 삶이 유기적으로 물질적 공간에 매여 있을 수밖에 없던 과거의 관계 맺기와는 질적으로 다른 관계 맺기 양상이 산출되고 공간이 새로이 재편되어왔다. 그럼에도 온라인 공간으로의 접근성이 떨어지는 연령과 계급의 성소수자들은 기존의 크루징 공간에 의존할 수밖에 없고 이들의 빈약한 공동체는 점점 더 가속화되는 젠트리피케이션에 영향을 받게 된다. 이 공적 공간들이 와해될 때, 한 번도 자신을 '게이'라는 이름과 관련지어 생각해보거나 성소수자로 커밍아웃한 적 없는 '이쪽 사람들'의 사적 삶도 와해될 수밖에 없다. 관련 논의는 다음을 보라. 도균, 「게이라는 게 이쪽이라는 뜻이야?」, 전혜은, 루인, 도균, 『퀴어 페미니스트, 교차성을 사유하다』, 서울: 여이연, 2018.

35. 이 "격리된 공간"에 대한 강조는 "상호합의"와 더불어 소도미 법 위헌을 끌어내기 위한 논쟁에서 중요한 개념이었다. 또한 누스바움(2016, 앞의 책)에게 이 개념은 특정 성행위가 법적인 제재를 받아야 하는지 여부를 결정하는 데 중요한 지표다. 누스바움은 소도미 법을 다룬 3장에서 이 두 개념에 의지해 동성애에 대한 법적 차별을 무효화하는 논리를 펼치지만, 이 "격리된 공간" 개념이 성소수자들의 클럽 및 길거리 문화와 상충하는 문제를 6장에서 고민한다. 다만 누스바움의 논의는 철저히 법 담론 안에서, 이런저런 상황에서 동성애자의 권익을 보호하려면 어떤 법조항을 적용하는 것이 적합한가 하는 문제에 초점이 맞춰져 있다.

36. 누스바움(2016), 위의 책, 141쪽.

37. 사랑을 신성한 가치로 내세우는 전략의 문제는 3장 3절에서 정리한 바 있다. 그리고 본문에서 지적한 문제들을 아우르는 '동성애 규범성'은 다음 5장에서 논한다.

38. 이진화, 「지구적 적대의 퀴어한 재배치를 위하여」, 『문학과 사회』 29권 4호, 2016, 135-141쪽.

39. 위의 글, 136쪽.

40. 위의 글.

41. 위의 글.

42. Nayan Shah, "Policing Privacy, Migrants, and the Limits of Freedom", *Social Text* 84-85, Vol.23, Nos.3-4, 2005, pp. 275-284.

43. *Ibid.*, p. 277.

44. *Ibid.*, pp. 280-281.

45. Judith Butler, *Undoing Gender*, New York; London: Routledge, 2004, p. 111; 주디스 버틀러, 『젠더 허물기』, 조현준 옮김, 서울: 문학과 지성사, 2015, 180쪽, 번역 일부 수정.
46. Berlant and Warner(1998), *op. cit.*, p. 547.
47. David L. Eng, Judith Jack Halberstam, José Esteban Mūnoz, "What's Queer About Queer Studies Now? Introduction," *Social Text* 84-85, Vol.23, Nos.3-4, 2005, p. 14.
48. Warner(2000), *op. cit.*, pp. 195-210.
49. Steven W. Thrasher, "The US has an HIV epidemic—and its victims are gay black men", *the guardian*, 2018.05.30. theguardian.com/commen tisfree/2018/may/30/black-gay-men-aids-hiv-epidemic-america (최종검색일:2020.12.24.)
50. Sedgwick(1990), *op. cit.*, pp. 67-79.
51. Eve Kosofsky Sedgwick, *Between Men: English Literature and Homosexual Desire*, New York : Columbia University Press, 1985.
52. 야고스의 책 2장에서 간략히 정리되어 있다. 애너메리 야고스, 『퀴어 이론 입문』, 박이은실 옮김, 서울: 여이연, 2012(Annamarie Jagose, *Queer theory: an introduction*, New York: New York University Press, 1996).
53. Sedgwick(1990), *op. cit.*, p. 83.
54. *Ibid.*
55. *ibid.*
56. *Ibid.*
57. *Ibid.*
58. *Ibid.*, p. 1.
59. *Ibid.*
60. *Ibid.*, p. 183.
61. *Ibid.*, p. 71.
62. *Ibid.*, pp. 85-86.
63. 이런 점에서, 젠더 분리주의 수사 -젠더 자리바꿈 수사와 보편화 관점-소수자화 관점은 별개로 작동하는 것이 아니라 바로 이 비일관성을 읽어낼 모델로서 연관되어 있다. 『벽장의 인식론』 1장에선 젠더와 섹슈얼리티를 어떻게 정의하느냐와 연결해서 동성애와 이성애를 정의하는 담론들에 내재한 모델들의 연관성을 하나의 표로 도식화한다(*Ibid.*, p. 88).

	분리주의 모델	통합 모델
동성애/ 이성애 섹슈얼리티 정의	소수자화하기 예) 게이 정체성, "본질주의", 제3의 성별 모델, 시민권 모델	보편화하기 예) 양성애 잠재성, "사회 구성주의", "남색" 모델, "레즈비언 연속체"

젠더 정의	젠더 분리주의 예) 동성사회적 연속체, 레즈비언 분리주의 모델, 남성성 입문 모델	자리바꿈/경계인/이행성 (inversion/liminality/transitivity) 예) 크로스-섹스(cross-sex), 안드로지니(androgyny), 게이/레즈비언 연대 모델

'예)'에 속한 것들은 역사적으로 젠더와 섹슈얼리티를 설명하기 위해 등장했던 개념들이다. 표를 보면서 몇 가지만 간략히 설명하자면, ①'분리주의 모델'과 '통합 모델'에 속한 모델들끼리는 서로 충돌하면서 동성애/이성애와 젠더 및 섹슈얼리티에 대한 정의(들)에 복잡한 모순을 만들어 낸다. ②젠더 분리주의 수사(2장에서 설명했듯, 이성애자든 동성애자든 상관없이 남자는 남자끼리 여자는 여자끼리 묶이는 속성이 제일 중요하다는 담론)는 소수자화 관점에 속하고, 그러한 경계를 느슨하게 연결시키거나 넘나드는 모델들은 보편화 관점에 속한다. ③동성애/이성애를 정의하는 작업에서 가장 널리 사용되어온 본질주의/구성주의 구도는 각각 소수자화 관점과 보편화 관점에 연결된다. 따라서 세즈윅이 동성애/이성애에 대한 정의가 구성주의냐 본질주의냐를 따지는 논쟁에 매몰되어 발이 묶이곤 하는 상황을 정돈하기 위한 도구로 보편화-소수자화 관점을 제시하긴 했지만, 구성주의와 본질주의가 만드는 난국을 '해결'할 열쇠로 이 관점들을 제시한 것은 아니다.

64. *Ibid.*, p. 85.
65. *Ibid.*
66. *Ibid.*
67. *Ibid.*, p. 86.
68. *Ibid.* 세즈윅이 에이즈 담론에서 소수자화 관점과 보편화 관점이 모순적으로 얽힌 양상을 한 줄로 언급한 내용을, 야고스가 『퀴어 이론 입문』 2장에서 길게 풀어 설명한다. 야고스(2012), 앞의 책, 36~38쪽.
69. Adrienne Asch, "Critical Race Theory, Feminism, and Disability", *Gendering Disability*, eds., Bonnie G. Smith and Beth Hutchison, New Brunswick, New Jersey, and London: Ruters University Press, 2004. 한편 여기서는 앞서 동성애자들의 소송과 다르게 '내가 장애인이요'라는 커밍아웃 자체가 사실관계를 의심받았다. 동성애자인 게 밝혀진 노동자에게 회사 측이 '너는 충분히 동성애자인 것 같지 않다'고 주장하는 일은 없지만, 장애인 정체성은 '네가?'라는 의심에 시달린다. 이는 퀴어와 장애인의 특수한 차이이기도 하다. 어떤 사람이 무지개 팔찌나 배지를 착용하거나 "I'm Queer" 같은 문구가 적힌 티셔츠를 입는다면, 대중은 그 사람이 퀴어일 거라고 해석한다(물론 부모나 가까운 사이의 사람들은 계속 부인하기도 하고, 아예 그런 메시지 자체를 못 알아보는 비

(非)-퀴어들도 많다). 반면 장애인들은 장애 자긍심에 관련된 옷이나 장신구를 착용하더라도, 옷으로 장애 부위가 가려지거나 비가시적 질환 및 장애가 있는 사람일 경우 '진짜 장애인'인가, 그래서 복지 혜택과 배려와 장애인 엘리베이터 이용과 기차표 할인과 장애인 전용 주차장 사용 등을 제공받을 자격이 정말로 있는 사람인가 아니면 사기꾼인가를 유심히 따지는 감시의 시선에 시달린다. 다음을 참고하라. Ellen Jean Samuels, "My body, my closet: Invisible disability and the limits of coming-out discourse", *GLQ: A Journal of Lesbian and Gay Studies*, Vol.9, No.1, 2003, pp. 233-255.; Robert McRuer and Anna Mollow, "Introduction," *Sex and Disability*, eds., Robert McRuer and Anna Mollow, Durham and London: Duke University Press, 2012, pp. 1-34.

70. Sedgwick(1990), *op. cit.*, p. 86.
71. *Ibid.*, p. 90.
72. *Ibid.*, p. 20.
73. 세즈윅은 자신이 책을 집필하면서 유일한 정언명령으로 받아들인 것이 "호모포비아에 반대하는 탐구를 계속 밀고 나가라"뿐이었다고 강조한다 (*Ibid.*, p. 14).
74. *Ibid.*, p. 13.
75. *Ibid.*
76. 일라이 클레어, 『망명과 자긍심: 교차하는 퀴어 장애 정치학』, 전혜은, 제이 옮김, 서울: 현실문화, 2020(Eli Clare, *Exile and pride: Disability, queerness, and liberation*, Duke University Press, 2015[original 1999]) 2판 서문을 보라.
77. Sedgwick(1990), *op. cit.*, pp. 83-84.
78. Alan Bray, *Homosexuality in Renaissance England*, Columbia University Press, 1995.
79. Sedgwick(1990), *op. cit.*, pp. 183-184.
80. *Ibid.*,
81. *Ibid.*, p. 186. '동성사회성homosociality'은 세즈윅이 전작 『남자들 사이: 영문학과 남성 동성사회적 욕망』(1985)에서 정립한 개념이다. 1980년대 당시 이 개념은 역사학과 사회학에서 동성애와 구별되는 의미에서 '같은 성별의 사람 간의 사회적 유대'를 기술하는 말로 사용되곤 했는데, 특히 호모포비아적인 성격을 띠는 남성 유대 활동에 적용되는 용어였다. 동성사회성과 동성애를 서로 대립하는 것으로 정의하는 문화에서는 남자들 간의 뜨거운 에너지와 우정은 미화되고 권장되면서도 절대 그 관계가 섹슈얼한 것이어서는 안 된다는 금지가 붙는다. 그런데 세즈윅은 미국 사회에서 동성사회적인 것/동성애적인 것이 사실상 단절된 것이 아

니라 잠재적인 연속체로 이어져 있다고 주장하면서, 그러한 연속체 전체를 부르는 이름으로 '동성사회적 욕망homosocial desire'라는 신조어를 만든다. 세즈윅은 '동성사회성'에 '욕망'을 붙임으로써 남성 동성사회성 안에 남성 동성애가 이미 들어와 있으면서도 부인되는 구조적 모순을 폭로하고자 했고, 동성사회성으로 해석되던 것들을 욕망의 궤도로 끌어올 때 어떠한 일이 발생할지를 탐구하고자 하였다(Sedgwick[1985], *op. cit.*, pp. 1−2). 한편 『벽장의 인식론』 서론에서 세즈윅은 자신의 전작을 이렇게 간략히 요약한다. "19세기 영문학의 남−여 유대에 남성 간 동성 유대가 내재하며 금기로서 구조화되어 있다는 점을 논증하고자 하였다. […] 여성 하나를 긴 삼각관계를 통해야 비로소 남성과 남성 사이의 욕망을 알아볼 수 있게 하는 문화 체계가 여성과 남성에게 어떤 억압적인 효과를 미치는지에 초점을 맞췄다."(Sedgwick[1990], *op. cit.*, p. 15). 그러나 세즈윅은 이 전작의 분석 틀이 동성애가 가시화된 현대에선 약간 맞지 않는다는 점을 시인한다(*Ibid.*). 이런 점에서 『벽장의 인식론』에서는 서구 문화 전반에서 이런 욕망에 대한 강력한 금지가 역사적으로 남성 동성사회적 유대를 어떤 모양새로 구축하는지, 또 어떤 파괴적 효과를 낳는지에 관한 논의를 보강했다.

82. Claude Levi-Strauss, *The Elementary Structures of Kinship*, Boston: Beacon Press, 1969; Heidi Hartmann, "The Unhappy Marriage of Marxism and Feminism: Towards a More Progressive Union," *Women and Revolution: A Discussion of the Unhappy Marriage of Marxism and Feminism*, ed., Lydia Sargent, Boston: South End Press, 1981, p. 14; Sedgwick(1990), *op. cit.*, p. 184에서 재인용. 레비-스트로스의 논의를 압축적으로 잘 정리하여 발전시킨 글은 게일 루빈, 「여성 거래: 성의 '정치경제'에 관한 노트The Traffic in Women」, 『일탈: 게일 루빈 선집』, 임옥희, 조혜영, 신혜수, 허윤 옮김, 서울: 현실문화, 2015.

83. 이런 논의를 정립한 대표적인 학자로 뤼스 이리가레가 있다. Luce Irigaray, *Speculum of the Other Woman*, translated by Gillian C. Gill, Ithaca, N.Y.: Cornell University Press, 1985.

84. 아마도 이런 경향을 보이는 동성애자 남성들은, 이성애자라는 것이 '진짜 남성'의 기본 자격으로 이해되는 이성애 중심적이고 남성 우월주의적 사회에서 '동성애자는 남자도 아니다'라는 편견에 저항하기 위해 공통의 남성성이라 여겨지는 특성을 적극적으로 장착하려 한 것일 수 있다. 다시 말해 규범적 주체만이 누릴 수 있는 '정상성'의 자격을 보증해줄 만한 표지로서 여성 혐오를 적극적으로 받아들이고 내면화하는 것이다. 당사자는 부인하고 싶겠지만 애석하게도 이런 태도에는 자기혐오와 불안과 인정 욕망이 뒤범벅되어 있을 것이다. 그러나 어떤 이유를 대든 간에, '진짜 남자'라는 규범적 주체 위치를 사수하려는 저런 인간들에게 혐

오 당하는 여성과 젠더퀴어들은 무슨 잘못이 있나. (문장을 정갈하게 마무리해야 하는데 좋은 말이 안 나옴)

85. Sedgwick(1990), *op. cit.*, pp. 2-3. 세즈윅은 섹슈얼리티를 근대 서구 문화의 진리·지식·정체성의 핵심 요소로 위치시켰던 푸코의 이론을 따라, 섹슈얼리티에 대한 담론 및 언어가 다른 모든 영역에 영향을 미친다고 보는 관점을 기본으로 견지한다.

86. *Ibid.*, pp. 72-73. 한편 이 논의가 남성 동성애에 집중된 이유는, 남성 우월주의 사회에서 남성들은 늘 자신의 그 성기를 너무도 소중히 여겨 그 성기를 빼고는 생각이란 걸 할 능력이 부족했던 터라 여성도 동성애를 할 수 있다는 사실을 상상할 능력(그리고 이성애자든 동성애자든 간에 일반적으로 여자들은 남자 없이도 잘 산다는 사실을 이해할 능력)이 없었기 때문이기도 하다. 페미니스트 문화학자 린다 하트에 따르면, 영국에서 여성 동성애는 1921년까지도 생각조차 할 수 없는 것이었기에 남성 동성애가 처벌받는 와중에도 여성 동성애는 '불가능하다'는 이유만으로 처벌받지 않았다. 당시 검찰은 여성 동성애를 처벌하는 법안을 마련하고자 했지만, 한편에선 있지도 않은 범죄를 어떻게 처벌하냐며 반발했고, 다른 한편에선 오히려 이런 범죄가 있다는 사실이 알려지면 여자들이 따라할 수 있다고 우려를 표하는 바람에 흐지부지되었다고 한다. 린다 하트, 『악녀: 레즈비언 섹슈얼리티와 공격성의 표지』, 강수영, 공선희 옮김, 서울: 인간사랑, 1999(Lynda Hart, *Fatal Women: Lesbian Sexuality and the Mark of Aggression*, Princeton University Press, 1994). 그러나 일단 여성 동성애가 범주화된 다음에는 마찬가지로 심리적 결함이 있는 병리적 존재이자 감히 교환 대상 주제에 가부장제를 위협하는 불온 분자로 규정되어 탄압이 가해졌다. 레즈비언 역사 연구에 대해서는 야고스[(2012), 앞의 책] 2장에 간략히 소개되어 있다.

87. Sedgwick(1990), *op. cit.*, pp. 185-186.

88. 원제는 *Captain America: Civil War*. 안소니 루소, 조 루소 감독, 2016, 미국.

89. *Ibid.*, p. 186.

90. 이와 관련해서, 『벽장의 인식론』 4장에서는 남성 개인의 발달단계에서 대상 선택의 순간을 동성애 패닉이 장악해가는 담론적 변동을 추적한다 (Sedgwick[1990], *ibid.*).

91. *Ibid.*, pp. 20-21. 현대의 법정에서 이러한 패닉이 방어 전략으로 사용되는 방식을 분석한 루인은 이 요점을 좀 더 명쾌하게 짚어준다. 패닉은 단순한 감정 반응이 아니라 사회의 규범을 반영하고 실행하고 재생산하는 기능을 한다는 것이다. 다음을 보라. 루인, 「피해자 유발론과 게이/트랜스 패닉 방어」, 권김현영, 루인, 정희진, 한채윤, 참고문헌없음준비팀, 『피해와 가해의 페미니즘』, 서울: 교양인, 2018. 이 글과 연관된 다음의

글도 참조하라. 「보론: 게이/트랜스 패닉 방어: 두려움과 혐오 폭력」, 『판결문과 사례 분석을 통해 본 성적 소수자 대상 '혐오 폭력'의 구조에 대한 연구』, 법무법인 (유)한결 공익활동기금 보고서, 한국성적소수자문화인권센터, 2015. 이 보고서는 한국성적소수자문화인권센터(kscrc.org)에서 구매할 수 있다.

92. Sedgwick(1990), *op. cit.*, pp. 19-20.

93. 루인(2018), 앞의 글.

94. Sedgwick(1990), *op. cit.*, p. 19.

95. *Ibid.*, p. 18.

96. *Ibid.*, p. 85. 지금 나는 세즈윅의 동성애 패닉 논의를 소개하느라 '동성애'에 초점을 맞춰 설명하고 있긴 하지만, 이 논의는 동성애자들과 트랜스젠더를 비롯한 젠더퀴어들이 겪는 차별과 억압이 질적으로 동일하다는 뜻은 아니다. 그저 여기서는 본문에서 논의 중인 동성애/이성애의 이분법적 대립과 이 틀을 떠받치는 동성애 혐오가 현 지배 구조의 핵심축으로서 동성애자뿐 아니라 다른 모든 성소수자가 겪는 차별, 억압, 폭력에 많은 영향을 끼쳐왔음을 지적하는 것뿐이다. 성소수자들이 저마다의 특수한 위치에서 특수한 차별과 억압을 겪어온 현실이 지워져서는 안된다. 동성애 패닉과 트랜스 패닉의 공통된 전략뿐 아니라 중요한 차이를 논한 글은 루인(2018), 앞의 글.

97. 조금 다른 이야기지만 길냥이 밥주다 보면 '고양이 때문에 못 살겠다'고 쫓아와 시비 거는 인간들을 종종 만나는데, 그 사람들의 '못 살겠다' 기준은 자신이 다니는 길가 근처 풀밭에서 고양이 똥을 발견했고, 고양이가 아파트 계단참에 앉아있는 꼴을 보았으며, 사람들의 평소 대화 소리만큼의 강도로 고양이들이 우는 소리를 들었고, 1년에 한두 번 고양이가 쥐를 잡고선 사체를 깨끗이 치우지 않은 걸 발견했다는 정도이다. 내가 매일 넉넉하게 밥을 주니 이 동네 고양이들은 쓰레기봉투를 뜯지도 않아 동네를 어지럽힐 일도 없고, 아파트 단지를 관리하는 인력이 있으니 이 '못 살겠다'는 사람이 직접 밖을 청소할 일도 없다. 그러니 저 사람들의 '못 살겠다'는 내용은 사실 자기 삶에 별반 영향을 끼치지 않는 것들뿐이다. 그런데도 저 사람들의 상상 속에서 이 자그마한 고양이들은 자신의 집에 쳐들어와 집을 빼앗고 자신의 월급 통장을 빼앗고 자신의 생계를 빼앗고 자신을 생존할 수 없게 만드는 어마어마한 괴물로 그려진다. 그나마 다행이라고 해야 할지, 이 동네서 이런 피해 망상을 품은 인간들은 내가 준 사료를 버리는 짓밖에 하지 않지만(그래도 5년째 꾸준히, 심할 때는 매일, 뜸할 때는 일주일에 한 번 사료가 사라진다. 그것도 내가 사료를 가득 부어주고 돌아선 지 한 시간도 안 된 시점에), 전국적으로 매일 이런 인간들 때문에 고양이들이 심각한 폭력을 겪고 살해당한다. 마찬가지로, 동성애 패닉이나 트랜스 패닉이 일어나 어쩔

수 없었다고 주장하는 인간들의 그 '못 살겠다'는 기준도 이 정도밖에 안 된다. 그 정도 핑계로 성소수자들을 때리고 괴롭히고 입을 틀어막고 직장이나 학교에서 쫓아내고 살해하는 것이다.

98. Sedgwick(1990), *op. cit.*, p. 186.

99. 이 사건은 2017년 당시 장준규 육군참모총장이 함정 수사, 개인 신상정보 캐기, 협박 등의 갖은 수단으로 동성애자 군인을 색출해 군형법 92조 6항을 근거로 처벌한 사건이다. 이 사건의 전모와 문제점을 날카롭게 짚은 퀴어 활동가 나영 님의 사설을 보라. 나영, 「게이가 군인인 죄'에 대하여」, 『월간 워커스』 30호, 2017.04.26. workers-zine.net/26676 (최종검색일:2020.12.24.) 국가인권위원회는 이 사건의 진정을 받고도 1년 가까이 시간을 끌다가 제대로 된 조사도 없이 사건을 종결해버렸다. 다음의 기사를 보라. 연합뉴스, 「인권위 '軍 동성애 색출' 조사 부실 논란…서면조사로 사건종결」, 『프레시안』, 2018.05.14. m.pressian.com/m/pages/articles/196474?no=196474#08gq (최종검색일:2020.12.24.)

100. 예를 들어 다음을 보라. 권인숙, 「군대 내 남성 간 성폭력과 남성성: 공론화되지 않은 원인을 중심으로」, 『여성학 논집』, 21권 1호, 2004, 3-35쪽; 한국성폭력상담소(권인숙 외), 『군대 내 남성 간 성폭력, 성의식 실태조사』, 2004년 인권상황 실태조사 연구용역 사업보고서, 국가인권위원회, 2004; 한국여성정책연구원(황정임 외), 『2016년도 군 성폭력 실태조사 사전 연구』, 여성가족부 연구용역 사업보고서, 여성가족부, 2015.

101. "남성 간 성폭력의 피해자들은 자신은 피해를 당할 만한 이유가 없으며 특별한 이유 없이 피해를 입는다고 생각한다. 그러나 목격자의 시선은 이와 다르게 나타나고 있다. 성적 접촉의 대상으로 지목된 이유에 대해 피해자들의 74.7%가 별 이유가 없다고 대답했다. 친근감의 표시였다는 응답은 15.4%였으며, 계급이 낮아서 지목되었다는 응답은 4.4%, 외모나 태도가 여성스러워서 피해를 당했다는 응답은 3.3%에 그쳤다. 듣거나 본 경우에는 외모나 태도가 여성스럽기 때문이라는 응답이 51.3%에 달했으며, 특별한 이유가 없다는 대답이 21.7%, 신체적으로 연약해 보이는 사람이 주로 피해를 입는다는 대답이 18.3%로 피해자의 인식과는 모든 응답에서 큰 차이를 보였다. 또한 가해자의 72.9%는 '어떤 사람이 성적 접촉의 대상이 된다고 생각하느냐'는 질문에 대해 '외모나 태도가 여성스러운 사람'이라고 응답해 가해자의 많은 수가 외모나 태도가 여성스러운 사람이 피해자로 지목된다고 생각하는 경향이 높았다." 보고서는 이 결과를 두고 가해자와 방관자들이 "피해자에게 피해를 입을 만한 이유가 있다"는 생각을 하면서 성폭력 사건의 가해자 대신 피해자를 비난하는 경향이 높게 나타난다고 평가한다 (한국성폭력상담소[2004], 위의 글, 9쪽).

102. Judith Butler, *Excitable Speech: A Politics of the Performative*, New York and London: Routledge. 1997, p. 106; 주디스 버틀러, 『혐오발언: 너와 나를 격분시키는 말 그리고 수행성의 정치학』, 유민석 옮김, 서울: 알렙, 2016, 204쪽, 번역 일부 수정.
103. Butler(1997), *ibid.*, p. 110; 버틀러(2016), 위의 책, 211-212쪽.
104. Butler(1997), *ibid.*, p. 176 n.1; 버틀러(2016), 위의 책, 198쪽, 번역 일부 수정. (영문판 주석은 미주로 처리되어 있었고 한글판 주석은 각주로 옮겨졌다.) 한글판에서는 conduct를 '행동'이라고 번역했지만, 이 용어는 '행실', '처신'에 좀 더 가깝다. 즉 일회성이나 우연적인 행위(act)가 아니라 평소 그 사람의 성격, 생활 습관, 가치관, 인격 등을 알아볼 수 있는 '행동거지'로 이해할 수 있다.
105. Butler(1997), *ibid.*, pp. 104-105, 115; 버틀러(2016), 위의 책, 200-202, 219쪽. 한국에서도 기독교 보수 혐오 세력의 별 이상한 동성애 왜곡 발언은 유튜브나 TV조선 같은 방송을 통해 자유로이 유포되는 반면, 퀴어 당사자는 공영방송에 등장할 기회가 거의 없고, 당사자들이 개설한 유튜브도 자주 신고당하거나 검열당한다.
106. Butler(1997), *ibid.*, pp. 131-132; 버틀러(2016), 위의 책, 247쪽, 번역 일부 수정.
107. Butler(1997), *ibid.*, p. 116; 버틀러(2016), 위의 책, 220쪽, 번역 일부 수정.
108. Butler(1997), *ibid.*, p. 112; 버틀러(2016), 위의 책, 214쪽, 원문 강조, 번역 일부 수정.
109. Judith Butler, *Bodies that Matter: On the Discursive Limits of "Sex"*, New York and London: Routledge. 1993.
110. Butler(1997), *op. cit.*, pp. 114-115; 버틀러(2016), 앞의 책, 217-219쪽.
111. Butler(1997), *ibid.*, p. 119; 버틀러(2016), 위의 책, 225쪽, 번역 일부 수정.

5장

동성애 규범성과
퀴어 부정성

산책 안 끝났다

공적 영역에서도 사적 영역에서도 성소수자들이 차별받지 않고 평등할 권리를 인정하고 이들을 법적으로 보호하는 방향으로 나아가는 것은 매우 중요하고 꼭 필요한 변화이다. 그런데 많은 퀴어 이론가들은 이 목표를 달성하는 것을 곧 진보 정치의 완성으로 여길 때 심각한 문제가 발생한다고 지적한다. 예를 들어 미국에서 소도미 법 폐지 운동은 소위 '사회적 합의'를 좀 더 쉽게 끌어내기 위해 '사랑하는 두 사람의 프라이버시'를 강조하는 전략을 펼쳤다(이런 맥락에선, 위헌 결정을 끌어내는 데 성공한 이후 이 운동의 역량이 동성혼 법제화 운동으로 집중된 것은 자연스러운 흐름이었다). 물론 동성 간 성애를 범죄로 낙인찍는 법에 맞서 동성 간 사랑을 법의 보호를 받는 영역으로 끌어올리려는 노력은 당연히 중요하고 필요하다. 이성애자 남-여의 조합으로 보이지 않는 커플들이 TV에서, 거리에서, 직장에서, 이웃에서 많이 보이고 그 모습이 계속해서 긍정되어야만 '내 주변엔 그런 사람 없다'고 주장하던 사람들도 '그런 사람'이 바로 내 곁에서 살아가고 있음을 언젠가는 자연스레 받아들이게 될 것이기 때문이다. 그러나 소도미 법을 없애는 단계와 사랑의 진정성과 정상성을 입증하는 단계, 그 사이에서 살균되고 지워지는 것들은 무엇인가? '내 주변의 그런 사람'으로 받아들여질 수 있는 성소수자는 누구인가? 친밀성과 프라이버시에 관한 성소수자의 권리가 (단 두 사람의 독점적 연애 관계 지속과 같은 뜻으로 여겨지고 있는) '사랑'이라는 이름으로 축소될 때, 그리고 그 권리를 쟁취하기 위한 투쟁이 다른 모든 현안보다 우선시될 때, 특히나 이 모든 변화가 '우리도 정상인이에요'를 강조하는 방식으로 보증될 때, 어떤 의제가 도외시되고 어떤 성소수자들이 배제되는가? 퀴어 이론가들은 정상성을 강조하는 게이 주류화 정치가 정상/비정상을 구분하여 누구의 사적인 삶과 공적인 삶은 인정받을 수 있고 누구는 인정받을 수 없는지 자격조건을 규정하는 가치 체계 그 자체는 건드리지 않음으로써 전 세계적 폭력과 불평등의 확산에 공모해왔음을 비판한다. 그리고 이런 정치사상을 '동성애 규범성'이라 명명한다. 이 장에서는 '동성애 규범성'이 무엇이고 어떤 원리로 작동하며 어떤 폐해를 낳는지를 정리하고, 그에 맞서는 대항 담론으로 등장한 퀴어 부정성 논의를 살펴본다.

1. 동성애 규범성

1) 동성애 규범성의 정의

1장에서 정리했듯 이성애 규범성은 이성애에 일관성과 특권과 당위를 부여하는 관행, 제도, 사유 구조 등을 총칭하는 개념으로, 사람들의 무의식에 내면화되어 있고 법·정치·종교를 포함해 사회의 거의 모든 제도 및 관습에 내재해 있기에 자연스럽고 당연한 듯 느껴지는 "올바름에 대한 감각"이자, 사람이라면 따라야 할 "이상이나 도덕적 성취의 형식"으로 나타난다.[1] 그리고 이를 따르는 사람은 '정상'으로 대우하고 따르지 않는 사람은 '비정상'으로 차별한다는 점에서 규범적이다. 이런 면에서 볼 때 이 장에서 살펴볼 동성애 규범성은 이성애 규범성과는 좀 다르다. 로렌 버런트와 마이클 워너가 지적하듯, 이 사회가 동성애를 '자연스럽고 당연하고 올바른 일'이나 '인간이 할 도리'로 생각하지도 않고 강제하지도 않기 때문이다. 동성애 규범성은 이성애 규범성처럼 "비가시적이고 암묵적이고 사회의 토대로 기능하는 올바름"[2]을 생산하고 소유하지는 않는다. 또한 동성애 규범성은 이성애 규범성과 똑같은 위력을 사회 전체에 발휘하지도 않는다. 동성혼이 법제화되고 지금보다 사회가 동성애자들에게 훨씬 포용적으로 변화하더라도 동성 간 결혼은 이성 간 결혼과 똑같은 위상에 오르지는 못할 것이다. 이성혼처럼 동성혼도 명절 때마다 일가친척이 빨리 좀 하라고 강요하고 직장 상사며 동료며 우연히 탑승한 택시의 택시기사까지도 왜 아직까지 동성혼 안 했냐며 잔소리하는 일은 일어나지 않을 것이다.

그러나 다른 퀴어 연구자들은 사실상 동성애 규범성이 이성애 규범성의 하위범주라고 본다. 리사 두건은 동성애 규범성이 "지배적인 이성애 규범의 전제 및 제도와 경합하는 게 아니"라, "가정생활과 소비에 입각한 사유화되고 탈정치화된 게이 문화를 약속함으로써 이성애 규범성을 고수하고 지지하는 정치"라고 정의한다.[3] 쉽게 말해 퀴어 이론에서 비판하는 동성애 규범성이란 이성애 규범성이 구축한 '올바름'에 자신도 동화되고 싶어 하는 야망을 가리킨다. 즉 가시성을 획득하고 평범하고 정상적이고 선량한 모범 시민이라는 위상을 획득하고자 주류에 섞이는 '정상화' 기획인 것이다. 동성애 규범성은 이성애 규범성처럼 이성애를 비롯한 다른 모든 성적인 것들을 지배하는 위력을 갖고 있다고 보기 어렵다. 동성애 규범성은 이성애 규범성이 헤게모니를 쥐고 구축한 위계 아래에 들어가 있기 때문이다. 나아가 동성애 규범성은 이성애 규범성뿐만 아니라 시스젠더 중심주의, 성차별주의, 가부장제, 계급차별주의, 인종차별주의, 제국주의 등 '무엇이 정상인가'를 구성하는 지배 이데올로기를 적대시하지도 않고 그 토대를 근본적으로 약화시키지도 않을뿐더러 오히려 거기에 직간접적으로 공모한다.

2) 동성애 규범성이 대세가 된 배경

리사 두건과 마이클 워너는 미국에서 동성애자를 사회의 일원으로 포용하는 분위기가 본격적으로 나타난 건 1990년대 중반부터였다고 진단한다. 이때의 포용은 모든 동성애자에 대한 포용이 아니라 "전체 게이 인구 중에서 가장 동화주의적이고 젠더 [규범에] 적합하며 정치적 주류에 속하는 일부"에 대한 포용이었다.[4] 피상적으로 다문화주의를 내세우고 다양성에 관용적인 척하지만 실상은 "재분배 따위는 없는 평등"을 추구하여 부익부 빈익빈을 재생산하는 "신자유주의적 '평등' 정치"가 이때 동성애자 인권운동의 주류가 된다.[5] 이성애 규범적 제도들의 뼈대를 크게 거스르지 않는 선에서 '우리도 정상이다'를 주장하면서 다양한 교차적 억압을 도외시하는, 즉 단일 쟁점 중심의 동성애자 정체성 정치를 강화하는 전략이 성소수자 인권운동의 대세가 된 것이다.

이러한 움직임이 1990년대에 나타나게 된 배경을 워너는 다음과 같이 정리한다. 첫째, 의약품 개발로 에이즈 유행의 성격이 변화했다. 걸리면 당장 목숨을 앗아가는 급박한 위기에서 관리 가능한 만성질환으로 바뀐 것이다. 이는 '동성애자 = 에이즈 = 죽음'이라는 낙인을 끊어내기에 좋은 기회였고 이 기회를 발판으로 삼아 밝고 건강하고 문란하지 않고 죽음과 무관하고 무해한 동성애자로 동성애자의 이미지를 쇄신하려는 움직임이 가속화되었을 것이다. 둘째, 직접행동 운동이 쇠퇴했다. 한국도 사정이 비슷하지만 퀴어 하위문화는 급박한 사안이 터지면 급하게 모여 운동하고 자생적으로 운동을 꾸려나가다 사람이 지치면 스러지는 식이라 "기억을 공식화하는 제도"가 너무도 부족한 문화인 데다, 에이즈로 인해 너무도 많은 죽음이 발생하는 바람에 기억할 사람도 여력도 부족하여 정치적 기억의 계보가 상당 부분 유실되었다는 것이다.6) 셋째, 1993년 출범한 클린턴 정부는 겉으로는 동성애 친화 정책을 펴는 듯 보였지만 사회적으로 주변화된 존재들을 위험에 방치했다. 예를 들어 재임 기간 내내 클린턴 정부는 주삿바늘 교체 프로그램을 지원하길 거부했는데, 그 프로그램이 감염을 방지함으로써 수많은 생명을 구한다는 사실이 입증되었음에도 행여나 마약에 관대하다는 딱지가 붙을까 봐 지원을 거부한 것이었다. 주삿바늘 재사용은 에이즈 확산에 커다란 악영향을 미쳤다. 더욱이 새로이 개발된 에이즈 치료제에 접근할 수 있는 사람은 상대적으로 부유하고 엘리트인 백인 동성애자들이었기에 가난한 유색인 퀴어들은 더욱더 위험에 내몰렸지만, 정부는 에이즈 위기는 이미 끝났다는 일반적인 통념에 기대어 사회의 하위계층이 겪는 에이즈 위기를 방관했다.7) 넷째, 선거 캠페인과 로비에서 큰돈이 오가는 게 점점 더 중요한 문제가 되었다. 이는 성소수자 유권자층이 돈이 되느냐의 문제와 결부되어 있다. 선거나 캠페인에서 큰돈을 좌우할 수 있는 경제력이 있는 사람들은 주로 백인 중산층 동성애자 남성들이기 때문에 이분법적 젠더 체계에 순응하지 못하는/않는 사람들과 '품위의 위계'에서 하층에 몰려 있는 퀴어들은 돈이 없어 영향력도 발언권도 없어지고 성소수자 인권운동에서 점점 더 입지가 좁아지게 되었다. 결과적으로 자본가 기부자들이 성소수자 인권운동에서 더 많은 지분을 차지하게 되는데, 이들은 밑바닥 인생 퀴어 세계와는 거의 접점이 없는 삶을 사는 부유한 남성인 경우가 많기에 이 사람들에게 중요한 성소수자 인권 의제는 이 사회가 정한 정상성에 포함되는 것이 된다. 그리고 운동이 주류 정치에 맞게 재편되면서 운동의 대의보다는 일단 협상 테이블에서 한 자리 차지하자는 주장이 호소력을 갖게 된다. 오랫동안 활동해온 풀뿌리 지역 활동가들보다 관료든 연예인이든 테이블에 오를 수 있는 유명인들이 운동의 향방을 결정하게 된 것이다. 이런 식으로 운동의 대의와 방향에 신자유주의적이고 신보수주의적인 변화를 꾀한 전문가 몇몇이 이례적인 성공을 거두면서 이 전략은 대세로 자리 잡았다.[8] 특정 인종과 계급에 속하는 게이들만을 위한 이익집단 운동이 '진보'의 위상을 차지하게 된 것이다.

물론 이러한 운동의 변화는 어떤 측면에선 분명 진보였지만, 다른 측면에서 보자면 컴튼스 카페테리아 항쟁과 스톤월 항쟁 전후로 시스젠더 동성애자 말고도 훨씬 다양한 퀴어들이 함께 연대하고 대안 문화를 만들어가고 대안적인 가치를 발굴해나가던 흐름을 틀어막는 반동적인 움직임이었다.[9] 일단 주류에게 먹히는 방식으로 이야기해야 운동이 크지 않겠냐는 정당화 아래 규범적이지 않은 퀴어들의 자리는 점점 더 좁아졌다. 신자유주의적 주류화 전략을 옹호하는 이들은 일단 동성애자들이 안전한 이웃으로 가시화되고 동성혼 법제화만 해결된다면 다른 사안도 점진적으로 해결되리라 주장해왔다. 그러나 미국에서 주류 동성애자 인권운동 단체들이 동성혼 법제화에 운동의 총력을 쏟아붓고는 마침내 동성혼이 법적으로 허용되자 그 외 다른 퀴어들의 의제는 도외시하는 분위기로 흘러가는 것을 볼 때 주류화 전략이 모든 퀴어들을 위한 전략이 아니었다는 점은 분명하다. 사실상 이러한 변화는 '우리 동성애자'를 '이성애자인 부모'에게 떳떳하게 내보일 수 있는 선량한 모범 시민으로 재편하려는 움직임, 즉 "낙인을 기꺼이 받아들이는 정치에서 낙인을 혐오하는 정치로의 변동"이었으며 "퀴어 섹스의 탈정치화와 게이 레즈비언 운동의 탈성애화desexualization"였기 때문이다.[10]

3) 퀴어 리버럴리즘

동성애 규범적인 주류화 전략은 퀴어 이론가들이 '퀴어 리버럴리즘'과 '호모 내셔널리즘'이라고 이름 붙인 두 가지 이데올로기를 전파한다. 퀴어 리버럴리즘은 두 가지 역사적 변화가 합쳐져 만들어졌다. 하나는 1980년대 말부터 1990년대 초 즈음 퀴어 소비자 라이프스타일이 대중매체를 타면서 긍정적으로 가시화된 것이고, 다른 하나는 프라이버시와 친밀성에 대한 동성애자의 권리를 법적으로 보호하는 판결이 나오기 시작한 것이다. 특히 법적인 변화에서 가장 중요한 순간은 2003년 로런스 대 텍사스 주 소송에 대한 대법원 판결이 나왔던 순간으로, 이때 대법원이 소도미를 범죄로 규정하는 텍사스 주 법을 위헌으로 판결함으로써 동성애자는 (적어도 법적으로는) 존재 자체만으로 범죄자 취급받는 신세에서 해방되었다.[11]

퀴어 리버럴리즘은 스톤월 항쟁 전후로 다채롭게 발전하고 있었던 다양한 정체성과 쟁점을 동성혼 법제화와 군대에서의 평등이라는 두 가지 쟁점으로만 축소시켰다.[12] 물론 사랑하는 사람과 결혼할지 말지를 선택하고 결정할 권리에 성소수자들이 접근조차 할 수 없는 현 상황은 분명히 부당하고, 성소수자들에게 더 많은 다양한 선택지가 열려있도록 권리를 보장하는 일은 매우 중요하다. 게이 주류화 전략을 비판하는 퀴어 이론가 및 활동가들도 동성혼 법제화와 군대 내 평등을 하지 말자고 주장하는 건 결코 아니다. 사랑하는 사람과 결혼하길 선택하거나 군에 입대하는 퀴어 개개인이 모두 보수적이고 규범에 순응하는 자들이라고 싸잡아 비난하려는 것도 아니다. 미국에선 가난하거나 유색인이거나 이민 온 사람들이 경제적 문제를 해결하기 위해서나 시민권을 얻기 위해서 군에 복무하는 경우가 많으며 특히나 트랜스젠더의 군 복무 비율은 일반 인구집단과 비교해서 높은 편이다. 2012-13년 당시 통계에 따르면 미국 전체 인구의 약 10퍼센트가 군에 복무할 때 트랜스젠더 인구집단 중에선 20퍼센트가 군에 종사했다.13) 그러므로 동성혼 법제화와 군대 내 차별금지 사안을 싸잡아 모두 중산층 백인 동성애자들의 이해관계에만 부합하는 사안이라고 단언할 순 없다. 다만 퀴어 이론가들이 우려하는 바는, 성소수자 인권운동이 이 두 쟁점으로만 축소되어 결혼 평등과 군대 내 평등이 운동의 유일한 지향점처럼 간주될 때, 그래서 이 두 사안만 해결되면 성소수자들이 겪는 모든 문제가 다 해결될 것처럼 홍보되고 이 두 사안에만 운동의 모든 화력과 자본이 집중될 때, 다른 다양한 위치와 다양한 쟁점이 비가시화되고 배제될 위험이 있다는 것이다.

더욱이 퀴어 이론가들은 자유와 진보의 서사를 표방하는 퀴어 리버릴리즘이, 전세계적으로는 극우 국수주의 정치가 확장되는 역사적 순간에 환영받고 있다는 역설에 주목한다.14) 결혼과 군대 내 평등은 성소수자들이 쟁취해야 할 목표에 속하긴 하지만, 달리 보자면 사회가 우경화되고 보수화되면서 딱 그 정도 수준의 요구만 가능한 상황임을 보여주는 증거로도 볼 수 있다는 것이다. 내가 3장에서 언급했듯 두건은 혼인 평등에만 집중하는 퀴어 리버럴리즘의 정치가 미국에서 전통적인 결혼 말고는 연방복지 이득에 접근할 방법이 없다는 문제, 즉 다른 방식의 가족 공동체를 꾸려가는 사람들은 의료적 혜택, 복지 혜택, 가족 수당 등에서 완전히 배제되며 병원에서 보호자 역할을 할 수도 없다는 문제를 도외시하거나 은폐한다는 점을 지적한다.[15] 또한 티무 루스콜라 Teemu Ruskola[16]는 로런스 대 텍사스 주 소송에 대한 대법원 판례가 동성애자들의 섹스할 자유를 인정했다기보다는 동성애자 간 친밀한 (연인) 관계를 헌법상 보호받는 성생활을 누리기 위한 필요조건으로 규정한 것이라고 지적한다. 즉 동성애자가 프라이버시를 인정받고 공적 영역에서도 "존엄성"과 "존중"을 받을만한 인간이라고 인정받으려면 동성애자 개인의 자격으로는 불가능하고 반드시 "합법화된 동성애적 친밀성"이 필요하다는 것이다.[17]

이렇게 볼 때 동성애자는 아무하고나 섹스를 한 게 아니라 사랑하는 사람과 섹스를 했다는 것을 '증명'해야만 비범죄화될 수 있었다. 사랑이 성소수자 의제의 가장 중요한 키워드로 부상한 것은 이러한 맥락에서였다. 로런스 대 텍사스 주 판례로부터 인정받기 시작한 성적 권리는 사랑과 그 사랑의 궁극적 목표인 결혼을 전제로 성생활과 공/사 영역에서의 시민으로서의 삶 전체를 편성하는 정상성 체제를 수립했다. 동성혼 법제화 운동은 동성애자들을 '이성애자들은 이혼도 하는 시대'에 사랑만으로 모든 고난을 뚫고 단둘의 결합을 이루겠다는 낭만주의자로 만들어 버렸다. 그리고 여기에 모든 운동의 방향과 목표와 에너지와 자본이 집중됨으로써 법적으로 인정받는 가족 형태에 속하지 않는 사람들은 더욱 가난해지고 더욱 위험해졌으며 삶이 더욱 벼랑 끝으로 내몰리는 상황에 방치되어왔다. 모든 성소수자들이 인간으로서의 존엄성을 인정받고 존중받을 수 있는 게 아니라, 오직 이 사회가 바람직하다고 여기는 라이프스타일에 영합하는 이들만이 인간적인 존엄성과 존중을 획득할 수 있다는 것이다. 이런 점에서 퀴어 리버럴리즘은 모든 성소수자들을 위한 해방 서사가 될 수 없다. 퀴어 리버럴리즘은 기득권을 가진 주체들을 기준으로 바람직한 성적 행실의 기준을 세우고 이 특정 주체들에게만 공적 영역에의 참여를 허용하는 방향으로 게이 레즈비언 정치를 조직하는 "정상화 메커니즘"인 것이다.18)

동성애 규범성에 기초하고 그 규범성을 재생산하는 퀴어 리버럴리즘은 동성애자의 권리와 자유를 자유 시장경제에서 아무런 규제 없이 소비자가 될 능력으로만 축소시키고, 프라이버시와 가정적인 것에 대해 매우 편협하게 정의된 관점에서 자유와 해방을 정의하며,19) 따라서 일반적인 '자유'를 '결혼할 자유'로 축소시키고 결혼할 자유만이 프라이버시의 전부인 것처럼 이해되게 만든다. 그리고 이 자유와 프라이버시와 합법적 권리가 모든 퀴어에게 평등하게 적용되지 않는다는 점과 퀴어 리버럴리즘이 시민사회와 소비생활에서의 광대한 불평등을 기반으로 한다는 점을 가리고, 인종, 민족, 계급, 젠더 격차 등을 무시한 채 형식적인 평등과 형식적인 자유만 이야기한다.

퀴어 리버럴리즘은 이성애자보다 '원래' 패션과 문화예술에 능한 퀴어(게이)라는 스테레오타입(<퀴어 아이Queer Eye>20) 같은 방송은 이 스테레오타입에 의존해서 큰 성공을 거두었다), 백인 중산층 가정에서 자란 경제력 있는 두 사람이 결혼해 아이를 입양하거나 한쪽이 낳아서 키우는 핵가족 중심적 라이프스타일, 애국적인 모범 시민 등의 이미지로 퀴어를 뽀얗고 무해하게 세탁한다. 이성애자 남자들의 후장을 딸 염려가 없고 그저 약간의 인권만 존중해주면 주말에 뒷마당에서 바비큐 파티나 하면서 선량하게 살아갈 옆집 사람(추가로 경제적 능력도 있어 교우하기에 그다지 꺼려지지 않는 이웃)으로서의 위상만 주어지는 것이다. 그리고 퀴어 리버럴리즘에서 '퀴어'는 사실상 게이를 의미한다. 예를 들어 드랙 문화를 대중적으로 알리는 데 기여한 미국 리얼리티 쇼 <루폴의 드래그 레이스RuPaul's Drag Race>의 진행자 루 폴은 드랙 문화는 남성만의 전유물이니 자신의 방송에 여성이나 트랜스인 사람들은 참여할 수 없다고 못 박기도 했다.21) 마이클 워너는 퀴어 리버럴리즘의 논리가 가장 잘 먹히고 가장 자기 이익에 부합하는 이들은 "자신의 섹스가 별로 위협받지 않는 사람들, 자신의 젠더 프로필이 가장 덜 퀴어한 사람들", 즉 내가 동성을 사랑하는 것만 빼면 모든 것이 여러분과 똑같다고 사회에 외칠 수 있는 사람들로서, 이런 사람들만 "운동의 선량하고 받아들일 수 있는 얼굴로 앞줄에 세워진다"고 평가한다.22)

한편 퀴어 리버럴리즘의 효능과 성과를 좀 더 인정하고 동성애 규범성에 대한 비판을 좀 더 섬세히 진행할 필요가 있다는 목소리도 나온다. 동성애 규범성에 대한 비판이 미국 퀴어 학계에서 10여 년째 대세다 보니 이 비판 자체가 교조주의적으로 변하여 모든 동성애자의 삶을 획일화하고 도매금으로 싸잡아 비판하는 거대 담론으로 기능할 위험이 있음을 지적하는 이들도 있다.23) 또한 건강·보건 분야에서 일하는 사람들은 주류화 전략이 성소수자들의 건강에 좋은 영향을 미칠 것이라고 말한다. 동성혼 법제화로 인해 사회 전반적으로 차별과 낙인이 줄어들고 동성애자들이 더욱 가시화되는 방향으로 흘러갈수록 청소년 성소수자들의 자살률이 줄어들고 성소수자들이 의료서비스에 더 수월히 접근할 수 있게 된다는 것이다.24) 더욱이 주류화 운동은 성인보다는 아동과 청소년 성소수자들에게 더 도움이 될 수 있다. 적어도 성인으로 자랄 때까지 살아남는다면 퀴어 공동체를 꾸릴 수도 있고 (주로 대도시에서 열리는) 퀴어 관련 강좌에 참여하여 퀴어에 대한 다른 시각을 알아갈 기회가 있겠지만, 그러기 전까지 많은 아동 및 청소년 성소수자들은 집과 학교에서 고립되어 생존해야 한다. 동성애자도 행복할 수 있고 사랑하는 사람을 만나서 평범하게 가정을 꾸리고 직장을 얻고 살 수 있다는 메시지를 언론매체에서 널리 볼 수 있다면 동성애자뿐만 아니라 다른 성소수자 아이들도 부모의 폭력이나 학교 폭력으로부터 좀 덜 위험해질 수 있고 죽지 않고 살아갈 숨통이 조금이라도 트일 수 있을 것이다.25) 이는 장애인들의 경우에도 마찬가지로, 장애인 태아는 낙태해도 되고 태어난 장애인은 안락사해도 된다는 분위기가 팽배한 사회에선 장애인 아이들이 학대받을 위험이 더 커진다.26) 이건 사실 당연한 이야기다. 장애인은 쓸모없는 불량품이고 동성애자나 트랜스젠더는 마귀 들린 존재라고 여기는 사회보다, 이들이 동등한 사회 구성원으로 인정받고 잘 사는 모습이 언론에 자주 노출되는 사회에서 장애인 아동과 성소수자 아동이 무사히 살아남을 확률이 더 클 것이다.

　더욱이 한국에선 동성애 규범성에 대한 비판이 아직은 시기상조는 아닐까 우려하는 사람들이 많을 것이다. 미국에서는 동성애자 가시화의 정치가 어느 정도 성공을 거두고 동성애자가 자본주의 시장의 중요 소비자로 부상했다면, 한국의 시장은 이와 정반대다. 예를 들어 한국의 아이돌 시장은 퀴어들이 자조적으로 '한국은 퀴어 강국'이라고 농담할 만큼 다른 어느 음악 시장보다도 동성애를 적극적으로 상품화하지만, 기이하게도 이 상품화는 동성애에 대한 부인을 바탕으로 한다. 한국 사회의 이성애 규범성이 너무도 강력한 나머지 명백히 동성애적으로 해석할 수 있는 장면이 공중파 방송에 등장해도 그냥 농담거리로 치부되고, 이것이 진짜가 아니라 (아이돌 판 용어를 쓰자면) '비즈니스 게이 퍼포먼스'라는 암묵적 가정 아래 적극적인 유희로 상품화된다. H.O.T.나 G.O.D.가 데뷔했던 시절부터 지금까지 남자 아이돌 운영에서 BL을 이용한 팬심 확보 마케팅은 너무도 노골적이다. 콘서트에서 땀방울로 빛나는 상반신을 드러낸 채 기쁨과 흥분으로 눈빛을 일렁이며 같은 그룹 멤버를 껴안거나 그 상태로 숨을 몰아쉬며 상대의 목덜미를 잡아채 끌어당겨 머리를 맞대고 격정적인 사랑 노래를 부르는 등, 만약 이들이 미국에서 데뷔해 미국에서 활동하는 가수들이었다면 성적 지향을 묻는 인터뷰를 몇 번이고 받았을 법한 장면을 계속 연출하는데도 한국 사회에서 이들의 퀴어성queerness은 가장 가시화될 때조차 가장 암묵적으로 부인된다. 심지어 누군가 아이돌 퍼포먼스의 퀴어한 측면을 직접 언급하거나 가수의 성 정체성을 시스젠더 이성애자가 아닌 다른 정체성으로 가정하는 발언을 할 경우, 팬들은 벌떼처럼 들고 일어나 그 퀴어한 가능성을 침묵시켜버린다. 그리고 소속사는 그런 일이 일어났을 때는 뒤에서 팔짱끼고 지켜보기만 하면서, 퀴어성이 발화되는 순간 묻히는 바로 그 이성애 규범적 풍조에 기대어 퀴어로 해석될 수 있을 상품을 계속 팔아 이득을 본다. 모든 사람이 이게 단순한 이성애 구도로는 설명할 수 없는 무언가라는 것을 알면서도 '한국의 디나이얼denial 정서'라고 부를 만한 바로 그 부인 덕분에 역설적으로 퀴어한 상품화는 스스럼없이 판매되고 너무도 잘 팔린다(엄밀히 말하자면 BL이나 백합물이라는 장르적 특성 안에서 재현되는 동성애가 팔린다). 동성애가 '감히 그 이름을 말할 수 없는 사랑'으로 존재함에도 불구하고 팔리는 것이 아니라,

동성애가 '감히 그 이름을 말할 수 없는 사랑'으로 존재한다는 바로 그 이유 때문에 팔리는 것이다.

한국은 아직 커밍아웃한 연예인이 한 손에 꼽을 정도밖에 없고 커밍아웃하고서 대기업 요직에 앉거나 공직에 올라가 있는 사람이 아무도 없으며 보수 기독교 혐오 세력의 공격으로 인권조례마저 차례차례 폐지당하는 상황이라 차별금지법과 기본적인 인권 문제부터 논해야 하는 단계다. 더욱이 한국의 성소수자 인권운동 단체들(예를 들어 성소수자 차별반대 무지개행동, 한국성적소수자문화인권센터, 비온뒤무지개재단, 공익인권법재단 공감, 트랜스젠더 인권단체 조각보 등)은 퀴어 리버럴리즘이나 게이 중심적 주류화 전략에 흡수되지 않는 퀴어 정치를 펼치고 있다. 그러나 그렇다고 해서 한국이 동성애 규범성 청정 지역인 건 아니다. 한국에서도 성소수자 공동체들 안에서든 그 바깥의 '일반 사회'에서든 시스젠더 동성애자 이외의 다른 성소수자 쟁점은 사소한 것 취급당하는 경향이 확연히 존재하기 때문이다. 트랜스젠더퀴어 이슈로 성 중립 화장실이 쟁점화되기 시작하자 비교적 영향력 있는 게이 남성 평론가들이 '너희는 운동 이슈가 고작 화장실뿐이냐' 하고 비웃고 바이섹슈얼 가시화 운동이 시작되자 '바이에게 무슨 대의가 있느냐, LGBT에서 바이의 B는 빈칸이다'라는 글을 트위터에 올렸던 사건을 떠올려보자. 또한 공직선거에서도 '동성애 찬성/반대'가 쟁점화되기 시작했을 뿐, 다른 퀴어 정체성은 관련 의제는 물론이고 존재 자체조차 공적 담론에 들어오지 못하고 있다. 동성애 규범성과 이성애 규범성이 영향력을 미치는 범위와 힘의 크기가 다르다 할지라도, 시스젠더 동성애자가 아닌 퀴어들에게 동성애 규범성은 이성애 규범성과 마찬가지로, 혹은 그보다 더 괴롭게 경험될 수 있다. 자신의 존재를 말살해버리려는 이성애 규범적 사회에 대한 일종의 안식처로 '같은 퀴어끼리' 이해하고 도우며 살아갈 수 있으리라 기대했던 성소수자 공동체 안에서 받는 차별과 배척이 더 큰 상처로 남을 수 있기 때문이다.

동성애 규범성은 시스젠더 동성애자가 아닌 다른 퀴어들을 경시하거나 배제하거나 아예 인식 장 밖으로 폐제하는 방식으로 동성애를 퀴어 위계의 맨 윗자리에 올려놓는다. 주류 사회와는 반대의 시각에서, 지정성별 여성인 트랜스젠더가 트랜지션을 할 경우 남성 권력을 갖고 싶어 여성의 몸을 버리는 여성 혐오자라고 비난하거나 트랜지션 이후의 그 사람을 '남성'으로 단정하곤 여자를 사랑하는 너는 이성애자니 퀴어가 아니라고 재단하기도 한다. 동성애 규범성과 이성애 규범성은 둘 다 젠더 이원론을 기반으로 하는데 그 이유는 남/여가 반드시 분리되어 있고 그게 견고한 진리로 박혀 있어야만 '같은 성별끼리의 사랑'과 '다른 성별끼리의 사랑'이 구분되기 때문이다. 따라서 트랜스젠더들은 주류 사회에서는 이성애를 강요받고 동성애자의 발언권이 센 성소수자 공동체에서는 동성애를 강요받지만 정작 그들의 '동성애'나 '이성애'는 인정받지 못하고 계속해서 의심받는 아이러니한 상황에 놓이게 된다. 존재 자체가 남/여 이분법은 자연스러운 만고의 진리라는 기본 전제에 균열을 내기 때문에, 트랜스젠더는 이성애와 동성애를 갈망하면서도 결코 그 과실을 온전히 허락받아서는 안 되는 불편하거나 우스꽝스러운 존재로만 재현되어야 한다는 강제가 있는 것이다. '터프(TERF)'들이 트랜스젠더, 특히 MTF 레즈비언으로 범주화될 만한 이들을 '여자의 경계심을 누그러트리기 위해 여자인 척하는 잠재적 강간범'으로 취급하는 태도 또한, 트랜스젠더를 남/여 어느 한쪽에 끼워 맞추려고 하면서 동시에 결코 너는 진짜 남자 혹은 여자는 될 수 없을 것이며 그럼에도 영원히 이류시민으로서 그 범주들에 순응해야 한다고 강요하는 것이다.

수잔 스트라이커는 동성애만 이성애 규범성에 맞서는 것이 아니라 트랜스젠더학 및 운동도 이성애 규범성에 맞서는 정치적 실천임을 주장하면서, 이때 이성애 규범성에 맞서는 방식이 시스젠더 동성애자와 트랜스젠더 사이에 다를 수 있다는 점, 각자의 퀴어 위치에 따라 다양할 수 있다는 점을 지적한다. 이 차이를 인식/인정하는 데 실패할 때 이성애 규범성에 맞서는 입장이 획일화될 것이고, 이 획일화는 동성애 규범성을 생산하고 강화하고 유지시키는 결과를 낳을 수 있다.27) 그러므로 동성애 규범성에 대한 비판은 단순히 동성혼 법제화와 군대 내 평등을 반대하자는 말이 결코 아니다. 성소수자들에게 그것만이 유일한 선택지가 되지 않도록, 동성애 규범성의 지향에 맞지 않는 다른 성소수자들까지 살아갈 자리를 마련하자는 것이다. 그리고 이렇게 살아갈 자리를 마련하려면, 기존의 규범적인 인식/인정 틀은 그대로 둔 채 그저 거기에 포함할 사람을 늘려가는 방식만으로는 결코 충분치 않다는 것을 지적하는 것이다.

퀴어 리버럴리즘을 경계하는 논의가 특히 중요한 이유는, 퀴어 리버럴리즘이 '오빠가 허락한 페미니즘'처럼 이성애 규범적 사회가 허락한 자유와 평등의 경계선 밖에 있는 퀴어 존재 및 실천을 모두 일탈로 치부하고 있기 때문이고, 혐오 세력들이 그 일탈을 다시금 성소수자에게 자유와 평등을 허락하면 안 된다는 증거로 끌어다 써도 반박할 논리가 리버럴리즘 안에는 없기 때문이다. 리버럴리즘의 틀 안에서는 더욱 조신하게 몸을 사려 책잡힐 구석을 만들지 않는 것만이 이러한 혐오를 벗어날 유일한 방법이 될 뿐이다. 그러나 '너 빨갱이지' 같은 딱지가 얼마나 말도 안 되는 트집을 잡아 사람을 매도하고 직업을 잃게 하고 집안을 풍비박산 내고 고문실에 끌려가 사라지게 만들었는지를 경험한 한국 사람들이라면, 조신하게 몸을 사리는 방식으로는 결코 혐오가 강화시키는 억압과 검열에서 벗어날 길이 없다는 사실도 알거나 느낄 것이다. 여성 혐오처럼 성소수자 혐오는 그 어떤 조신함으로도 피해갈 수 없는 거대한 벽장을 만들어 계속해서 당사자들을 가둬놓는다. 4장에서 언급했듯, 품위의 위계의 밑바닥에 있고 사회적으로 가장 주변적인 존재가 된 사람들에게 높은 세금과 자원을 들여 사회적 안전망을 구축해주느니 그냥 이 사람들에게 낙인을 찍어 쳐내면 마치 사회가 정화되고 에이즈 문제는 다 사라질 듯 대하는 게 훨씬 더 싸게 먹힌다. 그래서 동성애 규범적인 퀴어 리버럴리즘은 주변화된 퀴어들을 향한 혐오를 방관하고 조장하고 생산한다. 동성애에 반대한다는 대선 후보에게 항의 시위를 나갔다가 잡혀간 활동가들이나 퀴어문화축제에서 자신을 다양하게 드러내는 사람들에게 '나댄다는 비난을 퍼붓는 모 동성애자 커뮤니티처럼, 낙인찍힐만한 사람과 그렇지 않은 사람들을 구분하고 '나는 낙인찍힐 이유가 없다는 것을 증명하고자 애쓰게 된다면 그것은 결코 자유라고 불릴 수 없는 자기 검열의 무한지옥이다.

이렇게 혐오의 정치, 혐오를 통해 당사자에게 수치심을 덮어씌우고 수치심을 내면화하게 만드는 "수치심의 정치"[28]는 사회를 더욱 보수화시킨다. 모범시민으로서의 위상을 유지하고자 하는 동성애자들은 이 혐오스러운, 나대는, 낙인찍힌, 불법적인 퀴어들과 자신은 다르다는 것을 증명해야 하지만, 이 '더러운' 퀴어들과의 구분선을 그냥 유지하는 것만으로는 불충분하므로 증명은 결코 한 번으로 끝나지 않는다. 퀴어 혐오가 사라지지 않고 정상적인 것/병리적인 것의 이분법적 위계가 강고한 사회가 계속 유지될수록 '나는 정상이다, 나는 저놈들과 다르다를 계속해서 증명해야 하므로 보수화는 더욱 가속화될 수밖에 없다. 이렇게 '내가 진짜 진정성 있는 보수적인 애국시민이요'를 더욱더 확실하게 증명하려는 갈망과 압박은 호모 내셔널리즘이라는 형식으로 탄생한다.

4) 호모 내셔널리즘

버틀러는 『불확실한 삶Precarious Life』(2004)[29] 5장에서 임마누엘 레비나스Emmanuel Levinas의 '얼굴의 윤리 이론'을 좀 더 정교하게 다듬는 작업을 한다. 레비나스는 타자의 얼굴이 우리에게 응하지 않을 수 없는 강력한 윤리적 요구사항을 전달한다는 점에서 타자의 얼굴에 응하는 것은 윤리적 실천이 되고, 따라서 타자의 얼굴이 인간화의 조건이 된다고 보았다.[30] 그런데 버틀러는 타자의 얼굴이 반드시 인간화의 조건이 되는 건 아니라는 점을 짚는다. 언론매체를 통해 타자의 얼굴을 재현하는 방식이 타자를 비인간화하고 심지어 아예 인간으로 생각할 수조차 없는 것으로 만드는 데 쓰일 수 있다는 것이다. 2장에서 설명했듯 타자의 얼굴은 단 두 가지로 재현된다. 주체가 쳐부숴야 할 사악한 타자와 주체가 구출해줘야 할 불쌍한 타자. 미국은 스스로를 선량하고 정의로운 영웅 주체의 위치에 놓고(미국의 영웅주의를 가장 노골적으로 상징한 캡틴 아메리카를 포함하여 거의 모든 히어로 영화의 영웅들이 미국 국적의 백인이라는 점을 생각해보라), 사악한 타자의 위치에 후세인이나 빈 라덴을 놓고, 울고 있는 아프간 소녀의 얼굴을 불쌍한 타자의 위치에 놓아 미국이 악한 타자로부터 불쌍한 타자를 구원한다는 식으로 전쟁의 프레임을 짠다.[31] 그리고 비체의 자리엔 미국과, 미국의 우방인 이스라엘 등이 벌인 잘못으로 희생되는 사람들이 놓인다. 미국의 미사일 오발로 한 마을이 폭격에 무너져도 이들의 죽음은 언론에 보도되지 못하고 삶도 죽음도 인식되지 못하고 인정받지 못한다. 이런 점에서 이들의 실존은 처음부터 시각 장 바깥에 놓여 있는 비체의 영역에 속하는 것이다.

젠더 이원론과 이성애 중심주의가 지배하는 곳에서 퀴어는 타자 아니면 비체의 위치로 밀려난다. 그래서 '퀴어를 위한 나라는 없다'는 슬로건은 꽤 오랫동안 퀴어 운동에서 참인 명제로 받아들여졌다. 그런데 사실 이 명제는 인종, 민족, 국적, 계급 등의 다른 권력 범주를 고려하지 않고 성적인 영역에만 초점을 맞췄을 때에만 참이다. 신자유주의적 자본주의와 국수주의, 제국주의, 인종차별주의의 커넥션, 그리고 이 커넥션 안에서 구축되는 '영웅적 주체: 사악한 타자와 불쌍한 타자: 비체'의 구도에서 일부 퀴어는 영웅-주체의 위치로 옮겨갈 자격을 얻는다. 퀴어는 '퀴어성에도 불구하고'가 아니라 바로 그 퀴어성을 '통해' 자본주의, 인종차별주의, 제국주의, 국수주의 담론을 공고하게 만드는 데 동원되는 것이다.[32] 예를 들어 군대 내 성소수자 군인 차별에 반대하는 운동이 모든 직업에서의 평등과 차별금지를 강조하는 방향이 아니라 '우리도 나라를 지키게 해달라'며 애국심에 호소하는 방향으로만 가버린다면, 당사자의 퀴어한 특성은 '조국이 날 버렸어도 나는 조국을 버리지 않았다'는 신파주의 포장지가 되어 국수주의와 군국주의에 힘을 실어줄 위험이 있다. 이런 서사에서 국가는 사회적 소수자들이 스스로 겪어온 차별에도 불구하고 마지막의 마지막까지 보호하고 구해야 하는 절대적으로 소중한 무언가가 되는 것이다. 이와 관련해서, 두건은 미국이 테러와의 전쟁이라는 명목으로 전 세계에 일으키는 전쟁에 동성애 규범적 주체들이 어떤 식으로 대응했는지 서술한다. 미 해군 항공모함에 실리는 폭탄 탄두에 '호모를 습격하라'는 낙서가 적힌 사건에 대해 보수 동성애자 단체가 항의 성명을 냈을 때, 그 성명서의 요지는 지금도 열심히 미합중국을 위해 충성하는 게이, 레즈비언, 바이 병사들의 명예를 손상시킨 것을 사과하라는 것이었다. 이에 대해 뉴욕의 성소수자 인권 활동가 빌 돕스는 이 성명서가 '나쁜 낙서만 없다면 폭탄과 폭탄 투하는 괜찮다는 메시지'를 전달한다고 비판하면서, 이렇게 게이에만 초점을 맞추는 전략이 실제 이 폭탄이 누구를 죽이고 누구의 터전을 파괴하는 데 쓰이고 어떤 불평등과 억압에 공모하고 있는지에 대해서는 침묵함으로써 그러한 불평등과 억압에 공모한다고 지적했다.33) 이런 식으로 국수주의와 결탁한 동성애 규범성은 "자본주의적 착취와 지배, 정부 폭력과 확장, 종교 근본주의와 혐오가 더욱 전 세계화되어가는 현상에 대한 비판을 포기한다."34)

재스비어 푸아는 미국이 2001년 9.11 이후 '테러의 위협에도 굴하지 않는 하나 된 미국' 이미지를 재건하고 이슬람 사회에 대한 응징을 단순한 복수가 아니라 '저 야만인들'로부터 문명사회를 지키고 자유주의를 전 세계에 전파하는 수호자로서 행하는 '성전'으로 포장하는 과정에서 동성애자를 애국 시민으로 호명하는 전략을 사용하는 방식을 분석한다.35) 국가 정체성이 흔들리는 위기 상황에서 획일적인 통일체로서 국가를 재구축하기 위해 장애인이나 성소수자 등을 '우리'로 끌어들이는 전략은 9·11 테러 이후 미국에서 적극적으로 유통된 담론 중 하나였다.36) 그런데 이때 모든 성소수자가 다 애국 시민으로 포함되는 것은 아니다. 애국 시민이라는 국가의 규범적 주체로 호명되는 것은 동성애 규범성에 맞는 (주로 백인) 동성애자들이다. 푸아는 이를 두고 "퀴어성queerness이 백인성whiteness을 퀴어의 규범으로 생산해내면서 미 제국주의의 팽창을 암묵적으로 승인"하고 그로써 "국수주의적 외교 정책에 장착된 미국 예외주의와 공모한다"고 평가한다.[37]

이처럼 "게이 레즈비언 주체들에 대한 '수용'과 '관용'이 국가 주권의 합법성과 역량을 평가하는 척도로 사용되는" 방식을 설명하기 위한 개념 틀로 재스비어 푸아는 '호모 내셔널리즘'이란 용어를 제안한다.[38] 한편으로, 호모 내셔널리즘은 한 국가 안에 산적해 있는 심각한 문제를 가리고 대외적인 국가 이미지를 쇄신하기 위한 반짝이 포장지로서 퀴어의 진보적 이미지를 동원한다. 퀴어 친화적 태도가 곧 국가의 진보성을 입증해주는 증거인 양 국가가 자행하는 폭력과 억압을 은폐하는 데 퀴어를 이용하는 이런 전략을 핑크워싱pinkwashing이라 부른다.[39] 다른 한편, 호모 내셔널리즘은 이 반짝이 포장지를 이용하여 '문명화되고 퀴어 친화적인(그러므로 우월한) 서구 열강'과 '낙후되고 동성애 혐오에 찌든 미개한 비(非)서구 국가'라는 이분법을 생산해낸다. 그리하여 2차 세계대전 이후의 서구 제국주의는 퀴어까지 포용할 수 있을 만큼 관용적이고 성적으로 근대화된 합리적 주체로서 저 미개하고 무도한 '제 3세계'에 가서 억압받는 퀴어들을 해방하는 영웅의 위치에 자신을 놓는다. 이는 제 3세계 여성들이 겪는 억압과 차별이 제국주의 페미니즘에 활용된 방식과 같다. 저 불쌍한 히잡을 쓴 무슬림 여성들을 우리가 해방시키기 위해 폭탄을 투하하는 것은 페미니즘적이라는 논리인 것이다.

이와 관련된 기사가 있다.[40] 4장에서 언급했듯 영국에선 1533년 헨리 8세 때 항문성교 금지법Buggery Act이 제정되었고, 제국주의 시대에 영국은 온갖 제도와 악습에 더해 이 항문성교 금지법까지 식민지에 수출한다. 그리고 영국의 옛 식민지에서 독립한 뒤에도 자메이카 같은 국가에선 이 악습의 잔재가 길게 남아 동성애 혐오 경향이 문화에 뿌리

깊게 자리 잡게 된다. 그러자 뻔뻔하게도 영국은 자기네는 오십여 년 전에 이미 항문성교 금지법을 폐기했다면서 자메이카의 호모포비아를 미개하다고 비난하며 우월감을 드러내고, 자메이카는 영국의 이런 태도에 분개하여 동성애 혐오가 마치 자국의 전통이고 동성애가 제국주의의 산물인 양 대립각을 세우는 아이러니한 구도가 만들어진다. 기사 작성자인 허버드 교수는 "영국, 즉 일찍이 항문성교 금지법을 발명해 전 세계에 퍼뜨렸던 그 제국은 지금 이들 국가에 대해 당시와 똑같이 공격적인 태세로 동성애 친화적인 대외정책을 강요하고 있다"는 아이러니를 지적한다. "당혹스럽고 아이러니한 건 영국의 식민지 착취가 얼마나 끔찍했는지 거의 알려져 있지 않은 가운데, 영국이 이 진보적인 안건을 통해 과거 피지배국들 즉, 이 극악한 구시대적 법으로 동성애 혐오를 합법화하고 있는 나라들을 대상으로 도덕적·문화적 우위를 유지하게 됐다는 점이다." 그리고 자메이카와 같은 옛 식민지 국가들은 서구 열강의 핑크워싱과 반대로, 국내에 산적한 시급한 사안들(빈곤, 부패, 불평등)로부터 사람들의 주의를 분산시키는 동시에 강력하고 마초적으로 국민들을 지배할 권력을 강화할 절호의 기회로 동성애 혐오를 활용한다. 즉 국내의 분노와 불만이 한곳으로 쏠릴 수 있도록 국가적인 주적을 상정하는 희생양 만들기 전략으로 동성애 혐오가 쓰이는 것이다. 이는 한국에서 기독교 보수 세력이 자기네 내부 부패 문제며 성폭력 문제며 도덕적으로 썩어버린 상황을 가리기 위해, 또한 종교 과세 문제를 수면 위에 떠오르지 못하도록 하기 위해 성소수자를 사회를 망하게 하는 주적으로 설정함으로써 자기네 종교의 썩어 문드러진 도덕적 위상을 만회하려 드는 상황과 비슷하다.

　여기서 확실히 알 수 있는 것은, 호모 내셔널리즘과 결탁한 새로운 제국주의 담론에서 동성애 규범성에 부합하는 서구 백인 퀴어 주체를 제외한 퀴어들은 타자화된다는 것이다. 이때 타자화는 앞서 설명했듯 불쌍한 타자와 악한 타자로 이중적으로 재현된다. 한편으로, 인종화된 타자로서의 퀴어는 저 멀리 미개한 비서구 국가에서 국가적 탄압을 받으면서 서구 열강의 영웅—주체에게 해방되기를 기다리는 가엽고 불쌍한 타자로 재현된다. 퀴어 친화적인 제 1세계와 대비되는 호모포비아적 제 3세계에 사는 불쌍하고 낙후된 제 3세계 퀴어라는 형상이, 민주주의와 자유주의와 문명화의 상징인 '해방'된 제 1세계 퀴어 주체와 대비되어 만들어지는 것이다.

이 말은 실제로 지구상의 많은 나라에서 퀴어들이 자신의 존재가 밝혀지는 것만으로 목숨을 내놓아야 할 만큼 위험에 처해 있다는 현실을 부정하는 것이 결코 아니다. 그러나 이스라엘이 팔레스타인을 포격할 때 내세우는 논리 중 하나는 팔레스타인은 성차별적이고 동성애 혐오적이며 따라서 거기서 핍박받는 불쌍한 퀴어들을 해방해야 한다는 것이었다.[41] 이런 식으로 상상된 특정 타자의 해방을 명분으로 전쟁과 폭력이 정당화된다. 그 나라에 사는 퀴어들 중 그 누구도 자신이 사는 곳이 자신을 핑계로 폭격당하는 걸 원치 않을 텐데 말이다. 심지어 미제국주의가 품고 있는 고루한 오리엔탈리즘의 상상 속에서 아랍/이슬람/무슬림,[42] 또는 중앙아시아나 남아시아인 퀴어들은 퀴어로 정체화한 존재로 상상조차 되지 못한다. 아부그라이브 수용소에서 '성고문 스캔들'이 일어났을 때, 미국 내 담론은 이를 보편 인권의 문제에서 질타하기보다는 무슬림은 "동성애를 용납하지 않는 성적 억압을 토대로 한 동질적 집단"으로서 "억압되어 있고, 몸가짐에 엄격하며, 알몸을 삼가는" 문화적 관습을 갖고 있어서 성고문이 특히 그들에게 불명예스럽고 치욕적이리라는 식으로 타자화했다.43) 이처럼 인종과 퀴어를 양립할 수 없는 범주로 만듦으로써 미국은 "그러한 성적 속박이 존재하지 않는 곳"으로 설정된다. 이것이 미국의 "성적 예외주의" 서사다.44) 미국의 퀴어 예외주의에 따르면 미국에만 퀴어(백인)가 살고 동성애 해방이 존재하는 반면 나머지 (비(非)백인들이 사는) 나라에는 퀴어가 없거나 혹은 아직 퀴어로 정체화하지 못한 채 미국의 손길을 기다리는 가련한 잠정적 퀴어들만 남아있는 셈이다. 이런 식으로 퀴어 예외주의는 미국의 국수주의와 제국주의적 침략을 정당화한다.

다른 한편, 퀴어는 테러와 결합하여 악한 타자를 재현한다. 퀴어는 테러리스트화되고 테러리스트는 퀴어화된다. 역사적으로 퀴어는 나라를 망하게 하는 테러와 상징적으로 긴밀히 얽혔다. "동성애자는 첩보원이나 이중 첩자 같은 국가의 반역자로 취급됐으며 매카시 시대에는 공산주의자로도 여겨졌다."45) 푸아는 「퀴어한 시간들, 퀴어한 배치들 Queer Times, Queer Assemblages」(2005)에서 테러리스트 몸의 퀴어화를 세 가지 양상으로 분석하는데 여기서는 악한 타자의 재현과 그렇게 재현된 타자를 길들이기와 관련된 두 가지 양상만 정리해보자. 첫째, 무슬림 테러리스트 몸은 항상 불가해하고 위험하고 불안하고 바이러스처럼 퍼져나가는 병리적인 것으로 재현된다는 점에서 퀴어하다. 미군의 대테러 담론에서 그려지는 테러리스트 괴물의 특징을 살펴보면, "테러리스트 조직망이 강력한 집단으로서 바이러스처럼 확산되고 이들의 촉수가 그것을 잘라내려는 시도에도 불구하고 계속해서 되살아나는 상황에서, 테러리스트란 이해할 수 없고, 알 수 없고, 히스테릭한 성격을 한꺼번에 갖춘 괴물과 마찬가지"로 간주된다.46) 이는 본디 테러리스트가 퀴어하다는 말이 아니라, 국가가 자신의 불안 요소를 테러리스트에게 부과하고는 그게 바로 테러리스트 몸의 본질인 양 범주화한다는 뜻이다. 그러나 다른 한편으로 볼 때 테러리스트 신체는 "국가의 경계선을 안팎에서 교란"하고, 제국주의적 주체에게 "판독 불가능성과 비교 불가능성"의 정동을 불러일으킨다는 점에서 퀴어하다.[47] 따라서 둘째, 미 제국주의의 입장에서 테러리스트의 몸은 고문을 통해 퀴어하게 "재영토화되어야 한다."[48] 즉 고문당하는 사람이 실제 퀴어 정체성을 갖고 있든 아니든 상관없이 이들의 존재가 규범적 안정을 뒤흔들 위험이 있는 잠재적 위험 세력으로 서구 대중의 심상에서 재현되고, 제국주의적 주체가 이 불안감을 잠재우기 위해 폭력을 사용하여 이들을 철저하게 무력화시키고 길들이는 과정에서 이들의 신체는 퀴어하게 생산되고 재생산되는 것이다. 푸아는 터번에 테러리스트 남성성의 퀴어성이 각인되며 따라서 이 터번을 벗기고 머리카락을 자르는 것에서부터 혐오폭력과 고문이 시작된다고 설명한다. 푸아는 이 폭력이 "신체의 퀴어성을 여러 측면에서 확인시켜준다는 차원에서 수행적"이라고 말한다.[49] 이 말이 무슨 뜻인지 풀자면, 먼저 테러리스트 남성의 몸이 테러리스트를 생산하는 기능을 가진 것으로 간주된다는 점에서 재생산 기능(실제로든 문화의 생산이라는 차원에서든)이 여성에서 남성으로 퀴어하게 옮겨가는 의미 역전이 발생한다. 이렇게 남성 신체에 재생산 기능을 옮긴 다음엔 그 기능을 "상징적으로 박탈당하는" 단계(성고문)가 발동된다.[50]

문명화되고 애국적인 모범 시민으로서의 퀴어와 미개하고 위험한 테러리스트로서의 퀴어 재현은 서로 모순되지 않는다. 동성혼 법제화와 군대 내 동성애자 차별금지를 중심으로 하는 미국 내 게이 주류화 흐름은 관타나모 수용소에서 벌어지는 정부 차원의 폭력과 미국 내 이민자들이 겪는 폭력과 정반대인 것이 아니다. 즉 한편에서는 해방의 물결이 일렁이고 있는데 다른 편에서는 아직 해방되지 못한 측면이 있는 문제가 아니다. 오히려 이는 전자의 해방이 후자의 폭력을 토대로 가능해지고, 그다음엔 전자의 해방이 후자의 폭력을 지지·유지·강화하는 것이라 할 수 있다. 전자의 해방이 후자의 폭력을 토대로 가능해지는 이유는, 법안에 포함되는 모범적이고 합법적인 주체가 생산되기 위해서는 2장에서 설명했듯이 그러한 주체의 경계를 이뤄주는 비체가 동시에 생산되어야 하기 때문이다. 이 비체는 법 밖에서 생산되는 것이 아니라 바로 법 안에서 생산되는 것이다. 그래서 이 비체들은 법적으로 인간이 누릴 수 있다고 가정되는 기본권은 하나도 누리지 못하면서도 법에 의해 구속되고 처벌받으면서 오직 합법적 주체의 반대 형상으로서만, 그 합법성을 합법적인 것으로 인식하게 하고 가능케 하는 조건으로서만 기능하도록 강제되는 것이다.

더욱이 악한 타자/불쌍한 타자/비체의 위상은 확고히 구분되는 것이 아니다. 어린이들은 제국주의적 주체의 영웅다움을 과시할 필요가 있을 때는 순수함의 상징으로 구출되고 보호받아야 할 불쌍한 타자의 위치에 놓이지만, 이스라엘이 팔레스타인 학교를 폭격했을 때 이 아이들의 죽음은 은폐되어야 했고 따라서 이들은 애도될 수 없는 비체가 되었다. 그리고 이 사실이 언론에 보도되었을 때, 즉 아이들의 죽음이 인식 장 안으로 들어와 가시화되었을 때, 국제적 비난을 받게 된 이스라엘은 처음엔 죽은 게 민간인이 아니라 테러리스트들이라고 주장했고 그 다음엔 이 아이들을 '미래의 테러리스트'로 치부하면서 악한 타자로 재현했다.51) 이때 중요한 점은, 어떤 이가 불쌍한 타자일지 악한 타자일지 아니면 죽음 자체가 몇 명의 사상자 숫자로만 표시되거나 아예 은폐되는 비체가 될 것인지를 결정하는 것은 서구 제국주의적 백인 주체라는 것이다. 어떤 이들을 애도할 것이고 애도하지 않을 것인지, 어떤 다양성을 너그럽게 받아들일 것인지, 이러한 관용과 유연성을 행할 수 있는 건 이 주체뿐이다. 따라서 모범적인 시민으로서의 퀴어 해방은 인간 이하로 규정되는 자들에게 자행되는 폭력을 은폐하는 동시에 생산하고 유지한다. 애국적인 국민으로 호명되는 숫자와 그럴 기회가 가장 많을 제 1세계 백인 중산층 동성애자들의 대척점에 놓이는 이 '테러리스트'들은 동성애 혐오자일 거라는 낙인이 찍히는 동시에 부정적인 의미에서의 퀴어한 신체로 형상화되는 모순이 일어난다. 이는 모든 모순을 타자/비체에게 몰아넣고 오직 선택할 권리를 백인 주체에게만 부여하는 의미화 과정이다. 그래서 '퀴어성'은 정상성을 획득한 규범적 주체가 얼마나 너그럽고 유연한지를 입증하는 상징이자, 인종·민족·국적·계급 등의 차원에서 주변부로 밀려난 존재들을 억압하고 그 억압을 정당화하는 도구로서 모순적으로 기능하게 된다. 동성애 규범성은 이런 식으로 진보니 자유니 평등이니 하는 반짝이 포장지 아래 전 세계적인 불평등과 인종 차별과 전쟁과 폭력을 심화시키는 데 기여한다.

그러나 가야트리 고피나스Gayatri Gopinath의 남아시안 퀴어 디아스포라 주체에 관한 연구에서 보듯 유색인 퀴어들에게는 다른 자리의 가능성도 있다. 미국이 테러와의 전쟁을 표방하며 우경화된 국제 정세 속에서 발리우드 영화가 백인 관객들에게 흥행할수록, 남아시안–미국인 퀴어들은 신자유주의적이고 이성애 중심적이고 백인 위주의 시민–주체와 대비되는, 존재해서는 안 될 존재로서 미디어에서 사라지고 일상에서도 무기한 구금과 추방과 린치 등을 통해 제거된다. 하지만 불가능성으로 표방되는 이들의 바로 그 위치성, 즉 규범적인 시민–주체와 같은 척도로 잴 수 없는 이 특수한 위치성은 역설적으로 시민/테러리스트의 이분법적 대립, 혹은 타자에게 유일하게 허용되는 얼굴인 테러리스트 아니면 (제국주의적 주체에게 구출되어 동화될 운명인) 불쌍한 무슬림 소녀의 이분법적 위치에 매몰되지 않고 그러한 이분법에 도전할 개념적 공간을 창출할 수 있다는 것이다.[52]

2. 퀴어 부정성의 정치

1) 불법성과 퀴어

정상성과 규범성에 동화되려는 움직임에 맞서는 퀴어 이론가들은 부정성, 반사회성, 불법성에 초점을 맞춘다. 그리 좋아 보이지 않는 이런 특성들은 전통적으로 퀴어와 긴밀히 연결되어온 것이기도 하다. 첫째, 퀴어는 범죄화되고 범죄는 퀴어화되어왔다. 앞 장에서 소도미 법을 둘러싼 오랜 논쟁과 군대 내 동성애 탄압정책을 통해 보았듯 동성 간 성애 관계는 합의된 관계일 때조차 범죄로 취급되어왔다. 또한 반사회적이고 규범에 어긋나며 비정상적이고 일탈적 의미에서의 범죄는 퀴어적 특성과 결부되거나 퀴어 존재로 재현되어왔다. 예를 들어 『양들의 침묵』에 등장하는 연쇄 살인마 버팔로 빌처럼, 트랜스젠더퀴어는 존재 자체만으로 사회를 교란시키다 못해 살육까지 자행하는 파괴적인 괴물로 그려지곤 했다.[53]

더욱이 이성애 규범적 사회는 성소수자들에게 불법적 영역 말고는 살아갈 공간을 내어주지 않음으로써 이들이 불법적 존재가 될 수밖에 없도록 만든다. 청소년 성소수자들은 학교 폭력에 노출되고 집에서도 쫓겨나 생계형 범죄에 내몰리게 되기 쉽고, 트랜스젠더들은 트랜지션 비용을 마련하기 위해 법의 사각지대에서 일할 수밖에 없는 경우가 허다하다. 둘째, 한국의 호모포비아 기독교 세력이 즐겨 쓰는 '동성애자가 나라를 망하게 한다'는 슬로건처럼, 역사적으로 퀴어는 테러 분자 취급을 받았다. 셋째, 이 나라 망하게 한다는 레퍼토리에 빠지지 않고 등장하는 것은 성소수자를 병리화하는 모델이다. 성소수자는 '건강한 이성애자'에 대립되는 병적인 존재로 간주된다. 혐오 세력의 논리에 따르면 퀴어 섹슈얼리티는 전염병이기 때문에 청소년 인권조례가 제정되기만 해도 (죄다 이성애자로 간주되는) 선량한 아이들에게 동성애가 전염되어 나라가 도탄에 빠지고 만다.[54] (동성애와 관련된 것을 언뜻 보기만 해도 금방 동성애에 감염되다니, 건강하다는 이성애자들은 이 얼마나 줏대 없고 허약한지!) 넷째, 퀴어는 죽음을 상징한다. 퀴어는 가문의 대를 끊고 나라의 대를 끊는 존재로서 죽음을 상징할 뿐만 아니라, 실제로 많은 나라에서 퀴어란 사실이 들키면 집단폭행을 당해 죽거나 수용소에 끌려가 죽거나 사형당하거나 했다는 점에서 죽음과 가까이 있었다. 또한 에이즈 위기로 인해 퀴어와 죽음의 상징적 결합은 더욱 견고해졌다. 동성애자(이성애 규범적 주체들은 동성애자 이외의 다른 성소수자를 상상할 능력조차 없다)는 에이즈로 인해 이미 죽음에 한 발 걸치고 있는 좀비이자, 남들에게 질병과 죽음을 전파하고, "죽음을 욕망하는 존재"[55]로 재현된다. 말하자면, '동성애 = 에이즈 = 죽음인데 동성애를 하다니 죽고 싶어/죽이고 싶어 환장했구나!' 이런 재현 체계에서 퀴어들에게 주어진 배역은 범죄자-살인마-죽음으로 퇴장하는 역할밖에 없는 셈이다.

2) 아이의 편에서 싸우지 않는 퀴어들

이처럼 퀴어를 부정적 존재로 만들어버리는 지배적 이데올로기를 규명하는 작업을 한 대표적 이론가인 리 에델만Lee Edelman과 J. J. 핼버스탬은 '재생산'을 주된 특징으로 포착한다. 에델만이 재생산 미래주의 reproductive futurism라고 명명한[56] 이 이데올로기는 사회와 관련된 모든 것을 장악하고 있다. 핼버스탬에 따르면 이 틀 안에서 미래는 철저히 이성애 규범적이고 부르주아 중심적인 "재생산 시간성reproductive temporality"[57]에 맞춰 만들어진다. 여자아이로 태어났다면 어릴 땐 선머슴처럼 굴어도 자랄수록 여자처럼 보이기 위한 각종 제약을 배우고 익혀 여성성이 몸에 배도록 해야 하고, 어느 정도 나이가 들면 반드시 남자를 좋아해야 하고, 이성애 섹스를 하고, 결혼을 하고, 가족제도에 들어가 임신-출산-양육으로 이어지는 재생산 경로를 따라가야 한다. 핼버스탬은 이렇게 사는 것이 '성숙'의 지표로 여겨지고, 무병장수와 안정적 삶이 바람직한 미래로 그려진다는 점을 지적한다. 많은 사람들이 이런 시간성을 자연스럽고 바람직하다 믿지만, 이 재생산 시간성은 '품위의 위계'를 엄수하는 중산층 이상의 계급에 속한 기혼자들의 스케줄이 지배하는 시간성이자 여성들에게는 몸의 생리학적 시계에 삶을 맞출 것을 강요하는 시간성이고, 아이를 중심으로 "일상의 규범적 스케줄"을 짜는 "가족의 시간성"이며, "한 세대에서 다음 세대로 가치, 건강, 부, 재산, 도덕 관습" 등을 물려주는 "상속의 시간성"이다.[58] 재생산 시간성을 기반으로 하는 재생산 미래주의는 항상 이성애적 결혼을 통한 다음 세대의 재생산을 중심으로 미래를 상상한다. 특히 이 미래주의를 완성시키는 것은 이성애의 상속-계승이다. 이성애자 부모가 이성애자

아이에게 기혼 이성애자로서의 규범적 미래를 '행복의 유산'으로 물려주는 것이다.[59] 한국에서도 이 시간성은 가족적 안정성에서 국가적 안정성으로 연결되는 '수신제가치국평천하'를 완성하는 사회의 근간으로 당연시되어왔다.

여기서 에델만을 단숨에 유명하게 만들었던 중요한 주장이 나오는데, 재생산 미래주의에서 사회적인 것the social에 가치를 부여하고 사회적인 것을 형상화하고 가능케 만드는 모든 기준은 '아이'라는 상징적 형상으로 대표되는 미래라는 것이다. 사회의 미래는 "그 순수함 때문에 우리가 지켜주지 않을 수 없게 만드는" 아이를 재생산하고 보호하는 것을 목표로 설계되고 구축된다. "우리가 미래에 대한 판타지 없이는 정치를 상상해낼 수 없는 것처럼, 우리는 (대문자) '아이'란 형상 없이 미래를 상상해낼 수 없다."[60]

이 주장을 이해하기 위해서는 먼저 에델만이 문제 삼는 아이가 살아 있는 실제 아이 개개인이 아니라는 점을 유념할 필요가 있다. 에델만은 실제 아이들과 자신이 비판하는 아이 개념을 구분하기 위해 후자를 대문자로 표기한다(the Child). 모든 정치적이고 사회적인 것의 상징으로 내세워지는 (대문자) 아이를 비판하는 것은 아동 혐오와는 다르다. 오히려 이 비판은 한국을 포함한 많은 사회가 (대문자) 아이라는 상징적 기표를 정치적 명분으로 내세울 뿐 진짜 살아있는 아이는 미워하거나 사랑받을 아이를 가려 차별하는 현상을 직시하게 해준다. 얼마나 아동 혐오, 아동 학대, 아동 대상 성폭력이 성행하고 있는지와 상관없이, 사회는 사회의 모든 자원과 관심과 지향점을 미래 세대의 아이 생산에 맞춘다. 건강이 절대선(絕對善)으로 간주되는 것처럼,[61] (대문자) 아이도 절대선으로 기능하고 이 (대문자) 아이에 반대되는 의견은 모조리 이기적이거나 나쁜 것으로 치부된다. 환경이 얼마나 열악하든, 아이를 낳고서 어머니의 경력이 단절되든 독박육아를 하든, 무조건 아이를 낳고 키우는 것만이 바람직한 삶이자 국가를 위한 의무로 (특히 여성들에게) 강제된다. 저출산으로 인한 인구 감소를 해결한답시고 임신중절을 불법화하고 가임기 여성들에게 임신-출산-독박육아를 강요하면서도 비혼모와 이미 태어난 아이들에 대한 사회적 지원은 거의 없고, 심지어 가부장적 결혼 제도 안에 있는 임산부와 육아하는 엄마들에게도 혐오와 차별이 쏟아지고, 카페나 음식점에서 노키즈존(No Kids zone)을 노골적으로 내걸면서 아이와 엄마를 공적 공간에서 배척하는 현상을 보라. 또 피해자 아동이 아직 성인이 되기도 전에 아동 성폭력범이 짧은 형을 살고 유유히 풀려나고, 부모의 아동 학대는 경찰 선에서 신고 접수조차 거부되곤 하는 현상을 보라. 다른 한편 장애인 부모는 아이를 낳고 기를 권리조차 무시되고 '장애인을 늘리려 한다'는 비난에 시달리는 현상을 보라. '자라나는 우리 아이들에게 유해한 영향을 끼친다'는 명목으로 장애인 학교 및 관련 시설 건립을 반대하면서 장애 아동을 '우리 아이들'의 범주에서 배제하는 현상을 보라. 또 저놈의 '우리 아이들에게 악영향' 논리를 내세우며 퀴어 퍼레이드에 와서 혐오를 쏟아내는 보수 기독교 세력들이 자기 아이들에게 무거운 피켓을 들려 땡볕에 세워놓는 모습을 보라. 이게 바로 실제 살아있는 아이들을 희생하면서까지 (대문자) 아이라는 상징적 기표를 유일한 미래로 고정시켜 놓는 정치의 실체다.

에델만에 따르면 "구체적으로 어떤 정치적 프로그램에 기여하든, 구체적으로 어떤 인종이나 성별이나 민족성을 담고 있든 간에, 대문자 아이의 형상은 특수성을 희생하여 보편화를 수행한다."62) 재생산 미래주의에서 추구하는 보편성은 사실상 "반대 의견이 나올 모든 가능성을 제거"해버려야만 달성할 수 있는 "질서의 총체화"이며 대문자 아이는 그러한 총체화를 추구하는 "사회 질서의 길들여진 얼굴이자 길들이는 얼굴"이다.[63] 이 대목을 좀 더 숙고해보자. 첫째, 아무리 개개인이 규범에 맞춰 살려고 노력한들 집단적으로 쉽게 '퀴어하다'는 낙인이 찍혀 "희생되는 특수성"의 예로 에델만이 "여성, 아시아인, 히스패닉, 흑인, 장애인, 빈곤층, 퀴어의 싹이 보이는 젊은이"를 열거했듯[64], 이 사회가 지켜야 할 (대문자) 아이는 인종·민족·젠더·섹슈얼리티·계급·장애/비장애 등 사람을 구분하여 차별하는 범주 체계에서 기득권을 쥔 위치성, 즉 '정상성'에 부합하는 아이다. 이 (대문자) 아이가 "이성애 규범성의 절대적 특권"을 떠받치는 역할을 한다는 점[65]도 주목해야 할 중요한 특징이지만, 이성애적 관계에서 태어난 아이라 할지라도 한국의 저출산 담론에서 여실히 드러나듯 이 사회는 아무 아이나 환영하지 않는다. 비혼모가 낳아 키우는 아이, 이혼 가정의 아이, 보육원에서 자라는 아이, 다른 인종·민족·국적의 사람들끼리 결혼해서 낳은 아이에게 한국 사회가 어떤 지원을 해주는지, 법적으로 명시된 양육비라도 제대로 받게 해주는지, 이 아이들을 어떤 눈초리로 바라보고 어떤 낙인을 붙이는지를 생각해보라. 사회가 가장 바라는 아이는 일단 기본적으로는 이성애적 결혼 제도 안에서 남자 아버지와 여자 어머니 사이에서 낳은 아이이고, 그다음 한국에서는 부모가 둘 다 한국인이고 미국에서는 둘 다 백인일 경우에 태어난 아이가 사회적으로 가장 환대받는 아이일 것이다. 또한 이런 이성애 규범적이고 인종적으로도 규범적인 가정에서 태어났을지라도 아이가 퀴어거나 장애인일 경우 그 아이는 "그 순수함 때문에 우리가 지켜주지 않을 수 없게 만드는"[66] (대문자) 아이의 자격 조건에서 탈락한다. 이성애 규범적인 재생산 미래주의 정치에서 성소수자들은 '우리 아이들'에게 해로운, 동성애를 전염시키는 병균 취급당하는데, 이러한 인식틀 안에서는 '우리 아이들' 중에 성소수자가 존재할수도 없고 존재해서도 안 된다. 그런 아이들은 이 사회가 지켜야 하는 시스젠더 이성애자 비장애인 (그리고 그 사회의 기득권을 쥔 인종에 부합하는) 아이를 위해 배제하고 박멸해야 할 대상이 될 뿐이다. 그러므로 이 상징적인 (대문자) 아이를 중심으로 하는 정치에 반대하는 것은 퀴어 이슈일 뿐 아니라 페미니즘 이슈이고 장애 인권 이슈이기도 하다.

그러나 둘째, 재생산 미래주의에 대한 비판을 그저 실제 살아있는 아이들의 다양성을 존중하자는 논의로만 이해하는 것은 충분치 않다. 장애 운동이나 게이 주류화 운동, 흑인 운동 등 사회의 주류에 맞서는 소수자 운동들에서도 '아이'가 더 나은 미래를 위한 투쟁의 상징이자 목표로 기능한다는 점을 비판적으로 숙고해야 한다. 아이들의 계급·인종·민족·국적·젠더·섹슈얼리티·장애 여부 등 다양성을 존중하는 것만으로는 재생산 미래주의적 정치가 상상할 수 있는 모든 미래를 아이에게 '몰빵'함으로써 발생하는 근본적인 문제점을 해결할 수 없다. 예를 들어 동성애 규범적인 게이 주류화 정치는 부모가 동성애자라는 점만 차이가 있을 뿐 재생산 미래주의의 논리를 따라 (대문자) 아이의 상징성에 기대 자신들의 정상성을 증명하고자 한다. 그리고 이 정상성을 증명하는 과정에서 다른 소수자성이 희생되기 쉽다. 한국에서도 최근 논쟁의 주제가 된 시스젠더 동성애자 남성을 고객으로 하는 대리모 사업[67]은 여성의 몸을 착취하는 남성 지배를 강화하면서 가부장제, 성차별주의, 인종차별주의, 제국주의, 신(新)식민주의, 자본주의의 교차적 억압에 편승하고 억압을 재생산한다.

두 번째와 연관하여 셋째, 기득권을 유지하는 주류 정치든 사회적

소수자 집단을 위한 저항 정치든 간에 정치가 목표로 하는 대안적인 미래를 '아이'라는 보편적 상징으로 일원화할 때 근본적인 문제점은, 그 공동체를 완벽히 총체화된 질서로 상상하고 그렇게 만들고자 다른 차이를 억압한다는 것이다. "(대문자) 아이 이미지는 사회성과 미래성과 재생산을 등치시키고 이 등식에 절대 이의를 제기할 수 없게 만듦으로써 사회의 잠재력을 감시하고 단속한다."[68] 이로써 발생하는 큰 문제는, 아이와 무관한 사람들에게는 미래가 없어진다는 점이다. 재생산 미래주의에 경도된 사회는 이 사람들의 미래를 상상할 수 없을 뿐 아니라 상상할 수 없는 것으로 만든다. 이 사람들에게는 미래를 위한 자원을 분배하지 않음으로써 이들이 다른 미래를 살아갈 가능성도, 심지어 미래에 생존해 있을 가능성도 남겨놓지 않는 것이다. 예를 들어 고령화 사회의 노인 돌봄을 다룬 연구[69]가 보여주듯, 노인 부양을 가족에게 떠넘기는 사회에선 이 돌봄 노동을 비혼 자식이 떠맡게 된다. 이 자식들이 이성애자든 부모에게 커밍아웃하지 못한 퀴어든 간에, 결혼 제도 바깥에 있는 사람들에게 노부모 부양 의무가 쏠릴 때 이 사람들의 경제적 생존과 노후도 매우 위험해진다. 초고령화 사회에서 부모가 세상을 뜰 때까지 20~30년간 혼자서 늙고 병든 부모를 돌보자니 일과 돌봄의 양립은 점점 더 불가능해져 비혼 자식들은 파트타임 일자리를 전전하게 되고 경제 상황은 더욱 악화된다. 마침내 부모가 세상을 뜨고 돌봄의 의무를 벗어난 다음엔 이 사람들이 50~60살이 되어 아무런 자원도 없이, 여태까지 쌓아올린 경력도 없고 사회적으로도 공동체와 고립된 채 남겨지게 된다. 이들에게 노인 부양을 떠넘긴 국가가 이들에 대한 복지를 제대로 마련해줄 리 만무하다. 이 사람들은 재생산 미래주의가 선호하는 바람직한 정상가족을 꾸리지 못한 자들인 데다 이미 노령화로 진입하여 더 이상 사회적 자원을 들일 가치가 없기 때문이다. 이런 식으로 결혼 제도 바깥에 있는 사람들을 착취하는 방식이 특히나 여성과 퀴어인 사람들에게 엄청나게 해로우리라는 것은 자명하다. 결국 재생산 미래주의가 허락하는 미래는 사실상 모든 차이를 길들이고 은폐하는 전체주의적 미래이다. 재생산 미래주의에 대해 비판한다는 것은 이 지배 이데올로기가 다양한 사람들의 다양한 미래를 위한 모든 가능성과 에너지를 빨대 꽂아 쭉 빨아먹고 규범성에 맞지 않는 사람들에게는 그 어떤 미래도 남겨주지 않는 방식을 비판하는 것이다.

이런 점에서 에델만은 퀴어성이 "'아이들을 위해 싸우지' **않는** 사람들의 편에 붙는 이름"이라고 주장한다.[70] 이 말은 퀴어들이 원래 아이를 싫어한다는 뜻이 아니다. 이성애 규범적 사회질서가 항상 퀴어에 부정적인 속성을 갖다 붙이면서 구조적으로 퀴어를 (대문자) 아이의 반대편에 위치시키는 한편, 아이의 반대편에 놓이는 사람들을 (부정적인 의미에서의) 퀴어한 존재로 낙인찍는다는 뜻이다. 재생산 미래주의에 경도된 사회에서 (대문자) 아이의 반대편에 있는 사람들은 사실상 모두 불온분자로서의 퀴어가 된다. 예를 들어 미국에서는 페미니스트나 '집에 들어앉아 고분고분하게 남자 말 잘 들으며 살림이나 하지 않고 밖에 나돌아다니는 년들'을 욕할 때 '다이크dyke'라는 용어가 자주 사용되었다(비교적 욕설의 종류가 다채로운 한국에서도 비슷한 상황에서 '레즈 년'은 욕으로 쓰였다). 순수하고 우리가 지켜주지 않을 수 없고 옹호하지 않을 수 없는 존재로 만들어지는 (대문자) 아이 이미지의 대척점에 있는 사람들은 <개구쟁이 스머프>[71)]에서 스머프를 잡아먹을 궁리만 꾸미는 가가멜, 『피터팬』의 악당 후크 선장, 『크리스마스 캐롤』의 수전노 영감 스크루지처럼 항상 악인, 불법적인 존재, 퀴어한 존재로 재현되어왔다.

그리고 재생산 시간성에 따라 가족을 꾸리고 안정을 추구하고 무병장수를 소망하지 않는 퀴어들은 모두 미성숙하거나 심지어 위험한 존재로 손가락질받아왔다.72) 나아가 앞서 설명했듯 퀴어는 가문의 대를 끊고 나라의 대를 끊는 존재로서 죽음과 상징적으로 엮인다. 동성애 규범성의 정치는 정확히 이 공포를 달래주는 전략이기도 하다. 아들이 동성애자라도 동성혼을 하고 아이를 입양하면 가문의 대는 이을 수 있고 나라의 동량(棟梁)이 될 다음 세대의 재생산 의무를 완수한다고 해석할 수 있기 때문이다. 따라서 재생산 미래주의가 그리는 미래는 처음부터 퀴어성을 배제할 뿐만 아니라 아예 인식 장 바깥으로 폐제함으로써만 완성될 수 있다.

그런데 이처럼 이성애 규범적인 사회가 "'아이들을 위해 싸우지' 않는 사람들의 편"에 '퀴어'라는 이름을 오물처럼 덧씌울 때 에델만은 이를 애써 뒤집으려 하지 않는다. 아니 오히려 뒤집지 말자고 제안한다. 동성애 규범적 자유주의 정치가 퀴어성에 테러·질병·죽음 등의 부정적인 속성이 부여되는 것을 막으려 애쓰면서 '아니에요, 우리는 무해해요, 여러분을 해치지 않아요'라는 메시지를 보낸다면, 에델만은 퀴어들이 자신에게 들러붙은 그러한 부정적 특성을 받아들여 '그래, 내가 니들이 말하는 그 부정적인 퀴어다, 엿 먹어라!' 이렇게 맞서자고 제안한다. (대문자) 아이로 대표되는 미래가 상징적 관계의 네트워크 전체의 버팀목으로 기능한다면, 퀴어들은 거기에 fuck을 날려야 한다는 것이다.73) 이분법적 가치 위계에서 좋고 선하고 긍정적인 것은 규범적 주체가 차지하고 나머지 부정적인 것은 죄다 타자와 비체 위치에 몰아주는 재현 체계에 대항하여, 너희가 우리에게 낙인을 찍고 모욕을 가하더라도 그것은 결코 우리에게 모욕이나 낙인이 될 수 없으며 너희는 우리를 굴복시키지 못하리라 맞서자는 것이다.

이 주장을 '너희가 우리를 더럽고 부정적인 존재라 부른다면 그걸 내 이름으로 받아들이겠어'라고만 이해한다면 왼팔에 흑염룡이 봉인되어 있을 것만 같은 인터넷 소설 감수성이 느껴지겠지만, 퀴어 부정성의 정치는 단순히 규범적 위치를 거절하고 부정성을 긍정하자는 제안에서 끝나는 것이 아니다. 재현 체계에서 부당하게 할당된 부정성을 그저 긍정하기만 한다면 부정성을 덜 불편하게 순화시킬 뿐 긍정/부정 자체를 나누는 가치 체계는 여전히 건드려지지 않은 채 남아있기 때문이다. 오히려 퀴어 부정성의 정치는 '니들이 수호하는 그 사회적인 것이 누구 기준으로 만들어진 건데?'라고 되물으면서 '사회적인 것'을 정의하고 이해하고 규범화하는 데 밑바탕이 되는 전제 자체를 갈아엎으려는 것이다.

이런 점에서 팀 딘Tim Dean은 퀴어 부정성의 정치에서 나온 반사회적 테제를 설명할 때 "퀴어성이 구조적으로 반사회적인 것이지 경험적으로 반사회적인 것은 아니다"는 점을 강조한다. 퀴어가 반사회적이라면, 그것은 '사회적인 것'이 "아이에 의해 표상되는 미래라는 견지에서 정의"될 때에만 그러하다.74) 다시 말해 퀴어가 반사회적이라는 명제는 그 '사회적인 것'을 항상 이미 시스젠더 중심적이고 이성애 중심적이고 가부장적인 가족 중심 체제에 기반을 둔 것으로 당연시해야만 참이 되는 것이며, 퀴어가 사회적인 것에 위협이 된다면 그 이유는 퀴어가 "인식/인정 가능한 형식 안에서 가족을 재생산하는 데 실패"한다는 점에서 "사회적인 것을 재생산하는 데 실패"하기 때문이다.75) 앞서 불법성과 퀴어를 밀접하게 엮는 재현에 대해 정리했듯, 퀴어에게 '너네 반사회적이지!'라고 먼저 딱지를 붙인 것은 보수 혐오 세력들이다. 따라서 딘은 우리가 사회적인 것을 너무 편협하게 개념화하지 않을 때 퀴어성이 새로운 종류의 사회성과 관계성을 열어젖힐 수 있다고 제안한다. 나아가 딘은 퀴어성이 반사회적이라서 반(反)관계적이라는 세간의 평가에도 동의하지 않는다. 에델만 이전에 퀴어 부정성의 섹슈얼리티를 개념화했다고 평가받는 레오 버사니Leo Bersani의 섹슈얼리티 이론에 대해서도, 딘은 반관계성이 근본적으로는 관계성에서 출발하고 연결됨이라는 관계성을 통해서 가능해진다고 본다. 퀴어 반사회적 테제는 "사회성의 종말을 나타내는 징조가 아니라 오히려 사회성을 개시하는 징조"로서, "새로운 형식의 사회성, 즉 상상적 정체성이나 상호주체적 인정투쟁에 근거하지 않고서도 함께 존재하는 새로운 방법을 추적하는 작업"이라는 것이다. 딘은 "그 어떤 체제도 규제할 수 없는 연결의 주지육림"이라는 멋진 문학적 표현을 사용해서, 소위 문란하고 반체제적으로 보이는 퀴어들의 섹슈얼한 관계성이 "자아의 규범적 좌표"—즉 너는 이런 젠더 표현을 해야 하고 성적 욕망은 이렇게만 내비쳐야 한다고, 이 사회가 각 개인과 집단을 고정시켜놓은 자리—에서 어떻게 넘쳐흐르고 어떻게 그 좌표에 균열을 내는지를 이해하기 위해서라도 퀴어 이론 및 정치에 반사회적 테제가 필요하다고 주장한다.[76]

물론 에델만이 『미래 없음No Future』이라는 제목[77]을 내걸고 논의한 내용은 이 상대적인 부정성에서 그치는 것이 아니다. 에델만은 퀴어 부정성이 사회가 퀴어 친화적이 되고 보다 평등하게 바뀐다 해도 해소될 종류의 것이 아니라고 본다. 퀴어 부정성은 결코 말끔하게 정돈할 수도 치워버릴 수도 견뎌낼 수도 없는, 보다 근본적인 불편한 무언가를 건드린다. "퀴어성을 참아줄 수 없게 만드는 것, 심지어 스스로 퀴어라 부르는 사람들에게서도 관대해질 수 없게 만드는 것: 그건 바로 구세주적 희망이 제공하는 약간의 달콤함과 경건함에 감화되길 거부하는 목적론적이지 않은 부정성이다."[78] 이 장의 마지막에서 우리는 이 목적론적이지 않은 부정성으로 되돌아가 볼 것이다. 그러나 그 전에 먼저, 딘이 말한 대로 퀴어 부정성과 반사회성이 열어젖힐 가능성이 있는 "새로운 형식의 사회성"부터 이야기해보자.

3. 부정한 퀴어들의 미래

1) 퀴어 부정성과 퀴어 유토피아

퀴어 부정성에 초점을 맞추는 논의는 퀴어들을 위한 더 나은 미래에 무관심한 것처럼 보일 수 있다. 특히 에델만의 『미래 없음』은 퀴어 유토피아주의를 주장하는 대표적 학자인 호세 에스테반 뮤노즈로부터 집중적인 비판을 받기도 했다. 퀴어 부정성 논의가 현재에만 집중하느라 퀴어들을 위한 미래를 상상하지 못함으로써 퀴어들의 삶과 잠재력과 가능성을 현재에만 붙박아놓을 위험이 있다는 것이다.[79] 그러나 퀴어 부정성 논의는 특정 주체만을 기준으로 특정 방향으로 미래를 제약하는 규범적인 재생산 미래주의에 반대하는 것이지, 퀴어의 미래를 모조리 없애자는 것이 아니다. '사회적인 것' 자체를 근본적으로 다시 사유하고 모든 미래가 '아이'로 획일화되는 방향성을 막고자 할 때, 퀴어 부정성의 정치는 재생산 미래주의와는 다른 미래를 그리게 된다. 사실 기존에 당연시되던 지배 질서에 길들여지길 거부하면서 '다른 미래'를 만드는 작업은 거의 모든 퀴어 이론이 수행하고 있는 일이기도 하다.

1장에서부터 나는 퀴어 이론이 아직 오지 않은 미래를 현재로 끌어들여 다른 가능성을 '지금 그리고 여기'에 열어젖히는 유토피아적 실천이라는 점을 이야기했다. 퀴어라는 용어가 정확히 무엇을 가리키고 무엇을 담을 수 있을지, 당장 우리가 하고 있는 운동이 정말로 정치적으로 올바르고 진보적이고 퀴어의 역사의 한 획을 긋는 운동으로 자리매김하게 될지 후대의 평가에서 그저 규범에 영합한 것으로 기록되게 될지 지금은 알 수 없지만, 그 알 수 없음이 바로 우리가 세상을 바꿔 나가려 노력할 수 있게끔 해주는 역설을 이야기했다. 아직 도래하지 않은 미래를 현재에 들여오는 작업은, 항상 '나중에'란 말로 밀려나는 퀴어한 존재들, 지금 여기가 아니라 한참 뒤 미래의 어딘가에 자리가 날 테니까 지금 보채지 말라는 조롱을 받으며 계속해서 뒷전으로 밀려나는 퀴어한 존재들이 있을 자리를 '지금 그리고 여기'에 만들려는 작업이다. 그럼으로써 '현재'를, '현실'을 지금과는 다르게 바꿔나가는 미래 지향적 작업이다. 이런 점에서 퀴어 부정성의 정치는 '미래'라는 기표의 내용을 무엇으로 채울 것인지를 둘러싼, (2장에서 논의한 대로) 보편성의 범주를 둘러싼 투쟁의 일환으로도 볼 수 있다. 그렇다면 현재의 긍정/부정 이분법적 가치체계를 비판적으로 해체하고 부정성을 정치적 자원으로 일구는 퀴어 부정성 논의는 퀴어를 위한 더 나은 삶의 방향을 모색하는 퀴어 유토피아 논의와 반드시 대립하지 않으며, 어떤 면에선 밀접하게 연결될 수 있고 이미 연결되어 있다. 살만한 삶이 무엇인지를 정의하고 규제하는 지배적 인식틀에 맞서 퀴어들의 삶, 나아가 지금까지 핍박받아온 모든 사회적 소수자들의 삶을 함께 살리는 것이 퀴어 정치의 주요 목표 중 하나라면, 퀴어 부정성 논의와 퀴어 유토피아 논의는 오히려 퀴어 이론을 이루는 두 가지 중요한 핵심 요소인 셈이다.

예를 들어 퀴어 시공간성에 관한 연구들은 퀴어들이 사회의 안전망에서 내몰리고 부정적으로 재현되어온 방식을 분석하는 한편 부정성과 연결될 수밖에 없었던 이 유구한 역사에서 기존의 규범적 가치체계에 맞서는 퀴어한 대안을 읽어내고 창조해낸다. 푸코는 게이로 존재한다는 것이 단지 성 정체성을 가리키는 말이 아니라 삶의 방식을 정의하고 발전시키는 것이라고 말한 바 있다.[80] 앞서 이성애 규범적 재생산 시간 성을 분석했던 핼버스탬은 『퀴어한 시공간에서in a Queer Time & Place』 (2005)에서 푸코의 이 통찰을 기반으로 퀴어적인 시공간을 주장한다. 성 적으로 다른 위치를 체현하는 몸들에겐 다른 시공간 프레임웍framework 이 필요하고, 실제로도 규범적인 시공간 프레임웍과는 다른 대안적인 시공간 프레임웍을 만들어나가는 실천이 삶에서 이뤄지고 있다는 것이 다. 이성애 규범적인 재생산 시간성만이 삶의 유일한 선택지이자 경로 로 제시될 때, 이러한 관습적인 대본에 없는 삶을 개척해 나가는 것이 퀴어 시간성이 된다. 이 시간성은 결혼-임신-출산-양육을 인간의 성숙 의 기준으로 삼지 않고, 자살을 죄악시하고 장수를 예찬하는 시간성이 특정 기득권층의 경험과 소망만을 반영해 만들어진 것임을 폭로하고, 삶의 길고 짧음에 상관없이, 삶의 안전과 위험도에 상관없이 삶의 가치 를 다르게 설정하는 사람들을 위한 시간성이다. 특히 핼버스탬에 따르 면 퀴어 시간성은 20세기 말 에이즈 위기에서 극적으로 출현했다. 죽음 과의 생생한 동거 경험은 퀴어들의 시공간적 감각에 굉장히 중요한 영 향을 미쳤다. 언제 죽을지 모른다는 위협 앞에선 현재의 모든 삶을 미래 에 투자하는 자본주의적인 시간성을 따르는 대신 현재, '지금 그리고 여기'에 대한 정치성을 개발하는 것이 중요할 수밖에 없었다. 에이즈의 위협 앞에서 조신하고 모범적인 시민으로 인정받기 위해 애쓰는 이들도 있었지만, 다른 퀴어들은 무병장수를 모두가 욕망하고 따라야 할 절대선(絶對善)으로 찬양하는 사회적 관습을 비판적으로 사유하고, 건강하고 장애 없는 몸을 정상으로 간주하는 공동체 대신 위험·질병·감염·죽음과 더불어 사는 공동체를 만드는 식으로 대응하려 노력했다. 그리하여 퀴어 부정성의 정치에서 현재성의 존중은 한편으로는 무병장수와 성숙이라는 규범적 미래를 따르지 않고 삶을 짧게 불태우는 퀴어한 존재들을 죄악시하거나 병리화하지 않고 있는 그대로 인정하는 윤리를, 다른 한편으로는 1장에서 언급했던 액트업의 퀼트 시위처럼 에이즈 위기로 죽어가는 사람들이 정말로 우리 곁에 살아있었고 우리에게 소중한 존재였고 이들의 삶과 죽음이 우리에게 깊이 남아있음을 애도하는 방식으로 죽은 사람들의 이름을 퀼트로 기록해 잇는 아카이빙의 정치를 발전시켜왔다.

한편 90년대 말 에이즈 치료제의 개발로 에이즈가 걸리면 곧 죽는 병이 아니라 관리 가능한 만성질환으로 바뀌면서 공동체의 시간성도 극적으로 바뀌게 된다. 물론 앞 장에서 지적했듯 부의 양극화에 따라 에이즈 치료제의 진보에 접근할 수 있는 정도가 달라지므로, 에이즈와 관련된 시간성은 계급, 인종, 국가 등의 격차를 따라 매우 다르게 양극화될 수밖에 없다. 그러나 치료제 개발이 분명 기득권층에게 더 많은 접근성과 혜택이 돌아가는 변화일지라도, 신약으로 인한 에이즈 질환의 성격 변화는 가난하고 밑바닥 인생인 퀴어들에게도 분명 중요한 삶의 변화였다. 영화 <달라스 바이어스 클럽>[81]의 주인공처럼 계속해서 실험적 치료제를 가져와 밑바닥 인생이었던 같은 에이즈 환자들을 살리기 위한 투쟁을 해나가는 사람들이 있었고, 죽음을 불러오는 이 질환에 대처하면서 생명을 이어가는 기간이 자기 삶에서 많은 부분을 차지하는 사람들이 늘어나게 되었다. 이 사람들에게는 미래가 새로이 생겨났지만,

이들이 살아나갈 미래는 이성애 규범적 재생산 시간성이 목표로 하는 안정된 무병장수와는 성격이 전혀 달랐다. 핼버스탬의 퀴어 시간성 논의가 에이즈가 급성질환이던 시대에 가장 설명력이 좋았다면, 이브 코소프스키 세즈윅은 이러한 유예된 시간성에 주목하여 "죽어감의 바르도bardo of dying"라는 개념을 제시한다.[82] '바르도'는 티베트 불교에서 죽음과 환생 사이의 상태로, 사람이 죽은 뒤 업보를 따져 다음 생을 받을 때까지의 49일 동안을 가리킨다. 세즈윅은 이 개념을 언젠가 목숨을 거둬갈 병과 더불어 살아가는 사람들의 시간성을 설명해줄 개념으로 가져온다. 병을 진단받은 뒤부터 죽기 전까지의 시간은, 죽음이 삶에 계속 겹쳐져 있는 시간이다. 세즈윅은 죽어감의 바르도가 정치적 자원이자 윤리적 성찰의 공간이 될 수 있다고 말한다. '죽어감의 바르도'는 어떻게 살 것인가? 어떻게 아플 것인가? 어떻게 죽을 것인가? 무엇이 잘 사는 것이고 무엇이 잘 죽는 것인가? 우리의 죽음이 공동체에서 어떤 식으로 유통되고 기록되고 성찰될 수 있을 것인가? 등의 근본적인 물음에 계속해서 맞닥뜨리는 기간이다. 또한 삶과 죽음이 어떤 식으로 분배되고 구조화되는지를 비판적으로 사유할 계기를 마련해주는 시공간이자, 같이 죽어가는 사람들, 아픈 사람들끼리의 연대의 공동체가 만들어질 수 있는 정치적·윤리적 시공간이 된다. 이런 논의들은 질병과 죽음에 부정적으로 얽힌 퀴어들의 실존을 그 자체로 "새로운 형식의 사회성"을 다시 쓰는 바탕으로 사유하는 작업이다.

　퀴어 공간성은 장소에 대한 논의이기도 하지만 사회적인 지위나 신분이나 있어야 할 자리에 대한 논의이기도 하다. 『퀴어한 시공간에서』에서 핼버스탬의 퀴어 공간성 논의는 있어서는 안 되는 곳에 있는, 존재해서는 안 되는 몸들을 중심에 놓는다. <소년은 울지 않는다>[83]로 영화화되었던 브랜든 티나의 살해 사건을 다룬 2장에선 트랜스남성 주체의 위치와 장소place(몸, 신분과 위상, 거주 공간의 지리학 등의 의미를 다 포함하는)를 중심으로 지배적인 남성성과 퀴어한 남성성이 서로 영향을 주고받는 방식과 그에 따른 재현을 고찰하고, 3장에서는 트랜스 주체의 몸이 포스트모던 유동성의 증거로 쓰이거나 젠더 이원론 체계의 권력이 영원하다는 증거로 쓰이거나 하위문화의 유토피아적 비전의 대표로 쓰이는 등 다양하게 소비되고 생산되는 방식을 고찰한다. 핼버스탬은 또한 메트로폴리탄 도시 퀴어들에게 브랜든 티나가 '불쌍한, 시골구석에서 살해당한 퀴어'로 소비되면서 '퀴어 프렌들리한 도시 대(對) 호모포비아적인 낙후된 시골'이라는 상상된 공간성의 위계를 뒷받침하는 사례로 재현되는 양상에 대해서도 비판한다. 트랜스젠더퀴어들이 희생자가 되는 폭력 및 살해 사건에서 '잘못된 몸'이 '잘못된 시간'에 '잘못된 장소'에 있었다는 식으로 기술되는 방식에 대한 고찰도 퀴어 공간성 논의에 포함된다. 예를 들어 앞 장에서 마이클 워너와 사무엘 딜레이니의 논의가 보여줬듯, 퀴어들은 젠트리피케이션으로 인해 이미 자신들이 살고 있던 장소에서 쫓겨나 더 외지고 접근하기 어렵고 위험한 공간으로 내몰리게 되는데, 예전에 있던 공간에서도 공간을 점유해서는 안 되는 불법적 몸이었고 쫓겨난 공간도 이미 불법적 장소로 구성되어 있기 때문에 거기서도 있어서는 안 되는 몸으로 계속 존재하게 된다. 젠더 폭력의 희생자들이 자주 듣는 '왜 그 시간에 거기 있어서 일을 자초했냐'는 말은, 결국 특정 시간과 공간을 안전하게 점유할 특권이 특정 젠더와 섹슈얼리티를 가진 규범적인 정상 주체에게만 주어진다는 것을 극명하게 보여준다.

이처럼 공간을 통해 퀴어의 삶과 존재 양식을 체계적으로 속박하는 힘에 맞서 퀴어들은 대항 공간과 대항 정치를 창출해왔다. 예를 들어

크루징cruising이나 클러빙clubbing에 대한 연구들은 퀴어들에게 안정된 공간이 허용되지 않는 사회에서 우연한 만남으로 관계를 이어가는 퀴어들의 공간 점유/이동 방식이 "장소 없음"을 그저 "결핍"으로만 받아들이지 않고 "인지된 다양한 특성들(이질성, 일시성, 익명성, 코즈모폴리터니즘)을 거쳐 일정한 즐거움과 (안전 같은) 다른 이익을 제공하는 체현된 물적 실천으로서 생산적으로 재개념화"할 수 있다는 점을 보여준다.84) 또한 뮤노즈가 『비동일시Disidentifications』(1999)85)에서 탐구한 퀴어 행위예술가들의 드랙 퍼포먼스는 시스젠더 중심적이고 이성애 규범적이고 자본주의적이고 신자유주의적이고 제국주의적이고 백인 중심적인 세상에 맞춘 시공간과 정체성에 동일시하지 않음으로써 퀴어한 세상을 창조한다. 이는 규범적인 세상과 완전히 다른 안전한 유토피아가 아니라, 규범적 이데올로기를 극한까지 과장하여 주류 사회에서 당연하게 받아들여지던 것들을 낯설게 만들고 의미를 교란하면서 퀴어들이 퀴어로서 존재할 공간을 만들어나가는—그리고 그 '퀴어성'이 무엇을 의미할지도 끊임없이 고쳐 쓰는—수행적 실천이다.

이런 점에서 나는 퀴어 부정성의 정치가 이 개념을 명확히 언급하는 몇몇 이론가들에게만 한정된 것이 아니라 퀴어 이론 전반에서 찾아볼 수 있는 중요한 이론적 자세라고 생각한다. 물론 에델만으로 대표되는 퀴어 부정성 논의가 섹슈얼리티에만 초점을 맞춰 인종·젠더·계급 등의 권력 구분선을 따라 일어나는 국지적이고 세계적인 불평등과 전쟁 문제 등을 도외시한다는 비판은 여전히 유효하며 이 한계를 넘어서 퀴어 부정성에 대한 사유를 발전시켜야 할 필요가 있다. 한편으로 이 한계는 팀 딘이 지적했듯이 에델만의 퀴어 부정성 논의가 이론적 자원으로 의존하는 정신분석적 틀의 한계에서 비롯된 것일 수도 있다. 에델만은

(대문자) 아이로 대표되는 재생산 미래주의의 반대편에 자리하는 존재들인 '신토모섹슈얼'에 대해 실재계의 갑작스러운 분출, 보편주의의 영원한 실패를 보여주는 주이상스라는 텅빈 구체성과 같은 표현을 들어 설명한다.[86] 이에 대해 팀 딘은 상상계–상징계–실재계라는 정신분석적 도식이 "상징계에 대해 너무도 단조로운 비전을 제공"한다고 진단하며, 이 때문에 에델만의 설명이 "사회적인 것을 너무 편협하게 개념화하고 미래에 대해 상상력이 부족한 그림을 그린다"고 평가한다.[87] 나는 팀 딘의 지적에 동의한다. 정신분석에서 상징계는 상징계'들'이 아니라 유일무이한 체계이고 이것만이 '사회적인 것'의 영역으로 간주되기 때문에, 이 상징계에 맞서는 논의를 정신분석이라는 이론 틀 안에서 전개하려면 어쩔 수 없이 상상계와 실재계 같은 전(前)사회적 영역에 퀴어를 놓을 수밖에 없어 사회적인 것에 대한 대안을 제시하는 데 한계가 생길 뿐 아니라 상징계'들'의 교차적 억압에 대해서도 제대로 논할 수 없게 된다는 문제가 있다. 다만 내 생각에 부정성에 주목하는 퀴어 이론의 계보는 훨씬 다양하며, 퀴어 부정성의 정치를 에델만에 한정하여 평가절하하는 대신에 그러한 다양한 계보를 쌓아 올리는 시도가 유용하다고 본다. 예를 들어 핼버스탬은 버사니와 에델만의 백인 게이 남성 중심적인 계보를 비판하면서 슐라미스 파이어스톤, 토리 모리슨, 패트리샤 하이스미스, 발레리 솔라나스, 자메이카 킨케이드와 같은 페미니스트들의 작업을 퀴어 부정성의 아카이브에 포함시킨다.[88] 앞서 소개한 호모 내셔널리즘에 대한 비판적 연구들도, 다음 장에서 다룰 퀴어 정동 이론에 속하는 작업들도 넓게 보았을 때 퀴어 부정성의 정치에 속할 것이다. 그러나 또 유념할 점은 퀴어와 부정성의 관계와 그 성질을 어떻게 이해하는가, 그리고 그것을 통해 무엇을 꾀하고자 하는가에 대해서는 하나

로 묶일 수 없는 중요하고 다채로운 논의들이 많을 것이고 그 차이를 면밀히 살피고 숙고하는 작업이 필요하다는 것이다. 특히 마지막으로 살펴볼 에델만의 주장은 넓게 보아 퀴어 부정성의 정치에 속할 다른 이론가들에게 "그런 어중간한 생각으로 퀴어 부정성을 하려는 거냐?"[89] 고 일갈하는 느낌이다.

2) "목적론적이지 않은 부정성"

에델만의 다음 문장으로 되돌아가 보자. "퀴어성을 참아줄 수 없게 만드는 것, 심지어 스스로 퀴어라 부르는 사람들에게서도 관대해질 수 없게 만드는 것: 그건 바로 구세주적 희망이 제공하는 약간의 달콤함과 경건함에 감화되길 거부하는 목적론적이지 않은 부정성이다."[90] 바로 앞에서 나는 퀴어 부정성의 정치와 퀴어 유토피아 정치가 반드시 대립적일 필요가 없으며 서로 연관되어 있음을 보였지만, 에델만의 이 문장은 두 입장을 매끄럽게 화해시키려는 모든 시도를 멈칫하게 만든다. 이것이 손톱 옆의 거스러미처럼 불편하게 느껴진다면, 이 불편은 퀴어 정치에서 없애서는 안 되는 매우 중요한 불편이다.

여기서 숙고해봐야 할 문제가 몇 가지 있다. 첫째, 에델만이 보기에 퀴어 부정성에 대한 사유가 단지 지금까지 부정적으로 재현되어왔던 소수자 정체성을 있는 그대로 긍정하자는 제안으로만 귀결되는 것은 불충분하다. 퀴어 부정성은 평등하고 차별 없는 이상적인 사회를 만들기 위해 거쳐 가는 중간단계라기보다는, 오히려 "사회를 구성하는 적대 society's constitutive antagonism"이다.[91] 아무리 합리적이고 긍정적이고 구원과 희망을 믿는 이데올로기일지라도 사회 구조 내부에 존재하고 사회

구조를 가능케 하는 반사회적인 것으로부터 자유로울 수는 없다.[92] 반사회성은 사회성과 전혀 별개의 존재로 외부에 놓여 서로 대립하는 게 아니라, 사회적인 것 안에 본디 내재해 있기 마련이기 때문이다.[93] 더욱이 에델만은 아도르노를 인용하여 사회적인 것은 "사회에 대한 적대에도 불구하고 여전히 살아있는 게 아니라, 바로 그 적대에 의해 살아있는 것"이라고 단언한다.[94] 재생산 미래주의가 리버럴한 유토피아를 구성할 때, 부정성은 어디에도 딱 들어맞지 않은 채 항상 이미 그 안에 들어와 내적인 긴장과 갈등과 파괴를 일으킨다. 재생산 미래주의의 유토피아는 사실상 그러한 적대들에 의존해서만 자신을 유토피아로 상정할 수 있다.[95] 2장에서 버틀러가 비체를 주체를 가능케 하고 주체의 경계와 범위를 설정해주는 구성적 외부로 개념화했듯, 사회적 적대로서의 퀴어 부정성은 역설적으로 미래주의의 경계를 구성해주지만 동시에 그 미래주의를 항시 무너뜨리겠다고 위협하는 것이다. 이는 안정된 정체성 정치에도 저항하는 적대이다. 안정되고 일관되고 통제 가능하고 지속 가능한 정체성을 거부한다는 점에서, 퀴어 섹슈얼리티는 "섹슈얼리티에 본디 내재된 동시에 자유주의 정치와 양립 불가능한, 또는 아마도 정치나 사회성의 그 어떤 형태와도 양립 불가능할지도 모르는 파괴적인 속성"을 띠고 있으며 "자아를 파열시키는 힘"으로서의 죽음 욕동death drive에 결부된다.[96]

'자아를 파열시키는 힘으로서의 죽음 욕동'과의 연결은 단순한 은유나 사회구조적 차원에서의 기능에 그치지 않고, HIV/AIDS와 더불어 사는 몸에서 상징적이고도 물질적인 접속을 이룬다. 여기서 두 번째 숙고해야 할 문제가 나온다. 사전에서 '유토피아'의 첫 번째 의미는 "이상향(인간이 생각할 수 있는 최선의 상태를 갖춘 완전한 사회)"이다.[97]

흔히 유토피아를 좋고 바람직한 것만이 남아있는 세상, 혹은 모두가 평등하고 그래서 행복한 세상으로 상상하곤 한다. 그렇다면 그때 '좋고 바람직한 것'의 기준은 무엇일까? 모두가 평등한 세상에서 차이는 어떤 식으로 정의되고 이해되고 구조화될까? 퀴어 유토피아주의를 비롯해 모든 좋은 것과 긍정적인 것들을 '미래'에 투사하는 희망찬 태도가 '미래는 이러해야 한다는 새로운 획일화된 규범으로 귀결될 위험은 없는가? 평등하고 차별 없는 이상적 사회에서 사회적 적대로서의 퀴어 부정성은 어떻게 될까? 에델만의 표현대로 "스스로 퀴어라 부르는 사람들에게서도 관대해질 수 없게 만드는 퀴어"는 유토피아에서 환영받을까? 아니 살아남을 수라도 있을까? HIV 양성의 몸에 대한 매튜 소던Matthew Sothern의 논문98)은 바로 이 딜레마를 고민한다. '대문자 아이'만을 미래의 유일한 지향점으로 삼는 재생산 미래주의에 HIV 양성의 몸이 들어갈 자리가 없는 것은 맞다. 그런데 이 논문은 그 비판에서 더 나아가, HIV 양성인 사람들을 포용하려는 성소수자 건강운동도 에이즈 예방 캠페인의 초점을 어디에 맞춰야 할지 몰라 갈팡질팡하는 양상을 분석한다. 에이즈가 걸리는 즉시 죽는 급성질환이던 시대에는 자유주의적 정체성 정치에서 HIV 양성의 몸은 죽은 뒤 애도의 대상이 되어 '우리'라는 운동의 힘을 결집시키는 구심점으로 기능했다. 그런데 의학의 발달로 에이즈가 만성질환이 된 지금, 주류 사회는 물론 성소수자 운동에서도 에이즈에 얽힌 몸들을, 정확히는 애도를 바탕으로 구성해온 기존의 방식에 맞지 않는, 오래 살아있을 수 있는 HIV 양성의 몸들을 어떻게 대해야 할지 혼란스러워한다. 아직 죽지 않아 운동의 명분으로 쓸 수도 없고 애도할 수도 없으며 공동체의 건강과 이미지 개선에 위협이 되는 듯한 존재들을 운동의 주체로 재현하지도 못하고 이들과 더불어 살아갈 미래의 비전을 제시하지도 못하면서 계속해서 실패하는 것이다. 이 혼란은 쉽게 외면으로, 예방 캠페인과 복지정책에서의 공백으로 이어진다.

'유토피아가 상정하는 획일화된 정상성에 대한 이 같은 비판은 특히 장애학에서 제기해온 질문이기도 하다. 퀴어 페미니즘 장애학자이자 절단장애인 여성인 앨리슨 케이퍼Alison Kafer는 에코페미니즘을 포함해 대부분의 좌파 유토피아 담론이 유토피아를 장애가 없는 세상으로 그리는 방식을 비판한다.[99] 장애는 희망적인 미래를 완성하기 위해선 용납할 수 없는 차이인가? 유토피아라고 불릴만한 미래의 세상에서, 당신은 장애를 가지고 태어나길 원하는가? 퀴어들이 유토피아적 미래에서 다양성과 차이를 환영받으며 '있는 그대로의 나'를 주장하는 것만으로도 충분한 삶을 살아갈 수 있다고 믿는다면, 장애인들도 과연 그런가? 미래에 그 어떤 눈부신 과학기술의 발전이 있다 하더라도 여전히 장애가 있는 사람은 환영받을 수 있는 존재인가? 당신이 그리는 유토피아는 어떤 차이를 어느 한도까지 어떻게 받아들일 수 있는가? 특히 '고통'은 없는 게 좋다는 허울 좋은 명분 아래 수많은 장애인 태아가 낙태되고 태어난 장애인들이 안락사당하는 현 상황을 고려할 때, 어느 정도의 고통이 '차이'로 받아들여지고 어느 정도까지의 고통이 '차라리 죽는/죽이는 게 나은' 것으로 버려질까? (이때 버려지는 것이 사실상 '고통' 그 자체가 아니라 그 고통을 안고 사는 '생명'이라는 점을 잊어서는 안 된다.) 이런 질문들은 우리가 '희망'을 노래하며 유토피아를 상상할 때 그리는 바람직함이 어느 정도 규범적으로 정형화되어 있는 방식을 비판적으로 성찰하게 만든다.

그러므로 유토피아의 두 번째 사전적 의미대로, 완벽한 이상향이란 '어디에도 없다'는 것을 유념해야 한다. 퀴어들을 위한 대안적인 미래마

저 긍정과 희망으로만 가득 채워놓는다면 그러한 새로운 대안적 "질서
가 거절한 것을, 생각할 수도 없고 무책임하고 비인간적인 것으로 등록
시킬 질서를 긍정하고 확언하는" 셈이기 때문이다.[100] 목적론적이지
않은 부정성에 대한 성찰은 낙인과의 싸움이기도 하지만 동시에 죽음,
불확실성, 고통, 예측 불가능성, 전염 가능성과 같은 부정적 차원을 정말
로 우리가 길들일 수 있다고 믿느냐, 혹은 길들여야만 하느냐를 질문하
는 일이기도 하다. 무엇보다 퀴어 부정성 혹은 반사회성 논의의 핵심은
이것이다. 이 사회가, 혹은 당신이, 어떤 퀴어 존재나 실천까지는 참아줄
수 있는데 다른 건 못 참아주겠다고 생각한다면, 그 기준은 누가 어떻게
세우는가? 그 기준은 어떤 효과를 내는가? 그 기준이 누구의 삶을 인식
장 밖으로 쫓아내어 감히 거기 살아서도 안 되고 살 수도 없는 비체의
영역에 가둬놓는가? 이런 비판적 질문을 계속 제기하기 위해서, 또한
이제는 퀴어 이론에 익숙한 이런 종류의 질문을 던지면서도 우리가 이
질문이 허용하는 한계를 또 부지불식간에 긋고 있는 건 아닌지 경계하
기 위해서, 목적론적이지 않고 결코 길들여지지 않는 부정성에 대해
우리는 계속해서 고민하고 이야기 나눠야 한다.

이런 고민은 부정적인 것들에 직면했을 때 있는 그대로의 나를 긍정
하거나 부정성이 무조건 체제 전복적이고 진보적인 양 찬양하는 식으로
는 해결될 수 없다. 아픈 사람에게 '너의 아픔은 세상을 다르게 보라고
신이 내려주신 시련'이라고 말하거나, 세상의 차별과 불의한 체계를 그
대로 둔 채 그저 일시적인 교란에 환호한다면 이는 무례하거나 무책임
한 짓일 뿐이다. 여기서 세 번째 숙고해야 할 문제가 나온다. 우리가
성소수자들과 무관해 보이는데 주류 정치 담론에서 부정성과 결부되어
왔던 현상을 분석하면서 '퀴어하다'는 해석적 렌즈를 들이댈 때, 그 현상

에서 '퀴어함'을 읽는 데서 만족하지 말고 그러한 해석이 야기하는 효과에 대해서도 생각해봐야 하는 것이다. 예를 들어 푸아가 '테러리스트 몸의 퀴어화'의 세 번째 양상으로 분석한 자살 폭탄 공격자의 몸의 퀴어성은 은유적으로도 문자 그대로도 죽음을 불러오는 파괴적이고 부정적인 힘이다. 자살 폭탄 공격자의 몸은 모든 이분법적 인식틀을 파괴한다는 점에서 퀴어하다. 기계와 유기체가 결합된 무기라는 점에서 무기체/유기체의 구분을 붕괴시키고, 적과 아군을 가리지 않고 다 죽게 만든다는 점에서 피아의 구분을 붕괴시키고, 합리성/비합리성의 이원론적 질서 자체를 붕괴시키고, 삶-존재가 먼저 있고 그다음에 죽음이 온다는 식의 순차적 시간성도 교란시키고, "다른 어떤 방법으로도 전달할 길이 없어 결국 신체에 새긴 전언"이라는 점에서 담론/물질의 구분에도 도전하고, "자신의 소멸을 통해 거꾸로 재생되는 일시적 정체성"이라는 점에서 본질적인 정체성을 가정하는 통념에도 저항한다.[101] 그러나 우리는 단순히 자살 폭탄 테러에서 퀴어한 점이 있음을 분석하는 데서 그치거나, 이 테러리스트 몸의 퀴어성을 본질적으로 저항적이라고 찬양하거나 반대로 전복적이지 않다고 평가하고 끝내서는 안 된다. 이 몸의 퀴어한 배치는 어떤 규범에 저항하는 순간 다른 규범과 권력을 생산하고 강화하기 때문이다.

　퀴어 이론가들이 부정성과 죽음에 주목한다고 해서 이들이 실제 살인을 옹호하는 것은 결코 아니다. 부정성과 함께 사유한다는 건 훨씬 더 어려운 정치적 실천이다. 삶과 죽음, 유익함과 무익함, 생성과 파괴 사이에 그어진 이분법적 구분선을 해체하려 노력해야 하는 한편, 일반적인 통념으로는 무시당하거나 심지어 비난받을 특성들을 쉽게 내치거나 쉽게 퀴어 정치로 찬미하면서 또 다른 규범을 세우는 교조주의에

빠지지 않으려 노력해야 한다. 또한 (다음 장에서 좀 더 논하겠지만)
수많은 부정적 정동과 부정적 행위와 부정적인 반(反)정체성 간에 가치
위계를 만드는 잘못을 반복하지 않도록 노력해야 한다. 더욱 중요한
점은, 자살 폭탄 테러처럼 파괴가 결국엔 그 파괴를 이용해 이득을 취하
려는 세력에 힘을 실어주고, 폭탄이 터지는 순간 붕괴했던 이분법적
가치들이 파괴 후 다시금 전 세계적 불평등과 폭력에 기여하는 방식으
로 재조립되는 결과를 가져올 때, 이러한 파괴의 퀴어성을 분석하는
것이 퀴어 정치를 어디로 몰고 갈지를 비판적으로 성찰해야 한다.

푸아는 자살 폭탄 테러를 감행하는 사람의 몸의 퀴어성을 분석한
다음에 이런 질문을 던진다. "우리가 테러리스트 신체의 이미 퀴어한
구조와 배치—국가, 인종, 그리고 허가된 신체적 관행을 위협하는—를
받아들임으로써 상상하고 산출할 수 있는 제휴적 조직망이란 어떤 것일
까?"102) 에델만의 주장대로 퀴어 부정성이 모든 긍정적 정체성을 거부
하는 것이라면, "가봤자 좋은 것도 없고 그런 좋은 것의 종말 말고는
다른 결말도 없는 건너갈 수 없는 경로를 감히 따라가 보자"103)는 에델
만의 제안을 받아들인다면, 우리가 거기서 찾게 되는 정치적 대안과
연대는 어떤 것이 될까? 에델만은 퀴어 이론이 담지한 부정성에 유토피
아적인 측면이 있다면 그것은 "퀴어 이론이 자신을 완전히 구현하는
게 불가능하게 남는 구현realization을 향해 끝없이 굽이친다는curves 점"
이라고 말한다.104) 재생산 미래주의가 미리 정해준 곧은/이성애 규범적
인straight 길을 따라가지 않고, 자신을 모조리 다 알고 구현해낼 수 있다
는 오만을 버린 인식론적 겸손의 자세로, 항상 끝까지 남아있는 불가능
성과 불안정성과 예측불가능성과 미결정성을 일관된 모양새로 봉합하
려는 짓을 그만두고, 모든 사유와 실천을 그러한 부정적인 것들에 계속

열어놓은 채 커브를 틀고 코너를 돌아가며 더듬더듬 구불구불한 길을 개척해 나아가려는 노력은 퀴어 부정성과 퀴어 유토피아 둘 다를 놓치지 않는 작업일 것이다. 이는 현재의 권력 구조에 안주하지 않는다는 점에서 '여기 그리고 지금'을 거부하는 정치인 동시에, 미래의 언젠가 모든 게 다 좋아지리라는 안일한 희망에 매달리느라 현재 차별받고 고통받는 퀴어 존재들의 다양하고 복잡한 현실을 모른척하지 않는다는 점에서 '여기 그리고 지금'을 위한 싸움이다. 이러한 싸움을 위해서는 퀴어 부정성의 현재성을 또 다른 교조주의로 받아들일 위험도 경계하고, '어떤 미래가 좋다는 기준이 또 다른 규범이 되어버릴 위험도 경계함으로써 현재와 미래를 계속해서 비판에 열어두려는 노력이 필요하다. 불확실성, 비일관성, 불안정성, 취약성, 필멸성, 통제 불가능성, 고통 등에 직면하여 이것들을 무조건 긍정하거나 언젠가는 해결되리라는 막연한 희망과 위로의 신경안정제를 삼키는 대신에, 우리는 긍정/부정의 이분법을 넘어 우리의 삶에서 떨쳐버릴 수 없는 이 부정적인 것들과 어떻게 살아갈 것인지를 계속해서 고민하고 또 고민해야 할 것이다. 이는 동성애 규범성이 공모하는 전 세계적 불평등에 맞서 다른 경로를 만드는 정치적이고 윤리적인 작업일 것이다.

쥬

1. Lauren Berlant and Michael Warner, "Sex in public", *Critical inquiry,* Vol.24, No.2, 1998, p. 548.
2. *Ibid.*
3. Lisa Duggan, *The Twilight of Equality?: Neoliberalism, Cultural Politics, and the Attack on Democracy,* Beacon Press, 2012, p. 50; 리사 두건, 『평등의 몰락: 신자유주의는 어떻게 차별과 배제를 정당화하는가』, 한우리, 홍보람 옮김, 서울: 현실문화, 2017, 123쪽, 번역 일부 수정.
4. Duggan(2012), *ibid.,* p. 44; 두건(2017), 위의 책, 111-112쪽.
5. Duggan(2012), *ibid.,* p. xii; 두건(2017), 위의 책, 23쪽, 번역 일부 수정.
6. Michael Warner, *The Trouble with Normal: Sex, Politics, and the Ethics of Queer Life,* Harvard University Press, 2000, pp. 75-76.
7. *Ibid.,* p. 197.
8. *Ibid.,* pp. 76-77.
9. 1장에서 언급했듯, 컴튼스 카페테리아 항쟁이 스톤월 항쟁보다 먼저 일어났고 둘 다 현대 성소수자 인권운동의 도화선이 되었음에도 운동의 역사를 개괄할 때 전자가 쉽게 지워지는 이유에는 전자의 항쟁을 이끈 대다수가 유색인 트랜스 여성과 드랙퀸, 성노동자였다는 점이 주요했으리라고 많은 이들이 지적해왔다. 이 점은 스톤월 항쟁이 기억되고 기록되는 방식에서도 드러난다. 스톤월 항쟁에서도 다양한 인종과 계급의 퀴어들이 함께 싸웠지만, 항쟁의 주역은 백인 동성애자 남성으로 기록되었다. 이에 대해 항쟁의 역사가 백인 동성애자 남성을 중심으로 재편되고 유색인 트랜스젠더와 바이섹슈얼 등 다른 퀴어들의 기여도가 지워졌다는 비판이 꾸준히 제기되어왔다. 예를 들어 2015년 롤랜드 에머리히 감독이 만든 영화 <스톤월>이 백인 동성애자 남성을 주인공으로 내세워 항쟁의 서사를 구성한 일에 대해 거센 논란이 일어난 바 있다. 다음의 글을 보라. 겨울, 「영화 <스톤월>: 논란과 그 이후」, 『행동하는성소수자인권연대 웹진 너, 나, 우리'랑'』, 2015.09.05. lgbtpride.tistory.com/1055 (최종검색일: 2020.12.24.)
10. Warner(2000), *op. cit.,* pp. 75-76.
11. David L. Eng, Judith Jack Halberstam, and José Esteban Mūnoz, "What's Queer About Queer Studies Now? Introduction", *Social Text* 84-85, Vol.23, Nos.3-4, 2005, pp. 10-11; David L. Eng, *The Feeling of Kinship: Queer Liberalism and the Racialization of Intimacy,* London: Duke University Press, 2010, p. 3. 로런스 대 텍사스 주 소송에 대한 대략적인 설명은 4장을 보라.

12. Warner(2000), *op. cit.*; 두건(2017), 앞의 책; Andrew Sullivan, *Virtually Normal: An Argument about Homosexuality*, Vintage, 1996; Andrew Sullivan, ed., *Same Sex Marriage: Pro and Con: A Reader*. Vintage, 2004.

13. Jack Harrison-Quintana and Jody L. Herman, "Still serving in silence: Transgender service members and veterans in the National Transgender Discrimination Survey", *LGBTQ Policy Journal,* Vol.3, No.1, 2013, pp. 1–13.

14. Eng, Halberstam, and Mūnoz(2005), *op. cit.*, p. 10.

15. 두건(2017), 앞의 책, 3장을 보라.

16. Teemu Ruskola, "Gay Rights versus Queer Theory: What is left of sodomy after Lawrence v. Texas?", *Social Text* 84–85, Vol.23. Nos.3–4, 2005, pp. 235–249.

17. *Ibid.,* p. 245.

18. Eng, Halberstam, and Mūnoz(2005), *op. cit.*, p. 4.

19. *Ibid.*, p. 11.

20. 원제는 "Queer Eye for the Straight Guy"로, 2003~2007년 미국의 케이블 방송 *Bravo*에서 시즌 5까지 방영한 리얼리티 TV 쇼이다. 패션, 스타일, 몸치장, 건축 및 인테리어, 요리, 문화 방면 전문가인 게이 남성 다섯 명이 이성애자 남성을 멋쟁이로 변신시켜준다는 내용이다. (시즌2부터는 이성애자 여성들도 변신시켜줬다.) 이 쇼는 큰 성공을 거두었고 2017년 넷플릭스에서 판권을 가져와 2018년부터는 "Fab Five"라는 새로운 이름으로 재개되었다.

21. <루 폴의 드래그 레이스>는 미국 *Logo TV*에서 2009년부터 방영했고 한국에선 넷플릭스를 통해 볼 수 있다. 루 폴의 차별 발언은 다음의 기사를 보라. "RuPaul Would 'Probably Not' Let a Transitioning Queen on 'Drag Race'", *Out Magazine*, 2018.03.03. out.com/popnography/2018/3/03/rupaul-would-probably-not-let-transitioning-queen-drag-race (최종검색일:2020.12.24.)

22. Warner(2000), *op. cit.*, p. 66.

23. 예를 들어 다음을 보라. Gavin Brown, "Homonormativity: A Metropolitan Concept that Denigrates "Ordinary" Gay Lives", *Journal of Homosexuality,* Vol.59. No.7, 2012, pp. 1065–1072.

24. 오로라(시민건강증진연구소 회원), 「성소수자 차별은 건강의 적이다: 성소수자의 의료 이용을 어렵게 하는 사회적 낙인」, 『프레시안』, 2017.07. 14. pressian.com/news/article.html?no=163185&ref=twit_(최종검색일: 2020.12.24.) '소수자 스트레스 과정 모형'에 기초한 연구들은 성소수자에게 적대적인 사회 환경이 당사자들에게 특별한 스트레스로 누적되어

건강을 악화시킬 수 있음을 입증한다. 레인보우 커넥션 프로젝트는 이에
기초하여 한국의 성소수자 건강 불평등 연구를 꾸준히 진행해왔다. 동성
애자와 양성애자의 건강 문제에 대해서는 다음을 보라. 김승섭, 박주영,
이혜민, 이호림, 최보경, 「한국 동성애자·양성애자의 건강불평등: 레인보
우 커넥션 프로젝트 1」, *Epidemiology and Health*, Vol.39, No.- 2017,
1-11쪽. (e-epih.org/upload/media/epih-39-e2017046-supplementary.
pdf) 트랜스젠더 건강 문제에 대해서는 다음을 보라. 김승섭, 박주영, 이
혜민, 이호림, 최보경, 『오롯한 당신』, 서울: 숨쉬는책공장, 2018.

25. 2000년대 초 한국성적소수자문화인권센터(kscrc.org)가 퀴어 청소년을
거리에서 만나는 활동을 시작했을 때(2013년부터는 청소년 성소수자
위기지원센터 '띵동'이 설립되어 위기 상담, 생필품 지원, 의료적·법률적
지원, 쉼터 연계 등 여러 활동을 진행 중이다. 공식 홈페이지 ddingdong.
kr) 활동가들에게 퀴어 청소년들은 2-30대 퀴어의 존재를 상상하지 못
했었다는 말을 했다고 한다. 퀴어로서 커밍아웃하고 당당하게 살아가는
사람들을 주변에서 본 적이 없었고 성인이 된 퀴어들이 어떤 식으로 사
는지 언론에서 전혀 보여주지 않기 때문에 그냥 학교 졸업하면 다들 헤
어져야 하는 줄 알았다는 거다. 다큐 <불온한 당신>(2015)을 만든 이
영 감독도 인터뷰에서 비슷한 이야기를 한 바 있다. 2005~2007년에
10대 레즈비언들의 이야기를 다룬 다큐 시리즈를 만들었을 때 출연자들
이 "30대에도 레즈비언해요?"라고 물은 것을 계기로, 이 단절된 역사를
잇기 위해 선배 세대의 이야기를 다큐로 만들게 되었다는 것이다(정지
혜, 「<불온한 당신> 이영 감독, "혐오를 방치하면 사회 전반의 공기가
된다"」, 『씨네 21』, 2017.07.20. cine21.com/news/view/?mag_id=877
40 [최종검색일: 2020.12.24.]). 한편 2019년 현재 한국에서 '퀴어 플
래닛'을 비롯하여 퀴어 유튜브 방송이 증가하고 있는데, 이들 상당수는
반드시 동성애 규범성에 부합하지는 않는 다채로운 모습과 활동을 보여
주고 있다. 앞으로 유튜브 개인 방송이 퀴어 청소년 및 고립된 개인들에
게 미치는 영향에 대한 연구가 필요하다.

26. Dick Sobsey, *Violence and Abuse in the Lives of People with Disabilities*,
Baltimore, MD: Paul H. Brookes, 1994, p. 363; Abby L. Wilkerson,
"Disability, Sex Radicalism, and Political Agency,"(original 2002)
Feminist Disability Studies, ed., Kim Q. Hall, Bloomington and
Indianapolis: Indiana University Press, 2011, p. 211에서 재인용. '너
를 사랑해서' '장애를 치료해준다'는 명목으로 가족이 장애인에게 자행하
는 폭력에 관해서는 다음의 책도 참고하라. Kim Eunjung, *Curative
Violence: Rehabilitating Disability, Gender, and Sexuality in Modern
Korea*, Duke University Press, 2016.

27. Susan Stryker, "(De)subjugated knowledges: an introduction to transgender

studies", *The transgender studies reader,* eds., S. Stryker and S. Whittle, London, UK: Routledge, 2006, p. 7. 스트라이커에 대한 소개는 다음의 글을 보라. 루인, 「수잔 스트라이커: 트랜스젠더 페미니즘, 역사, 그리고 동성애 규범성」, 『여/성이론』 26호, 2012, 81–103쪽.

28. Warner(2000), *op. cit.*

29. Judith Butler, *Precarious life: The powers of mourning and violence,* Verso, 2004(주디스 버틀러, 『불확실한 삶: 애도와 폭력의 권력들』, 양효실 옮김, 부산: 경성대학교 출판부, 2008).

30. 레비나스는 "얼굴에 접근하는 것은 책임감의 가장 기초적인 양태"라고 단언하는데, 그 이유는 타자의 얼굴의 취약성은 사람이 혼자서는 생존할수 없고 반드시 타자의 존재가 필요하다는 근본적인 존재론적 조건을 드러내기 때문이다(Butler[2004], *ibid.,* pp. 131–2; 버틀러[2008], 위의 책, 181쪽). 이에 대한 설명은 6장 3절 버틀러의 정치윤리학 논의에서 정리했다.

31. Butler(2004), *op. cit.*; 버틀러(2008), 앞의 책 5장을 보라.

32. Robert McRuer, "We Were Never Identified: Feminism, Queer Theory, and a Disabled World", *Radical History Review,* Vol.– No. 94, 2006, pp. 148–154.

33. 두건(2017), 앞의 책, 115–116쪽.

34. Eng, Halberstam, and Muñoz(2005), *op. cit.,* p. 11.

35. Jasbir K. Puar, *Terrorist Assemblages: Homonationalism in Queer Times,* Duke University Press, 2007; "Rethinking Homonationalism", *International Journal of Middle East Studies,* Vol.45, No.2, 2013a, pp. 336–339; "Homonationalism as Assemblage: Viral Travels, Affective Sexualities", *Jindal Global Law Review,* Vol.4, No.2, 2013b, pp. 23–43; "Queer Times, Queer Assemblages," *Social Text* 84–85, Vol.23, Nos.3–4, 2005, pp. 121–139. 이 2005년 논문은 한글 번역본이 출간되어 있다. 재스비어 K. 푸아, 「퀴어한 시간들, 퀴어한 배치들」, 이진화 옮김, 『문학과 사회』 29권 4호, 2016, 88–118쪽.

36. Robert McRuer and Abby L. Wilkerson, "Introduction", *GLQ,* Vol.9, Nos.1–2, 2003, pp. 1–23.

37. 푸아(2016), 앞의 글, 92쪽. 미국 예외주의(American exceptionalism) 란 지구상 모든 국가 중에서 미국만이 특별하고 미국이 이 세계의 진보와 자유민주주의의 가치와 인권을 수호하는 구원자라는 일종의 선민사상이다.

38. Puar(2013b), *op. cit.,* p. 24.

39. 이스라엘은 팔레스타인 분쟁에서 우위를 점하기 위하여 핑크워싱을 국가 전략으로 가장 잘 활용해온 나라다. 2017년 제9회 성소수자 인권포

럼 <때가 왔다> 부문세션인 "퀴어들의 천국은 없다: 이스라엘의 핑크워싱"은 핑크워싱에 대해 본격적으로 다뤘다. 세션 이후의 토론까지 종합하여 잘 정리한 글로는 다음을 보라. 탁수연, 「제 9회 성소수자 인권 포럼: 이스라엘은 왜 '게이 천국'을 욕망하는가: 초국적 LGBT 인권 담론, 자유주의, 그리고 핑크워싱」, 『행동하는성소수자인권연대 웹진 너, 나, 우리'랑'』, 2017.03.16. lgbtpride.tistory.com/1385 (최종검색일: 2020.12.24.) 역설적이게도, 분홍색이 성소수자 친화적인 경향을 상징하는 색이 된 것은 나치가 동성애자들에게 분홍색 삼각형을 붙여 분류하고 수용소로 보냈던 역사를 잊지 말고 기억하자는 움직임에서 나온 것이었다.

40. 에드워드 아킨톨라 허버드, 「제국시절 수출했던 동성애혐오를 되돌리지 못하는 영국」, 이승훈 옮김, 『해외 성소수자 소식 블로그 미트르』, 2017.07.28. mitr.tistory.com/3528 (최종검색일:2020.12.24.)

41. Puar(2013b), op.cit., p. 26–27.

42. 테러와의 전쟁을 국가적 명분으로 붙들고 있는 미국의 제국주의-내셔널리즘 담론에선 '아랍', '무슬림', '이슬람'이 각 용어가 정확히 무엇을 지칭하는지를 "따지는 게 무의미할 정도로" 마구잡이로 섞여 그저 미국의 반대편에 있는 타자화된 '저기'를 가리키기 위해 사용되고 있다(푸아[2016], 앞의 글, 93쪽).

43. 위의 글, 93–97쪽. 푸아는 더 씁쓸한 현실을 지적한다. 무슬림 퀴어 단체 알파티하에서 이 사건에 대해 내놓은 성명서도 이런 오리엔탈리즘적 관념에 의존했는데, 이는 정말로 그렇게 믿어서라기보다는 "오리엔탈리즘에 호소하지 않고 매체의 관심을 끌기란 거의 불가능"했기 때문이다(95쪽). 미국 언론도 백인 퀴어 이론가들도, 자국이 인권 유린을 저지르고 있다는 사실에 초점을 맞추기보다는 동성애자로 호명되는 것 자체를 불명예로 여기는 저 조신하고 보수적인 아랍인들이 동성애 행위를 연상시키는 성고문을 받아 치욕스러워한다(그래서 역설적으로 그 '테러리스트'들에게 이런 성고문이 더 효과적이었다)는 담론을 퍼뜨리는 쪽을 더 선호했다(96쪽).

44. 위의 글, 98쪽.

45. 위의 글, 99쪽.

46. 위의 글, 100쪽.

47. 위의 글, 107–108쪽.

48. 위의 글, 108쪽.

49. 위의 글, 114쪽.

50. 위의 글, 114쪽. 유념할 점은 고문 전부터도 터번 두른 남성 몸은 이미 퀴어한 형상으로 인식되고 각인되었다는 점이다. 따라서 이 몸이 고문 전에는 퀴어하다고 인식되지 않다가 고문을 통해 퀴어하게 되는 것이

아니라 고문이 이 퀴어한 몸을 인용하고 퀴어하게 재배치하는 것이다. 그런데 푸아의 이 설명은 본디 테러리스트 신체가 퀴어했는데 그것을 고문이 인용한 것에 지나지 않는다는 식의 원본-모방본 구도를 따르는 것이 아니다. 푸아는 존재하기와 되기(생성, becoming)의 동시성으로 이 문제를 파악한다(100쪽). 푸아는 테러리스트 몸과 퀴어성의 이 결합이 "국가, 인종, 그리고 허가된 신체적 관행을 위협"(107쪽)하고, "국가 안보의 감시 아래 놓인 도착성, 즉 비예외성을 되찾아옴으로써 성적 예외주의에 반격"을 가한다는 점에서 반체제적이라고 본다(115쪽).

51. Judith Butler, *Frames of War : When Is Life Grievable?* London; New York: Verso, 2010, pp. xxii-xxiii.

52. Gayatri Gopinath, "Bollywood Spectacles: Queer Diasporic Critique in the Aftermath of 9/11", *Social Text* 84-85, Vol.23, Nos.3-4, 2005, pp. 157-169.

53. 『양들의 침묵』은 1988년 출간된 토머스 해리스의 소설로, 1991년 조나단 드미 감독이 같은 제목의 영화로 만들었다. 이 영화가 트랜스를 재현하는 방식에 관한 논의는 루인, 「애착은 어떻게 범죄가 되는가: 양육의 성공, 범죄의 탄생」, 장애여성공감, <2015 장애여성학교: 장애, 탈병리화, 젠더/섹슈얼리티> 6강, 2015.07.08. 이 강의는 출간되지 않았지만 영화에서의 트랜스 혐오를 간략히 지적한 글은 다음을 보라. 루인, 「양들의 침묵 혹은 트랜스혐오」, 『Run to 루인』, 2006.06.24. runtoruin. com/458 (최종검색일:2020.12.24.) 루인은 불법성과 퀴어라는 주제에 천착하는 한국의 대표적인 연구자로, 언제 어떻게 퀴어가 불법이 되는가에 관해 훌륭한 글과 강의를 생산해왔다. 물론 루인은 한국에서 가장 뛰어난 퀴어 이론가 중 한 사람이기에 트랜스젠더, 트랜스 페미니즘, 젠더 이론 등 여러 주제에서도 대표적인 연구자이다. 루인의 글과 발표문은 블로그 'Run To 루인'에 잘 정리되어 있다. docs.google.com/spreadsheets/d/1LgeGJsvZIqIpWBBfwZLiGkLUOXDr-6gYUkuFvu87fWM/edit#gid=0 (최종검색일:2020.12.24.)

54. 이성애자들을 건강함의 지표로 정립하면서 동성애나 트랜스젠더퀴어를 질병과 비건강으로 재현하는 수사는 소위 성소수자들을 지지한다는 측에서도 종종 사용된다. 성소수자들이 사회에 위협적인 악한 존재가 아님을 대중에게 설득한답시고 '그들은 단지 아픈 사람이다'라고 주장하는 식이다. 지지하는 척 뒤통수치는 이런 식의 수사는 성소수자들을 치료가 필요한 동정의 대상으로 놓음으로써, 규범적(위치를 잠정적으로 점유하는) 주체들이 스스로의 도덕성이 의문시될 위험은 제거하고 스스로 계속 선량한 주체로 남아있을 수 있게끔 하는 동시에 성소수자에게 갖는 불안을 안전하게 관리하는 기능을 한다.

55. 푸아(2016), 앞의 글, 99쪽.

56. Lee Edelman, *No Future: Queer Theory and the Death Drive*. Duke University Press, 2004.
57. Judith Jack Halberstam, *in a Queer Time* and *Place: Transgender Bodies, Subcultural Lives*, New York University Press, 2005. 특히 1장을 보라.
58. *Ibid.*, pp. 4-5.
59. 사라 아메드가 '행복'이란 감정이 가족의 유산으로 어떻게 퀴어 아이들에게 강제되는지를 분석한 논의는 다음 장에서 소개할 것이다.
60. Edelman(2004), *op. cit.*, p. 11.
61. 관련 논의는 다음을 보라. 전혜은, 「수잔 웬델: 손상의 현상학」, 『여/성이론』 27호, 2012, 186-204쪽.
62. Lee Edelman, "Ever after: History, negativity, and the social", *South Atlantic Quarterly* Vol.106, No.3, 2007a, p. 474.
63. *Ibid.*, pp. 474-75.
64. *Ibid.*. p. 474.
65. Edelman(2004), *op. cit.*, p. 2.
66. *Ibid.*, p. 11.
67. 2019년 서울 퀴어문화축제에서 게이 데이팅 사업을 하는 '블루드'라는 회사에 기업후원을 받았다가 그 회사가 대리모 사업을 한다는 사실이 알려지면서 거센 항의가 일어나 결국 축제 기획단에서 후원 협약을 중단한 사건이 있었다. 한국에서는 아직 동성혼 법제화가 안 되어 게이 커플이 아이 입양을 추진하는 사례가 알려진 바 없기 때문에 대리모를 둘러싼 논쟁이 본격화되지 않았지만 한국도 법제화에 성공하고 나면 이 문제를 더 생각해봐야 할 것이다. 대리모 문제는 퀴어 정치가 페미니즘과 함께 가기 위해서, 또한 세계화라는 이름으로 세를 확장하는 제국주의와 신자유주의적 자본주의에 반대하는 운동들과 함께 가기 위해서는 무시할 수 없는 주제다.
68. Edelman(2007a), *op. cit.*, p. 474.
69. 다음을 참고하라. 지은숙, 『비혼(非婚)을 통해 본 현대 일본의 가족 관계와 젠더 질서』, 서울대학교 인류학과 박사학위논문, 2016. 지은숙 박사의 논문을 요약한 인터뷰는 다음을 보라. 이영경, 「국가는 가족에, 가족은 비혼자에 떠넘겨 … '돌봄의 민주화' 고민할 때」, 『경향신문』 2018. 01.26. m.khan.co.kr/amp/view.html?art_id=201801261841005 (최종 검색일:2020.12.24.)
70. Edelman(2004), *op. cit.*, p. 3. 원문 강조.
71. 원제는 *The Smurfs*. 1981년부터 1989년까지 방영된 미국의 애니메이션. 벨기에 작가 페요(Peyo, 본명은 Pierre Culliford)의 동명 만화가 원작.
72. Halberstam(2005), *op. cit.*, p. 4.

73. Edelman(2004), *op. cit.*, p. 29. 에델만은 이 대문자 아이를 거부하는
이들을 부를 새로운 이름으로 신토모섹슈얼(*sinthomo*sexual)을 제시한
다. 이 개념은 라캉의 개념인 the *sinthome*과 동성애(homosexuality)를
결합한 것으로, 전자는 정신분석에서 "주체가 주이상스로 접근하는 구체
적인 대형"으로 정의되고, 후자는 지배 담론의 환상에서 항상 비체화되
고 형상화에 반대하는 형상으로 정의된다. 이런 의미의 용어들을 합쳐
만든 신토모섹슈얼은 "미래주의가 정치적 장을 속박하면서 그 장을 정의
하는 데 저항함으로써 인식/인정 불가능한 정치성을 불러낸다."(Edelman
[2007a], *op. cit.*, pp. 471-472). 신토모섹슈얼이 담지한 부정성에 대
해서는 이 장의 마지막 절에서 좀 더 논의해보도록 하겠다.

한편 에델만은 재생산을 직접 실천하지 않는 형상이자 퀴어 부정성을
상상함에 있어 가장 특권을 가진 형상으로 신토모섹슈얼을 제시하는데,
에델만이 신토모섹슈얼에 해당되는 존재로 주로 남성을 상정한 점, 그리
고 신토모섹슈얼이 체현하는 부정성의 섹슈얼리티가 반사회적이고 반관
계적인 섹슈얼리티라는 점 때문에 이 개념이 백인 게이 남성을 전제한
다는 비판을 종종 받았다. 즉 에델만 본인이 재생산 미래주의에 맞서는
투쟁이 '모든' 퀴어에게 필요하고 중요하다고 주장해놓고서도 그러한 투
쟁의 선봉에 서는 대표적 형상을 주로 백인 게이 남성에게 특권을 부여
하는 방식으로 개념화했다는 것이다(José Esteban Muñoz, *Cruising
Utopia: The Then and There of Queer Futurity*, nyu Press, 2009, p.
11, 95). 이런 비판에 대해 에델만은 다소 모순적인 변론을 펼친다. 자
신이 정체성 정치를 거부하기 때문에 신토모섹슈얼이란 개념에선 그 어
떤 섹스도 섹슈얼리티도 심지어 '종(species)'마저도 특권을 갖지 않는
다고 주장하면서도, 자신의 책 전체에서 주로 남성 신토모섹슈얼에 초점
을 맞춘 이유는 우리 문화에서 신토모섹슈얼리티는 기계 같은 남성이
체현한다고 상상되는 경우가 가장 빈번하기 때문이라고 답한 것이다. 에
델만에 따르면 젠더 불평등한 문화에서 여성은 자연, 재생산, 가정적인
것과 '자연스레' 연결된다고 여겨지기에 그 반대편에 남성과 기계가 놓
인다(Edelman[2004], *op. cit.*, p. 165 n10). 다시 말해 기계 같은 남성
성이 성적 재생산의 소위 '자연적인' 질서 바깥에 있는 신토모섹슈얼을
대표하는 형상으로서 적합한 이유는 그 자체로 세간의 젠더 편향을 반
영했기 때문이라는 것이다. 그러나 스스로의 정체성을 설명할 때 레즈비
언/스톤 부치/트랜스젠더퀴어 등의 이름을 오가거나 그 경계지대 어딘가
에 머무르는 핼버스탬이 이성애적 재생산 규범성을 위반하는 존재로 '톰
보이'를 예로 드는 것과 비교해보면, 에델만의 설명이 썩 설득력 있는
것은 아니고 오히려 '젠더 불평등한 문화'를 무책임하게 재생산한다고
볼 수 있다. 그럼에도 에델만은 여성 신토모섹슈얼의 재현 가능성과 그
것이 남성 신토모섹슈얼과 비교했을 때 어떤 차이가 있을지에 대해서는

자신의 관심사가 전혀 아니기에 다루지 않았다고 당당하게 밝힌다 (Edelman[2004], *op. cit.,* pp. 165-66 n10). 다만 꾸준히 나온 이런 비판들을 의식해서인지 2007년 논문에 오면 에델만은 자신이 원하든 원치 않든 '신토모섹슈얼'로 범주화될 수 있는, '보편성에 희생되는 특수성들'의 예로 (앞서 본문에 내가 인용했듯) "여성, 아시아인, 히스패닉, 흑인, 장애인, 빈곤층, 퀴어의 싹이 보이는 젊은이"(Edelman[2007], *op. cit.,* p. 474)을 언급한다. 그 이상의 깊이 있는 분석으로 나아가진 않지만 말이다.

74. Dean, "The Antisocial Homosexual", 2006, p. 827. [Robert L. Caserio, Lee Edelman, Judith Jack Halberstam, José Esteban Muñoz and Tim Dean, "The Antisocial Thesis in Queer Theory", *PMLA*, Vol.121, No.3, 2006, pp. 819-828.] 이 논문은 학술대회 라운드테이블 토론을 정리한 것으로 여러 저자의 목소리가 실려 있어 부득이하게 출처 표기를 이렇게 했다. 한편 같은 논문에 수록된 에델만의 "Antagonism, Negativity, and the Subject of Queer Theory"(pp. 821-822)는 앞으로 인용할 때 Edelman(2006)이라 표기하겠다.

75. Dean(2006), *op. cit.,* p. 826.

76. *Ibid.,* pp. 827-828.

77. 임시로 번역해놓긴 했지만, 이 책 제목의 번역으로 '미래 없음'이 딱 맞아떨어지는 것은 아니다. 지금까지 설명했듯 No future는 한편으로는 현재의 지배적 인식틀 안에서는 퀴어를 위한 미래가 없다는 뜻을 담고 있고, 다른 한편으로는 '노키즈존'에서 '노(No)'와 같은 용례로서, 이 규범적이고 억압적인 미래를 보이콧하겠다는 뜻을 담고 있다.

78. Edelman, 2007b, p. 195. [Carolyn Dinshaw, Lee Edelman, Roderick A. Ferguson, Carla Freccero, Elizabeth Freeman, Judith Jack Halberstam, Annamarie Jagose, Christopher S. Nealon, and Tan Hoang Nguyen, "Theorizing Queer Temporalities: A Roundtable Discussion." *GLQ: A Journal of Lesbian and Gay Studies*, Vol.13, Nos.2-3, 2007, pp. 177-195.] 이 논문은 학술대회 라운드테이블 토론을 정리한 것으로 여러 저자의 목소리가 실려 있어 부득이하게 출처 표기를 이렇게 했다.

79. Muñoz(2009), *op, cit.,* 서론을 보라. 그런데 퀴어 부정성과 퀴어 유토피아주의가 양립 불가능한 극단으로 상정되게 된 데에는 각각의 이론을 대표하는 학자인 에델만과 뮤노즈의 책임이 크다. 두 사람의 논쟁은 상당히 감정적으로 보이는 측면이 있다. 서로가 자신의 핵심 주장을 제기할 때는 매우 설득력 있지만 서로를 비판할 때는 틀린 근거에 의지하고 과도한 일반화의 오류를 범하면서 사태를 더욱 악화시킨다. 예를 들면 본문에서 앞으로 설명하겠지만 퀴어 부정성을 논하는 학자들이 미래보

다 '여기 그리고 지금'에 주목하는 것은 이성애 규범적인 시간성이 강제하는 미래주의에 맞서기 위함인데도, 뮤노즈는 이 논의를 모두 '현재주의'로 싸잡아 현재주의는 현상 유지에 지나지 않으며 이성애 규범성에 영합할 뿐이라고 비난한다. 반대로 에델만은 뮤노즈가 제안하는 퀴어 유토피아주의를 모두 '미래주의'로 싸잡아 미래주의는 부지불식간에 이성애 규범성이 그려놓은 미래에 공모한다고 비난한다. 서로가 서로의 말은 제대로 듣지 않고 상대에게 이성애 규범성에 영합한다며 삿대질하는 소모적인 언쟁을 벌이는 셈이다. 심지어 이 논쟁은 점차 감정적으로 변질되었다. 예를 들어 「퀴어 이론의 반사회적 테제The Antisocial Thesis in Queer Theory」(2006)는 근대언어학회 세션 발표문을 묶어 출간한 글인데, 여기서 에델만이 퀴어 유토피아주의를 주장하는 이들(바로 옆에 뮤노즈가 공동 토론자로 참가해 있었다)을 "리버럴 유토피아주의의 지지자"로 은근슬쩍 싸잡아 "인본주의의 꼭두각시를 다시금 열정 플레이로 밀어 넣음으로써, 심지어 이단적 드랙의 옷차림을 하고서도 미래주의교회의 찬송가로 인도"하는 부류이자 "해로움으로부터의 자유와 하모니라는 유쾌한 뿡을 맞은" 자들로 조롱하자(Edelman[2006], *op. cit.*, p. 821), 뮤노즈는 나중에 자신의 단행본에서 에델만을 "소리 질러 유토피아를 입 닫치게 하는" 세력으로 지목하면서(Muñoz[2009], *op, cit.*, p. 10) 서로 감정적으로 대응한다. (적어도 얼마나 현학적으로 찰지게 욕을 잘하는가 하는 주제에 있어서는 에델만이 늘 이겼다.) 두 학자 간 어긋난 논쟁은 2013년 뮤노즈가 세상을 뜨면서 끝났다.

80. Michael Foucault, "Friendship as a Way of Life", *Foucault live: interviews, 1961-1984*, eds., Sylvère Lotringer, Lysa Hochroth, and John Johnston, New York: Semiotext(e), 1996; Halberstam(2005), *op. cit.*, p. 1에서 재인용.

81. *Dallas Buyers Club*, 장 자크 발레 감독, 미국, 2014.

82. Eve Kosofsky Sedgwick, *Touching Feeling: Affect, Pedagogy, Performativity*, Duke University Press, 2003.

83. <Boys Don't Cry>, 킴벌리 피어스 감독, 미국(2000).

84. 래리 놉, 「레즈비언 게이 지리학에서 퀴어 지리학으로—과거, 전망, 가능성」, 캐스 브라운, 개빈 브라운, 제이슨 림 엮음, 『섹슈얼리티의 지리학: 페미니즘과 퀴어 지리학의 이론, 실천, 정치』, 김현철, 시우, 정규리, 한빛나 옮김, 서울: 이매진, 2018, 51쪽(Larry Knopp, "From lesbian and gay to queer geographies: pasts, prospects and possibilities," *Geographies of Sexualities: Theory, Practices and Politics*, eds., Kath Browne, Gavin Brown, and Jason Lim, Surrey, U.K.; Burlington, VT: Ashgate, 2009).

85. José Esteban Muñoz, *Disidentifications: Queers of Color and the*

Performance of Politics, Minneapolis and London: University of Minnesota Press, 1999.

86. Edelman(2004), *op. cit.*

87. Dean(2006), *op. cit.*, p. 827.

88. Judith Jack Halberstam, "The anti-social turn in queer studies", *Graduate Journal of Social Science,* Vol.5, No.2, 2008, pp. 140-156.

89. 게이 커플의 일상을 다룬 요시나가 후미의 만화 『어제 뭐 먹었어?』에서 유명한 대사, "그런 어중간한 생각으로 동성애를 하려는 거냐!"를 빌려 와 봤다.

90. Edelman(2007b), *op. cit.*, p. 195.

91. Edelman(2006), *op. cit.,* p. 821.

92. *Ibid.,* p. 822.

93. Edelman(2007a), *op. cit.*, p. 470-471.

94. Theodor Adorno, *Negative Dialectics,* translated by E. B. Ashton, New York: Continuum, 1994, p. 320; Edelman(2006), *op. cit.*, p. 821에서 재인용.

95. Edelman(2006), *ibid.,* p. 822.

96. Anna Mollow, "Is Sex Disability? Queer Theory and the Disability Drive", *Sex and Disability,* eds., Robert McRuer and Anna Mollow, Durham and London: Duke University Press. 2012, pp. 286-287.

97. 표준국어대사전, ko.dict.naver.com/#/entry/koko/b18bfabe53da42869a9bcd2075ed9f13.

98. 매튜 소던, 「HIV 양성의 몸 공간-아오테아로아/뉴질랜드의 에이즈 그리고 미래를 부정하는 퀴어 정치학」, 캐스 브라운, 개빈 브라운, 제이슨 림 엮음, 『섹슈얼리티의 지리학: 페미니즘과 퀴어 지리학의 이론, 실천, 정치』, 김현철, 시우, 정규리, 한빛나 옮김, 이매진, 2018(Matthew Sothern, "HIV+Bodyspce: AIDS and the Queer Politics of Future Negation in Aotearoa/New Zealand," *Geographies of Sexualities: Theory, Practices and Politics,* eds., Kath Browne, Gavin Brown, and Jason Lim, Surrey, U.K.; Burlington, VT: Ashgate, 2009).

99. Alison Kafer, *Feminist, Queer, Crip,* Indiana University Press, 2013.

100. Edelman(2004), *op. cit.*, p. 4.

101. 푸아(2016), 앞의 글, 104-106쪽.

102. 위의 책, 107쪽.

103. Edelman(2006), *op. cit.*, p. 822.

104. Lee Edelman, "Queer Theory: Unstating Desire", *GLQ: A Journal of Lesbian and Gay Studies,* Vol.2, No.4, 1995, pp. 343-346.

부록

동성혼과
퀴어 가족에 대한 생각

간식 놈놈

사랑하는 이와 안정된 가족을 꾸리고 싶어 하는 퀴어 독자라면 5장의 내용이 좀 혼란스럽거나 껄끄러울 수도 있을 것 같다. 이 장에서는 동성애 규범성의 문제점을 지적하는 퀴어 이론가들의 논의를 정리했지만, 동성혼에 비판적인 입장을 취하는 퀴어 이론가들이 동성혼을 욕망하는 사람들을 체제 부역자라고 단정하는 것은 결코 아니다. 다만 동성혼 이슈에 성소수자 운동의 모든 자원과 동력이 쏠리면서 어떤 다른 의제들이 배제되는가를 면밀히 검토하려는 것이고, 결혼이 의료보험을 비롯한 사회적 자원에 접근할 수 있는 유일하게 합법적인 통로로 인정받을 때 혼자 살거나 결혼 이외의 형태로 함께 사는 사람들에겐 그러한 자원의 접근이 여전히 차단되는 상황을 비판하는 것이고, 특정 성적 유대를 국가로부터 합법적인 것으로 인정받으려는 운동이 에이즈 위기에 대해 느끼는 수치심을 수습하고 우리도 건강하고 도덕적이고 정상이라는 점을 호소하고픈 욕망에서 비롯된 것은 아니었는지, 결혼 제도 바깥의 성적 유대를 비합법화하는 데 일조하는 것은 아닌지, 동성혼이 법적으로 인정된 다음에는 결혼하지 않는 퀴어들을 비난하고 이 후자의 사람들이 겪는 사회적·제도적 차별을 '지들이 좋아서 선택한 거 아니냐고 치부해버리는 일이 발생하지 않을지 우려하는 것이다.1) 동성혼과 퀴어 가족 이슈는 단순히 찬반을 따질 수 있는 사안이 아니라 합법과 불법을 가르는 경계 자체를 구축하는 인정의 정치가 복잡하게 얽혀 있는 문제이기 때문이다.

한편 모든 다양한 입장의 교차를 무시하고 결혼이 반드시 규범 권력으로서 문제가 있다고 간단히 말할 순 없다. 예를 들어 1장에서도 언급했듯, 이성애 결혼이 모든 사람에게 똑같이 강제되었다고 단언하기에는 이성애 규범적 재생산 시간성의 작동에 계급과 섹슈얼리티는 물론 젠더와 인종과 비장애/장애의 격차가 분명한 영향을 미친다. 많은 흑인 페미니스트들이 지적해왔듯 노예제 시대에 미국으로 끌려온 흑인 여성들은 노예 상품을 낳는 물건으로 취급되어 아이를 기를 수도 가족을 이룰 수도 없었으며, 현대에 와서도 결혼하면 저소득층 지원이 끊기기 때문에 어머니 혼자 아이를 키워야 하는 경우가 많다.[2] 장애인의 재생산 또한 규범적인 재생산 시간성 바깥으로 쫓겨난다. 국가 주도하에 장애인에게 불임 수술을 강제한 역사가 있고, 지금까지도 장애인의 임신 및 출산은 이 사회에 장애를 퍼뜨리는 용납할 수 없는 짓으로 비난받는다.[3] 한편 한국은 동성애자 공동체 안에서도 그 바깥에서도 '기혼 이반'이 '혼자 잘 먹고 잘살겠다고 탈반한 동성애자' 혹은 '이성애자를 속여 결혼하는 동성애자'라며 좋지 않은 평가를 받고 있지만, 이성애자 여성들도 원가족의 폭력이나 가난에서 벗어나기 위해 결혼을 도피처 삼는 경우가 있는 것처럼 개개인이 결혼을 선택하게 되는 맥락은 복잡하기에 함부로 재단하기 어렵다. 또한 기혼 이반에 대한 통념은 바이섹슈얼, 트랜스젠더, 젠더퀴어, 논바이너리 정체성을 가진 퀴어들의 결혼마저도 모두 이성혼 아니면 동성혼으로 단정하여 비가시화한다는 문제가 있다. 결국 퀴어의 복잡한 존재와 삶의 양식을 남성 아니면 여성, 이성애 아니면 동성애, 진보 아니면 부역의 이분법적 틀에 끼워 맞춰 해석을 제한하

는 것이다.[4]

그럼에도 핼버스탬이 퀴어한 삶이란 이성애 규범적 문화의 각본을 따르지 않는 삶이자 모든 규범과 불화하는 삶이라고 단언할 때,[5] 동성혼을 원하거나 (법적으로는 인정받지 못했을지라도) 이미 혼인관계에 있는 퀴어들은 '그럼 난 퀴어 자격 미달인가' 하는 불편함을 느낄 수도 있을 것이다. 어떠한 형태로든 '안정된 가족을 꾸리고 싶어 하는 마음을 가지면 퀴어하지 않은 걸까? 이성애 규범성이 특정 형식의 관계에만 안정성이라는 가치를 독점적으로 부여해온 방식을 비판한다 하더라도, 자신의 삶에서 '안정성'이 매우 중요한 가치이자 동기를 부여해주는 기반인 사람들도 있을 텐데 핼버스탬 같은 주장은 '안정성' 자체를 너무 이성애 규범성에 도매금으로 넘겨버리는 건 아닐까?[6] 물론 반드시 사랑하는 한 사람과의 독점적 결합에서만 '안정성'이 확보될 수 있다고 생각한다면 그 또한 '안정성'을 너무 규범적 틀에서 사고한다는 점에서 한계가 있을 것이다. 우리는 다양한 형식의 가족 구성을 상상하고 시도할 수 있어야 하고(이미 역사적으로 많은 퀴어들이 그렇게 살아왔다) 안정성의 의미와 내용도 그에 따라 달라질 수 있을 것이다. 심지어 인간과 사는 것보다 반려동물과 이룬 가족에서 훨씬 안정감과 행복을 느끼는 사람들도 많다.

따라서 우리가 동성혼과 퀴어 가족에 대한 논의를 시작할 때 늘 경계해야 할 것은 이런 형식들이 '본질적으로' 규범에 순응하고 체제에 부역하는 것인가, 아니면 '본질적으로' 이성애 가족 규범을 교란시키는 급진성을 가지는가를 '본질적으로' 확정하려는 이분법적 태도다. 이분법적 선택지에 갇히지 않기 위해서는 동성혼과 퀴어 가족을 둘러싼 맥락과 역사를 살펴보는 작업이 필요하다. 여기서 이 주제를 다룬 두 명의 퀴어 학자들의 글을 함께 읽어보는 것이 도움이 될 것 같다.

1) 미국 동성혼 정치의 역사

로라 브릭스Laura Briggs는 『모든 정치가 어떻게 재생산 정치가 되었
는가How all Politics Became Reproductive Politics』(2018)의 5장7)에서 퀴어 공동체가
동성혼이라는 주제에 화력을 집중하게 된 역사를 재생산 정치라는 틀에
서 분석한다. 먼저 브릭스는 동성혼의 정치가 여러모로 보수적인 정치
적 기획이었음을 인정한다. '가족'이 역사적·문화적으로 다양한 모양
새를 이뤄왔음에도 부모와 아이라는 핵가족 형식만을 합법적인 재생산
단위로 규정하고 그 형식에만 "성스러움"과 "고결함"8)을 부여하는 보
수 정치학에 동성혼의 정치가 포함됨으로써 결과적으로는 성소수자 이
슈를 '사적인 영역'으로 축소시키고 퀴어 공동체의 다양성을 축소시키
는 방향으로 가버렸다는 것이다. 나아가 동성혼의 정치는 재생산 노동
을 공적으로 함께 힘쓸 문제가 아니라 사적 영역에서 해결할 문제로 더욱
더 방치하는 글로벌한 신자유주의적 자본주의의 흐름에 힘을 보탰다.

그러나 브릭스는 동성혼의 정치가 처음부터 그 흐름에 동조했다기
보다는 그 흐름에 휩쓸릴 수밖에 없었던 맥락을 살펴본다. 아이나 노인,
질환 및 장애가 있는 사람 등 돌봄이 필요한 존재에 대한 국가적 지원이
턱없이 부족하거나 퀴어 가족에겐 전무한 현실에서, '합법'의 경계 바깥
에서 가정을 꾸리고 서로를 돌보며 살아온 퀴어들은 자신들의 지위가
법적으로 인정받지 못하기에 이성애자 가족에게는 보장되는 권리에 접
근조차 할 수 없는 경험을 수없이 겪으면서 내 가족을 지킬 유일한
대안인 것처럼 보이는 동성혼 법제화에 매달리게 되었다는 것이다.9)

5장에서 에델만의 논의를 통해 보았듯, 성소수자 혐오 세력은 동성애자들을 사회에서 배제할 근거로 '아이를 낳지 않으니 재생산에 기여하지 않는다'는 점을 들먹이곤 했다. 그러나 브릭스는 보조 재생산 기술과 대리모 산업을 경유해 혈육을 재생산하려는 동성 커플이 등장하기 훨씬 이전부터 성소수자들이 꾸준히 사회적 재생산 노동을 해왔지만 비가시화되었을 뿐이라는 사실을 보여준다. 한국의 저출산 담론처럼 재생산에 대한 주류 담론은 자본주의적 노동생산성을 확보하기 위한 인구학적 관점과 '대를 잇는다'는 가부장적 관점에서 임신과 출산에 초점이 맞춰 있는 반면, 퀴어 재생산 정치는 반드시 핵가족 형식에 국한되지 않는 양육과 돌봄에 초점이 맞춰져 있었다. 여기서 핵심 키워드는 'custody'다. custody는 한편으로는 아이 양육권을, 다른 한편으로는 질병이나 장애, 사고, 노화로 인해 돌봄이 필요해진 파트너의 후견인이 될 권리를 가리킨다.

　아이 양육권 측면에서 보자면, 현재의 자유주의 정치 담론에서는 '사랑하는 두 사람이 만든 커플과 그 사이에서 낳은 아이'라는 전통적이고 합법적인 가족 형식을 통해서만 퀴어 부모를 상상할 수 있게끔 가능성의 범위 자체가 제한되어 있지만, 브릭스는 보조 재생산 기술 및 산업이 발전하여 그런 담론이 주류를 차지하기 이전부터도 성소수자 부모가 존재했다는 사실을 상기시킨다. 1960년대 말부터 1980년대까지는 이성과의 성관계를 통해 아이를 가졌던 성소수자들의 자녀 양육권 투쟁이 성소수자 운동의 주요 안건이었다. 이성애적 결혼을 통해 가족에 속했거나 이성애자 대상의 성노동을 하다 임신하게 되는 등 다양한 상황에서 아이를 갖게 된 성소수자 부모들은 양육권이나 하다못해 방문권이라도 얻기 위한 힘겨운 싸움을 벌였다. 1979년 워싱턴 행진에서 나온 다섯 가지 요구안 중 하나는 양육권 소송에서 동성애자 부모들에 대한 차별을 철폐하라는 것이었다. 그다음 시기의 동성애자들은 동성 파트너와의 관계에서 아이를 만들기 위한 다양한 노력을 기울였다. 정자은행 산업이 이들을 고객으로 맞이하길 거부하는 동안 특히 레즈비언들은 단성생식 연구에서부터 친구들에게 정자를 얻어 온갖 스포이드 모양 기구를 사용하여 집에서 인공 수정을 시도하기, 돈 모아 페미니스트와 동성애자를 위한 건강 센터 및 정자은행 설립하기에 이르기까지 다양한 방식을 시도했다. 그리고 전 애인과 게이 친구들과 정자 기증자를 포함한 다양한 구성의 사람들이 긴밀하거나 느슨하게 연결되어 아이를 함께 양육하는 복합적인 퀴어 대가족 구성이 한 시대를 풍미했다. 그러나 이는 이 관계들이 깨졌을 때 더욱 복잡한 양육권 분쟁을 불러왔다(물론 브릭스는 이성애자들도 이혼하고 재혼하고 또 재혼하고 재혼 안 한 채 애인을 데려오는 등 다양한 방식으로 부모를 증식시키기 때문에 이런 식의 양육권 분쟁이 퀴어 복합 가정에만 있었던 것은 아니라는 사실을 짚어준다). 이런 법적 분쟁은 합법의 영역 바깥에서 만든 퀴어들의 대안 가족을 다각도로 위협하고 파괴했다. 정자 기증자가 친권을 주장하거나 전 배우자가 양육권을 주장하는 등 다양한 돌발 상황에서 법원은 생물학적 부모 아니면 합법적인 커플 형식의 핵가족 부모의 손을 들어줬던 것이다. 정자 기증자의 친권을 종료할 방법은 정자 기증자에게 돈을 주고 정자를 샀음을 입증하는 것뿐이었기에, 그리고 정자 기증자가 친권을 주장하는 상황을 사전에 차단하려면 아예 정자 기증자를 모르도록 체계화된 서비스에 의존하는 것이 나았기에, 아이를 갖길 원하는 퀴어들은 인맥을 통해 정자를 찾는 과거의 방식에서 정자은행 등 보조 재생산 기술을 관장하는 상업 시장에 의존하는 방향으로 나아간다. 또한 이 법적 분쟁에서 생물학적 부모가 아닌 부모들이 자신의 부모 권리를 주장하기 위해 양부모에 준하는 '제2의 부모'를 주장하는 법적 전략은 단 두 사람으로 이뤄진 커플 형식의 부모만이 합법적인 부모의 위상에 접근할 수 있게끔 하는 전통적이고 규범적인 가족 형식에 퀴어 가정을 끼워 맞출 수밖에 없는 결과를 낳았다.

파트너 돌봄의 측면에서 보자면, 1980년대 샤론 코왈스키 사건[10]과 에이즈 사태는 질병, 장애, 갑작스러운 사고로 인해 파트너가 의료적 도움이 절실히 필요해지는 상황이 올 때 성소수자들은 자기 파트너를 돌보거나 면회할 기회조차 거부당할 수 있고 장례식에조차 참석할 수 없으며 파트너와 함께 모은 사유재산과 함께 살았던 집에 대한 권리를 전혀 보장받지 못한 채 혈연 가족에게 빼앗길 수 있다는 사실, 즉 스스로 선택해서 꾸린 가족이 언제든 파괴될 수 있으며 그러한 폭력이 현행법 상으로 합법이라는 충격적인 현실을 각인시켰다. 이 현실적 공포는 동성 커플이 서로를 법적 대리인으로 세울 방법을 찾고 병원 면회나 돌봄, 보호 등의 법적 권리를 쟁취할 방법을 찾는 방향으로 흘러갔다. 다시 말해 법적 분쟁과 얽혀 가족을 보호할 수 없는 상황이 반복되면서 퀴어 가족의 재생산 정치는 법 담론의 틀에 맞춰 발전하게 된 것이다. 동성혼 관련 소송이 일어나던 초기엔 성소수자 인권운동에 몸담은 변호사들은 최대한 소송이 아닌 다른 방향으로 사건을 해결하려 노력했고, 이성혼 의 규범적 틀을 답습하지 않는 방식으로 동성애자 커플의 권리를 지키려 애썼다.[11] 그러나 많은 이들이 동성혼 전략의 한계와 규범적 효과를 우려했음에도 퀴어 가족의 재생산 정치의 운동 방향은 점점 더 결혼 증명서 요구로 집중되었다. 브릭스는 크게 두 가지 이유를 들어 이 현상을 설명한다.

첫째, 에이즈 사태로 1980년대부터 1990년대까지 엄청나게 많은 이들이 죽음을 맞이하면서 공동체와 운동 조직들이 거의 궤멸되다시피 했고, 돈과 권력에 좀 더 가깝고 보수적인 성향을 띤 게이 남성들이 새로이 유입되었다. 이는 다양성과 교차성의 연대를 중시하던 좌파 정치의 쇠퇴와 운동의 보수화를 불러왔다. 두 번째는 실용적인 이유였다. 결혼 증명서가 없으면 유언장이나 파트너를 의료적으로 돌볼 우선적 보호자로 인정받기 위한 각종 건강 관련 대리 문서와 위임장 같은 수많은 문서가 필요했다. 그러나 결혼 증명서 발급 비용이 100달러 미만인 반면 이런 수많은 위임장은 수천 달러 이상이 필요했고, 변호사도 필요했다. 또한 갑자기 응급 상황이 터졌을 때 가족의 법적 권리를 따로따로 나눈 이런 종류의 문서들은 별로 효력을 발휘하지 못했다. 성소수자에 우호적인 주에서 큰돈을 들여 문서를 발급받는 데 성공했을지라도 다른 주로 출장이나 여행을 갔을 때 그런 문서의 효력이 거부당하는 일은 비일비재했고, 우호적인 지역 안에서도 병원이나 학교 관계자 등이 성소수자를 무시하거나 혐오하여 필요한 일들을 해주지 않겠다고 고집했을 때 그걸 강제할 권한이 문서에 없었다.12)

특히 이 두 번째 이유로 인해, 지방에 거주하는 유색인 노동계급 퀴어들이 주 정부에 결혼 증명서를 요구하는 법적 투쟁에 참여하는 비중이 높았음을 브릭스는 지적한다. 뉴욕과 샌프란시스코처럼 퀴어들이 집단으로 거주하고 수많은 진보 운동단체가 활동하며 법적인 권리를 보호받기 위한 다른 방편을 모색하기 쉬웠던 지역과 달리, 도시가 아닌 지방은 에이즈 사태로 궤멸된 공동체를 다시 살릴 인적·문화적·재정적 자원이 매우 부족하고 서로 고립되어 있으며 위임장 같은 값비싼 서류를 구비할 여력도 없었을 뿐더러 그런 서류가 병원, 학교, 은행,

관공서 등에서 존중받기도 어려운 곳이었다. 더욱이 1990년대 당시 상황을 보면, 에이즈 위기 이후 사회가 더욱 보수화되어 보수적인 가족 가치가 부상하는 분위기 속에서 개개인의 배려나 인정에 기대 병원과 학교 같은 곳에서 성소수자 가족을 돌볼 기회를 인정받는 일은 더욱 어려워졌다. 또한 복지정책도 축소되어 사회적 안전망은 거의 부재했다. 따라서 지방에 사는 가난한 퀴어들에겐 '합법적인 가족밖에는 다른 대안이 없었던 셈이다.13)

그러나 유념할 점은, 도시가 아닌 지방의 저소득층 유색인 동성애자들이 동성혼을 선택하거나 지지하는 비율이 컸다는 브릭스의 이 설명을 두고 다시금 '동성혼은 백인 유산계급을 위한 정치다' vs '동성혼은 유색인 무산계급을 위한 것이다'는 식의 이분법적 구도로 사태를 단정해선 안 된다는 것이다. '동성혼이 가난하고 평범한 모든 성소수자를 위한 것이다'는 식으로 단언해버리면, 동성혼 전략이 처음부터 동성혼 이외의 다른 가족 형식을 모조리 배제하는 식으로 구성되어 있다는 점, 그리고 합법적이고 정상적이라 인정받는 기혼 부부–자식의 핵가족 형식에 들어맞지 않아도 아이를 양육하고 서로를 돌보는 가정이 (이성애자, 동성애자, 성애에 기초하지 않는 관계 통틀어) '정상 가족'보다 훨씬 많다는 사실이 가려진다.14) 게다가 동성혼 전략은 5장에서 논했던 '핑크워싱'으로 기능했다. 로버트 맥루어는 이 문제를 잘 보여주는 사례를 짚어준다. 2004년 당시 샌프란시스코 시장 게빈 뉴섬Gavin Newsome은 동성혼을 금지한 캘리포니아 주 정부의 입장과 달리 동성 커플의 결혼을 허가했고 주류 게이 언론은 뉴섬을 '올해의 인물'로 선정했다. 그러나 동성혼을 지지하는 것이 곧 자유주의적 진보의 가치를 지지하는 것과 동의어인 양 전선이 그어지는 가운데, 뉴섬 시장이 다른 한편으로는 노숙인 대상으로 통행금지 조치를 시행하고 눈에 띄면 징벌적 조치를 취하는 식으로 공적 공간에서 노숙인을 쓸어버리려 했다는 사실은 가려졌다는 것이다.15) LGBT 인권운동가이자 법학자인 카를로스 볼Carlos Ball이 지적했듯 1980년대 말 뉴욕에만 한정해도 에이즈에 걸린 사람들과 그 파트너들이 집을 잃고 노숙인 인구집단에 합류하는 숫자가 어마어마했다는 점을 유념하면16) 노숙인 문제는 성소수자 의제이기도 했다. 동성혼 법제화가 가족을 지키고픈 많은 동성애자에게 절박한 문제였다 할지라도, 90년대 들어 동성혼 법제화 정치 전략은 다른 모든 운동보다 이 사안을 최우선시하면서 이익집단 운동과 같은 양상을 띠기 시작했고 이는 성소수자 운동 진영을 갈라놓았다. 1970 - 80년대 대안적인 퀴어 집단 가정을 꾸리는 움직임이 "원자화된 핵가족과 거기 수반되는 소비자주의, 재생산 노동의 성차별적 분배, 아이들에게 젠더 역할을 가르치는 방식과 관련된 모든 것이 없는 미래를 상상하기 위한 노력"이었고 페미니즘과 인종차별반대 운동을 포함한 다양한 정치와 연대하고 교차하는 노력 속에서 발전된 것이었던 반면,17) 에이즈 위기로 공동체가 무너진 후 좀 더 보수적인 동성애자들이 운동에 유입된 1980년대 말부터는 페미니즘, 인종차별반대 운동, 제국주의와 전지구적 불평등에 반대하는 운동 등의 의제를 게이 프라이드 행사에 굳이 넣어야 하는가를 두고 조직위 안팎으로 상당한 갈등이 빚어졌다.18) 또한 이 글의 서두에서 제기했던 문제들과 더불어, 결혼 제도 자체의 부당함에 대해 레즈비언 페미니스트를 비롯한 페미니스트들이 오랫동안 문제제기하고 투쟁해온 역사가 성소수자 운동의 주류 담론에서 지워져버렸다.

정리하자면, 미국에서 동성혼 정치의 역사를 개괄한 브릭스의 이 논의는 동성혼에 대한 단순한 찬반을 넘어 보다 다양하고 복잡한 위치성과 맥락을 함께 탐구하고 논의해야 함을 보여준다. 현재 욕망의 대상이자 목표로 상상되는 형식의 동성혼을 이성애 규범성의 답습이자 부역이라고 비판하는 대신에, 어떠한 역사적 흐름을 거쳐 그러한 가족 형식이 중요한 정치적 목표로 자리 잡게 되었는지를 보여주고, 동성혼과 밀접하게 결부된 동성애 규범성의 정치가 돈 많은 백인 게이들뿐만 아니라 지방에 사는 가난한 유색인 성소수자들에게도 중요한 의제가 될 수밖에 없었던 상황을 보여준다. 그러면서도 이를 동성혼의 정치의 정당성을 뒷받침할 근거로 제시하는 대신, 브릭스는 동성혼에만 초점을 맞추는 전략이 성소수자 인권운동의 역사와 성과 중 어떤 것들을, 그리고 어떤 부류의 성소수자들을, 그리고 어떤 미래를 버리고 가는지를 함께 고민해야 한다고 제안한다.

2) 절대적으로 퀴어한 삶이란 없다

사라 아메드 또한 『감정의 문화정치학*The Cultural Politics of Emotion*』 (2004) 7장에서 동성혼과 퀴어 가족이 규범에의 동화냐 규범에 대한 위반이냐를 본질적으로 못 박는 대신에 그 이분법적 선택지를 넘어 사유할 방법을 모색한다. 아메드가 지적하는 문제는, 핼버스탬처럼 퀴어 삶을 규범과 근본적으로 불화하고 안정을 거부한다는 식으로 정의하든 아니면 동성혼 캠페인이 흔히 이해되는 것처럼 '이성애냐 동성애냐 차이만 있을 뿐 근본적으로 두 사람의 안정적이고 애정 어린 신실한 결합을 기반으로 만들어진다'는 식으로 퀴어 삶을 정의하든 간에, 무언가를 이상ideal으로 상정하면 반드시 거기에 미달하거나 맞지 않는 존재들이 생긴다는 점이다. 어떤 삶이 곧 퀴어한 삶이라는 이상을 정해놓으면 그 이상을 지키기 위해 필연적으로 특정 삶과 존재들을 배제하는 결과

가 생길 수밖에 없는 것이다.[19]

따라서 아메드는 퀴어다운 삶이란 이래야 한다는 모범 답안을 고정해놓는 대신에, "퀴어 주체가 이성애 규범성으로 정의되는 공간에 가까이 다가갈수록" 이성애 규범적 각본을 고쳐 쓰면서 다른 효과를 낳을 가능성과 잠재력에 주목한다. 예를 들어 레즈비언 부모는 아이가 학교 다닐 나이가 되면 이성애자 부모들과 교류가 늘어나게 되는데, 이성애 규범적 각본에 이 퀴어 가족이 잘 들어맞지 않는다는 점이 레즈비언 가족은 물론 이성애자 가족들에게도 불편함을 야기하고 레즈비언 가족의 존재가 이성애 규범적 가족 각본에 균열을 일으킬 가능성이 커진다. 그런데 여기서 중요한 점은 아메드가 레즈비언 가족의 존재만으로 이성애 규범적 가족 각본에 균열이 일어난다고 단언하는 대신 '잠재력'에 주목한다는 점이다. 레즈비언 부모가 돈이 엄청 많거나 높은 계급에 속한다면 이들은 반드시 지배적 각본을 고쳐 쓸 필요 없이도 학교에 녹아 들어갈 수 있을 것이다. 또한 각본 고쳐 쓰기가 "반드시 의식적인 정치적 행동으로 연결되는 것도 아니다."[20] 퀴어 주체들이 이성애 맞춤형으로 구축된 규범적 공간에서 불편함을 느끼는 바로 그 순간에 퀴어 주체들의 존재 또한 그 공간에서 편안함을 느끼던 이성애자들에게 생경함과 불편함을 야기한다는 점에서, 어떤 공간에 편안하게 녹아들지 못하는 '실패'는 그 공간을 고쳐 쓸 수 있는 '잠재력'을 갖고 있지만, 그 '잠재력'이 실제로 공간을 바꿔버릴 정도의 결과로 바로 이어지는 것은 아니다. 잠재력이 실제 힘으로 바뀌기 위해선 다른 것들이 더 필요하다.

그런데 아메드는 그 '다른 것'이 무엇인지를 확답하는 대신, 모든 퀴어에게 강제적 이성애 각본을 의식적으로 중단시키는 정치 행동을 하라고 강요해서는 안 된다고 지적한다. 또한 이성애 규범의 각본을 따르는 것처럼 보이는 퀴어 가족이라도 이들이 모두 권력의 하수인이 되었다는 식으로 해석하고 비난해서는 안 된다고 지적한다. 그 이유는 한편으로, 정치 투쟁이 곧 일상생활이고 일상생활이 곧 정치 투쟁인 삶을 평생 지속하기란 매우 어려운 일이기 때문이다. 다른 한편으론 정치적 '위반'으로 해석될만한 상태를 유지할 수 있는가는 심리적·사회적·물질적 차원에서 각자의 위치에 따라 차이가 날 수밖에 없기 때문이다. 어떤 이들에겐 규범적 친족연결망과 관계를 유지하는 것이 생존에 직결되는 일일 수도 있다. 그러므로 "동화나 위반은 개인에게 주어진 선택지가 아니라 주체들이 사회적 규범과 이상에 거주할 수 있는 방식과 거주할 수 없는 방식이 낳는 효과"라는 점을 잊지 말아야 한다고 아메드는 당부한다.[21]

아메드는 무조건 퀴어 가족을 급진적 위반의 정수로 보거나 이성애 규범성에 동화된 배신자로 보는 본질주의적 시각 대신에, 퀴어 가족이 '무엇을 하는가'에 주목하자고 제안한다. 동성혼과 퀴어 가족은 가족을 퀴어로 정의함으로써 "이성애적 결혼, 생식, 생물학적 결속에 기초한 가족이라는 단일하고 이상적인 이미지를 이미 교란"[22]시키긴 하지만, 그저 가족 구성원이 퀴어라고 해서 그 자체만으로 규범을 전복시키기에 충분한 건 아니다. 대신 아메드는 가족을 "형용사, 어쩌면 동사"로 간주함으로써, 즉 "사람들이 친밀한 삶에서 행하는 무언가를 가족이라고 생각"해봄으로써 본질적으로 진보냐 퇴보냐를 따지는 단순 구분에 갇히지 않을 수 있다고 제안한다.[23] 이는 가족을 수행적 차원에서 정의하여 퀴어 가족이 이성애 규범적 이상의 실패를 폭로한다면 어떤 식으로 그렇게 하는가에 주목하고 고찰해보자는 제안이다.

퀴어 가족이 이성애 규범적 핵가족 모델을 따른다 하더라도, 또 세상 모든 가족이 이상적인 가족을 실현하는 데 실패하는 게 사실이라 하더라도, 퀴어 가족과 비-퀴어 가족에는 분명한 차이가 존재한다. 가장 크게 다른 점은 퀴어 가족은 "이성애 중심주의와 동성애 혐오가 미치는 영향과 그에 대한 정동을 가지고 살아가는 법을 배운다는 점"이다.24) 다음 6장에서 논하겠지만 퀴어 가족을 꾸리는 사람들은 어린 시절부터 쭉 차별과 억압을 겪으며 자라났고 그로 인해 "고통, 불안, 공포, 우울, 수치심 등의 부정적 정동"과 밀접하게 얽혀 살아간다.25) 그런데 이상적 가족에 도달하지 못하는 실패가 이런 부정적 영향만 낳는 건 아니다. 아메드가 인용한 캐스 웨스튼Kath Weston에 따르면 "많은 동성애자들은 우리가 선택한 가족을 퀴어 사회 바깥에서 만들어진 가족 관계를 따라 한 모조품이거나 파생물이라고 여기기는커녕, 자신들이 '모델'이라 부를 만한 게 **부재**한 상황에서 친족 관계를 구성해가는 어려움과 짜릿함에 대해서 언급했다."26) 따라 할 만한 모델이 없는 불편함 속에서 퀴어 가족은 관습적으로 통용되는 가족 형식과는 다른 가족의 가능성을 열어 젖힌다.

아메드는 이런 가능성을 좀 더 제대로 살펴보고 펼치기 위해선 교조주의에 빠지지 않는 것이 가장 중요하다고 당부한다. 한편으로 동성혼을 중심에 놓는 게이 주류화 전략에서처럼 일부일처제 형식의 핵가족이 운동의 궁극적 목표이자 이상적 가족 형태처럼 제시되어서는 안 된다. 그러나 동시에, 이성애 규범적이지 않은 대안적 가족의 비전을 세울 때 '유연성'이나 '불안정성', '반골 기질' 같은 특성을 '퀴어성'을 판별하는 확고한 기준인 양 물신화해서도 안 된다. 이를 위해선 퀴어를 수행하는 다양한 방법에 대해 퀴어 정치학이 지금보다 더 열려 있어야 한다. 공모 아니면 저항이라는 이분법적 선택지에 삶을 끼워 맞추는 대신에, "**규범**

에 **다른 방식으로 거주하기**"27)의 다양성을 열어놓아야 한다. 아메드가 규범이나 이상과 우리가 맺는 관계를 설명할 때 '거주inhabitance'라는 공간적 개념을 쓰는 이유는 2장에서 다룬 권력과 행위성에 대한 버틀러의 논의와 비슷한 맥락에서다. 우리는 규범 권력에 의해 완전히 결정되는 것도 아니고 권력 구조에서 완전히 벗어나 완벽히 자유로운 유토피아로 거주지를 옮길 수 있는 것도 아니다. 오히려 우리는 항상 이미 우리가 태어날 때부터 우리를 둘러싸고 있는 복잡한 권력관계들 안에서 살아가고 있고 권력 구조와 타자들과의 관계28)가 우리 몸과 삶을 형성하고 계속해서 영향을 미치기 때문에, 이 공간 안에서 싸우고 협상해나갈 수밖에 없다. "규범에 다른 방식으로 거주하기"란 단순히 규범을 지키지 못하는 실패를 드러내는 데서 그치는 것이 아니라 규범이 정해놓은 길로만 쭉 따라가지 않는 삶을 꾸려나가려는 다양한 시도 혹은 가능성을 가리킨다. 규범이 이렇게 살아야 정상이라고 정해놓은 자리는 사람마다 다양하기에 규범에 다른 방식으로 거주하는 방법 또한 사람마다 다를 수 있다. 어떤 이에게는 결혼제도를 거부하는 것이, 어떤 이에게는 사랑하는 사람과 끝까지 결혼을 쟁취하는 것이 자신이 처한 자리에서의 '다르게 거주하기' 방법일 수 있다. 그러므로 "퀴어 유대가 어떠한 형식을 취해야 하는지를 법으로 제정하지 않으려 할 때에야, 다시 말해 적법한 유대와 그렇지 않은 유대를 구분하는 존재론적인 차이가 있다고 가정하지 않을 때에야, 비로소 퀴어 유대는 다른 퀴어들에게 우리 모두 공통으로 추구해야 하는 형식의 이런 유대로 되돌아오라고 강요하지 않는 유대로서 퀴어 유대라는 이름으로 불릴 수 있을 것이다."29)

3) 한국의 상황

그렇다면 한국에서는 동성혼 법제화에 대한 열망이 어떠하고 운동이 어떻게 진행되어왔는가? 간략히 정리하자면, 한국의 성소수자 운동은 동성혼 법제화만 단독으로 내세우기보다는 차별금지법과 생활동반자법을 함께 추진하는 방향으로 나아갔다. 아마도 그 이유는 미국을 포함한 다른 국가들에서 동성혼 법제화나 그에 준하는 파트너십 권리를 획득하기 위한 운동을 펼치는 방식을 지켜보고 퀴어 이론가들이 동성혼에 대해 나눈 깊이 있는 논의를 반영하면서 동성혼 법제화 전략의 장점과 한계를 함께 숙고할 수 있었기 때문일 것이다. 2000년대 중후반~2010년대 초에 'SOGI법정책연구회'[30]와 '성소수자 가족구성권 보장을 위한 네트워크(가구넷)'[31]가 동성혼 법제화를 논의하는 자리를 마련하기 시작했을 때, 당시 퀴어 연구자 및 활동가들은 이성애자들에게만 허락되었던 결혼을 동성애자들에게도 평등하게 적용한다는 것의 상징성을 인정하면서도, 동성혼을 올린 커플만 법의 보호 아래 들어가는 방식이 커플 이외의 다양한 친밀한 관계로 함께 사는 사람들이 법의 안전망에서 배제되는 문제를 풀기에 과연 적절한 방식일지를 고민했다. 또한 동성혼 법제화가 통과되기까지 장기적인 싸움을 벌여야 하는데 이 사안에 운동의 모든 자원을 집중하는 것이 맞는 전략인지에 대한 고민도 있었다. 그리하여 가족 구성권에 대한 한국의 성소수자 운동은 동성 커플이 받는 차별과 불이익을 개선하기 위한 법적 인정을 추진하는 한편, 프랑스나 독일처럼 보다 포괄적인 생활동반자 관계의 법적 보장을 함께 추구하는 방향으로 발전해나갔다.[32] 가구넷은 2014년 한국 최초로 김조광수, 김승환 부부의 동성혼 소송을 제기했고 2019년에는 동성혼

파트너십 권리를 위한 성소수자 집단진정을 국가인권위원회에 냈다. 그리고 여러 사람의 노력이 모여 2014년부터 진선미 국회의원이 '생활동반자 관계에 관한 법률안'(생활동반자법안) 발의를 추진해왔다. 진선미 의원의 보좌진으로서 생활동반자법을 기획·추진해온 황두영 작가에 따르면, "생활동반자법은 혼인과 혈연 이외의 사람들이 '함께 살 때' 필요한 사회복지혜택과 제도적 권리를 보장하고, 둘이 동거생활을 시작하고 해소할 때 필요한 공정한 절차를 규정하는 법이다."[33] 생활동반자법은 동성 커플만이 아니라 형제자매끼리, 노인끼리, 장애인끼리, 장애인과 비장애인끼리, 비혼 여성끼리 함께 모여 사는 것처럼 반드시 성애를 중심으로 하는 친밀성의 관계에 따라 묶이지만은 않는 가정을 법적으로 인정하고 보호하기 위한 기본적인 틀을 제시한다는 점에서 교차성의 정치로서도 중요하고 필요하다.

다만 법안을 구체화하는 과정에서 여전히 많은 논의가 진행 중이다. 황두영 작가가 지적하듯, "생활동반자법은 결혼이라는 제도에서 '함께 살며 서로 돌보기'의 의무만을 가져왔다."[34] 다시 말해 전세자금대출 등의 복지혜택이나 의료적 돌봄이나 장례식장을 지킬 수 있는 권리 등은 보장되지만 "상속 및 입양, 친권 문제를 건드리지 않고, 의료결정권, 공공주택 입주권 등에서도 아주 명확한 해결책이 되지 못한다"[35]는 점에서, 법안이 만약 통과된다 하더라도 실질적인 보장을 둘러싼 법적 분쟁은 계속 이어질 것이다. 또한 생활동반자법이 여전히 '두 사람'을 전제한다는 점, 그리고 이런 제도가 현존하는 돌봄 관계를 법적으로 인정하고 보호하기 위해서는 필요하지만 동시에 돌봄과 재생산 노동에 대해 국가와 사회가 맡아야 하는 의무를 이 제도가 대체할 수 있다고 여겨지지 않게 하려면 어떻게 해야 하는가 하는 문제도 있다. 예를 들어

황두영 작가는 생활동반자법이 현 주류 사회에 '유해'하지 않은 보편적인 문제임을 설득하기 위해 이 제도가 1인 가구 대상 사회적 돌봄에 들어가는 자원을 대신할 수 있다고 홍보한다. "가령 노인 2인 가구가 오늘도 건강히 잘 지내는지, 영양가 있는 식사를 했는지, 사회적으로 단절된 곳에서 인지기능이 떨어지고 있는 건 아닌지 확인하기 위해서는 많은 사회복지비용을 들여야 한다. 더구나 이런 서비스는 해당 노인을 연명시킬 수 있을지언정 외롭지 않게 하기는 어렵다. 이 노인이 믿을 수 있는 친구와 살아갈 수 있는 제도가 있고 이를 장려하기 위해 임대주택과 수당도 준다면 어떨까? 우리 사회는 '특별한 한 사람'만 내 옆에 있으면 되는 간단한 문제를 너무 어렵게 풀어가고 있다."[36] 이런 설득 방식이 법안을 반대하는 보수 세력에게 법안에 대한 거부감을 줄이기 위한 실용적 이유에서 전략적으로 선택된 것이라 할지라도, 돌봄과 사회적 재생산의 문제는 결코 "'특별한 한 사람'만 내 옆에 있으면 되는 간단한 문제"가 아니다. 이는 브릭스가 우려한 대로 돌봄 노동의 사사화 privatization를 강화시키는 방향으로 가버릴 위험이 있다. 국가와 사회가 현행법상 합법적으로 보장되는 복지 단위의 바깥에서 삶을 꾸리는 개개인들을 배제하지 않으면서 모든 구성원의 안전과 돌봄을 책임지는 일과, 그 합법적인 복지 단위를 확장하고 다각화하여 사회 구성원에게 자신이 선택한 가족을 지키고 돌볼 권리를 보장하는 일은 서로 대립되거나 어느 한쪽이 다른 쪽을 대체하는 것이 아니다. 또한 이런 가족권 논의가 기존의 차별과 불평등을 강화하는 방향으로 빠지지 않으려면 포괄적인 차별과 구조적 혐오를 금지하는 법안을 마련하는 작업과 긴밀하게 연결될 수밖에 없다. 동성혼 법제화와 생활동반자법 관련 논의는 이런 문제들을 고민하며 계속 진행 중이다.

주

1. Judith Butler, *Undoing Gender,* New York; London: Routledge, 2004, pp. 114−116; 주디스 버틀러, 『젠더 허물기』, 조현준 옮김, 서울: 문학과 지성사, 2015, 185−188쪽.
2. 캐럴 스택, 「도시 흑인 지역의 성역할과 생존 전략」, 미셸 짐발리스트 로 잘도 엮음, 『여성, 문화, 사회』, 서울: 한길사, 2008.
3. 다음을 참조하라. 전혜은, 「장애와 퀴어의 교차성을 사유하기」, 전혜은, 루인, 도균, 『퀴어 페미니스트, 교차성을 사유하다』, 서울: 여이연, 2018; 황지성, 「건강한 국가와 우생학적 신체들」, 백영경 외, 성과재생산포럼 기획, 『배틀 그라운드: 낙태죄를 둘러싼 성과 재생산의 정치』, 서울: 후마니 타스, 2018.
4. 한편 기혼 이반에 대한 부정적 평가 중 '속였다'에 대해 좀 더 생각해볼 필요가 있다. 한국 페미니즘의 부흥이라고 평가받는 '메갈리아'에서 '워마 드'가 갈라져 나오게 된 이유 중 하나는 게이 남성에 대한 워마드의 적대 적 반응이었다. 이 반응엔 '이성애자 여성을 속여 결혼하는 동성애자 남 성'이란 평가가 포함되어 있었다. 나는 여성 혐오적 경향이 게이 남성 모 두에게 없다고 변호하려는 것은 아니다. 한국의 남성 우월주의적 가부장 제 문화 속에서 지정성별 남성으로 자라온 이들의 공동체 문화에 여성 혐오적 성향이 전혀 없다고 말한다면 그건 거짓말일 것이다. 그러나 개개 인이 그런 문화를 비판하고 자정하려는 노력이 아예 없었다고 단언한다 면 그것도 틀린 말일 것이다. 또한 나는 자신이 게이임을 숨기고 이성애 자 여성과 결혼한 남성들이 모두 아무 잘못이 없다고 주장하려는 것도 아니다. 결혼 제도가 여성에게 매우 불리하게 구축되어있는 한국 사회에 서 아내가 가사노동, 아이 양육, 시댁 문제 등 모든 어려움을 떠맡고 있 는데 알고 보니 남편이 게이였다면 배신감을 느낄 여지는 충분하다. 상대 가 나를 사랑하고 있다는 확신이 없다면 구조적으로 부당한 결혼을 이 사람과 유지해야 할 이유가 없을 것이기 때문이다. 그러나 이성애자 남성 인 남편이 다른 여성과 불륜 관계를 맺을 경우도 마찬가지로 배신이기 때문에, 이 배신을 게이 남성에게만 고유한 특성으로 낙인찍거나 게이 남 성에 대한 혐오를 정당화할 근거로 이용하는 것은 잘못된 대응이다. (사 실 가부장제 안에서 이뤄지는 이성애적 결혼은 '사랑'이라는 두루뭉술한 개념으로 제도 자체의 부당함과 구조에 편승한 자들이 저지르는 폭력을 너무 당연한 듯 여성에게 전가해왔기 때문에, 남편의 성실성 여부와 별개 로 이성혼은 여성에게는 구조적으로 기만이자 배신일 수 있다. 많은 이성 애자 여성이 결혼 자체를 보이콧하는 현재의 흐름은 어찌 보면 필연적 결과다.)

다만 내가 기혼 이반을 둘러싼 담론에서 주목하는 점은, 남성/여성, 이
성애/동성애, 유성애/무성애 사이에 그어진 엄격한 구분선을 넘어가는 사
람들은 연애나 결혼 관계에서 기만자라는 낙인을 쉽게 달게 된다는 점이
다. (한편 지금 내가 '유성애/무성애'란 표현을 사용하긴 했지만, '무성애'
란 번역어에 동의하는 것은 아니다. asexuality를 '무성애'라고 번역하는
경향 또한 섹슈얼리티를 기준으로 에이섹슈얼리티를 엄격히 격리시키는
관점을 바탕으로 한다. 섹슈얼리티를 인간이 기본적으로 갖추고 있는 것
으로 전제하여 섹슈얼리티에 대한 기존의 통념에 맞지 않는 모든 것을
'없는 것' 취급하는 지배적 성향이 '무(無)성애'란 번역어에 반영되어 있
기 때문이다. 나는 다른 글에서 이 개념어가 에이섹슈얼리티의 다채로움
과 복잡성 그리고 섹슈얼리티와의 관계를 제대로 담아내지 못한다고 밝
힌 바 있다. 전혜은, 「장애와 퀴어의 교차성을 사유하기」, 전혜은, 루인, 도
균, 『퀴어 페미니스트, 교차성을 사유하다』, 여이연, 2018. 특히 68쪽 각
주 49를 참조하라. 에이섹슈얼리티가 단지 성애가 '없는' 것이 아니며 섹
슈얼리티와 에이섹슈얼리티를 이분법이 아닌 좀 더 복잡한 스펙트럼으로
이해하자고 제안한 김은정 교수님의 글도 참조하라. Eunjung Kim,
"Sexuality in Disability Narratives", *Sexualities*, Vol.14, No.4, 2011,
pp. 479−493). 내가 바이섹슈얼 정체성을 자각하고 나서 퀴어 여성들이
모이는 인터넷 커뮤니티에 들어갔을 때 놀랐던 것은 '바이는 여자랑 사귀
다 남자랑 결혼한다고 배신 때리는 년들'이라는 인식이 너무 공공연하게
유통되고 있었다는 점이다. 그래서 커뮤니티 안의 바이 여성들은 자신이
바이라는 걸 숨기거나 아니면 '전에는 남자를 사귄 적도 있지만 지금은
확실히 여자를 좋아한다'는 변명을 구구절절 붙여야만 하는 분위기가 만
연해 있었다. 통계를 낼 수 없을 뿐이지 성소수자 탄압의 오랜 역사 속에
부모가 강요하는 대로 남자와 결혼한 레즈비언들도 많이 있었을 텐데도,
바이 여성만이 가부장제의 단물을 빨고자 자발적으로 레즈 연인을 떠나
는 잠재적 배신자로 일반화된다면, 이 담론에서 뿜어져 나오는 배신감은
무엇을 보여주는가? (심지어 이런 서사에서 바이 여성은 레즈비언은 결
코 제공해줄 수 없는 남자의 그곳 맛을 잊지 못하여 레즈비언을 조롱하
는 무례한 인간으로 그려지곤 한다. 한국 남성의 그곳 평균 크기와 딜도
의 다채로운 발전 양상을 비교해보면 이게 말도 안 되는 모함이란 것을
다들 알 텐데 말이다.) 바이섹슈얼임을 밝히지 않고 동성혼이나 이성혼을
한다면 그것이 기만이고 배신인가?(그것이 바이섹슈얼은 없고 세상에 동
성애자나 이성애자만 있을 뿐이라는 증거라고 주장하는 사람들도 있다.
이런 반응들은 바이섹슈얼의 존재 자체를 부정할뿐더러 한 번 결혼하면
재혼 따위 없는 양 혼인을 신성시하는 규범적 관점에 매몰되어 있다.)
또, 에이섹슈얼인 사람이 썸타는 동안 자신이 에이섹슈얼임을 미리 밝히
지 않는다면 그것이 기만인가? 트랜스섹슈얼이 자신이 '트랜스'해온 삶과

몸의 역사를 구구절절 밝히지 않은 채 현재의 모습과 정체성으로 연애를 한다면 그것은 기만인가? 그것을 '기만'이라 여기는 사람들은 모든 사람이 확고한 이성애자 아니면 동성애자고, 남성 아니면 여성이고, 모두가 유성애자일 것이고, 연애 관계에는 반드시 성적 접촉이 필요하며 그것이 곧 사랑의 증명이라고 전제하는 셈이다. 이런 전제에 맞지 않는 퀴어는 모두가 기만자이고 그러니 곧 유죄라는 것이다. 트랜스 연인을 폭행하거나 살해한 시스젠더들이 '상대방이 나를 속였다'는 이유를 들어 폭행이나 살인을 정당화하고 자신이 저지른 범죄보다 상대방의 '기만'이 훨씬 더 중죄라고 여긴다는 사실을 생각해보면, 그리고 그런 비겁한 변명이 법정에서 통해왔다는 사실을 생각해보면(루인, 「피해자 유발론과 게이/트랜스 패닉 방어」, 『피해와 가해의 페미니즘』, 권김현영 엮음, 도란스 기획 총서 3, 서울: 교양인, 2018), 이 기만자 담론은 시스젠더-이성애-유성애 중심주의의 견고한 틀을 재생산하고 유지하는 데 확실히 기여한다.

5. Judith Jack Halberstam, "What's That Smell? Queer Temporalities and Subcultural Lives", *International Journal of Cultural Studies*, Vol.6, No.3, 2003, pp. 313-333.

6. 게다가 핼버스탬의 초기 저작에서 규범과 불화하는 퀴어 주체에 대한 설명은 히피에 대한 묘사와 비슷해서 60년대 미국의 청년 문화에 대한 어떤 향수를 일으키는 것처럼 보일 때도 있는데, 아이러니하게도 후기 저작으로 가면 핼버스탬 본인이 한 여성과 결혼하고 같이 자녀를 키우면서부터 이런 식의 묘사가 줄어드는 경향이 눈에 띈다.

7. Laura Briggs, "Gay Married, with Children", *How all politics became reproductive politics: From welfare reform to foreclosure to Trump*, Vol. 2, University of California Press, 2018.

8. "성스러움"과 "고결함"은 기혼 커플에게 피임의 권리를 인정한 그리스월드 대 코네티컷 주(*Griswold v. Connecticut*) 소송(1965)에서 미국 대법원이 결혼제도를 정의하며 사용한 표현이다(*Ibid.*, p. 171).

9. *Ibid.*, pp. 150-151.

10. 샤론 코왈스키와 카렌 톰슨은 반지를 교환하고 함께 집을 구매해서 살아왔으나 커밍아웃은 하지 않은 커플이었다. 1983년 교통사고로 샤론 코왈스키가 심각한 뇌손상을 입었을 때 톰슨은 보호자 자격을 얻지 못해 병원 면회도 거부당하고 현재 어떤 상태인지에 대한 정보를 구하는 것조차 거부당했다. 코왈스키의 부모는 톰슨이 자기 딸에게 접근하는 것 자체를 막았다. 샤론 코왈스키는 말은 할 수 없었지만 알파벳 판을 움직여 카렌 톰슨과 함께 살고 싶다는 의사를 꾸준히 피력했고 톰슨이 재활을 돕는 동안 상태가 나아지고 있었지만, 코왈스키의 부모가 딸을 재활 병동에서 본가 근처 요양원으로 옮기면서 제대로 된 재활치료도 받지 못한 채 방치되어 상태가 더 악화되었다. 톰슨은 법원에 탄원서를 내고

소송을 거는 한편 동성애자 공동체에 도움을 요청했고, 자신과 샤론이 처한 부당한 상황을 알리는 책을 쓰고 연설했다. 1988년에는 21개 도시에서 샤론 코왈스키와 카렌 톰슨을 지지하는 시위와 행사가 열릴 정도로 이 사건은 성소수자 공동체에서 초미의 관심사였다. 무려 8년이나 끈 소송은 법원이 톰슨의 손을 들어줬기 때문이 아니라 코왈스키의 부모가 계속된 법적 투쟁에 지쳤다는 이유로 후견인 지위를 포기하면서 끝났다. 이 이야기의 결말은 독점적 연애관계가 유일한 사랑의 형태로서 '영원히 행복하게 살았습니다'를 쟁취하는 대다수의 로맨스물보다 훨씬 퀴어하게 끝난다. 8년 만에 샤론 코왈스키가 집으로 돌아왔을 때 카렌 톰슨은 다른 연인과 함께 살고 있었지만, 세 사람은 서로를 돌보며 대안적인 공동 가정을 꾸렸다(*Ibid.*, pp. 161-166).

11. 예를 들어 부유한 유명인 게이 남성 레슬리 블랜차드(Leslie Blanchard)의 오랜 연인 미구엘 브라스키(Miguel Braschi)가 블랜차드 사후 둘이 함께 살아왔던 집에서 쫓겨나게 되었을 때(임대차 계약서에 블랜차드의 이름만 서명되어 있었고 당시 뉴욕의 임대료 통제법에 따르면 오직 배우자나 가족 구성원만 계약을 물려받을 수 있기 때문이었다), 브라스키의 소송을 맡은 변호사 러빈스타인은 브라스키가 블랜차드의 배우자라고 주장하는 전략을 쓰지 않았다. 그 이유는 한편으로 '배우자'의 법적 정의가 이미 명확했기에 동성애자들이 법정에서 그 개념에 기대 권리를 주장하는 것에 한계가 있었기 때문이기도 했지만, 다른 한편 이 소송을 통해 법원이 가족의 정의 자체를 재고하게 만들 수 있다면 "앞으로 동성 커플뿐 아니라 혈연이나 결혼 관계가 아니고서도 서로를 가족이라 부르는 노인들이나 결혼하지 않은 이성애자 커플과 같은 다른 사람들도 병원이나 교도소 방문, 건강보험, 사별 휴가 등을 포함한 다양한 종류의 가족 권리를 얻을 수 있을 것이기 때문이었다"(*Ibid.*, pp. 165-166). 물론 브라스키가 승소할 수 있었던 것은 이기기 쉬운 원고였기 때문이라고 브릭스는 평가한다. 블랜차드가 자신의 전 재산을 브라스키에게 물려준다는 것을 유언장에 명시했고, 두 사람의 재정은 합쳐져 있었고, 오랫동안 함께 살았고, 블랜차드의 간병을 거의 브라스키가 독점적으로 맡았기 때문이었다. 또한 이 소송에서 브라스키가 얻은 것은 동성혼의 인정이 아니라 살던 아파트에서 계속 살 수 있는 권리뿐이었고, 이는 뉴욕 주거법에만 한정되었기에 다른 소송을 위한 판례로 쓸 수 없었다(*Ibid.*, p. 166).

12. *Ibid.*, pp. 176-177.

13. *Ibid.*, pp. 173-176.

14. *Ibid.*, p. 175.

15. Robert McRuer, *Crip Theory: Cultural Signs of Queerness and Disability*, New York University Press, 2006, pp. 77-79.

16. Brigs(2018), *op. cit.*, p. 166.
17. *Ibid.*, p. 155.
18. *Ibid.*, p. 169.
19. Sara Ahmed, *The Cultural Politics of Emotion*, New York: Routledge, 2004, p. 151.
20. *Ibid.*, p. 152.
21. *Ibid.*, p. 153.
22. *Ibid.*
23. *Ibid.*
24. *Ibid.*, p. 154.
25. *Ibid.*
26. Kath Weston, *Families We Choose: Lesbians, Gays, Kinship*, New York: Columbia University Press, 1991, p. 116; "Forever is a Long Time: Romancing the Real in Gay Kinship Ideologies", *Naturalizing Power: Essays in Feminist Cultural Analysis*, eds., S. Yanagisako and C. Delaney, New York: Routledge, 1995, p. 93; Ahmed(2004), *op. cit.*, p. 154에서 재인용, 원문 강조.
27. Ahmed(2004), *op. cit.*, p. 155, 원문 강조.
28. 버틀러가 자주 쓰는 표현으로는 '말걸기'의 구조. 이 개념에 대해서는 6장 3절에서 설명하겠다.
29. *Ibid.*, p. 155.
30. 단체 공식 홈페이지(sogilaw.org)의 소개에 따르면, 'SOGI법정책연구회(성적지향·성별정체성 법정책연구회)'는 성적지향(sexual orientation), 성별정체성(gender identity)과 관련된 인권 신장 및 차별 시정을 위한 법제도 정책 분석과 대안 마련을 위해 2011년 8월 발족한 연구회로, 국내외 변호사와 연구자로 구성되어 있다.
31. 단체 공식 홈페이지(gagoonet.org)의 소개에 따르면, '성소수자 가족구성권 보장을 위한 네트워크(가구넷)'은 성소수자들이 평등하고 다양하게 가족을 이루고 살아갈 권리를 실현하기 위한 활동을 벌이는 연대 단체다.
32. 이와 관련해서 세 개의 텍스트를 읽어보는 것이 도움될 것이다. 먼저 '한국여성의전화' 홈페이지에 생활동반자법을 고민하고 추구해온 역사를 잘 정리한 글이 있다. 지영(한국여성의전화 기자단), 「지금 곁에 있는 사람이 내 가족입니다—생활동반자법과 가족구성권」, 『한국여성의전화』, 2019.07.06. hotline25.tistory.com/805 (최종검색일:2020.12.24.) 그리고 동성혼 법제화와 생활동반자법이 연결되는 지점에서, '한국게이인권운동단체 친구사이'와 '성소수자 가족구성권 보장을 위한 네트워크'가 함께 기획한 책이 출간되어 있다. 친구사이+가구넷, 『신(新)가족의 탄생: 유별한 성소수자 가족공동체 이야기』, 서울: 시대의창, 2018. 가장 최근

에는 7년간 진선미 국회의원 보좌진으로 일하면서 생활동반자법을 포함
하여 성소수자와 여성들을 위한 긴급한 여러 법안을 기획한 황두영 작
가가 생활동반자법을 설명하는 책을 출간했다. 황두영, 『외롭지 않을 권
리: 혼자도 결혼도 아닌 생활동반자』, 서울: 시사IN북, 2020.

33. 황두영(2020), 위의 책, 8쪽.
34. 위의 책, 7쪽.
35. 위의 책, 146쪽.
36. 위의 책, 12쪽.

6장

퀴어 정동 이론

집에 안 간대

드디어 기나긴 퀴어 이론 산책의 마지막 장에 도달했다. 산책 코스가 너무 길어 힘드셨겠지만(죄송합니다) 힘들었던 기억만 남지는 않길 바라는 마음이다. 생각해보니 나도 여기까지 쓰면서 개 산책 힘들다는 얘기만 썼지 우리 개 자랑을 그다지 하지 않았다는 사실을 깨달았다(?). 우리 왓슨이가 제일 좋아하는 장소가 모르는 동네고 제일 좋아하는 방향이 집 반대 방향이다 보니 산책 중 나오는 갈림길마다 조금이라도 집에서 먼 길을 선택하려는 개와 집에 가고 싶은 인간의 눈치 싸움이 치열한데, 그럴 때 왓슨이가 제일 먼저 쓰는 전략은 있지도 않은 후광과 꽃 반짝이 효과가 망막에 새겨질 만큼 환하게 웃어 인간을 혼미하게 만드는 것이다. 정말 직접 보지 않으면 모른다. '그래 쉰네가 무슨 부귀영화를 누리겠다고 우리 애가 저렇게 행복하게 웃는데 저 미소를 꺾나' 하는 마음이 들어 산책을 좀 더 하게 될 수밖에 없게 만드는 그런 미소다. 하지만 왓슨이는 가고 싶은 만큼 가라고 놔두면 세 시간쯤 집 반대 방향으로 끌고 간 다음 흡족한 얼굴로 바닥에 드러누워 '이제 나를 안고 집으로 돌아가'라고 요구하는 개상전이기 때문에 마냥 협상을 포기할 순 없다. 그래서 어느 때는 내가 끌려가고 어느 때는 왓슨이가 져주기도 하지만 어느 때는 인간과 개가 한동안 대치 상태를 계속하며 미소를 보내거나 고개를 도리도리 젓거나 말로 설득을 시도하거나 "끼요옹" 소리를 내는 등(인간이 낼 때도 있다) 소통 방법을 모두 동원해서 치열하게 의사를 전달한다. 그러다 우리 개가 갑자기 '오늘은 협상 결렬이다'라는 단호한 표정을 하고 입을 꼭 다물고선 나를 막 끌고 가는데, 그럴 때면 내가 "왓슨아? 왓슨아? 여보세요?" 하고 불러도 귓등으로 튕겨내고 절대 나와 눈을 마주치지 않은 채 '이 정도면 집에 바로 못 돌아간다' 싶은 곳까지 거침없이 나아간다. 뜬금없이 이 얘기를 왜 했냐면 우리 개의 단호한 귓등 반사 스킬이 너무 귀엽다고 자랑하고 싶은 마음도 있었지만… 우리의 퀴어 이론 산책 얼마 안 남았으니 그럼 저도 귓등 접고 마지막까지 가고 싶은 길로 끌고 가보겠습니다.

'퀴어 정동 이론'이라는 거창한 제목을 붙였지만 사실 이 장을 쓰며 정동과 관련된 퀴어 이론을 모두 정리해서 이론적 계보를 세우겠다는 야망을 불태우진 않았다. 그런 작업은 개론서의 한 장에 담아낼 만한 범위를 넘어선다. 이 장에서 소개한 학자들은 정동을 사유하고 연구하는 많은 퀴어 이론가 중 일부일 뿐이고, 퀴어 정동 이론으로 분류할 만한 논의들이 다루는 정동은 여기에 소개한 것보다 다양하다. 이론적인 글에 적절한 해명은 아니지만, 이 장에서 소개하는 학자들을 선택한 이유는 어찌 보면 산책길을 선택하는 이유와 마찬가지일 것이다. 산에 오르는 길은 다양하지만 그 길을 한 번에 다 가볼 수는 없으니까 말이다. 그래도 최소한의 논리적 이유를 붙여보자면 약 2000년대 초부터, 앞장에서 정리했던 퀴어 부정성의 '반사회적 테제'와 더불어 '부정적 정동으로의 전회'라고 부를 만한 흐름이 부상했다. 이는 동성애 규범성을 생산하고 강화하는 게이 주류화 정치에 대한 대항 담론으로서, 그리고 갈수록 교묘해지는 지배 이데올로기들의 교차 속에서 끝없이 재생산되는 전 지구적 불평등에 맞서는 대항 정치의 일환으로서 등장했다.

여기 소개하는 네 명의 학자는 그러한 흐름에서 크게 두 갈래로 나뉘는 연구 방향을 보여준다. 하나는 차별과 억압이 사회적 소수자들의 정동에 미치는 영향을 일상적 층위에서 조명하는 작업이고, 다른 하나는 정동의 권력 역학이 가진 구조적 측면에 좀 더 초점을 맞추는 작업이다. 첫 번째 갈래에 해당할 히더 러브Heather Love와 앤 츠비예트코비치Ann Cvetkovich는 '개인적인 것이 정치적인 것이다'라는 페미니즘의 오랜 모토를 따라 일상을 살아내는 성소수자들의 부정적 정동 경험에 초점을 맞춘다. 이는 우리가 무엇을 쓸모 있다고 여기고 무엇을 쓸모없다고 여기는가를 나누는 기준 자체를 다시 숙고해보는 작업이자, 기존에 우리가 '정치'라고 알고 상상하던 것과는 좀 다른 정치를 상상하고 만들어나가는 작업이다. 두 번째 갈래에 해당할 주디스 버틀러와 사라 아메드는 정동의 수행적 작동을 사회·문화·정치·윤리적 차원에서 구조적으로 분석한다. 앞의 두 사람이 현재의 긍정/부정 가치 체계를 문제시하면서 이미 우리 삶의 많은 부분을 차지하고 있는 '목적론적이지 않은 부정성'과 어떻게 함께 살아갈 것인지를 탐구한다면, 뒤의 두 사람은 정동이 다양한 권력의 교차 속에서 목적론적으로 선택되고 배치되고 유통되는 "정동의 경제"[1]를 탐구하는 동시에, 그러한 구조적 불평등에 맞서 우리의 실존적·구조적 취약성과 그에 연결되어온 정동들이 전 지구적 연대를 창출하고 지금보다 더 윤리적인 미래를 건설할 가능성을 탐색한다.

이들의 논의를 차례로 소개하기 전에, 퀴어 정치에서 정동에 주목하는 일이 왜 필요하고 중요한지, 그리고 이 장에서 만날 퀴어 정동 이론가들이 기본적으로 정동을 어떻게 이해하고 있는지를 먼저 살펴보자.

1. 퀴어 정치에서 정동의 중요성

어떤 주장과 어떤 목소리가 진지하게 경청되고 받아들여지는지를 결정하기 위해 정동과 감정은 어떻게 배치되는가? 인종차별주의, 성차별주의, 이성애 규범성, 식민주의, 기타 헤게모니를 쥔 다른 형식들은 어떻게 해서 감정의 언어를 통해 그들의 주체가 기꺼이 참여하도록 만드는가? 그리고 특정 정서적 지향이 어떻게 해서 특정 집단의 주변화를 강화하는가? 정동에 주목하는 게 우리가 젠더, 섹슈얼리티, 인종, 계급, 민족성, 토착성, 영성의 잠재력을 다르게 상상하는 데 어떻게 도움을 줄 것인가? 그동안 사적이고 가정적인 영역으로 전형적으로 좌천되어있던 느낌을 공적으로 표현함으로써 어떤 수사적이고 미학적인 효과가 발생하는가?2)

느낌과 감정, 정동에 관한 사유는 퀴어 이론에서 중요한 위치를 차지하고 있다. 최근 20년 동안 퀴어 부정성으로의 전회가 일어났고 부정적인 감정들에 주목하는 움직임도 함께 부상했지만, 느낌의 문제가 중요하다는 인식은 성소수자 인권운동의 초창기부터 있었다. 성소수자에 대한 혐오와 적의가 가득한 환경에서는 자신의 감정이 무엇이고 그게 어디로 향하는지를 제대로 탐구할 수 없다는 것을 성소수자들은 느끼거나 알고 있었던 것이다.3)

나의 느낌과 감정은 오롯이 나에게서만 비롯되는 것이 아니다. 감정은 내가 처한 구조적 위치성에 영향받는다. 예를 들어 남자 둘이 붙어먹는 건 더럽다고 받아들이는 사회에서 자라나는 아이가 자신이 그 남자들이 붙어먹는 부류에 해당되는 것 같다고 자각하기 시작한 순간, 스스로에게 두려움, 혐오, 죄책감, 불안을 느끼지 않기란 매우 어려울 것이다. 그런 상황에서 자신의 심장을 두근대게 하는 남자를 만났을 때, 그 남자에게 그 어떤 두려움이나 걱정 없이 순수하게 행복하고 설레는 마음만 느낄 수 있을까? 당신이 성소수자이거나 여성이라면, 호감 가던 사람과 틀어졌을 때 그 사람에 대한 서운함이나 미움, 분노 등의 감정이 정말 이 사람과의 개인적인 관계에만 한정되는 행운을 누리기란 쉽지 않을 것이다. 이 사람과 관계가 틀어지고 나면 아웃팅 당하거나 아웃팅을 빌미로 폭력 또는 갈취 협박을 당할지도 모른다는 두려움과 뒤섞일 때, 혹은 사회에서 허락되는 이성애적 연애 관계였다 할지라도 여성 혐오에 기초한 이별 폭력을 겪을지도 모른다는 두려움과 뒤섞일 때, 내가 이별에서 겪는 감정은 처음부터 기존의 권력 체계 안에서 매우 구조적으로 직조된다는 사실이 드러난다. 우리를 둘러싼 권력 위계가 감정을 조건 짓고 그 감정의 지향이 사람과의 관계, 나아가 내가 이 세계와 맺는 관계를 형성하는 것이다.

이런 논의는 느낌이 진정성을 대표한다는 믿음에 제동을 건다. 어떤 이들은 퀴어 혐오만 걷어내면 우리의 진정한 느낌을 찾을 수 있으리라 기대하기도 한다. 물론 세상을 뒤덮은 혐오의 감정이 걷히면 공공장소에서 애정을 표현하고픈 이와 아웃팅이 두려운 이가 싸우다 헤어질 일도 없을 테고, 일상적인 폭력의 위협에 떨지 않을 수 있을 테고, 많은 퀴어들이 스스로에게 느끼는 자기혐오도 줄어들 것이다. 그러나 저기 어딘가 발견되기만을 기다리고 있는 나의 진짜 순수한 감정이란 없다. 우리가 무언가에 대해 어떤 느낌을 '받는다'고 표현하는 것처럼, 느낌이나 감정은 항상 관계적인 것이고, "지향적intentional"이고,4) 다시 말해 실재하는 대상이든 상상의 대상이든, 타자든 세계든 간에 그런 "대상을 '향해 있는directed toward' 것"이기 때문이다.5)

이와 연관해서, 정동이 반드시 중립적이고 객관적인 진실을 보증해 준다고 생각해서는 안 된다. 물론 '뭔가 쎄하다', '촉이 온다'는 표현처럼 우리가 의식의 차원에서 언어화하지 못하는 어떤 진실을 느낌이 포착해 줄 때가 있고, 그래서 논리적으로는 설명하기 어렵지만 차별과 낙인이 미세하게 작동하는 방식(예를 들면 '아줌마'라는 호명이 왜 어떤 순간에 모욕으로 느껴지는지)을 설명하는 데 정동이 도움이 될 때가 있다.6) 이럴 때면 '감성'과 '이성'을 타자와 지배자의 언어로 단순하게 이분법적으로 대비시키고픈 유혹에 빠질 수도 있다. 그러나 잊지 말아야 할 것은 항상 절대적으로 옳은 것은 없다는 것이다. 더욱이 아메드가 몇 번이고 강조하는 것은, 우리가 '직감'이라고 믿는 다양한 감정들(때로 첫눈에 반하는 사랑도 포함되지만 주로 타자를 향한 역겨움, 혐오, 두려움 등)은 '저런 부류'에 대해 우리가 품고 있던 인상과 '저런 부류'를 구성해온 역사에 이미 연루되어 있다는 점이다.7) 경상도 출신 선생님이 "광주 사람은 뭔가 음침하고 믿을 수 없다"는 말을 어린 학생들 앞에서 공공연히 내뱉는 사례, 학교 폭력 피해자를 향해 "걔랑 말해본 적은 없지만 뭔가 쎄해. 따돌림받을 만해."라고 떠들면서 따돌림을 정당화하는(정확히 말하면 따돌림에 공모하는 자신을 정당화하는) 사례에서, 느낌은 자기 마음에 들지 않는 대상이나 타자화된 집단에 대한 차별을 정당화할 근거로 쉽게 동원된다. 빈곤층이나 성소수자처럼 사회적으로 주변화된 존재들에게 온갖 부정적인 감정 평가가 들러붙는 현상, 성폭력 피해자들의 수많은 죽음은 늘 있는 일인 양 신경도 안 쓴 주제에 법적 처벌이 두려워 자살한 가해자의 죽음은 언론에서 대서특필해가며 과하게 애도하는 현상, 하다못해 집에서 아버지가 일삼는 성차별적 발언과 횡포에 딸내미들이 떨리는 심장을 부여잡고 조목조목 논박하기라도 하면 '말본새가 그게 뭐냐, 너는 말을 독하게 한다, 다 늙은 부모에게 상처를 준다는 반응이 돌아오는 현상(수많은 K-daughters가 겪어봤던 일일 것이다) 등에서 알 수 있는 것은, 정동이 그 자체로 진정성을 보장해주는 것이 아니라 불평등한 권력 구조의 산물이자 그 권력이 힘을 행사하는 수단으로 쓰일 수 있다는 것이다. 이런 점에서 많은 퀴어 정동 이론가들은 느낌이 무엇인지, 성소수자만의 고유의 진정성을 담아낼 느낌이 있는지를 탐문하는 대신, 아메드의 표현을 쓰자면 "감정이 무엇을 하는가"[8]를 질문하는 인식론적인 전환을 바탕으로 정동에 접근한다.

한편 나의 느낌과 감정이 나를 둘러싼 권력 구조 안에서 형성된다는 애기는 외부의 힘에 의해 강제로 세뇌되었다는 뜻이 아니다(억압/자율 이분법 틀을 해체한 2장의 논의를 떠올려보자). 느낌과 감정은 내 몸을 중심으로 내가 내 몸과 맺는 관계, 내 몸으로 살면서 세계와 맺는 관계를 복잡하게 구축한다. 이에 대해 이해하려면 먼저 느낌feeling, 감정emotion, 정동affect에 대해 정리해볼 필요가 있다.

느낌, 감정, 정동, 이 개념들의 정의와 각 개념 간 관계에 대해서는 학자마다 의견이 다르다. 예를 들어 이브 코소프스키 세즈윅이 소개하는 심리학자 실번 톰킨스Silvan Tomkins의 정동 이론에서는 정동과 감정을 구분하는데, 정동은 제한된 개수(주기율표의 원소처럼)로 존재하고 정동끼리 결합하여 "보통 감정이라고 여겨지는 것을 산출한다. 보통 감정이라 여겨지는 이것들은 원소로부터 형성된 물리적 물질처럼 이론적으로는 그 개수가 무제한"이라는 것이다.[9] 반면 이 장에서 살펴보는 학자들은 각 개념의 정확한 정의 및 구분에 그리 관심 갖지 않거나 이 개념들을 딱 떨어지게 구분할 수 없다는 입장을 보인다. 츠비예트코비치는 정동을 "정동, 감정, 느낌을 망라하는 범주"이자, "(별개의 특정 감정으로서든 아니면 이성과 자주 대비되는 일반 범주로서든) 역사적으로 광범위한 방식으로 구성된 충동, 욕망, 느낌을 포함하는 범주로 사용"한다. 츠비예트코비치가 좀 더 선호하는 용어는 '느낌'인데, "그 이유는 부분적으로는 느낌이 의도적으로 부정확하게 애매한 용어라서 체현된 감각으로서의 느낌과 정신적이거나 인지적인 경험으로서의 느낌 사이의 모호함을 간직하고 있기 때문"이다. 그녀가 보기에 느낌은 "그저 인지적인 개념이나 구성만은 아닌" "육체적이고 감각적인" 무언가로 경험되는, 명확히 변별되지 않는 "이런저런 것들stuff"을 가리키는 이름이기에 느낌/감정/정동을 명확히 구분하려는 시도 자체를 빠져나간다. 츠비예트코비치는 자신이 정동, 감정, 느낌이란 개념들을 이러저러하게 '정의'한다고 서술하는 대신 '나는 이런 식으로 사용한다'는 표현을 자주 쓴다. 그 이유는 이 용어들이 하나의 정의에 딱 고정되는 것이라기보다는 "논의를 위한 키워드, 출발점에 좀 더 가깝다"고 생각하기 때문이다.10)

한편 아메드는 츠비예트코비치보다 좀 더 명시적으로 정동/감정 구분을 반대하는데, 이러한 구분이 "몸으로 존재하고 몸을 갖고 있다는 체험the lived experience으로부터 감정을 단절시킬 위험"이 있기 때문이다.11) 이는 감각, 느낌, 정동과 감정이 똑같다는 주장이 아니라 이것들이 "체험의 층위에선 간단히 분리될 수 없다"는 뜻이다.12) 아메드는 정동과 감정을 구분해버리면 감정이 어떤 식으로 작동하는지를 제대로 기술할 수 없다는 문제가 있다고 지적한다. "감정들의 작동은 강도, 신체적 지향, 방향intensity, bodily orientation, and direction의 형식들을 수반하는데,

이런 형식들은 단순히 '주관적 내용'이나 강도의 자격 조건에 관한 것이 아니다. 감정은 '나중에 떠오른 생각이 덧붙여지는 것afterthoughts'이 아니라, 몸이 거주하는 세계에 의해 몸이 움직여지는 방식을 형성한다."13) 또한 이와 연관해서 아메드는 감각과 감정의 구분이 "의식적 인식과 '직접적' 느낌 간 구분"에 기대고 있지만 이런 구분은 "의식적으로 경험되지 않은 것이 그 자체로 과거의 경험에 의해 매개될 수 있는 방식을 부인한다"는 점에서 문제가 있다고 비판한다. 아메드에 따르면, "겉보기엔 직접적인 반응처럼 여겨지는 것일지라도 과거의 역사를 환기시키며, 이 과정은 신체적 기억을 통해 의식을 우회한다."14)

왜 이렇게 어렵게 써놓았냐 답답하실 분들도 있겠지만 표현이 어려울 뿐 우리가 일상적으로 겪어본 경험이다. 아메드의 설명을 좀 더 들어보자. 『감정의 문화정치학The Cultural Politics of Emotion』(2004)에서 아메드는 감정을 '지향성'으로 설명하는 현상학적 모델과 정동을 접촉contact으로 이해하는 모델을 결합시켜 정동의 문제를 탐구한다.15) 우리가 어떤 대상을 보고 어떤 느낌을 받을 때, 이 느낌은 대상에서 뿜어져 나오는 것이 아니라 '대상과의 접촉'에서 생성되는 것이다. 아메드는 데카르트의 『정념론Les passions de l'âme』(1649)에서 이 아이디어를 따온다. 데카르트에 따르면 본디 좋거나 나쁜 대상이 절대적으로 정해져 있어서 우리가 어떤 대상을 좋게 혹은 나쁘게 느끼는 게 아니라, 그 대상이 우리에게 유익한지 해로운지를 인지하고서 그 대상을 좋아하거나 미워하게 된다는 것이다. 아메드는 '내게 이롭나 아니면 해롭나?'를 인지한다는 것엔 "사유와 가치평가"가 수반되고, 동시에 이러한 인지가 "몸에 의해 느껴지는 것"이라는 점에서 사유/감각(느낌)/감정이 별개로 나뉘어져 작동하지 않는다고 주장한다.16) 더욱이 느낌이 대상과의 '접촉'을 통해 생겨나는 것이라면, 이 '접촉'에는 접촉을 하는 사람(주체)뿐 아니라 그 접촉을 인지하고 해석하는 데 바탕이 되는 '역사'가 수반된다. 이 역사는 접촉하는 주체가 이 대상과 접촉하기 전에 겪었던 개인적 경험의 축적물일 수도 있고, 주체보다 앞서 형성된 사회적 차원의 역사일 때도 있다.

어떤 대상을 보고 무섭다고 느낄 때를 생각해보자. 한편으로, 무언가가 무섭다는 인상은 과거사에 영향받는다. 예를 들어 학창시절 집단 괴롭힘을 겪어본 사람은 졸업하고 나서도 비슷한 연령대의 사람들이 단체로 모여 있는 상황을 무섭고 불편하다고 느끼거나 자기도 모르게 움츠러들고 식은땀이 날 수 있다. "과거사가 살갗 위의 인상(자국, impression)으로 표면화"되는 것이다.[17] 그러나 다른 한편 이 역사가 항상 본인이 직접 겪은 역사는 아닐 수도 있다. 예를 들어 개를 한 번도 본 적이 없거나 개와 살아본 적이 없는 아이라도 주변 어른들과 사회가 '개는 무섭다, 개는 문다'는 메시지를 꾸준히 주입할 경우 개를 무서운 존재로 인식하게 된다. 그래서 처음으로 개와 맞닥뜨렸을 때 '무섭다'는 느낌/감정이 올라오게 될 공산이 크다(그리고 불행히도 개는 초면에 무례하게도 크게 비명을 지르거나 뛰어서 자기 앞을 가로지르는 사람을 보면 공격으로 인지하고 짖기 때문에, 이 짖는 소리가 아이에게 '개는 무섭다'는 인상을 더욱 강하게 각인시킬 것이다. 그러나 잊어서는 안 된다, 개도 방금 당신이 무서웠다. 평화롭게 산책하고 있다가 갑자기 봉변을 당한 건 개다). 또 다른 예로, 트랜스젠더에 대한 공포를 표출하는 시스젠더 중엔 트랜스젠더와 말 한 번 제대로 나눠본 경험이 없는 사람도 많다(만약 이 사람 주변에 트랜스 지인이 있다 한들 그 지인은 이 사람에게 커밍아웃하고 싶어 하지 않을 거다). 다시 말해 우리가 직접 겪어 몸에 각인한 개인적 역사뿐 아니라, 그 개인의 탄생보다 오래 전부터 존재하여 개개인을 공기처럼 둘러싸고 있는 더 넓은 사회적 역사와 규범도 우리의 느낌과 감정을 조건 짓는 것이다.

이처럼 감정은 나를 둘러싼 세계와 연결되어 있으며, 그 맥락을 바탕으로 현재의 몸의 행위와 움직임을 결정한다. 어떤 대상이 무섭게 느껴진다면 우리는 어떻게 할까? 그 무서운 대상과 거리를 둘 것이다. 많은 공포 영화는 바로 이러한 지향성을 무시함으로써 초래되는 결과를 주된 플롯으로 삼는다(언뜻 봐도 저주랑 연관되었을 법한 인형을 굳이 집까지 가져와 아이와 단둘이 침대에 재운다거나, 가면 안 된다는 곳을 굳이 혼자 밤에 간다거나 등등). 누군가가 매력적으로 느껴진다면 어떻게 할까? 그 대상과 조금이라도 가까워지고 싶을 것이다. 이런 점에서, 『퀴어 현상학*Queer Phenomenology*』(2006)에서 아메드는 성적 지향이 단순히 대상 선택의 문제가 아니라고 말한다. 성적 지향은 무언가를 향하여 몸을 움직여 공간을 구축하는 방식이자, 이 몸이 거주하고 타자들과 관계 맺는 세계를 파악하는 방식이라는 것이다. "감정은 현재에 몸이 무엇을 하는지, 혹은 접근하는 대상에 의해 몸이 어떻게 움직여지는지를 형성한다." 이는 그냥 내 몸을 움직이는 정도로 끝나는 것이 아니다. "우리가 타자들을 향해 갖는 지향이 몸들 간 근접성과 거리의 관계에 영향을 미침으로써 공간의 윤곽을 형성하는 것"이다.[18]

앞서 정리한 대로 대상과의 접촉에서 야기되는 느낌이 사유와 가치 평가에 이미 연루되어 있다면, 그리고 이것이 개인적이고 사회적인 역사와 연결되어 있다면, 감정적 지향의 공간성에 대한 이 논의에서 고려해야 할 점은 이 공간성이 단순한 호불호에 의존하는 게 아니라 우리가 사는 세상이 어떤 세상이냐에 영향을 받아 복잡하게 구축된다는 것이다. 한국에선 인권단체 활동가이거나 직장에서 커밍아웃한 사람일지라도 공공장소에서 애정 표현을 하는 것에 심리적인 제약이 많이 따른다. 동네 사람 다 타고 다니는 작은 마을버스에서 애인과 알콩달콩 애정을 표현하는 게 가능한가. 이는 단지 막연히 내면화된 동성애 혐오 때문이 아니라, 언제든 모르는 사람이나 이웃 주민에게 신상 정보를 들키고 혐오폭력을 당할 수 있다는 실질적인 위험에 기인한 것이다. 따라서 아메드의 말대로 감정이 우리 몸이 어느 방향으로 향하게 하는지, 우리 몸이 어떻게 움직여 어떤 공간을 창출하는지에 영향을 미친다고 할 때, 바로 내 옆에 앉아있는 사랑하는 사람을 향한 감정이 내 몸을 그 사람에게로 향하게 하는 것을 막고 거리를 벌리게 만드는 건 성소수자를 혐오하고 적대시하는 사회 환경이다.

반대로 어떤 사람이 동성애자에게 혐오감을 느낀다면 그 사람이 태어났을 때부터 동성애자를 사회악으로 낙인찍고 배척하는 적대적 환경에서 살아왔기 때문에 그런 혐오감을 자연스러운 것으로 느끼게 된 것일 수 있다. 그러나 그로 인한 감정적 지향성은 다시금 우리가 거주하는 세계를 배제의 논리로 공간화한다. '우리가 너희들을 혐오하는 건 혐오 사회에 물든 내 편견 때문이 아니라 너희들이 원래 더럽고 위험한 것들이기 때문이다'라는 논리로 느낌을 대상에게 귀속시킴으로써, 집, 동네, 학교, 직장, 길거리, 병원, 군대, 대중교통 등 한 사람이 시민으로서 생존하기 위해 필수적으로 머물 수밖에 없는 공간들을 성소수자가 성소수자인 채로는 머물 수 없는 공간으로 조직하는 것이다. 올해 초 군대와 대학에서 트랜스젠더들이 공식적으로 배척받았던 사건은 이런 논리 속에서 만들어졌다. 정리하자면, 이태원과 종로처럼 사회적 소수자들에게 중요한 지역의 생성과 변화 방향, 장애인 시설 건설지 선정을 둘러싼 문화 정치, 나아가 아파트 단지의 부지 선정·설계·건설처럼 겉보기엔 자본의 논리로만 움직이는 것처럼 보이는 곳까지, 우리가 사는 세상이 공간적으로 어떻게 구축되는가의 문제에서 정동은 중요한 역할을 담당한다.

따라서 감정은 주체나 대상에 내재한 것이 아니라 관계적이고 사회적이고 구조적인 것이다. 이러한 점에서, 사회·경제·정치·문화 전 영역에서 우리를 둘러싼 권력 구조들이 어떻게 작동하는지를 탐구하는 데 정동은 중요한 키워드가 된다. 구조적 문제에 접근하는 전통적 방법이 거시적인 개념적 범주를 사용하는 것이었다면, 정동 이론가들은 거시적인 것과 미시적인 것, 사회적인 것과 개인적인 것, 공적인 것과 사적인 것, 언어적인 것과 비언어적인 것, 이성적인 것과 감정적인 것의 구분 자체를 문제시하고 이분법적으로 구분된 이 양쪽 항에 있는 것들을 연결시켜 함께 분석할 대안적 방법으로 정동의 발생과 움직임을 연구한다. 일반적으로 사람들은 감정적인 것/이성적인 것이 이분법적으로 대립되며 전자는 사적이고 후자는 공적인 것이라 여기지만, 선거만 봐도 소위 공적인 사안에 혈연, 지연, 학연 등 '정'으로 포장되는 감정적 변수들이 얼마나 영향력을 미치는지를 알 수 있다.

퀴어 정동 이론은 정동과 무관하다 생각되던 사안들에 정동이 미치는 영향력을 인정하며, 어떤 정동이 그리고 어떤 식의 정동 표현이 기존의 규범에 영합하여 규범의 생산과 강화에 일조하는지, 정동에 대한 긍정/부정의 가치 위계가 어떻게 지배 체제의 재생산에 이용되는지를 비판적으로 분석한다. 또한 우리가 어떠한 인식틀을 통해 감정을 차별적으로 느끼는지, 달리 말해 어떠한 인식틀을 통해 감정이 차별적으로 생산되고 배치되는지를 탐구한다. 그리고 거시적인 권력 구조를 개인이 어떤 식으로 체현하는지, 이 사회를 지배하는 다양한 권력 구조의 교차가 어떻게 사람들에게 이해되고 경험되고 내면화되는지를 설명할 유용한 도구로서 정동에 주목한다. 이와 연결해서 퀴어 정동 이론은 정치가 의회 로비와 법 개정 작업이나 경제 구조 분석에만 해당되는 것이 아니라 느낌, 감수성, "인식/인정 가능한 조직이나 제도의 형식을 취하지 않을 수도 있는 소속감과 문화적 표현의 일상적 형식" 안에도 내재해 있음을 밝힘으로써 "정치적 삶을 보다 확장하여 정의"한다.[19] 나아가 기존에 부정적 정동과 결부되어 낙인찍혀온 사회적 소수자들에게 부정적 정동이 어떻게 정치적 자원으로 활용될 수 있을지, 즉 기존의 가치 위계를 그대로 받아들여 부정적인 것을 버리고 긍정적인 것으로 갈아타려는 대신에, 부정적 정동과 깊이 연결된 역사적 위치에서 출발하여 어떠한 대안적 정치를 만들어나갈 수 있을지를 탐색한다.

2 '쓸모없는' 정동과 함께 머물기 : 히더 러브와 앤 츠비예트코비치

1) 정동의 가치와 운동의 방향성

2016년 6월 12일 미국의 올랜도 주의 게이 나이트클럽 '펄스'에 100여 명의 사상자를 낸 총기 난사 사건 소식이 한국에 전해졌을 때, SNS에선 올랜도 희생자들을 추모하는 목소리 사이로 깊은 슬픔뿐만 아니라 자신도 그렇게 죽을지 모른다는 공포, 심각한 우울, 무기력, 절망의 감정을 표현하는 목소리가 나왔다. 그리고 이에 대해 공동체를 혼란스럽게 하고 운동의 힘을 뺀다는 이유로 비판하는 목소리도 나왔다. 사실 이 논란은 퀴어 공동체에서 참담한 상실이 발생할 때마다 불거져 나왔던 해묵은 갈등으로, 어떤 감정이 공적으로 유통될 가치가 있는가 하는 문제에 대해 암묵적인 기준이 존재함을 보여준다. 대개 운동에선 정치적으로 당장 사람들을 동원할 수 있는 감정만이 쓸모 있고 '올바른' 감정으로 여겨지고, 그렇지 않은 감정은 쓸모없고 불필요하고 소모적이고 공동체에 도움이 되지 않는 감정으로 치부되는 경향이 있다. 그리고 정치적으로 쓸모 있는 감정으로 인정받을 수 있는 범위가 매우 좁다. 대개 긍정적인 감정, 즉 지금의 슬픔을 떨쳐 일어날 수 있게 사람들에게 힘을 북돋고 앞으로 나아가게 해주고 유토피아적 미래를 상상할 수 있게 해줄 감정이 환영받는다. 그리고 부정적인 감정 중에는 당장 사람들을 동원할 수 있는 분노 같은 감정만 그 쓸모를 인정받고, 슬픔 같은 감정들은 애도를 분노로 전환해서 다시 투쟁의 동력으로 전환할 수 있을 정도일 때만 허락된다.

물론 성소수자 공동체와 운동이 '긍정적 정동만 인정하고 부정적 정동은 외면해왔다'고 일반화한다면 이는 잘못된 평가일 것이다. 성소수자 운동의 역사에서 부정적 정동과 긍정적 정동의 위상은 복잡하게 얽혀있다. 1969년 6월의 스톤월 항쟁을 기리기 위해 1970년부터 시작된 '자긍심 행진pride march'(21세기의 우리에겐 '퀴어 퍼레이드queer parade' 란 표현이 더 익숙한 행사) 그리고 1950~60년대 선구적인 동성애 인권 활동가 중 한 명인 프랭클린 카메니Franklin Kameny가 1968년부터 시작한 "게이는 좋은 것이다Gay is Good" 슬로건[20]이 보여준 자긍심의 정치는 젠더와 섹슈얼리티의 정상성 규범에 맞지 않는 사람들에게 사회적 오명과 낙인, 죄책감, 수치심을 덮어씌우던 사회에 대항해 자유와 해방을 미리 선언하는(2장의 수행적 모순에 관한 논의를 참조하라) 대항 담론이 있었다. 그러다 1973년 베트남전 종전 후 전반적으로 사회가 보수화되고

1981년에 에이즈란 질병이 미국에서 발견되면서 운동의 핵심 정서에 또 다른 변화가 일어난다. 1980년대 초부터 90년대 중반까지 에이즈 위기가 성소수자 공동체를 집어삼켰을 때, 죽음이라는 공통적 경험에 기초한 상실과 애도는 정체성 정치를 탄생시킨 핵심 정동이 되었다.[21] 그런데 1987년 최초의 HIV 치료제라 불리는 AZT가 미국 FDA의 승인을 받아 정식 유통되고 1995년 즈음부터 여러 약제를 섞어 칵테일 요법이라 불리는 고활성 항레트로바이러스 요법highly active anti-retroviral therapy, HAART이 병의 진행을 억제하는 효과를 보기 시작하면서 에이즈 치료법이 급진전되었고, 적어도 치료제에 접근할 수 있는 이들에게는 에이즈 위기가 급성에서 만성으로 전환되었다.[22] 이후 운동의 대표적 정서가 다시금 부정적 정동에서 자긍심을 위시한 긍정적 정동으로 옮겨 가는 변화가 일어난다.

그러나 이때의 자긍심의 정치는 1960-70년대의 자긍심의 정치와는 좀 다른 양상을 띠게 된다. 앞장들에서 설명했듯 에이즈가 교차적 진보 운동을 펼치던 도시 퀴어 공동체와 운동조직을 초토화한 뒤 그 빈자리를 차지한 것은, 계급·인종·국적·젠더 등의 교차 속에서 억압과 차별이 다르게 조직되고 에이즈 위기가 다르게 경험되는 양상을 외면한 채 신자유주의적 자본주의 질서에 순응하는 동성애 규범성을 핵심 논리로 삼는 게이 주류화 정치였다. 여기서의 자긍심은 '우리도 당신들과 다르지 않다'는 정상성을 기준으로 정체성 정치를 재편하며 형식적 평등과 질서정연한 행복을 추구하는 가운데 나오는 자긍심이다. 따라서 이 정치는 동성혼 법제화 등을 비롯한 가시화된 진보를 축하하는 반면, 트랜스젠더퀴어나 HIV/AIDS와 밀접한 연관이 있는 사람들처럼 이 사회의 정상성 규범에서 벗어나는 이들에게 여전히 가해지는 차별과 혐오는 외면한다. 에이즈 관련 정책도 이런 변화의 영향을 받았다. 앞 장에서 언급했듯, 뉴질랜드의 에이즈 예방 캠페인을 분석한 매튜 소던은 '예방만 잘하면 당신도 행복한 삶을 누릴 수 있다'는 캠페인의 메시지가 아직 바이러스에 감염되지 않은 몸에만 초점을 맞추고 '행복한 삶'의 기준을 정상 가족 중심의 일탈 없는 모범적 이미지에 맞춤으로써 이미 에이즈와 더불어 사는 질환자들의 삶과 죽음을 담론장에서 지우는 효과를 낳았다고 비판한다.[23]

이러한 변화에 대해, 부정적 정동에 주목하는 퀴어 이론가들은 자긍심에 초점을 맞춰 긍정적 감정만 장려하는 게이 주류화 정치에 명백한 한계가 있음을 지적한다.

첫 번째 문제는 행복과 자긍심 이외의 다른 감정을 표현하기 어렵게 만든다는 점이다. 슬픔, 무력감, 우울, 두려움, 불안, 자기혐오 같은 부정적 정동은 벽장에 갇혀 있던 과거의 것으로 치부되거나 오로지 호모포비아 때문이라고 가정된다. 물론 2020년에 방영된 드라마 <안녕 드라큘라>[24]처럼 한국의 벽장 속 레즈비언 딸들이 겪는 고통을 극사실주의적으로 그려 시청자들에게 고구마 백만 개를 쑤셔 넣고 그날 밤 많은 이들로 하여금 통곡하며 술병을 따게 만든 서사보다는 좀 가볍고 달달하고 행복한 서사가 보고 싶은 순간들이 있다. 하지만 이런 바람은 우리네 삶이 팍팍하기 때문이지 그러한 불행이 모두 이미 지나간 고루한 문제이기 때문은 아니다. 더욱이 문학사적으로 불행의 재현은 성소수자들이 자신의 처지를 언어화하고 욕망을 유통시킬 수 있는 우회로를 제공해주기도 했다.

아메드에 따르면 문학사적으로 레즈비언이 등장하는 소설 상당수의 결말이 비극으로 끝났는데, 이를 단지 퀴어 혐오적이라고만 치부할 수 없는 배경이 존재했다. 금지된 욕망을 오로지 그것을 금지한다는 주장으로서만 입에 올리고 재현할 수 있었던 사회에서, 금지된 욕망을 가진 사람들이 자신과 동류인 사람들의 이야기를 읽을 수 있는 방법, 레즈비언 서사를 출판사가 출간할 수 있도록 하는 방법이 비극적인 결말이었다는 것이다.[25] 최근 개봉된 영화 <작은 아씨들>[26]에서 출판사 사장이 조가 쓴 소설 여주인공을 남자와 결혼시켜야만 출간하겠다고 요구한 것처럼, 레즈비언이 등장하는 소설도 결말에 가서 레즈비언이 응징당하기만 하면 초중반 서사에서는 금지된 욕망을 열정적으로 불태우는 모습을 보여도 되었던 것이다. 그리고 그 권선징악의 외피를 두른 비극을 읽으면서 내 삶의 끝에는 불행밖에 없는 것인가 하고 좌절하는 레즈비언도 많았겠지만 나와 비슷한 삶과 비슷한 정체성이 있다는 데서 위안을 얻는 레즈비언도 많았을 것이다. 사실 일반적으로 퀴어들은 비극의 서사에서 역설적으로 개인과 공동체를 위한 자원을 찾아내는 '결을 거슬러 읽기'를 훈련해왔다.

두 번째 문제는 현재 동성애 규범적 주류화 정치에서 권장하고 허용하는 긍정적 정동이, 주류 규범에 부합하는 위치에 있고 소위 '정상적' 삶을 살 수 있는 자원을 가진 사람들이 더 쉽게 획득할 수 있는 것들이라는 점이다. 여유가 없는 사람이 행복, 기쁨, 안온함, 자긍심 같은 감정을 느끼기란 쉽지 않다. 극도로 호모포비아적인 환경에서 잠시 벗어나 숨돌릴 안전한 공간이 없을 때, 집, 동네, 학교, 직장 등에서 만나는 사람 모두에게서 고립되어 있을 때, 두려움과 불안과 울분과 공포와 자기혐오와 심각한 우울에 잠식되지 않기란 매우 힘든 일이다. 믿을 만한 퀴어 공동체에 속해 있지 않는 한, 그런 환경에서 타격을 덜 입는 사람은 기존 사회의 기득권 위치에 조금이라도 부합하는 자원을 가진 사람일 경우가 많을 것이다. 전형적인 커밍아웃 서사는 어둡고 거짓된 벽장에서 진정한 자신으로 살 수 있는 밝은 바깥으로의 공간적 이동, 그리고 슬프고 박해받았던 과거에서 자유롭고 안전한 미래로의 시간적 이동으로 구성되어 있다. 특히 이는 보수적인 시골 마을에 살던 퀴어가 도시로 나와 공동체를 찾는 이미지로 자주 재현된다. 핼버스탬은 이 전형적 서사가 구축하는 벽장/바깥의 공간적 위계가 시골/도시의 공간적 위계에 의존하는 동시에 그 위계를 재생산하며, 이 재생산은 그 공간적 위계를 퇴보/진보의 시간적 위계로 구조화하는 방식으로 이루어진다는 점을 비판적으로 분석한 바 있다.[27] 나아가 일라이 클레어는 이러한 서사적 재생산이 시골 노동계급 퀴어들을 더욱 고립시키고 위험하게 만든다고 비판한다. 퀴어 행사는 대부분 도시에서 열리고, 행사로부터 나오는 경제적·문화적·정치적 이익은 시골의 가난한 퀴어들에게는 분배되지 않는다. 퀴어 인프라가 대부분 도시에 집중되어 있어 시골 퀴어들은 "에이즈 예방 프로그램, LGBT 청소년 서비스, 혐오범죄 감시 프로그램, 퀴어 극장" 등 퀴어로서 살아가기 위해 필요한 것들로부터 배제되어 고립된다. 또한 도시 중심의 퀴어 운동이 시골을 퀴어 혐오가 가득한 공간으로 낙인찍어 포기해버리면서 사실상 시골 퀴어들을 보수 기독교 혐오 세력의 손에 내맡긴 셈이 되었다.[28] 이는 퀴어의 역사를 진보로 구성하는 긍정성의 정치만으로는 다양한 위치성과 교차적 억압 구조를 제대로 설명할 수도 없고 거기에 비판적으로 개입할 수도 없다는 문제를 드러낸다.

이와 관련해서 세 번째 문제는, 긍정적 정동에만 초점을 맞춘 게이 주류화 정치가 앞 장에서 언급했듯 퀴어 청소년들에게 성소수자로도 행복하게 잘 살 수 있음을 보여주는 역할모델을 제공할 수도 있지만,

다른 한편으로는 모든 희망을 미래에 투자함으로써 청소년들이 현재 겪는 고통을 도외시할 위험도 있다는 것이다. 예를 들어 댄 세비지Dan Savage의 <더 나아질 거야It Gets Better> 캠페인[29]은 LGBT 청소년 자살을 예방하는 데 도움이 되었다고 평가받지만, 사라 친Sarah E. Chinn은 이 캠페인이 게이의 삶에 대한 동질적인 이미지를 조장한다고 우려한다.[30] 이 캠페인이 재현하는 동성애 규범성이 퀴어 경험의 부정적인 측면들을 가린다는 것이다. 친의 지적에 따르면, 먼저 이 캠페인은 성적 지향만 동성애자일 뿐 젠더 규범에 부합하고, 인종 차별 같은 다른 문제가 걸림돌이 되지 않을 백인이고, 지역사회에 고립되지 않을 도시 거주민이며, 폭력적인 환경에서 탈출할 만큼의 경제력을 가진 성인을 퀴어 문화를 온전히 누릴 수 있는 사람으로 상정한다. 이 기준에서 퀴어 청소년은 소외된다. 이는 청소년들이 퀴어 공간에 직접 접근이 불가능하거나 배제된다는 문제를 지적하는 것만은 아니다. 퀴어 청소년들은 가족 안에서나 학교에서 불평등하고 폭력적인 상황에 처하며 그런 상황으로부터 자력으로 벗어날 수 없다. 그런데도 새비지의 캠페인은 '내가 어렸을 땐 힘들었지만 그걸 버티고 살아남아서 이렇게 행복해졌어', '네 삶에 나쁜 기억만 있는 건 아닐 거야, 좋았던 순간을 떠올려봐'처럼 심리적 지지 표명에 치우치는 경향이 있다. 이는 청소년들이 겪는 현재의 괴로움에 직접 개입하여 실질적인 해결책을 만들어내기 위해 싸우는 대신 오직 청소년 개개인이 각자 겪는 폭력에서 스스로 살아남아 맞이할 미래에만 가치를 두는 태도다.[31] 나아가 친은 동성애 규범성에 기초하여 개개인이 버티고 살아남아 성인이 되면 찾게 될 자긍심과 행복을 강조하는 이 캠페인이 퀴어 청소년들이 이성애 규범성도 동성애 규범성도 거부하기 힘들게 만드는 풍토를 조성한다고 비판한다. 퀴어 청소년들이

겨는 불안과 고립감과 막막함, 그리고 계급과 인종 등 다양한 위치성에 따른 다양한 제약은 <더 나아질 거야> 담론 안에서는 언어화하기도 어려운데다, 이 캠페인이 제시하는 미래가 오직 동성애 규범적인 미래라는 한 가지 버전뿐이기에 다른 미래를 상상할 여지가 차단된다는 것이다.[32]

　결론적으로, 긍정적 감정에만 초점을 맞추는 운동은 "실질적인 퀴어 삶의 마찰과 어려움을 지워버리고, 역사의 무게를 지워버리고, 호모포비아적 반동이 있다는 현실도 지워버리고, 우리의 욕망들에 대해, 아니 사실상 조금이라도 욕망 그 자체에 대해 우리가 갖는 양가감정을 지워"버릴 위험이 있다.[33] 이런 종류의 자긍심의 정치는 벽장과 커밍아웃의 복잡한 역동을 고려하지 않고 많은 성소수자들에게 벽장이 여전히 강력한 힘을 발휘하는 방식을 경시함으로써 커밍아웃하지 않는 성소수자들을 '운동에 편승해 이득만 챙기는 족속'으로 비난할 우려가 있다. 또한 자랑스러워할 만한 성소수자와 그렇지 못한 성소수자를 나누는 품위의 위계를 구축하는 과정에서 성적 수치심을 비롯해 수치심이라는 감정이 퀴어의 삶과 어떤 식으로 복잡하게 얽혀있는지를 제대로 다루지 않는다.[34] 밝고 무해한 시민의 모습으로서만 자긍심을 느낄 수 있고 가시화가 가능하고 인권이 보장될 수 있다는 제한을 거는 분위기에서는, 정상성에 맞게 책잡히지 않을 모습만 보이느라 퀴어들 안에서도 연애 폭력이나 스토킹이 일어난다는 문제를 논할 수 없고, 퀴어 안의 젠더 불평등에 대해서도 논할 수 없으며, 대외적인 행사에선 '퀴어'라는 이름으로 묶이지만 그 안에서 특정 종류의 퀴어들이 더 많은 발언권과 주도권을 갖는 양상에 대해서도 논하기가 어려워진다.[35]

　히더 러브의 작업은 바로 이러한 문제의식에서 출발한다. 과연 정치적으로 올바르고 운동에 도움이 되는 감정과 그렇지 않은 감정을 딱 잘라 구분할 수 있을까? 그러한 구분은 성소수자의 삶에서 무엇을 배제하는가? 성소수자의 삶은 항상 즐겁고 쾌활하게만(gay) 그려져야 할까? 이런 서사만이 퀴어의 과거와 현재와 미래를 해석하고 연결하는 유일한 경로로 공인된다면, 이게 과연 퀴어들의 삶과 퀴어들 간의 차이를 제대로 사유할 수 있는 방식일까?

2) 퇴보적인 느낌을 사유하기: 히더 러브

히더 러브가 『퇴보적인 느낌Feeling Backward』(2009)에서 고민하는 문제는 '효용성'을 기준으로 정동의 가치를 결정해도 되는가이다. 퀴어 이론에서 부정적 정동에 주목하는 흐름이 생겨났다고는 하나 부정적 정동 중에서도 그나마 당장 정치적 자원으로 활용할 수 있는 것만 골라서 긍정하는 건 아닐까? 예를 들어 웬디 브라운은 '좌파 우울감left melancholy' 현상을 비판적으로 고찰하면서 생산적인 우울과 사람을 꼼짝 못 하게 하는 우울을 구분하지만, 과연 사람의 일상생활에서 우울의 생산적인 측면과 무력한 측면이 깔끔하게 딱 나뉘어 떨어질까?36) 또 다른 예로, 핼버스탬이 주목하는 부정적 정동의 아카이브는 "분노, 오만함, 격분, 앙심, 조바심, 강렬함, 열광, 성실함, 진지함, 과잉 투자, 무례함, 잔인할 만큼 솔직함" 등으로, 이 부정적 정동들은 자신이 맞서는 체계와 질서를 "실패로 만들어버리겠다, 엉망진창으로 만들겠다, 인생을 조져버리겠다, 시끄럽게 제멋대로 무례하게 굴겠다, 원망하는 마음을 심겠다, 뒤통수를 치겠다, 더 크게 거리낌 없이 말하겠다, 방해하고 말겠다, 암살하고 충격을 주고 말살시키겠다, [내가 맞서는 체계와 질서를] 포기하겠다고 약속하는" 정치적 부정성을 펼쳐 보인다.[37] 하지만 이와 달리 우울, 무기력, 절망, 고립감과 같은 부정적 정동을 붙들려 있다 보면 '인생이 조져지는 수동적 정동이라 인생을 조지는 행위를 능동적으로 벌일만한 에너지도 없다. 몇 달씩 눈물만 흘리며 누워 있고 집 밖으로도 못 나가고 안경을 못 찾는 사소한 일만으로도 통곡하게 되고 이러는 사이에 직장에서 잘리고 가스며 수도며 전기며 인간관계가 끊겨나가는 수동적인 '인생 조져짐'에서, 우리는 어떤 행위성이나 주체성을 건져 올릴 수 있고 어떤 정치를 만들거나 상상할 수 있을까? 러브는 이런 식의 부정적 정동을 정치적 자원으로 사유하기 위해선 "폐허가 된 주체성의 다양한 형식을 위한 공간을 만들어줄 정치의 대안적 형식을 상상하고 그런 공간을 만들 작업을 할 필요가 있다"고 제안한다.[38]

러브는 부정적 정동 중에서도 진보에 반대된다고 여겨지는 정동, 낙후된 과거의 잔재이자 미래로 나아가려면 뒤에 남겨두고 와야 하는 쓸모없는 것으로 여겨지는 정동을 '퇴보적인 느낌feeling backward'이라 이름 붙이고 주목한다. 러브에게 backwardness란 앞으로 나아가길 주저한다는 의미와, 근대성과 진보의 반대 항으로서 타자들에게 들러붙는 낙인 중 하나였던 '낙후되었다'는 특성을 중의적으로 포함하고 있는 개념이다. 이러한 느낌의 아카이브엔 "수줍음, 양가감정, 실패, 우울, 외로움, 퇴행, 피해의식, 애끓는 비통함, 반(反)근대주의, 미성숙, 자기혐오, 절망, 수치심" 등이 포함된다.[39] 자긍심과 행복한 미래를 전면에 내세우는 게이 해방 진보 서사에서 이런 느낌들은 정치에 하등 도움도 안 된다고 여겨지지만, 러브는 이 퇴보적인 느낌들을 버리고 가서는 안 된다고 주장한다. 그 이유는 첫째, 역사적으로 퇴보는 퀴어에게 할당되는 특성이었기 때문이다. 근대성 개념은 항상 근대적이지 않은 타자를 필요로 한다. 무언가를 '근대적'이라고 정의하기 위해선 '근대적인 것'의 반대 항이 필요한 것이다. 따라서 역사적으로 "성적인 일탈자와 젠더 일탈자는 물론이고 여성, 비백인, 장애인, 빈곤층, 범죄자"는 전근대적이고 낙후되었으며 따라서 열등하다는 딱지가 붙었다.[40]

이 주장은 (5장에서 논했던) '퀴어'가 사회의 진보와 민주주의의 아이콘인 양 제국주의를 정당화하고 전파하는 수단으로 활용되는 현상('핑크워싱')과 충돌하는 것처럼 들린다. 그러나 퀴어를 진보로 보는 담론과 퀴어를 퇴보적인 것으로 보는 담론은 한 사회 안에서도 혼재되는 경우가 많다.[41] 사실 퀴어함을 병리적이고 미성숙하고 전근대적인 것으로 재현하는 담론은 지금까지도 많은 나라에서 영향력을 발휘한다. 19세기 말~20세기 초 등장한 프로이트의 정신분석에서부터 21세기인 현재에 이르기까지, 이성애 규범적인 재생산 시간성은 퀴어한 특성을 인간 발달단계의 초기 미성숙한 구간에 위치시키고, 성숙한 인간 개체는 이성애적 재생산 섹슈얼리티를 최종 형태로 갖추게 되리라고 가정해왔다. 동성 친구에게 끌리는 것은 유년기 한때의 치기 어린 감정이라 규정되고, 자가성애에 심취하는 것은 성적 발달단계의 가장 초기에 머물러 있는 미성숙한 행태로 여겨지며, 대상성애로 옮겨가지 않거나 아예 성애에 관심을 보이지 않을 경우 질병으로 취급된다.

이와 연관해서 둘째, 퇴보적 느낌과 이런 느낌에 사로잡힌 퇴보적 인물들은 "퀴어의 역사적 경험을 기록한 알레고리"이자, 퀴어 역사를 탐구하고 기록하기 위한 핵심 키워드로 볼 수 있다.[42] 러브는 19세기 중후반부터 20세기 초반까지 나왔던 퀴어 영문학 텍스트 중 지금 읽기에는 너무 우울하고 음습하고 비극적이어서 호모포비아를 내면화한 것처럼 보이는, 그래서 요즘 퀴어들은 읽지 않는 텍스트(특히 월터 페이터

Walter Pater, 윌라 캐셔Willa Cather, 실비아 타운샌드 워너Sylvia Townsend Warner, 래드클리프 홀Radclyffe Hall의 작품)를 분석하는데, 이런 재현은 본디 퀴어가 불행하고 부정적이라는 뜻이 결코 아니다. 오히려 텍스트들이 재현하는 퇴보적 느낌은 "호모포비아로 인해 치러야만 하는 육체적이고 심리적인 대가에 대한 설명"43)이자, 과거에서부터 현재에 이르기까지 수많은 퀴어들이 각자의 자리에서 치열하게 살아온 역사에 대한 기록이다.

그러므로 셋째, 이 퇴보적 느낌을 무시해버린다면 호모포비아가 퀴어의 과거와 현재와 미래에 어떤 식으로 영향을 미치는가를 제대로 읽어낼 수가 없고, 따라서 다양한 퀴어들이 현재 직면하는 삶의 현실을 도외시할 위험이 있다. 러브는 "사회적 부정성"이 "우리가 우리 고유의 해방을 정의하는 경험과 반대되는 아주 많은 수의 비체들에 매달려 있다"고 지적한다.44) 다시 말해, 수치심, 자기혐오, 절망, 외로움 같은 부정적 정동이 뒤엉킨 경험, 고통스러운 과거와 퇴보적 느낌에 연관된 사회적 부정성은 게이 주류화 정치에 잘 맞는 기득권층 동성애자들보다는 "비백인, 일부일처 형식의 관계를 맺지 않는 사람, 빈곤층과 젠더 일탈자, 비만인, 장애인, 실업자, 감염된 사람, 언급할 수 없는 수많은 타자들"과 더 밀접하게 엮여 있다.45) 또한 퀴어 활동가 도균의 글 「게이라는 게 이쪽이라는 뜻이야」46)에서 주목하는 '이쪽 사람들'처럼, 성소수자 인권운동에서 사용하는 LGBT 범주에 딱 들어맞지도 않고 운동 및 이론의 발전과도 무관하게 그저 '이쪽'으로 살아가는 사람들이 있다. 젠더와 섹슈얼리티에 대한 정체성 감각을 탐색하고 사회적 소수자로서 정치적 정체성을 정립하는 과정 없이 그저 특정 공간에서 불특정 다수와의 성적인 신체접촉만이 자기 삶에 고유의 궤적을 남기는 이들은, 러브의 관점에서 보면 현재에도 여전히 퇴보적 형상으로 살아있는 존재일 것이다. 단선적인 진보 서사는 이처럼 범주의 경계가 불분명하고 소수자 집단으로서 가시화되지 않은 존재 양태를 '게이'라는 근대적 정체성이 나오기 전의 과거에만 존재했던 것으로 치부하는 경향이 있다. 우리가 커밍아웃과 자긍심의 문법에 맞지 않는 사람들을 모두 성소수자 인권운동의 진보에 걸림돌이 되는 전근대적이고 반동적인 부류로 치부하거나 아예 이런 사람들의 존재를 인식 장 바깥으로 밀어낼 때, 우리는 다양한 퀴어의 현실을 이루는 중요한 부분을, 즉 과거의 잔재이자 퇴보적이라 치부되는 특성들이 여전히 현재를 생생하게 구성하고 있다는 사실을 놓치게 되는 것이다.

따라서 러브는 지배 담론에 맞서 뒤를 돌아보는 행위 자체가 퀴어 역사를 직면하고 퀴어 역사를 현재의 담론 정치에 끌어오는 실천이라고 주장한다. 과거와 현재가 무 자르듯 딱 잘라 구분될 수 없다는 점을 받아들이고, 부정적 정동이 지나간 과거의 것이 아니라 현재에도 존재하는 양상임을 인정하고 탐구하는 작업은 호모포비아가 현재의 우리에게 남기는 상처에 대해 진지하게 사유할 길을 열어준다는 것이다. 나아가 퇴보적 느낌에 주목한다는 건 퀴어의 미래를 도외시하고 과거에 처박혀 있겠다는 뜻이 아니라 "재생산 정언명령, 낙관주의, 보상의 약속으로부터 떼어놓은 미래", 퀴어가 사는 현실의 부정적인 측면을 포용하는 미래를 상상하자는 제안이다.47) 발터 벤야민의 '역사의 천사'처럼, 모두가 이제 그만 고통스러운 과거는 잊고 진보를 향해 방향을 틀라고 등을 떠미는 순간에도 집요하게 과거를 응시하며 고통에 머무는 태도48)가 미래와 대립되는 것이 아니라 다른 미래를 만드는 정치적 실천이 될 가능성은 미투Me Too 운동이 증명한다. 주변 사람 모두가 피해 사실을 덮고 '언제까지 과거의 상처에 머물러 있을 거냐'고 피해자들을 손가락질할 때, 미투 운동의 피해증언자들은 과거의 부서진 잔해에서 눈을 떼지 않으면서 그 잔해를 현재와 미래를 변화시키기 위한 자원으로 가져왔다. 미투 운동의 피해증언자들은 역사의 천사가 어떻게 정치적 행위자일 수 있는지를 보여주는 중요한 예이다.

그러나 퀴어 삶의 부정적 측면, 즉 퇴보적인 것으로 보이는 정동과 함께 가는 정치를 만드는 작업은 여전히 쉽지 않다. 가장 어려운 문제는, 러브가 주목하는 퇴보적 느낌이 부정적 정동 중에서도 가장 부정적이고 당장 정치적 자원으로 동원하기 어려운 정동이라는 점이다. 예를 들어 러브가 분석하는 윌라 캐서나 래드클리프 홀의 소설 속 등장인물들이 보이는 행위성은 공동체를 만들지 않고 혼자 고립되거나 "불가능한 혹은 상실된 형식의 공동체에 우울증적으로 동일시하기", 우울과 고독과 슬픔에 침잠하기, 미래를 적대시하기 등 일반적으로 정치적 행위성으로 인정받지 못하는 것들이다.[49] 그러나 이 등장인물들이 그 어떤 진보적인 구원을 바라지도 않고 "고립을 선택하고 과거로 몸을 돌리고 그 어떤 더 넓은 역사적 연속체와도 단절된 현재를 살아가길 선택"[50]했다는 점에서는, 그 '선택'이 분명 근대적 의미에서의 아무런 제한도 맥락도 없는 이상적인 자유 아래서의 '선택'일 순 없겠지만 그럼에도 어떤 행위성을 담고 있는 것 또한 사실이다.[51] 따라서 러브는 이러한 퇴보적 느낌과 퇴보적 형상을 정치적으로 재사유하기 위해 두 가지 방향으로 움직인다. 한편으로는 이런 부정적이고 퇴보적인 정동에서 주체성과 행위성의 가능성, 사회를 바꿀 가능성을 읽어내기 위해선 지금 우리가 무언가를 '정치', '주체', '행위성', '운동'이라고 생각할 때 암묵적으로 작동하는 기준인 '효용성' 자체를 다시 생각해볼 필요가 있다는 문제를 제기한다.

그리고 다른 한편으로는 부정적 정동을 운동의 자원으로 활용했던 퀴어 운동의 역사를 살펴본다. 퀴어들은 "도착을 찬양하는 형식, 성장을 반항적으로 거부하는 형식, 잊히지 않고 유령처럼 출몰하는 것과 기억을 탐구하는 형식, 상실된 대상에 완고히 애착을 갖는 형식" 등등 다양한 형식을 통해 퇴보성과 부정성을 포용해왔다.[52] 더욱이 퀴어라는 개념과 퀴어 이론 및 운동은 시작부터 부정성 그리고 부정적 정동과 긴밀하게 연관되어 있다. 2장에서 인용했던 퀴어 네이션의 1990년 선언문은 '퀴어'가 '게이'와 달리 마냥 행복하고 긍정적일 수 없는 복잡한 정동을 포함하는 정체성임을 분명히 밝힌다. 게이와 달리 퀴어는 어떤 이들에겐 "유년기 괴로움의 끔찍한 기억"과 결합되어 있는 혐오 용어이기도 하기에 "달콤 쌉싸름함"이 강하게 느껴지는 용어이고, 동시에 수많은 성소수자들이 "아침에 잠에서 깼을 때 '게이'한 게 아니라 화나고 넌더리난다고 느낀다"는 사실을 숨김없이 드러내는 용어이다.[53]

그러므로 퀴어 정치와 퀴어 정체성에는 양가감정이 함께해왔다. 러브는 이 양가감정이 만들어내는 퀴어 삶의 어두운 측면을 섣불리 봉합하거나 길들여 써먹기 좋게 만들려 애쓰는 대신에, 그렇게 하고픈 충동 자체를 비판적으로 성찰해야 한다고 제안한다. 퀴어로 살아가면서 느끼고 경험하는 어두운 측면, 그리고 그런 삶에 대한 비극적 재현이 갖는 정서적인 힘이 분명 있다. 그러나 긍정/부정의 이분법적 가치 위계는 그대로 둔 채 부정적이고 쓸모없어 보이는 것의 정치적 효용성만을 따지는 접근 방식은 그러한 정서적 힘을 흩어버리고 만다. 부정적 정동의 부정성을 진지하게 받아들이기 위해선 앞장에서 에델만이 제안한 대로 부정성을 목적론적이지 않은 관점에서 포용하여 사유할 필요가 있다. '정치', '행위성', '주체', '운동의 목표'를 미리 규정해놓고 거기에 들어맞는 쓸모 있는 정동을 찾아 자원으로 동원하는 방식으로는 못 보고 버리고 가게 되는 것들이 너무 많다. 이 버려지는 것들을 사유하기 위해선 예측불가능성, 불안정성, 불확실성, 취약성, '알지 못함'을 받아 안고서 더듬더듬 길을 찾아가는 자세가 필요할 것이다.

러브는 이를 "피해damage를 통합하는 정치", "피해를 허용하는 정치"로 제안한다.[54] 러브는 기존의 정치, 주체성, 행위성에 대한 이해로는 부정적 정동을 그런 개념들과 연관된 것으로 인식/인정할 수 없기 때문에, 피해를 허용하는 정치가 어떤 것이며 어떻게 만들어질 수 있을지에 대해 우리는 아직 그걸 상상하는 단계에도 이르지 못했다고 주장한다.[55] 따라서 러브의 책은 이 대안적인 정치를 개념화하는 단계까지는 나아가지 못한다. 그러나 러브가 책 전체에서 주장해온 것은 우리가 익숙하게 정치라 여기는 것들에 이미 부정적 정동들이 들어와 있으며, 슬픔, 후회, 절망, 무기력, 죄책감, 자기혐오 같은 부정적 느낌 없이는 사회를 변환시킬 정치가 작동하지도 못할 것이고 사회를 "변환시킬 정치를 상상하는 것도 불가능"하리라는 것이다.[56]

이처럼 '쓸모없어 보이는 정동을 어떻게 정치적 자원으로 상상하고 사용할 수 있을 것인가하는 질문에 대해 히더 러브가 직접적인 해답을 내놓기보다는 그런 작업이 가능해지기 위한 밑바탕을 다지는 데 초점을 맞췄다면, 다음에 설명할 츠비예트코비치는 '정치적 우울'이란 개념을 중심으로 좀 더 구체적인 방향을 제시한다.

3) 정치적 우울 : 앤 츠비예트코비치

미국에서 퀴어 페미니즘 이론 및 정치에 활발히 참여하는 활동가,

예술가 및 연구자들이 모여 정동의 정치를 분석한 대표적 단체로는 공적 느낌 프로젝트Public Feelings Project가 있다. 2002-2003년 즈음 만들어져 미국 전역에 지부를 둔 이 단체에는 리사 두건, 호세 뮤노즈, 로렌 버런트, 가야트리 고피나스, 데이빗 앵 등 유명 퀴어 이론가들이 속해 있고, 그중 특히 시카고 지부가 필 탱크 시카고Feel Tank Chicago라는 이름으로 활발한 활동을 펼쳤다.[57] 이 장에서 소개하는 학자들의 작업처럼, 이 프로젝트도 보통 사적인 것으로 치부되거나 나쁜 느낌으로 가치 절하되어온 정동을 연구 대상으로 삼으면서 공적인 것/사적인 것, 긍정/부정, 이성/감성의 이분법을 해체하는 한편, 감정이 공적 담론 및 사회 구조와 어떤 관계를 맺고 어떤 효과를 낳는지를 탐구해왔다. '공적 느낌 public feelings' 혹은 '공적 정서public sentiments'라는 개념은 이러한 관점과 방향성을 담고 있다.

공적 느낌 프로젝트는 2001년 9.11 사태가 미국 사회에 미친 지속적 영향(이라크, 아프가니스탄, 시리아 등지에서 미국이 벌인 전쟁, 부시의 장기 집권, 사회 전반적으로 군국주의와 인종차별주의의 확산 등) 아래서 작업해왔다. 프로젝트 구성원 중 한 명인 앤 츠비예트코비치에 따르면, 이 프로젝트가 관심을 두는 것은 이러한 사회 변화에서의 "감정적 역학"이다. "사람들이 부시에게 투표하거나 전쟁에 동의하는 걸 가능케 하는 것은 무엇인가? 이런 정치적 결정은 불안과 무감각의 조합이 차지한 일상생활의 맥락 안에서 어떻게 작동하는가? 지식인이자 운동가로서 우리는 우리 자신의 정치적 실망과 실패를, 무언가를 가능케 해줄 방법으로 인정할 수 있을까? 어떻게 해야 그렇게 될까? 어디에 희망이 있을 수 있을까?"[58]

이런 문제의식에서 공적 느낌 프로젝트가 특히 주목하는 감수성은

'정치적 우울'이다. 정치적 우울이란 "직접행동과 비판적 분석을 포함한 정치적 반응의 관습적 형식들이 더 이상은 세상을 변화시키지도 못하고 우리를 더 기분 좋게 만들어주지도 못한다는 감각"이다.59) 급박한 사안이 잇달아 터질 때 일상생활과 정치 참여를 어떻게 병행할 것인가. 어느 순간엔 내 일상을 전부 희생하거나 발을 빼길 결정해야 하는 순간이 찾아오는데 그럴 때 느끼는 불안, 막막함, 혼란스러움 혹은 죄책감 속에서 어떻게 판단하고 어떻게 행동해야 하는가. 정치적으로나 도의적으로 옳다고 믿는 일에 참여했는데 돌아온 결과는 법원에서 날아온 벌금 폭탄, 생계 단절, 또는 질병 및 장애를 얻게 되는 것일 때, 이러한 개인적인 노력이 하나하나 모여 언젠가는 사회가 바뀔 수 있다 하더라도 그 긴 세월 감내해야 하는 고통은 어떻게 대처해야 하는가. 이명박-박근혜 정권의 암담한 10년을 지나 진보의 세상이 왔다고들 하는데 정부는 왜 부당해고 노동자 복직 문제를 외면하고 여성 혐오 폭력 사건들에 미온적으로 대처하고 성소수자 인권 문제를 계속 뒤로 미뤄놓는가. 왜 사회적 소수자들이 겪는 배제와 차별과 억압은 더욱 교묘해지는가. 이런 상황에서 사람들은 희망과 절망이 복잡하게 얽히는 분열적인 느낌을, 실망과 좌절과 무기력감과 만성화된 울분을 일상적으로 경험한다.

이런 우울은 마음을 달리 먹거나 항우울제를 처방받는다고 해결될 수 있는 사안이 아니다. 유전이나 호르몬 문제 같은 의학적이고 생화학적인 질병이 아니라 사회·문화·정치적 현상이기 때문이다. 리사 두건이나 얼레인 에렌버그Alain Ehrenberg 같은 정치사회학자들은 신자유주의적 자본주의, 세계화, 사회의 보수화 등 국내외 정치경제 상태가 우울증을 생산한다고 본다.60) 이런 관점에서 보면 우울증은 기업 문화와 시장 경제에 맞춰 가거나 그러지 못하고 도태되는 상황과 결부된 정동을 "관리하고 의료화하는 범주"이다. 자본주의 사회에서 '자주적인 개인'이란 남들과 다른 독창적인 시장성을 창출해내는 능력으로 규정되는데, "의지가 없거나 에너지가 없거나 상상력이 부족하거나 해서 이런 요구에 부응하는 데 실패한 사람들은 우울증으로 병리화된다."[61] 또한, 이미 1950년대에 프란츠 파농이 인종차별주의와 식민주의에 둘러싸여 1세계의 가치를 내면화해야 하는 흑인들이 어떻게 우울과 자기 분열을 겪는지를 논증했듯이,[62] 인종을 서열화하는 동시에 인종적·민족적 차이를 삭제하는 다문화주의 전략은 '시민 주체'의 위치에 동화되라는 요구를 받으면서도 결코 시민 주체로서 인정받지 못하는 '다문화 가족 출신' 사람들에게 우울을 야기한다.[63] 직장 내 성차별, 성폭력, 자신이 갖고 있는 질환이나 장애나 성 정체성에 쏟아지는 혐오 등 사회의 비체로 취급되는 경험 또한 사회적 소수자들에게 심각한 우울이란 상흔을 남긴다. 이는 우울증이라는 병 자체가 허구라는 뜻이 아니라, 우울은 개인을 둘러싼 사회 환경에 부닥치고 갈려 나가면서 개인이 내놓는 반응이기에 이러한 구조적 문제와 떼어놓고서는 이해할 수도 치료할 수도 없는 문제라는 뜻이다.

　이처럼 우울을 개인의 결함이나 병리적 문제가 아니라 당대의 차별적 권력구조를 개인이 체현한 결과로 이해한다면, 정치적 우울에 관한 논의는 의료적 모델과는 다른 방식의 해결책을 찾아 나서게 된다. 한편으로, 츠비예트코비치는 우울에 대한 설명을 의료 담론이 지배하는 현 상황은 우울을 권력구조에 대응하는 합리적이고 집단적인 반응으로 이해할 수 없게 만들고 우울을 생산하는 권력구조의 유지에 일조하며 의학에 한정되지 않는 다양한 대안을 탐색하지 못하게 막는다고 강력히 비판한다. 우울과 체계적 폭력 간에 긴밀한 연관성이 있음에도 이 연결이 부정당할 때, 그리고 그런 연결이 있다고 폭로하는 발언조차 공적 담론에서 어떤 정동을 어떤 식으로 누구만 적절하게 표출할 수 있다고 정하는 규범에 의해 제어될 때, 우울은 사회적인 문제가 아니라 생물학적이나 심리적인 유병요인을 갖고 있는 개인의 문제로 축소되는 것이다.[64]

다른 한편 우울에 대해 의료적이지 않은 다른 접근법을 개발하고 우울을 사회적 문제로 재개념화하는 작업은, 우울을 (정치적 행동과 대립되는 게 아니라) 정치적 행동 자체를 가능케 해주는 자원으로 재위치시키는 작업과 함께 간다. 필 탱크 시카고가 조직한 '국제 정치적 우울의 날' 행사는 의료적 모델의 지배에 저항하여 우울을 탈병리화하고 정치적 집단행동으로 바꿔낸 사례이다. 행사에 참가한 사람들은 목욕 가운을 입고, 저마다의 처방전과 복용 중인 약을 들고 나왔고, 전통적 시위 형식에 자신들이 느끼고 있던 피로감을 드러냈고, "우울? 그건 정치적일 수 있지!"라는 슬로건이 적힌 티셔츠를 나눠줬다.[65] 이때 주목할 점은, 우울과 같은 부정적 정동을 정치적 자원으로 사유하는 것이 우울을 긍정적 경험으로 재해석한다는 뜻이 아니라는 것이다. 우울을 포함하여 자신을 아프게 만드는 증상과 더불어 사는 사람들은 아프고 나서야 이 사회가 '정상인'을 어떤 식으로 생산하고 사람들을 줄 세우는지를 알아보는 통찰력을 얻게 되었다는 점을 소중히 여긴다. 하지만 이는 '당신의 병은 당신이 성숙하도록 신이 주신 시련이에요' 같은 말처럼 우울에 긍정적 의미를 덕지덕지 발라 부정적 측면을 가리겠다는 뜻이 결코 아니다. 사실 무기력, 절망, 자책감 같은 부정적 정동을 떼어내고 말끔하게 긍정적으로만 바로 이용할 수 있는 우울 따윈 없다. 우울에 붙들린 사람 그 누구도 그런 식으로 우울을 경험하진 않을 것이다. 반대로, 츠비예트코비치는 러브와 마찬가지로 부정성을 부인하지 않고 부정성 그 자체로 가치 있음을 입증하고자 한다. 부정적인 느낌과 감수성은 "행위성을 사유하는 새로운 방식을 생성"하고 "공공성과 공동체를 형성하는 장소"가 될 수 있다는 것이다.[66]

어떻게 그게 가능한가? 츠비예트코비치는 "만약 우리가 우리의 우울을 통해 서로를 알게 될 수 있다면, 아마 우리는 일종의 사회성을 만드는 데 우울을 사용할 수 있을 것"이라고 제안한다.[67] 우울이 창출하는 새로운 형식의 사회성은 우울의 증상 중 하나인 '꼼짝 못 하는 교착 상태—앞날이 캄캄하고 엉망진창인 현재를 어찌해야 할지 도무지 모르겠는 출구 없는 느낌—에서 어떻게든 벗어나려고 아등바등하다 자기혐오와 죄책감의 더 깊은 수렁에 빠지는 대신에, 이 교착 상태에 더 많이 너그러워짐으로써 가능해지는 사회성이다. 나만 이런 교착 상태에 갇혀 있는 게 아니라 비슷한 어려움을 겪고 있는 동료들이 있다는 걸 발견하고, 옴짝달싹 못 하는 나의 상태뿐만 아니라 상대방의 상태도 헤아릴 수 있을 때 만들어지는 사회성은 "교착 상태에 빠진 순간을 지나 우리를 앞으로 나아가게 해줄 뿐 아니라 교착 상태 그 자체를 생산적인 잠재력을 지닌 상태로 이해할" 수 있게 해준다.[68]

여기서 츠비예트코비치는 우울이 창조성을 위한 공간이 될 수 있다고 말하는데, 이때의 창조성은 신자유주의적 자본주의 논리에 맞춰진 생산성과 다르며 오히려 그러한 생산성의 대척점에 놓일 수 있다. 우울이 자본주의, 인종차별주의, 성차별주의 등의 이데올로기들이 맞물려 현재의 규범적 '정상성'을 구축한 환경에 순응하지 못함으로써 생겨나는 사회적 현상이라면, 자본주의적 생산성과 효용성을 기준으로 하는 규범적 틀에 창조성을 끼워 맞추려고 할 때 교착 상태는 더욱 심각해지고 우울은 더욱 깊어질 것이다. 따라서 츠비예트코비치는 이 교착상태에서 벗어나는 동시에 이 교착상태를 생산적인 잠재력을 지닌 장소로 변화시키는 방법은 "전문직에 맞는 이득이나 사회적 이득이 바로 나오는지 분명치 않을 때조차도 기쁨이나 행복을 더 많이 제공하는 건 무엇이든 [⋯] 창조적 사유를 위한 더 많은 공간을 창조"하려는 시도라고 제안한다.[69]

창조성을 장애물이나 교착 상태 같은 개념과의 관계 속에서 정의하면, 창조성은 움직임의 형식으로 사유될 수 있다—비록 그 움직임이 후퇴나 뒤돌아보기처럼 보일 때가 있을지라도, 그 움직임은 정신 내부나 교착 상태 주변을 교묘하게 처리하는 움직임이다. 이런 식으로 창조성을 공간화하면, 창조성은 문자 그대로의 움직임의 형식을 취하는 행위성의 형식들을 기술할 수 있으며, 따라서 좀 더 감정적이거나 감상적이거나 촉각적인 행위성의 형식들을 기술할 수 있다. 사실, 내 회고록은 움직이지 않는 몸, 예를 들면 침대 밖으로 나갈 수 없는 몸에 초점을 맞출 뿐 아니라, 요가나 수영 같은 운동을 통해서든 아니면 설거지라든가 책상 앞에 앉기 등등의 평범한 일상적 활동을 통해서든 계속 움직이려는 수많은 시도에도 초점을 맞춘다. 창조성을 움직임으로 보는 이런 관념은 퀴어 현상학으로부터 이익을 얻을 수 있으며, 또한 그냥 앞으로 나아가는 게 아니라 뒤로도 가고 옆으로도 가는 시간성을 사유하는 퀴어한 방식으로부터도 이익을 얻을 수 있다. 창조성은 움직일 수 있는 다양한 방식을 망라한다—문제점을 해결하기, 아이디어를 갖기, 현재에서 기쁨을 얻기, 뭔가를 만들기 등등. 이런 식으로 상상하면, 창조성은 일상생활에 배태되어 있는 것이지, 오직 예술가에게만 속하는 무언가라든가 경험의 초월적인 형식이라든가 그런 건 아니다.[70]

이렇듯 창조성을 비규범적으로 재개념화하여 실천하고자 한다면

"교착 상태에 더 높은 수준의 관용을 베풀기", 즉 "갈등과 차이를 받아들이고 취약성의 위험을 기꺼이 감수한다는 의미에서의 관용"을 발전시키는 작업이 필요하다.71) 여기서 츠비예트코비치는 '습관'에 주목한다. "습관은 세계 속에 존재하는 새로운 방식을 건설하기 위한 메커니즘일 수 있다."72) 츠비예트코비치가 우울을 "일상생활의 회복 작업"으로 바꾸는 "매일의 습관의 유토피아"73)라고 부른 이 창조적 실천에는 글쓰기, 요가, HIV 치료제 꼬박꼬박 투여하기 같은 일상적인 실천이 포함된다. 한국의 예를 들자면 동화 작가 조제의 『살아있으니까 귀여워: 어른을 위한 칭찬 책』74)이 '매일의 습관의 유토피아'를 창조하면서 점진적인 회복을 만들어가는 일상적 실천의 예이다. 이불 밖으로 나오기, 양치하기, 머리 감기, 설거지하기, 현관문을 열고 집 밖으로 나가 대중교통을 타기, 이런 일상적인 일들은 우울증에 붙들린 사람들에게는 엄청난 노력과 용기를 필요로 하는 일이다. 이전까지 당연한 듯 해왔던 기본적인 일들을 갑자기 할 수 없게 되었을 때 밀려오는 혼란스러운 감정과 자기혐오와 절망은 조급함을 불러와 그 일들을 더욱더 실행하기 어렵게 만드는 악순환에 빠져들게 만든다. 칭찬 책은 바로 그러한 작은 일을 하나씩 할 때마다 스스로를 칭찬하는 내용으로 구성되어 있다. 이는 적어도 교착 상태에서 질식하지 않게 만들어줄 숨구멍을 뚫어 삶을 지속시키려는 노력, 나아가 "세계 속에 존재하는 새로운 방식을 건설"하려는 노력이다. 이 작은 칭찬들이 교착 상태를 보다 생산적이고 살아있을 가치가 있는 일상으로 긍정해주고, 이런 칭찬들이 쌓여 언젠가 교착 상태에서 나올 힘이 되어줄 것이다. 그리고 아서 프랭크Arthur W. Frank가 증언이 동심원을 그리듯 퍼져나가 만들어내는 윤리적 연대를 이야기했듯,75) 이런 경험의 공유는 개인의 생존 팁으로 끝나는 게 아니라 비슷한 교착 상태에 머물러 있는 사람들을 지지하고 응원하고 그들이 느끼는 자기혐오와 죄책감을 덜어주고 우울증과 더불어 살아가는 법을 익히도록 독려하면서 집단적인 유대를 만들어갈 수 있다.

이는 앞에서 러브가 고민했던 문제, 수동적이고 무기력한 부정적 정동에서 어떤 대안적 행위성과 대안적 정치를 발전시킬 수 있을까 하는 문제에 대한 한 가지 답일 것이다. 칭찬 책과 우울 행진 같은 일상적이고 정치적인 실천을 통해 우리는 퇴보적 정동이 "사회 변화를 만들어낼 역량"이 있을지, "고립된 자들의 집단행동"이 만들 수 있는 정치란 어떤 것일지[76]를 볼 수 있다. 나쁜 느낌은 사회를 바꾸는 데 방해물이 되는 것이 아니라 반대로 변화를 만들어내는 토대일 수 있다. "나쁜 느낌을 그냥 얼버무리고 넘어가는 대신 포용함으로써 더 좋은 삶을 사는 방법"을 찾아낼 수도 있는 것이다.[77] 또한 부정적인 것과 함께 머묾으로써 만들어내는 일상의 정치적 실천은 4절에서 논할 사라 아메드가 제안하는 "행복으로부터 우리가 소외되어 있음을 인식/인정하는 연대"와도 연결된다.[78] 아메드는 우리가 모두 똑같은 방식으로 소외되는 건 당연히 아니지만 그럼에도 행복과 권력 구조의 연관성을 알아보는 사람끼리 연대할 수 있다고 말한다. 성희롱과 성폭력을 농담과 유흥거리로 소비하는 남성 우월주의자들에 대항하여 '흥을 깨는 페미니스트들'이 "흥을 깨면서도 흥이 있을 수 있는" 유기적이고 윤리적인 연대를 창출해온 것처럼 말이다.[79]

딘 스페이드는 계속되는 상실과 계란으로 바위치기 같은 상황에 지치고 맥 빠져 무기력해질 때, 다른 대안적 정치가 없어 보이고 다른 앎의 방식이 불가능해 보여도 긴급하고 절박하게 그것들을 계속해서 찾고 구현하려 노력해야 하는 것이 소수자 운동에서 투쟁의 가장 힘겨운 측면이자 가장 중요한 측면일 것이라 말한 바 있다.[80] 스페이드의 이 발언은 인종차별주의와 식민주의와 관련된 맥락에서 나온 것이지만, 이 통찰은 정치적 우울을 야기하는 모든 상황에 해당할 것이다. 다음 절에서 소개할 학자들의 작업과 비교할 때, 이 절에서 살펴본 러브와 츠비예트코비치의 논의는 사회적 차원에서 문제를 포착하고 진단하고 있음에도 그 대안이 개인적 실천에만 초점이 맞춰져 있는 것처럼 보일 수 있다. 이들이 공적인 것/사적인 것, 쓸모 있음/쓸모없음, 중요한 것/하찮은 것을 구별하는 기존 가치 위계를 문제 삼고 있음을 이해하는 독자라도, 사실 계속되는 투쟁의 상황에 지치다 보면 어떤 확실하고 호쾌한 전복적 대안이 있었으면 하는 바람이 마음 한편에 남는 건 어쩔 수 없는 일일 것이다. 다만 러브와 츠비예트코비치의 논의는 사회적 소수자들이 일상을 둘러싼 혐오 속에서 어떻게 생존할 것인가, 매일의 투쟁 속에 지치고 소진되어 삶을 그만 포기하고 싶어질 때 어떻게 다시 자신을 살리고 공동체를 살릴 것인가를 치열하게 고민한 가운데 나온 것이다. 정치적 우울에 관한 논의는 지배 규범이 강요하는 '행복'에 동의하지 않음으로써 발생하는 우울을 기꺼이 감내하면서 막다른 골목에서 다른 길을 찾아내려 노력하는 존재들이 생존 가능한 공간을 만들어낸다. 이 공간들이 견고한 완벽한 대안이 아니라 잠정적으로 머물 곳이라 할지라도, 잠시나마 머물고 숨 쉴 공간을 만들어놓는 다양한 시도들이 적어도 우리가 오늘을 살고 내일을 그릴 수 있게 도와줄 것이다.

3. 애도의 정치윤리학 : 주디스 버틀러

1) 슬픔의 정치화

혐오와 차별, 전 지구적 불평등과 폭력으로 일상 자체가 심각하게 파괴되거나 매일 상처 입는 사회적 소수자들에게 부정적 정동을 담아내는 정치는 여전히 중요하고 필요하다. 그러한 정치를 보여주는 한 가지 예는 '트랜스젠더 추모의 날'(Transgender Day of Remembrance, TDoR)이다. TDoR은 1998년 트랜스 혐오 폭력에 살해된 아프리카계 미국인 리타 헤스터Rita Hester의 죽음을 추모하면서 시작되어 매년 11월 20일 트랜스젠더 인권을 기리는 국제적 기념일로 발전했다. 한국에서도 2018년부터 '트랜스해방전선'81)의 주도로 TDoR 행사가 열리기 시작했다. 집회와 행진으로 구성된 1회 행사의 제목 <그만 죽여라, 우리도 살고 싶다>와 2회 제목 <보통의 트랜스들의 위대한 생존—Survive Together, No One Behind>에서 알 수 있듯, TDoR 행사는 여전히 이 세상이 성소수자에게 안전하지 않으며 특히 유색인 트랜스 여성들처럼 젠더 위계와 인종, 계급 등 다양한 위계의 교차점에서 더 열악한 위치에 있는 사람들이 혐오폭력 및 살인의 위험에 시달릴 확률이 너무도 크다는 현실을 폭로하고 그 현실에 대항한다. 이 운동은 츠비에트코비치의 정치적 우울에서 출발하는 연대처럼, 부정적 정동과 자긍심—성소수자 혐오의 종식을 섣불리 선언하는 대신 그 혐오와 맞서 싸우고 살아내는 삶과 죽음의 존엄한 자긍심—을 함께 사유하는 운동이 여전히 우리에게 필요하다는 점을 보여준다.

또한 TDoR은 성소수자 인권운동이 슬픔을 정치화하는 작업과 함게 발전해왔음을 보여준다. 다른 인권운동들과 마찬가지로 성소수자 인권운동은 소수자들을 죽음으로 내몰고 그 죽음을 다시금 침묵시키는 세상에 맞서 상실을 집단적 기억으로 추모함으로써 사람을 살게 하는 투쟁을 발전시켜왔다. 특히 미국 퀴어 운동사에서 슬픔의 정치학은 에이즈 위기를 거치면서 본격적으로 발전했다.[82] 에이즈 위기는 크게 두 가지 측면에서 정치의 지형을 바꿔놓았다. 첫째, 에이즈가 야기한 상실은 퀴어 공동체를 궤멸시킬 정도로 엄청났다. 예를 들어 '샌프란시스코 게이 아버지 단체'는 구성원 수백 명 중 80-90퍼센트가 1980년대에 에이즈로 인해 사망했다.[83] 단기간에 특정 소수자 집단이 단체로 죽어간 이 상황은 역사적으로 나치 치하의 집단 학살이나 전쟁에서의 인종·민족적 학살에 비견될 정도의 규모였다. 둘째, 이렇게 대규모로 사람들이 죽어가고 있음에도 사회는 조용했다. 사회와 국가가 조직적으로 성소수자들의 죽음을 방관한 것이다. 이런 경험은 앞서 말했듯 개별적 상실을 '우리'의 상실로, 나아가 집단의 정체성으로 재정립하는 데 기여했다. 그리고 1장에서 정리했듯, 이 엄청난 상실과 조직적 배척에 대응할 인식론적 전환이 필요하다는 문제의식 아래 퀴어 이론이 발전했다.

그중에서 주목할 만한 점은, 퀴어 이론에서 상실과 슬픔을 이론화할 때 기준이 된 질문, '누구의 상실만 상실로 인식/인정받는가?'가 이런 배경에서 벼려졌다는 점이다. 주디스 버틀러를 비롯하여 많은 퀴어학자 및 활동가들은 시스젠더 이성애 중심적 사회에서 퀴어의 죽음과 상실은 아예 상실로 셈해지지도 않는다는 점을 문제제기하고, 어떻게 이것이 단순한 누락이 아니라 체제 유지에 필수적 조건인지를 이론적으로 밝혀왔다. 예를 들어 퀴어 이론의 기초를 닦은 핵심 문헌으로 평가받는 『젠더 트러블』에서 버틀러가 젠더 멜랑콜리아의 이론화 작업을 통해 보여준 것은, 퀴어한 사랑은 한 줌의 가능성조차 결코 있어서는 안 될 일로 포기되어야 하고, 이러한 포기와 상실이 존재했다는 것조차 드러낼 수 없도록 금지되어야 하며, 이러한 내면화된 금지, 상실의 거부가 멜랑콜리의 형태로 자아에 합체되어 규범적인 이성애자 주체를 형성한다는 것이었다.[84] 버틀러의 젠더 멜랑콜리아 논의는 적어도 두 가지 중요한 함의를 지닌다. 첫째, 이론적 차원에서 버틀러의 이 논의는 이성애는 당연하고 자연스러운 것으로 전제한 채 '어쩌다 동성애자가 되었나'만 집요하게 캐묻는 사회를 향해 '그럼 너희는 어쩌다 이성애자가 되었나'라고 반대로 질문을 던지고 그 답이 될 만한 가설을 이론적으로 풀어냈다는 점에서 중요하다. 둘째, 실천적 차원에서 이 논의의 목표는 심리적 영역에서뿐만 아니라 사회적 영역에서도 동성애가—물론 아예 상상조차 못 할 존재로 비체화되는 다른 퀴어한 실존들도—슬픔을 내비칠 수도 없는 상실로 지워짐으로써 발생하는 파괴적 효과를 막아내는 것이다. 성소수자들은 사랑하는 이들이 입원해도 그 곁을 지킬 수 없었고 결국 그들이 떠나도 장례를 치를 수 없었다. 죽은 이의 부모만이 장례식을 치를 권한이 있었고, 그 장례식에 성소수자 연인과 친구들은 입장이 거부되곤 했으며, 에이즈 환자의 시신을 부모가 거부하면 그 시신은 무연고자 처리되어 시체 백에 넣어졌다. 버틀러는 이런 상황이 성소수자의 자살률 증가에 심각한 영향을 미친다고 진단한다. 따라서 이 위험에 맞서 생존하기 위해서는, 그리고 공동체, 대안 가족, 서로를 지지하는 관계를 다시금 꾸리기 위해서는, 에이즈나 혐오폭력으로 죽어가는 성소수자들에 대한 애도를 "공적으로 널리 알리고 정치화하는 작업"과 "애도를 위한 집단적 제도"가 필요하고, 사회 전체에서 이 상실을 공적이고 제도적으로 인정해야 한다고 제안한다.[85]

이런 점에서 볼 때 버틀러가 『불확실한 삶Precarious Life』86)에서부터 본격적으로 발전시킨 애도의 정치윤리학은, 한국의 일부 연구자들이 주장하듯 '버틀러가 성소수자 주제에 매몰되어 있다가 후기에 와서 보편적인 윤리적 사안으로 눈을 넓힌' 것이 결코 아니다.87) 버틀러는 퀴어 운동에서 발전해온 슬픔의 정치학의 계보를 이어 전 지구적 차원으로 확장한 것이다. 다시 말해, 한편으로 버틀러는 애도를 공동체를 결속시키는 정동이자 정치적 자원으로 정립한 퀴어 정치의 계보를 확장하여 전 지구적 불의에 맞서는 연대를 만들어낼 윤리적 시발점으로 애도를 이론화한다. 동시에 다른 한편, 퀴어의 상실과 애도를 둘러싸고 제기해온 이 질문—어떤 상실과 죽음만이 애도하고 슬퍼할 만한 자격을 인정받는가? 반면 어떤 상실과 죽음이 애도를 금지당하거나 아예 그러한 상실이 있었다는 것조차 지워지는가?—을, 애도가 차별적으로 할당되어온 다른 모든 불평등한 상황에 적용하여 이론적이고 실천적인 개입을 계속해나간다. 특히 『불확실한 삶』은 9.11 사태 이후 미국이 테러와의 전쟁을 선포하면서 '아랍', '이슬람', '무슬람'과 관련된 듯 보이는 사람들을 모두 테러 분자로 취급하는 반면 이스라엘이 팔레스타인에 자행하는 테러는 못 본 척하거나 적극적으로 지지하는 상황, 그리고 미국이 자유민주주의를 수호한답시고 전쟁을 벌여놓고 아부 그라이브 수용소에 수감된 이라크인 포로들과 관타나모 수용소에 수감된 포로들(알카에다와 탈레반 정권과 관련 있다고 간주된 사람들)에게 잔인한 고문을 가하는 상황에 비판적으로 개입한 작업을 엮은 텍스트다. 버틀러는 테러가 테러를 낳는 폭력의 연쇄를 어떻게 끊을 수 있을 것인지를 고민하는데, 이때의 키워드는 상실, 슬픔, 취약성, 애도이다.

이 논의를 풀어내기 전에 짚고 가야 할 문제가 있다. 첫째, 상실과 슬픔을 바탕으로 하는 정치는 사회적 소수자들만 사용하는 대안적인 정치 양식이 아니다. 특정 죽음에 특정 의미를 과하게 부여함으로써 '우리'를 결속시키고 '적'을 향한 분노를 끌어올리는 형식의 슬픔의 정치화는 국수주의 정치의 전형적 전략이다. 예를 들어 일본군 위안부 여성들의 죽음과 살아남은 이들의 상처, 미군의 폭력으로 인한 한국인 여성들의 죽음을 '외세에 짓밟힌 우리나라'에 대한 비유로 이용하는 서사가 있다. 페미니스트들이 꾸준히 비판해왔듯, 이런 서사는 죽은 이에 대한 예의와 존중 따위 전혀 없이 죽은 당시의 처참한 사진을 선정적으로 전시하면서 죽음을 정치적 도구로만 사용한다. 또한 자국민 남성들이 여성에게 가해온 폭력은 외면한 채 오로지 외국 남성이 가해자인 경우에만 여성의 죽음에 주목하며, 자국민 남성의 자존심이 상처 입은 사건으로 여성의 죽음을 소비한다. 이와 같은 형식을 취하는 슬픔의 정치화는 '우리'와 '적'의 구분이 명확하도록 각각의 범주를 생산하고, '우리'라는 동질성을 방해하는 내부 비판을 물리치기 위해 상실과 죽음을 활용한다. 타자의 죽음을 나의 명분을 위한 들러리로 삼는 것이다. 따라서 도구로 사용할 수 있는 상실과 도구로서의 가치가 없는 상실을 선별하는 작업이 반드시 수반된다.[88]

둘째, 상실과 슬픔에 대한 윤리적 반응이 피상적 수준에서의 동정이나 막연한 공감으로 그치는 경우가 많다. 이는 개개인의 한계인 것만이 아니라 구조적인 문제이기도 하다. 예를 들어 제1세계 국민들을 대상으로 제3세계에 대한 원조를 요청하는 자선 광고 상당수가 '당신이 커피 한 잔 살 돈이면 이 나라 아이들 몇 명을 먹여 살린다'는 식으로, 타자의 고통에 대한 반응이 피상적 수준에서만 그치도록 유도한다. 다음 절의 사라 아메드 논의에서 자세히 다루겠지만 이런 수준의 정동적 개입은 몇 가지 심각한 문제가 있다. 첫째, 저 타자들을 고통스러운 상황에 처하게 만든 구조를 은폐하고 개인의 불운이나 인성 문제로 축소시킨다. 둘째, 동정받을 대상과 동정하는 주체를 구분한다. 이는 동정받을 대상에 대한 통제권을, 나아가 목숨 줄을 주체가 쥐고 흔들 수 있다는 오만한 환상에 빠지게 한다. 셋째, 공감은 늘 선택적이고 언제든 철회될 수 있는 변덕스러운 것이다. 개인의 수준에서 공감은 보통 비슷한 처지의 대상을 향해 발동하기 때문에 자신이 이해하지 못하는 사람에게는 공감이 작동하지 않는다. 성폭력 피해자에 연대해야 하고 2차 가해는 나쁘다고 생각하는 사람들 중에서도 성노동자가 겪은 성폭력 피해에 대해서는 '당해도 싸다'는 태도로 신상을 털고 2차 가해를 저지르는 이들이 많다. 이런 사태는 선택적 공감에 기댄 슬픔의 (탈)정치화가 윤리적 바탕으로 삼기에 적절치 않은 수준을 넘어 반-윤리적일 수 있음을 보여준다.

2) 취약성의 두 차원을 함께 사유하기

위의 두 가지 형식 모두 다른 이를 타자화하고 도구화하는 방식으로 슬픔을 정치화한다. 버틀러는 상실을 섣불리 치워버리고 하루빨리 극복하길 요구하는 망각의 정치에 대항하여 상실, 슬픔, 애도를 정치와 윤리의 자원으로 이론화하고자 하면서도, 저런 식으로 타자화를 생산하는 슬픔의 정치로 빠지지 않을 방법을 모색한다. 그리하여 버틀러가 나아가는 방향은 취약성의 두 가지 차원, 즉 실존적 차원과 구조적 차원을 따로 또 함께 사유하는 애도의 정치윤리학을 건설하는 것이다.

(1) 취약성의 실존적 차원: 나는 너와 나의 관계다
실존적 차원부터 살펴보자. 위의 두 번째 태도—시혜적 · 선택적 ·

한시적인 동정이나 공감—는 '나'와 '타자'가 확실한 경계로 구분되고 '나'가 혼자서 독립적이고 자율적으로 살 수 있는 주체라고 가정한다(그리고 이런 근대적 주체 개념은 비장애 중심주의, 계급주의, 신자유주의 등 여러 이데올로기와 만나 자수성가형 해방적 주체인 '나'와 억압에서 벗어날 생각도 하지 못하는 게으르고 한심한 '저들'의 구분을 재생산한다).

이와 달리 버틀러는 보다 근본적 차원에서 주체를 타자와의 관계 그 자체로 정의하며, 취약성을 이러한 주체의 실존적 조건으로 이론화한다. 어떻게 그러한가? 먼저, 상실로 인한 슬픔의 경험은 우리가 도무지 어찌할 수 없는 방식으로 타자들과의 관계에 묶여 있음을 깨닫게 한다.

> 당신이 없다면 나는 누구'인가? 우리를 구성하는 이런 인연 중 몇몇 인연을 상실할 때 우리는 내가 누구인지 무엇을 해야 하는지 알지 못한다. 어떤 층위에서 나는 '당신'을 잃어버렸다고 생각하지만 '나' 역시도 사라졌음을 알게 될 뿐이다. 또 다른 층위에서는 아마도 내가 당신 '안에서' 잃어버린 것, 그걸 설명할 어떤 어휘도 내가 미리 갖춰놓지 못했던 그것은, 오직 나만을 이루고 있는 것도 아니고 당신만을 이루고 있는 것도 아닌 관계성, 나와 당신이란 항을 구별 짓고 연결하는 유대 [혹은 속박, the tie]라고 표현할 만한 관계성이다.[89]

누군가를 잃고 나서 사실은 내가 그이와 묶여 있었고 이제 무언가 뜯겨져 나갔음을 뒤늦게 통감하는 경험은 '나'와 '너'가 각자의 견고한 경계를 가지고 자율적으로 관계를 맺었다가 끊었다가 할 수 있다고 믿는 자유주의적 상호주체성 개념으로는 설명할 수 없는 것이다. 상실로부터 드러나는 것은, 우리의 삶이 "우리를 우리 자신으로부터 찢어내어 타자들에게 묶어 놓고, 우리를 다른 곳으로 내몰고, 우리를 무효화하고, 때로는 치명적이고 돌이킬 수 없을 만큼 우리 것이 아닌 삶에 우리를 연루시키는'90) 일들로 이뤄져 있다는 근본적인 취약성이다. 여기서 중요한 점은 이런 취약성이 어쩌다 가끔 일어났다 해소되는 일시적인 것이 아니라는 점이다. 사랑에 빠지거나 분노나 원망 같은 격렬한 감정에 사로잡혔을 때나, 가족, 이웃, 직장에 얽힌 인간관계로 고민할 때는 물론이고, 삶의 크고 작은 모든 일에서 우리는 결코 자율적이고 독립적인 주체로 존재한다고는 말할 수 없는 방식으로 타자들에 의해 '무효화되고undone' '나 자신을 잃는다beside oneself.'91) 이 '타자들'에는 내가 알고 지내는 사람들뿐 아니라 내가 전혀 모르는 사람들, 내 삶과 어떤 접점도 있으리라 상상하지 못했던 사람들도 포함된다. 수돗물에서 핸드폰에 이르기까지 내 일상을 이루는 거의 모든 것이 나는 생각조차 하지 못한 타인들의 지식과 노동으로 생산·유지되고 있고, 다국적 기업이 제 3세계 사람들을 착취해 만든 패스트 패션fast fashion을 입고 쓰고, 잘 모르는 먼 나라의 전쟁에 내 나라의 군수산업이 무기를 대어 돈을 벌고, 내 평생 가본 적도 없는 먼 나라 어느 지방에서 발현된 전염병 바이러스가 전 세계를 휩쓸어 내 생계와 목숨을 위협하는 시대에, 좋은 쪽으로든 나쁜 쪽으로든 타자들은 늘 내 삶에 영향을 미치고 내 삶을 무효로 만들 수 있다.

그런데 버틀러는 단지 '타자들이 내 삶에 영향을 미친다'는 주장보다 좀 더 깊이 들어가고자 한다. 익명의 타자들에 대한 근본적인 의존성으로 인해 나에게 발생하는 취약성은 주체가 없앨 수 있는 것이 아니다. 이것은 '나'의 형성에 선행하여 '나'를 가능케 하는 '조건'이기 때문이다. 2장에서 설명했듯 버틀러가 초기 작업에서는 푸코의 권력 이론을 밑바탕 삼아 권력 구조 안에서 어떻게 주체가 형성되는지를 논증하는 데 초점을 맞췄다면, 1990년대 말부터는 '타자와의 관계'를 주체를 형성하는 또 다른 중심축으로 들여오기 시작한다.92) 다시 말해 한편으로 나는 내가 태어날 적부터 나를 둘러싸고 있는 권력 체계들과의 관계 속에서 '나'로 형성되는 것이지만, 다른 한편으로는 내가 태어날 적부터 항상 이미 내가 의존하고 있는 타자들과의 관계에서 '나'로 형성되고 살아간 다는 것이다.

이 주제를 본격적으로 다룬 『윤리적 폭력 비판』의 영문판 제목은 Giving an Account of Oneself, 즉 '자기 자신에 대해 설명하기'다.93) 자율 성과 일관성이 근대적 주체에게 요구되는 기본 특성이라고 한다면 '자 기 자신에 대해 설명하기'는 이 주체가 갖는 역량의 핵심으로 간주된다. 보통 우리가 '행위성'을 발현했다고 생각하는 순간은 내 의지로 어떤 행동을 했을 때, 즉 방금 일어난 내 행동이 무슨 의도였고 어떤 의미인지 를 내가 주저 없이 설명할 수 있을 때이기 때문이다. 그러나 버틀러는 이 '자기 자신에 대해 설명하기'가 결코 완벽히 성공할 수 없으며 주체는 항상 박탈dispossession의 경험을 겪는다고 주장한다. 내가 나에 대해 완벽 한 설명을 할 수 없는 이유, 즉 나 자신을 완벽히 통제할 수 없는 이유는 한편으로는 나를 초과하고 항상 이미 나보다 앞서 존재하며 내가 그 안에서 살아가는 큰 틀로 작용하는 사회적 규범과의 관계 때문이다. 이 규범이 항상 나보다 시간적으로 앞서 있기 때문에 '나'에 대한 설명은 오직 나만의 것이 될 수 없고, 규범들과 어떤 식으로든 관련된 이야기로 서 들려지게 된다.94) 동시에 다른 한편, 사람들은 왜 그토록 자기 자신에 대해 설명하려 애쓰는가? 혹은 애써야만 하는가? 이 의문은 나 자신에 대한 설명이 항상 그 설명을 받는 누군가를 전제하고 있음을 암시한다. 즉, 나는 항상 이미 타자와의 관계를 바탕으로 하는 "말 걸기/메시지 전달의 구조structure of address" 안에 들어와 있는 것이다.

말 걸기 구조 혹은 메시지 전달의 구조란 무엇인가?[95] 『윤리적 폭력 비판』에서 버틀러가 address라는 개념으로 담아내는 것은 명확하게 의사소통이 가능하고 명료한 메시지가 오가는 장면만은 아니다. 정신분석적 전이와 역전이의 혼란스러운 역동처럼, address는 주제화할 수 없고 서사화할 수 없지만 어떤 접촉 또는 섞임이 일어나고 있음을 보여줌으로써 나와 타자의 근본적인 관계성을 확증하는 개념이다. 여기엔 의식적 차원과 언어적 차원으로 포괄할 수 없는 "집요하리만치 해명 불가능한 것으로 남는 것what remains persistently inarticulable"이 붙어 있다.[96] 사실 말 걸기는 때로 꿈속처럼 불투명한 공간에서 안개 긴 듯 얼굴을 알아볼 수 없는 타자에게 가 닿지도 않을 웅얼거림처럼 나오기도 하고, 메시지 전달은 내 안에 있는 줄도 몰랐던 불투명한 무언가를 의도치 않게 전달하는 꼴이 되어버리기도 한다. 의도했든 안 했든 간에 메시지가 항상 전달되는 것도 아니다. 오히려 말 걸기 구조는 내가 의도했던 메시지의 전달을 방해하고 교란시킨다. "항상 타자가 처음부터 거기에, 자아가 있어야 할 곳에 있다면, 삶은 근본적인 방해interruption를 통해 구성되며, 심지어 **그러한 방해는 모든 연속성의 가능성보다 앞서 존재**"하기 때문이다.[97] 또한 이 말 걸기 구조는 본질적으로 윤리적이거나 폭력적인 것이 아니다. 우리의 통제력을 훨씬 넘어 작동한다는 점에서 어떤 면에서는 폭력적이지만 우리가 윤리적으로 구성하려 노력할 수 있다(이 절의 후반부에서 논할 것이다). 그런 모든 실패와 오독과 상해를 포함하여, 사람이 살아있다면(혹은 살기 위해서는) 그 안에서 그러한 몸짓을 할 수밖에 없는 일종의 장field으로, 내가 끊고 싶다고 해서 끊어질 수 없는 관계성 자체로 말 걸기 구조를 이해할 수 있다.

우리는 스스로 언어를 수취하기 전에, 타자에 의해 먼저 말 걸어지고 메시지를 전달받는다. 우리는 더 나아가 바로 이런 우리에게 메시지가 전달된다는 조건 하에서만 언어를 사용할 수 있다는 결론을 내릴 수 있다. 이러한 의미에서 타자는 담론의 조건이다. 만약 타자가 삭제된다면 언어도 삭제된다. 왜냐하면 언어는 메시지 전달의 조건들 바깥에서는 생존할 수 없기 때문이다.[98]

'나'라는 주체는 주체보다 선행하여 주체를 가능케 하는 조건들 없이는 생존할 수 없다. 말 걸기 구조 안에 들어와 있지 않다면, 사람은 자신을 설명할 수도 없고, 자신이 누구인지도 알 수 없고, 뭐가 됐든 자기 자신으로 살아가고자 하는 그 모든 노력은 무효로 돌아갈 것이다. 그래서 버틀러는 "처음부터 **나는 너와 나의 관계**"라고 단언한다. 처음부터 "**내가 오직 너에게 말 거는 관계 속에서만 존재한다면**, 나 자신인 '나'는 이 '너'가 없다면 아무것도 아니고, 심지어 나의 자가-참조의 능력을 출현하게 만드는 타자와의 관계 밖에서는 자신을 가리키는 일도 시작할 수 없다."[99]

'네가 없으면 나도 없다'는 말은 로맨스 장르에서나 나올 법한 낯간지러운 고백으로 들리지만 주체의 실존에 대한 진실이라 부를 만한 것을 담고 있다. 버틀러는 정신분석학자 장 라플랑슈Jean Laplanche와 철학자 레비나스의 논의를 경유하여, 타자와의 이런 관계성이 마냥 평화롭고 관대한 유토피아 같은 소리가 아니라 어떤 의미에서는 트라우마에 가까운 타동성transitivity으로 나를 형성해낸다는 것을 보인다. 이 "타자의 우선성"을, 라플랑슈는 타자로부터 유아에게 작용하여 '나'의 형성에 등록되고 나중에 나의 욕망으로 흡수되는 수수께끼 같은 신호들인 "원초적 충돌primary impingement"로, 레비나스는 "전(前)존재론적" 차원에서 일어나는 "박해persecution" 또는 "수동성 이전의 수동성"으로 이론화한다.100) 이것들은 내 의지와도 무관하고(라플랑슈는 태어나자마자 접하는 모든 것들, 입에 들어오는 무언가를 먹고 무언가에 싸여지고 입혀지고 무언가에게 들어 올려지고 안기고 흔들리고 때로는 두들겨 맞는 등 다채로운 감각 신호들과의 충돌이 유아의 의식이나 무의식이 생성되기도 전부터 일어나며, 이런 신호들이 등록되는 과정 속에서 무의식과 의식이 생성된다고 설명한다) 내가 선택할 수 있는 것도 아니다(레비나스는 '박해'를 내가 무슨 잘못을 저질러 그 업보로 받는 것, 즉 인과적으로 내 행위성과 관련된 것이 아니라 "내가 직접 행한 행위가 근거가 되지 않고서도 일어나는" 것으로 설명한다).101) 이런 이론들은 가장 원초적 층위에서 그 어떤 말로도 표현할 수 없는 방식으로, 어쩌면 평생 이해할 수도 소화할 수도 없는 방식으로 나보다 우선하는 타자들과의 접촉을 통해 형성되는 '나의 불투명한 기원'을 설명하려는 노력이다. '나는 "처음부터 양도되어 있었음 having been given over from the start"102)이라는 원초적인 경험으로부터 후속적으로 출현하는 것이고, 따라서 타자는 항상 '나만의 것'이라는 영역(소유 자산은 물론이고 내 자아, 정체성, 젠더, 섹슈얼리티 등등)보다 선행하여 그 영역을 가능케 하는 조건이다. 이런 근본적 조건들은 자기 자신에 대한 설명에서 불투명성으로 출현하면서 완벽하게 일관된 서사를 구성하려는 주체의 노력을 번번이 좌절시킨다.

그러나 2장에서 규범권력과 주체의 관계에 대해 설명했듯, 여기서도 이런 논의들은 나의 모든 것이 타자들에 의해 일방적으로 결정된다는 뜻이 아니다. 물론 영유아기와 아동기에서 타자의 우선성은 어쩔 수 없는 일이다. 그러나 생의 그다음 단계에서, 말 걸기 구조를 나와 나의 삶을 가능케 하는 관계성의 장 자체로 이해한다면, 말 걸기 구조 안에서 나 자신에 대한 설명을 한다는 것은 내 발화 자리와 내 말의 문법을 먼저 점유하는 선행 조건들의 불투명성을 짊어지고서 "다른 사람과의 관계를 언어로 정교하게 만들고 있"는 중이라는 뜻이고, 그럼으로써 "나의 설명을 전달받는 이와의 관계를 확립하고 있"는 중이라는 뜻이다.103) 그렇다면 이 관계를 어떤 식으로 확립해야 할까? 어떤 방향으로 만들어나갈 수 있을까?

버틀러가 『윤리적 폭력 비판』에서 다양한 이론을 검토하면서 주체가 이런 근본적인 의존성을 바탕으로 형성된다는 것을 논증하는 작업을 한 결정적인 이유는, 자기 자신을 완벽히 설명할 수 없고 스스로에게도 타자에게도 불투명한 이 탈중심화된 주체를 바탕으로 책임감과 윤리를 재정립하기 위해서다. 제목 자체가 "책임감"인 3장에서 버틀러는 자신의 목표가 주체에 대한 이런 재개념화를 중심으로 책임감을 재개념화하는 것임을 밝힌다. 내가 2장에서 행위성의 문제를 논할 때 예로 들었듯, 근대적 주체는 책임을 자율성-독립성-행위성-선택의 연쇄에 얽어놓는다. 그리고 이 연쇄는 '주체는 독립적이고 자율적으로 선택하는 자이다', '주체는 모든 것을 다 알고 선택했다', '자기 선택에 책임을 져야 한다'로 이어져 모든 맥락과 권력 위계들을 무시한 채 '남자랑 단둘이 술 마시고 모텔 가면 무슨 일이 벌어질 줄 알만한 나이의 여자가 따라갔으니 성폭력 아니고 화간'이라는 식의 결론으로 빠지는 식으로, 바로 그 은폐된 권력 위계를 강화하는 데 기여해왔다. 그러므로 '모든 것을 다 알고 선택하는 주체' 개념에 의지해 자신과 다른 처지의 사람들을 깔아뭉개거나 자신과 다른 처지의 사람들에게 구조적 책임까지 다 떠넘겨 비난하는 태도 말고 다른 윤리적 길을 찾고자 한다면, 책임감의 구성 요건을 떠받치는 이 주체 개념을 재구성하는 작업이 필요한 것이다.104)

바로 이 지점에서 버틀러는 지금까지 논했던 무지, 불투명성, 취약성과 같은 우리의 한계를 책임감과 윤리의 바탕으로 사유하자고 제안한다. 이때의 책임감은 죄의식이나 양심의 가책을 안고서 그냥 내가 꾹참고 희생하는 것이 아니다. 1장과 2장에서 인식론적 겸손의 윤리에 대해 논했듯, 버틀러에게 책임감은 내가 나를 어떻게 인식하고 있든 간에 그 모든 이해에 한계가 있음을 시인하고, 그것을 주체의 조건으로 인정하는 동시에 함께 고민해야 할 공동체의 문제로 인식하는 데서 출발한다.[105] 내가 규범과의 관계와 타자와의 관계 속에서 형성되기 때문에 나 자신에 대해서도 타자들에 대해서도 이 세계에 대해서도 다 알지 못한다는 점이, 내가 뒷짐 지고 물러나 있어도 된다거나 "내가 그런 문제들에 대해 말할 수 없다는 뜻은 아니다. 이는 그저 내가 말을 할 때 내가 할 수 있는 것의 한계, 모든 그런 행동을 조건 짓는 한계들을 신중히 이해해야 한다는 뜻이다."[106]

또한 이 책임감은 우리의 무지, 불투명성, 취약성과 같은 한계들이 우리를 사회적 몸으로 만들고 연결시킨다는 깨달음을 바탕으로 한다. 우리 인간이 정치적 존재라면, 그 정치성은 (전부는 아니더라도 어느 정도는) "욕망과 물리적 취약성의 부지이자, 자기주장이 강한 동시에 노출되어 있는 공개된 부지로서의 우리 몸이라는 사회적 취약성에 의해" 구성되는 것이다.[107] 우리가 타자들에 의해 지금의 자신으로 형성되어 타자에게 애착을 가질 수밖에 없는 존재이기 때문에 그런 애착을 잃을 위험 또한 안고 있고, 우리가 육신을 가진 생명체로서 서로에게 노출되어 있는 만큼 폭력을 당할 위험도 상존하는 그런 취약성 말이다.[108] 나아가 내가 알지도 못하는 지구 반대편 타자들의 삶에까지 내가 연루되어 있음을 자각함으로써 나는 내가 하지 않은 일에 대한 책임

또한 이미 나에게 있음을 알게 된다. 이 깨달음을 통해 나의 상실과 당신의 상실, '우리'의 상실과 슬픔을 어떤 방향으로 정치화할 수 있을까? 분명한 것은, 이때의 슬픔의 정치화는 적의 목숨으로 우리의 눈물값을 치르는 방식은 아니라는 것이다. 버틀러의 제안은 첫째, 폭력으로 슬픔을 해소하지 않기, 즉 폭력을 써서 나의 상처받기 쉬운 취약성을 틀어막지 말자는 것이고, 둘째, 비폭력을 실천하기, 즉 폭력에 직면하여 폭력을 되돌려주길 거절하자는 것이다.[109]

그런데 여기서 주목해야 할 점은, 버틀러의 주장은 이런 의존성과 취약성과 연결성으로부터 윤리가 자연스레 나온다는 주장이 결코 아니라는 것이다. 오히려 이런 약점을 숨기기 위해 방어 기제로 더 잔혹한 폭력이 발동하기도 한다는 건 역사가 증명한다. 버틀러는 모든 인간이 상실을 겪는다는 경험을 바탕으로 연대 가능한 '우리'에 호소하는 것이 가능하다 할지라도 이 '우리'는 매우 "빈약한tenuous" 것임을 시인한다.[110] 그럼에도 불구하고 버틀러가 끝까지 포기하지 않으려는 질문은 이것이다. 내가 처음부터 타자들에게 양도되어 있고 노출되어 있다는 이 취약성을, 상대에게 선제공격을 날리고 보복 테러를 돌려줄 정당성의 근거로 이용하는 대신에 "윤리에 없어서는 안 되는 출처"[111]로 사유하기 시작한다면 우리는 세상을 어떻게 바꿀 수 있을까? 모든 인간이 서로에게 상처 입힐 수 있다는 "불가피한 상호의존성"을 "전 지구적 정치 공동체의 토대"로 삼는다면 우리는 어떤 다른 세상을 만들 수 있을까?[112]

(2) 취약성의 구조적 차원 : 탈인간화의 틀

앞서 우리의 실존적 한계를 책임감의 토대로 삼자는 인용문에서, 버틀러는 "내가 말을 할 때 내가 할 수 있는 것의 한계, 모든 그런 행동을 조건 짓는 한계들을 신중히 이해해야 한다'고 설명한 다음 이어서 이렇게 말한다. "이런 의미에서, 나는 비판적이 되어야 한다."113) 모두의 삶을 생존 가능한 삶으로 만들려는 윤리는 비판과 불가분의 관계를 맺어야 한다. "윤리는 비판을 불러일으킨다고, 혹은 비판 없이는 전개되지 않는다고 말할 수 있을 것이다. 왜냐하면 우리는 우리의 행동이 이미 구성되어 있는 사회적 세계에 수용되는 방식을 알게 되어야만 하고, 또한 어떤 결과가 어떤 식으로 우리의 행동에서 나오게 될지를 알게 되어야만 하기 때문이다."114)

취약성을 사유함에 있어 비판적이 된다는 것은 무슨 뜻일까? 취약성에 대한 이 논의가 '우리 모두 사이좋게 지내요'라든가 '모든 인간은 다 힘들다' 식의 순진한 형식적 평등으로 빠져서는 안 된다는 얘기다. 버틀러는 인간의 실존적 조건으로서 취약성에 주목하면서도 이런 취약성을 모든 인간이 보편적으로 공유하는 것은 아니라고 명확히 지적한다.115) 상실과 결부된 취약성이 당대의 권력 관계와 무관하게 모든 이들에게 똑같이 분배되는 것도 아니고, 똑같이 인정받고 존중받는 것도 아니기 때문이다. 따라서 상실과 슬픔은 인간의 취약성이 지구상에 불평등하게 배치되는 방식을 은폐하는 도구가 되기도 한다. 그러나 동시에, '트랜스젠더 추모의 날'처럼, 그 불평등을 비판적으로 고찰할 수 있게끔 해주는 정치적 자원이 되기도 한다.

버틀러는 전 세계적으로 자행되는 폭력의 불평등한 분배가 슬픔과 애도의 불평등한 분배와 맞물려 있다는 점에 주목한다. 누구의 죽음만이 애도되며 누구의 삶이 파괴될 때만 슬픔과 안타까움이 표현되는가? 누구의 죽음은 숭고하고 애국적인 죽음으로 칭송되는 반면 누구의 죽음은 부고 기사 한 줄도 나가지 못하는가? 누구의 고통과 죽음이 은폐되거

나 아니면 즐길 거리로 전락하는가? 대 테러 전쟁을 수행하다 죽은 미군
은 한 명 한 명 이름이 불리고 누군가의 아버지나 어머니, 자랑스러운
아들이나 딸로 정성스러운 부고 기사가 실리지만, 그 전쟁에서 미국의
폭격에 죽은 다수의 사망자는 그런 대우를 받을 수 있는가? 2장에서
소개했듯 버틀러의 전 작업을 관통하는 화두인 '누구의 삶이 인간의
삶으로, 살아도 되고 살만한 삶으로 인식/인정받는가'라는 문제는 죽음
에도 적용된다. 누군가의 삶이 인정받지 못한다면 그 사람의 죽음도
인정받지 못하는 것이다. 이런 질문들은 취약성이 불평등하게 분배된다
는 문제뿐만 아니라, 그러한 불평등한 분배를 당연시하거나 인식조차
못 하도록 만드는 '틀'이 존재한다는 문제를 폭로한다. 버틀러는 취약성
의 불평등한 분배를 지적하는 것만으로는 부족하다고 보는데, 왜냐하면
"누가 인간적인 대우를 받을 것인가라는 질문은 누구는 인간으로 여겨
지고 누구는 그렇지 못한가라는 질문이 이미 해결되었다고 전제"하기
때문이다.116)

　이런 문제의식을 갖고서 버틀러는 『불확실한 삶』 5장에서 레비나
스의 얼굴의 윤리를 재검토한다. 레비나스는 타자의 '얼굴'이 우리에게
윤리적 메시지를 전달하며, 그 요청에 반응하여 우리가 윤리적 책임감
을 끌어내게 만든다고 주장했다. 이 '얼굴'은 반드시 인간의 얼굴만은
아니다. 굳은살과 주름으로 뒤덮인 손이나 왜소한 등일 수도 있고, 한때
는 방공호였으나 포탄이 떨어져 움푹 파인 구덩이일 수도 있고, 자연재
해나 용역 깡패의 무자비한 폭력으로 부서진 세간살이일 수도 있고,
구내염이 상당히 진행된 처참한 몰골로 어느 날 갑자기 집 앞에 나타나
작은 소리로 울며 먹을 것을 구하는 길고양이일 수도 있다. 레비나스는
이러한 타자의 얼굴과 마주하여 윤리적 책무를 받아들이는 것을 인간화

의 조건으로 이해했다.[117] 그러나 버틀러는 수전 손택Susan Sontag이 『타인의 고통Regarding the Pain of Others』[118]에서 분석했듯 타자의 얼굴이 인간의 윤리적 출발점이 되기는커녕 선정적인 언론 보도를 타고 권력과 자본의 입맛에 맞게 이용되는 경우에 대해 고민한다. 버틀러는 타자의 얼굴로 재현되는 것이 불쌍한 얼굴 아니면 사악한 얼굴 단 두 개뿐이라는 문제를 짚는다. 미군이 구출해주길 기다리는 불쌍한 아프간 소녀의 얼굴과 사악한 빈 라덴의 얼굴은 인간의 얼굴을 부여받긴 하지만, 과연 이 타자들의 얼굴이 인간화되었다고 볼 수 있을까? 오히려 "얼굴 안에서 그리고 얼굴을 통해 수행된 탈인간화dehumanization"라고 봐야 하지 않을까? 버틀러는 이런 식의 탈인간화된 얼굴들은 레비나스적 의미에서의 '얼굴'이 아니라고 단언한다. 왜냐하면 빈 라덴이나 후세인의 얼굴이 (진보적이고 민주적인 서구와 대비되는) 야만, 테러, 폭군의 상징으로 전시되고, 미군이 '해방'시켜준 덕분에 부르카를 벗은/부르카가 벗겨진 아프간 소녀들의 얼굴이 "성공적으로 수출된 미국의 문화적 상징"으로 서구의 입맛에 맞게 "각색"되고 서구의 주체들에게 "소유"될 때, "우리는 그런 얼굴을 통해 그 어떤 슬픔이나 고통의 목소리도, 삶의 불확실함에 대한 그 어떤 느낌도 볼 수도 들을 수도 없기 때문이다."[119]

그렇다면 우리가 어떤 얼굴을 레비나스적 의미에서의 '얼굴'로 받아들일 수 있으려면 어떻게 해야 할까? 이게 단순히 마음을 착하게 먹는다고 해서 해결될 문제일까? 어떤 얼굴은 윤리적 반응을 끌어내고 책임감을 불러일으키는 '얼굴'로 받아들여지는 반면 다른 얼굴은 그렇지 못하게 만드는 숨은 힘은 무엇인가? 여기서 버틀러가 주목하는 것은 바로 프레임의 문제, 2장에서 설명했던 '인식 가능성의 매트릭스'의 문제다. 우리가 무엇에 감정이입하고 동일시하고 무엇을 응원하며 무엇을 안타까워하고 무엇을 잘 죽었다고 여기는가와 관련해서 특정 감정을 유도하거나 제한하는 틀은 정치 전반에, 특히 전쟁에 필수 요소로 작동한다.[120] 이러한 감정의 틀은 인간화의 틀과 순환적으로 맞물려 있다. 즉 한편으로, "어떤 종류의 주체가 애도되고 애도되어야 하며 어떤 종류의 주체가 애도되어서는 안 되는가를 결정하는 애도 가능성grievability의 차별적인 할당"은 누가 '인간으로 존중받을 가치가 있는지, 아니 누가 '인간이고 누가 '인간이 아닌지를 구분하면서 '인간이란 개념 자체를 매우 협소하고 배타적으로 생산하고 유지하는 기능을 한다.[121] 다른 한편, 얼굴의 차별적 할당은 인간과 덜 인간적인 것, 인간이 아닌 것, 인간으로 상상조차 할 수 없는 것을 차별적으로 생산한다. 그리고 슬픔과 애도 또한 이러한 분리를 따라 차별적으로 '서열화된다.[122] 사악한 얼굴로 재현된 이들과 얼굴조차 없이 배경으로 사라져온 이들에 대해서는 애도 따윈 하지 않아도 되는, 즉 "무감해질 수 있는 권한"이 우리에게 주어지는 것이다.[123]

예를 들어 수많은 히어로 영화에서 주인공과 적이 맞붙어 싸울 때 도시가 반파되고 무너져 내린 건물 안의 사람들이 죽어 나가도 영화 내내 아무도 그들을 기억하지 않고 그들의 죽음을 슬퍼하지 않는다. 그런 일이 현실에서 벌어진다면 나를 포함한 관객 대다수가 엑스트라 1로도 기재되지 못한 채 부서져 내리는 건물 안에서 죽는 위치에 있을 확률이 훨씬 높을 텐데도 말이다. 여기서 핵심은 단지 영웅 때문에 민간인이 죽었다는 데 있지 않다. 많은 히어로 영화가 영웅 때문에 죽은 민간인을 인식하지 못하거나 인식하더라도 "무감해질 수 있"도록 감정의 선택적 집중을 유도하는 구조로 구축된다는 것이 문제다. 관객의 슬프고 안타까운 감정은 영웅 때문에 죽은 사람들 대신 애꿎은 민간인을 죽인 영웅에게 쏟아지도록 유도된다. 민간인의 죽음은 아예 무시되거나 '대의를 위한 소의 희생'으로 가벼이 치부되고, 주인공의 인간적 고뇌를 강조하는 들러리로 전락하는 것이다. 심지어 영화 속 세계관에서 살아남은 피해자들을 다음 영화의 빌런으로 만드는 비열한 플롯이 자주 사용된다. 이는 정확히 미 제국주의의 논리를 모방하고 있다. 앞서 타자에게 할당되는 단 두 개의 재현 중 '불쌍한 얼굴'인 '미군이 구출해주길 기다리는 불쌍한 아프간 소녀'가 만약 미군의 실수로 인해 폭격을 맞아 죽는다면 이 불쌍한 타자의 얼굴은 절대 아군의 잘못으로 기록되어서는 안 되는, 결코 '사망자 수로 셈해져서는 안 되는 것으로 은폐된다. 이 죽음이 언론에 보도되면 정부가 그 보도를 부인하면서 이들을 '숨어있던 테러분자의 죽음으로 셈하는 경우가 많다. 불쌍한 타자의 얼굴이 사악한 타자의 얼굴로 치환되는 것이다. 이 죽음에 항의하는 사람들도 사악한 타자의 위치를 부여받는다.124)

이건 단순히 어쩌다 담론 하나가 문제인 상황이 아니다. 버틀러는 인간을 인간으로 인식하고 이해할 수 있게 만들어주는 틀, 인간의 범위와 경계를 확립하는 현재의 담론 자체에 한계가 있다고 진단한다.125) 이스라엘이 팔레스타인을 공습하던 날 폭격으로 인해 밝아지는 밤하늘을 폭죽놀이 보듯 지켜보며 환호하던 이스라엘인들에게, 알몸으로 피범벅이 된 아랍인 수감자를 고문하며 웃는 사진을 찍은 미군들에게, 여자만 골라 죽이려고 몇 시간씩 공중화장실 앞에서 기다리면서 지나가는 남자들은 살려 보낸 남자 살인범에게, 동료가 동성애자일지 모른다는 의혹만으로 동료를 살해한 미군 병사에게, 트랜스젠더를 만나면 때려죽이겠다는 말을 서슴지 않고 내뱉는 터프들TERFs에게, 자신이 죽이려한/죽인 팔레스타인 사람들, 유색인 수감자들, 여성, 동성애자, 트랜스

젠더는 '인간'이 아니었다. 이 문제는 후자의 사람들까지 인간적으로
대우해달라는 요청으로 해결되는 문제가 아니다. 어떤 사람들이 사회
안정에 위협이 된다고 여겨지고 그 가능성만으로 이들에게 자행되는
폭력이 정당화된다는 것은 이들이 보편적인 인간 개념에 (아직 포함되
지 못한 게 아니라) 포함되어선 안 된다는 금제가 존재한다는 뜻이고,
나아가 그런 금제가 필요하다는 뜻이다. 기득권을 쥔 규범적 주체들이
스스로를 인간의 기준으로 삼는 동시에 자신이 타자에게 휘두르는 폭력
을 정당화하기 위해서는 자신이 행하는 일이 '폭력'이 아니어야 하고
자신이 탄압하는 저들은 '인간'이 아니어야 한다. 이렇게 규범적 주체는
자신을 인간으로 구성하기 위한 외부로서 다른 이의 탈인간화를 필요로
한다. "탈인간화가 인간의 생산에 조건"이 되는 것이다.126)

　버틀러는 이런 막막한 상황에서도 이처럼 부당한 인식틀을 바꾸려
면 어떻게 해야 할지를 고민한다. 모든 인간화 담론이 반드시 필연적으
로 탈인간화를 생산한다고 단정하지도 않고, 인간, 인권, 여성 같은 개념
들이 제대로 작동하지 않으니 모조리 갖다 버리자고 주장하지도 않는다.
왜냐하면 인간이란 개념이 우리가 생각하는 만큼 보편적으로 작동하지
않을 때 정말로 보편적 개념이 되려면 어떻게 고쳐 써야 할지 계속
고민하고 구상하는 것은 "지속적인 인권의 과제"이고, 우리가 도무지
이해하지 못하겠는 타자들에게 일어나는 폭력을 저들 탓이라고 쉽게
비난하고픈 순간에도 인권 개념이 보편적으로 작동하도록 끈질기고 강
력하게 요구하는 태도는 "우리의 인간성 자체를 시험하는 시금석"이기
때문이다.127) 따라서 한편으로 버틀러는 내가 1장과 2장에서 정리했던
것처럼 이러한 보편적 개념들을 해체하고 재절합하여 대안적 정치를
위한 자원으로 고쳐 쓸 방법을 꾸준히 모색한다.

다른 한편 버틀러는 취약성을 중심으로 인식/인정의 틀을 재편하고자 한다. 이는 인간에 대한 기존의 인식틀을 더욱 보편적으로 바꿔나가는 작업의 일환으로 취약성의 실존적 차원과 구조적 차원을 함께 아우르는 정치윤리학을 정립하기 위해 필요한 기초 공사다.128) 이 두 차원이 현실에서 복잡하게 얽혀있다는 점을 제대로 사유하지 않는다면, '아프면서 크는 거야'라는 말로 학교 폭력을 외면하고 '너만 힘드냐 다들 힘들다'는 말로 부당한 노동 환경을 덮는 식으로 취약성의 실존적 차원을 구조적 차원에서 발생하는 폭력에 대한 면죄부로 소비할 위험이 있다. 반대로 실존적 차원의 취약성으로 빈약하게나마 연결되는 '우리'라는 윤리적 관계를 무시한다면, 자신이 속한 사회적 소수자 위치성이 취약성의 구조적 폭력을 심각하게 겪는 현실을 빌미 삼아 그런 구조적 폭력을 모방해서 다른 소수자를 때리면서도 나는 소수자니까 전혀 폭력적이지 않다고, 소수자인 자신이 다른 이에게 휘두른 폭력은 '폭력'이 아니라고 주장하는 문제도 생길 수 있다. 따라서 버틀러가 고민하는 것은 취약성의 실존적 차원과 구조적 차원이 얽힌 이 현실을 어떻게 비판적으로 사유하고 어떻게 "모두 함께 폭력의 순환에서 벗어날 수 있는 방식"으로 삶을 일굴 것인가이다.129)

취약성을 중심으로 인식/인정의 틀을 재편하고자 할 때 버틀러는 2장에서 물질성에 대해 사유했던 것과 같은 방식으로 단계를 밟는다. 첫째, 버틀러는 취약성을 인정 규범보다 먼저 존재하는 본질이나 기원으로 두지 않으려 한다. 우리가 생명체로서 신체적인 취약성을 갖고 있다고 해서 자동적으로 윤리적 관계가 생겨나는 것도 아니고, 우리의 경험에서 취약성의 실존적 차원과 구조적 차원은 뒤엉켜 있기 때문이다. 따라서 버틀러는 "기존의 인정 규범"에 적합한 취약성만이 인정되는 현실을 비판하는 동시에, 실존적 차원이든 구조적 차원이든 우리가 경험하는 모든 취약성이 당대의 인정 규범에 "근본적으로 의존"한다는 사실을 지적한다. 둘째, 취약성과 인정의 이 근본적인 얽힘은 바뀔 수 없는 것일지라도, 2장에서 내가 설명했듯 그 당대의 인정 규범들은 바뀔 수 있다.130) 그렇다면 취약성을 인식하고 인정하는 규범적 틀은 어떻게, 어떤 모양새로 변화할 수 있을까? 동일성을 기준으로 폭력적 위계를 만들어내는 기존의 인정 틀을 상호 인정의 틀로 재편할 가능성은, 말 걸기 구조 안에서 서로가 항상 이미 연루되어 있다는 깨달음에서, 그리고 그 관계성을 통해 서로가 변화할 수 있고 이미 변하고 있다는 깨달음에서 출발한다.

> 다른 사람을 인정할 때, 혹은 우리 자신에 대한 인정을 요청할 때, 우리는 타자가 우리를 있는 모습 그대로, 이미 우리인 모습 그대로, 언제나 그랬던 것과 같은 모습으로, 만남 이전에 우리가 구성되어 있었던 그 모습대로 봐주길 부탁하는 것이 아니다. 대신에 부탁하면서 탄원하면서, 우리는 이미 뭔가 새로운 것이 되어 있을 것이다. 왜냐하면 우리는 (메시지) 전달the address에 의해, 가장 넓은 의미에서 언어 안에서 일어나는 타자에 대한 필요와 욕망 —이런 것 없이는 우리는 존재할 수 없다—에 의해 구성되기 때문이다. 인정을 요청하거나 인정을 제공하는 것은 엄밀히 말해 이미 우리인 것에 대한 인정을 요청하는 것과는 다르다. 그것은 생성becoming을 간청하는 것이고, 변환transformation을 부추기는 것이고, 언제나 타자와 연관이 있는 미래를 탄원하는 것이다. 그것은 나라는 존재를 내걸고stake, 나라는 존재에 대한 자신의 고집, 인정 투쟁에 대한 자신의 고집을 내거는 것이다. 이것이 내가 내 식으로 해석한 헤겔의 인정 투쟁이다. 그러나 이것은 하나의 출발점이기도 할 것이다. 왜냐하면 나는 나 자신을, 내가 존재하기 위해 의존하는 '당신'과 똑같은 것으로 발견하지는 않을 것이기 때문이다.131)

3) 재현의 실패를 드러내는 재현

위의 인용문은 최소한 세 가지 메시지를 전달한다. 첫째, 인정을 요청하고 요청받는 관계는 나와 상대방 모두에게 변화를 일으킨다. 가족, 친구, 연인, 직장 동료, 혹은 반려동물과의 관계를 떠올려 봐도 이말은 직관적으로 다가올 것이다. '있는 그대로의 나를 사랑해주고 인정해줬으면 하는 소망은 누구에게나 있겠지만 그런 소망을 품고 있을 때조차, 내 앞에 있는 상대방이 누구냐에 따라 나는 조금씩 다르게 반응하고, 상대방에게 맞춰보거나 상대방이 나에게 맞춰주길 바라는 가운데좋은 쪽으로든 나쁜 쪽으로든 서로 변화하게 된다.132) 둘째, 관계 속에서내가 변화할 수 있음을 받아들이고 그 변화를 좋은 쪽으로 끌고 가고자노력한다면, 실존적으로 취약성을 품은 생명체들이 맺는 이 관계는 폭력의 악순환을 끊고 상생의 방향으로 나아갈 수 있다.

셋째, 인용문의 마지막 문장에서 알 수 있는 것은 이 상호 인정의틀은 동일성의 논리로 작동하지 않는다는 것이다. 나와 상대방은 똑같은 방식으로 구조화되지 않는다. 이 '변화'와 '다름'을 받아들이는 것이타자와 나 모두를 살리는 윤리에 필요하다. 버틀러에게 윤리적 태도란나와 다른 타자에게 "너는 누구인가?"라는 질문을 계속 물으면서 하나의 답으로 종결짓지 않는 것이다. 그 질문에 확실한 단 하나의 답이있다고 믿는 이들은 답에 들어맞지 않는 차이에 직면하여 자기 생각을바꾸기보다는 그 차이를 말살시키려 들기 때문이다. 따라서 이 질문을계속 열어두는 것은 타자를 살리는 것이고, 이러한 인정의 윤리는 지금까지 설명한 대로 우리의 인식에 한계가 있다는 이해를 바탕으로 한다.133) 이 인식의 한계는 나와 너를 같은 척도로 잴 수 없게끔 만드는 근본적인 차이, 근본적인 타자성alterity134)에 의해 만들어지는 것이기에 없앨 수도 없고 없애서는 안 된다. 말로만 차이를 존중한다고 하지 않고 정말로 차이를 중심에 놓는 윤리, 차이를 바탕으로 하는 정치를 만들기 위해선 어떻게 해야 할까? 내가 1장과 2장에서 정리한 인식론적 겸손의 정치를 실천할 방법의 하나로 버틀러가 제안하는 것은 재현의 실패를 인정하고 드러내는 재현 정치다.

이 논의는 불쌍하거나 사악한 얼굴을 부여받은, 즉 적어도 시각 장 안에 들어와 있는 타자뿐 아니라 아예 시각 장 밖으로 사라지는 얼굴들을 위한 윤리와 정치를 어떻게 만들 것인가 하는 어려운 질문을 계속 열어놓는 동시에 진지하게 답하려는 노력이다. "이미 항상 상실되었거나 결코 '존재한 적'이 없기에 애도될 수 없고" "이 죽어 있는 상태로 고집스레 계속 살아있는 것처럼 보이기에 살해되어야만" 하는 비체화된 존재들135)은 어떻게 인정의 틀 안에 들어올 수 있나? 이들은 아직 재현되지 않은 얼굴인 건가? 말하자면 이들을 재현 체계 안에 포함시키기만 하면 탈인간화의 문제가 해결되는가? 그 어떤 타자도 남김없이 다 재현할 수 있는 틀이 존재할 수 있나? 버틀러는 레비나스의 얼굴 개념을 재검토하면서 재현될 수 없는 타자성에 대해 사유한다. 타자의 얼굴은 주체의 해석 능력을 넘어선다. 타자가 내게 전달하는 윤리적 요청은 명확한 기표에 딱 맞아떨어지지 않는 메시지, "언어학적 번역의 한계를 나타내는 무언의 고통의 발성"이다.136) 버틀러는 이러한 타자의 메시지를 우리가 수신해야 함을 주장하지만, 이 수신은 타자의 얼굴과 목소리를 모조리 재현 가능한 것으로 환원함으로써 달성되는 것은 아니다. 버틀러는 '얼굴'을 어떤 식으로 재현하든 간에 그 재현과 '얼굴'에는 같은 척도로 잴 수 없는 간극이 존재한다는 점, 결코 완전히 재현 체계

속에 포획될 수 없는 차이가 있다는 점을 숨기지 말자고 제안한다.

> 레비나스가 보기에 인간적인 것은 얼굴에 의해 재현되지 않는다. 오히려
> 인간적인 것은 재현을 불가능하게 만드는 바로 그 괴리disjunction를 통해
> 간접적으로 긍정되고, 이 괴리는 불가능한 재현을 통해 전달된다. 그렇다면
> 재현이 인간적인 것을 전달하려면 재현은 실패해야 할 뿐 아니라 자신의
> 실패를 **보여주어야** 한다. 우리가 재현하려고 애쓰지만 재현할 수 없는 무언
> 가가 존재하고, 이 역설이 우리가 부여하는 재현 안에 계속 간직되어야 한다.
> 이런 의미에서, 인간적인 것은 재현되는 것과 동일시되지도 않고, 그렇다고
> 재현 불가능한 것과 동일시되지도 않는다. 오히려 인간적인 것은 그 모든
> 재현 실천의 성공을 제한한다. 얼굴은 재현의 이러한 실패 속에서 '삭제되는'
> 것이 아니라 바로 그 가능성 안에서 구성된다.137)

이러한 태도는 어떤 존재들을 인간과 인권에 관한 담론에 들어올
수 없는 존재로 배제해버리거나 잘못 재현하는 구조적 폭력과는 구분된
다. 재현의 실패를 인정하고 재현 불가능한 것을 재현 불가능한 대로
재현 안에 담아내고자 노력한다는 것은 타자를 반드시 내가 아는 익숙
한 얼굴—선하거나 불쌍하거나 악한 얼굴—로 한정해서 재현하고픈
욕망을 버리고, 내가 이해할 수 없는 존재를 아예 인간으로 상상조차
못 할 것으로 낙인찍어 재현의 장 밖으로 쫓아내고픈 욕망을 버리는
것이다. 타인과 나의 고통을 같은 척도로 잴 수 없음을 인정하고, 내가
타인을 완전히 이해할 수 없음을 인정하고, 내가 타인을 완전히 대변하
거나 재현할 수 없음을 인정하고, 내가 타인을 완전히 이해할 수 있고
재현할 수 있다는 생각이 나를 기준으로 하는 동일성의 논리에 타인을
끼워 맞추는 인식론적 폭력이 될 수 있음을 인정하고, 내가 타인에 대해

서도 나 자신에 대해서도 완전히 다 알지 못하며 이것은 노력해서 없앨 수 있는 무지가 아님을 인정하는 것이다. 우리는 재현의 실패를 재현에 담아냄으로써, 인간적인 것을 우리가 완전히 재현할 수 없음을 인정함으로써, 인식론적 겸손의 자세를 통해 인간이 무엇인지를 다시 사유하는 작업을 계속해야 한다. 이러한 윤리적 노력이 역설적으로 '인간적인 것'을 구성하고, 모두가 인간답게 살 수 있는 세상의 밑거름이 될 것이다.

> 올바름과 선함은, 우리가 알고 있는 것과 필요로 하는 것의 핵심에 알 수 없음unknowingness이 존재한다는 것을 알면서, 또한 무엇이 다가올지에 대한 확실성 없이 우리가 겪는 삶의 신호들을 인정하면서, 우리가 필요로 하는 가장 근본적인 범주들을 괴롭히는 긴장에 계속 열려 있는 데 있을 것이다.138)

4. 감정의 문화 정치학 : 사라 아메드

주디스 버틀러와 사라 아메드가 정동의 문제에 접근하면서 질문을 던지는 방식은 많이 닮아있다. 누구의 어떤 감정이 '감정'으로 인정받고 존중받는 반면 누구의 어떤 감정은 배제되는가? 누구는 공감과 애도의 대상이 되지만 다른 어떤 누구는 그러한 감정을 받을 자격조차 없다고 여겨지거나 아예 감정의 인식 장에서 지워지는가? 이런 질문을 통해 버틀러와 아메드 둘 다 감정의 수행성에 주목한다(2장에서 설명했듯 권력이 생산되고 유지되는 차원의 수행성과, 전복을 모색하는 차원의 수행성 둘 다의 의미에서).139) 그런데 버틀러가 전 지구적 불평등을 관통하는 정치윤리의 차원에서 슬픔과 애도를 이론화한다면, 아메드는 고통, 혐오, 두려움, 수치심, 사랑 등 다양한 정동이 유통되는 사회문화적 역학을 좀 더 본격적으로 탐색한다.

어떤 감정은 어떤 몸의 특성으로 여겨지는 반면 다른 몸의 특성으로 여겨지지 않는 건 왜인가? 감정은 어떻게 기존의 권력 구조를 강화하고 유지하는 역할을 하는가? 예를 들어 어째서 예민함, 좀스러움, 깐깐함과 같은 감정적 특성은 남성보다는 여성을 설명할 때 더 많이 등장하는가? 사회적 약자의 위치에 있는 사람들이 슬픔을 표현하는 건 어느 정도 허용되지만(물론 한국은 그조차도 못 하게 틀어막는 분위기가 있다) 그 '불쌍한 타자'의 위치를 벗어나 분노나 격정적인 감정을 뿜어내면 어째서 건방지고 불온한 짓거리가 되는가? 타자로 규정된 이들이 감정적 표현을 자제하고 이성적이고 합리적으로 문제제기를 하더라도 어째서 이들의 의견 표출은 '지나치게 감정적'이거나 '공사 구분을 못 하는' 것으로 받아들여지는가? 권력관계에서 갑의 위치에 있는 자의 분노는 어떤 식으로든 표출되어야 하고 표출될 수밖에 없다고 인정받지만('원래 그런 사람이 아닌데 오죽하면 그랬겠냐' 같은 핑계로), 어째서 을의 위치에 있는 자에게는 그런 면죄부는커녕 엄혹한 처벌이 내려지는가?140) 남자들을 군대에 강제 징집해서 비민주적이고 폭력적인 환경에서 월급도 제대로 안 주고 2년이나 부려먹은 원흉은 국가인데도, 군대로 쌓인 분노를 남자들은 왜 여자들에게 푸는가? 여자만 보면 분노 조절을 못 해서 욕설과 폭력을 내지른다는 남자들이 왜 마동석 앞에선 얌전한 강아지가 될까? 어째서 트랜스 혐오자들은 트랜스를 함부로 조롱하고 혐오하고 괴롭히고 때려죽여도 된다고 생각하면서 오히려 자신이 피해자라고 굳게 믿을까? 퀴어 퍼레이드 때마다 나타나 행사를 방해하고 언어적·물리적 폭력을 쏟아내는 기독교 보수 혐오 세력은 어째서 자신들의 폭력이 사랑이라고 주장할까?

감정의 이러한 차별적 할당과 편파적인 인식/인정은 이성과 감성을 가르는 이분법적 위계가 결코 중립적인 진실이 아님을 보여줄 뿐 아니라, 감정이 어떻게 기존의 권력 구도를 따라 생산되고 표출되는지, 나아가 어떻게 기존의 권력 구도를 자연스럽고 당연한 것으로 만들어 공고히 하는 동시에 그럼으로써 권력 구도 자체를 은폐하는 효과적인 장치로 기능하는지를 보여준다. 아메드는 사회를 바꾸는 일이 그토록 어려운 건 이처럼 권력 관계에 감정이 얽혀있기 때문이라고 본다.141) 나아가 1절에서 간략히 정리했듯 감정은 사람들의 몸을 다르게 형성하고 몸의 지향을 다르게 설정한다. 사회적 차별을 감정의 차별적 배치로 정당화하는 권력의 작동 방식으로 인해 사람들은 정말로 아파진다. 지속적인 차별과 억압과 비합리적 폭력을 겪은 경험을 통해 누적되는 감정들은 건강에 악영향을 미쳐 화병이나 암 등의 질병을 야기함으로써 몸마저 다르게 형성해버리는 것이다.142) 그러므로 감정은 단순히 개인의 심리학적 상태가 아니다. 오히려 감정은 "개인적인 것과 사회적인 것이 마치 그것들이 대상인 양 기술되도록 허용해주는 표면과 경계 자체를 생산한다."143) 감정은 개인적인 것과 정치적인 것, 심리적인 것과 사회적인 것을 대상으로 구성하는 바로 그 구성 자체에 핵심인 것이다. 후자의 '객관성'은 그 구성 효과로 만들어진다. 이러한 문제들을 탐구하기 위해 아메드는 '감정이란 무엇인가'가 아니라 '감정이 무엇이 하는가'라는 질문을 중심으로 정동 이론을 구축한다.

풀어낼 이야기는 많지만 이미 이 장이 적정 분량 초과라 퀴어 정동 이론 산책 나왔다고 우기기엔 양심이 찔리는 상황에서 복잡하고 풍성하며 다방면으로 확장해 응용할 수 있는 아메드의 정동 이론을 다 다루긴 어려우므로, 몇 개의 정동만 간추려 정리해보겠다.

1) 고통의 정치학 : 너만 아프냐 내가 더 아프다

　고통에 대한 아메드의 논의는 '고통은 당사자만이 알 수 있는 사적인 경험이다'라는 통념을 의문시하면서 시작한다. 타인의 고통을 함부로 재단하지 말라는 의미에선, 이 말은 맞다. 앞 절에서 논했듯 나와 타인 사이에 같은 척도로 잴 수 없는 차이가 존재함을 인정하고 존중하는 태도는 고통이란 주제에서도 필요하다. 이 절 마지막에서 보겠지만 아메드도 이런 태도가 윤리적이라는 데는 전적으로 동의한다. 다만 아메드가 문제제기하는 건 좀 다른 측면이다. 고통을 '사적인' 것이라고 단정하기엔, 고통이 항상 이미 끊임없이 공적 담론에 소환되고 유통되고 있다는 것이다. 그렇다면 고통은 어떤 식으로 공적 담론에 소환·유통되고 있는가? '고통은 사적인 것'이라는 통설이 여전히 힘을 발휘하고 있다면, 아니 정확히 말해 '고통은 사적인 것'이라는 '공적 담론'이 유통되고 있다면, 그 담론의 효과는 무엇이고 누구의 이득에 봉사하는가? 그 담론이 남의 고통을 함부로 평가하지 않기 위해 사용되는가, 아니면 겨우겨우 밖으로 알려진 타자의 고통을 다시금 그 사람만의 사적인 비밀로 처넣고 그 사람의 입을 틀어막는 폭력으로 작동하는가? 누구의 고통이 고통으로 인정받는 반면 누구의 고통은 시야 뒤편으로 사라지는가? 누구의 고통이 어떤 메시지를 전달하기 위해, 혹은 어떤 권력 규범을 강화하기 위해 어떤 식으로 재현되고 동원되는가? 고통은 불평등한 구조를 따라 불평등하게 생산되고 분배될 뿐만 아니라 불평등하게 재현된다. 그리고 그 불평등한 재현은 다시금 불평등의 재생산에 이바지한다.

아메드는 공적 담론에서 고통이 어떻게 재현되는지를 탐구함으로써 이 악순환의 구조를 파훼하고자 한다.

첫째, 고통에 대한 공적 담론은 고통을 생산하는 구조를 은폐하거나 구조 혹은 공동체를 핑계로 가해자를 은폐하는 방식을 통해 가해 책임을 회피하는 경향이 있다. 즉 한편으로는 소수자화 관점에서, 강남역 여성혐오 살인 사건은 그저 한 명의 정신질환자가 벌인 일로 축소된다. 그런 식으로 사회에 만연한 여성 혐오 폭력을 별개의 일탈적 사건으로 축소해온 환경에서 조직적인 N번방 사건이 자라날 수 있었다.[144] 다른 한편 보편화 관점에서, 공적 담론은 가해자를 특정하지 않는 방식으로 말함으로써 가해를 은폐한다. 예를 들어 자서전이든 소설이든 간에 여중생 대상 집단성폭력을 낭만화한 책을 낸 탈현민을 비호해온 정부에서 각계 성폭력 사태에 대해 '사회 전체가 나서서 바로잡아야 한다'고 발표했던 장면이나, 예술계의 고질적인 성폭력 사건에 대해 논하는 소위 '원로들'의 입에서 사과와 처벌 대신 '시대의 고통'이라는 수사가 나왔던 장면, '성폭력은 구조적인 폭력이다'는 페미니즘의 언어를 가해자들이 가져와서는 '우리도 가부장제의 피해자'라면서 자신의 직접적 책임을 지우려 하는 양상이 그 예이다. 이런 수사에서는 아무도 책임을 지지 않는다. 피해자는 분명 있는데 가해자는 없는 셈이다. 아메드는 호주에서 식민주의적 원주민 말살 정책의 일환으로 원주민 사회로부터 아이를 집단적으로 납치해 백인 가정에서 키워 원주민 계보를 끊어버린 '빼앗긴 세대the Stolen Generation' 현상에 대해 뒤늦게 호주 정부가 내놓은 사과문과 국가 기록물을 분석한다. 정부는 국가의 치부를 서둘러 봉합하고 허울 좋은 사회 대통합을 이끌어내기 위해 피해자들의 고통을 대상화한다. 원주민 피해자들의 고통을 '우리 모두의 고통'으로 부르고

'모두가 참회해야 할 사회의 아픔'으로 전유함으로써 피해자들로부터 그들이 겪은 고통에 대해 스스로 말하고 규정할 권리조차 빼앗아버리는 것이다.145)

둘째, 타자의 고통은 선량한 주체를 돋보이게 하기 위한 들러리로 쉽게 소비된다. 『감정의 문화정치학』 1장에서 아메드가 분석하는 크리스천 에이드의 지뢰 제거 후원 모금을 위한 소식지를 보자. 주로 제1세계 백인 독자들에게 보내지는 그 소식지는 '저기 저 불쌍한 제3세계 사람들에게 끔찍한 상처를 남기고 수많은 사상자를 낸 원흉은 바로 지뢰다. 슬퍼하거나 분노하는 대신 우리에게 지뢰 제거 후원금을 정기적으로 보낸다면, 당신이 느끼는 슬픔과 분노를 당신의 역량이 강화되는 느낌empowerment으로 바꿀 수 있다'고 광고한다. 아메드의 분석에 따르면, 이 소식지의 발화 방식은 지뢰를 고통과 죽음의 원흉으로 지목함으로써 지뢰가 거기 묻히게 된 복잡한 역사와 정세, 특히 서구 열강의 가해 책임을 은폐한다. 그러고는 서구인들에게 '불쌍한 아프리카인들을 도울 용자는 바로 당신'이란 메시지를 전하면서 역사적 가해자(적어도 그러한 과오를 사과하지 않거나 망각한 사람들)를 선량하고 정의로운 구원자로 신분 세탁해준다. 그다음엔 주체가 불쌍한 타자에게 베푸는 '관대함'을 주체의 성격적 특성인 양 재현한다. 사실 규범적 주체 위치에 있는 자들(이 사례에선 서구 백인)이 타자들에게 그처럼 관대함을 베풀 수 있는 것도, 그 베풀 자원을 갖고 있는 것도, 타자들을 배제·희생·착취하여 갖추게 된 능력이다. 그런데도 이 후원 담론은 이를 원래 주체가 관대해서 베풂이 가능한 양 성격적 특성으로 포장함으로써 사회정치적 불평등으로 인해 발생한 고통을 주체의 관대함으로 치료할 수 있다는 적선의 구도를 수립한다. 사회구조적 문제를 개인의 문제로 축소해버리는 것이다. 더욱이 이 소식지처럼 타자의 고통을 다루는 공적 담론 상당수가 고통받는 타자 대신 '타자의 고통에 슬퍼하고 분노하는 우리'에 초점을 맞춤으로써 타자를 '우리 느낌의 대상'으로 박제한다. 타자가 저기 어딘가에 불쌍하게 붙박여 있을 동안 '우리 주체'는 타자의 고통을 대신 슬퍼하고 분노해주면서 역량이 강화되고, 그들을 구원해주기 위해 움직이는 기동성을 얻게 된다. 주체의 각성과 성장을 위한 땔감으로 타자의 고통이 이용되는 셈이다.146)

셋째, 이 적선의 구도에서 타자의 고통이 소비될 때, 주체가 도와줄 마음이 들 만큼 괴롭고 불행해야 하므로 타자의 고통은 늘 과도하게 재현된다. 이 과잉 재현은 불평등한 권력 관계를 재생산하고 유지한다. 주체는 베푸는 위치에 있고, 자신이 누구에게 베풀어줄지를 정하기 위해 타자들의 고통을 줄 세우며, 그 고통이 진짜인지 아닌지를 재단한다. '관대한 주체'가 베풀어주실 선물을 받을 자격을 누가 얻게 되는가를 두고 경쟁이 일어날 때 타자의 고통은 점점 더 과잉 재현되고, '이 정도면 도움을 받을 만하다'의 합격선을 넘지 못한 고통은 아예 가시화되지 못하거나 잠깐 가시화되는 순간 맹렬한 비난 속에 다시 배제된다. 문제는 타자의 고통이 점점 더 과잉 재현될수록 그 합격선은 계속 올라간다는 것이다. 수전 손택이 『타인의 고통』에서 지적했듯, 도움이 필요한 엄청 불쌍한 타자들의 이미지가 볼거리로 넘쳐나는 사회에서 우리는 타인의 고통에 무감각해진다. 고통이 과장되어 지나치게 대규모로 보이면 사람이 개입해서 변화를 가져올 수 있는 문제가 아니라 그저 자연재해처럼 느껴지게 되고, 그렇게 되면 사람들은 타인의 고통을 만들어내는 문제를 해결하려 노력하기보다는 "연민의 늪"에 빠지고 염증을 느끼고 "해당 문제를 추상적인 것"으로 치부하게 되어버린다는 것이다.147)

손택의 비판대로 '잘 팔리는' 전쟁 사진은 고통 포르노와 구별할 수 없고, '당신의 커피 한 잔 값이면 아프리카 어린이 몇 명을 먹여 살리고' 같은 식으로 상품화된 타자의 집단적 고통은 전 지구적 정치 경제학의 핵심 구성 요소 중 하나가 된다. 이런 식으로 사회에서 유통되고 인정되는 고통에 대한 재현을 따라야만 피해자로 겨우 인정받는 상황에서는 고통에 대한 재현이 고통의 경험과 느낌에 의식적으로든 무의식적으로든 영향을 미치게 된다. 현재 사회에서 인정받는 고통의 형식에 맞춰서 고통을 느끼고 명명하고 공론화하도록, 그렇지 않으면 고통이 인식조차 될 수 없도록 틀이 잡히는 것이다.[148]

이러한 상황과 연관해서 네 번째 문제로 고려해야 할 것은 고통과 진정성의 골치 아픈 연결이다. 타자화된 존재들끼리 고통의 위계를 만들어 인정받을 자격을 경쟁시키는 문화에서는 '누가 더 고통스러운가'가 '누가 더 진정성 있는 피해자인가'를 결정하는 척도가 된다. 사회적 소수자를 겨냥한 수많은 폭력 사건을 보면 사회 정의가 회복되기는커녕 공동체 전체가 피해자들의 상처를 외면하고 침묵시키는 일이 비일비재하고, 극적인 볼거리로 과잉 재현되는 고통만 (잠깐이나마) 주목받으며, 이렇게 주목받은 이들만 피해 복구에 조금이라도 도움이 될 한정된 자원에 접근할 자격을 얻는다. 이 합격선을 넘어야만 비로소 언론이 관심을 갖고, 경찰이 수사를 시작해주며, 없다던 CCTV 증거가 나타나고, 법원이 가해자를 집행유예로 풀어주는 일이 덜 발생하고, 사회복지나 행정 제도 등의 지원을 받을 가능성이 열린다. 따라서 피해자들은 자신이 사기꾼이 아니라 정말로 피해 입었음을 증명하기 위해 더더욱 상처에 매달릴 수밖에 없게 된다. 그러나 아메드는 퀴어 페미니스트 법학자 웬디 브라운Wendy Brown의 논의를 전유하여 사회적 소수자 운동의 정체성 정치에서 상처가 정체성의 토대로 "물신화"되는 현상을 비판적으로 검토한다. 상처가 '인정받을 자격 조건'을 보장해주는 물질적 근거로 굳어질 때 다음과 같은 문제들이 발생하기 때문이다. ①하위주체들이 상처에 몰두하게 될 때 상처는 그 자체로 정체성을 상징하게 되어버린 다. ②상처가 정체성을 상징하게 되면 어떤 정치적 논쟁이 있을 때마다 '내가 상처 입었으니 나에게 사과하라'는 식으로 논지가 진행되며, 논쟁이 곧 '누가 더 상처 입었는가'를 증명하는 싸움으로 변질되어버린다.149) 이런 반응은 정치적 주장과, 당면한 문제를 분석하고 대안을 모색하기 위해 "행동할 역량"을 모조리 "복수"로 변질시켜버린다. ③상처를 곧 정체성과 등치시켜버리면, 그러한 상처가 생기게 된 역사적·구조적 맥락이 지워지고 정체성도 변화 가능성을 잃어버린 채 둘 다 그냥 '거기 있는 것'으로 고정되어버린다. ④고통에 대한 발화는 권리 주장의 언어로 축소된다.150)

아메드는 이를 "보상의 문화the culture of compensation"라 부른다.

> 보상의 문화에서는 모든 형식의 상처가 무죄와 유죄의 관계에 연루되어 있고 모든 상처의 책임은 개인이나 집단이 져야 한다고 간주된다. 법적 영역에서 고통은 보상을 주장할 수 있는 근거로서 양적으로 측정 가능한 상태로 변환된다. 상처의 물신화에서 문제는 상처의 형식들이 등가(等價)로 가정된다는 점이다. 이 등가의 생산은 상처가 자격이 되게끔 하고, 그다음엔 다른 모든 타자들이 똑같이 입수 가능한 자격이 될 수 있게 한다.151)

상처가 나의 권리 주장을 정당화하는 자격 조건이 되고 법적 영역에서 보상을 주장할 수 있는 측정 가능한 상태로 변환되는 이 '보상의 문화'가 기본적으로 전제하는 건 형식적 평등이다. 그러나 사실 내 상처를 인정받을 가능성이 "다른 모든 타자들이 똑같이 입수 가능한 자격"은 아니라는 게 문제다. 버틀러 절에서 논했고 이 절 서두에서 언급했듯 어떤 고통과 괴로움이 더 많은 발언권을 얻는가의 문제, 즉 고통의 형식과 내용을 인정하느냐 여부를 둘러싼 차별은 "권력 분배의 핵심적 기제"다. "공적 자원에 더 많이 접근할 수 있는 주체일수록 공적 영역 안에서 상처의 서사를 동원할 능력에 더 많이 접근"할 수 있는 것이다. 타자들이 자신의 고통을 인정받기 위한 자격 조건을 두고 고군분투하는 동안 규범적 주체 위치를 점한 자들은 너무도 쉽게 고통의 진정성을 인정받는다.152) 게다가 공적 담론장에서 규범적 주체들은 피해자에게 절박한 고통과 상처의 언어를 너무도 쉽게 강탈해 자기 것으로 만든다. 성폭력 가해자 남성들은 자신이 저지른 짓이 성폭력이 아니고 '꽃뱀'에게 물렸다고 주장한다. 국수주의 담론에서 '우리 국민'은 항상 이민자들에게 강간당하고 강도질 당할 위협에 처한 '잠재적 피해자'로서 미리 상처입는다(여기서 강도로 재현되는 이민자 유형은 유색인과 제3세계 사람들이다). 심지어 이 사회는 폭력을 겪고 살해당한 트랜스젠더퀴어들을 '피해자'로 인정해주기는커녕 '성별을 속인 가해자'로 둔갑시킨다. 이 퀴어들이 겪은 고통과 상처와 피해보다, 이 퀴어들을 때리고 살해한 규범적 주체들이 주장하는 상처와 피해가 더 중요하게 부각되고 인정받는 것이다. 앞서 '빼앗긴 세대'에 대한 호주 정부의 입장처럼, 아예 피해자의 고통을 빼앗아 자기 것인 양 둔갑시키기도 한다. 원주민들의 아픔을 '우리 모두의 아픔'이란 말로 덮어버리면서, "국가적 몸은 원주민 몸이 있을 자리를 대신 차지하고는 원주민의 고통을 국가 자신의 고통이라 주장"한다.153) 이처럼 기득권을 쥔 주체들은 고통의 서사를 독점하고 연기한다. 이들은 '나도 상처 입었다', '내가 더 고통스럽다'를 주장하면서 권력 불평등을 그저 입장 차이인 양 희석시켜버린다. 그리고 '고통'과 '피해'라는 개념 자체의 신뢰도와 상처를 입에 올리는 행위 자체의 신뢰도를 깎아 먹음으로써 실제 피해자들이 하는 말과 그 발언 행위의 신뢰도에 해를 끼친다.[154]

아메드의 이런 분석은 모든 상처와 피해를 믿지 말자는 이야기를 하려는 것이 아니다. 상처의 언어를 쓰지 말자고 제안하는 것도 아니고, 피해자들이 보상 따윈 바라선 안 된다는 가해자 친화적 주장을 하는 것도 결코 아니다. 아메드의 요점은 "'상처들'이 정치로 진입하는 다양한 방식에 주의를 기울여야" 한다는 것이고, 상처와 피해가 어떻게 만들어졌는지 그 맥락과 역사를 잊지 말아야 한다는 것이다. 아메드가 역사와 맥락을 중시하는 이유는 상처가 특정 시공간에서 어떤 권력관계에 의해 만들어진 것인지를 비판적으로 검토해야만, 기득권을 쥔 규범적 주체가 주장하는 고통과 타자화·비체화되는 존재들의 고통의 구조적 차이, 그리고 그 고통을 언어화하고 공론화하고자 할 때 발언할 기회며 인정받을 가능성에서의 구조적 격차를 은폐하는 데 공모하지 않을 수 있기 때문이다. 또한 아메드는 상처를 역사화·맥락화하는 작업이 상처를 과거에 박제하여 물신화하는 대신에 현재를 변화시킬 정치적 행동을 이끌어낼 자원으로 다루는 방법이라고 본다.[155] 역사를 강조하는 아메드의 이 입장은 다른 정동 정치에 대한 분석에서도 꾸준히 강조된다.

그러나 역사화한다는 것은 단순히 역사를 기록하는 것과는 다르다. 수많은 사람들이 지적해왔듯 역사는 결코 객관적인 서술이 될 수 없기 때문이다. 과거를 '청산'하거나 과거사와 '화해'하겠다는 명목으로 나온 정부 기록물들을 보면 살아서 권력을 쥔 이들이 상처를 과거의 것으로 선언하고(즉, 그 사건으로 지금 고통받는 사람은 없다고 선언하고) 서둘러 문제를 봉합하려 드는 경우가 많다. 따라서 타자들의 고통에 대한 증언집이 출간된다고 해서 고통 서사가 비로소 제대로 인정받았다고 보기는 어렵다. 또한 내가 아닌 다른 이들의 고통을 역사화할 때, 나 자신이 깨끗하고 무관한 제3자가 아니라 이 역사에 어떤 식으로 연루되어 있는지를 성찰하고 인정하는 자세가 필요하다. 더욱이 이렇게 인정하고 난 다음에, 과거는 과거의 이야기로 치부하고 끝내고 앞으로 내가 관대하게 양보하면 된다는 생각으로 문제를 해결할 수 있으리라고 착각해서도 안 된다. 내가 연루된 타인의 고통 앞에서 "그 일이 없었더라면 당신은 어떤 모습으로 어떻게 살았을까"라는 질문을 떠올리게 된다면, "과거는 더 이상 과거가 아니라 다른 종류의 미래를 도둑질한 것"이기 때문이다.156)

그렇다면 지금까지 논한 고통의 재현 정치들을 답습하지 않을 방법이 없을까? 타자들이 고통을 증언할 때 어떻게 듣는 것이 윤리적일까? 이 문제에 대해 아메드가 고민한 내용은 이 절의 마지막에서 정리하겠다.

2) 증오의 정치학 : 남 탓의 정당화

앞의 논의에 이어, 여기서 살펴볼 논의는 정동의 언어가 공적 영역에서 사적인 것의 탈을 쓰고 기존의 차별과 위계를 효과적으로 운용하는 방식을 분석한다. 특히 "우리 느낌의 '출처'로 '타자들'을 탓함으로써 주체를 집단에 동조시키는 방식"을 분석한다.157) 이 분석을 위한 핵심 개념은 '정동 경제affective economies'와 'sticky'이다. 이 두 개념을 이해해야 '남 탓'이 어떻게 증오 및 혐오와 버무려지는지, 증오와 혐오가 어떻게 돌고 도는지(한 가지만 혐오하는 혐오자는 없다)를 알 수 있다.

정동을 '경제'에 빗대는 이유는 "감정의 대상들이 사회적 · 심리적 장field을 가로질러 유통되거나 분배된다는 점"158)을 보이기 위해서다. 정동의 움직임은 생산, 유통, 투자와 같은 경제적 활동으로 설명할 수 있다. 첫째, 감정은 나와 타자, 개인적인 것과 사회적인 것을 마치 별개의 확실한 실체가 있는 대상인 양 구분하는 경계 자체, 안과 밖의 효과를 '생산한다.159) 타자를 우리의 적으로 규정함으로써 우리라는 집단을 구축하는 방식은 특정 감정에의 호소를 바탕으로 만들어지곤 하는데, 거칠게 정리하면 세 단계로 진행된다. 먼저 느낌과 감정은 '국민', '민족' 같은 집단적 정체성을 구성해내고, 그와 동시에 그 구성 과정은 은폐되어 느낌과 감정이 "'물신화되고 대상 안에 거주하는 자질처럼" 되며,160) 그럼으로써 그 집단이 주장하는 증오와 혐오에 근거가 되어주는 것이다. 예를 들어 <영국민족전선>은 "불법 이주자와 가짜 난민 무리"를 "국가를 침략"하는 자들이고 "우리의 것을 위험에 빠뜨리는 자들"이며 우리 세금을 갈취하는 자들이라고 선전하는데, 여기서 '우리 국민'과 '우리 국가'는 '부드러움/만만함softness', '돈줄soft touch'이란 은유로 재현된다. 이 은유를 통해 국가의 경계는 타자의 침입과 학대에 쉽게 당하고 쉽게 상처 입는 부드럽고 연약한 피부로 이미지화된다.161)

둘째, 증오와 같은 감정은 한 주체나 대상에 붙박이로 속해 있는 게 아니라 "차이와 전치displacement의 관계 속에서 이 기표에서 저 기표로 **유통**된다"는 점에서 "경제적"이다.162) 특히 주목할 점은 아메드가 정동의 작동 방식을 설명할 때 'sticky'라는 표현을 쓴다는 점이다. 감정은 몸에 기호를 들러붙게 함으로써 대상을 생성한다—예를 들어 한편으로는 자랑스러우면서도 다른 한편으로는 '우리'가 반드시 지켜줘야 할 연약하고 사랑스럽고 애달픈 '우리나라', 그리고 이에 대조적으로

'우리나라'에 병을 옮길지도 모르는 혐오스러운 '똥꼬충'들과 '우리나라'에 도움이 되지 않아 한심한 '병신'들. 그리고 어떤 감정은 다른 몸보다도 이 몸에, 다른 대상보다도 이 대상에 더 잘 부착된다. 예를 들어 버틀러가 애도의 차별적 인정에 대해 논했듯 먼 나라 '아랍인'들의 떼죽음보다는 미국인 백인 군인 한 명의 죽음에 '애통함'이란 감정이 더 많이 들러붙을 것이다.163) 감정이 대상에 부착되고 또 감정이 대상에 기호를 부착시키는 이런 움직임에서 중요한 점은, 부착은 한 번 붙으면 영영 안 떨어지는 성질의 것이 아니라 끈끈하긴 하지만 스티커처럼 떼었다 붙였다 할 수 있는 것(sticky)이라는 점이다. 예를 들어 혐오의 감정은 난민의 몸에 '잠재적 강간살인마'라는 기호를 붙게 하고, '인격'이나 '인권' 같은 기호가 난민의 몸에서 미끄러져 떨어지게 만들 수 있다. 이렇게 정동을 이해할 때, 아메드가 "감정의 파문 효과 ripping effect of emotions"라고 부르는 움직임—기호, 대상, 형상들 사이에 감정이 미끄러지면서 연결을 만드는 방식(성소수자 혐오는 난민 혐오, 유색인 혐오, 장애인 혐오와 거의 함께 간다), 현재 표출되는 정동이 과거의 문제들을 현재에 이어 붙이는 방식, 같은 정동이 위치성과 맥락에 따라 다르게 동원되고 다른 효과를 낳는 방식—을 분석할 수 있다.164)

셋째, 우리는 감정을 통해 "사회적 규범들에 **투자**"한다.165) 왜 보수 기독교 혐오 세력은 동성애를 허용하면 모두가 싹 다 죽는 것처럼 그토록 비장하게 난리 칠까? 왜 '양성평등'을 '성평등'으로 바꾸면 자신이 길바닥에 나앉을 것처럼 굴까? 왜 한국의 늙은 남자들은 지하철 임산부석엔 뻔뻔하게 앉아있는 주제에 여자가 애를 안 낳으면 나라가 망한다는 위기감에 몸부림칠까? 감정은 국가나 종교 같은 커다란 구조에 자신을 동일시하여 자아를 수립할 수 있는 "각본을 제공한다. 만약 당신이 너를 국가에 동조시키고 국가를 없애겠다고 위협하는 자들에 반대하라는 초대를 수락한다면," 당신은 국가가 필요로 하는 특별한 사람, 국가가 직접 지목하여 나라를 지킬 용사의 자리를 맡길 만큼 가치 있는 사람, 국가의 부름에 기꺼이 응하는 애국자의 위상을 차지하게 된다.166) 그래서 위에서 예시한 사람들이 그토록 절박하게 난리치는 것이다. 국가(또는 종교)적 이상에 내 모든 걸 투자했으니 국가의 위기감은 내 위기감이고 국가가 죽으면 나도 죽는 거고 그러니 내가 몰빵한 투자 망하지 않게 하려고 날뛰는 것이다.

여기서 주목할 것은 이 증오라는 감정의 작동에 '사랑'과 '피해자 의식'이 딸려온다는 점이다. 증오와 혐오를 쏟아내는 집단들은 자기네가 하는 것이 '혐오'가 아니라 '사랑'이라고 주장한다. 보수 기독교 혐오 세력은 '하나님은 동성애자를 사랑하신다'라고 주장하면서 동성애라는 마귀소굴로부터 동성애자를 구해내겠다며 폭력을 휘두른다. 그러나 엄밀히 말해 여기서 작동하는 것은 자아도취적 사랑이다. 증오에 대한 많은 심리학 이론들이 '애증'이란 개념으로 사랑과 증오를 한 쌍으로 묶어 놓지만, 아메드가 보기에 규범적 주체는 타자를 사랑해서(그런데 타자가 자신으로부터 등을 돌려서, 자기 사랑을 보답받지 못해서) 타자를 증오하게 되는 것이 아니다. 주체는 타자를 증오하고, 자신을 사랑하는 것이다. 즉 유사성과 동일성으로 묶일 수 있는 '우리'를 사랑하고 타자성과 차이로 갈라서는 '저들'을 미워하는 것이 증오의 작동 방식이다.167) 이 자기애적 각본에서 규범적 주체들은 '나는 좋은 사람인데 너 때문에 이렇게 됐다'는 식으로, 내 안에 끓어오르는 이 증오 감정의 원인을 타자에게 귀속시킴으로써 스스로를 피해자화한다. '나는 정도 많고 평범한 사람인데 타자들의 침입에 위협받고 있다'는 환상을 발동시켜

"평범한 사람을 진짜 피해자로", 타자들을 증오의 원인으로 구성해내는 것이 증오의 작동 방식인 것이다.[168] 난민, 이주자, 빈곤층, 장애인 등 타자들은 걸리적거릴 뿐 아니라 우리 땅을 빼앗고, 일자리를 빼앗고, 세금을 빼앗는 침입자들로 재현된다. 이들은 '우리'의 순수함을 더럽히는 존재들로 상상된다. 규범적 주체들은 타자들로부터 침탈당하고 위협받는다는 이 환상을 끝도 없이 반복하면서 스스로를 '순수한 몸'으로 상상한다.[169]

그런데 이 규범적 주체들은 '피해자'로서 타자들의 침탈 위협을 방어해야 하지만 동시에 '평범한 좋은 사람'으로서 이웃을 환대하는 위치성을 놓치지 않으려고 한다. 그래서 이들이 하는 짓은, 좋은 타자와 나쁜 타자를 구분하는 것이다. 남성 우월주의자들은 여성을 성녀/창녀로 구분하려 들고, 인종차별주의자들은 '진짜 난민'과 '가짜 난민'을 구분하려 든다. '순수한 진짜 난민'은 환영하겠지만, "이 환대의 한계나 조건을 정의하기 위해 일부 타자들을 이미 해로운 존재로(즉, 가짜 난민으로) 구성"하는 움직임이 동시에 작동하는 것이다.[170] 그러나 진짜와 가짜를 어떻게 구분해낼 것인가. 그 구분이 항상 성공한다는 보장은 있는가. 이 질문에 대한 확답은 불가능하다. 여기서 확실한 건 '진짜와 가짜의 구분이 실패할 수도 있다, 즉 가짜가 우리 공동체에 들어올지도 모른다'는 것뿐이다. 따라서 규범적 주체들은 안전한 타자와 위험한 타자를 구분한다는 명목 아래 모든 타자를 잠재적 위험 집단으로 간주하고, 타자들을 계속해서 감시하고, 이러한 인권 침해적 감시와 폭력을 '저들이 위험한 가짜일지도 모르니까 우리를 보호해야 한다'는 명목으로 정당화한다. 증오의 대상을 특정할 수 없어서 증오하지 못하는 일은 벌어지지 않는다. 반대로 증오의 대상을 특정할 수 없기 때문에 증오가 일상화된다. 언제 닥칠지 모르는 위협에 대비해 모든 사회적 타자를 적으로 간주하고 방어 태세로 있어야 한다는 것이 바로 증오가 작동하는 방식인 것이다.[171]

이런 식의 일상적 증오는 끊임없이 나와 타자를 구분한다. 정확히 말해 타자를 '나', '우리'와 다른 것으로 증오함으로써 '나'라는 주체의 몸 표면과 '우리'라는 집단의 경계를 만들어낸다. 그리고 그럼으로써 (내가 이 장의 1절에서 정리한 대로) 증오하는 타자를 몰아내는 식으로 사회적 공간을 재구성하고, 증오받는 이의 심신을 파괴적으로 재형성한다. 이 지점에서 아메드는 증오 범죄 담론이 그 폭력과 집단적 정체성의 직접적 상관관계(범죄 피해자의 인종, 섹슈얼리티, 성별, 종교, 장애 등 사회적 소수자 집단의 정체성적 특성 때문에 범죄가 일어났음이 입증될 때에만 '증오 범죄'로 정의된다)를 따지는 작업에 집중하느라 일상적으로 일어나는 장기적인 증오가 증오를 받는 당사자들에게 얼마나 폭력적인 상처를 남기는지에 대한 논의가 부족하다는 점을 지적한다. 직접 때리고 찌르는 증오 범죄도 심각한 문제지만, 일상적인 언어폭력과 시선 폭력—바퀴벌레 보듯 혐오하고 닿기도 싫다는 듯 몸을 피하고 눈앞에서 치워져야 할 더러운 쓰레기 취급하는 방식—이 그런 증오와 혐오를 받아내는 이가 스스로를 혐오하게 만들고 자신과 유사한 집단적 정체성을 가진 이들을 증오하게 만드는 정동적 효과에 주목해야 한다고 촉구하는 것이다.[172]

3) 행복과 불행의 정치학

(1) "부적절한 방식으로 행복할 자유"

사회적 소수자들에게 수치심은 익숙한 정동이다. 이들에게 수치심은 "규범적 실존에 대한 각본을 따르지 않으면 치러야 하는 정서적 대가"로 경험된다. 규범적 각본에 들어맞지 않는 사람들은 수치심의 감정을 더 많이 느끼거나 수치심을 느끼라는 요구를 받으며 심지어 "수치심의 '근원'으로 여겨질 수 있다."173) 성폭력 피해자들이나 퀴어들이 부모를 부끄럽게 만드는 집안의 수치로 규정되는 경우는 예외인 집이 오히려 드물다 할 정도로 거의 일반적인 경험이다. 그리고 집안을 부끄럽게 하는 이 반동분자들은 집과 사회 전체에 불행을 몰고 오는 근원으로 취급당한다. 그런데 이는 이성애 가족을 전 세계적인 문명 생산의 기반으로, 즉 "남성과 여성의 결합"을 "삶, 문화, 가치를 재생산하기 위한 조건"174)으로 서사화하기 위해 필요한 배제다. 특정한 삶의 방식을 사회의 규범적 이상과 융합된 것으로 재생산하려면 반드시 그 반대편에 실패한 존재로서의 타자가 필요하다. 사회의 규범적 이상에 부합하지 못하는 "실패가 타자들의 존재나 행동으로 번역되고, 타자들은 그러한 실패를 체현함으로써 이상이 이상으로 받아들여지도록 해주는" 역할을 하도록 강제되는 것이다.175) 이 과정에서 타자들에게 부과되는 수치심은 당사자의 자긍심과 역량을 파괴하고 고통을 배가시키고 그 사람의 신뢰성을 깎아 먹는 데 사용되어 가해자 중심의 체제를 유지하고 강화하는 기능을 한다. 동시에, 실패한 타자들은 사회적 이상에 맞추려는 사람들에게 실패를 전염시키겠다고 위협하는 병원균처럼 취급된다. 5장에서 논했듯 이성애적 세대 재생산은 현재 문화의 재생산과 밀접하게 연결되어 있다. 따라서 사회와 문화를 지켜내는 일이 이성애적 가족을 지켜내는 일과 등치되고 이러한 보호가 '도덕'적인 일로 간주되며, 가족은 항상 '저놈의 게이 자식새끼'처럼 "가족의 재생산 조건을 위반하는 타자로부터 보호받아야 하는 취약한 곳으로 재현된다."176)

『행복의 약속』177)에서는 '행복'에 초점에 맞춰 이러한 정동의 경제를 다시 설명한다. 이 책에서 아메드는 사회가 무엇을 '행복'으로 규정하는지, 어떻게 '행복'이 사회 규범을 정당화하고 재생산하며 불평등·억압·차별을 개인의 탓으로 돌리는지를 탐구한다. 영어 단어 happy에는 '행복한'이란 뜻만 있는 게 아니라 '(말, 생각, 행동 등이) 적절한'(유의어 suitable)이란 뜻도 있다. 이 두 가지 의미를 연결해서 생각해보면, 행복이란 개념이 도덕적 위계와 범위를 결정하는 가치 개념으로 기능한다는 것을 알 수 있다. 적절해야만 행복하리라는 어떤 가이드라인 같은 것이 깔려 있는 셈이다.178) 이 사회에서 행복의 중심 모델은 이성애 규범적 가족이고, 부모는 '단지 네가 행복하길 바랄 뿐이야'(한국식 표현으론 '다 너 잘 되라고 그러는 거야')라고 말하면서 자식에게 삶의 특정한 경로만을 강제한다. 이러한 "행복 각본"179)은 특히 이성애적 재생산을 완수하고 다음 세대에 다시금 이성애를 물려주는 방향으로 행복의 방향성을 설정한다. 아메드는 자식의 커밍아웃을 접한 부모가 '단지 네가 행복하길 바랄 뿐이야'라고 말하면서 마치 아이에게 자유와 선택권을 주는 것 같은 뉘앙스를 풍기지만 사실상 퀴어의 미래를 불행으로 규정해놓고는('그저 네가 그 길을 가면 힘들까 봐 걱정돼') 진정한 행복이라는 지위를 이성애 규범적 가족에게 부여하고 사수하는 방식을 분석한다.180) 다만 한국을 포함한 많은 나라에선 아메드가 분석한 사례보다 훨씬 파괴적으로 '행복'을 주입하는 부모가 더 많을 것이다. 행복 각본이 정해놓은 경로에서 이탈한다면 너는 반드시 불행해질 거라고 위협하는 것은 물론이고 너의 불행을 막겠다는 명분 아래 자식을 불행에 빠뜨리는 것이다. 부모와 친족과 사회가 '행복'이나 '사회 안정'이라는 대의명분을 내세워 퀴어들에게 사생활 간섭, 감금, 전환치료, 강간 사주 등 광범위한 폭력을 저지르는 사례는 1976년 <여성에 반하는 범죄에 대한 브뤼셀 법정> 보고서가 '강제적 이성애compulsory heterosexuality'가 전 세계적으로 광범위하게 자행되는 폭력임을 입증했을 때부터 지금까지도 계속 보고되고 있다.181)

이런 짓을 당하니 퀴어들이 불행해지는 것도 당연한 일일 텐데, 이성애 규범적 사회는 적반하장으로 그 불행의 원인이 퀴어에게 있다고 책임을 전가시킨다. 부모에게 자신의 정체성을 들키거나 커밍아웃한 자식치고 "너는 왜 엄마를 불행하게 만들어. 이런 애 아니었잖아" 같은 말을 들어보지 않은 사람은 별로 없을 것이다. 퀴어는 존재만으로 불행하다고 가정되고, 행복해지려고(즉, 시스젠더 이성애자가 되려고) 노력하지 않을 경우 부모와 주변 사람들에게까지 불행을 감염시키는 괴물이 되어버린다. 그러나 퀴어가 불행한 이유는 퀴어를 불행한 존재로 규정하고 재현하는 세상에 살고 있기 때문이다. "불행에 대한 판단이 불행을 창출하는 것이다. 퀴어 관계가 사회적 생명력을 가질 수 있다는 걸 인정하지 못하는 실패, 퀴어 사랑을 인정하지 못하는 그 실패의 퍼포먼스 자체로부터 불행이 창출된다."182) 사실상 이성애 규범적 가족은 퀴어를 희생양 삼아 규범적 버전의 행복을 생산한다. 즉 이성애 규범에 맞지 않는 이들을 불행한 존재로 규정하고 소외시키고 처벌함으로써 가족을 행복의 유일한 구심점으로 유지하고 재생산하는 것이다.

아메드는 이처럼 사회적 규범이자 도덕적 강제로서 차별적이고 폭력적으로 작동하는 '행복'에 맞서 "불행의 아카이브"를 구축하는데, 대표적으로는 "흥을 깨는killjoy 페미니스트", "불행한 퀴어", "우울증적 이주자"가 여기 속한다.183) 이들은 이성애 규범적이고 성차별적이고 가부장적인 가족 제도 및 이를 기반으로 만들어진 사회 제도와 관습, 그리고 제국주의와 인종차별주의에 순종하길 거부하고 그러한 권력 구조 아래 자행된 폭력의 역사를 망각하길 거부함으로써 분위기를 싸하게 만들고 가족과 사회에 불행을 퍼뜨리는 반동분자, '정동 이방인affect alien'이다.[184] 이들에게 불행의 원인을 전가하고 이 개개인을 '트러블 메이커'로 모는 짓은 차별과 배제의 구조를 당연시하는 짓일 뿐 아니라 앞서 츠비예트코비치가 기술한 정치적 우울을 야기하는 요소 중 하나일 것이다.

그런데 아메드는 이 정동 이방인의 위치에서 행복이나 긍정적인 감정을 찾자는 주장으로 나아가지 않는다. 긍정적인 감정이 좋은 것이고 나쁜 감정은 퇴행적이라는 전제는 차별과 폭력과 불의의 역사를 잊지 않으려는 사람들을 과거에 연연해 지나간 것을 붙들고 있느라 미련하게 우울증이나 걸린 시대착오적 인간으로 치부하면서 그러한 역사를 이제는 청산해야 할 과거로 삭제해버린다. 그러나 '역사 청산'이라는 이름으로 과거를 재빨리 망각하고자 하는 태도는 앞에서 지적했듯 과거의 폭력이 현재의 기득권 생산에 얼마나 유지하고 있는가를 은폐하려는 태도이다. 더욱이 퀴어나 페미니스트나 식민지의 역사를 기억하는 이주자로 산다는 건 아무리 자기와 닮거나 신념이 맞는 사람들을 만난다 한들, 마냥 행복하고 긍정적일 수만은 없는 삶이다. 사회의 불의에 맞서는 소수자의 삶에는 거대한 불의에 맞닥뜨리는 일이 반복되면서 겪는 분노와 고통과 절망감과 우울감과 지치고 소진되는 느낌, 가족이나 친구나 연인 등 친밀한 관계에 있는 사람들로부터도 이해받지 못하거나 억압받을 때의 충격과 서러움, 함께 싸우는 사람들과 연대하는 행복, 내부의 차이가 표출되는 방식으로 인한 절망, 대안적인 삶을 만들어나가려 애쓰면서 느끼는 괴롭고도 즐거운 감정 등이 뒤섞여 있기 마련이다. 그리고 이런 삶에서 느끼는 '행복'은 반드시 연애하고 결혼하고 애를 낳고 번듯한 직장에 자가용에 집을 갖고 자식들을 좋은 대학에 보내 결혼시켜 손주를 봐야만 성취될 수 있는 종류의 규범적인 행복과는 다를 것이다. 이런 의미에서, "불행할 자유는 부적절한 방식으로 행복할 자유를 포함할 것이다."[185]

그러므로 정동 이방인들은 불행/행복 중 어느 한쪽에 놓이는 것이 아니라 기존의 그 이분법적 분리 자체를 문제시하고 갈아엎는 사람들이고, 그 틈새에서 대안적인 삶을 꾸려가는 사람들이다. 아메드는 행복을 우리가 반드시 쟁취해야 할 궁극의 목표로 여기지 말고 그저 우리가 삶에서 마주칠 수 있는 수많은 가능성 중 하나로 보자고 제안한다. 그리고 불행은 단순한 상태가 아니라 자신에게 부과되고 강제되는 것들을 판단하여 거기에 동의하지 않는다는 뜻을 정서적으로 피력하는 의사 표시로 보자고 제안한다. "괴로워한다는 건, 좋다고 판단되어왔던 것들에 당신은 동의하지 않는다고 느낀다는 것을 의미"한다는 점에서 고통은 "행동할 역량을 고양시킬 수 있는 감수성"이 될 수 있다.[186] 그렇다면 기존 권력 구조에 맞서는 소수자 정치는 고통과 거리를 두길 거부하고 "허버트 마르쿠제가 '이 사회의 악행을 받아들이길 조장하는 행복한 의식'이라 부른 것을 거부"하면서 그러한 과정에서 기꺼이 스트레스 받기를 감수하는 혁명적 행동일 수 있다.[187]

이는 '나의 고통은 세상이 준 선물'이라며 비극적 영웅 되기를 자처하는 오글거리는 태도가 아니다. 남들이 가지 않는 길, 심지어 사회가 그 길을 가면 반드시 너를 불행에 빠뜨리겠다고 벼르는 길을 더듬더듬 개척해가면서 "행복으로부터 우리가 소외되어 있음을 인정하는 연대"[188]를 구축하고, 사회가 규범적으로 강제하는 '행복 각본'과는 다른 방식으로 존재할 가능성을 열어젖히려 노력하는 정치윤리이다. 아메드는 이처럼 행복의 정치에 맞서는 대항 정치를 '우연의 정치a politics of hap'로 명명한다. hap은 중세 영어로 '우연한 기회chance'나 '행운fortune'을 뜻한다. 아메드가 이 정치로 제안하는 것은, 규범적 행복의 길을 따르려 애쓰며 삶의 모든 것을 예측 가능하고 통제 가능한 형식에 끼워 맞추는 대신에, 삶에 우연히 일어나는 것들을 포용하고 행복을 목적이 아닌 수많은 가능성 중 하나로 바라볼 때 지금과는 다른 삶과 다른 세상을 창조할 가능성이 열릴 수 있다는 것이다.189)

(2) 퀴어 느낌?: '우리'에게 본질적인 정동은 없다

비슷한 맥락에서 아메드는 사회적 소수자들에게 반드시 본질적인 정동이 있다는 식으로 대안적인 정동을 제시하려 하지 않는다. 이 사회가 '도덕적'이고 '정상적'이라 정해놓은 길을 따라 살길 거부한다는 것은 규범에서 완전히 벗어나 자유로워지는 것이 아니라 규범에의 불복종이라는 낙인찍힌 형식으로 규범에 연루된다는 뜻이다. 단지 이성애를 하지 않는다는 이유로, 지정 성별에 맞춰 살지 않는다는 이유로 치러야하는 대가에는 수치심과 우울증 같은 심리적 대가도 수반된다.190) 따라서 지금까지 논의해왔듯 부정적 정동은 퀴어들의 삶에 깊이 연관되어있다. '퀴어 느낌'이란 게 있다면, 그것은 "살아가는 법과 사랑하는 법이 적힌, 우리가 입수 가능한 각본들에 편안함을 느끼지 못하는 불편한 감각을 끌어안고 있다."191) 내가 이 시스젠더-이성애 중심적 세상에 적응하길 실패했고 계속 실패하고 있다는 상황으로부터 오는 불편함과 불안함, 그리고 "이 불편함이 우리를 어디로 데려갈지 모른다는 불확실함을 마주하면서 느끼는 짜릿함"192)이 퀴어들의 일상을 퀴어하게 만드는 느낌들일 것이다. 그러나 이처럼 퀴어들의 삶에 부정적 정동이 결부되어온 복잡한 역사와 맥락을 인정하고 탐구하는 일과, 그 정동이 본질적으로 퀴어의 정동이라고 확정하는 일은 결코 같지 않다. 아메드는 『감정의 문화정치학』 7장 「퀴어 느낌들」에서 이 문제를 숙고한다.

예를 들어 앞서 언급했던 '수치심'으로 돌아가 보자. 사회적 소수자들에게 부과되는 수치심은 낙인찍어 길들이기와 밀접한 관련이 있다. 그리고 역사적으로 낙인찍혀 온 소수자들은 내가 왜 수치심을 느껴야 하는지 제대로 판단하기도 훨씬 전 어린 시절부터 자신에게 들러붙은 수치심의 감정과 함께 자랐다. 그래서 퀴어 이론가들은 퀴어의 삶과 자아 감각에 중요한 정동으로서 수치심에 주목해왔다. 예를 들어 『정상과의 트러블*The Trouble with Normal*』(2000)에서 마이클 워너는 '수치심'과 '섹스'가 동성애 규범적 게이 주류화 정치와 이에 맞서는 퀴어 정치 각각에서 중요하게 쟁점화되는 방식을 분석하면서, 수치심이란 정동을 섣불리 치워버릴 때 '품위의 위계' 밑바닥에 놓이는 가장 주변화되고 가장 비합법적인 존재로 여겨지는 퀴어들이 배제될 위험을 지적한다.[193]

그러나 다시 말하지만, 이처럼 복잡한 맥락 속에서 중층결정되는 수치심을 탐구하는 일과 수치심을 퀴어의 본질적 정동으로 고정하는 일은 다른 문제다. 우리의 정체성을 형성하는 데 있어 수치심이 매우 중요하고 때로는 본질적인 듯 느껴지는 정동으로 들러붙어 있다 하더라도, 아메드는 정동이 떼었다 붙였다 할 수 있는 스티커처럼 작동한다는 점을 꾸준히 강조한다. 그 어떤 정동도 누군가의 본질이나 소유가 될 수 없고, 그 어떤 정동도 단 하나의 의미로 고정될 수 없다. 오히려 지금까지 정리했듯, 어떤 정동이 어떤 주체들에게 부착되느냐에 따라 어떤 식으로 재현되고 유통되고 이용되는지를 탐구하는 작업이 더 필요하다. 예를 들어 수치심이 사회적 소수자가 아니라 다수자 위치성을 가진 이들에게 부착될 때, 수치심은 기득권을 쥔 사회적 다수자들을 '부끄러움을 느낄 줄 아는 선량하고 정의로운 나로 포장해주는 수단으로 활용된다. 그리고 정부와 같은 공적 주체가 대국민 사과 같은 형식으로 자신의 수치심을 표현할 때면 보상 책임을 피하고자 '우리 모두의 수치심'이란 표현으로 책임 소재를 흐리거나 수치심을 빨리 다른 정동으로 대체하고 덮어 가리는 경향을 보인다.194) 한편 또 다른 퀴어들은 수치심을 퀴어의 정동으로 사유하는 대신 바깥으로 투사하는 운동을 벌이기도 했다. 1990년대 초 줄리아니 뉴욕 시장 재임 시절은 퀴어들을 겨냥한 공권력의 탄압이 도시 정화 정책으로 포장되는 한편 동성애 규범적 게이 주류화 정치가 친자본적인 형태로 가시화되던 때였다. 즉 퀴어들이 사적이고 공적인 관계를 만들어나가던 크루징 공간을 밀어버리고 백화점이나 고급 주택을 짓는 젠트리피케이션 정책과 더불어 수많은 퀴어 클럽과 바를 경찰들이 마구잡이로 탄압하면서 특히 저소득층 유색인 퀴어들을 공적 공간에서 쫓아내는 작업이 진행 중이던 때였지만, 당시 뉴욕에서 열린 게이 프라이드 행사는 이런 폭력에 목소리를 내기는커녕 다국적 기업들이 게이 소비자들을 겨냥해서 크게 한탕 올리는 상업적 행사로 변질되었다. 게이 수치심Gay Shame 운동은 이런 배경 속에서 조직되었다. 이 운동을 조직한 이들은 퀴어들이 공적으로도 사적으로도 생활공간에서 밀려나 점점 더 위험해지고 있는데도 친자본적이고 동성애 규범적인 집단이 주축이 된 게이 프라이드 행사가 이런 심각한 현실을 외면하고 있음을 강도 높게 비판하며 "너희의 프라이드가 수치스럽다. 부끄러운 줄 알아라" 하고 외쳤다.195)

이처럼 수치심이 다양한 주체들에게 다양한 방식으로 사용되는 사례에서 알 수 있는 건, 특정 정동이 들러붙는 대상 자체가 중요한 게 아니라는 점이다. 탐구해야 할 것은 특정 정동이 어떤 식으로 여러 대상에 붙었다 떼어졌다 하는가, 그리고 그런 탈부착과 유통이 어떤 의미와 효과를 만들어내는가 하는 문제다. 예를 들어 수치심과 연결된 퀴어 재현에서 벗어나고픈 사람들은 수치심 대신 즐거움, 기쁨, 쾌락으로 퀴어를 재현하고자 하는 경우가 많다. 물론 퀴어 타자가 오로지 불쌍하고 고통스럽고 수치심과 깊이 연관된 존재로만 재현된다면, '관대한' 이성애 규범적 주체가 시혜를 베풀어주길 기다리는 불쌍한 타자로 박제되어 이성애 규범적 주체를 형성하고 선전하는 데 쓰이는 수단으로 대상화될 위험이 있다. 그러나 한편으로, 퀴어를 쾌락적 존재로 재현하는 작업이 이러한 대상화에서 완전히 자유로운 건 아니다. 이성애자 여성들이 즐기는 BL 장르나 이성애자 남성을 주 고객으로 만들어지는 레즈 포르노처럼, 퀴어와 쾌락을 연결하는 재현에서 퀴어는 이성애 규범적 주체의 욕망과 매혹의 원천으로 대상화되는 방식으로 자주 소비된다. 또한 글로벌 자본주의가 끝없이 새로운 시장을 탐하는 가운데 퀴어들의 '핑크 머니' 역시 새로운 가치를 획득했고, 5장에서 살펴봤던 '핑크워싱'처럼 퀴어가 진보의 아이콘으로 상품화되는 현상이 나타났다. 이런 현상들은 퀴어와 쾌락의 연결을 마냥 전복적이고 해방적인 것으로 찬양할 수 없음을 보여준다. 그럼에도 다른 한편, 이 사회가 '올바른 쾌락 = 이성애'라는 공식을 강요하고 반대로 퀴어와 즐거움은 과하게 문란한 것으로 죄악시하거나 아예 그러한 연결 자체를 부정해왔다는 점을 생각하면, 퀴어한 즐거움을 탐색하고 공적으로 드러내는 작업은 이런 강요된 틀에 저항한다는 의의가 있고, '우리가 여기 있음'을 선언하면서 대안적 공간과 관계를 열어젖힐 가능성을 품고 있다.196) 따라서 어떤 정동이든 저항과 공모의 양가적 방식으로 유통될 수 있음을 함께 사유할 필요가 있다.

물론 사람마다 자신이 '퀴어'에 속한다는 것을 자각했을 때 또는 무언가나 누군가가 '퀴어하다'고 여겨질 때 그런 인식을 불러일으키는 어떤 감각이나 느낌, 감정 같은 것이 있을 수 있다. 하지만 '이거야말로 퀴어만의 느낌이다'라고 고정해놓는다면, 그건 그 느낌에 들어맞는 것만이 '퀴어'라고 제한을 긋는 셈이다. 내가 1장에서 논했듯 퀴어를 단 하나의 의미나 대상에 붙박아 놓을 수 없다는 바로 그 특성이 퀴어 이론 및 정치를 계속해서 퀴어하게 만들어주는 동력이 되어왔다. 이런 점에서 아메드는 '퀴어' 또한 "스티커처럼 떼었다 붙였다 할 수 있는 기호"로 이해하자고 제안한다.197) 또한 아메드에 따르면 퀴어라는 개념에 담기는 의미의 변화, "새로운 의미 또는 '낡은' 의미에 대한 새로운 지향을 생성해낼 가능성은 집단 운동에, 즉 행동을 위한 장소나 기반을 마련하기 위해 함께 모이는 과정에 달려 있다. 다시 말해 정치적 가능성뿐 아니라 의미론적semantic 가능성을 열어젖히기 위해서는 여러 사람이 필요하다."198) 이 여러 사람의 다양성은 퀴어라는 개념을 고정불변의 단일한 의미로 굳히는 대신 개개인이 혼자서는 예상치 못할 방식으로 열어놓는다.

　　이와 연관해서, 퀴어만의 어떤 본질적인 즐거움을 정의하고 싶어하는 사람들에게 아메드는 기쁨·즐거움·쾌락과 관련된 퀴어 정치학은 본질적 토대를 보장하는 대신에 "무언가가 아니라는 점the 'non'이 몸에 거주하는 다른 방법들이 있다는 희망과 가능성을 제시"하는 정치학이라고 답한다.199) 1장에서 논했듯 퀴어 개념을 정의하고 의미 부여하고 사용하려는 움직임들이 열어놓는 길이 기존의 권력 구조와 무관한 초월적 해방구가 결코 아닌 것처럼, 역사적으로 퀴어와 결부된 정동들이 가져올 전복적 가능성도 마찬가지다. 퀴어 즐거움이 가져올 이 "다른 방법들이 있다는 희망과 가능성"에 대해 아메드는 다음과 같이 말한다.

> 퀴어 정치학이 건네는 희망은 그동안 우리에게 금지되었던 타자에 가까이 다가가는 일이 타자와 더불어 살아가는 다른 길로 우리를 데려가 줄 수도 있다는 것이다. 이와 같은 가능성은 규범으로부터 자유로워지거나, 글로벌 자본주의 교환 회로 바깥에 있는 것이 아니다. **퀴어가 퀴어로서 효력이 있게끔 허용해주는 것은 퀴어의 비-초월성이다.** 따라서 퀴어 희망은 감상적인 것sentimental이 아니다. '무엇이 아님the not'에 부정적으로 들러붙는 것을 견디는 삶의 형식의 끈질김에 직면한다는 점에서 퀴어 희망은 정서적인 것affective이다. 퀴어 느낌을 제일 먼저 퀴어하게 만드는 것은 규범과 가치들이고, 이 규범과 가치들이 끈질기게 지속된다는 점을 공표하는 한에서만, 퀴어는 '반복하지 않겠다는 희망을 놓지 않는 것이다.[200]

이 인용문에서 아메드는 퀴어 희망과 가능성은 초월적이지 않기 때문에 퀴어 희망일 수 있다고 주장한다. 우리가 2장에서 읽었던 버틀러의 젠더 수행성 논의와 비슷한 이야기다. 우리가 처음부터 우리를 둘러싼 권력 구조들 속에서 태어나 살아가고 그에 영향받으며 '내가 퀴어구나'하는 자아 감각을 형성해왔기에, 다시 말해 "퀴어 느낌을 제일 먼저 퀴어하게 만드는 것"이 기존의 "규범과 가치들"이기에, 우리가 만들 퀴어 정치는 이 현실에서 도피해 완벽히 권력 바깥에 있는 유토피아를 상상하는 것과는 거리가 멀다. 오히려 퀴어 정치는 이 땅에 발붙이고 여기서 살만한 자리를 만들어가려는 노력이다. 퀴어한 쾌락은 "그동안 금지되거나 차단되었던" 몸들이 서로 맞닿는 기쁨에서 나온다. 그리고 그러한 기쁨을 통해 "몸을 새로이 고쳐 만드는 일reshaping"에서, 그리고 "그동안 우리에게 금지되었던 타자에게 가까이 다가가" 함께 공간을 점유하면서 "거리를, 클럽을, 술집을, 공원을, 그리고 가정을 되돌려달라 요구하는 일종의 운동"에서 퀴어 희망이 나온다.[201] 그리고 이 책의 2장에서 버틀러가 규범 권력을 재생산하는 반복과 인용을 중지시키는 정치를 제안했던 것과 마찬가지로, 아메드는 규범과 가치가 끈질기게 반복되는 방식을 폭로하는 동시에 그러한 반복을 중지시키고자 하는 "희망을 놓지 않는 것"이 "퀴어"라고 말한다.

그러므로 우리가 초점을 맞춰야 할 것은 어딘가에서 보석처럼 발굴되기만을 기다리고 있을 '진정성'을 찾는 작업이 아니라, 구조와 구조의 작동 방식을 드러내고 거기에 개입하고 고쳐 나가는 작업이다. 퀴어 정동 정치를 퀴어하게 만들어주는 것은 이런 어렵고 고단하고 슬프고 불편하면서도 기쁘고 흥분되는 작업들을 부단히 계속해나가는 데 있다.

4) 슬픔의 정치학 : 타자의 고통을 가로채지 않는 애도의 윤리

아메드의 정동 이론을 소개하는 이 절을 마무리하기 위해 나는 다시 슬픔으로 돌아왔다. 고통과 증오의 정치학에서부터 아메드의 논의 전체를 관통하는 화두가 있다면, 그것은 바로 '타인의 정동을 내 것인 양 가로채지 않는 윤리'다. 내가 겪어본 적 없는 타인의 삶과 사랑을 내 즐거움의 수단으로 대상화하지 않으려면, 남의 고통 앞에서 '너만 아프냐 내가 더 아프다'라고 입을 틀어막지 않으려면, 혹은 남의 고통이 나의 고통인 양 대신 떠들어대느라 당사자의 목소리가 나올 기회마저 빼앗아버리는 짓을 하지 않으려면, 남의 상실과 슬픔을 내 해석으로 덮어버리거나 내가 받아들일 수 있는 것만 취사선택하지 않으려면, 무엇을 어떻게 해야 할까?

이 문제의 답을 찾기 위해 먼저 아메드는 9.11 테러에 대한 반응에서 슬픔이 공적으로 표현된 방식을 살펴본다. 당시 미국 정부와 언론은 각각 피해자와 영웅으로 불릴만한 사람들의 이름을 발굴해내고 '우리 모두의 상실'을 강조하면서 '하나 된 미국'이란 이미지로 단결을 꾀하고자 하였다. 그러나 이 단결된 이미지를 위해 '우리 국민'과 '국민이 될 자격이 없는 자'의 분리가 폭력적으로 전개되었고, '우리의 상실로 인정받을 죽음과 그렇지 못한 죽음이 구분되었으며 후자는 "처음부터 상실로 셈해지지도 못하고 배제되었다."202) 대다수 퀴어의 죽음은 후자였다. 좀 더 정확히 말하자면, 국가에 쓸모 있느냐 여부를 중심으로 퀴어의 죽음은 크게 세 가지 방식으로 취급되었다. 몇몇 동성애자와 장애인이 피해자나 영웅으로 조명되었고 국수주의적 서사를 위해 적극 활용되었지만,203) 그날 테러 현장에서 죽은 사람 중 성소수자 대다수는 '우리 모두의 상실'로 인정받기는커녕 빠르게 지워졌고, 이들이 선택해서 꾸린 퀴어 가족이 아니라 이성애 규범적 혈연가족이 죽은 이들의 사망보험금이나 연금을 받을 자격을 얻었다.204) 또한 이들은 장례식장에서 성소수자라는 사실 자체가 숨겨진 채 '좋은 딸'이나 '좋은 아들'로, 즉 이성애적 가족 서사를 완성하는 부품으로 재배치되었다. "어떤 죽음을 퀴어 죽음으로 밝히는 작업이 필요하다는 사실은, 대부분의 죽음이 일단 이성애자의 죽음으로 서술된다는 점을 드러낸다."205)

버틀러를 다룬 앞 절에서도 논했지만, 이는 단순히 '비가시화된' 퀴어의 상실을 '가시화'하는 방식으로 해결할 수 있는 문제는 아니다. 대중적으로 설득력이 있는 운동 방식은 주로 사회적 소수자의 가시화 전략에 초점을 맞추고 가시화를 곧 진보로 이해하지만, 지금까지 이 책 전체에서 보았듯 가시화와 진보의 관계는 그리 단순하지 않다. 아메드는 전미언론인협회의 성명서를 분석함으로써 퀴어의 죽음이 어떻게 국가적 이념을 위한 반짝이 포장지로 동원되는지를 보여준다. 이 성명서의 논리를 보면 첫째, 퀴어를 사회적 약자로서 취약한 존재로 서술하고, 그다음 테러당한 국가를 취약한 상태로 서술하여 퀴어 공동체와 국가에 유비를 만들어낸다. 둘째, 퀴어 공동체가 국가에게 증오를 받지만 국가도 테러범('이슬람')에게 증오를 받으니 "우리는 함께 증오를 받는다. 증오를 받는 우리는 하나다"라는 논리로 국가의 일관성과 통일성을 만들어낸다. 이런 식으로 "퀴어의 죽음을 국가의 상실에 통합"시키는 것이다.206) 5장에서 소개한 재스비어 푸아가 호모내셔널리즘의 작동을 비판했던 것과 마찬가지로, 아메드는 이런 식의 슬픔 담론이 '하나의 조국'을 재현함으로써 "차이를 덮어버리는 형식"으로 작동한다고 비판한다. "국가의 슬픔을 지지할 때에만 퀴어 삶은 퀴어 삶으로서 애도된다. 이는 다른 상실(예를 들어 아프가니스탄, 이라크, 팔레스타인에서의 상실)을 은폐하는 작업이 계속되도록 한다."207)

이 지점에서 아메드는 어떻게 윤리적으로 슬퍼할 것인지를 고민한다. 같은 취약성으로 연결된 사회적 소수자로서 이라크, 팔레스타인, 아프가니스탄에서의 상실을 슬퍼하는 마음을 갖는다고 해도, 상대방에게는 그 슬픔이 "자신들을 죽음으로 이끈 서구인의 슬픔"으로 보일 수 있기 때문이다. 이는 "그들의 상실을 '우리의 상실'이라 주장하면서 그 상실에 대한 우리의 책임을 드러내기보다 은폐할 위험"이 있는 "또 다른 형태의 폭력적 전유"일 수 있다.208) 따라서 아메드는 우리가 만들어야 할 대안적인 퀴어 슬픔의 정치윤리학은 단순히 퀴어의 상실과 슬픔을 국가와 사회가 인정하도록 하는 데서 그치지 말고, "애도의 다른 방식과 타자의 슬픔에 반응하는 다른 방식", 즉 규범적 주체에 퀴어 상실과 슬픔을 흡수당하지 않을 방법과 타자의 슬픔을 내 것인 양 가로채지 않고서 상실을 애도할 방법 둘 다를 찾아야 한다고 제안한다.209)

아메드가 이런 대안적인 방법을 모색하는 사유 과정은 버틀러의 논의와 닮아있다. 타자의 슬픔과 고통을 내 것인 양 빼앗거나 대상화하지 않기 위해선 무엇보다도 "불가능한 것을 듣는 법을 배워야" 한다. 이 방법을 명확한 해법으로 확정해서 제시하는 것은 불가능하고 그래서도 안 되겠지만, 적어도 최소한 지켜야 할 조건이 있다. "우리가 우리 것이라 주장할 수 없는 고통에 반응할 수 있"어야 하고, "타자들의 고통이 마치 우리의 감정에 관한 것인 양, 혹은 타자들의 기분을 느낄 수 있는 우리의 능력에 관한 것인 양 증언을 타자들로부터 떼어놓는 방식이어서는 안 된다."210) 이 "불가능한 것을 듣는 법을 배우기"의 과정이 어떤 것인지를 감 잡을 수 있도록 아메드는 호주의 '빼앗긴 세대'에 대한 증언집 『집으로 돌려보내기』를 분석한다. 호주 정부가 만든 이 기록물은 화해, 과거 청산, 국민 대통합 등 규범적 주체가 타자의 슬픔과 고통이 발생한 구조적 원인을 서둘러 봉합하여 무마하는 공식 담론으로 감싸져 있다. 그럼에도 이 증언집에 실린, 자식들을 빼앗긴 원주민 어머니들과 '빼앗긴 세대'로 자라난 자식들의 증언을 '타자들'이라는 이름으로 동일하게 뭉뚱그릴 수 있는 집단적 기록이 아니라 개개인의 단독성이 담긴 이야기로 읽는다면, 고통과 슬픔에 싸인 타자들끼리 어떻게 서로의 아픔을 듣고 소통할 수 있을까 하는 어렵지만 중요한 문제의 실마리가 잡힌다.

아메드가 분석하는 피오나의 이야기에서, 자식을 잃어버린 엄마의 경험과 대여섯 살 밖에 안 되던 어린 나이에 갑자기 엄마가 사라진 피오나의 경험은 양쪽 다에게 트라우마를 남겼지만, 둘의 고통 사이에는 결코 서로가 완전히 이해할 수 없는 간극이 흐른다. 피오나는 자기 가족과 문화를 빼앗은 백인 사회가 교육을 비롯한 다른 것들, 다른 애착 관계와 다른 삶의 방식은 물론 심지어 슬픔과 괴로움을 덜어낼 다른 방법을 가르쳐주었다는 양가성을 이야기한다.[211] 따라서 피오나는 이 백인 사회에 순전한 분노만을 품을 수도 없고 그렇다고 용서할 수도 없는 복잡함 속에 자신의 상실과 생존이 얽혀있음을 몸으로 겪는다. 이는 고통의 증언이 가해/피해를 딱 잘라 가해자를 특정해 처단하면 해결되는 게 아닌 방식으로, 단순한 '치유'나 '해소'로 귀결될 수 없는 방식으로, 그렇다고 과거에 매몰되거나 망각을 선택하는 것과는 다른 방식으로 흘러갈 수 있음을 보여준다. 빼앗긴 세대의 이야기는 "몸이 다른 몸으로 만들어지는 이야기", 원주민 아이를 백인으로 개조하는 폭력적인 이야기이지만, 동시에 그 세대에게 자신의 "고통에 책임이 있던 사람들"은 완전히 분리되는 외부의 타자로 경험되는 것이 아니라 "지금 거주하고 있는 몸의 일부—타인들의 몸과 특정한 방식으로 함께 있는 몸들로 이루어진 상이한 몸, 상이한 공동체의 일부—가 된다. […] 당신의 생존은 이 상실의 폭력과 고통 속에서 제공된 것이다. 상처는 다른 종류의 몸을 형성하는 과정에서 표면화된다. 당신 피부에 남은 흉터는 당신을 상실된 과거와 생존한 미래 둘 다에 붙여 놓는다. 이건 치유가 아니다. 하지만 당신은 옮겨갔다."[212]

그러나 어머니는 계속 과거의 상실로 고통받고 있고, 이는 그 무엇으로도 덜어지지 않는다. 그리하여 "상실의 소통 불가능성이 이 몸들의 삶에서 되풀이된다."[213] "그것은 우리를 서로 떨어뜨려 놓길 거부하는 상처이지만, 그렇다고 우리를 하나로 묶어주지도 않는다."[214] 어머니가 정확히 무엇을 돌이킬 수 없이 잃었는지, 그 상실이 어머니의 몸과 삶을 어떻게 다르게 조직했는지에 대해 자식인 피오나는 결코 다 알 수도 이해할 수도 없다. 이들이 느끼는 고통에 공통점이 있다면 그것은 '이렇게 강제로 헤어지지 않았더라면 우리는 평범하게 일상을 함께 살아갔을 텐데'라는 공동체적 상실감일 것이고, 이 상실감은 "함께 우는 공동체, 이 상실의 제스처 안에서 하나로 합쳐지는 공동체, 단란함을 잃어버렸다는 고통스러운 느낌 속에서 하나 되는 공동체"를 만들어낸다.215) 그러나 이 공동체 안에서 몸들은 각자 다른 곳에 거주하여 다르게 살아가고, 그리하여 고통과 상실감의 결이 달라지고, 이 달라짐은 서로에게 이해 불가능하고 소통 불가능한 공백을 만들어낸다. 그럼에도 여전히 고통은 서로를 이어놓는다. 아메드는 서로 다른 위치에서 고통을 느낀다는 이 사실, 정확히 말하자면 서로 다른 위치에 있기에 고통이 "헤어짐에 직면하여 타자들을 이어주는 가느다란 실로서 연결이 지속되고 있다는 표시"216)(버틀러의 표현을 빌리자면 '빈약한 우리')가 된다는 사실을, 고통을 말하고 듣는 관계의 윤리를 재정립할 바탕으로 놓는다.

고통은 심지어 우리의 가장 절친한 타자들조차 느낄 수 없는 것으로 환기된다. 동류의식217)의 불가능성이 그 자체로 상처의 확증이다. 그러한 고통을 공감을 통해 공유할 수 없는 고통으로 불러내는 것은 단지 주의 깊게 경청해 달라는 요청이 아니라, 다른 종류의 거주inhabitance를 요청하는 것이다. 이는 행동하자는 요청이자, 집단적 정치에 대한 요구이다. 이때 요구되는 집단 정치는 우리가 화해할지도 모른다는 가능성에 근거한 정치가 아니라 **화해의 불가능성과 더불어 사는 법을 배우는 것에 기초한 정치, 혹은 우리가 서로와 더불어 살고 서로의 곁에 살아가지만 우리가 결코 하나가 아니라는 것을 배우는 정치이다.**218)

5. 나가며 : 당신의 감정은 무엇을 하는가

트랜스를 둘러싸고 나오는 말도 안 되는 논리 중, 불안이 있다. 여성의 불안
은 이해한다는 말이 많이 나온다. 어떤 사람은 예의상 이해한다고 말하지만,
어떤 사람은 정말로 트랜스로 인한 여성의 불안을 이해한다고, 있을 수 있는
불안이라고 말한다. 오래 활동한, 랟펨에 분노하고 트랜스 운동을 적극 지지
하는 사람들 중에서도 여성 공간에 트랜스가 들어오면 불안할 수 있을 거라
고 말하기도 했다. 나 역시, 특강 같은 곳에서 불안을 이야기하면 그럴 수
있겠다고 말했다.

하지만 이제 나는 그런 불안을 왜 말하는지 이해하지 못한다. 트랜스로 인해
비트랜스 여성이 불안을 겪을 수 있으니 이해해달라는 태도는 마치 동성애
자로 인해 이성애자가 불안하니 그 불안을 이해해달라는 말과 같다(목욕탕
에 동성애자가 들어오면 이성애자가 불안하고 성폭력이 발생할 수 있으니
동성애자는 공중목욕탕을 이용하지 말아야 한다는 말을 이해하는가?). 예멘
난민으로 인해 한국 사회가 불안해지니 그 불안도 이해해야 하고, 장애인으
로 인한 비장애인의 불안과 불편도 이해해야 한다는 소리와 같다. 그 누구도
이 말에 동의하지 않는다. 그럼에도 왜 트랜스로 인한 불안에는 이해한다는
말을 하는가? 조금이라도 이해한다는 말은 결국 트랜스를 혐오하는 주장이
어떤 점에서는 정당할 수 있다고 인정하는 것과 같다. 그것이 지금 사태를
만드는 데 알게 모르게 공모한 것은 아닌지 고민할 필요가 있다. 이제 나는,
저런 말을 조금도 이해하지 못한다. 우리는 그 말을 이해한다고 말해주기보
다 불안과 안전의 권력, 폭력과 배제의 정치를 말해야 한다.[219]

이 장을 마무리하는 이 절을 올해 초에 먼저 쓰고, 그다음에 같은
주제를 다룬 루인의 이 글을 읽고서, 나는 이 두 글이 대립되는 것처럼
보이지 않게 하려면 어떻게 해야 할지 고민했다. 루인의 글에 나는 전적

으로 동의한다. 루인의 이 글은 정말 중요한 주제들을 많이 짚고 있으니 꼭 한번 읽어보시길 바란다. 구조적 문제를 명료하게 짚어내고 사건을 읽는 틀과 정치의 방향성을 제시한 루인의 글에 비해 나의 이 글은 그저 호소문에 가깝긴 하다. 그럼에도 이 글을 쓴 이유는, 랟펨의 공격적인 대응에 문제가 있다고 생각하면서도 자신이 느끼는 불안을 어떻게 해야 할지 몰라 혼란스러워하는 시스젠더 여성 페미니스트들을 계속 마주쳤기 때문이다. 이 글은 그런 이들에게 말 걸기 위해 썼다.

올해 초 수술 후 성별정정을 마친 트랜스 여성이 한 여대에 정시 합격하였다가 거센 반발에 부딪쳐 입학을 포기한 사건에서, 이 신입생을 반대했던 사람들이 반대의 근거로 의지했던 감정은 '공포'였다. 한편에선 이 트랜스 여성을 '남자'로 규정하며 이 한 명의 신입생이 나머지 학생 전체를 불법촬영하거나 성적으로 폭행할 것이라는 억측이 공포의 이름으로 터져 나왔다. 다른 한편에선 이 신입생을 끌고 가 집단폭행할 계획을 즐겁게 모의하면서 공포를 명분 삼아 자신들의 혐오폭력을 정당화했다. 그리고 누가 더 큰 폭력을 당하는 피해자인지, 누구의 공포가 진짜인지를 따지는 소모적인 논쟁이 뒤따라왔다. 나는 트랜스젠더를 향한 이 공포 담론이 정당하다고 생각하지 않는다. 다만 이 글을 읽는 당신이 트랜스 혐오는 나쁘다고 생각하면서도 이 공포감을 느껴서 혼란스러운 상태라면, 다음 세 가지 질문을 고민해줬으면 좋겠다.

첫째, 나는 어떤 틀을 통해 감정을 느끼는가?
둘째, 나의 감정은 어디서 나왔는가?
셋째, 나의 감정이 무엇을 하는가?

이 장에서의 논의를 바탕으로 우리가 첫 번째로 생각해봐야 할 질문은 이것이다. 우리는 어떤 틀을 통해 감정을 느끼는가? 어떤 이들은 남성들이 여성과 섹스하지 못하고 홀로 살아야 한다는 문제는 심각한 사회 문제로 인식하고 안타까워하는 반면 이 남성들을 위해 공급되는 결혼 이주 여성들의 인권 문제는 전혀 안타깝게 여기지 않는다. 어떤 이들은 여성이 당하는 성폭력 문제와 임금 성차별 문제에는 깊이 공감하지만 트랜스젠더들이 성폭력을 비롯한 폭력에 심각하게 노출되어 있고 제대로 된 일자리를 얻지 못해 빈곤에 시달리는 문제에 대해서는 전혀 공감하지 못한다. 물론 대부분의 사람들이 자신의 위치성에 따라 감정 이입할 대상이 달라지거나 공감의 정도가 달라지기 마련이다. 하지만 위치성의 문제는 훨씬 더 복잡하다. '같은 여자'라고 묶기엔 어떤 여자들은 불륜을 저지른 남편보다 불륜녀의 머리채를 잡고, 여성의 자율권을 빼앗고 구속하는 성차별적 체계에 맞서기보다 자율권을 빼앗긴 여성을 비난한다. 젠더·섹슈얼리티·계급·인종·장애/비장애 등 다양한 억압체계들이 감정에 어떤 식으로든 영향을 미치고, 이 억압체계들은 다양한 방식으로 교차하고 결합하면서 감정의 발현을 더욱 복잡하게 만든다. 그러므로 성찰해야 한다. 이 글을 읽는 당신은, 트랜스 여성의 여대 입학 소식을 접했을 때 어떤 틀을 통해 감정을 느꼈는가? 당신의 감정을 발현시킨 틀은 무엇인가?

이와 연관해서 둘째, 이 공포가 어디서 어떻게 나온 것인지를 고찰하는 작업이 필요하다. MTF든 FTM이든 트랜스젠더들에게 시스젠더 여성들이 느끼는 공포의 바탕에는 남성에 대한 공포가 있다. 이 두 개의 공포가 별개임에도 한 데 뒤엉켜 작동하고 있는 방식을 분석해야 이번 사태에서 일부 여대생들이 왜 이렇게까지 공포를 느꼈는지를 이해할 수 있다. 그리고 이 문제를 제대로 논의하려면 남성에 대한 공포를 인정하면서 이 공포로부터 트랜스를 향한 공포의 연결을 어떻게 끊을 수 있을지를 고민해야 한다.

여성들이 남성들에게 느끼는 공포는 구조적으로도 경험적으로도 타당하다. 남성들이 여성들의 몸과 공간과 삶의 모든 영역을 침범하고 폭력을 휘둘러온 역사가 증명하고, 여성이 겪은 피해가 사회 전체에서 무시되고 침묵 당해온 역사가 이를 증명한다. 그러므로 여성 공동체 내 트랜스 혐오를 해결하기 위해서는 2장에서 논했듯 강제적인 성별 이분법 체계와 싸워야 하지만, 남성들의 폭력과 지배를 당연시해온 남성 우월적 성차별주의와도 맞서 싸워야 한다. 이 두 번째 싸움도 트랜스 운동과 기존의 페미니즘이 연대할 수 있는 접점이다. 수많은 트랜스젠더들이 시스젠더 남성들의 폭력에 시달려왔고 수많은 여성들이 같은 폭력에 시달려왔다면, 트랜스 운동과 페미니즘은 연대할 수 있고 연대해야 한다. 그러기 위해선 MTF든 FTM이든 젠더퀴어든 모든 트랜스를 '남성'이자 잠재적 범죄자로 환원해버리는 흐름을 멈춰야 한다. 그러나 현재 가부장적 남성 우월주의 사회에서처럼 남성에게 공포를 느낄 만한 부당한 일들이 일상을 촘촘히 얽어매고 있는 상황에선 제대로 사유할 여력이 없다고 느끼는 사람들이 많을 것이다. 그것이 혐오폭력의 면죄부가 될 순 없을지라도 말이다.

나는 가해자가 시스젠더 남성들인 성폭력의 생존자이고, 트라우마를 남긴 몇 개의 사건 외에도 대중교통과 길거리와 셋방과 학교와 직장 등 수많은 공간에서 남성들로부터 성희롱과 성추행을 일상적으로 겪었다. 또한 우리 개와 매일 산책하면서 남녀노소 불문하고 별별 군상들에게 폭력적인 일을 겪었지만 그중 가장 심각한 건 남성들에게 시비가 걸렸을 때였다. 따라서 기본적으로 남성에 대한 공포가 몸에 각인되어 있다. 이 공포는 내 몸의 역사를 이루고 있기에, 지금처럼 집에 앉아 이 글을 쓰는 순간에도 과거의 폭력 장면들이 갑자기 혹 튀어나와 내 머리채를 잡고 그 트라우마적 순간으로 나를 끌고 가곤 한다(이런 플래시백은 한 달의 절반을 차지하는 월경 전 증후군 기간에는 훨씬 더 자주 강렬하게 나타나, 하루에도 수십 수백 번씩 과거와 현재가 엎치락 뒤치락하며 나라는 사람을 이루는 경계를 자글자글하게 뭉개고 일그러트린다). 평소엔 사람 좋아하는 우리 개가 담배 피우는 남자나 특정 옷차림을 한 남자만 보면 마구 짖는 것도 유기견 생활 중 이런 남자에게 공포를 느낀 경험이 각인된 결과일 것이다.

이런 공포의 각인은 내 삶의 범위를 단속하고 많은 결정에 영향을 미친다. 예를 들어 산책하다 남자 하나 서 있는 것만 봐도 시비 털릴 걱정에 몸이 경직된다. 때로는 남자를 피해 길을 돌아갈 때도 있다. 이럴 때 여러 가지 고민이 생긴다. 한편으로, 멀리서 보고 상대가 남자인지 여자인지 정확히 판별할 수 없다는 점에서 내 공포를 기반으로 한 경계 어린 태도는 언제든 틀릴 수 있다. 그럼에도 이 공포와 경계심이 여자로서 안전과 생존을 위해 각인된 것이기에 이것을 완전히 무시할 수는 없다. 그러나 동시에, 내가 가진 공포는 내 눈앞의 구체적인 한 인간에서 비롯된 것이 아니라 남성 우월적 성차별주의의 역사를 겪어내면서 남성 이라는 집단 일반에 대해 갖게 된 감정이기 때문에 사람을 만날 때 그 구체적 인간에게 집단 전체의 이미지를 씌워버리지 않도록 노력해야 한다는 점을 잊지 않으려 한다.

그런데 다른 한편, 나는 남성 일반에게는 공포를 갖지만 트랜스라고 밝힌 사람들에겐 같은 공포심을 느끼지 않는다. 그저 인간 대 인간으로서 그 개별적 인간에 대한 적당한 수준의 편안함과 불편함을 느낀다. 나는 이것이 학습된 결과라는 것을 안다. 다시 말해 내가 퀴어 페미니즘을 접하고 겪고 공부하고 고민하고 성찰하면서 내가 살아보지 못한 수많은 퀴어한 실존들에 대해 함부로 감정을 투사하지 않는 법을 훈련해왔던 세월이 지금의 내 공포 감각에 영향을 미친 것이다. 또한 '여자는 원래 음란하다,' '흑인들은 원래 약삭빠르다'처럼 생물학적 본질주의에 의존하여 특정 집단에게 부정적인 낙인을 찍어 그 집단에 대한 차별을 정당화하는 지배 메커니즘에 반대하여 치열하게 싸워온 페미니즘과 사회적 소수자 운동의 역사에서 배운 것이기도 하다. "트랜스 여성이 수술 전이라 음경이 있다고 해서, 그 자체로 위험하다는 의미는 아니다. 성폭력과 강간의 문제는 상대의 의사에 반하는 몸의 폭력적 사용과 관계가 문제이지, 그 폭력이 음경이라는 신체 부위로 인해 생겨난 결과는 아니다"는 주디스 버틀러의 지적[220]은 바로 이런 페미니즘의 비판적 계보를 잇는다.

공포는 직접 겪어본 경험에서 비롯되기도 하지만, 이 장 전체에서 이야기했듯 우리가 모르는 대상에 대한 공포는 우리의 삶에서 자연스러운 듯 받아들였던 수많은 규범 권력의 영향으로 형성된 것이다. 따라서 현재 트랜스에게 공포와 혐오와 분노를 느끼고 그걸 표출하는 게 정당하다고 생각하는 분들은 자신의 공포가 어디서 비롯된 것인지, 공포의 근거를 자신이 어떤 언어로 정당화하는지를 성찰하셔야 한다. '화장실과 샤워실을 같이 쓸 수도 있는데 어떻게 안 무섭냐'는 반응은, 한편으론 남성들이 화장실과 샤워실에 카메라를 설치해 불법촬영을 자행해온 역사가 있으니 타당한 반응이다. 그러나 다른 한편 그 반응은 트랜스 여성을 고정불변의 '남성'으로 규정하는 동시에 항상 이미 준비된 '범죄자'로 규정한다는 점에서 잘못된 반응이다. 그리고 '모든 트랜스가 당당하게 화장실, 샤워실, 목욕탕에 들어와 여성의 몸을 탐하고 여성에게 폭력을 가할 것이다'라는 세간의 믿음과 달리, 많은 트랜스 당사자들은 그런 공간에서 정체가 드러나 폭력 피해자가 될까 봐 두려워하고 또 자신의 젠더 감각과 불일치하는 몸을 드러내는 데서 공포와 스트레스를 느낀다고 밝혀왔다.

물론 범죄자 중에 트랜스도 당연히 있을 것이다. 그러나 한 집단을 모조리 범죄자로 비난하거나 '완벽히 순결한' 피해자로 옹호하는 건 불가능한 일일 뿐 아니라 잘못된 인식틀이다. 내게 연애 폭력이나 학교폭력을 저질렀던 사람들에는 시스젠더 이성애자 남성, 시스젠더 이성애자 여성, 시스젠더 레즈비언 강부치, 시스젠더 바이 여성, 내게 폭력을 가할 때는 시스젠더 이성애자 남성이었는데 나중에 바이섹슈얼로 정체화했다가 젠더퀴어로 재정체화했다는 소식이 들리는 인간 등 다양한 사람들이 포함되어 있다(내가 끌림을 느끼는 상대가 시스젠더에만 한정된 것도 아니고 지인의 절반 이상이 젠더퀴어지만 연애 경력이 과거에 몰려 있는 터라 목록이 이렇게 편중되어 있다. 사실 학창 시절의 학교폭력 가해자들의 성적 지향과 젠더 정체성은 추정한 것일 뿐이고 말이다). 따라서 가부장제 문화가 폭력적인 남성성을 육성하고 양산하는 방식에 대한 비판적 개입은 필요하지만, 젠더와 섹슈얼리티에 대한 이런 정체성 범주들이 폭력과 본질적인 연관을 가졌다고는 결코 단언할 수 없다.

이제 세 번째 질문을 생각해보자. 내가 퀴어 정동 이론을 다룬 장의 마지막 절에 이 이야기를 풀어낸 이유는 트랜스 여성의 여대 입학을 둘러싸고 쏟아진 공포와 혼란의 반응에서 조심스레 구분할 것이 있다고 생각했기 때문이다. 한편으로 이 혐오 사태를 놀이처럼 즐기면서 'CCTV

없는 데서 각목으로 때리겠다, '들어오면 손봐주겠다'는 등 학교폭력 가해자처럼 굴던 사람들이 있다. 이들은 분명한 혐오폭력 가해자다. 중고등학교 시절에 실제 학교폭력 가해자였던 인간이 아니고서야 저렇게 즐기듯 토끼몰이하는 게 익숙할 리가 없다. 차별금지법이 하루빨리 제정되어 이런 사람들이 합당한 책임을 지도록 해야 할 것이다. 그런데 다른 한편에는 누군가를 적극적으로 혐오하려던 게 아니라 그저 자신이 트랜스에게 느끼는 공포를 제대로 이해하거나 언어화할 자원을 못 찾고 있던 분들도 있을 것이다. 성별 이분법을 당연시하는 사회와 그다지 불화할 필요를 못 느끼고 살아와서 퀴어의 존재가 낯설거나, 페미니즘을 공부하기 시작했더라도 이론적으로나 경험적으로나 퀴어를 배제하는 페미니즘 서적도 많으니 그런 배움의 경로만 따라갔던 분들이 그러할 것이다. 그러나 당신이 이런저런 이유에서 트랜스젠더들에게 공포나 불안의 감정을 느끼게 되었다 하더라도, 당신에게는 당신의 감정이 결과적으로 무엇을 했는지를 성찰할 책임이 있다. 입학 예정이었던 트랜스 여성에게 쏟아진 그 수많은 공포와 분노와 혐오의 반응은, 그분을 전혀 알지도 못하는 사람들이 그저 '트랜스'라는 그 범주명 하나로 이 부정적 반응을 정당화할 수 있다고 믿으면서 특정 개인에게 공포와 혐오의 모든 책임을 전가한 것이었다. 당신이 이 공포와 불안을 성찰하지 않은 채 그저 방출하기만 한다면, 그 결과 트랜스젠더들은 감당하기 힘든 폭력에 노출된다. 트랜스젠더들은 대학에도 갈 수 없게 되고 더욱 숨어 살게 된다. 당신은 그저 감정을 느꼈을 뿐이라도, 그런 개개인의 감정 반응이 모여 트랜스젠더를 향한 혐오와 배척에 정당성을 부여해줬고, 혐오폭력이 비열한 놀이로 활성화되는 상황을 방치했다. 당신이 이런 결과를 기대한 건 아니었을지라도, 당신에게 아무런 책임이 없는 것은 아니다.

우리는 이 공모를 자각해야 하고, 이 잘못된 연쇄를 끊어야 한다. 이 장에서 소개한 논의들이 부디 이 후자에 속하는 분들이 입장을 바꾸는 데 도움이 되길 바란다. 그분들이 부디 달라질 수 있기를, 그래서 예전엔 동성애도 양성애도 트랜스도 몰라 무지가 폭력인 것도 몰랐던 내가 배우고 또 실수하고 잘못하고 고치고 또 배웠던 것처럼, 그분들도 이 혐오에 머무르지 말고 뭔가 다른 길을 갈 수 있길 바란다. 그러기 위해 트랜스 혐오와 관련된 주장에 어떤 전제가 깔려있는지 계속 살펴보고, 자신의 느낌이 어떻게 만들어진 것인지를 끊임없이 성찰하는 노력이 필요하다. 우리의 감정이 폭력을 정당화할 근거로 쓰이지 않도록 노력해야 한다. 이런 노력들이 더 많은 삶을 살리고 살만한 삶으로 만들 것이다.

주

1. Sara Ahmed, *The Cultural Politics of Emotion*, New York: Routledge, 2004, p. 8.
2. Erin J. Rand, "Bad Feelings in Public: Rhetoric, Affect, and Emotion", *Rhetoric & Public Affairs*, Vol.18, No.1, 2015, p. 163.
3. Sarah E. Chinn and Heather Love, "Queer Feelings/Feeling Queer: A Conversation with Heather Love about Politics, Teaching, and the 'Dark, Tender Thrills' of Affect", *Transformations: The Journal of Inclusive Scholarship and Pedagogy*, Vol.22, No.2, 2012, p. 124.
4. 한편 좀 다른 맥락이긴 하지만 『물질화하는 몸』(Judith Butler, *Bodies that Matter: On the Discursive Limits of "Sex"*, New York: Routledge, 1993) 8장 각주 11에서 버틀러는 '젠더를 자기 의지에 따라 옷 갈아입듯 선택할 수 있다'는 오해가 퍼진 계기 중 하나가 자신이 젠더를 "intentional and performative"이라고 설명했던 대목("Peformative Acts and Gender Constitution", *Theatre Journal*, Vol.40, No.4, 1988, p. 522)이라고 생각하고 보충 설명을 제공하고자 한다. intentional은 일상 언어에서 '의도적인'이란 뜻으로 해석되지만, 버틀러는 자신이 이 개념을 현상학적 의미에서의 '지향성'이란 뜻으로 사용했다고 밝힌다. 현상학에서 intentionality는 "자발적이거나 고의적인 것을 의미하지 않는다. 그보다는 의식(혹은 언어)을 **대상을 갖는 것**(*having an object*)으로 특징짓는 방식, 보다 특별하게는, 존재할 수도 존재하지 않을 수도 있는 대상을 향하는 것(directed toward a subject)으로 특징짓는 방식을 의미한다." 버틀러는 젠더 이상(gender ideal)이 "지향적 대상"으로 이해될 수 있다고 말하는데, 이는 "구성되지만 존재하지 않는 이상"으로 이해될 수 있다는 뜻이다(*Ibid.*, pp. 282–283, 원문 강조). 2장에서 설명했듯 '여자답다'란 평가가 아무리 규범적으로 여성성을 체현한 여성이라도 결코 도달할 수 없는 규제적 이상으로 기능하며, 누구도 결코 완벽히 도달할 수 없다는 그 이유 때문에 사람들이 계속해서 그걸 지향하도록 유도하고 강제한다는 점을 생각하면 젠더가 지향적이라는 이 주장을 이해하기 쉬울 것이다. 또한 현재의 억압적인 젠더 규범만 지향적인 특성을 갖는 것이 아니다. 차별금지법 제정 같은 수단을 경유해 모두에게 안전하고 평등한 미래를 만들기 위한 다양한 투쟁들은 젠더가 지금과는 다르게 상상되고 이해되길 바란다. 이런 점에서, 젠더 이상은 지향적인 대상이다.
5. Sara Ahmed, *Queer Phenomenology: Orientations, Objects, Others*, Durham and London: Duke University Press, 2006, pp. 2–3.

6. Chinn and Love(2012), *op. cit.*, p. 126. 언쟁 도중에 상대가 "아줌마!" 라고 부르는 것이 불쾌하게 느껴지는 것은 단순히 '아줌마'가 나이 든 여성을 가리키는 말이기 때문이 아니다. 눈앞의 여성이 몇 살이든 간에 '아줌마'라는 말을 들으면 수치심을 느끼리라고 여기는 상대의 저열한 태도, 그리고 그 저열함을 가능케 한 더 근본적이고 복잡한 구조적 차별이 문제라는 것을 '불쾌함'이라는 감각으로 포착하는 것이다. '아줌마'라는 말을 욕으로 쓰는 사람은, 여성은 '젊음' 말고는 가치가 없다는 생각, 정확히 말하면 가부장제 사회에서 남성의 성욕을 풀 대상이나 아이를 낳을 대상으로 적합한 상품 가치만이 '여성'이라는 부류의 유일한 가치라는 생각, 그리고 여성의 의견은 하찮으니 들을 필요가 없는데다 상품 가치마저 떨어진 여성의 의견은 더욱 하찮다는 생각, 여성은 '사람'이 아니니 존중해 줄 필요가 없다는 생각을 내면화하고 표출하는 것이다. 이런 여성 혐오는 너무도 오랫동안 여러 사회에 만연해 있어서 여성들끼리도 이런 혐오를 내면화하여 '아줌마'라는 단어를 멸칭으로 사용할 때가 많다는 것이 비극이다.

7. Ahmed(2004), *op. cit.,* p. 83.

8. *Ibid.*, p. 4.

9. Eve Kosofsky Sedgwick, *Touching Feeling: Affect, Pedagogy, Performativity*, Duke University Press, 2003, p. 24 n.1. 세즈윅은 톰킨스의 이 용법을 그대로 따르지는 않고 정동과 감정을 교환 가능한 개념으로 사용하는 일반적인 용법을 자주 따른다.

10. Ann Cvetkovich, *Depression: A Public Feeling*, Duke University Press, 2012, p. 4.

11. Ahmed(2004), *op. cit.*, p. 40 n.4.

12. *Ibid.*, p. 25.

13. *Ibid.*, p. 230 n.1.

14. *Ibid.*, p. 40 n.4.

15. *Ibid.*, pp. 6-7; Ahmed(2006), *op. cit.*, pp. 2-3.

16. Ahmed(2004), *ibid.*, p. 6.

17. Ahmed(2006), *op. cit.*, p. 2.

18. *Ibid.*, pp. 2-3.

19. Ann Cvetkovich, "Public feelings", *South Atlantic Quarterly*, Vol.106, No.3, 2007, p. 461.

20. 카메니는 1960년대 아프리카계 미국인들이 시작한 문화운동인 "흑인은 아름답다(Black is Beautiful)" 캠페인에서 영감을 받았다고 한다. Michael G. Long, ed., *Gay is Good: The Life and Letters of Gay Rights Pioneer Franklin Kameny*, Syracuse University Press, 2014.

21. "에이즈로 인한 죽음을 맞이한 시신은 특정 개인의 죽음이 아니라 개인

이 '동성애자' 정체성 범주 안으로 무너져 내리는 현장이 된다. [⋯] 에이즈에 따른 죽음이 빠르게 늘고 있다는 분명한 사실이 동성애자 정체성 정치학이 신속하게 구성될 수 있는 긴박성과 정체성 정치학을 가능하게 하는 메커니즘을 제공했기 때문이다. 동성애자 정체성 정치학의 핵심에는 에이즈로 인한 죽음의 상징성이 위치했다. 동성애자의 삶을 긍정하는 정치학은 역설적이게도 에이즈로 인한 죽음을 정치적 방식으로 애도한 경험을 기초로 등장하게 된다."(매튜 소던, 「HIV 양성의 몸 공간: 아오테아로아/뉴질랜드의 에이즈 그리고 미래를 부정하는 퀴어 정치학」, 캐스 브라운, 개빈 브라운, 제이슨 림 엮음, 『섹슈얼리티의 지리학: 페미니즘과 퀴어 지리학의 이론, 실천, 정치』, 김현철, 시우, 정규리, 한빛나 옮김, 이매진, 2018, 340-341쪽[Matthew Sothern, "HIV + Bodyspce: AIDS and the Queer Politics of Future Negation in Aotearoa/New Zealand," *Geographies of Sexualities: Theory, Practices and Politics,* eds., Kath Browne, Gavin Brown, and Jason Lim, Surrey, U.K.; Burlington, VT: Ashgate, 2009]).

22. AZT가 사용 승인되었을 당시 이 약을 투여하려면 1년에 약 1만 달러가 필요했다. 효과적인 에이즈 치료제가 개발된 현재에도 가격이 비싸다. 조명환 전 UNITAID 평가위원에 따르면 환자가 감당해야 할 치료비용은 "미국 보스턴대 연구팀 발표에 의하면 한 사람당 평생 61만 8900달러, 한 달에 2100달러다. 출시된 약도 가격이 비싸기 때문에 아프리카 등 개발도상국 환자들은 치료를 받기 힘들다. 개발도상국 환자 수가 대다수임에도 그들에게는 치료약을 구입할 돈이 없다."(이지원, 「에이즈 치료제 있어도 죽는 사람 있는 이유: [인터뷰] 조명환 전 UNITAID 평가위원 "경제·사회 이슈로 접근해야」, 『헬스코리아뉴스』, 2016.04.06. hkn24.com/news/articleView.html?idxno=154493 [최종검색일: 2020. 12.24.]) 2016-18년부터 HIV 감염치료제 중 하나인 '트루바다'의 에이즈 예방 목적이 인정받았지만 한 알 가격이 약 1만 3천 원으로 1년간 매일 복용한다면 1인당 감당해야 할 약값이 500만 원 이상이다(이에스더, 「식약처, 먹는 에이즈 예방약 허가⋯ 약값 1년 500만원」, 『중앙일보』, 2018.02.19. news.joins.com/article/22377909 [최종검색일: 2020. 12.24.]). 그나마 전 국민 의료보험보장제도가 있는 한국은 상황이 나은 편이다. 현재 한국의 국민건강보험은 감염인에게는 치료비의 90%를 지원하고, 2019년부터 예방 목적으로 트루바다를 복용하는 HIV 노출 전 차단요법(Pre-exposure prophylaxis, PrEP)에 대해서도 일부 보험급여가 이뤄지고 있다. 하지만 고위험군 HIV-1 감염인의 성관계 파트너인 경우에 한해서만 예방 치료에 보험 적용이 되기 때문에 조건이 너무 제한적이라는 비판을 받고 있다. 미국에서도 의료보험을 들 여력이 없는 저소득층 유색인 퀴어들은 여전히 에이즈 치료 및 예방에 접근하기 어

렵다. HIV/AIDS 관련 예산을 삭감하고 자문위원회를 전원 해고하고 트랜스 차별 정책을 펼치는 트럼프 정부하에서 이 격차는 더욱 심각한 문제가 되고 있다.

23. 소던(2018), 앞의 글. 소던이 분석한 예방에 초점을 맞추는 에이즈 캠페인보다는 한 단계 더 나아갔지만 2016년 이후 국제적으로 합의된 '미검출은 감염불가(Undetectable=Untransmittable, 줄여서 U=U)' 캠페인에 대해서도 유사한 비판이 제기되고 있다. <제 8회 ILGA Asia 컨퍼런스 2019 서울>('일가 아시아[ILGA Asia]'는 '국제 성소수자 협회[the International Lesbian, Gay, Bisexual, Trans and Intersex Association, 줄여서 ILGA]'의 아시아 지부다)의 세션 중 하나였던 "미검출은 감염불가" 세션에서는 이 캠페인의 장단점에 대해 심도 있게 논의했다. '행동하는 성소수자 인권연대(줄여서 행성인)' HIV/AIDS 인권팀 소속 활동가 빌리 님이 이 세션을 정리한 글에 따르면, '미검출은 감염불가' 캠페인은 꾸준한 치료를 받을 경우 HIV 검사에서도 미검출 결과가 나와서 사람을 통해 바이러스가 감염될 수 없다는 연구 결과를 기반으로 HIV/AIDS가 곧 죽음이 아니라 관리하면 건강하게 살 수 있는 만성질환일 뿐임을 강조하여 감염인에 대한 사회적 낙인을 없애고자 한다. 또한 이 캠페인은 "감염인을 예방의 객체가 아닌 주체"로서 역량강화하는 효과가 있다. 그러나 이 캠페인에는 몇 가지 한계가 있다. 첫째, 감염인을 처벌하는 법 조항(후천성면역결핍증 예방법)이 살아있는 한국에선 HIV/AIDS에 대한 혐오와 낙인이 여전히 강력한데도, 이 캠페인은 감염인이 "감염수치 관리에 어려움을 겪게 만드는 주변 상황과 사회적 제도"를 고려하지 못하고 "감염수치 관리를 감염인의 개인의 문제로만 치부"함으로써 다시금 개개인에게 낙인이 찍힐 위험을 내버려 둔다. 둘째, "감염수치의 미검출 여부가 감염인을 평가하는 잣대"로 기능하면서 "'검출'이라는 또 다른 낙인을 만들어 치료가 필요한 사람들을 더더욱 고립"시킬 위험이 있다. 셋째, 이는 건강/건강하지 않음의 가치 위계를 강화하여 아픈 사람들의 모든 에너지와 자원을 '건강해지기'에만 맞추도록 강요한다. 한번 치료받았다고 평생 미검출 상태가 되는 것이 아니기 때문에 감염인들은 이미 존재하는 혐오와 차별과 낙인에 시달리고 있는 와중에 미검출 수준에 맞추기 위한 검열과 단속에도 평생 시달린다. '행성인'의 이 글은 캠페인이 전적으로 잘못되었다고 주장하는 것은 아니다. 다만 HIV 감염인을 잠재적 범죄자 취급하고 의료 현장에서도 차별하는 사회에 대항할 수 있도록 차별금지법과 같은 제도적 근거가 마련되고 감염인의 치료권이 보장되어야만 캠페인이 성공할 수 있으리라고 결론 내린다. 빌리, 「"미검출은 감염불가"에 대한 고찰—캠페인 업데이트와 조금 늦은 일가 아시아 "미검출은 감염불가" 세션 후기」, 『행동하는성소수자인권연대 웹진 너, 나, 우리'랑'』, 2019.11.10. lgbtpride.tistory.com/163

8?category=128311 (최종검색일:2020.12.24.)

. 김다예 연출, 하정윤 극본, jtbc에서 2부작으로 방영. 2020.2.17.~2.18.

25. Sara Ahmed, "Happiness and Queer Politics", *World Picture,* Vol.3, No.3, 2009, pp. 1-20.

26. 원제 *Little Women*, 그레타 거윅 감독, 미국, 2020.

27. Judith Jack Halberstam, *In a Queer Time and Place: Transgender Bodies, Subcultural Lives,* New York: New York University Press, 2005.

28. 일라이 클레어, 『망명과 자긍심: 교차하는 퀴어 장애 정치학』, 전혜은, 제이 옮김, 서울: 현실문화, 2020, 104-105쪽(Eli Clare, *Exile and Pride: Disability, Queerness, and Liberation*, Duke University Press, 2015[original 1999]).

29. 댄 새비지는 저널리스트이자 활동가인 백인 게이 남성으로, 역시 백인 게이 남성인 자신의 파트너와 함께 앞 장에서 논한 퀴어 리버럴리즘과 관련된 활동을 펼치고 있다. 댄 새비지가 시작한 "더 나아질 거야" 캠페인은 LGBT 청소년 자살을 예방하기 위한 활동이다. 다음을 참조. Dan Savage and Terry Miller, eds., *It gets better: Coming out, overcoming bullying, and creating a life worth living*, Penguin, 2011.

30. Chinn and Love(2012), *op. cit.*, p. 129.

31. 예를 들어 다음을 보라. <It Gets Better: Dan and Terry> youtu.be/ 7IcVyvg2Qlo (최종검색일:2020.12.24.) 사무엘 루리(Samuel Lurie)가 조직한 단체 '트랜스 인식 교육 및 옹호(Transgender Awareness Training and Advocacy)'가 미국 전역의 학교 교직원, 보건의료 종사자, 각종 단체 활동가를 대상으로 트랜스젠더 인식 교육과 에이즈 교육 프로그램을 진행하면서 트랜스젠더퀴어 아이들이 안전하게 살아가기 위한 사회적 재생산 운동을 벌여온 행보와 비교할 때 새비지 캠페인의 한계는 더욱 두드러진다.

32. Chinn and Love(2012), *op. cit.*, p. 129.

33. *Ibid.*, pp. 124-125.

34. Heather Love, *Feeling Backward,* Harvard University Press, 2009, p. 147.

35. 또 다른 한편, 2020년 코로나 시국에서 이성애자 클럽과 게이 클럽에 확진자가 나왔을 때 각각 어떤 반응이 터져 나왔는지를 떠올려보자. 전자는 '이성애자'라서 이기적이고 문란하다는 비난을 받지 않았지만, 후자는 '동성애자'라는 점에만 초점이 맞춰져 동성애 혐오와 뒤섞인 비난이 폭발했고 그것이 '사회 안전'이란 명분으로 정당화되었다. 클럽 확진자 발생 초기, 자신이 의사라고 밝힌 한 트위터 유저는 "아무리 숨어도 강제로 끌려 나오는 데 하루가 안 걸릴 겁니다. 어느 쪽이 커밍아웃당하지

않는 방법일지 잘 생각하세요."라고 아웃팅 협박을 하고, "무시하거나 방관하던 이들까지 적으로 돌리지 마세요."라며 자신의 혐오자적 위치를 중립인 양 포장하고, 검사를 받지 않으면 "한국 사회의 일원"이 될 수 없다고 경고를 날렸다. (계정 이름을 쓸 순 없지만 2020년 5월 9일과 10일 이 관짓을 봤던 성소수자들은 함께 분개했다. 댁이 인정해주고 말고 할 것 없이 이미 성소수자도 한국 사회의 일원이거든!!) 이는 '밝고 무해하고 거슬리지 않는 성소수자 시민'이라 할지라도 언제든 이성애 규범적 주체들의 검열에 순응해야 하는 처지에 있음을 보여주는 또 다른 예다.

36. Wendy Brown, "Resisting Left Melancholy", *boundary 2*, Vol.26, No.3, 1999, pp. 19−27; Love(2009), *ibid*, pp. 149−150.

37. Judith Jack Halberstam, "The Politics of Negativity in Recent Queer Theory", 2006, p. 824. [Robert L. Caserio, Lee Edelman, Judith Jack Halberstam, José Esteban Muñoz and Tim Dean, "The Antisocial Thesis in Queer Theory", *PMLA*, Vol.121, No.3, 2006, pp. 819−828.] 이 논문은 학술대회 라운드테이블 토론을 정리한 것으로 여러 저자의 목소리가 실려 있어 부득이하게 출처 표기를 이렇게 했다. 인용문의 []괄호 안 내용은 부연 설명으로 추가한 것이다. 핼버스탬의 정치적 부정성 논의는 다음도 참조하라. Judith Jack Halberstam, "Shadow Feminisms: Queer Negativity and Radical Passivity", *The Queer Art of Failure*, Durham and London: Duke University Press, 2011, pp. 123−146.

38. Love(2009), *op. cit.*, p. 162.

39. *Ibid.*, p. 146.

40. *Ibid.*, pp. 5−6.

41. 한국의 예를 들면, 방송에서 '저 남자 애인이 남자일 수도 있어'라는 발언이 나오면 '내가 너무 나갔나요,' '아직 우리 사회가 그렇게까지 열리진 않았어요'는 말로 수습하는 장면을 종종 볼 수 있는데, 이때 '동성애'는 우리 사회가 감당하기엔 너무 앞서나간 서양의 선진문물처럼 그려진다. 동성혼 법제화에 대해 '시기상조다', '사회적 합의가 이뤄지지 않았다'는 정치권의 주장 또한 동성애를 머나먼 미래의 일로 이미지화한다. 이런 담론들에선 동성애는 부정적인 의미에서 너무 급진적으로 앞서 나간 과도한 진보를 의미한다(그리고 이 담론들은 '퀴어' 개념을 생각할 수 있는 단계조차 다다르지 못했다). 그런데 동시에, 특히 한국의 청소년 담론에서는 '미성숙한 상태'에서 동성애가 옳을지도 모르니 동성애 관련 드라마는 방영하면 안 된다는 주장(이 주장이 너무도 거센 나머지 2011년 KBS드라마스페셜로 방영되었던 <클럽 빌리티스의 딸들>은 '다시보기' 서비스가 영구 중지되었다)이나, 여자 청소년들 간의 사랑에 대

해 '이것도 다 한때고 졸업하면 다들 남자 만난다'고 치부하는 반응 등 동성애를 퇴보적이고 미성숙한 것으로 보는 담론이 우세하다.

42. *Ibid.*, p. 5.

43. *Ibid.*, p. 147.

44. *Ibid.*, p. 10.

45. *Ibid.*

46. 도균, 「게이라는 게 이쪽이라는 뜻이야?」, 전혜은, 루인, 도균, 『퀴어 페미니스트, 교차성을 사유하다』, 서울: 여이연, 2018.

47. Love(2009), *op. cit.*, p. 147.

48. Walter Benjamin, "Theses on the Philosophy of History," *Illuminations*, ed., Hanna Arendt, New York: Schocken Books, 1968, pp. 253-264; Love(2009), *ibid.*, pp. 150-152에서 정리. (벤야민의 '역사의 천사'에 대한 한글로 된 소개는 다음의 책에서 볼 수 있다. 브루노 아르파이아, 『역사의 천사: 발터 벤야민의 죽음, 그 마지막 여정』, 정병선 옮김, 서울: 오월의봄, 2017). 사실 러브 본인은 벤야민의 역사의 천사에 주목하면서도 이 형상의 수동성과 뒤돌아보는 특징에만 천착해 이 형상을 어떻게 정치적 행위자로 재사유할 수 있을지에 대해서는 제대로 답하지 못한다(Love[2009], *ibid.*, p. 152). 러브는 칼라 프레세로의 연구(Carla Freccero, *Queer/early/modern*, Duke University Press, 2005)를 가져와 역사의 천사라는 수동적이고 무력해 보이는 형상이 어떻게 정치적 행위자가 될 수 있는지를 탐구하는데, 프레세로가 "진보, 행위성, 천사라는 핵심 용어 각각을 유예시킨다"(p. 152)는 점에 주목한다. 이는 주디스 버틀러가 『윤리적 폭력 비판』(양효실 옮김, 고양: 인간사랑, 2013 [Judith Butler, *Giving an Account of Oneself*, New York: Fordham University Press, 2005]) 1장에서 아드리아나 카바레로의 논의(Adriana Cavarero, *Relating Narratives: Storytelling and Selfhood*, London: New York: Routledge, 2000)를 전유하여 '당신은 누구인가'라는 질문을 답하지 않고 계속 열어놓는 것을 타자와의 근본적 차이를 인정하는 윤리로 정립한 부분, 즉 나와 타자는 근본적으로 다르고 내가 결코 타자를 완전히 다 파악할 수 없다는 인식론적 겸손의 윤리를 정립했던 부분과 맞닿는 것처럼 보인다. 그러나 내가 2장에서 정리했듯 버틀러는 '우리는 결코 최종적인 해답을 구할 수 없지만 그 알 수 없음을 포용하면서도 계속 답을 찾으려 노력해야만 한다, 그것이 정치이고 윤리이다'는 입장을 취하는 반면, 러브는 프레세로의 '유예'를 핑계로 질문의 답을 찾는 일 자체를 놓아버린다. "[프레세로에게서] 퀴어 운동은 회피, 잠복해 있기, 거절하기[…]로 이루어져 있다. 어떻게 해야 할지 우리는 모른다. 천사가 무엇인지 우리가 모르는 것처럼 말이다."(p. 152) 이런 태도는 러브의 중요한 한계이기도 한데, 책 전체에서 중요한 질문을 던지고는

있으나 그 답을 찾아야 하는 순간에는 인식론적 겸손이라기보다는 연구
자로서의 책임 회피로 해석될만한 태도를 내보이는 것이다.

49. Love(2009), *op. cit.*, p. 162.

50. *Ibid.*, p. 8.

51. 주디스 버틀러가 선택과 행위성을 재개념화한 논의를 담은 이 책 2장을
    참조하라. 한편 이런 등장인물들의 '선택'은 허먼 멜빌(Herman Melville)
    의 단편 소설 「필경사 바틀비*Bartleby, the Scrivener*」의 주인공 바틀비
    의 '행하지 않음을 선택하기'와 연결해서 생각해볼 측면이 있다. 바틀비
    의 이 수동적 행위성의 저항적 의미에 대해서는 많은 연구자가 주목하
    였다. 예를 들어 다음을 보라. 민승기, 「읽기의 (불)가능성: 『서기 바틀
    비』」, 경희대학교 인문학연구소, 『인문학연구』, Vol.9, No.-, 2005, pp.
    213-239; 윤조원, 「텍스트의 불가사의와 퀴어한 읽기: <바틀비>와 바
    틀비」, 미국소설학회, 『미국소설』, Vol.26, No.2, 2019, pp. 55-81.

52. Love(2009), *op. cit.*, p. 7. 퀴어 미학에서 중요한 개념으로 자리잡은
    캠프(camp) 또한 "대중문화에서 유행에 뒤떨어진 요소들에 애정 어린
    관심을 보이면서, 유년기 쾌락과 트라우마를 극복해 처리해버리기를 거
    부한다는 점에서 퇴보적 예술이다"(*ibid.*).

53. Anonymous Queers, "Queer Nation Manifestos", 1990; Love(2009),
    ibid., pp. 156-157에서 재인용. 삐라 형식의 이 선언문은 다음 주소에
    서 다운받을 수 있다. actupny.org/documents/QueersReadThis.pdf (최
    종검색일:2020.12.24.) 다만 퀴어 네이션의 이 선언문에서 수많은 성소
    수자는 구체적으로는 "레즈비언과 게이 남성"으로 칭해진다. 이는 내가
    1장에서 지적한 대로 퀴어 이론의 (주로) 초창기에 동성애자들이 '퀴어'
    를 '동성애자'와 동의어이되 정치적 방향성만 다른 것처럼 사용했던 경
    향을 드러낸다.

54. Love(2009), *ibid.*, p. 151, 162.

55. *Ibid.*, p. 162.

56. *Ibid.*

57. 공적 느낌 프로젝트와 관련하여 가장 활발한 활동을 벌였던 필 탱크 시
    카고에 대해서는 위키 백과의 소개를 참조하라(en.wikipedia.org/wiki/
    Feel_Tank_Chicago). 단체 공식 홈페이지(feeltankchicago.net)도 있지
    만 15년 이상 휴면 중이다. 대신 다음의 주소(pathogeographies.net)에
    서 단체가 주최한 학술대회 및 행사 소개 등의 활동 정보를 얻을 수 있
    다. 특히 이 웹사이트에선 공적 느낌 프로젝트 소속 연구자들이 정동에
    관한 수업 실러버스를 무상으로 공개하고 있다. 2003년 비판연구 심포
    지엄에서 필탱크 시카고의 기원과 활동에 대해 창립자 중 한 명인 로렌
    버런트가 연설한 내용은 다음을 보라. Lauren Berlant, "Critical Inquiry,
    Affirmative Culture", *Critical Inquiry,* Vol.30, No.2, 2004, pp. 445-

451.
저58. Cvetkovich(2007), *op. cit.*, p. 460.

58. Cvetkovich(2007), *op. cit.*, p. 460.
59. *Ibid.*
60. 리사 두건, 『평등의 몰락: 신자유주의는 어떻게 차별과 배제를 정당화하는가』, 한우리, 홍보람 옮김, 서울: 현실문화, 2017(Lisa Duggan, *The twilight of equality?: Neoliberalism, cultural politics, and the attack on democracy.* Beacon Press, 2012); Alain Ehrenberg, *The weariness of the self: Diagnosing the history of depression in the contemporary age,* McGill-Queen's Press-MQUP, 2016; Cvetkovich(2012), *op. cit.*, pp. 11-12에서 정리.
61. Cvetkovich(2012), *ibid.*, p. 12.
62. 프란츠 파농, 『검은 피부, 하얀 가면』, 이석호 옮김, 서울: 아프리카, 2014(Frantz Fanon, *Peau noire, masques blancs,* Paris: Seuil, 1952).
63. 츠비예트코비치는 『우울』의 2부 2장에서 인종차별주의 및 식민주의가 야기하는 "이주, 디아스포라, 박탈, 원래 있던 곳에서 벗어나는 경험"에 대한 합리적인 반응으로 우울이 발생하는 방식을 탐구한다(Cvetkovich [2012], *op. cit.*, p. 136).
64. Rand(2015), *op. cit.*, p. 174. 한편 이러한 부정적 정동을 개인의 결함이 아니라 구조적인 문제로 인식하더라도, 그러한 정동이 특정 사회적 소수자 집단 안에 빈번하게 발생하고 그 원인이 그 소수자 집단에 대한 차별과 억압 때문일 경우에 이 문제는 집단 바깥의 변화 없이는 해결될 수 없는 것이기에 그러한 변화를 끌어내기 위한 과정 단계에서 이 정동에 어떻게 대처할 것인지를 둘러싸고 집단 안에서 갈등이 일어날 수 있다. 예를 들어 퀴어문화축제에서 얼굴 사진이 찍혀 아웃팅당할 위험을 걱정하는 이들에게 '퀴퍼에 가면서 얼굴 팔릴 각오도 하지 않다니' 같은 반응이 SNS에서 나온 적이 있다. 물론 이 반응은 어느 정도의 진실을 담고 있다. 퀴어문화축제 조직위가 최초의 행사 때부터 아웃팅 문제를 방지하기 위한 여러 노력을 기울여왔지만, 혐오 세력이 득세하는 세상에서 퀴퍼 공간만 완벽히 안전하게 만들거나 현대 사회에서 사진 찍힐 위험을 원천 방지한다는 것은 현실적으로 불가능하기 때문이다. 또한 모든 소수자 운동이 그렇듯 퀴어 퍼레이드 또한 아무것도 잃을 게 없어 자유로운 사람들이 만든 것이 아니라 '얼굴 팔릴 각오'를 한 사람들이 용기를 내어 공적 공간을 점유하면서 퀴어 운동의 역사를 일궈온 과정에 속하기 때문이다. 만약 누군가 퀴퍼에 참가하여 해방된 느낌만 즐기고 왔다면 그것은 혐오 세력의 침탈을 막기 위해 온몸으로 욕설과 폭력을 받아온 사람들 덕분에 가능한 것이다. 그러나 동시에, 이 반응은 이 혐오 가득한 사회에서 아웃팅의 여파를 오롯이 개개인이 알아서 감내해야 한다는 착잡한 메시지를 담고 있기도 하다. 더 좋은 세상을 만드는 데 일

조하고자 공적 행사에 참여했는데 그 여파로 겪게 되는 생존의 위협을 같은 공동체에 속한다고 여겼던 사람들마저도 그저 각자 견뎌낼 뿐이라면, 그 개인의 삶에서 그 정치적 실천은 어떤 인상과 어떤 감정을 남겨놓을까. 이러한 불안, 두려움, 절망, 고립의 감정들을 혼자 알아서 해야만 한다면 그런 세상은 더 좋은 세상이라 말하기도 어렵고 그 과정에서 누구도 행복하지 않을 것이다. 이 말은 개인 대신 누군가 거대한 힘이 알아서 그러한 아웃팅 위협을 쳐내야 한다는 뜻이 아니다. 우리가 만들고자 하는 다른 세상이 그런 폭력을 개개인이 홀로 겪어내다 쓰러지는 일이 없도록 하는 세상이라면, 그런 세상을 만드는 과정에서 각자가 짊어지고 각오하는 것들이 있더라도 그로 인해 겪게 되는 부정적 경험들에 어떻게 대처해야 할지 공동체가 함께 고민해야 한다는 뜻이다.

65. Cvetkovich(2012), *op. cit.*, p. 2.
66. Cvetkovich(2007), *op. cit.*, p. 460; Cvetkovich(2012), *ibid.*, p. 2.
67. Cvetkovich(2012), *ibid.*, p. 23.
68. *Ibid.*
69. *Ibid.*, p. 22.
70. *Ibid.*, p. 21.
71. *Ibid.*, p. 23, 7.
72. *Ibid.*, p. 191.
73. *Ibid.*
74. 조제, 『살아있으니까 귀여워: 어른을 위한 칭찬 책』, 서울: 생각 정거장, 2018. 이 책은 처음에 『우울증이 있는 우리들을 위한 칭찬 책』이라는 제목으로 2018년 5월 텀블벅을 통해 소책자 형식으로 발간되었다가 호평을 받고 정식 출간되었다.
75. 아서 프랭크, 『몸의 증언: 상처 입은 스토리텔러를 통해 생각하는 질병의 윤리학』, 최은경 옮김, 서울: 갈무리, 2013(Arthur W. Frank, *The wounded storyteller: body, illness, and ethics*, Chicago and London: The University of Chicago Press, 1997).
76. Love(2009), *op. cit.*, p. 147.
77. Cvetkovich(2012), *op. cit.*, p. 3.
78. Ahmed(2010), *op. cit.*, p. 86.
79. *Ibid.*, p. 86, 213.
80. Spade, 2011, p. 136. [Christina Crosby, Lisa Duggan, Roderick Ferguson, Kevin Floyd, Miranda Joseph, Heather Love, Robert McRuer, Fred Moten, Tavia Nyong'o, Lisa Rofel, Jordana Rosenberg, Gayle Salamon, Dean Spade, Amy Villarejo, "Queer Studies, Materialism, and Crisis: A Roundtable Discussion", *GLQ*, Vol.18, No.1, 2011, pp. 127-147.] 이 논문은 학술대회 라운드테이블 토론을

정리한 것으로 여러 저자의 목소리가 실려 있어 부득이하게 출처 표기를 이렇게 했다.

81. '트랜스해방전선'은 트랜스젠더퀴어를 겨냥한 혐오에 대응하고 트랜스 인권향상을 주도하기 위해 모인 단체다(트위터 계정 @freetransright, 공식 연락처 freetrans1225@gmail.com). 트랜스해방전선이 만든 트랜스젠더 추모의 날 행사 다큐멘터리도 보라. 2018년 1회 행사 다큐멘터리 <트랜스젠더, 인터섹스 그리고 성별이분법을 벗어나려는 모든이들을 위한 기록>. 2019.05.04. (1부: youtu.be/RIEWgCtU94w 2부: youtu.be/uwGV9_2FBSQ 3부: youtu.be/JhyLdRUHD9M); 2019년 2회 행사 다큐멘터리 <2019 트랜스젠더 추모의 날(서울 이태원광장) 기록>. 2020.05.03. youtu.be/NUQxEUMrzII (최종검색일:2020.12.24.)

82. Ahmed(2004), *op. cit.*, p. 156. 1장에서부터 지금까지 에이즈 위기에 대한 설명이 너무 반복되는 듯 보이긴 한다. 하지만 이런 반복이 불가피한 이유는, 이 책에서 소개한 여러 학자가 공통적으로 지적하듯 에이즈가 치명적인 급성질환으로서 십 년 이상 위세를 떨친 환경이 퀴어 이론이 자라난 토양이었기 때문이다. 어떤 이론이든 당시의 시대적 정황과 밀접히 연결되어 있고, 이론에 감도는 정동이나 분위기, 어조뿐만 아니라 이론의 구조와 관점, 인식틀에도 그 시대의 영향이 깊이 배어있다. 세즈윅은 『벽장의 인식론』 2008년판 서문에서, 이 책을 제대로 이해하려면 책 집필 기간이었던 1980년대 미국 상황에 대한 역사적 이해가 필요하다고 말한 바 있다. 에이즈로 공동체가 무너지고, 동성애자가 병균 취급받고, 동성애의 낌새가 보이면 공권력이 집안까지 들이닥쳐 사람들을 끌고 가고, 조금이라도 퀴어해 보이면 일자리를 얻지 못하거나 잃었던 시대에 "상실에 대한 극심한 스트레스, 불완전한 애도, 만성적 두려움, 사회적 균열, 그런 공포에 직면하여 저항을 일으킬 강력한 자원의 필요성 등이 그 당시의 이론과 운동에 여러 방면으로 어떻게 특유의 흔적을 새겨놓았는지를 아는 것이 중요하다"는 것이다(Eve Kosofsky Sedgwick, "Preface to the 2008 Edition", *Epistemology of the Closet*, 2nd edition, Berkeley: University of California Press, 2008[original 1990], p. xv). 우리의 현재를 봐도 2020년을 지배한 코로나 바이러스가 각자의 삶에 일으킨 지각변동이 새로운 이론의 필요성을 낳고 있다. 만약 이 새로운 전염병의 시대가 좀 더 지속된다면(제발 그러지 않길 빌지만) 이후의 이론에 특유의 흔적을 새겨놓을 것이다.

83. 역사학자 대니얼 리버스(Daniel Rivers)의 평가(Laura Briggs, *How all politics became reproductive politics: From welfare reform to foreclosure to Trump*, Vol. 2., University of California Press, 2018, p. 164).

84. 이 말은 이성애자 주체가 동성애적 애착이 있다는 것을 의식적으로 알

고 있는데 그것을 의식적으로 억압했다는 뜻이 아니다. 동성애적 욕망이 자신에게 있는지도 인식하지 못한 채 처음부터 절대 그 방향으로는 몸을 틀 생각도 하지 못하게 금지당해 욕망이 의식의 수면 위로 올라오지도 못한 채 남겨진다는 뜻이다(Judith Butler, *Bodies that Matter: on the Discursive Limits of Sex*, New York: Routledge, 1993, p. 236). 현재 당연시되는 젠더 구조 자체가 동성애적 욕망에 대한 상실이 일어났다는 것조차 인식하기를 거부하는 멜랑콜리적 구조로 구축되는 방식에 관한 논의는 『젠더 트러블』(조현준 옮김, 서울: 문학동네, 2008 [*Gender trouble: Feminism and the Subversion of Identity*, New York: Routledge, 1990])의 2장 3절 「프로이트와 젠더 우울증Freud and the melancholia of gender」에서부터 등장했다. 이에 대해 이론적으로 좀 더 발전된 설명은 『권력의 정신적 삶: 예속화의 이론들』(강경덕, 김세서리아 옮김, 서울: 그린비, 2019[*Psychic Life of Power: Theories in Subjection*, Stanford University Press, 1997]) 5장 「우울증적 젠더/거부된 동일화Melancholy Gender/Refused Identification」을 보라. 『물질화되는 몸*Bodies that Matter*』의 8장 「비판적으로 퀴어Critically Queer」에서는 『젠더 트러블』 출간 후 가장 논란이 되었던 '드랙'(drag)을 젠더 멜랑콜리와 시험적으로 연결해본 설명을 찾아볼 수 있다.

85. Butler(1993), *op. cit.*, p. 236.

86. Judith Butler, *Precarious Life: The Powers of Mourning and Violence*. London: Verso, 2004a (주디스 버틀러, 『불확실한 삶: 애도와 폭력의 권력들』, 양효실 옮김, 부산: 경성대학교 출판부, 2008). 이 책의 한글판은 다른 역자에 의해 한 번 더 출간되었다. 『위태로운 삶: 애도의 힘과 폭력』, 윤조원 옮김, 필로소픽, 2018. 원제인 precarious life에 대한 번역으로는 '불확실한 삶'보다는 '위태로운 삶'이 더 적절할 것이다. 다만 이 장에서 인용은 양효실 선생님이 번역한 『불확실한 삶』(2008)을 참고했다. 한편, 버틀러의 저작 활동이 너무도 왕성한 나머지 Precarious Life도 Undoing Gender도 모두 2004년에 나왔다. 이 장에서 출처를 표기할 때는 Precarious Life를 2004a로, Undoing Gender를 2004b로 표기하겠다.

87. 한편 약간 맥락은 다르지만 버틀러의 젠더 이론도 이런 식의 잘못된 평가를 받아왔다. *Undoing Gender*는 초기의 두 저작 『젠더 트러블*Gender Trouble*』과 『물질화되는 몸*Bodies that Matter*』에서 이론화한 내용을 구체적인 예와 결합하여 퀴어 정치에 적용한 실용 버전이라고도 평가할 수 있는 텍스트다(또 다른 평가를 덧붙이자면, 이 텍스트는 버틀러가 이전까지 진행해온 퀴어 이론과 정치윤리학이라는 두 가지 흐름, 혹은 주체가 규범과 맺는 관계에 대한 탐구와 주체가 타자들과 맺는 관계에 대한 탐구가 합쳐져 퀴어를 주제로 한번 매듭을 짓고 가는 환승역 역할을

한다). 그런데 *Undoing Gender*의 한글판 『젠더 허물기』의 역자 조현준 교수는 『젠더 허물기』의 가치를 높이는 데 치중한 나머지 이 책과 비교해서 버틀러의 초기 젠더 이론이 '관계성'과 '사회성'을 결여하고 있다고 낮게 평가한다(한글판 「옮긴이 후기」, 390–392쪽). 예를 들어 초기 저작에선 버틀러가 "개별 '젠더'의 계보학적 구성을 이론적으로 고찰"하다가 "이제 하나의 젠더가 혼자서는 설 수 없다는 현실의 상호성에 주목"했다는 것이다(390쪽). 그러나 내가 보기엔 이 주장과 정반대로, 젠더에 관한 지배적 이해를 갈아엎던 초기부터 버틀러에게 젠더는 개별 자아의 문제가 아니라 항상 이미 관계적인 것이었다. 버틀러는 인간의 몸을 읽고 해석하는 인식틀 자체를 형성하고 규제하는 젠더 규범과의 복잡한 관계 속에서 어떻게 내 몸과 젠더와 자아에 대한 감각이 만들어지는가, 그리고 그런 과정에서 어떻게 규범을 교란하고 전복시킬 가능성이 발생하는가를 이론화하는 중이었기 때문이다. 내가 2장에서 설명했듯, 현재의 젠더 이분법 규범에 맞지 않는 존재들이 비체로서 생산된다는 논의는 처음부터 젠더가 "혼자서는 설 수 없"으며 자연스럽고 당연하다고 여겨지는 그 이분법적 젠더 자체가 비체들을 짓밟고서 서 있었음을 날카롭게 분석해낸 것이다. 하물며 버틀러가 비판하는 젠더 이원론조차, (데리다와 이리가레가 입증해왔듯) 서구 형이상학을 구축하는 이분법적 위계질서인 A/–A의 관계 구도 안에서 개별 존재에게 위치를 할당하고 차별적 가치를 부여한다는 점에서 항상 이미 관계적이다. 따라서 저 한글판 역자 후기 평가는 버틀러의 이론도 젠더 이분법 체계 자체도 이해하지 못한 발언이다. 차라리 버틀러 전기와 후기 작업에서 버틀러가 주목하는 '관계성'의 종류나 영역이 확장되었다고 보는 것이 좀 더 정확한 평가일 것이다. 즉 『젠더 트러블』과 『물질화되는 몸』으로 대표되는 전기에서는 규범권력과의 관계 속에서 젠더와 섹슈얼리티, 인간, 몸, 주체성이 구성되는 방식에 주목했다면, 그 이후의 작업부터는 규범권력과의 관계뿐만 아니라 타자와의 관계성을 주체 형성의 핵심 조건 중 하나로 본격적으로 이론화한 점이 두드러진다.

버틀러의 초기 젠더 이론 작업에 대한 조현준 교수의 평가가 박한 이유는, 내가 2장 1절에서 분석했듯 젠더 이분법에 순응하지 않는 퀴어 정체성을 그저 자기 혼자 선언하고 끝내는 무책임한 언어유희로 치부하는 시스젠더 중심적 관점에서 완전히 벗어나지 못했기 때문은 아닐까. 조현준 교수는 『젠더 허물기』와 비교해서 "과거의 『젠더 트러블』이 '나'의 불안정하고 비결정적인 젠더 모호성을 옹호하면서 하나의 범주로 고정되지 않는 비정체성의 젠더 이론을 형성하고자 했다면, 『젠더 허물기』는 여성이면서 사회적 소수자로, 또 성적 소수자로 살아가는 현실의 사회, 문화, 역사, 지역적 관계 속에서 소통하고 말하고 행동하는 정체성을 논의한다"고 평가한다(392쪽). 그러나 『젠더 트러블』이 이론서이긴 하나 현실과 거리가 먼 추상적 논의로만 보인다면, 그건 시스젠더 이성애자들의 눈에는 "불안정하고 비결정적인 젠더 모호성"으로 보이는 그것이 당사자에게는 그 자체로 자기 자신으로 존재하고 살아가는 현실이자 "성적 소수자로 살아가는 현실의 사회, 문화, 역사, 지역적 관계 속에서 소통하고 말하고 행동하는 정체성"이라는 것을 성찰하고픈 의지가 없기 때문은 아닌가. 내가 2장에서 설명했듯, 『젠더 트러블』에서부터 『젠더 허물기』에 이르기까지 버틀러는 '내 주변엔 그런 사람 없는데?' 태도를 고수하는 사회에 대항하여 '그런 사람 여기 있다'를 입증할 이론을 구축하는 작업을 일관되게 진행해왔다. 구체적으로는 먼저 젠더와 섹슈얼리티에 대한 당대의 권위 있는 이론들이 '그런 사람'을 누락시켜왔다는 점, 이게 실수가 아니라 '그런 사람'을 체계적으로 타자화하고 비체화함으로써 시스젠더 이성애자를 정상적 인간의 기준으로 구축해왔다는 점을 폭로해왔다. 그다음엔 바로 그런 이론들을 해체하고 재절합하여 '그런 사람'들을 위한 이론적 자리를 마련해왔다. 그러므로 이런 논의들은 단순히 '정체성'과 반대되는 '비정체성', '현실'과 반대되는 '이론'이 아니다. 버틀러는 바로 그런 이분법적 구분 자체를 해체하는 것이다. 내가 5장에서 소개했던 퀴어 이론의 반사회적 테제와 마찬가지로 '사회성'과 '관계성', '정체성', '현실' 같은 개념들을 상상하고 이해하고 규정하는 인식틀 자체를 갈아엎고 재개념화하는 것이다. 더욱이 『젠더 허물기』에 실린 글들이 주로 트랜스젠더, 트랜스섹슈얼, 인터섹스들이 겪는 문제들을 분석하면서 여성/남성 젠더 이원론 체계에 끼워 맞춰질 수 없는 삶과 정치를 논하고 있는데도, 그 책의 역자가 "여성이면서 사회적 소수자로, 또 성적 소수자로"라는 표현을 고수한다는 점에 대해서도 생각해봐야 한다. 심지어 그 표현을 "불안정하고 비결정적인 젠더 모호성"과 대립시키는 발언의 파급효과에 대해서도 생각해봐야 한다. 한국의 많은 페미니스트들이 '여성'인 '성소수자', 정확히 말해 '생물학적 여성'이라는 낡은 틀에 안착할 수 있는 여성 성소수자를 위해서만 쓸 수 있도록 퀴어 이론을 도구화하는 경향이 있다.

88. 이처럼 타자의 죽음 자체에 주목하고 애도하기보다는 그 죽음을 주체의 명분과 각성을 위한 도구로 이용하는 슬픔의 정치화 형식은 좌파 정치에서도 자주 정당화된다. 예를 들어 『우연성, 헤게모니, 보편성』(주디스 버틀러, 에르네스토 라클라우, 슬라보예 지젝, 『우연성, 헤게모니, 보편성: 좌파에 대한 현재적 대화들』, 박대진, 박미선 옮김, 도서출판 b, 2009 [Judith Butler, Ernesto Laclau and Slavoj Žižek, *Contingency, Hegemony, University: Contemporary Dialogues on the Left*, Verso, 2000])에서 슬라보예 지젝이 행위성의 발현으로 주목하는 영화 속 장면들을 보자. 주인공은 인질로 잡힌 자기 가족에게 총을 쏘는 무의미한 행위를 함으로써 인질을 잡고 협박하던 적들을 충격에 빠뜨린다. 지젝은 이 예들의

공통점이 "강제된 선택의 상황에서 주체는 어떤 점에서는 **스스로를 쓰러뜨리는**, 자신에게 가장 소중한 것을 쓰러뜨리는 '미친', 불가능한 선택을 행한다는 점"이라고 설명하면서, 이는 자신을 겨냥하는 무능한 공격성이 아니라 "주체가 스스로를 발견하는 상황의 좌표를 변화"시키는 것이라고 높이 평가한다(180-81쪽, 원문 강조). "자신을 가로막기 위해 적들이 손에 쥐고 있는 소중한 대상에서 스스로를 끊어냄으로써 주체는 자유로운 행동의 공간을 얻게 된다. '스스로를 쓰러뜨리는' 그런 극단적인 몸짓이 주체성 자체를 구성하는 게 아닌가?"(181쪽) 하지만 정말로 가족이 "자신에게 가장 소중한 것"이라고 생각하는 사람이었다면 가족의 목숨을 살리고 자신의 목숨을 내어주지 않았을까? 그건 영화적으로 너무 진부해서 엑스트라나 할 만한 선택인가?(일단 영화가 끝나기 전에 죽으면 '주인공'이라 부르기 애매하긴 하겠지만 말이다.) 가족을 죽이는 행위를 '스스로를 쓰러뜨리는' 것으로 적극적으로 해석하는 지젝의 주장은 가족을 남성 가장의 소유물로 간주하는 전통적인 가부장적 사고와 뭐가 다른가? 스스로를 쓰러뜨리고 싶으면 몸소 죽으면 될 것이지, 가족을 죽이는 선택을 하는 주인공은 왜 항상 죄다 남자이고 죽임당하는 가족은 왜 거의 다 여자와 아이인가? 김애령 선생님이 레비나스에게서 나-타자 간 환대를 가능케 하는 조건으로 아내, 어머니와 같은 친밀한 타인들의 희생이 전제되어 있다고 비판한 것과 동일한 비판을 여기서도 할 수 있을 것이다(김애령, 「이방인과 환대의 윤리」, 『철학과 현상학 연구』, Vol.39, No.-, 2008, 175-205쪽).

89. Butler(2004a), *op. cit.*, p. 22; 버틀러(2008), 앞의 책, 49쪽, 원문 강조, 번역 일부 수정.

90. Judith Butler, *Undoing gender*, New York and London: Routledge, 2004b, p. 20; 주디스 버틀러, 『젠더 허물기』, 조현준 옮김, 서울: 문학과 지성사, 2015, p. 39, 번역 일부 수정.

91. Butler(2004b), *ibid.*; 버틀러(2015), 위의 책 1장을 보라.

92. 여기서 간략히 소개할 『윤리적 폭력 비판』과 더불어 『권력의 정신적 삶 *Psychic Life of Power*』(Butler[1997], *op cit.*; 버틀러[2019], 앞의 책)을 보라.

93. 이 책은 영문판이 나오기 전인 2003년에 먼저 네덜란드와 독일에서 『윤리적 폭력 비판』이란 제목으로 출간되었고, 한글판 제목은 이를 따랐다.

94. Butler(2005), *op. cit.*, pp. 7-8; 버틀러(2013), 앞의 책, 19쪽.

95. 『불확실한 삶』과 『윤리적 폭력 비판』 두 책을 모두 번역한 양효실 선생님은 '메시지 전달 구조'와 '말 걸기 구조', 또는 '말 걸기/메시지 전달의 구조'라는 번역어를 혼용한다. 나도 이 번역어를 따른다.

96. Butler(2005), *ibid.*, p. 60; 버틀러(2013), 위의 책, 106쪽. 『윤리적 폭력 비판』 2장 2절에서 미국의 정신분석학자 크리스토퍼 볼라스(Christopher

Bollas)의 논의를 분석한 부분을 보라. 한글판에서는 볼라스가 사용하는 articulation과 the inarticulable 개념을 각각 "접합"과 "불명료한", "해명 불가능한 것"(버틀러, 위의 책, 102쪽, 105쪽)으로 번역해서 두 용어의 연관성을 알아보기가 어렵다. 그러나 볼라스에게 articulation 개념은 내가 2장 각주 99에서 '절합' 또는 '접합'이란 번역어로 설명한 버틀러의 articulation 개념화와는 다르다. 볼라스에게 articulation은 전이−역전이 관계처럼 반드시 명확한 서사적 형태로 한정될 수 없는 "표현과 소통의 여러 다양한 양태들을 기술하기 위한 폭넓은 범주"로 정의된다(Butler [2005], *ibid.*, p. 58; 버틀러[2013], 위의 책, 102−103쪽). 버틀러가 보기에 볼라스에게 상담의 목표는 "심리적 삶에서 지금까지 불명료한 요소(inarticulate elements)"였던 것을 "명료하게 표현하기"(articulation) 이다(*Ibid.*, 번역 일부 수정). 그러나 버틀러는 볼라스가 제대로 고찰하지 않았던 이 명료화의 필연적 한계에 주목한다. 우리의 심리적 삶 전체에서 우리가 의식하고 명명하고 설명할 수 있는 부분은 일부일 뿐이고, "집요하고 모호한 여러 방식으로 우리를 형성하고 구성하는 의존성과 감수성(impressionability)과 같은 일차적인(primary) 관계들을 의식이나 언어를 통해서 완전히 지배할 수 없"다는 것이다(*Ibid.*). 저 책의 2장에서는 버틀러가 '서사화할 수 없는 것'에 대한 설명에 주로 힘을 쏟느라 이 '해명 불가능한 것' 혹은 '명료화할 수 없는 것'(the inarticulable)이 무엇인지에 대해서는 다소 불친절한 설명에 그치고 있지만, 3장에 가면 지금 내가 본문에서 간략하게 설명할 '타자의 우선성'과 관련해서 이 '명료화할 수 없는 것'을 본격적으로 논한다.

97. Butler(2005), *ibid.*, p. 52; 버틀러(2013), 위의 책, 92−93쪽, 원문 강조, 번역 일부 수정.

98. Butler(2004a), *op. cit.*, pp. 138−39; 버틀러(2008), 앞의 책, 190쪽, 번역 일부 수정.

99. Butler(2005), *op. cit.*, p. 81, 82; 버틀러(2013), 앞의 책, 142, 144쪽, 원문 강조, 번역 일부 수정.

100. 『윤리적 폭력 비판』(Butler[2005], *ibid.*; 버틀러[2013], 위의 책) 2장과 3장을 보라.

101. Butler(2005), *ibid.*, p. 85; 버틀러(2013), 위의 책, 149쪽.

102. Butler(2005), *ibid.*, p. 77; 버틀러(2013), 위의 책, 136쪽, 원문 강조.

103. Butler(2005), *ibid.*, p. 50; 버틀러(2013), 위의 책, 90쪽.

104. 더욱이 버틀러는 이 일관되고 투명하고 자기 자신을 완전히 설명할 수 있는 근대적 주체 개념이 삶을 죽일 위험이 있다고 본다. '난 모든 것을 다 알 수 있어, 다 알 수 있어야 해'라고 믿는 사람은 자신의 무능과 마주했을 때 '이런 나는 죽어도 싸'와 같은 극단적인 자학으로 치달을 수 있다는 것이다. 즉 이런 근대적 주체 개념에 너무 강박적으로 의

존하는 경우, 서술할 수 없고 명료화할 수 없는 불투명성과 조우하게 되었을 때 쉽게 무너져 자기 삶을 죽음으로 몰고 가거나, 눈앞의 불투명성을 없애기 위해 타인의 삶을 죽음으로 몰고 가는 폭력으로 귀결될 위험이 있다(Butler[2005], *ibid.*, pp. 79-80; 버틀러[2013], 위의 책, 139-141쪽).

105. Butler(2005), *ibid.*, p. 83; 버틀러(2013), 위의 책, 146쪽.

106. Butler(2005), *ibid.*, p. 82; 버틀러(2013), 위의 책, 145쪽, 번역 일부 수정.

107. Butler(2004a), *op. cit.*, p. 20; 버틀러(2008), 앞의 책, 46-47쪽, 번역 일부 수정.

108. *Ibid.*

109. Butler(2005), *op. cit.*, p. 100; 버틀러(2013), 앞의 책, 173쪽.

110. Butler(2004a), *op. cit.*, p. 20; 버틀러(2008), 앞의 책, 46쪽, 원문 일부 수정.

111. Butler(2005), *op. cit.*, p. 40; 버틀러(2013), 앞의 책, 73쪽, 번역 일부 수정.

112. Butler(2004a), *op. cit.*, pp. xii-xiii; 버틀러(2008), 앞의 책, pp. 12-13.

113. Butler(2005), *op. cit.*, p. 82; 버틀러(2013), 앞의 책, 145쪽, 번역 일부 수정.

114. Butler(2005), *ibid.*, p. 110; 버틀러(2013), 위의 책, 190쪽, 번역 일부 수정. 이 문장에서 버틀러는 앞서 설명한 대로 우리의 실존적 조건 때문에 필연적으로 우리가 모든 것을 다 알지 못하고, 우리의 앎이 우리 뜻대로 달성되는 게 아니지만, 그럼에도 불구하고 비판적으로 사유하고 책임감 있게 행동하려는 노력을 계속해야 한다는 메시지를 전하기 위해 "we have to become knowing about~"이라는 복잡한 표현을 쓴다.

115. Butler(2004a), *op. cit.*, p. 20; 버틀러(2008), 앞의 책, 46쪽.

116. Butler(2004a), *ibid.*, p. 91; 버틀러(2008), 위의 책, 130쪽, 번역 일부 수정.

117. 물론 레비나스는 타자의 얼굴을 보면 자연스레 윤리적 반응이 나온다는 낭만적인 이야기를 한 것이 결코 아니다. 레비나스의 얼굴의 윤리는 내가 공감할 수 있는 동일성을 기반으로 하는 윤리가 아니고, 레비나스의 세계에서 타자는 결코 안전하게 대면할 수 있는 길들여진 것이 아니다. 오히려 레비나스는 다른 사람의 불확실함에 대한 최초의 반응 중 하나를 살인에 대한 욕망으로 추정하며, 타자가 살아 존재할 권리가 나의 모든 권리보다 우선하여 '살인하지 말라'는 윤리적 명령으로 나타난다고 설명한다. 이는 레비나스가 사람과 사람이 만났을 때 제일 먼저

발생할 수 있는 일이 공격과 살인이라고 전제한다는 것을 드러낸다 (Butler[2004a], *ibid.*, pp. 131-32; 버틀러[2008], 위의 책, 181쪽). 이런 점에서 버틀러는 레비나스에게서 윤리가 "공포와 불안이 살인 행위로 돌변하지 않도록 억제하는 투쟁을 의미"한다고 평한다(Butler [2004a], *ibid.*, p. xviii; 버틀러[2008], 위의 책, 19쪽). 좀 더 부연하자면, 유럽에서 나치 정권과 세계 2차 대전을 겪은 유대인으로서, 레비나스가 발전시킨 비폭력의 윤리는 불가해한 타자의 모호성과 대면하여 타자가 나를 해칠지도 모른다는 공포와 이 공포에 굴복하여 내가 타자를 해칠지도 모른다는 불안 사이의 끝없는 긴장 속에서 어떻게 윤리적인 관계를 만들어낼 수 있을지를 치열하게 고민하면서 인간으로서 인간답게 살기 위한 투쟁의 과정이었다고 평할 수 있다.

더욱이 버틀러는 레비나스에게서 살인에 대한 욕망을 누르는 윤리적 명령이 단지 양심의 가책이나 나르시시즘으로 귀결되지 않게 하는 것은 타자를 "담론의 조건"으로 사유한다는 점에 있다고 본다. "타자와 얼굴을 맞대고 관계를 맺는다는 것은 살인할 수 없다는 것이다. 이는 담론의 상황이기도 하다."는 레비나스의 인용문을 두고, (내가 본문에서 정리한 대로) 버틀러는 우리는 메시지가 전달된다는 조건 아래서만 언어를 사용할 수 있다는 의미에서 타자는 담론의 조건이며, 언어는 메시지 전달의 조건 밖에서는 생존할 수 없기에 타자가 삭제된다면 언어도 삭제된다고 해석한다. 따라서 "메시지를 전달받는다는 것은 처음부터 의지를 박탈당한다는 것이고 그런 박탈이 담론 안에 위치한 우리의 상황의 토대로 존재한다"는 점이 얼굴과의 대면을 나르시시즘을 넘어 근본적인 타자성과의 조우로 만들어준다(Butler[2004a], *ibid.*, pp. 131-139; 버틀러[2008], 위의 책, 181-191쪽).

118. 수전 손택, 『타인의 고통』, 이재원 옮김, 서울: 이후, 2004(Susan Sontag, *Regarding the Pain of Others*, New York: Farrar, Straus and Giroux, 2017[original 2003]).

119. Butler(2004a), *op. cit.*, pp. 142-143; 버틀러(2008), 앞의 책, 194-195쪽, 번역 일부 수정.

120. "감각 없이는 사유도 판단도 없다. 그리고 시간을 넘어 신뢰할 수 있게 재생산될 수 있는 사회적 형식을 가정하는 감각들 없이는 전쟁에 대한 사유도 판단도 불가능하다. […] 어떤 면에서 전쟁을 벌인다는 것은 감각들에 대한 맹공을 시작한다는 것이며, 감각들은 전쟁의 첫 번째 타깃이다. 유사하게, 한 인구집단을 전쟁의 타깃으로서 암묵적 혹은 명시적으로 틀 짓는 것은 파괴를 시작하는 첫 행동이다. 이는 파괴를 일으킬 준비일 뿐만 아니라 파괴 과정을 개시하는 시퀀스인 것이다."(Judith Butler, *Frames of War: when is Life Grievable?*, London; New York: Verso, 2010: xvi)

121. Butler(2004a), *op. cit.*, pp. xiv-xv; 버틀러(2008), 앞의 책, 15쪽, 번역 일부 수정.

122. Butler(2004a), *ibid.*, p. 32; 버틀러(2008), 위의 책, 62쪽.

123. Butler(2004a), *ibid.*, p. xviii; 버틀러(2008), 위의 책, 20쪽. 물론 내가 2장에서 논했듯, 구조의 문제라고 해서 남의 죽음을 조장하고 기뻐하고 직접 폭력을 휘두르는 개개인의 책임이 없어지는 건 아니다. 테러와 그 보복을 정당화하는 담론들을 비판적으로 분석하면서 개인과 집단의 책임과 행위성을 사유하는 논의는 『불확실한 삶』 1장 「설명, 면책, 혹은 우리가 들을 수 있는 것」을 보라.

124. Butler(2010), *op. cit.* 서론을 보라.

125. Butler(2004a), *op. cit.* p. 35; 버틀러(2008), 앞의 책, 65쪽.

126. Butler(2004a), *ibid.*, p. 91; 버틀러(2008), 위의 책, 132쪽. 이는 버틀러가 『불확실한 삶』 3장 「무기한 구금」에서 분석하듯 '합법적 전쟁'과 '테러리즘'의 구분을 생산하는 틀이고, 한국의 거리 정치에서 '시민'과 '폭도'의 구분을 생산하는 틀이기도 하다.

127. Butler(2004a), *ibid.*, pp. 89-91; 버틀러(2008), 위의 책, 130-131쪽, 번역 일부 수정.

128. 취약성의 실존적 차원과 구조적 차원 양쪽 모두를 아우르는 정치를 어떻게 만들 것인가 하는 이 화두는 이후의 작업에서도 계속 탐구되는 주제다. 다음을 보라. Judith Butler and Athena Athanasiou, *Dispossession: the performative in the political*, Malden, MA: Polity, 2013(주디스 버틀러, 아테나 아타나시오우, 『박탈: 정치적인 것에 있어서의 수행성에 관한 대화』, 김응산 옮김, 서울: 자음과모음, 2016). 이 책에서는 '취약성' 개념 대신 '박탈' 개념을 중심으로 실존적 차원과 구조적 차원의 얽힘을 사유한다.

129. Butler(2004a), *op. cit.* p. 42; 버틀러(2008), 앞의 책, 75쪽.

130. Butler(2004a), *ibid.*, p. 43; 버틀러(2008), 위의 책, 76쪽.

131. Butler(2004a), *ibid.*, p. 44; 버틀러(2009), 위의 책, 77쪽, 번역 일부 수정.

132. 취약성을 바탕으로 하는 상호 인정의 방향성을 잘 보여주는 예시가 있다. 퀴어 페미니즘 장애학자 앨리슨 케이퍼(Alison Kafer)는 절단장애인 여성을 '추종'한다면서 여성 혐오와 장애 혐오에 기초한 가스라이팅과 스토킹을 해대는 남성들의 인터넷 커뮤니티에 대한 연구를 해왔다. 그 주제로 출간한 두 번째 논문(앨리슨 케이퍼, 「욕망과 혐오: 추종주의 안에서 내가 겪은 양가적 모험」, 전혜은 옮김, 『여/성이론』, 39호, 2018, 48-86쪽[Alison Kafer, "Desire and Disgust: My Ambivalent Adventures in Devoteeism", *Sex and Disability*, eds., Robert McRuer and Anna Mollow, Durham and London: Duke University Press,

2012, pp. 331-355])에서 케이퍼는 '장애가 있는 사람을 누가 좋아해? 좋아하면 변태지'란 세간의 시선과, '너는 장애가 있으니 나밖에 사랑해줄 사람이 없다'고 주장하는 추종자 담론 말고 장애 여성에게 욕망과 관계성의 다른 선택지는 없는지 탐색한다. 손상'에도 불구하고'가 아니라 손상과의 관계 속에서 손상을 통해 섹슈얼리티를 더욱 풍성하게 만들 방법은 없을까? 나의 손상이 약점이나 패티시의 대상이 아닌 방식으로 관계의 중심에 놓일 순 없을까? 이 화두를 고민하면서 케이퍼가 주목한 대안적 사례는 일라이 클레어와 사무엘 루리의 관계다. 클레어와 루리 둘 다 트랜스 활동가이고, 루리는 비장애인이고 클레어는 뇌병변 장애인이라 수전증이 있다. 루리는 클레어의 끊임없는 손 떨림이 자기 몸을 만져주는 것이 너무 좋다면서, 이 떨리고 튀어 오르는 접촉을 쾌락과 기쁨의 원천으로 받아들인다. 그러나 클레어는 어린 시절부터 수전증을 포함한 뇌병변 증상을 빌미로 놀림 받고 괴롭힘당했기 때문에, 파트너가 수전증을 좋아해 준다고 해서 폭력의 역사와 부정적 정동으로 얼룩진 이 몸을 바로 긍정적으로 받아들이기란 힘들다. 그래서 루리가 '나는 너의 뇌성마비를 사랑해'라고 말할 때 클레어는 수치심과 불신이 솟구친다고 고백한다. 그럼에도, 손상이 자신이 겪어왔던 폭력을 정당화하는 근거가 아니라 에로틱한 접촉으로 재각인됨에 따라 클레어는 점차 수치심 대신 욕망의 렌즈를 통해 자신을 바라보기 시작할 수 있게 되었다고 말한다.

여기서 중요한 것은, 루리와 클레어의 이야기는 단순히 '나를 있는 그대로 사랑해줄 유일한 운명의 상대를 만났다'는 낭만주의 구원 서사가 아니라는 점이다. 그렇게 해석한다면 다시금 추종자들의 장애 혐오적 가격 후려치기 전략('너를 구원해줄 사람은 나뿐이야')으로 되돌아가는 셈이다. 이런 구원 서사는 '이 사람과 헤어지고 나면 다시는 날 사랑해줄 사람이 없을 거야'라는 불안에 의존성을 키우고 연애 폭력이 일어나기 쉬운 환경을 조성한다. 케이퍼는 추종자들의 논리와 이 클레어-루리 커플의 차이가 무엇인지 고민한다. 케이퍼가 생각해낸 답은, 두 서사의 핵심적 차이 중 하나가 후자는 장애를 더 넓은 사회적 영역에 놓는다는 것이다. 추종자들은 여성 장애인이 겪는 모든 어려움은 백마 탄 기사 같은 자신들을 만나면 다 해결된다고 주장하고, 여성 장애인에게 남자 만나는 것보다 더 중요한 일들(예를 들어 후천적 장애인이라면 직장을 다시 구하고 장애 몸에 적응하고 등등)이 있다는 것을 이해하지 않으려 함으로써 장애를 개인의 불행으로 축소시킨다. 반면 클레어는 루리와의 이 관계를 숙고하면서, 장애인들이 스스로 성적으로 욕망할 가능성을 개발하고 자기 몸에 자부심을 가지려면 장애인을 사회적으로 인정하고 장애인들이 정치적으로 소외되지 않고 경제적인 접근성을 확보하고 성적 자결권을 가질 수 있도록 이 사회 전체가 바뀌어야 한다고 진단한다. 즉 장애인이 겪는 성적 억압은 정치적 억압과 사회적 재현에 직접적으로 결부되어있는 문제인 것이다.

다른 한편, 케이퍼가 명확하게 언어화하지는 못했지만 본문에서 인용한 버틀러의 상호 인정의 대안적 틀에 관한 인용문과 결부시켜 클레어-루리 커플의 관계를 이해해볼만한 대목이 있다. 케이퍼는 클레어의 문장 "그를 믿으려면 믿음 이상의 것이 필요하다"를 인용한 다음에 이렇게 평가한다. "루리와 클레어의 글을 함께 읽으면 둘 다 자기 욕망의 영역을 함께 협상하면서 자신을 상대방에게 얼마나 취약하게 만들고 있는지 분명하게 드러난다."(위의 글, 82-83쪽) 바로 이것이 추종자 담론에서의 욕망의 관계성과 결정적인 차이다. 추종자 담론에서는 '나만이 널 구원할 수 있다'는 자만심으로 가득 찬 비장애인 주체의 욕망이 관계를 장악하고 폭력을 사랑으로 정당화한다. 반면 클레어-루리의 관계에선 나의 취약성을 우선시하거나 상대의 취약성을 약점잡지 않는 방식으로 서로의 취약성을 열어놓고, 취약성을 통해 기꺼이 서로에게 연결되고, 이 연결을 통해 욕망을 협상하면서 나와 너를 관계 속에서 새롭게 바꾸는 생성의 서사를 엮어 짠다. 케이퍼의 이 논문을 정리한 내용은 전혜은, 「장애와 퀴어의 교차성을 사유하기」(전혜은, 루인, 도균, 『퀴어 페미니스트, 교차성을 사유하다』, 서울: 여이연, 2018) 51-57쪽을 보라. 케이퍼가 예시로 분석한 클레어의 글은 Eli Clare, "Gawking, Gaping, Staring", *GLQ: A Journal of Lesbian and Gay Studies*, Vol. 9, No.1, 2003, pp. 257-261. 또한 일라이 클레어의 책 『망명과 자긍심: 교차하는 퀴어 장애 정치학』(전혜은, 제이 옮김, 서울: 현실문화, 2020) 150쪽에 이 내용을 담은 시가 발췌 수록되어 있다. 추가하자면, 이처럼 정체성의 형성을 관계적 측면에서 사유하는 멋진 글이 있다. 『퀴어 페미니스트, 교차성을 사유하다』에 실린 도균의 글 「게이라는 게 이쪽이라는 뜻이야?」에서 '섹스로 정체화하기' 절(202-205쪽)을 보라. 어떻게 내 몸이 타자와의 관계가 일어나는 장소이자 관계 자체가 되는지, 어떻게 내 정체성이 타자의 몸들과 맺는 관계 속에서 관계를 통해 형성될 수 있는지를 아름답고도 명징하게 서술한다.

133. Butler(2005), *op. cit.* p. 43; 버틀러(2013), 앞의 책, 77-78쪽.
134. alterity는 현상학 전통 안에서 레비나스가 발전시킨 개념이다. 다음을 보라. 에마뉘엘 레비나스, 『타자성과 초월』, 김도형, 문성원 옮김, 서울: 그린비, 2020(Emmanuel Levinas, *Altérité et Transcendance*, Paris: Fata Morgana, 1995; *Alterity and Transcendence*, translated by Michael B. Smith, New York: Columbia University Press, 1999). 페미니즘 이론사에서는 뤼스 이리가레가 성적 차이의 윤리를 이론화하기 위해 레비나스로부터 가져와서 널리 쓰이게 되었다. 이 개념을 한국의 레비나스 연구에선 '타자성'으로 번역하는 경향이 있다. 내 생각에 '근

본적인 타자성'이라고 번역하는 것이 좀 더 적절할 것 같지만 개념어의 번역어로 쓰기에 좀 길고 '근본적'이라는 표현에 대한 더 깊은 논의가 필요할 수 있어서 이 글에서는 일단 잠정적으로만 이렇게 썼다. 엘리자 베스 그로츠(Elizabeth Grosz)의 『뫼비우스 띠로서 몸』(임옥희 옮김, 서울: 여이연, 2001[Elizabeth Grosz, *Volatile Bodies: Toward a Corporeal Feminism*, Sydney: Allen & Unwin, 1994])의 번역자 임옥 희 선생님은 alterity를 '대타성'으로 번역한 바 있고, 나도 이전 단행본 에서는 이 번역어를 따랐었다. 임옥희 선생님의 번역은 alterity 개념이 사회학에서 사용되는 '타자화(otherization)' 개념과 다름을 부각시키기 위한 방편으로 보이는데, '타자화'는 규범적 주체 위치에 맞지 않는 사 람들을 주체보다 열등하고 더럽고 위험하고 나쁜 것으로 구성하는 것 을 뜻한다. 이와 달리 레비나스의 alterity 개념은, 그로츠의 정리를 따 르자면 크게 네 가지 특징으로 요약된다. 이 개념은 ①주체와 분리되어 있고 주체에 의해 예측할 수 없다는 점에서, 외부성(exteriority)의 형 태를 띤다. ②주체가 자신에게로 동화시킬 수 없는, 흡수할 수도 없고 소화하기도 어려운 잔여이기에 과잉(excess)의 장소이다. ③주체가 그 것에게 부과하려고 시도하는 모든 경계·속박·한계를 초과한다는 점에 서 무한한(infinite) 범주이다. ④능동성(activity)으로 간주되는데, 레비 나스에게 이것은 행동들을 개시하고, 조우를 불러내며, 주체로부터 반 응을 이끌어내고 주체에 접근하는 타자이다(Elizabeth Grosz, *Sexual Subversions: Three French Feminists*, Sydney: Allen & Unwin, 1989, p. 142). 이러한 alterity 개념은 이리가레가 성적으로 다른 주 체들 간의 관계를 이해하고, 타자를 동일성의 논리에 굴복시키는 대신 경이로움으로 차이를 대우하고 타자를 살리는 성차의 윤리를 정립하는 데 핵심이 된다. 다음을 보라. 뤼스 이리가레, 『하나이지 않은 성』, 이 은민 옮김, 서울: 동문선, 2000(Luce Irigaray, *Ce sexe qui n'en est pas un*, Paris: Éditions de Minuit, 1977). 한편 버틀러는 이리가레와 그로츠의 성차 이론과 입장이 다르다. 절판되긴 했지만 도서관에는 있 는 책으로, 관련 논의는 다음을 보라. 전혜은, 『섹스화된 몸: 엘리자베 스 그로츠와 주디스 버틀러의 육체적 페미니즘』, 서울: 새물결, 2010.

135. Butler(2004a), *op. cit.*, p. 33; 버틀러(2008), 앞의 책, 64쪽, 번역 일부 수정.
136. Butler(2004a), *ibid.*, p. 134; 버틀러(2008), 위의 책, 184쪽.
137. Butler(2004a), *ibid.*, p. 144; 버틀러(2008), 위의 책, 197-198쪽, 원 문 강조, 번역 일부 수정.
138. Butler(2004b), *op. cit.*, p. 39; 버틀러(2015), 앞의 책, 68쪽, 번역 일부 수정.
139. 아메드는 감정이 "수행적"이라고 정의하며, 감정은 "감정에 이름 붙이

는 것 그 자체의 효과"로 이해할 수 있다고 말한다(Ahmed[2004], *op. cit.*, p. 13). 이게 무슨 뜻이냐면, "우리의 사랑은 우리의 슬픔을 위한 조건을 창출할지도 모르고, 우리의 손실은 우리의 증오의 조건이 될 수도 있다. […] 감정은 대상을 '해석'함으로써 작동한다. 예를 들어 타자들은 사랑의 대상을 잃게 만든 '원인'으로 해석될 수 있으며, 이런 해석은 슬픔의 느낌을 쉽게 증오의 느낌으로 바꿔놓는다."(*ibid.*) 감정은 단순한 감상이 아니라 지향과 행위를 불러일으키고, 그리하여 어떤 효과를 낳는 것이다.

140. 예를 들어 한국에선 가정 폭력을 휘두르던 남편이 아내를 살해했을 때 법원은 '죽일 의도가 없었다'는 남편 측의 의견을 적극 반영하여 살인죄 대신 '치사'로 판결을 내려 형량을 대폭 줄이지만, 오래도록 맞고 산 아내가 남편을 살해했는데 정당방위로 인정된 경우는 한국 법 역사상 단 한 건도 존재하지 않는다. 다음을 보라. 허민숙, 「살인과 젠더」, 『페미니즘 연구』 14권 2호, 2014, 283–314쪽. 특히 범죄심리학자 이수정 교수님이 이 문제에 대해 꾸준히 목소리를 내면서 대중의 관심과 사회 변화를 이끌어내려 노력 중이시다. 예를 들어 다음을 보라. 「아내가 남편 죽이면 살인, 남편이 아내 죽이면 상해치사?」, CBS <시사자키 정관용입니다>, 『노컷뉴스』, 2018.07.03. nocutnews.co.kr/news/4994462 (최종검색일:2020.12.24.)

141. Ahmed(2004), *op. cit.*, pp. 11–12.

142. 예를 들어 다음을 보라. 김승섭, 『아픔이 길이 되려면: 정의로운 건강을 찾아 질병의 사회적 책임을 묻다』, 서울: 동아시아, 2017.

143. Ahmed(2004), *op. cit.*, p. 10.

144. 소수자화 관점과 보편화 관점에 대한 설명은 이 책 4장 2절을 보라. 한편 본문과는 좀 다른 맥락이지만 흥미로운 점은 혐오폭력 가해자가 (시스젠더 이성애자) 남성인 경우 대부분 '정신질환자' 아니면 '모범적인 사람'으로 재현된다는 점이다. '정신질환자' 담론은 '혐오폭력은 정신질환자나 벌이는 짓'으로 한정하여 대부분의 남성을 '잠재적 가해자' 혐의에서 구출시키고 대신 이미 사회에 만연해 있던 정신질환자 혐오를 강화하고 재생산한다. 또한 이는 그 가해자 개인이 정신질환을 주장함으로써 형량 참작을 받을 여지를 만들어준다. 아이러니한 것은 성폭력 범죄의 남성 가해자가 붙잡힐 때마다 등장하는 '모범적인 사람' 담론이다. 범죄자가 겉보기에 모범적인 학생이나 직장인이라면, 모범적으로 보이는 그 어떤 남자라도 사실은 성폭력·성착취 가해자가 될 수 있다는 사회적 경각심을 갖는 방향으로 나아가야 할 텐데 이 담론은 정반대로 가해자를 비호하는 데 사용된다. '그토록 모범적인 사람이 그런 짓을 할 리가 없다'면서 피해 사실 자체를 부인하는 식으로 기능하는 것이다. 또한 이는 '그 짓만 빼면 훌륭하고 모범적인 사람'이란 메시지

를 강력히 전달하면서 여성 대상 범죄를 '실수'로 축소하고, 피해자들이 정당한 처벌과 피해보상을 생각할 수도 없게 가해자와 합의하고 고소를 취하하도록 여론을 몰아가는 역할을 한다. '정신질환자'와 '모범적 사람'이란 재현은 서로 모순되어 보여도, 남성 일반이 집단적으로 벌여 온 여성 혐오(그리고 이와 긴밀한 연관이 있는 성소수자 혐오) 폭력의 구조적 문제를 효과적으로 은폐하는 공통된 효과를 낳는다.

한편, 드물지만 폭행이나 살인 가해자가 여성이거나 성소수자일 경우에는 그저 그 어떤 정상참작도 불가능한 극악무도한 괴물로만 재현된다. SBS의 시사고발 프로그램 <그것이 알고 싶다>에서 다룬 강력 범죄가 그토록 많았고 그중 여성 피해자들이 토막 살인을 당한 사건은 비일비재하고 심지어 여성이 잡아먹힌 사건까지 있었음에도 항상 침착했던 김상중 씨가 고유정 사건에서는 이제껏 일어난 가장 끔찍하고 무서운 사건이라며 두려움에 떨었던 것처럼 말이다. 가해자의 정신장애 병력에 대해서도, 정상참작을 받는 건 압도적으로 시스젠더 이성애자 남성 가해자뿐이다. 수많은 여성혐오 살인과 성소수자 혐오 살인 사건에서 이 가해자들은 정신질환이나 '동성애 패닉', '트랜스 패닉' 등 온갖 심신미약 정황을 주장하여 형량을 줄였다. 반면 앞서 언급한 대로 오랫동안 가정폭력에 시달려오다 한 번 방어하여 남편을 죽인 여성들의 심신미약 상태는 법원에서 인정되지 않는다. 심지어 2001년 미국의 안드레야 예이츠(Andrea Yates) 사건의 경우, 예이츠가 겪었던 심각한 정신질환은 가중처벌의 근거가 되었다. 예이츠는 집에 고립되어 아이 다섯 명을 독박육아하면서 심각한 산후우울증과 정신질환을 앓다가 아이들을 욕조에 익사시켜 죽인다. 검찰은 사형을 구형했고 법원은 종신형을 선고했다. 예이츠는 2006년 항소심에서야 정신질환을 인정받아 교도소에서 정신병원으로 옮길 수 있었다. 여성과 정신장애를 연구하는 페미니스트 문화학자 엘리자베스 J. 도널드슨(Elizabeth J. Donaldson)은 이 사건에서 검찰과 언론이 예이츠를 둘러싸고 프레임을 짜는 방식에 주목한다. 먼저 예이츠는 아이를 죽인 비정한 엄마이자 천륜을 버린 악마로 재현되었다. 그다음 예이츠의 정신질환이 알려지자 '미친 여자는 사회에 위험한 불온분자'이므로 처벌하고 격리해야 한다는 여론이 조성되었다. 이는 '미친 여자'에 대한 문화적 재현과 관련이 있다. 정신분석 페미니스트들이 19세기 히스테리 여성과 '미친 여자'를 사회 구조의 모순을 온몸으로 드러내는 모반적 여성 주체로 분석한 논의가 20세기 중후반부터 문화적으로 유통된 가운데, 이 복잡한 논의의 페미니즘적 함의는 내버린 채 검찰이 '미친 여자는 사회에 저항적이고 위험한 불온분자'라는 편견을 이용하여 예이츠에게 사형을 구형했다는 것이다. 이는 공격성과 분노의 정도·세기·적절함을 판정함에 있어, 그리고 정신질환을 인정함에 있어 젠더 권력이 강력히 작동하는 방식을 보여준 사례다(Elizabeth J. Donaldson, "The corpus of the madwoman: Toward a feminist disability studies theory of embodiment and mental illness", *NWSA Journal*, Vol.14, No.3, 2002, pp. 99-119).

145. Ahmed(2004), *op. cit.*, p. 35.

146. *Ibid.*, pp. 20-22.

147. 손택(2004), 앞의 책, 122쪽.

148. 아서 클라인만 외 엮음, 『사회적 고통: 인간의 고통에 대한 사회학적, 의학적, 문화인류학적 접근』, 안종설 옮김, 파주: 그린비, 2002, 13-14쪽(Arthur Kleinman, et al., eds., *Social suffering*, University of California press, 1997).

149. 사실 SNS에서 진행되는 논쟁 대부분이 이런 양상을 띤다. 예를 들어 어떤 이가 근거나 논리가 잘못된 주장이나 혐오 발언을 할 때 다른 이들이 문제점을 지적하면, 지적받은 사람은 틀린 견해를 수정하거나 혐오 발언에 대한 사과를 하는 대신 '나도 무슨 피해자고 우울증이 있고 어디가 아프고 어떤 사회적 약자인데 나에게 지적을 하다니 나는 상처 받았다'고 응하는 경우가 많다. 이 말이 진실이든 아니든, 자신의 약자성을 내세워 사과를 거부하는 이런 대응은 우울증이 있거나 아픈 사람들 및 일반적인 피해 생존자들을 한꺼번에 싸잡아 모욕하는 짓이기도 하다. 또한 자신이 여성으로서 살아오며 차별과 억압을 겪었으니 트랜스젠더퀴어들을 혐오할 자격이 생긴다고 믿는 이들이 부쩍 많아졌다. 이런 사람들은 개인의 차별 경험이 남을 혐오하고 차별할 근거가 되지 않는다는 지적을 받으면 그 지적 자체를 다시금 자신을 상처 입히는 공격으로 받아들인다. 이런 방어적 대응이 몇 차례 오가고 나면 처음의 논쟁 주제는 사라지고 누가 더 진정성 있게 상처 입은 피해자이고 누가 특권을 가진 가해자인지를 판가름하는 매우 소모적인 말싸움으로 가버리는 것이다.

150. Ahmed(2004), *op. cit.*, pp. 32-33. 자세한 논의는 Wendy Brown, *States of injury: Power and freedom in late modernity*, Princeton University Press, 1995, 3장 "Wounded Attachment"를 보라.

151. Ahmed(2004), *op. cit.*, p. 32.

152. *Ibid.*, pp. 32-33. 김승섭 교수가 『아픔이 길이 되려면』에서 지적했듯, "너희들 고통을 증명하라고 말하는 사회"는 그러한 증명을 유독 사회적 약자에게만 가혹하게 요구한다. "피해자 개인에게, 자원과 자본이 없는 사회적 약자에게 인과관계 증명의 부담을 떠넘기는 한국사회의 취약함이 세월호 참사에서 극적으로 드러나고 있다"(김승섭[2017], 앞의 책, 182, 185쪽).

153. Ahmed(2004), *op. cit.*, p. 35.

154. 보상의 문화에는 다른 문제점도 있다. "모든 형식의 상처가 무죄와 유

죄의 관계"로 해석되는 틀에서는 사회적 소수자의 정체성 정치에서 상처를 물신화하는 모든 논쟁이 법의 언어로 쉽게 환원된다. 상처를 물신화하지 않고 고통과 상처를 언어화하려는 다양한 시도도 모두 법적 보상의 언어로 쉽게 환원된다. 어떤 폭력을 겪은 이들이 자신의 경험에 대해 더듬더듬 말을 꺼내면, 사람들이 그 말을 듣자마자 "그래서 네가 피해자라는 거야?" "그 정도 일로 저 사람을 가해자 취급하는 거야?" "그래서 어쩌고 싶다는 거야?"라고 몰아세우는 일은 비일비재하다. 이 질문에 제대로 답하지 못하는 이들은 그 고통이 진짜인지 의심받는다 (이미 질문 자체에 그 고통이 진짜가 아니라는 의심이 깔려있기도 하다). 또한 사회적으로 주변화된 집단일수록 소송을 끌고 갈 여건이 안 되는 경우가 많은데도, 보상의 문화 틀 안에서는 그러한 현실이 무시된 채 신고−고소−재판이라는 법적 해결 방법을 따르지 않는 이들은 다시금 고통의 '진정성'과 '진정한 피해자' 자격을 의심받는다.

155. *Ibid.*, p. 33.
156. *Ibid.*, p. 36.
157. *Ibid.*, p. 1.
158. *Ibid.*, p. 45.
159. *Ibid.*, p. 10.
160. *Ibid.*, p. 11.
161. 또한 "이런 속성들은 젠더화되어 있다. 부드러운 국가적 몸은 여성화된 몸이고, 타자들에 의해 '삽입당하거나' '침입당하는' 몸이다."(*Ibid.*, pp. 1−2). 2018년 초여름 제주도에 도착한 예멘 난민을 받아들여선 안 된다고 주장한 사람들이 추방을 정당화할 근거로 제시했던 것이 자국민 여성의 강간당할 위험이었다는 점을 생각해보면 이 은유는 의미심장하다. 난민 중에 여성이 없는 것도 아니고 난민 비율 중 남성이 많을 수밖에 없는 국제적 상황에 대해 여러 전문가들이 지적했음에도, 난민은 항상 자국민 여성을 강간할 준비가 된 무도한 남성으로 형상화된다. 그리고 한국 남성이 여성을 대상으로 하는 폭력을 전혀 저지르지 않는 것도 아닌데(사실상 한국에선 이 폭력이 심각하게 자주 발생한다) 난민 '남성'의 위협에 노출된 '만만한' 자국민은 항상 여성으로만 재현된다.
162. *Ibid.*, p. 44, 인용자 강조.
163. *Ibid.*, p. 13.
164. *Ibid.*, p. 45.
165. *Ibid.*, p. 11, 인용자 강조.
166. *Ibid.*, p. 12.
167. *Ibid.*, p. 52.
168. *Ibid.*, p. 43. 이 증오 담론에서 '나는 평범한 사람'이라는 수사에 아메드가 주목하는 이유는, 증오 범죄가 보통 극단적으로 이상한 폭력 성향

이 있는 자들이나 벌이는 예외적인 범죄처럼 보도되고 이해되는 경향에 반대하기 위해서다. 증오 범죄가 범죄 유형으로서 법적인 처벌을 받을 수 있도록 제도를 마련하는 것과 동시에, 이런 인식틀이 '평범한 사람들'이 저지르는 폭력에 면죄부가 되지 않도록 하기 위해 일상에서 증오가 작동하는 방식들을 함께 드러내고 비판해야 한다는 것이 아메드의 입장이다(p. 54).

169. *Ibid.*, p. 44.

170. *Ibid.*, pp. 47–48.

171. *Ibid.*, pp. 47–49.

172. *Ibid.*, p. 59. 특히나 웹상에서 트랜스를 향한 혐오폭력이 심각하게 쏟아지는 한국의 상황을 생각할 때 아메드의 논의는 경청할 필요가 있다. 터프들(TERFs)이 '순수한 진짜 여성'이라는 상상적 존재를 지키기 위해 '트랜스젠더로부터의 상시적 위협'이라는 환상을 만들어내는 방식에 대해 경계해야 한다. 스스로를 피해자화함으로써 주장의 정당성을 확보할 수 있으리라는 믿음이 파시즘 담론의 핵심이라는 점을 성찰해야 한다. '나는 그냥 평범한 사람이고, 딱히 내가 누굴 죽이려고 든 것도 아닌데, 나를 비판하다니 이건 사이버불링이고 나야말로 피해자다'라는 논리로 책임을 벗어날 수 있다는 착각을 그만둬야 한다. 바로 그게 증오의 작동 방식이라는 것을 깨닫고 그 효과에 책임을 져야 한다. 당신이 여성에 대한 애정을 핑계로 저지르는 그 증오 때문에 지금도 누군가의 삶이 파괴되고 있다.

173. *Ibid.*, p. 107.

174. *Ibid.*, p. 144.

175. *Ibid.*, p. 144.

176. *Ibid.*, p. 145.

177. Sara Ahmed, *The Promise of Happiness*. Durham [NC]: Duke University Press, 2010. 이 책을 축약한 글이 「행복한 대상」이라는 제목으로 다음의 선집에 번역되어 있다. 멜리사 그레그, 그레고리 J. 시그워스 [공]편저, 나이절 스리프트 [등]지음, 『정동 이론: 몸과 문화·윤리·정치의 마주침에서 생겨나는 것들에 대한 연구』, 최성희, 김지영, 박혜정 [공]옮김, 서울: 갈무리, 2015, 56–95쪽(Melissa Gregg and Gregory J. Seigworth, eds., *The affect theory reader*, Durham, NC: Duke University Press, 2010).

178. "우리가 행동을 행복하게/적절하게(happy) 해냈다는 말을 들으려면 다른 좋은 많은 것들이 일반적인 규칙으로서 맞고 옳아야 한다."(J. L. Austin, *How to Do Things with Words*, eds., J. O. Urmson and M. Sbisa, Oxford: Oxford University Press, 1975, p. 14; Ahmed[2004], *op. cit.*, p. 114에서 재인용).

179. Ahmed(2010), *op. cit.*, p. 91.

180. *Ibid.*, p. 91-95.

181. Adrienne Rich, "Compulsory heterosexuality and lesbian existence", *Signs: Journal of women in culture and society*, Vol.5, No.4, 1980, p. 653. 또한 성소수자를 둘러싼 가족 및 지인들이 자주 말하는 '너를 미워해서가 아니라 사랑해서 이러는 거다'는 주장은, 증오에 관한 장에서 아메드가 지적했듯, 파시즘 담론이 증오를 정당화하는 전형적 방식이다(Ahmed[2004], *op. cit.*, p. 42).

182. Ahmed(2010), *op. cit.*, p. 93.

183. *Ibid.*, pp. 17-18.

184. *Ibid.*, p. 42. 『정동 이론』 한글판에서는 '정동 소외자'라고 번역한다.

185. *Ibid.*, p. 222. 아메드는 "부적절한 방식으로 행복할 자유"의 예로 영화 <해피 고 럭키Happy Go Lucky>(마이크 리 감독, 샐리 호킨스 주연, 미국, 2008)에서 대책 없이 태평하고 오지랖 넓고 매사에 긍정적인 주인공 포피의 규범적이지 않은 행동을 분석한다. 아메드는 불행 아카이브에 '멍청함'이나 남에게 다 퍼주면서 행복을 느끼는 사례처럼 부적절하게 긍정적인 정동도 포함시킨다.

186. *Ibid.*, p. 210.

187. *Ibid.*, p. 169.

188. *Ibid.*, p. 87.

189. *Ibid.*, pp. 222-23.

190. Ahmed(2004), *op. cit.*, pp. 145-146.

191. *Ibid.*, p. 155.

192. *Ibid.*

193. Michael Warner, *The Trouble with Normal: Sex, Politics, and the Ethics of Queer Life*, Harvard University Press, 2000.

194. Ahmed(2004), *op. cit.*, pp. 108-113. 여성 대상 성폭력이나 살해 사건이 터질 때마다 굳이 '남자라서 죄송합니다'라는 말을 꺼내는 남자들, 2020년 성추행 사건으로 사퇴한 부산 시장의 사과문 전체를 지배하는 '고작 이런 일로 사퇴까지 하는 나는 정말 좋은 사람'이라는 뉘앙스와 '사퇴까지 하다니 남자다'라는 '일부' 한국 남자들의 반응은 이처럼 수치심을 드러내는 사과의 정치가 정확히 누구를 위한 것인지를 보여준다. 그러나 다른 한편 아메드는 국제 정치의 문법에서 '수치심'과 '사과'가 재빨리 '유감'이란 용어로 대체되는 현상을 분석하면서, 이러한 미봉책은 수치심과 사과가 갖고 있는 수행적 힘을 두려워하기 때문이라고 주장한다. 상대방에게 미안해하지 않고서 그저 자신이 수치를 겪었다는 데 집중하는 경우처럼, 자신의 수치심을 말로 표현하는 것과 상대방에게 사과하는 행위는 같지 않다. 다만 사과의 일환으로 수치심을 표현하

거나 수치심을 바탕으로 사과를 행할 때, 수치심과 사과는 상대방에게 "어떻게 '받아들여지는지'에 의존하기 때문에 완료되지 않는 정치적 행동"이다(p. 120). 사과가 완료되려면 상대방이 사과를 받아들여야 하고, 사과한 사람이 사과와 관련된 행동을 다시금 해버린다면 사과는 무효가 되기 때문에 사과의 효력과 진정성은 사과 이후 뒤따라올 행동에 달려 있다. 따라서 사과는 본질적으로 "끝나지 않는다"는 특성을 갖는다(p. 116). 이런 점에서 "사과가 입 밖으로 나오는 순간에 사과가 하고 있는 일은 과거를 열어젖히는 동시에 계속해서 미래를 열어두는, 결정불가능성의 통로를 통과해가는 일"(p. 116)이고, 사과를 수반하는 수치심은 마찬가지로 과거와 현재와 미래를 열어놓음으로써 "너무도 많은 일을 할 수 있다"(p. 120). '남자라서 죄송합니다'를 말한 사람이 그 말 한마디에 그치지 않고 남성 집단의 폭력 문화를 개선하기 위해 앞장선다면 수치심은 규범적 주체 위치를 방어하고 강화하는 데 쓰이는 대신 세상을 더 좋게 바꾸기 위한 동력이 될 수 있을 것이다. 그러나 이런 식의 변화는 '관대한 주체'를 상연하는 데서 그치는 것이 아니라 지금까지 누려왔던 기득권을 포기하고 과거와 현재의 불의에 대한 책임을 짊어져야 한다는 위험 부담을 반드시 수반하고, 결코 '이만하면 됐다'는 식으로 완결될 수 없는 성질의 것이다. 이게 바로 SBS TV 탐사 프로그램 <그것이 알고 싶다>에 출연해서 "침묵하지 않겠습니다"라고 비장하게 말했던 남자 연예인들이 계속 침묵하는 이유이다.

195. Love(2009), *op. cit.*, p. 153.
196. Ahmed(2004), *op. cit.*, pp. 162–165.
197. *Ibid.*, p. 166, n.3.
198. *Ibid.*
199. *Ibid.*, p. 162.
200. *Ibid.*, p. 165, 원문 강조.
201. *Ibid.*
202. *Ibid.*, p. 157.
203. Robert McRuer and Abby L. Wilkerson, "Desiring Disability: Queer Theory Meets Disability Studies–Introduction," *GLQ*, Vol.9, Nos. 1–2, 2003, pp. 1–23. 맥루어와 윌커슨은 특히 이 국수주의적 서사가 비장애인의 눈물샘을 자극하는 전형적인 선정주의적 방식으로 테러 당시 건물에 갇힌 장애인들의 비극적 운명을 소비했을 뿐, 장애인의 탈출을 방해했던 "건축 환경, 구조 노력, 비상 절차들이 야기한 장애 문제"에는 그리 관심을 보이지 않았다고 비판한다(p. 1).
204. Butler(2004a), *op. cit.*, p. 35; 버틀러(2008), 앞의 책, 65–66쪽.
205. Ahmed(2004), *op. cit.*, p. 158. 아메드는 "9.11 이후 슬픔에 대한 공적 각본이 이성애 규범성의 기호로 가득 차 있었다"는 데이비드 잉

(David L. Eng)의 평가에 동의한다(p. 157). 사실 축하와 애도라는 반대의 정동을 대표하는 결혼식과 장례식은 (5장에서 소개했듯 핼버스탬이 개념화했던) '이성애 규범적 재생산 시간성'을 완성하는 핵심 의례로서, 이성애 규범성의 기호로 가득 차 있다. 이때 주목할 점은 이런 행사에서 퀴어가 지워질 뿐만 아니라, 더 중요하게는 퀴어가 지워진 채 행사에 들러리로 강제 동원된다는 점이다. 이브 코소프스키 세즈윅은 이성애 결혼식이 성공적으로 수행되기 위해선 '이 결혼에 이의 있으신 분은 지금 말씀해주시기 바랍니다'라는 안내에 침묵함으로써 결혼의 특권과 합법성을 허가하는 하객/증인 역할로 퀴어가 강제로라도 동원되어야만 한다는 점을 짚는다(Sedgwick[2003], *op. cit.*, pp. 71–73). 또한 퀴어는 가족의 죽음을 애도하는 자리에도 강제로 불려 나와 고인이 생전에 이성애 규범을 성공적으로 완수했음을 승인하기 위해 필요한 '침묵하는 증인' 역할을 맡아야 한다. 슬픔과 애도가 어떻게 이성애 규범성과 이성애적 욕망을 승인하고 강화하는 방향으로 전개되는지를 보여주는 훌륭한 글로 한국의 퀴어 이론가 루인이 쓴 명문 「이성애규범성, 불/편함과 슬픔, 그리고 장례식」이 있다.

> 미처 상황을 파악하기도 전에 모든 감정, 특히 슬픔과 애도는 이성애 욕망, 이성애 규범성, 이성애 가족규범으로만 표현할 수 있는 것으로 규정되었다. […] 이것은 예고편에 불과했다. 거의 모든 조문객이 내게 공통으로 한 말, "이제는 결혼하자" "네가 결혼만 했어도…" "네 아버지가 손자를 얼마나 보고 싶어 했는데…" 슬픔과 애도는 유족을 걱정하는 방식이고 고인을 기억하는 형식이지만, 또한 이것은 이성애 가족 구조를 환기하고 고인과 유족을 이성애 제도의 적법한 구성원으로 소환한다.

장례 내내 조문객의 입을 통해 애도는 "이성애 가족 규범의 윤리를 통해서만" 표현되어야 한다는 규칙이 반복적으로 강조된다. 따라서 가족 구성원 중에 퀴어가 있다는 사실이 밝혀지는 순간 고인의 삶은 실패한 것으로 평가받고 퀴어인 가족 구성원은 불효자로 낙인찍힐 것이다. 루인은 덤덤히 술회한다. "이성애 가족 구성원의 일부면서 퀴어고 트랜스젠더인 나는 애도에 참여할 수도 없고 애도에서 추방될 수도 없는 위치를 점했다." 이 위치에서 루인은 "내가 머무는 공간이 어떤 규범으로 구성되었는지"를 체험하고 "내가 느끼는 슬픔이 어떤 제도적/정치적 감정인지 끊임없이 고민"한다. 그리고 가족의 죽음만을 오롯이 슬퍼할 수 없게끔 만드는 이 이성애 규범적 구조에서 또 다른 슬픔을 느낀다. 루인의 글은 이성애 규범적 슬픔만 인정되고 유통되고 전시되는 공간에서 퀴어의 슬픔이 어떻게 생산되고 뒤틀리고 침묵되는지를 통렬하게 짚어낸다. 루인은 이성애 규범성이 강제하는 단일한 방식의 슬픔과는 다른 슬픔과 애도 실천이 퀴어에게 필요하다고 제안한다. 이 대안적인

"정치학은 퀴어의 이중 슬픔을 읽는 방식을 포함할 것이다. 규범성과 얽혀 있고 섞여 있지만 완전히 용해되지는 않은 그런 슬픔이 퀴어의 슬픔이고 이 슬픔의 정치학이 규범을 상대화하고 재구성하는 힘이기 때문이다." 루인, 「이성애규범성, 불/편함과 슬픔, 그리고 장례식」, 『Run To 루인』, 2012.12.24. runtoruin.cafe24.com/2052?category=3 (최종검색일:2020.12.24.)

206. Ahmed(2004), *op. cit.*, p. 158.
207. *Ibid.*
208. *Ibid.*, p. 167.
209. *Ibid.*, p. 159.
210. *Ibid.*, p. 35.
211. *Ibid.*, p. 37.
212. *Ibid.*
213. *Ibid.*, p. 36.
214. *Ibid.*, p. 38.
215. *Ibid.*, p. 39.
216. *Ibid.*
217. '동류의식(fellow-feeling)'이라는 이 표현으로 아메드가 예시하는 것은 연민·감정이입·공감·동정 등이다. "동류의식의 이 모든 형식은 판타지를 수반한다. 즉 사람은 타자들'을 위해 느낄(feel for)' 수 있거나 타자들'과 함께 느낄(feel with)' 수 있지만, 이는 내가 이미 느끼고 있는 타자를 어떻게 '상상하느냐'에 달려 있다. […] 사람이 타자들을 위해 느끼거나 타자들과 함께 느낄 수 있는 건 오직 그 사람이 먼저 타자들의 느낌'에 대해' 느끼는(feels 'about') 한에서만 가능하다"(*Ibid.*, p. 41, n.9).
218. *Ibid.*, 인용자 강조.
219. 루인, 「트랜스혐오가 아니라 여성혐오다」, 『Run To 루인』, 2020.02. 19. runtoruin.com/3339 (최종검색일:2020.12.24.)
220. 강윤주 기자, 「주디스 버틀러 "페미니즘은 결코 트랜스젠더를 배제하지 않는다": 문예교양지 '대산문화' 여름호 인터뷰」, 『한국일보』, 2020.06. 01. m.hankookilbo.com/News/Read/202006011797725294 (최종검색일: 2020.12.24.)

마무리

퀴어 이론 아직 안 죽었다[1]

다음 산책을 위한 충전 중

책 제목을 『퀴어 이론 산책하기』로 달아놓은 주제에 책이 너무 두꺼워서 이게 무슨 산책이냐 불만을 토로하실 독자분들도 계실 것 같다. 사실 원고를 쓰면서 분량이 처음 계획했던 것보다 늘어날수록 이걸 읽어주실 분들을 생각하면 죄송한 마음이 들곤 했다. 하지만 퀴어 이론이 이 사회에서 당연시하는 전제들을 깨부수고 뒤엎고 틈 사이를 비집고 들어가는 작업이니만큼 자세히 설명하지 않으면 오히려 오해만 양산할까봐 걱정스러운 마음에 수정하고 덧붙이다 보니 이런 분량이 되었다. 그리고 사실 우리 개와의 산책을 생각하면 이 정도는 산책이라도 불러도 되겠지 하는 뻔뻔스러운 마음도 있었다(…). 한 번에 두 시간을 걸어놓고도 벤치에 몇 분 앉아있으면 앞에 걷던 기억 리셋하고 더 걷자고 조르고, 세 시간 산책 후에도 집에 와서 세 시간 자고 나면 다시 에너지가 충전되어 앞에 했던 산책들 리셋해 버리고 또 두세 시간 산책하려는 튼튼한 개(매일 실외 배변 최소 네 번)와 살면 감각이 좀 이렇게 된다. 사실 산책 다녀오면 건강이 좋아지기는 개뿐 매번 힘들어 뒤질 것 같다. 하지만 나만 뒤질 순 없지(?)

분량이 상당해지긴 했어도, 이 책은 퀴어 이론을 좀 더 체계적으로 알고 싶다고 생각할 독자들을 위해 퀴어 이론이 어떤 논의를 하고 있는 지 기본적인 것들을 추려서 정리한 것이다. 이 말은 퀴어 이론에 이것만 있다는 뜻이 결코 아니고, 내가 추린 이 목록에 들어가지 않았다고 해서 중요하지 않다는 뜻도 결코 아니다. 한 가지 흥미로운 현상은, 퀴어 이론 이 학계에 등장했을 때부터 지금까지 잊을 만하면 '이미 이론으로서는 죽었다는 말이 튀어나온다는 것이다. 1장에서 언급했듯 드 로레티스는 퀴어란 개념을 학계에 처음 소개하고서도 얼마 지나지 않아 그 개념의 효용성이 다 했다고 선언했고, 게이 레즈비언 이론에서 명망 있던 학자 들은 퀴어 이론을 의심스러운 눈초리로 봤다. 그러나 어떤 이론의 죽음 이라는 주제를 만났을 때 우리가 먼저 질문해야 할 것은 그 이론이 죽었다는 말을 누가 왜 하는가, 이때 죽었다는 그 '퀴어 이론'으로 호명 되는 것이 무엇인가이다.

일단 퀴어 이론의 죽음을 선포하려면 퀴어 이론을 통일된 하나의 이론으로 봐야 한다. 그러나 퀴어 이론은 단일체로 묶일 수도 없고 완결 된 학문도 아니다. 이 말은 퀴어 이론이 '이론'으로서 부족하다는 뜻이 아니라 아직도 탐구해야 할 것이 많은 분야라는 뜻이다. 어떤 이론이든 간에 그 이론을 내놓은 사람이 경험하고 느끼고 체현하고 동일시해온 것들의 영향을 받기 마련이다. 정신분석학이 핵가족 단위로 구성된 서 구식 가부장제에서 자라난 시스젠더 이성애자 남성을 대상으로 할 때 가장 설명력이 큰 것처럼 말이다. 예를 들어 사라 아메드가 성적 지향이 란 개념을 중심으로 이론화한 퀴어 현상학은 시스젠더 동성애자이자 유성애자인 위치에서 가장 설명력이 크다. 또한 레오 버사니가 이론화 한 감정적 애착이나 독점적 연애 관계에 구속되지 않는 친밀성은 게이 들의 성적 교류 경향을 바탕으로 나온 것이다. 반면 예를 들어 트랜스젠더퀴어와 바이섹슈얼의 성적 지향의 역동성, 폴리아모리나 에이섹슈얼 스펙트럼에서 경험되는 감정적 애착의 복잡성에 대해서는 아직 제대로 이론화된 바가 없다. 따라서 퀴어 이론 안에서 해야할 일이 아직 많다. 수많은 퀴어 정체성을 바탕으로 더 많은 다양한 이론이 생산될 필요가 있고, 그러한 차이를 깊이 사유하고 통합하는 작업이 진행될 필요가 있다. 1, 2, 3장에서 논했듯 남성과 여성으로 구분하는 젠더 이분법 자체가 자명하지 않다는 것이 입증될 때 이 젠더 이분법에 의존해 구축되어 온 동성애 정체성과 이론도 흔들리게 된다. 2장과 3장에서 정리한 것 이상으로 '젠더'와 '섹슈얼리티'라는 그 큰 이름 안에서 얼마나 수많은 것들이 충돌하는가에 대해 아직 연구해야 할 것들이 많다. 또한 이 책에서는 포함시키지 못했지만, 섹슈얼리티가 인간 본연의 욕망이라는 정신분석적 전제를 기반으로 구축한 작업 중 상당수는 에이섹슈얼리티라는 항목이 들어오는 순간 바닥부터 다시 갈아엎어야 할 것이다. 에이섹슈얼리티에 관한 논의가 비교적 최근에 부상 중이고 그 소수의 연구가 에이섹슈얼 스펙트럼에 포함되는 사람들의 실존 양상을 탐색하고 이들의 경험을 기록하고 이들이 배제되는 구조적 환경을 밝히는 데 힘쓰고 있어 아직 본격적으로 퀴어 이론의 전제들을 갈아엎는 작업이 크게 진행되지는 않았지만, 일단 시작되면 얼마나 많은 것들이 바뀔지 우리는 아직 모른다.

행위-몸-자기 선언-정체성 간 관계에 대해서도 이론적으로 파고들어야 할 문제가 아직 많다. 푸코 이래 등장한, 퀴어 정체성을 몸이 아니라 행위와 연결시켜 정의하는 관점은 정체성을 본질주의적이 아니라 수행적으로 사유하기 위한 노력이었지만, 이는 에이섹슈얼, 바이섹슈얼, 팬섹슈얼, 수술하지 않은 트랜스젠더 등 경계적 정체성을 가진 퀴어들에게는 그 정체성의 진정성을 증명하라는 또 다른 족쇄가 될 수도 있다. 젠더와 섹슈얼리티가 계급, 인종, 민족, 국가, 장애 등 권력 위계를 구축하는 다른 요소와 어떤 식으로 교차하는가에 관한 연구도 다방면에서 계속 진행해야 할 과업이다. 더욱이 마야 믹다시와 재스비어 푸아가 지적하듯, 현재 헤게모니를 쥔 퀴어 이론은 미국을 기반으로 탄생하고 발전한 이론임에도 이 '미국학으로서의 퀴어 이론'이 마치 지구 어디에나 적용될 수 있는 보편적이고 일반적인 퀴어 이론인 양 여겨진다는 점을 경계해야 한다.2) 이 책도 입문서라는 좋은 핑계로 주로 미국에서 나온 퀴어 이론을 소개하였지만, 한국의 퀴어 지형을 이해하고 분석할 때 도움이 될 이론적 도구이자 자원으로 사용되길 바라는 것이지 여기다 한국 상황을 대입하면 해답이 나오는 수학 공식 같은 것으로 제시한 것이 아니다. 세계 각지의 특수성을 단지 미국 관점에서 흥미로운 사례 연구인 양 소비하는 게 아니라 그 나라 그 지역의 문화와 역사를 기반으로 거기 사는 사람들이 연구하는 퀴어 이론이 필요하고, 그런 이론은 지금도 계속 생산되고 있다.3)

그러므로 퀴어 이론의 다양성은 LGBTIA… 식의 덧셈 모델로는 제대로 논할 수가 없다. 이브 코소프스키 세즈윅이 소개한 미국의 심리학자 실번 톰킨스Silvan Tomkins는 일관성과 통일성을 갖추고 중심으로 모이고 모든 현상에 보편적으로 적용할 수 있다고 자신하는 이론을 강한 이론이라고 부르고 반대로 탈중심화하는 이론들을 약한 이론이라 불렀는데, 퀴어 이론은 그 성격상 약한 이론이 될 수밖에 없고, 이런 점에서 항상 교차성 이론이어야 한다. 이 교차성은 '퀴어'로 묶이는 집단 안팎 모두에서 고려되어야 한다. 게이와 레즈비언의 의제가 다르고, 시스젠더 동성애자와 트랜스젠더퀴어의 의제가 충돌할 수 있고, 논바이너리non-binary라는 공통점으로 느슨하게 묶일 정체성들 안에서도 교차하는 쟁점들이 있고, 비장애인 퀴어와 장애인 퀴어가 겪는 문제가 다르고, 인종과 계급, 국가에 따라 또 다른 의제가 얽히고… 우리는 이 수많은 다름과 충돌과 얽힘에 우선순위를 매기지 않고 함께 힘을 모을 방안을 찾아야 한다. 또한 퀴어학이 다양한 분과학문에서 이론적 자원과 방법론을 끌어와 자신을 살찌웠듯이, 퀴어학이 발전시킨 통찰과 이론적 자원과 실천적 방법들도 다른 분야에 영향을 미쳤다. 이는 단지 일방적인 수입이나 수출 관계가 아니라 퀴어 이론이 다양한 다른 분야와 연계하면서 외연을 확장하고 깊이를 더해가는 방식이자 그러한 '분야' 간 경계 자체를 문제 삼는 방식이기도 하다. 사실 이 책을 기획할 당시에는 퀴어 장애학과 퀴어 인종 이론도 한 장씩 넣으려 했으나 여러 사정이 겹쳐 결국 책 곳곳에서 언급하는 데 그쳤지만, 많은 퀴어 이론가들이 지적하듯 퀴어와 관련된 사안은 다른 권력 벡터들이 만들어내는 위치성들과 필연적으로 교차한다. 퀴어를 독립된 단일 범주가 아니라 항상 교차적 지형 속에서 형성되는 것으로 이해해야 퀴어 이론은 제대로 나아갈 수 있을 것이다.

한편 이런 점에서 퀴어 이론의 죽음을 함부로 선언하는 주장들은 퀴어 이론을 강한 이론으로 단정할 뿐 아니라 스스로도 강한 이론이라 자만하는 셈이다. 사실 뭔가가 죽었다고 선고하려면 반만 죽었다든가 시신경의 3분의 1이 죽었다든가 이런 식으로 말할 수는 없다. 반만 죽은 사람도 어쨌든 살아있는 거고 시신경이 그만큼 죽었다는데 내 왼쪽 눈은 아직 보이니 말이다. 그렇다면 뒤집어 생각해보자면, 어떤 이론의 죽음을 선포하고 싶어 하는 욕망은 (세즈윅의 구분4)을 끌어오자면) 그 자체로 편집증적인 욕망이라 할 수 있다. 어떤 대상의 과거, 현재, 미래,

예측할 수 있는 모든 경우의 수를 틀어쥐고 통제하려는 욕망이자 모든 다양성을 이분법적으로 재단해 생사를 판결할 권리가 자신에게 있다고 믿는 욕망인 것이다.

둘째, 퀴어 이론의 죽음이나 위기를 선언하는 사람들이 그런 선언을 함으로써 무엇을 옹호하는지를 면밀하게 살펴야 한다. 퀴어 이론을 위기라고 진단하는 것이 다 잘못된 것은 아니다. 또한 나는 퀴어 이론에 아무런 위기가 없다고 주장하려는 것도 아니다. 모든 학문이 그렇듯 퀴어 이론은 변화하고 발전하는 과정 중이기에 결코 완전무결할 수 없다. 게다가 퀴어 이론의 발전이 학계라는 기성 공간을 지배해온 기존의 권력 관계—예를 들어 어떤 인종, 어떤 국적, 어떤 성별, 어떤 계급이 더 상아탑에 접근하기 쉽고 더 주목받는가, 학계에 맞는 적절한 문법으로 인정받는 언어는 누구의 것인가—로부터 아무런 영향을 받지 않을 순 없을 것이다. 그러므로 어떤 이론이든 위기는 있고 그 위기를 해결하기 위해 지속적인 성찰과 노력이 필요하다. 다만 퀴어 이론의 죽음이나 위기를 선언하는 사람들이 그 '위기'로 무엇을 말하고 있는지는 구별해야 한다. 어떤 이들은 게이 레즈비언 이론만 있어도 충분하지 않느냐는 관점에서 퀴어 이론의 위기를 말하지만, 반대로 어떤 이들은 퀴어 이론이 트랜스젠더퀴어를 비롯한 다양한 퀴어의 존재와 쟁점을 주변부로 밀어내어 다시금 게이 레즈비언 이론과 다름없게 되는 경향을 우려하면서 퀴어 이론의 위기를 말하고, 또 다른 이들은 퀴어 이론의 서구 백인 중심성을 비판하면서 좀 더 적극적으로 교차성을 이론화하라는 의미에서 퀴어 이론의 위기를 말한다. 즉, 위기를 무엇이라고 정의하고 그로써 어떤 논의를 펼치고자 하는지를 봐야만 죽음 선고 이상의 생산적인 논의를 진행할 수 있다.

한편 퀴어 이론의 죽음을 선고하고픈 사람 중에는 퀴어 이론이 너무 현학적이라 현실과 괴리되어 있다고 주장하는 이들도 있다. 그러나 퀴어 이론이 괴리되었다는 그 '현실'은 무엇인가? '사회적 합의가 있어야 한다,' '여론이 좋지 않다' 같은 두루뭉술한 반대 뒤에서 누구의 입만 '사회적 합의'나 '여론'으로 셈해지는지, 누구의 어떤 기득권이 지켜지는지를 봐야 한다. 이 책 전체에서 보이고자 한 것은, 퀴어 이론이 바로 그 '현실' 자체를 재편하는 작업을 해왔다는 것이다.『젠더 트러블』의 확장판 해설인『젠더 허물기Undoing Gender』에서 주디스 버틀러는 자신의 젠더 수행성 논의가 트랜스젠더 및 젠더퀴어들에게 어떻게 중요한 이론인지를 입증했고, 5장에서 소개했듯 리사 두건이나 재스비어 푸아 같은 학자들은 인종차별주의, 민족주의, 제국주의, 신자유주의, 전쟁 같은 사안에서 퀴어 이론이 어떻게 유용할 수 있고 유용해야 하는지를 보여주었다. 또한 수잔 스트라이커, 케이트 본스타인, 제이콥 헤일C. Jacob Hale, 게일 살라몬 같은 학자들은 트랜스젠더퀴어 이론을 급진적으로 발전시키면서 퀴어 이론을 끊임없이 혁신해왔다. 이들의 논의는 모두 현실을 기반으로 하는 동시에, 어떻게 그 현실이 주류 사회에서 현실로 대우받지 못하고 시각 장 바깥으로 계속해서 밀려나고 쫓겨나는지를 폭로해왔다.

다시 말해 퀴어 이론은 현실과 따로 노는 것이 아니다. 오히려 퀴어 이론은 이 사회의 규범 체계가 '현실'로 인정치 않는 다른 현실'들에서 출발한 이론이다. 지금까지 '세상에 그런 사람 없다'는 말을 들으며 현실로 치부되지도 못했던 존재들에게 목소리를 부여하려는 이론이다. 퀴어 이론은 이 다른 존재들이 겪는 사회적 현실과 일상적 삶을 담아낸다.『일탈』에 수록된 게일 루빈의 글「미소년과 왕에 대하여」나 J. J. 핼버스탬의『여성의 남성성』이 삶과 괴리되어 있는가? 두 글 모두 남성/여성, 남성성/여성성, 동성애/이성애, 부치/펨 이분법 범주로는 담아낼 수 없는 매우 복잡한 퀴어 정체성을 자신과 주변의 경험에서부터 출발하여 이론화하고 있다. 레오 버사니와 리 에델만은 주로 남성 퀴어들의 비개인적이고 반–관계적이며 따라서 친밀성과 섹슈얼리티를 도덕적으로 결합시키는 성 규범에 들어맞지 않는 성적 실천을 바탕으로 퀴어 부정성을 이론화했는데, 이런 이론을 현실과 유리되어 있다고 할 수 있는가? 모든 이론은 자신에게 현실인 것들을 담아내고, 현실은 그 자체로 '현실'들의 치열한 경합으로 구축된다. 유교와 기독교와 반공 사상이 기묘하게 결합된 한국 보수주의에 물든 혐오 세력이 '현실로 경험하는 것과 트랜스여성 성노동자가 '현실'로 경험하는 것은 다르다. 성폭력 생존자와 성폭력을 한 번도 겪어본 적 없는 사람이 알고 있는 '현실'은 다르다. 이는 진짜와 가짜, 원본과 모방본의 싸움이 아니라 어떤 삶을 삶으로 인정하고 살릴 것인가를 둘러싼 생존 투쟁이다. 퀴어 이론은 이런 생존 투쟁의 일환으로 나온 것이다.

그런 의미에서 퀴어 이론은, 버틀러의 표현을 빌리자면, 가능성에 가치 부여하고 불가능성을 요구하는 실천이다. 눈앞에 보이는 것만 현실이라고 생각하는 사람들은 그런 현실을 생산하는 틀 안에 별 불편 없이 거주할 수 있는 사람들이다. 그러나 세상을 인식하고 이해할 수 있게 해주고 인정을 부여해주는 현재의 지배적 인식틀로부터 배제된 존재들에겐 지금과는 다른 틀을 짤 가능성이 배제와 폭력을 넘어 삶을 인간답게 만들 희망으로 작동한다. '그런 건 불가능해', '그런 게 세상에 어디 있어', '헛소리하지 말아' 이런 냉소적 태도가 지극히 현실적이라 믿는 사람들에게, 버틀러가 2011년 월 스트리트 점거 시위에 참가해 외친 연설문 일부를 인용하면서 이 글을 끝내고자 한다. 불가능에 대한 요구는 이 지구상의 모든 사회적 소수자를 위한 요구이고, 퀴어 이론이 나아갈 방향이다.

사람들은 물었습니다. 그래서 요구가 뭐라는 거냐? 이 사람들 모두가 제기하는 요구란 게 뭐냐? 이렇게 묻는 사람들은 그 시위엔 아무런 요구도 없다고 말해서 당신들의 비판을 혼란스럽게 내버려 두거나, 아니면 사회적 평등과 경제적 정의를 요구하는 건 불가능한 요구라고 말합니다. 그리고 그들은 말하길, 불가능한 요구들은 실천적이지 않다고 합니다. **만약 희망이 불가능한 요구라면, 우리는 불가능을 요구합니다. 주거지와 음식, 고용에의 권리가 불가능한 요구들이라면, 우리는 불가능을 요구합니다. 만약 불황으로부터 이익을 얻는 사람들에게 탐욕 좀 그만 부리고 부를 재분배하라는 요구가 불가능한 것이라면, 우리는 불가능을 요구합니다.**[5]

주

1. 이 글은 2019년 <성소수자 인권포럼> 사전 연구자 포럼에서 토론문으로 썼던 글을 수정한 것이다.
2. 마야 믹다시, 재스비어 K. 푸아, 「퀴어 이론과 영구적인 전쟁」, 이진화 옮김, 『문학과 사회』 29권 4호, 2016, 119–134쪽(Maya Mikdashi and Jasbir K. Puar. "Queer Theory and Permanent War," *GLQ: A Journal of Lesbian and Gay Studies*, Vol.22, No.2, 2016, pp. 215–222).
3. 한국에서 나온 단행본 중 몇 가지만 꼽아봐도, 정희진, 권김현영, 루인, 한채윤 네 명의 저자를 중심으로 매번 다른 저자를 모시며 꾸준히 한국의 퀴어 페미니즘 이론을 만들어온 도란스 총서 시리즈(『양성평등에 반대한다』[2016], 『한국 남성을 분석한다』[2017], 『피해와 가해의 페미니즘』[2018], 『미투의 정치학』[2019], 출판사는 모두 교양인), 한국의 개신교가 주도하는 퀴어 혐오 지형을 분석한 지금 꼭 필요한 책인 시우의 『퀴어 아포칼립스: 사랑과 혐오의 정치학』(서울: 현실문화, 2018), 푸코의 『섹슈얼리티의 역사』에 비견될 만하다는 출판사의 책 소개에 동의하는, '1920–30년대 조선의 섹슈얼리티의 역사'를 쓴 박차민정, 『조선의 퀴어: 근대의 틈새에 숨은 변태들의 초상』(서울: 현실문화, 2018), 기념비적인 퀴어 페미니즘 문학 비평인 오혜진, 『지극히 문학적인 취향: 한국문학의 정상성을 묻다』(오월의봄, 2019), 그리고 내가 속한 비사이드 콜렉티브에서 교차적인 퀴어 페미니즘을 지향하며 꾸준히 내놓을 비사이드 선집 중 첫 번째 책 『퀴어 페미니스트, 교차성을 사유하다』(여이연, 2018) 등이 있다.
4. Eve Kosofsky Sedgwick, *Touching Feeling: Affect, Pedagogy, Performativity*, Durham and London: Duke University Press, 2003. 특히 4장 "Paranoid Reading and Reparative Reading, or You're So Paranoid, You Probably Think This Essay Is About You" 참조.
5. 2011년 10월 월 스트리트 점거 시위에서의 연설, 인용자 강조. youtu.be/JVpoOdz1AKQ (최종검색일:2020.12.24.)